Die unsichtbare Feder

Wiedererkennbare Handschrift Gottes durch Generationen hindurch

IRENE JUSTUS

Widmung

Meinen wunderbaren Kindern und Enkelkindern

Irina und Rainer Albrecht
Lillien-Elena und Anthony

Dimitrij und Eugenija Justus
Elaine, Julie und Nikita

Daniel und Marianne Justus
Kjer-Isaak und Mika-Tristan

Erika und Benjamin Sawadsky
Raphael, Mateo und Teresa

Tatjana und Alexander Marzin
Melina-Sophie und Eva-Rebecca

Johannes und Tanja Justus
Maria-Sophie

Marcus und Wiebke Anlauf
Aaron-Johannes, Judith und Abigail

Ich bin dankbar für euch. Durch euch wurde ich stark beschenkt. Mit euch zusammen konnte ich mich freuen, lachen und auch weinen. Mein Leben wurde dadurch geweitet, bereichert und bekam neuen Sinn. Ich fühle mich mit euch stark verbunden und bin sehr glücklich, das ich euch habe.

Meine äußerste Wertschätzung, Bewunderung und mein Respekt gelten meinem geliebten und wunderbaren Ehemann Johannes Justus, der mich ermutigte, an mich glaubte und fleißig unterstützte, geduldig war und mir unschätzbar wertvolle Ratschläge gegeben hat. Ich möchte ihn mit diesem Buch ehren für seinen Fleiß und Eifer für das Reich Gottes und seinen unermüdlichen Einsatz. Lieber Johannes, ich schätze deine intensive Liebe, deine Freundschaft und dein Teilnehmen an meinem Leben. Du bist ein großes und wunderbares Geschenk, das ich hier auf Erden bekommen habe.

Zur Erinnerung an unsere Vorfahren, die mutig ihren „Mann" standen, denn auch durch widrige Umstände waren sie ihrem Gott treu. Ihre Lebensgeschichte hat mich gelehrt, Durchhaltevermögen von unserem Vater im Himmel zu erbitten.

Inhaltsverzeichnis

Vorwort

Geschichten von Auswanderern haben mich schon von frühester Kindheit an fasziniert. Als Kind spielte ich mit meinen Cowboy- und Indianerfiguren oft Überfälle auf Siedlertrecks nach und war dabei vor allem von der Spannung und dem Abenteuer fasziniert, das diese Leute in meiner Vorstellung erlebt haben mussten. Was für eine Freiheit, was für Möglichkeiten, was für eine herrliche Natur. Dabei dachte ich natürlich fast nur an die Auswanderung in den „Wilden Westen“, nach Amerika. Erst später, als ich mich ernsthafter mit der Geschichte von Auswanderern beschäftigte, wurde mir klar, wie hart und entbehrungsreich der Neuanfang für die europäischen Siedler in der Neuen Welt wirklich war. Darüber ist inzwischen viel geschrieben und berichtet worden. Viel weniger hat man dagegen bis heute von den Siedlern erfahren, die seit Mitte des 18. Jahrhunderts in den Osten aufbrachen, in das expandierende Russland der Zarenzeit. Wie ist es ihnen ergangen? Mit welchen Herausforderungen hatten sie zu kämpfen? Wie konnte es geschehen, dass seit Ende der 1980er Jahre und 250 Jahre nach Beginn der deutschen Auswandererwelle nach Russland etwa zweieinhalb Millionen Spätaussiedler ihren Weg zurück in die alte Heimat fanden?

Irene Justus erzählt die Geschichte ihrer Familie, die in den 1760er Jahren aus Hessen nach Russland auswanderte, wie sie in den Erzählungen, die von Generation zu Generation weitergereicht wurden, bis heute lebendig geblieben ist. Deutsche Auswanderergeschichte, Liebesgeschichte und Familiensaga in einem. Sie nimmt uns mit hinein in eine Geschichte aus Leid und Tränen, Hoffnungen und persönlichen Schicksalen, die ihre Vorfahren durchlebt haben. Bereits die erste Justus-Generation, die auswanderte, verlor auf der Schiffsreise von Deutschland nach Russland in vier Wochen drei ihrer vier Kinder. Die folgenden Anfänge im Wolga-Gebiet waren unendlich schwer und mühsam. Später kamen die Bedrückungen einer zunehmend deutschfeindlichen Umgebung hinzu, die während der Stalin-Herrschaft in willkürlichen Morden und Verhaftungen gipfelte. All das zeichnet Irene Justus mit Szenen und Erlebnissen ihrer Vorfahren nach und macht es persönlich und emotional nachvollziehbar. Die größte Leidenszeit der deutschen Minderheit begann jedoch kurz nach dem deutschen Überfall auf die Sowjetunion im Juni 1941. Die erst 1924 geschaffene autonome Republik der deutschen Siedler an der Wolga, zu der auch einige Justus-Familien gehörten, wurde aufgelöst und innerhalb kürzester Zeit wurden rund 900.000 Deutschstämmige nach Osten deportiert – aus allen russischen Siedlungsgebieten der Deutschen. Viele von ihnen kamen in Arbeitslager, in denen man sie noch Jahre nach Ende des Krieges festhielt. Ein großer Teil der Deportierten starb durch Kälte, Misshandlung und Unterernährung.

Irene Justus schildert auf packende Art und Weise, wie ihre Elterngeneration diese Zeit erlebte und nimmt uns mit hinein in das Wechselbad ihrer Gefühle aus

Hoffnung, Angst und Verzweiflung: ein zeitgeschichtliches Dokument großer emotionaler Dramatik.

Auch wenn der familiengeschichtliche Teil besonders durch bewältigte und durchlebte Strapazen gekennzeichnet ist, gleicht der größere Teil des Buches doch eher einer Lovestory. Es ist die Geschichte von Irene und Johannes, ihrer Jugend und Liebe in Kasachstan und ihrem weiteren Weg bis zum heutigen Tag. In erstaunlich offener Art und Weise gibt Irene uns hier einen Einblick in ihre Familie, ihre Ehe, ihre täglichen Kämpfe und Heraus-forderungen und ihre Gotteserfahrungen. Hier wird nichts beschönigt oder idealisiert. Irene gelingt es, das Leben mit all seinen Facetten zu schildern, seinen Höhen und seinen Tiefen. Bei allen Wellenbewegungen des Lebens wird aber eins deutlich: Die Liebe zweier Menschen wächst und reift in all den Jahren, die Persönlichkeiten entwickeln sich weiter und werden fähig, immer mehr Verantwortung zu übernehmen. Die Offenheit und Ehrlichkeit und das Anteilgeben an ihren Gefühlen und Gedanken machen Irene und Johannes so liebenswert und ihr Leben zum Vorbild. Man wird erinnert an den Lobgesang der Hanna, die nach vielen Kämpfen endlich bekennen kann: „Der Herr führt hinab zu den Toten und wieder herauf. Der HERR macht arm und macht reich; er erniedrigt und erhöht. Er hebt auf den Dürftigen aus dem Staub und erhöht den Armen aus der Asche, dass er ihn setze unter die Fürsten und den Thron der Ehre erben lasse." (1. Samuel 2,6-8). Das hat der Herr auch im Leben von Irene und Johannes getan und ihr Lebenszeugnis ist mir zum persönlichen Ansporn geworden.

Düsseldorf im Juli 2016
Dr. Bernhard Olpen

„Der Mensch ist die Botschaft“

Ich habe das Buch von Irene Justus mit großem Gewinn gelesen. Es enthält ihre Geschichte, die berührt, aufwühlt, begeistert, inspiriert und den Leser mit einer Frage stehen lässt: Wer bin ich und wer will ich werden?

Bei meiner ersten Begegnung mit Irene erlebte ich eine eher unscheinbare und stille, aber nicht minder klare und kraftvolle Persönlichkeit. „Sie hat etwas zu sagen und ein starkes Erbe“, das waren meine Gedanken. Noch kannte ich ihre in diesem Buch entfaltete Geschichte nicht im Detail, aber meine Wertschätzung und mein Respekt für Irene wuchsen. Als sie mich dann anrief und fragte, ob ich mir vorstellen könne, ein Vorwort für ihr Buch zu schreiben, sagte ich ohne zu zögern zu. Ich ahnte ja nicht, dass mich diese Autobiografie auf einer anderen Ebene berühren sollte:

Was macht dieses Buch so lesens- und lohnenswert?

1. Eingebettet in eine sorgfältige und profunde geschichtliche Hintergrundrecherche gibt mir das Buch einen Einblick in die von Irene erlebten Gegebenheiten und Herausforderungen. Dieser schafft Verständnis für Menschen aus der russlanddeutschen Kultur mit ihren differenziert zu betrachtenden Hintergründen.

   An vielen Stellen wird die Zerbrechlichkeit des Menschen offensichtlich. „Was ist der Mensch, dass du seiner gedenkst und des Menschen Sohn, dass du dich um ihn kümmerst?“ (Psalm 8, 5) Dies ist der Zuspruch, der Trost, dass der, der alle Menschen geschaffen hat, einen Weg zu ihren Herzen sucht. Gott hat in seinem Sohn Jesus Christus verändernde und wiederherstellende Erlösung geschenkt; durch alle Herausforderungen hindurch sucht er das tiefste Innere des Menschen und spricht ihn an, um mit ihm eine Geschichte des Himmels zu schreiben – das ist die großartigste Liebeserklärung der Welt. Diese dürfen wir empfangen und immer wieder hören, trotz oder gerade in den Widrigkeiten des Lebens.

2. Irene erwähnt in ihrem Buch, dass in Bezug auf unser Wohlbefinden lediglich ca. 7% an den uns umgebenen Umständen liegt. Diese Biografie zeigt in besonderer Art die „Geburtsgeschenke“, die Gott jedem Menschen mit auf den Weg gegeben hat. Die hervorstechendsten sind für mich Resilienz, Selbstverantwortung, Hoffnung und Gestaltungsmöglichkeit.

   Resilienz, weil diese eine Befähigung ist, immer wieder aufzustehen. Wir reden von der Eigenschaft eines Stehaufmännchens. Dazu gehört das

Wissen um und das Überzeugt Sein von meiner Identität, ansonsten wird diese mir durch Schwierigkeiten und Niederlagen gegeben. Jesus ist meine Identität und seine Liebe definiert und formt mich.

Selbstverantwortung, weil mein Tun und meine Entscheidungen etwas bewirken. Angekoppelt an die Gnade und Kraft Gottes wird sie eine unwiderstehliche Durchschlagskraft entwickeln. Wir sind in der Lage, aus jeglicher Opferrolle, die durch das Delegieren der Verantwortung nach außen entstehen würde, herauszuschlüpfen. Liebe Irene, herzlichen Dank, dass du deine Konflikte ohne Bitterkeit oder Gedanken einer Abrechnung schilderst, andererseits auch nicht beschönigst und „unter den Teppich kehrst" - du bleibst bei dir!

Hoffnung, weil Aufgeben keine Option ist. Selbst im von Irene transparent und authentisch beschriebenen dunklen Tal scheint das Licht der Hoffnung. Was uns unmöglich ist, ist Jesus möglich. Wenn wir mit ihm unterwegs sind, erschließen sich immer wieder seine Möglichkeiten, die uns den nächsten Schritt gehen lassen. Irenes Beschreibung dieses Prozesses wird Menschen beim Lesen Hoffnung und Trost schenken, denn „mit dem Trost, mit dem wir selbst von Gott getröstet werden, trösten wir" (2. Korinther 1, 4).

Gestaltungsmöglichkeit, weil mir etwas Gutes anvertraut ist – unabhängig von meiner Kultur und meinem Status. Dieses Buch veranschaulicht klar und deutlich, was möglich ist, wenn wir die Dinge, die in unserer Hand sind, gebrauchen. Oft wird geklagt, beurteilt und verglichen, weil es nach wenig aussieht oder zu wenig spektakulär. Es scheint jedoch Jesu Prinzip und Vorgehensweise zu entsprechen, dass das Wenige, das vertrauensvoll in seine Hand gelegt wird, zu mehr wird. Der Junge kam mit fünf Broten und zwei Fischen zu Jesus und 5.000 Männer wurden satt (Johannes 6, 1ff.).

„Was hätte ich anderes tun sollen, als in allem das Beste zu suchen und aus allem das Beste zu machen?" (Verfasser unbekannt)

Ich wünsche den Lesern des Buches ein Sich Einlassen darauf und eine Begegnung mit dem, der uns liebt und aus den Zeilen unseres Lebens seine Geschichte schreibt.

Celle im Juli 2016
Pastorin Andrea- Mara Masser

Vorwort des Autors

„Der Mensch denkt, der Herr aber lenkt."

Gott hat mit jedem Menschen seine besonderen Absichten. Manchmal lässt Gott es zu, dass wir dunkle Straßen der Not und des Leiden gehen müssen. Das kann ich nicht immer verstehen und begreifen, wie soll ich das auch. Wie meine Vorfahren musste ich lernen, in Zeiten der Not, in tiefer Depression und Krankheit niemals aufzugeben.

Der Leser/die Leserin wird in diesem Buch erkennen, wie wichtig es ist, dass wir uns in allen Situationen unseres Lebens der Führung Gottes anvertrauen und uns treu an ihn halten.

Ich habe tief in der Vergangenheit gegraben, bei mir und bei meinem Mann, und Schätze gehoben, die das Leben schrieb. Nachdem die Zarin Katharina die Große im Jahr 1763 ihr erstes Einladungsmanifest zur Ansiedlung in den neuen Kolonien im Wolgagebiet erließ, folgten der vielversprechenden Einladung auch ein paar Familien Justus aus Darmstadt, die ihre Lebenssituation verändern wollten. Wie sie haben auch ihre Nachkommen ihr Vertrauen und ihre Hoffnung auf Gott gesetzt und dies trotz oder gerade wegen widriger Bedingungen und dramatischer Entbehrungen. Mit diesen spannenden, auf wahren Tatsachen und Begebenheiten basierenden Geschichten, geprägt durch die Tiefe und Intensität der Menschen, die durch Verfolgung, Schmerz und Leid gingen, möchte ich sie mit hineinnehmen in einen kleinen Teil der Geschichte des deutschen Volks.

Der eine oder andere wird sich fragen, was mich bewegte, dieses Buch zu schreiben. Das verrate ich Ihnen gerne. Unser fünftes Kind, Tochter Tatjana, kam eines Tages aus der Schule nach Hause und erzählte: „Mama! Meine Klassenkameraden wollen von mir wissen, warum ich als Deutsche in Russland geboren bin?" „Und welche Antwort hast du gegeben?", fragte ich zurück. „Ich sagte, dass ich es nicht weiß!", erwiderte Tatjana.

Da wurde mir klar, dass ich diese Informationen an meine Kinder weitergeben musste! Denn sie haben niemand mehr, der das tun könnte, ihre Opas und Omas sind vor Jahren gestorben.

Natürlich habe ich nicht gleich losgelegt und ihnen die ganze Geschichte nähergebracht. Sie ist zu umfangreich und vielschichtig. Würde denn die nächste Generation, die nach unseren Kindern kommt, überhaupt noch was über ihre Vorfahren wissen? Genau das hat mich zum Handeln gebracht. Mir wurde bewusst, dass ich noch die Zusammenhänge kenne und weitergeben muss. Deshalb griff ich in die Tasten und tippte die Geschichte unserer Familien. Von der Idee, über die Recherche, bis zum Niederschreiben dauerte es rund zehn Jahre. So entstand also schwarz auf weiß eine Art Biografie und der Gedanke, diese

Schicksale, die auf ähnliche Weise von Tausenden Deutschen erlebt wurden, drucken zu lassen und als Buch dem interessierten Leser zur Verfügung zu stellen, lag nahe.

So füge ich dem breiten Angebot von Büchern noch dieses Buch hinzu. Es hält die Erinnerungen an die vielen Menschen wach, die sich einladen ließen, ihr Glück in Russland zu suchen. Ich schreibe gegen das Vergessen der Geschichte und für ein Leben in Dankbarkeit: „Wir brauchen eine versöhnte Vergangenheit, damit wir in der Gegenwart ankommen, sie gut und gesund gestalten können – daraus entsteht und entwickelt sich eine hoffnungsvolle Zukunft. Denn Gott schreibt seine Geschichte durch uns schwache Menschen."

Der Schwerpunkt meines Buches ist die Wertschätzung gegenüber unseren Vorfahren und der Respekt vor ihrem Schicksal, das sie durchlebt und oft durchlitten haben. Die Erinnerungen in diesem Buch sollen für die künftigen Generationen als Erbe dienen, damit sie lernen, die Wege des Herrn zu gehen. Aber nicht nur das, sondern auch Gehorsam Gott gegenüber leisten, weil er die Menschen führt. Durch widrigste Lebensumstände mussten sie ihr Leben gehen und neue Wege einschlagen. Nicht aufgeben, sondern das Leben meistern, war angesagt.

Zweitens bewegte es mich, die Erinnerungen aufzuschreiben, wie der Herr seinem Volk im Alten Testament der Bibel befohlen hatte:

Unseren Vorfahren befahl er, sie ihren Kindern bekannt zu machen. So soll jede Generation seine Weisungen kennen lernen – alle Kinder, die noch geboren werden. Auch diese sollen sie ihren Nachkommen einprägen. Sie alle sollen auf Gott ihr Vertrauen setzen und seine Machttaten nicht vergessen. Was er befohlen hat, sollen sie tun (Psalm 78,5-7).

Erinnerungen – habe ich welche?, fragte ich mich. Jetzt ja, jede Menge! Wo ich mich sonst immer kurz und knapp fasse, habe ich in diesem Buch den Erinnerungen freien Lauf gelassen: Erinnerungen über Krieg, der mehrere Schicksale zerstört hat; die Herzen vieler Menschen wurden gebrochen, die leben und lieben gelernt haben, und dann doch alles, was ihnen sehr lieb und teuer war, verloren. Okkupation, Reparation, Gefangenschaft und zu guter Letzt die Heimkehr ins Land unserer Väter.

Drittens inspirierte mich ein Brief, diese Geschichten, die das Leben schrieb, festzuhalten. Mein Schwiegervater, Johannes Justus, erhielt diesen Brief von seinem Cousin Andreas Justus, der aus dem Tagebuch seines Opas entnommen wurde.*

Ich hoffe, dass diese erzählten Lebensgeschichten Hoffnung wecken, ermutigen und diesen wunderbaren Gott durchscheinen lassen, der uns nie verlässt, an dessen Vaterhand wir durchs Leben gehen können.

Meinen Lesern und Leserinnen wünsche ich viel Freude beim Lesen und Gottes Segen!

Irene Justus

* Aus dem im Vorwort genannten Brief:

Lieber Johannes,

… wie versprochen sende ich Dir die Daten von den Vorfahren, die ich aus dem Tagebuch von meinem Großvater entnommen habe, wie folgt:

Justus Christhof (1736–1793) aus Land Hessen, wanderte an die Wolga aus im Jahr 1765 im Alter von 29 Jahren mit seiner Frau und drei Söhnen, Gottfried, Jakob und Johannes-Georg. Es wurde eingetragen im Familienbuch bei Katharinenstadt, Gebiet Marks.

Sie siedelten sich im Dorf Fischer im Jahre 1765 an. Nach einem Jahr, 1766, Umzug von Christhof mit Johannes-Georg nach grade neu entstandenem Dorf Stahl, was 37 Kilometer von St. Saratow lag, und siedelten sich am Ufer des Flusses Karaman an.

Zu dieser Zeit lebten im Dorf Stahl 43 Familien, 171 Leute, davon 91 männlich. Heute heißt der Ort Swonarewka, Gebiet Saratow.

Im Jahre 1941, als Stalin die Deutschen nach Kasachstan deportieren wollte, waren es 39 Justus-Familien im Dorf Stahl.

Gottfried und Jakob Justus sind bis zu ihrem Lebensende im Dorf Fischer geblieben. Gottfried direkt im Dorf, Jakob auf der Bergseite.

Von diesen beiden wissen wir nichts mehr.

Christhof ist gestorben im Alter von 57 Jahren.

Johannes-Georg (1760–1818), 58 Jahre. Beide wurden im Dorf Stahl beerdigt.

Im Jahre 1920 während der Stalin-Reform geht ein Justus-Zweig nach Sibirien. Es waren vier Justus-Brüder nach Sibirien, St. Omsk gezogen, wo Johannes Justus am 18.10.1921 im Schermontai-Gebiet Omsk geboren wurde. Gestorben ist er am 22.06.1990 in Rownoje, Gebiet Dschambul.

Seine Eltern:

Karl Justus, geb. 1889 im Dorf Stahl. Am 28 Juli 1937 wurde er von den Soldaten Stalins abgeholt. Nie wieder hatte jemand von ihm was gehört.

Mutter Sophie, geb. Fell, wurde 1884 geboren und starb 1931 im Dorf Stahl.

Das ist alles, was ich weiß …

Herzliche Grüße,

Dein Cousin Andreas

Kapitel 1

Welche Farbe hat ein Schmerz?

„Keine Überraschung ist wunderbarer als die, geliebt zu werden.
Darin spüren wir die Hand Gottes auf unserer Schulter."

Margrit Kennedy

Die mehrere Monate währende, beschwerliche Reise nach Katharinenstadt ging endlich zu Ende. Es war ein warmer Frühlingstag im Jahre 1765. Den Bewohnern im Wolgagebiet, genauer gesagt im Kreis Marks, schien es gut zu gehen. Sie hatten sich mit Vorfreude auf den Empfang der deutschen Auswanderer aus Hessen vorbereitet. Bunte Fahnen und Wappen wehten lustig im Wind. Christhof erreichte die von saftigem Grün umgebene Ortseinfahrt. Auf der rechten Seite reihten sich prachtvolle Birkenbäume, während sich links ein Mischwald entlang zog.

Bauern, die bereits vor einem Jahr oder mehr eingewandert waren, hatten sich in einem großen Bogen aufgestellt. Schon aus der Ferne waren sie für die Neuankömmlinge erkennbar. In großen, schwarzen Buchstaben stand auf ein paar zusammengefügten Holzlatten: „Herzlich willkommen!" Frauen winkten freundlich mit ihren Tüchern und Männer mit ihren Mützen. Die Kinder liefen laut schreiend und neugierig der Kutsche entgegen. Erschöpft und hungrig schaute sich Christhof Justus um. Angesichts der herzlichen Begrüßung hellte sich das Gesicht des 29-Jährigen allmählich auf, während er mit seinem Zweiergespann den Ortseingang passierte.

In den letzten Monaten hatte er sehr wenig Schlaf bekommen, was sichtbar an seinen Kräften zehrte. Wie sehnte er sich nach einem warmen, gemütlichen Bett, um seinem kräftigen, aber beanspruchten Körper etwas Ruhe zu gönnen. Auch sorgte er sich um seine Pferde, die große Strapazen hinter sich hatten. Nun rief er plötzlich: „Rosalie, schau dir das an, ist ja kaum zu fassen, welcher Empfang uns hier bereitet wird." Mit einem Schlag löste sich die bleierne Müdigkeit, die auf ihm gelastet hatte, in Luft auf.

Inmitten der Menge sah Christhof eine vornüber gebeugte Gestalt, etwas blass, aber die pure Lebensfreude aus den Augen strahlend. Das muss der Burmester

(Bürgermeister) sein, dachte Christhof. Der Lärm weckte seine Frau Rosalie, die kurz eingenickt war.

Hoch stand die Sonne am Himmel und wärmte alles mit ihren Strahlen. In der Kutsche hatte Rosalie eine gemütliche Schlafecke eingerichtet, wo sie sich mit den Kindern einkuscheln und entspannen konnte. Während der Vater die Pferde lenkte, ließ das beständige Schaukeln sie auch mal ein wenig Schlaf finden. Die Jungs genossen die Gegenwart und liebevolle Versorgung ihrer Mutter. Rosalie richtete sich auf und strich mit ihren Händen das dunkle lange Haar zurecht.

„Jungs! Gottfried, Jakob, Johannes-Georg, wacht auf, ich glaube, wir sind da?!", sagte Rosalie in Eile. Die zwei ältesten Jungs schliefen ungestört weiter. Der Jüngste räkelte sich kurz, aber unmutig, ließ ein paar Laute hören, drehte sich um und schlief weiter. Rosalie stand auf und zupfte ihr langes, dunkelgrünes Kleid, dem man die lange Reise ansah, glatt. Ihre Gedanken führten sie dabei zurück zu den letzten Reisevorbereitungen: Zu ihrer hilfsbereiten Nachbarin Else, die bis in die Nacht an diesem Kleid genäht hatte und ihr auch sonst mit Rat und Tat zu Hilfe kam. Wie kostbar waren die letzten gemeinsamen Abende, die intensiven Gespräche, einander verstanden wissend.

Nachts, wenn Rosalie nicht schlafen konnte, drängte sich die schmerzvolle Erinnerung an ihre einzige Tochter, Emmi, ins Bewusstsein. Da half kein Verdrängen, ganz lebendig stiegen die entsetzlichen Bilder der Vergangenheit in ihr hoch: Die Schwindsucht tobte, raffte Erwachsene und Kinder dahin. In ihr war nicht nur die Trauer um ihr Kind, sondern auch die unbeschreibliche Angst um all ihre Kinder und Lieben und um ihr eigenes Überleben. Sie hörte noch die Stimme des Dorfpriesters, der vom Himmel sprach als einem Ort ewiger Ruhe und immerwährenden Friedens. Aber Rosalie wollte nicht mit durchsichtigen Engeln zwischen den gewichtslosen Wolken umherschweben, sie wollte ein Kind der Erde sein und ihr Leben mit ihren Kindern genießen. Sie schaffte es fast nicht, die wirbelnden Gedanken einzufangen, zu sortieren. Wieder und wieder war sie bei Emmi, die sie fragte: „Sag mal, Mama: Welche Farbe hat ein Schmerz?" Rosalie schaute sie an und drückte sie ganz fest an ihre Brust.

„Schmerz? Ähm … hat gar keine Farbe, Kind", erwiderte Rosalie zögernd.

„Rot!", schlug die Kleine vor.

„Rot? Wie kommst du darauf, meine Liebe?", fragte Mutter.

„Das würde jedes Kind sagen", antwortete Emmi. Rosalie streichelte die Kleine über ihr glattes Haar und antwortete leise: „Ich gebe dir Recht, meine Süße." Rot. Nur allein der Gedanke verursachte ihr Gänsehaut.

Eine schreckliche Zeit lag hinter ihnen. Die Kinder zu dieser Zeit wurden geboren, eins für den Sarg, das andere für das Leben. Priester Abram war bei den Dorfbewohnern sehr beliebt. Er liebte Gott, durch sein Wort gewann er Erkenntnis und war ihm ganz nah. Manche sagten, dass er ein Mystiker sei. Er liebte die Menschen und war ganz für sie da. Der Tod wütete im Dorf und holte nicht nur Emmi zu sich, sondern mehrere Erwachsene und ein paar Dutzend Kinder.

„Heute haben wir uns hier versammelt, um Abschied von unserer geliebten Emmi zu nehmen", erinnerte sich Rosalie. „Alle haben wir gehofft und getan, was in unseren Händen lag, aber der Herr entscheidet immer noch. Emmi hatte gekämpft, aber der Stachel des Todes hatte sie doch getroffen. An dieser Stelle möchte ich mich bei allen bedanken, die mir in der letzten Zeit Tag und Nacht zur Hand gegangen sind. Das schwere Schicksal, das unsere Gegend getroffen hat, hat mehrere Wunden hinterlassen. Wir mussten uns von unsren Lieben, die uns so nah standen, leider verabschieden. Ihr habt das Wort Gottes richtig verstanden und gelebt, dafür danke ich euch", fuhr der Dorfpriester fort.

„Wir dürfen Gott danken, dass wir noch einander haben. Was du nicht willst, dass man dir tut, das füg' auch keinem andern zu. Diese Worte Jesu, die er für uns hinterlassen hat, wollen wir an unseren Nächsten ausleben und unserem Gott dafür danken.

Nun, wenn wir Gott lieben von ganzem Herzen und uns selber, dann bleibt uns nur noch der Nächste. Wer ist mein Nächster?

Kurze Frage: Wer kann von sich behaupten, dass er diese beiden Liebesgebote noch nie gebrochen hat? Letztlich müssen wir zugeben, dass wir am Tun alle scheitern! Deshalb rettet uns auch nicht unser Tun, sondern unser Glaube, der wiederum im Tun sichtbar wird. Nicht die guten Taten bringen uns in den Himmel, sondern der Glaube an Jesus Christus, der in den guten Taten sichtbar wird …"

Rosalie stand da und konnte es nicht fassen, sie versank in Erinnerungen, sah ihre Emmi auf der Wiese laufen, den Kescher in der Hand. Wie sie dann angerannt kam und rief: „Mami, Mami, schau her, ich habe einen wunderschönen Schmetterling gefangen, den schenke ich dir." Ihre Augen füllten sich mit Tränen und sie musste sich anstrengen, dass sie nicht die Wangen hinunterströmten.

Als sie sich wieder gefasst hatte, erreichte sie die Stimme von Priester Abram erneut:

„Liebe zeigt sich genauso wie der Glaube nicht im Reden, sondern im Handeln. Es geht aber nicht darum, große Taten zu vollbringen, sondern Taten mit großer Liebe zu vollbringen. Ich wünsche mir", fuhr er fort, „dass jeder von uns seine Möglichkeiten und sein Gabenpotenzial entdeckt und damit zum Diener an seinem Nächsten wird. Es geht nicht darum, dass einer alles macht, aber dass wir alle etwas machen. Je kleiner die Aufgaben sind, die einer übernimmt, desto mehr offenbart er damit sein großes Herz."

Die Kleine hatte nicht geahnt, dass ihr Tod das Schicksal ihrer Familie total verändern würde. Wie denn auch?

Rosalie drehte sich noch einmal um, schaute nach hinten, welche Wegstrecke sie zurückgelegt hatten, wollte versuchen einfach alles zu vergessen.

Dann wanderten ihre Gedanken zu ihrer Nachbarin Else. „Wie könnte ich sie nur vergessen? Niemals!“, dachte Rosalie. Unermüdlich war sie am Tun und Helfen, strahlte so viel Liebe und Geduld aus. All ihr Reiseproviant und die Kleider, die sie anhatten, erinnerten sie an Else. Die Decke, die sie gerade zur Seite schob, und so vieles, was unsere Emmi betraf, die uns leider nicht mehr begleiten konnte.

„Wie habe ich um das Leben meiner Tochter gebangt, mein erstgeborenes und einziges Mädchen, meine süße, hübsche Emmi. Meine große Hilfe. Nie wieder werde ich dich in diesem Leben sehen, mein liebstes Kind, oder erinnerungsschwer an deinem Grab stehen.“ Erneut durchbohrte der Schmerz Rosalies Herz.

Ihre Füße waren wie gelähmt, zitternde Erregung hatte sich ihrer bemächtigt. Es war als wollten die Beine ihr den Dienst versagen. Die Luft war frisch und rein. Das saftige Grün der Wiese schoss durch die wärmenden Sonnenstrahlen kräftig aus dem Boden. Die Vögel zwitscherten auf den Bäumen, die Schmetterlinge tanzten durch die milde Frühlingsluft. Ach, man könnte so schön aufatmen und dem Leben entgegenlaufen, aber das alles nahm Rosalie gar nicht wirklich wahr. Ihre Gedanken schweiften wieder ab, zu ihrem früheren Zuhause, zu Emmi. Sie sah sie förmlich vor sich stehen: ihr langes helles Kleid, locker den abgemagerten kleinen Körper umspielend, ihr schmales Gesicht so blass und durchscheinend, die Augen: eingefallen und von dunklen Ringen gezeichnet.

Rosalie wollte die Hoffnung nicht verlieren, aber beim Anblick ihrer Tochter spürt sie zum ersten Mal den Hauch des Todes, der sie umgibt. Sie vermag kaum mehr zu atmen bei diesem unsagbar lieblichen Anblick. Sie spürt ihr Herz bis zum Halse klopfen.

„Emmi!“, ruft Rosalie. Der kleine, dunkle Kopf wendet sich gehorsam, ihre großen, schönen Augen blicken sie verständnislos an. Emmi lächelt und winkt sie zu sich.

„Möchtest du meine Pflanze sehen?“, fragt Emmi mit ihrer hell klingenden Stimme. Rosalie schießt es heiß in die Augen: „Sie hat mich nicht erkannt!“, ist aber gleichzeitig auch froh, dass Emmi wenigstens mit ihr spricht. Zaghaft nähert sie sich ihr, stellt sich neben sie, aber wagt nicht, den Arm um sie zu legen.

„Siehst du hier diese schöne Pflanze?“, plaudert sie weiter: „Daraus soll ein großer Baum werden! Priester Abram hat sie mir geschenkt. Er meinte, ich soll sie oft gießen, damit sie mir nicht eingeht. Ich freue mich, dass sie schon so groß gewachsen ist.“ Die Mutter steht da und bringt kein einziges Wort über die Lippen. Ihr ist es, als schnüre eine Faust ihre Kehle zu.

Sie dachte nur, genau „das“ wollte sie, dass ihr Kind groß wird wie diese Pflanze und zur Blüte seines Lebens kommt, leider musste sie kommen sehen …

Der kleine Johannes-Georg erwachte weinend.

„Mutti, Mutti“, rief er halblaut und noch etwas verwirrt. Rosalies Gedanken waren noch so in der Vergangenheit, dass sie gar nicht gleich auf das Weinen ihres Kleinen reagierte. Die Erinnerungen hatten sie in der letzten Zeit sehr mitgenommen. Unterbewusst nahm Rosalie den Kleinen auf den Arm. Der Junge legte seinen Kopf auf Muttis Schulter, während sie über seinen Rücken streichelte.

„Schhh“, flüsterte sie leise in sein Ohr. „Alles ist gut!“ Kurz unterbrach der Kleine durch sein Schreien Rosalies Verweilen in der Vergangenheit, doch als er sich beruhigte, glitt sie sofort wieder zurück in diese Welt, die sie hinter sich lassen musste.

Kurz war es ihr, als ob sie Emmi im Arm halten würde. Die Erinnerungen legten sich wie eine schwere Last auf ihre Schultern, die sie nicht mehr loswerden konnte. Sie dachte an den Moment, als Christhof, ihr geliebter Mann, zum ersten Mal die Auswanderung erwähnte. Das Gespräch zog sich bis in die Nacht, es war so unvorstellbar: in ein fremdes Land ziehen, wo alles neu und gewöhnungsbedürftig schien; das Planen und Vorbereiten der Reise, der Abschied von allem was ihr lieb und teuer war. O nein, unvorstellbar! Das Schwerste war jedoch der Aufbruch ohne ihre geliebte, einzige Tochter Emmi.

Dieser Gedanke ließ sich kaum verdrängen, war immer da. Tagsüber hoffte sie durch die schwere Arbeit etwas Ablenkung zu bekommen, doch vergebens. Abends begleitete der Gedanke sie zu Bett. Nachts verfolgte er sie in ihren Träumen und beim Aufwachen war er gleich wieder da. Rosalie wollte dem ständigen Denken an Emmi entfliehen, war unruhig und ständig in Bewegung. Normalerweise fand sie Ruhe bei ihrem Mann Christhof, fühlte sich aber von ihm nicht verstanden. Sie erinnerte sich zurück, sah ihn förmlich vor sich sitzen, im Stuhl zurückgelehnt, mit der Hand einen Kreis in der Luft andeutend, wie er sagte: „Du musst hier raus, wo dich jeder Gegenstand an Emmi erinnert!“ Wie Christhof bereits ahnte, fuhr Rosalie sogleich auf: „Ich soll hier raus? Von hier soll ich weg? Niemals! Das Einzige, was mich noch mit Emmi verbindet!“ „Ausgeschlossen!“, dachte sie.

Rosalies Inneres war ganz aufgewühlt von Erinnerungen, sie wurde noch unruhiger, beugte sich runter, stand wieder gerade, drehte sich um und schaute um sich herum, am liebsten würde sie von der Kutsche springen und im Wald verschwinden.

Während Christhof die Pferde zum Stehen brachte, erblickten beide Eheleute eine hoch aufgerichtete Gestalt die Holzstufen hinabsteigen. „Das ist doch der Mann, den ich schon von Weitem sah!“, rief Christhof aus. Der Mann war entsprechend der Mode in der Blütezeit des Rokoko gekleidet, was Christhof fasziniert zur Kenntnis nahm. Der Burmester hatte einen knielangen schwarzen Herrenrock an, darunter Weste und Kniehose der Justaucorps (französisch just(e) au corps = nah am/direkt auf dem Körper). Der Herrenrock (die Jacke) bei den

Männern wurde immer enger, mit hoch eingesetzten Ärmeln und schmalen Taschenklappen. Er wurde zu dieser Zeit als „Habit“ (Gewohnheit) bezeichnet. Ab der Taille wurde das Material versteift und stand ähnlich wie beim Reifrock ab. Weiße lange Kniestrümpfe durften auf keinen Fall fehlen und natürlich auch nicht die prächtige, gelockte Perücke.

Der Burmester hielt gerade eine feierliche Ansprache. Christhofs Augen glänzten feucht. Ein erhebendes Gefühl machte sich in seiner Brust breit. Der Sprecher bedankte sich bei den Einwanderern für ihre kühne Entscheidung. Tief bewegt schloss er seine Rede mit den Worten: „Euer Vertrauen gibt uns allen Mut, dass wir hier zusammen eine Existenz aufbauen können. Die Gegend wird schöner werden, als wir es uns träumen ließen. Allein kann das keiner schaffen, aber gemeinsam, mit vielen aufbauwilligen, zupackenden Ankömmlingen wird es uns gelingen. Sie leisten wertvolle, tatkräftige Hilfe.“ Kurzes Innehalten. Lang anhaltender Beifall und begeisterte Hochrufe erfüllen minutenlang die Luft. Hoch aufgerichtet steht der Burmester auf der Holztreppe und entlässt seine letzten Worte wirkungsvoll auf die Zuschauer: „Seid fröhlich mit den Fröhlichen!“

„Ach, wenn er das sein lassen könnte?“, dachte Rosalie. Das schien ihr alles so aufgesetzt zu sein. Christhof aber stand begeistert in der Menschenmenge. Da legte sich ihm eine Hand auf die Schulter und Burmesters Stimme sprach warm und eindringlich: „Ich hoffe, Sie sind auch fröhlich, Herr Justus?!“

„O ja, edler Herr … hm …“ Christhof geriet ins Stottern, denn er kannte den Namen seines Gegenübers nicht. Er streckte seine Hand aus und begrüßte den Burmester mit einem starken Händedruck. Christhof nahm gar nicht richtig wahr, was der Mann, der so edel gekleidet vor ihm stand, sagte. Seine Antwort klang jedenfalls richtig: „Ich will es versuchen … Herr … hm …“, kam es halblaut über seine Lippen.

Der Willkommensgruß klang immer noch nach in Christhofs Ohren, sodass er gar nicht bemerkte, dass er noch immer die Hand des Burmesters hielt. Er hatte das unbestimmte Gefühl, dass die Zeit von Kummer und Sorgen vorbei war und dass das gemeinsame Ziel der Existenzgründung im neuen Land sie beide eng miteinander verbinden werde.

Er beugte sich leicht und schaute seine kurzen Arbeitshosen an.

„Tja, was soll‘s, ich bin eben ein Arbeiter.“ Das störte ihn nicht im Geringsten, selbst wenn er gerade noch diesem fein gekleideten Mann gegenüberstand. Als der feine Herr sich verabschiedete, schaute sich Christhof um und sah die Menschen, die kleine Gruppen bildeten und sich angeregt austauschten. Er schaute sich noch mal genauer um und überlegte, welcher Gruppe er sich wohl anschließen wolle, denn sie waren alle fremd. Von Weitem drang Flötenspiel gemischt mit Tönen eines Saiteninstruments an sein Ohr.

Langsam schlenderte er durch die Menge und beobachtete die Leute. Junge Mädchen hatten sich etwas abseits am Graben des kleinen Flusses niedergelassen und flochten Kränze aus Blumen, die sie auf der Wiese fanden. Kinder spielten

Versteck, manche liefen um die Wette. Jungs bauten einen Bogen mit Pfeil und wetteiferten, wer das Ziel am besten traf. Junge Mütter beschäftigten sich mit ihren kleinen Kindern, manche kümmerten sich um die Zubereitung des Festessens. Auch wurde er neugierig von oben bis unten gemustert, mal freundlich, mal eher kritisch.

Rosalie setzte sich dankbar in den Schatten. Sie schaute sich um, konnte aber nichts entdecken, was darauf gedeutet hätte, dass sie hier nicht willkommen gewesen wäre. Niemand schien ihr besondere Aufmerksamkeit zu schenken.

„Da ist sie!“, hörte sie plötzlich eine eifrige weibliche Stimme rufen. Als Rosalie aufblickte, sah sie eine Frau auf sich zustürmen, eine andere hinter sich herziehend.

„Ich heiße Ruth!“, sagte die Frau, während sie ihre Hand ausstreckte.

„Darf ich vorstellen? Das ist meine Nachbarin Ingrid.“

„Guten Tag, Ruth. Guten Tag, Ingrid! Ich heiße Rosalie“, fügte sie hinzu, während sie einen kurzen Knicks machte.

Christhof schloss sich einer Gruppe Männer an, die ein Stück abseits standen, und stellte sich vor. Er war ein sehr gut aussehender, großer Mann. Seine kraftvolle männliche Statur konnte keiner übersehen, geschweige die Frauen. Seine blauen Augen versteckte er hinter seinem dichten, dunklen Haar, das etwas übers Gesicht hing. Er hatte eine enge braune Kniehose an und ein helles, langes Hemd, das wie eine ausgebleichte Tunika wirkte. Drüber trug er eine Weste. Die Bändchen am Hals waren nicht zugebunden, sodass seine schwarzen Brusthaare hervorlugten. Die Gemeinschaft, das gegenseitige Kennenlernen und natürlich auch das leckere Essen taten ihm gut. Doch langsam beschlich ihn eine hartnäckige Müdigkeit, die nach zwölf Monaten der Reisestrapazen ihren Tribut forderte.

Aufgebrochen waren sie am 22. Juli 1765 in Lübeck. Zuerst brachte sie das russische Schiff „Pinke Lev“ unter der Führung des Kommandanten Leutnant Fjodor Fjodorow nach Oranienbaum nahe St. Petersburg. Christhofs Familie war unter der Nummer 2373 auf der Liste des Schiffes vermerkt. Alle Kolonisten und anderen Passagiere wurden mit Vor- und Nachnamen der Reihe nach eingetragen.

Das beständige Wetter der letzten Tage erwies sich als ideal für die Überfahrt. Die Ostsee mit ihrem klaren blauen Wasser war ruhig. Die kleinen Wellen schlugen sanft an die Wände des Schiffes, während die Passagiere mit ihrem Hab und Gut an Bord gingen. Trotzdem war die Reise kräftezehrend, vor allem für seine Frau Rosalie, der die Seekrankheit sehr zu schaffen machte. Die meiste Zeit hielt sie sich auf Deck auf, nur zum Schlafen ging sie runter in die Kajüte. Mehrere kleine Passagiere erkrankten während der Überfahrt, manche starben und wurden auf rauer See beigesetzt. Unaufhaltsam bedrängten Rosalie die Erinnerungen an Emmi und jagten Schauder durch ihren ganzen Körper. Die Jungs hingegen amüsierten sich prächtig mit den anderen Kindern auf dem Schiff, mit denen sie vergnügt den Tag verbrachten. Christhof nutzte die Zeit, Erfahrungen mit den anderen

Kolonisten auszutauschen. Alle waren froh, als das Schiff in den Zielhafen einfuhr.

Von dort aus begann die beschwerliche Reise in der Pferdekutsche, die Christhof in St. Petersburg auf dem Pferdemarkt erwarb. Er hatte sich nach der Gegend erkundet und fuhr nach Oranienbaum, wo der Wochenmarkt stattgefunden hatte. Nicht weit war ein Pferdemarkt und er hatte sich zwei prächtige Zugpferde ausgesucht.

Bevor Christhof sich an diesen Abend zur Ruhe begeben konnte, musste er noch seine Pferde versorgen. Die Sonne ging unter und die Dämmerung senkte sich auf die Landschaft nieder. Er holte Heu für seine Pferde, anschließend brachte er Wasser und tränkte sie, während er die beiden streichelte und flüsterte:

„Na, ihr treuen, guten Vierbeiner, was sollte ich ohne euch tun?!"

Eine Weile stand er da, genoss die Abendluft und schaute sich die Gegend an und ging dann zu seiner Familie.

Die nächsten Tage musste sich Christhof mit Papieren beschäftigen. In den Veröffentlichungen findet man folgende Eintragungen:

In den 4 Bänden „Einwanderung in das Wolgagebiet in den Jahren 1764–1767" von I. Pleve sind die Einwohner der jeweiligen Kolonien nach dem Stand von 1768 aufgezählt. Im Einzelnen sind dies die Namen und Vornamen, Altersangaben, Religion, Beruf und Herkunftsort des Familienoberhaupts, die Namen seiner Ehefrau und der Kinder mit Altersangabe, Informationen über die von russischen Behörden gewährte Unterstützung und den Zustand der Wirtschaft zum Zeitpunkt der Erfassung. Die Kolonien sind in alphabetischer Reihenfolge den Bänden zugeordnet.

Justus Christhof, geb. 13.11.1736, Land Hessen, wanderte aus an die Wolga im Jahre 1765 im Alter von 29 Jahren mit seiner Frau Rosalie und drei Söhnen, Gottfried, Jakob und Johannes-Georg. Im Familienbuch bei Katharinenstadt, Gebiet Marks.

Einige Stunden später, als Christhof den unterschriebenen Vertrag in der Tasche hatte, saß er auf seinem Pferd und ritt einem anderen schönen Fleckchen Erde entgegen, das riesig und kalt war. Stunde um Stunde ritt er, ohne müde zu werden.

Nur eine kurze Rast legte er ein, um eine Stärkung zu sich zu nehmen. Am Spätnachmittag hielt er vor einer hohen, weinumrankten Mauer, die ihn an sein geliebtes Zuhause erinnerte.

„Jedes Häuschen hat sein Kreuzchen", erinnerte er sich, wie es seine Mutter zu formulieren pflegte.

„Unverändert", klang es plötzlich in seinem Gedächtnis. Er erinnerte sich an die Vergangenheit. Als er das alte Gebäude betrat, um Emmi zu besuchen, kam ihm der Bischof entgegen.

„Wie geht es meiner Tochter? Kann ich sie sehen?", fragte er, kaum mehr imstande, seine Ungeduld zu zügeln.

„Ist ihr Zustand immer noch derselbe?“

„Unverändert“, erwiderte Bischof Abram und betrachtete dabei aufmerksam das kantige Männergesicht von Christhof, das gerade vor Erregung fieberhaft gerötet war.

„Armer Kerl!“, ging es dem Priester durch den Sinn. Trotz aller Not, die ihn viel Elend, Tränen und Verzweiflung sehen ließ, hatte er sich ein mitfühlendes Herz bewahrt.

Christhof zögerte einzutreten, als Bischof Abram eine der braunen Türen weit öffnete. Zitternde Erregung hatte sich seiner bemächtigt. Es war, als wollten die Glieder ihm den Dienst verweigern. Lautlos zog Bischof Abram die Tür hinter ihm ins Schloss, nachdem er Schwester Charlotte einen Wink gegeben hatte, mit ihm den Raum zu verlassen.

Christhof war mit Emmi allein. Er befand sich in einem niedrig gebauten, aber von der Sommersonne durchleuchteten Raum, wo auf der linken Seite ein altes, robustes Holzbett stand. Dort entdeckte er die kleine, schmale Gestalt, deren dünne Händchen eine Stoffpuppe hielten, die Else, ihre Nachbarin, liebevoll für sie genäht hatte. Christhof vermochte kaum zu atmen. Unsagbar anrührend war ihr Anblick. Sein Herz pochte bis zum Hals.

„Emmi!“, rief er sanft. Der dunkle, kleine Kopf wandte sich ihm zu, die großen schönen Augen blickten ihn zuerst verständnislos an, bis sie ihn erkannte. Dann lächelte sie und winkte ihn freudig zu sich. Mit heller, klarer Stimme sagte sie: „Papi!“ Trotz ihrer Schwäche rannte sie in seine Arme. Weit breitete Christhof seine Arme auseinander und drückte seine Tochter innig an seine Brust, während ihm der Gedanke durch den Kopf schoss: Sie ist ja noch dünner geworden, als sie war. Er brachte kein Wort über die Lippen. Ihm war, als halte eine eiserne Faust seine Kehle umspannt.

„Weißt du, Papi, ich würde dir gerne meine Lise schenken, kennst du sie schon? Möchtest du meine Puppe halten?“, fragte sie spontan und richtete fragend den Blick auf ihn.

Christhof schüttelte den Kopf, ohne sich bewusst zu werden, was er tat. Er lauschte dieser zarten Stimme, die unsagbar sein Herz berührte.

„Du kennst sie nicht?“, fragte Emmi erstaunt. „Ich werde sie dir schenken, du bist mein bester Freund!“ Sie legte die Puppe in seine Hände und sagte: „Komm mit!“

Er hielt an und stieg von seinem Pferd. Die Gegend hatte ihn fasziniert. Er genoss die frische Luft in vollen Zügen und bewunderte das Land, als ganz stark die Erinnerungen an seine Tochter Emmi wieder hochkamen. Es wurde ihm plötzlich bewusst, dass er noch gar nicht an seine Kinder gedacht hatte, sondern nur an sich selbst. Plötzlich fielen sie ihm alle ein, er freute sich, dass sie jetzt sehr viel Platz haben und in Freiheit aufwachsen könnten. Er merkte, wie Emmi ihm fehlte …

Er presste die Lippen zusammen, stieg wieder auf sein Pferd, gab ihm die Sporen und galoppierte davon, um sich abzulenken.

Einmal muss es gesagt werden, jetzt hält er den Zeitpunkt für gekommen.

„Christhof, du richtest dich zugrunde, wenn du dich derart von der Vergangenheit beherrschen lässt", beginnt er vorsichtig sein Selbstgespräch. „Anderseits", dachte er weiter, „wenn ich die Erinnerung an Emmi wachhalte, falle ich damit doch niemandem zur Last."

Zu jener Zeit herrschte in Deutschland eine große Wirtschaftskrise. Zarin Katharina die Große, die die Deutschen nach Russland geholt hatte, hatte ihnen Land und Unterstützungsgelder zugesichert. Nicht nur das, es war ihr Wunsch, ein wenig deutsche Kultur in das riesige russische Reich hereinzuholen, denn sie war eine Deutsche.

Nicht viele folgten dem Ruf, unter härtesten Bedingungen ein neues Leben anzufangen. Doch es fanden sich immer Mutige und Christhof war unter ihnen. Er hatte es nicht bereut, war jedoch froh, dass die lange Zeit voller Anstrengungen, wenig Schlaf und einseitiger Ernährung hinter ihnen lag und er war frohen Mutes, ein neues Leben anzufangen.

„Ich habe da draußen im Grünen ein nicht allzu großes, aber reizendes Landstück entdeckt", sagte er zu seiner Frau, während er vom Pferd stieg.

„Es wird dir auch gut gefallen. Ich möchte es erwerben, damit wir unser eigenes Häuschen bauen und Felder bestellen können", fügte er hinzu.

„Du musst hungrig sein", mutmaßte Rosalie.

„In der Nähe liegt ein Birkenwald, wo du im Herbst vielerlei Beeren pflücken kannst. Du weißt ja, dass die russischen Wälder jede Menge Essbares zu bieten haben: Sanddorn, Blaubeeren, Preiselbeeren und Pilze", fuhr er fort.

Rosalie hörte ihm ruhig zu, machte sich aber über Beeren aller Art noch keine Gedanken.

„Wir werden es im Herbst sehen", flüsterte sie leise, während sie sich bei ihm unterhakte.

Zurzeit waren sie zusammen mit anderen Auswanderern in einer großen Baracke untergebracht, sodass jeder dankbar für ein kleines, bescheidenes Eigentum war.

An einem der nächsten Tage unterzeichnete Christhof den Vertrag mit dem Bevollmächtigten des Burmesters und das wirklich schön gelegene Land gehörte nun Familie Justus. Die Umgebung hatte er schon mit seinem Pferd erkundet. Das war ein kleiner Ort, ein bescheidenes Fischerdorf.

Es dauerte nicht lange und die Vorbereitungen für das Häuschen waren fertig. Die Auswanderer halfen sich gegenseitig mit Rat und Tat. Bis zum Herbst musste das kleine, in russischem Stil erbaute Häuschen fertig sein, denn man konnte nie wissen, wann die eisige Kälte hereinbrechen würde. Diese Bauweise ließ sich am schnellsten realisieren, war robust und bewährte sich in diesem Klima.

Beim Eintritt fiel die für sogenannte Altgläubigenhäuser typische niedrige Tür und die hohe Schwelle auf, die einen dazu bringen soll, den Kopf zu neigen, will man sich nicht aus mangelndem Respekt und fehlender Gottesfurcht ein kleines Mitbringsel auf der Stirn einfangen. Von dem zentralen Flur führte rechts eine Tür in das Wohn- und Schlafzimmer. Die Decken waren niedrig und das Zimmer war für ihre Verhältnisse klein, was für die kalte Jahreszeit von Vorteil war, denn es ließ sich am besten warmhalten.

Christhof musste einen Ofenbauer finden, der die örtlichen Bedingungen kannte und das nötige Know-how für den Bau eines Ofens besaß. Der Ofen wurde einmal pro Tag mit Holz geheizt, hielt aber die Wärme bis tief in die Nacht. Deswegen waren die Kinderbetten immer nahe dem verlängerten Schornstein gebaut, damit die Kinder ohne Frieren durchschlafen konnten. Manche Familien haben den Schornstein so breit gebaut, dass die ganze Familie darauf Platz zum Schlafen fand. Denn der Winter in Russland war lang und sehr kalt, so konnten sie während des Winters die wohlige Wärme des eigenen Ofens genießen.

Rosalie stand am Topf und bereitete ein Mahl für die ganze Familie zu, während Christhof mit dem Bau beschäftigt war. Die Kinder spielten auf der Wiese, die vor dem Wald lag. Rosalie rührte mit einem großen Holzlöffel den Inhalt des Topfes um. Ihre Gedanken wanderten dabei auf den Darmstädter Markt, wo sie reichlich Auswahl an frischen Lebensmitteln hatte. Manche Erinnerungen waren noch frisch und präsent, wenn sie jetzt Dosen öffnen musste, um Essen zubereiten zu können. Bald würden ihre Vorräte aufgebraucht sein, denn die Kartoffeln, Möhren und der Kohl waren nach langer Lagerung nicht mehr so gehalt- und geschmackvoll und sie sehnte sich nach frischem Obst und Gemüse und anderen saisonalen Köstlichkeiten.

Mitten in ihre Gedanken hinein hörte sie ihren Namen rufen.

„Hallo, Rosalie, du willst uns doch nichts vorenthalten? Ich habe gehört, ihr wollt auswandern?“, tönte es hinter ihrem Rücken. Sie schaute sich um und erwiderte:

„Ach du bist es! Schön, dich wiederzusehen!“, gab Rosalie zurück.

„Was wollt ihr denn da drüben? Ich habe gehört, dass die Russen stinken, weil sie raue Mengen von Knofel (Knoblauch) verdrücken?! Sie müssen wohl gewaltig stinken?! Wer kann das schon ertragen? Ich jedenfalls nicht?!“, frotzelte Barbara mit leicht sarkastischem Unterton.

„So unrecht hast du nicht, Barbara“, fügte Inge hinzu, die ein paar Häuser weiter von Rosalie wohnte und zufällig einige Gesprächsfetzen aufschnappte.

„Knoblauch muss sehr gesund sein! Was sollen denn die armen Russen tun, um bei der Kälte, die dort im Winter herrscht, zu überleben? Knoblauch ist das größte, pflanzliche Antibiotikum. Davon müssen sie schon reichlich verzehren, um gegen die Kälte gewappnet zu sein. Außerdem ist Knofel, wie du, meine liebe Barbara, ihn nennst, gegen Herzschwäche, Verstopfung, Würmer, Durchfall, jegliche Magenschwäche und Darminfektionen. Er beinhaltet jede Menge ätherische Öle, ist gegen Lungenbeschwerden und sonstige Infektionen. Ich habe diesen Knofel auch bei meinen Kindern eingesetzt gegen Warzen und bei mir selbst gegen Wechseljahresbeschwerden." Inge war wie ein wandelndes Lexikon.

„Wow! Der hast du es aber gegeben", dachte Rosalie. Da fügte Inge, die Fischverkäuferin, lächelnd hinzu:

„Tja, leider lässt sich der typische Knoblauchgeruch nicht ganz vermeiden. Wenn alle davon essen, fällt keinem der strenge Geruch auf. Nur wer keinen Knoblauch gegessen hat, hält es kaum aus."

Die Dorfbewohner in ihrem deutschen Städtchen Kisi verstanden sich gut, waren gern zusammen, lachten herzlich miteinander und neckten sich auch mal. Doch gab es auch andere. Als Emmi Justus starb, ging ein Gerücht im Ort herum, jemand behaupte: „Was der Mensch sät, das muss er auch ernten. Muss wohl Sünde bei den beiden gewesen sein, warum würde der Herr sie sonst so bestrafen."

„Nun, das ist jetzt Vergangenheit", dachte Rosalie, als sie hörte wie ihr Kleiner sich meldete.

„Mama, ich habe Hunger", rief Johannes-Georg und machte noch mehr auf die Dringlichkeit aufmerksam, indem er an Mutters Kleid zog und so Rosalie wieder ins Jetzt zurückholte. „Ja, mein Kleiner, gleich ist das Essen fertig", erwiderte sie und fuhr ihm mit ihrer Linken liebevoll über den Blondschopf.

„Ruf schon mal deine Brüder und deinen Vater!", fügte sie hinzu.

Der Kleine schrie aus lauter Kehle: „Essen ist fertig!"

Die ganze Familie kam eilig herbei, nahm im Garten auf der Decke Platz und genoss den Eintopf, den Rosalie noch aus übrig gebliebenem Reiseproviant zubereitet hatte. Christhof nahm das Brot und brach ein großes Stück ab, die Kinder machten es ihm nach. Sobald alle satt waren, gingen sie wieder ihrer Aufgabe nach. Es war wichtig, dass Sie vor der hereinbrechenden, ungemütlichen Jahreszeit sesshaft wurden und vorsorgen konnten.

So verging ein Tag nach dem anderen, als der Herbst vor der Tür stand. Die Familie konnte in ihr bescheidenes neues Heim einziehen. Rosalie beschäftigte sich mit den Vorbereitungen für den langen und kalten Winter, den sie zum ersten Mal erleben würden. Christhof sorgte dafür, dass sie reichlich Holz hatten, um den Ofen zu heizen. Die Jungs halfen fleißig mit. Der Vater hackte und sie stapelten die Scheite hinter dem Haus.

Es waren fast zwei Jahre vergangen, seit sie ihr geliebtes Städtchen Kisi in Hessen verlassen hatten. Rosalie litt immer noch unter dem Verlust von Emmi, aber der Schmerz wurde mit der Zeit erträglicher. Sie erinnerte sich an einen ihrer letzten Besuche bei der schwer kranken Emmi.

Voll Freude hatte sie ihr ein Puppenbett gezeigt, das Else mit einem schönen, hellen Stoff bezogen hatte. Emmis schönes, schmales Gesicht war von rosiger

Glut überhaucht, als sie sich niederbeugte und mit aller Zartheit eine Puppe aus den Kissen hob. Unbekümmert um die Gegenwart Rosalies liebkoste Emmi die Puppe.

Sie schien die Anwesenheit ihrer Mutter vergessen zu haben, die ihr immer fremder wurde. Selbstvergessen plauderte sie mit ihrer Puppe. Rosalie saß dabei, jedes Wort nahm sie in sich auf, während es ihr schwerer und schwerer ums Herz wurde.

„Es wird Zeit, dass ich wieder aufbreche", dachte Rosalie und bewegte sich zögernd Richtung Tür, als Charlotte, die Helferin von Priester Abram, herein kam. Rosalie sah sie mit verstörtem Blick an, aufgewühlt bis ins Innerste ihrer Seele. Dann ging sie langsam auf ihr Töchterchen zu und sagte:

„Emmi, ich muss wieder gehen." Sie zog sie sanft von dem Puppenbettchen fort in ihre Arme.

„Kommst du wieder?", fragte Emmi leise.

„Ja, ich komme wieder, Liebes, bald komme ich wieder!", wiederholte die Mutter sich.

Aber der Gedanke an ihre kranke Emmi schnürte ihr die Kehle zu.

Zu Hause angekommen, konnte sich Rosalie kaum noch auf den Beinen halten. Kraftlos sank sie auf einen Stuhl und verbarg ihren Kopf in den Händen. Sie spürte nicht mal die heißen Tränen, die über ihre Wangen rannen.

„Du siehst nicht gut aus", stellte Christof beim Eintreten fest und beugte sich liebevoll zu seiner Frau. „Machst du dir über irgendetwas Sorgen?"

Rosalie schaute gedankenverloren auf und dann glitt ihr Blick suchend umher und blieb an den durch die Erinnerung geheiligten Gegenständen haften, die Emmi einst in ihren Händen gehalten hatte.

Christhof richtete sich auf, streckte seine Hand aus nach einem Becher, um seinen Durst zu löschen, während er sich zu Rosalie mit den Worten wendete:

„Du richtest dich zugrunde, wenn du dich derartig von der Vergangenheit beherrschen lässt."

„Habe ich dir einen Grund zur Unzufriedenheit gegeben? Belästige ich dich etwa mit dem, was mich beschäftigt?", fragte sie beinahe gereizt.

„Nein, aber du leidest schwer darunter. Das sehe ich doch! Du bist nur noch ein Schatten deiner selbst!" Ein mitfühlender Blick streifte ihr Antlitz.

„Von mir, deinem Ehemann, darfst du dir das schon sagen lassen."

Sie wusste, dass sie die Vergangenheit nicht loslassen konnte. Alles was ihr lieb und teuer war, mussten sie hinter sich lassen.

Zuerst die lange Reise, die an ihren Kräften zehrte, dann das Bauen und Einrichten in der neuen Heimat und allgemein der neue Anfang hatten Spuren hinterlassen.

„Ist das etwa ein Wunder?", fragte Rosalie gequält, während sie die Hand vor den Mund hielt, um nicht laut loszuweinen. Aber die Tränen schimmerten in ihren

Augen.

„Nein, ich verstehe dich", erwiderte Christhof warmherzig.

„Deshalb möchte ich dir einen Vorschlag machen. Du wirst vielleicht sehr erstaunt sein, aber wenn du dich erst mit dem Gedanken vertraut gemacht hast, wirst du erkennen, dass er gut ist für dich und auch für unsere Kinder."

„Da bin ich wirklich neugierig", lächelte Rosalie. Christhof lehnte sich zurück und zeichnete mit der Hand einen Kreis in die Luft.

„Du musst aus dem Haus hier heraus, dass du nicht beständig an Emmi denken musst. Geh auf den Markt, besuche Ruth oder die Frauen in der Nachbarschaft", schlug er vor.

Rosalie verstand sich mit Ruth seit ihrer ersten Begegnung sehr gut.

„Du kannst dich nicht andauernd hinter deine Handarbeit verkriechen! Unternimm irgendetwas!", fügte er auffordernd hinzu.

„Ja, du hast Recht", erwiderte sie, als wollte Rosalie vor allem, was sie beschäftigte, fliehen. Sie stand auf und begann eine ruhelose Wanderung durch die Küche, während sie ihre Lippen zusammenpresste.

Während die beiden sich unterhielten, kämpften Gottfried und Jakob im Garten, den ihre Eltern angelegt hatten. Johannes-Georg saß unter einem Apfelbaum. Es war ein warmer Frühsommerabend. Sein Vater hatte ihm verboten, die grünen Äpfel zu essen, ehe sie nicht völlig reif waren. Doch die Versuchung war zu groß gewesen. Nun, einige Stunden, nachdem er von den verbotenen Früchten gegessen hatte, litt er unter den Konsequenzen seiner Sünde. „Sogar Adam und Eva damals im Garten", dachte er trübselig, „sind wohl nicht schneller und härter bestraft worden."

Er machte sich ein wenig Sorgen, ob er mit diesem Gedanken Gott vielleicht erzürnt haben konnte, dabei hielt er sich vor Schmerzen seinen Leib und wälzte sich unruhig hin und her. Wenn er jetzt seinen Vater um Hilfe bat, musste er bekennen, dass er ungehorsam gewesen war – und das fiel ihm fast noch schwerer. Er musste zugeben, dass er noch ein Kind war, das Hilfe brauchte und noch kein Mann wie seine Brüder, die sich jeden Tag aufs Neue zu beweisen suchten, wer von ihnen nun stärker war. Jetzt musste er mit seinen Problemen selber fertigwerden.

Lange kämpfte der Kleine mit sich und wünschte sich, er hätte seinem Vater gehorcht. In seinen Schmerzen erinnerte er sich an seine Mutter und an den Trost ihrer warmen Hand auf seiner Stirn, wenn er manchmal krank war. Letztendlich schluckte er seinen Stolz hinunter und betrat das Haus.

„Vati!" Christhof sprang sofort auf, noch ehe Johannes-Georg seine selbst verschuldete Not bekennen konnte.

„Was ist denn, mein Sohn?"

„Ich … ich bin krank. Ich glaube, da tobt jemand in meinem Bauch herum."

Christhof lächelte. „Jemand? Wer kann da schon toben?"

Johannes-Georgs Stolz war nun gänzlich dahin. Er sank neben seinem Vater auf die Knie und stöhnte:

„O bitte, Vati, ich habe von den grünen Äpfeln gegessen und muss nun sterben."

„Ich habe noch nie gehört, dass ein Junge von unreifen Äpfel gestorben sei", erklärte Christhof. „Aber ich weiß natürlich nicht, wie viele du gegessen hast."

„Nicht viele." Er versuchte seine Tränen zurückzuhalten.

„Also komm an den Tisch, deine Mutter wird dir einen Minzetee zubereiten", forderte Christhof ihn auf, während er seinen Sohn in die Arme schloss und mit der Rechten über seinen Blondschopf strich.

Als Johannes-Georg dann den Tee getrunken hatte, der seine Schmerzen schnell linderte, versprach er ernst: „Ich werde dir nie wieder ungehorsam sein!"

Mittlerweile waren auch seine Brüder des Kämpfens müde und kamen ins Haus. „Nun, wer hat gewonnen?", fragte Vater.

„Ich, Vater, ich", kam es stolz von Jakob.

„Gratuliere, mein Junge", sagte er und klopfte ihm auf die Schulter.

„Nun", wandte er sich an Gottfried, „du musst dich nächstes Mal anstrengen, immerhin bist du der Älteste."

„Ja, Vater, ich werde mir Mühe geben", erwiderte Gottfried gehorsam. Obwohl Jakob jünger war, war er sehr geschickt für sein Alter. Als sie noch kleiner waren, war Gottfried oftmals der Gewinner. Aber sein Bruder wurde größer und schaute sich die Strategie von ihm ab.

Sie waren hungrig und stürzten sich auf das Essen.

„Habt ihr auch gedankt, Jungs?", fragte der Vater. Gottfried murmelte ein schnelles Gebet, während es Jakob kaum erwarten konnte, anzufangen.

Am nächsten Tag ging Rosalie zum Brunnen, um Wasser zu schöpfen. Dabei kam sie nicht umhin, die aufgeregte Diskussion zweier Frauen mitverfolgen zu können.

„Katharina … die Große, … das ausschweifende Monstrum … Warum wohl dann diese völlig erfundenen Geschichten über Katharinas abartiges Sexualleben?", ereiferte sich die eine Frau. „Der Grund lag in der Französischen Revolution, deren erbitterte Feindin Katharina war. Die um Verbreitung von Frivolitäten nie verlegenen Franzosen stellten die Kaiserin als ‚geile Megäre' dar, die sich kompanieweise von Männern befriedigen ließ. Das Gerücht kursierte durch ganz Europa und hinterließ Wirkung", schilderte die andere besserwisserisch.

„Da muss eine Verwechslung vorliegen, würde ich vermuten", steuerte die erste bei.

Da meldete sich noch eine Frau zu Wort. „Das ist die erste Deutsche auf dem Zarenthron!" Rosalie hörte die ihr unbekannte Stimme und schaute sich um. Die Frau kannte sie nur vom Sehen, nicht ihren Namen.

„Hm … Ich aber habe gehört, dass sie trotz ihrer Zügellosigkeit eine gewisse Etikette und Kultur ins Land brachte."

Rosalie füllte ihre Eimer mit Wasser, sah noch mal nach den Frauen, die sich unterhielten, und ging nach Hause.

Abends als Christhof wieder da war, erzählte sie ihm von dem Gespräch am Brunnen.

„Sag mal, ist das wahr?“, fragte Rosalie ihren Mann.

„Da muss schon was Wahres dran sein, habe auch schon so was Ähnliches gehört. Aber das geht uns nichts an“ erwiderte er.

„Hauptsache, sie hat Wort gehalten und uns alles gegeben, was sie versprochen hat. Wir können uns nicht beklagen“, fügte er noch an, während Rosalie das Essen auf den Tisch stellte. Christhof genoss das Abendessen und erzählte ihr, was er so erlebt hatte. Es gab Spätzle, die Rosalie zubereitet hatte.

Sie war längere Zeit still und nachdenklich, während sie aufstand und den Tisch abdeckte.

So verging die Zeit und es schien, dass sie sich alle eingelebt hatten. Jeder Tag hatte seine eigene Mühe und so verflogen die Jahre.

Dem Frühling folgte ein schöner Sommer. Die Sonne schien hell und die Felder waren lang schon bestellt. Jeder ging seiner Arbeit nach. So wuselte Rosalie in ihrem Haushalt. Als sie nach draußen ging, sah sie von Weitem, wie zwei Frauen am Brunnen ankamen. Heute war Rosalies großer Waschtag und sie eilte mehrmals zum Brunnen, um Wasser zu holen. Sie hörte wie eine der Frauen meinte:

„Früher schon, doch in letzter Zeit hat mein Mann nicht mehr viel Grund zu lachen, denn der Mann seiner Schwester verstarb und seit Jahren kümmert er sich viel um sie und uns, weißt du. Sie wirkt sehr schwermütig, ihr Haushalt verkommt. Ihr Gesicht wirkt wie versteinert, die Augen düster und traurig, trotz der prächtigen, farbenfreudigen und lebensfröhlichen Gegend. Ihre Kinder blicken ihr mit frohen, erwartungsvollen Gesichtern entgegen. Doch dafür interessiert sie sich nicht mehr oder freut sich gar darüber.“

Da wusste Rosalie, dass die Rede von Mathildes Mutter war, denn ihr Sohn Jakob besuchte Mathilde öfters in der letzten Zeit. Christhof und Rosalie waren darüber nicht begeistert, denn dies heizte die Gerüchteküche an. Doch Jakob schien verliebt in dieses Mädchen und machte sich sogar Gedanken über eine Heirat. Immerhin hatte Gottfried, sein älterer Bruder, Metta geheiratet, die eine Straße weiter wohnte und ebenfalls einer Kolonistenfamilie entstammte. Doch Metta war das Gegenteil von Mathilde. Sie war überall beliebt und kam aus einer gesunden Herkunftsfamilie.

Jakob ließ sich nicht abbringen und heiratete bald seine Mathilde. Viel wurde über sie geredet, sie sei ein unordentliches und faules Luder und ein Großmaul noch dazu.

Wie gewöhnlich gingen die Dorfbewohner jeden Sonntag zur Kirche. Mathilde tat dies schon seit einigen Jahren nicht mehr und vermisste die Gottesdienste auch nicht. In letzter Zeit hatte sie überhaupt nicht mehr an Gott gedacht und war sich sicher, dass auch er nicht einen einzigen Gedanken an sie verschwendet hatte. So etwas spricht sich rum in einem kleinen Dorf, wo jeder sich kannte.

Ich passe irgendwie nicht in diese Kirche“, sagte Mathilde mit vollem Mund. „Alle sind so steif und prüde – vor allem meine Schwiegereltern. Jakobs Vater funkelt mich an, sobald ich mich rühre oder auch nur einen Pieps von mir gebe. Seine Mutter fand mein Kleid letzte Woche zu eng für die Kirche und hat mir jedes Mal, wenn ich die Beine übereinanderschlagen wollte, ein Zeichen gegeben, dass es sich nicht gehört. Sie hat mich sogar dazu gebracht, einen ihrer Hüte zu tragen. Ich in einem Hut! Ha! Er hatte Blumen drauf und so ein Netz dran. Ich sage euch, es war eine Qual.“

Metta konnte sich ihre Schwägerin Mathilde nicht als angepasste Kirchenbesucherin vorstellen. Ein Hut würde sie auch nicht weniger verführerisch aussehen lassen, selbst mit Blumen und Schleiern nicht. Sogar in einen Sack gehüllt würde sie noch die Blicke der Männer auf sich ziehen.

„Hör mal, warum setzt du dich nächste Woche nicht zu meiner Schwester Carolin und mir?“, schlug Metta vor, deren Schwester vornehme Kleidung trug und stumm neben ihnen her humpelte.

„Ja“, erwiderte Carolin voller Mitleid, „dann sitzen wir nächstes Mal zusammen.“

„Ach, was weißt du schon davon?“, antwortete Mathilde bedrückt.

„Du bist noch nicht einmal fünfzehn Jahre alt und weißt nicht, was es heißt, verheiratet zu sein. Dann hat man seinem Ehemann zu gehorchen, denn … und die Schwiegereltern noch dazu. Aber das möchte ich nicht!“ Ihre Stimme wurde leiser, während sie ihren Kopf neigte.

„Dann stelle ich dich nächstes Mal ein paar Leuten in deinem Alter vor“, fügte Metta, um eine Lösung bemüht, hinzu.

„Ach, ich weiß nicht. Die frommen Leute verurteilen Mädchen wie mich immer und mutmaßen, dass wir in der Hölle landen und so was. Ich bin nur hingegangen, weil meine Schwiegereltern mich praktisch dazu gezwungen haben, aber ich gehöre da eigentlich nicht hin. Wenn ich die Frauen dort sehe, wie sie lächeln und sich umarmen und heilig sind, dann weiß ich, dass ich nie dazugehören werde. Ich bin ganz anders als sie. Diese Leute haben gelernt, gut zu sein, seit sie zum ersten Mal in der Sonntagsschule waren und sie haben Eltern und Großeltern, die auch seit Ewigkeiten in die Kirche gehen. Ich habe meinen Vater nie kennengelernt, ganz zu schweigen von meinen Großeltern, aber ich bin mir ziemlich sicher, dass sie nie eine Kirche betreten haben. Mein Mann kennt mich und die Wahrheit über mich, aber seine Eltern offenbar nicht.“

„Aber es klingt so, als wäre die Kirche für die Familie deines Mannes sehr wichtig“, sagte Metta. „Warum versuchst du es nicht noch einmal? Setz dich nächstes Mal neben mich. Das wird sicherlich dazu beitragen, dass es bei euch zu Hause friedlicher wird. Es ist ja nur für eine Stunde. Es gibt nichts Schlimmeres, als in einer Familie zu leben, in der Krieg herrscht“, fügte Metta hinzu.

Als sie sich so unterhielten, kam eine ältere Dame dazu. Da wendete sich Mathilde ihr zu und flehte:

„Bitte sag, was du sagen willst, ich könnte einen Rat gebrauchen. Mein Mann hatte dich als Lehrerin sehr geschätzt."

Dann fuhr sie aufgebracht fort: „Ja, ich komme mit meiner Schwiegermutter überhaupt nicht zurecht. Es gefällt ihr nicht, wie ich mit meinem Mann und meinen Kindern umgehe. Egal was ich tue, es ist immer falsch! Was soll ich machen?"

Sigrid holte tief Luft. Sie war im Dorf bekannt als gute Ratgeberin, die die Dorfkinder unterrichtete.

„Manchmal musst du selbst entscheiden, was das Beste für dich ist, nur du kannst das beurteilen. Andere meinen es vielleicht gut, aber normalerweise verfolgen sie ihre eigenen Interessen. Ich frage mich, wenn dein Ehemann von dir verlangt, dass du das alles hier aufgibst, würde er es tun, weil es das Beste für dich ist oder für ihn?"

„Ich will nicht selbstsüchtig sein. Ich habe Kinder, an die ich denken muss."

„Deine Jungs sind intelligente, vernünftige Kinder. Trau ihnen was zu! Ich bin mir sicher, sie können es verkraften, wenn du ein inneres Ja hast. Außerdem kann ich mir nicht vorstellen, dass ausgerechnet du zu einer egoistischen Mutter wirst, die nicht an ihren Mann und ihre Kinder denkt."

„Danke", flüsterte Mathilde.

In den folgenden Jahren hatte sich nichts geändert. Christhof und Rosalie waren inzwischen Großeltern geworden und verstanden sich nach wie vor nicht besonders mit ihrer Schwiegertochter Mathilde. Deren Vater war früh verstorben, als sie noch ein kleines Mädchen war. Auf dem Schiff von Lübeck nach St. Petersburg hatte er sich eine schlimme Erkältung zugezogen, von der er sich nicht mehr erholte. Einer chronischen Bronchitis folgte eine Lungenentzündung, an der er schließlich starb. So stand seine Frau mit vier Kindern allein da, verarmt und unversorgt. Mathilde war die Jüngste, entsprechend verwöhnt, aber sehr hübsch und zierlich. Ihr Mann Jakob liebte Mathilde sehr. Sie wohnten an der Bergseite des Dorfes, wo Jakob sein Töpferhandwerk ausübte und Mathilde ihn dabei nach Kräften unterstützte.

Es war früher Morgen. Der Himmel war in dieser Zeit, wenn der Sommerregen zu Ende ging, leuchtend blau und wölbte sich über ihr wie eine riesige, nach unten gekehrte Schüssel. Mathilde, die mit schnellen Schritten zum Dorfbrunnen ging, blieb einen Augenblick stehen und blickte hinauf.

Könnten wir Ton finden, der so blau wird, wenn wir ihn brennen, überlegte sie, das würde sehr schöne Gefäße ergeben. Oder wir könnten dann wenigstens mit diesem blauen Ton verschiedene schöne Verzierungen auf den Gefäßen anbringen. Das würde bestimmt hübsch aussehen.

Eine bekannte Stimme riss sie aus ihren Überlegungen und der Betrachtung des

Himmels:

„Wonach hältst du Ausschau? Möchtest du Vögel für das Mittagessen fangen?"

Mathilde lächelte, während sie sich umdrehte.

Die Frau, welche jetzt auf sie zukam, war ihr so unähnlich, wie dies für Schwägerinnen nur möglich war. Sie war eine kleine, hübsche Blondine. Metta hatte große Ähnlichkeit mit ihrer Mutter – von kleiner Statur, blondhaarig, ausgeprägte und ein wenig verschmitzte Gesichtszüge, die nichts von der Ruhe und Ausgeglichenheit im Wesen erkennen ließen. Die Stirn war breit, darunter schön geschwungene Augenbrauen und ein voller Mund.

„Ach, ich habe nur das wunderschöne Blau des Morgenhimmels bewundert", antwortete Mathilde. „Du denkst doch sicher auch manchmal an andere Dinge als nur ans Kochen."

Metta musste sich Mühe geben, mit Mathilde Schritt halten zu können.

„Und du", gab sie zurück, „kannst du überhaupt an praktische Dinge denken?"

„O, ich habe sehr praktische Überlegungen angestellt", argumentierte Mathilde. „Ich überlegte gerade, wie schön es wäre, wenn mein Mann Tongefäße herstellen könnte, die eine so blaue Farbe hätten wie der Himmel heute. Schau ihn dir nur einmal an, im Sommer ist er nie so schön. Eigentlich nur an einem Winternachmittag gibt es diese klare leuchtende Farbe."

Metta schaute nicht einmal hinauf.

„Jakob wird über deine törichten Gedanken lachen", meinte sie. „Wie geht es ihm überhaupt? Und was macht die Töpferei?"

„Ach, wir kommen gut zurecht. Seitdem wir selbstständig sind, haben wir alle Hände voll zu tun", erwiderte Mathilde. „Und mein Mann scheint überzeugt zu sein, dass wir es schaffen werden."

„Hast du was Neues von den Schwiegereltern gehört?", fragte Metta.

„Was sollte ich denn hören?", entgegnete Mathilde knapp. „Was die Schwiegereltern angeht, interessiert mich gar nichts, das weißt du doch."

Metta zuckte ein wenig zusammen, als hätte ihr die Bemerkung ihrer Schwägerin Schmerz bereitet.

„Wie geht es euch? Was macht Gottfried?", erkundigte sich Mathilde.

Gottfried war Schneider und hatte nach der Hochzeit mit Metta mithilfe seiner Eltern ein Haus gebaut und sich dort mit Erfolg seine Schneiderei eingerichtet.

Die jungen Leute widmeten sich voll und ganz dem Aufbau ihres Geschäftes. Obwohl sie Gott von klein auf kannten, wollten sie ihn nicht anerkennen und ihm nicht danken. Stattdessen beschäftigten sie sich mit belanglosen Dingen wie Streit und Habsucht und nahmen schließlich in ihrer Unvernunft Gottes Willen nicht mehr wahr. Sie hielten sich für besonders klug und waren in Wirklichkeit die größten Narren. Statt den ewigen Gott zu ehren, begeisterten sie sich für vergängliche Idole.

Paulus sagte schon im Korintherbrief: „… wir sind untrennbar, auf Gedeih und Verderb, miteinander verbunden …"

Nun, es schien so, dass man nur den einzigen Weg einschlagen sollte. Mathilde legte überhaupt keinen Wert darauf, eine Beziehung zu ihrer Schwiegermutter zu pflegen. Deswegen kam es des Öfteren zum Streit zwischen Rosalie und Mathilde. So beschlossen Christhof, seine Frau Rosalie und ihr jüngster Sohn Johannes-Georg, nach siebzehn Jahren, im Sommer 1782, in das gerade neu entstandene Dorf Stahl zu ziehen. Es lag circa 37 Kilometer entfernt von St. Saratow. Sie siedelten sich am Ufer des Flusses Karaman an, der sie reichlich mit Fisch und Wasser für die Felder versorgte.

Zu dieser Zeit lebten im Dorf Stahl 43 Familien, das waren insgesamt 171 Leute, davon waren 91 männlich.

In Stahl angekommen mussten sie von vorn anfangen. Christhof baute ein Haus in unmittelbarer Flussnähe, etwas abseits von den nächsten Nachbarn. Er vergrößerte seine Schmiede, denn im Fischerdorf war sie doch zu klein, obwohl er reichlich Aufträge bekam. Nun war es auch für Johannes-Georg an der Zeit, sein eigenes Leben zu beginnen. Er heiratete ein hübsches Mädchen namens Hermine, das auf der anderen Seite des Flusses Karaman lebte. Von allen wurde sie Mina gerufen. Johannes-Georg arbeitete zusammen mit seinem Vater in der Schmiede. Hier hatten sie nicht so viel Land zu bearbeiten wie in Fischerdorf, wo Christhof viel Zeit damit verbrachte. So konnte er sich auf das Wesentliche konzentrieren.

Obwohl die Gegend abgelegen war, gefiel es ihnen, direkt am Fluss zu leben. Sie hatten reichlich Wasser für ihren Garten und die Schmiede. Gerne ging Christhof zum Fischen, der Fluss Karaman war für die ganze Familie von großem Nutzen.

Mina war ein nettes und fleißiges Mädchen. Sie kam aus einer reichen Familie, denn ihr Vater war Kunstsammler.

Häufig war er unterwegs, reiste durch große Städte und umliegende Dörfer.

Er kannte jeden Wochenmarkt, da es dort viele Schätze zu entdecken gab.

Oft erstand er ein Kunstwerk günstig und konnte es wesentlich teurer weiterverkaufen. Ein befreundeter, berühmt gewordener Künstler hatte ihn auf diese Idee gebracht. Auch für dessen Bilder suchte er Käufer.

Ab und an ging Johannes-Georg mit auf die lange Tour. Sein Schwiegervater Heinrich behauptete, dass sein Beruf mehr einbringe, ohne sich dabei körperlich zu sehr verausgaben zu müssen. Sein eigener Vater war nicht besonders begeistert, denn er war in seiner Schmiede auf die Mitarbeit seines Sohnes angewiesen.

Nach den schönen Herbsttagen, wo so gut wie alle Vorbereitungen für den Winter getroffen wurden, brach die Kälte und Härte des langen Winters herein.

Die eisigen Monate hatten alles im Griff. Christhof machte die Kälte sehr zu schaffen, kränkelte er doch zunehmend. In seiner Schmiede war es warm, draußen aber an manchen Tagen über 40 Grad minus. Oft nahm er sich nicht die Zeit, sich entsprechend anzuziehen, bevor er in die Kälte hinausmusste. Dazu kam noch die belastete Luft in der Schmiede, sodass er sich eine Atemwegserkrankung zugezogen hatte.

Als Christhof an jenem Tag heimkam, wirkte die Küche so richtig einladend. Nach dem langen Arbeitstag hatte er nur einen Gedanken: sich den Bauch mit Speis und Trank vollzuschlagen. Bevor er noch die Haustür öffnete, kam ihm der herrliche Geruch der Kochkünste seiner Frau entgegen. Rosalie stellte gerade den Schrubber zurück in die Besenkammer.

„Du siehst müde aus, mein Lieber. Das Essen ist noch im Ofen, dauert nicht mehr lang“, fügte sie hinzu.

Christhof legte seine Mütze und die dicke Weste ab. Wusch seine Hände und nahm Platz am Tisch. Es war nicht zu übersehen, dass es ihm nicht gut ging. Trotz gutem Appetit nahm er ab und hatte eine ungesunde Blässe.

Die Ruhe tat ihm nach all der Mühe und Hektik in der Schmiede so richtig gut. An diesem Abend servierte ihm Rosalie Kartoffeln mit Speck. Er genoss das gute Essen und die Gemeinschaft mit seiner Frau, die ihn auch noch mit Pflaumenkompott zum Nachtisch überraschte.

Obwohl Johannes-Georg seine Frau und die Zweisamkeit mit ihr sehr liebte und auch die täglich von ihr zubereitete heiße Mahlzeit schätzte, ging er immer wieder mit seinem Schwiegervater Heinrich auf Geschäftsreise. In der letzten Zeit war er häufiger unterwegs, denn in der Schmiede gab es nicht so viele Aufträge und Christhof kam allein gut zurecht. Bei seiner Rückkehr brachte er Frau und Kindern liebevoll ausgewählte Geschenke mit. Als sich Johannes-Georg gegen Ende des Winters erneut auf Geschäftsreise begeben wollte, machte ihm der plötzliche Tod seines Vaters einen Strich durch die Rechnung. Die Ursache war unklar und alle Dorfbewohner versammelten sich, um Christhofs Tod zu betrauern.

Mit großen Sprüngen eilte nun ein Bauer vom Dorf Stahl quer über die Wiesen und Felder, dem Dorf Fischer zu, wo er die traurige Nachricht verbreitete.

So machten sich Gottfried und Jakob mit ihren Familien auf den Weg, Abschied zu nehmen vom Vater beziehungsweise Opa.

Christhof war gerade 57 Jahre, als er starb. Beerdigt wurde er auf dem Friedhof von Stahl.

Nach den Trauerfeierlichkeiten ging Johannes-Georg zunächst in die Schmiede, denn auf ihn wartete dort einiges an Aufträgen. Außerdem musste er sich um den heruntergekommenen Schuppen kümmern, damit er dort wieder effektiv arbeiten konnte: die Ritzen, die mit der Zeit zwischen den Ziegeln entstanden waren, mit Lehm füllen, den Fußboden kehren und glätten, die Innenwände und Regale säubern. Zum Schluss kam noch weiße Farbe zum Einsatz, die er von seinen Reisen mitgebracht hatte. Alles hier erinnerte ihn an seinen Vater, doch er wollte die Schmiede nicht aufgeben, obwohl sein Herz nicht besonders daran hing.

Inzwischen hatte seine Frau Mina fünf Kinder geboren, drei hübsche Töchter und zwei Jungs. Die älteste hieß Helena-Justina, die zweite Margreth und die dritte war nach Minas Mutter benannt – Amalie. Die Jungs hießen Andreas und Wilhelm.

Die Flammen der Kerzen verschwammen vor Minas Augen, als ihr die Tränen kamen. Bemerkte überhaupt irgendjemand, was für eine Mühe sie sich gab, für ihre Familie zu sorgen.

Sie gingen immer in die Kirche und zogen ihre Sonntagskleidung an. Die Jungs sahen in ihren Anzügen wie kleine Männer aus. Doch Mina hatte keine Eile damit, dass die Jungs erwachsen wurden. Sie wünschte, die beiden wären noch Babys oder zumindest Kleinkinder in kurzen Hosen. Ihr Mann schimpfte ständig mit ihr, weil sie die Jungs zu sehr verwöhnte.

Nach dem Tod ihres Schwiegervaters half Mina ihrer Schwiegermutter, denn in den letzten Jahren stand es mit Rosalies Gesundheit nicht zum Besten. Die beiden hatten sich schon immer gut verstanden, deswegen half Mina ihr gerne, wenn sie Hilfe benötigte.

Die breite Straße war noch menschenleer, als Mina nach dem Wasserholen den schweren Wassereimer zurück zu Rosalies Haus schleppte. An einer Stelle, wo keine Häuser die Sicht behinderten, machte sie einen Moment Pause und blickte sich nach allen Seiten um.

Weiße Wolken zogen in lockeren Gruppen über den Himmel, die Sonne wärmte den beginnenden Tag mit ihren Strahlen. Nach dem mehrtägigen Frühlingsregen tat es besonders gut, in der Sonne stehen und ihre Wärme fühlen zu können. Mina zog mit ihrer freien Hand den Schal zurecht, den sie über den Schultern trug. Sie tat es sehr vorsichtig, um dabei nicht etwas von dem kostbaren Nass zu verschütten. Von dem Platz aus, an dem Mina stand, konnte sie quer über das kleine Dorf hinwegblicken auf die Felder und den Wald, wo sich das erste Grün wachsender Pflanzen zeigte. Dahinter erhoben sich graubraune Hügel, die einen niedrigen Bergrücken zwischen Feldern und Wald bildeten.

Einige Minuten hielt sie inne und betrachtete die lebendige, im ersten Grün schimmernde Landschaft, die so oft durch Nebel, Dunst oder im Sommer flimmernde Hitze verschwommen blieb oder die sie wegen ihrer Vertrautheit meist nicht beachtete. Dann wurde ihr plötzlich bewusst, dass viel Arbeit auf sie wartete und sie hier nicht träumend herumstehen konnte, als wäre sie faul oder hätte viel überflüssige Zeit. Eilig ging sie weiter dem kleinen Häuschen zu, das am Rande des Dorfes stand.

„Nett, dass du hereinschaust“, sagte Mechthild, die in der Nachbarschaft wohnte. „Danke!“, erwiderte Mina, während sie schneller über den Hof lief, um ihre Verlegenheit zu überdecken.

„Wie geht es deiner Schwiegermutter?“, fragte sie. Mina lächelte.

„Unserer Mutter geht es gut, nur ihre Augen, unter denen von vielen Jahren des Weinens schwere Tränensäcke hängen, sind groß und von dunklen Schatten umrandet“, fügte Mina hinzu.

Mechthild klopfte an der Tür und trat ein. Sie sah Rosalie am Ofen stehen, deren Witwenkleidung ihre Haut noch ein wenig dunkler und in einem warmen Ton erscheinen ließ. Mina kam hinterher, stellte den Eimer mit Wasser auf ein Regal, das nicht weit vom Ofen entfernt angebracht war, und trocknete ihre nassen Hände an der Schürze ab. Im Ofen legte sie noch ein paar Holzscheite nach, dann betrat sie den kleinen Nebenraum, der als Schlafzimmer genutzt wurde. Aus dem hellen Sonnenlicht kommend, zögerte sie auf der Schwelle, bis ihre Augen sich an das Halbdunkel des Raumes gewöhnt hatten.

„Schon so schnell zurück?" Rosalie schaute ihre Schwiegertochter an. „Schön, dass du heute Morgen Mechthild getroffen hast. Jetzt können wir wenigstens ein Schwätzchen halten", fügte Rosalie hinzu.

„Ich bin auch froh, dich zu sehen, Rosalie", räumte Mechthild ein. „Wie geht es dir?"

„Den Umständen entsprechend", erwiderte sie zögernd, während sie mit dem Kopf schüttelte.

„In den letzten Jahren hat Christhof noch ein kleines Haus gebaut, in der Hoffnung, dass seine Söhne es besser haben würden, aber die Söhne machten sich selbstständig und das war der Grund seines frühen Todes. Viel zu viel gearbeitet. Er war selten müde und steckte seine Kraft in die Häuser, Schmiede und Felder", bedauerte Rosalie.

„Ich bin dankbar, dass mich meine liebe Mina nicht vergisst", redete Rosalie weiter. Mina war beliebt im Dorf, sie lächelte nur, fühlte sich innerlich aber doch schuldig. Alle sprachen von ihrer Güte und Geduld, aber niemand schien nur zu ahnen, dass sich bei ihr unter der Oberfläche Ärger und Groll regten. Auf eine Weise war sie dankbar, dass die Leute alle so gut von ihr dachten, auf der anderen Seite wünschte sie oft, jemand zu finden, der auch Verständnis für ihre Gedanken und Gefühle gehabt hätte.

Langsam fing sie mit dem Haushalt an, während die beiden sich unterhielten.

Als Mina fertig war, rief sie nur: „Also, bis bald!", drehte sich um und eilte die Straße entlang, die zu ihrem Haus führte. Die Dämmerung brach an, als sie ihr Haus erreichte. Sie hob ihren Kopf empor und blickte zu den ersten Sternen, die zu sehen waren. Von Dankbarkeit überwältigt seufzte sie:

„Mein Gott und mein Herr, ich kann gar nicht sagen, wie dankbar ich bin. Du hast mir viel mehr gegeben, als ich verdient habe, sogar mehr, als ich je zu hoffen wagte. Ich danke dir, Herr, für alles." Einen Augenblick schwieg sie, dann fuhr sie fort: „Segne Rosalie, Herr! Gib, dass ihr Glaube fester wird. Du kannst es irgendwie möglich machen, Herr, dass sie erfährt, wie sehr du sie liebst."

Johannes-Georg (1760–1818), 58 Jahre, wurde wie sein Vater Christhof im Dorf Stahl beerdigt.

Gottfried und Jakob Justus mit ihren Familien waren bis ans Ende ihres Lebens im Fischerdorf geblieben. Gottfried direkt im Dorf, Jakob auf der Bergseite.

Kapitel 2

Der Kummer …

„Die Liebe hemmet nichts; sie kennt nicht Tor noch Riegel
und dringt durch alles sich; sie ist ohn Anbeginn,
schlug ewig ihre Flügel und schlägt sie ewiglich.“

Matthias Claudius

An einem trüben Tag ließ endlich gegen vier Uhr der Regen nach. Der grau bewölkte Himmel lockerte sich ein wenig auf. Eine kühle Brise wehte durch den Hof. Immer mehr Familienangehörige tauchten auf. Man begrüßte einander freudig, umarmte und küsste sich. Die Frauen teilten Speisen aus, die sie in ihren Töpfen mitgebracht hatten. Ein junger Mann sorgte für das Feuer und bald roch es nach Gewürzen und Fleisch. Es war ein ruhiger Ort namens Kieselbach, im Land Hessen gelegen. Der gut aussehende junge Mann, der am Feuer stand, hieß Andreas Justus. Um sein dichtes, schwarz gelocktes Haar wurde er nicht nur von den Frauen beneidet. Seine große männliche Statur war auch unter den Männern bekannt, die sich schon des Öfteren angelegt hatten, um ihre Kräfte zu messen. Von seiner Geburt im Jahre 1725 an, kannte ihn so gut wie jeder. Er war fleißig, humorvoll und attraktiv dazu. Wenn er mit seinen 1,85 Meter in einen Raum stürmte, richtete sich die Aufmerksamkeit sogleich auf ihn, wie Sonnenblumen, die sich der Sonne zuwenden.

Hier lebten überwiegend die Landwirte, die für den Wohlstand der damaligen Zeit sorgten. Denn es herrschte in Deutschland Krieg, aber dieses Örtchen wurde Gott sei Dank noch verschont. So hatte jeder Bewohner allerhand zu tun. Sie mussten vom frühen Morgen bis zum späten Abend arbeiten. Doch Andreas machte es nichts aus. Er war stark und gesund. Besonders liebte er jene Beschäftigungen, wo er gegen Ende des Tages sehen konnte, was er alles erreicht hatte. Er lebte mit seinen Eltern und seinen Geschwistern in einem Haus, das zum großen Bauernhof gehörte. Es lag in einer sehr „grünen“ Gegend. Als Ältester seiner Geschwister musste er den Überblick über alles behalten, denn sein Vater kränkelte in letzter Zeit. Der Sommer war so gut wie vorbei und die Bauern waren mit ihrem Ernteertrag zufrieden, obwohl er im vergangenen Jahr besser ausgefallen war. Von Generation zu Generation herrschten in Kieselbach bestimmte Sitten, die nicht wegzudenken waren. Kieselbach gehörte zur Gemeinde Robenau im Kreis Gießen.

So bereitete sich die ganze Dorfgemeinschaft zum alljährlichen Erntedankfest vor. Die Felder waren abgeerntet, die Wiesen gemäht und das Getreide eingebracht. Jede Familie wusste, was sie zu tun hatte. So konnte man also feiern, da alle Vorbereitungen getroffen waren. In Kieselbach lebten überwiegend Lutheraner, diese verstanden sich untereinander gut. Nun war es so weit. So wie jedes Jahr trafen sich alle Dorfbewohner im Gemeindehaus, das mit Obst, Gemüse und Blumen geschmückt war. Hinter dem Gemeindehaus waren große Heuballen platziert, wo die Kinder toben konnten. Es war ein schöner, sonniger Tag und die Gesichter der Dorfbewohner strahlten mit der Sonne um die Wette. Jeder begrüßte jeden, wenn es auch manchmal nur ein Zuwinken war oder man sich bloß kurz unterhielt. Darauf waren alle bedacht. Niemand sollte sich am nächsten Tag den Mund darüber zerreißen, dass jemand schlechte Manieren hatte.

Plötzlich stieß Andreas seinem Bruder den Ellbogen in die Rippen, als er sah, dass ein paar junge Mädchen dazukamen: „Schau mal! Ist das nicht Elisabeth von Familie Faulstich? Sie ist aber hübsch geworden! Ich habe sie sehr lange nicht gesehen! Wie sie sich verändert hat!“ „Ja, da muss ich dir beipflichten, das hat sie!“ Sein Bruder reagierte ruhig und gelassen. Andreas hingegen konnte nicht mehr wegschauen. Elisabeth war wirklich eine Schönheit geworden. Alle Dorfbewohner nannten sie Lissi. Selten sprach sie jemand mit Elisabeth an. Sie war mittelgroß, schlank und hatte schöne, lange, blonde Haare. Ihre Augen strahlten himmelblau und ihr Lächeln verbreitete einen Hauch von Zärtlichkeit. Andreas fühlte sich von ihr wie gefangen. Er hatte sie schon immer gemocht, aber heute konnte er nicht mehr wegschauen. Er warf ihr die ganze Zeit verstohlene Blicke zu. Sie trug ein weißes Kleid mit hellblauer Spitze an Ärmel und Saum. Ihr Hut war im Farbton genau darauf abgestimmt. Während des Gottesdienstes fühlte sie sich beobachtet. Glücklicherweise trug sie ihren großen Hut, sodass sie ihr feines und hübsches Gesicht dahinter verstecken konnte. Andreas hatte absichtlich den Platz ihr schräg gegenüber gewählt, um zu ihr rüber schielen zu können.

Nach dem Gottesdienst strömten alle zu dem festlich gedeckten Tischen nach draußen. Andreas hielt Ausschau nach Lissi und er war fest entschlossen, sie anzusprechen. Schneller als erwartet stand er vor ihr: „Hallo, Lissi, wie schön dich wiederzusehen! Wir haben uns lange nicht gesehen. Du hast dich zu einer richtigen Schönheit entwickelt! Dein hübsches Kleid passt zu deinen strahlenden Augen …“ Er merkte gar nicht, wie er sie mit Komplimenten überschüttete. Doch er machte es mit Absicht, bevor es ein anderer tun würde. Er wollte der Erste sein. In seiner Vorstellung sollte sie nur ihm allein „gehören“ und das nicht nur an diesem Abend, sondern für immer.

Sie bedankte sich lächelnd mit einem königlichen Knicks, wobei sie sich leicht nach vorne beugte. Wie gewöhnlich saßen die jungen Leute an einem Tisch zusammen. So konnte Andreas Lissi viel Aufmerksamkeit schenken, sodass es auch den anderen Jugendlichen auffiel. Er trug ein weißes Baumwollhemd und eine schwarze Hose. Sein Haar war ordentlich zurückgekämmt. Oberflächlich betrachtet verkörperte er den Schwiegersohn, von dem alle Eltern träumen: ein kräftiger, großer, anständig gekleideter, attraktiv aussehender junger Mann mit guten Manieren. Talentiert und nicht zu vergessen: Er besaß eine Schlagfertigkeit, die er nutzte, um mit Erwachsenen zu scherzen. Nach dem Essen hatte er sie zum Spaziergang eingeladen. Sie war nicht abgeneigt. Es wäre auch dumm von ihr gewesen, denn er war ihr sympathisch. Nach der langen, fröhlichen Feier und der wunderschönen Stimmung schien es, dass sich die beiden ineinander verliebt hatten.

Später, als Lissi ins Bett gehen wollte, unterhielt sie sich mit ihrer Schwester Marie, die so gut wie alles mitbekommen hatte. „Ich glaube, ich bin verliebt“, sagte Lissi. Marie entgegnete mit einem gut gelaunten Augenzwinkern: „Das konnte heute auch keiner übersehen. So wie er dich während des Essens angeschaut hat, mit diesen verstohlen auffälligen Blicken! Zu schön!“

So verging die Zeit. Beide starteten beflügelt in den Tag und die Arbeit ging ihnen leicht von der Hand. Nach der anstrengenden Feld- und Hofarbeit konnte Andreas es kaum abwarten, endlich seine Lissi zu besuchen. Sie verstanden sich sehr gut und lachten viel miteinander. Eines Abends, nach einem langen Spaziergang, standen beide hinter dem Haus. Dort war eine Scheune, wo sie Heu lagerten, Tiere untergestellt und die Ackergeräte untergebracht hatten. Da ging Andreas auf seine Knie, während er seine Hand ausstreckte und ihr eine feine Schachtel überreichte:

„Möchtest du, liebe Lissi, mich heiraten?“ Anmutig und hoffnungsvoll schaute sie ihn an. Sie war überglücklich, denn sie liebte ihn sehr. Es verging fast ein Jahr, bis sie an einem sonnigen Septembertag im Jahre 1747 in Kieselbach ihre Hochzeit feiern konnten. Die Trauung fand im Gemeindehaus statt. Die Ernte war schon eingebracht, sodass sie in aller Ruhe feiern konnten. Nach der Hochzeit zog Lissi zu Andreas und sie gehörte nun zur Familie Justus, die große Ackerbauern waren. Das frisch vermählte Ehepaar war sehr glücklich miteinander.

Andreas hatte auch wie Christhof Justus, der vor einem Jahr nach Russland ging, mit dem Gedanken gespielt, auszuwandern. Denn von der russischen Regierung waren den Auswanderern pro Familie fünfunddreißig Hektar Land versprochen sowie landwirtschaftliche Geräte und Vieh zugeteilt. Allerdings ging die Ansiedlung mit erheblichen Schwierigkeiten voran, zumal die vorgefundene Wirklichkeit nicht unbedingt mit den Versprechungen des Manifestes der Zarin übereinstimmte.

Die Zarin, eine geborene Prinzessin Sophie Friederike Auguste von Anhalt-Zerbst, stammte aus Deutschland. Sie versuchte die wirtschaftliche Entwicklung und Kultivierung des Landes mit Aussiedlern voranzutreiben, deswegen rief sie ihre Landsleute. Katharina II. bot ihnen mehrere Freiheiten: Freistellung vom

Militärdienst, Gewährung zinsloser Aufbauhilfen, Steuer- und Religionsfreiheit. Was will der Mensch mehr?

Gleich nach einem Jahr Ehe, also im Jahre 1748, bekamen Andreas und Lissi ihren Erstgeborenen: Johann-Heinrich. Im Jahr 1752 kam die Tochter Helena zur Welt. Ihr drittes Kind, Andreas, wurde 1755 geboren. Lissi nannte ihn so, weil sie unbedingt einen Sohn haben wollte, der so hieß wie ihr Mann. Der kleine Andreas war gerade vier Jahre alt, als Lissi im Jahr 1759 Johann-Balthasar gebar. Alle Kinder wurden in Kieselbach geboren. Niemand konnte einschätzen, wie lange der Krieg noch wüten würde. Andreas und Lissi machten sich große Sorgen um ihre Söhne, denn wenn sie größer würden, müssten sie in den Krieg ziehen, um das Land zu verteidigen. Es gab mehrere Gründe, um auszuwandern: Missernten und Hunger sowie Einschränkung der Glaubensfreiheit. Es mussten Heeres- und Frondienste für die eigenen Fürsten und die fremden Mächte wie auch der Besatzung geleistet werden.

Zu dieser Zeit waren sehr viele Abwerber der Zarin Katharina II. in Deutschland unterwegs, die den Leuten ein schönes Leben versprachen. Alleine von März bis zum Juni 1766 gaben sich 375 Paare das Ja-Wort, denn erst als Verheiratete kam man in den Genuss der versprochenen Privilegien. Doch der Reichstag und die großen Reichsstände reagierten auf die Anwerbungen mit drastischen Verboten, um eine so genannte „Reichsentvölkerung“ zu verhindern. Die Werber mussten in kleine Herrschaften ausweichen. Denn aus vielen Gegenden Deutschlands waren Leute zur Auswanderung bereit. Aus Hessen erfolgte 1763–1767 die Hauptauswanderung in das Wolgagebiet. Das Manifest legte besonderen Wert auf Einwanderer, die gute Landwirte, Handwerker, Winzer oder Viehzüchter waren.

Hier nahmen daher zahlreiche der großen, militärisch organisierten Trecks ihren Ausgang, welche die Auswanderer und ihre Habe per Wagen die Flüsse hinab nach Lübeck führten, um dann die Reise über die Ostsee zum russischen Hafen Oranienbaum fortzusetzen. Von dort aus fanden die Menschen leider erst Monate später ihr Ziel und ihre neue Heimat an der mittleren Wolga. (Quelle: „250 Jahre russlanddeutsche Geschichte“)

Nach mehreren Gesprächen und schlaflosen Nächten stand ihr Entschluss fest. Ihre große Familie half ihnen, die ganzen Vorbereitungen zu treffen. So wanderten Andreas und Lissi mit ihren Kindern im Jahre 1766 nach Russland aus.

Christhof Justus und seine Frau Rosalie waren nicht die ersten Kolonisten gewesen, die nach Russland auswanderten. Viele Deutsche hatten bereits ihr geliebtes Land verlassen. Es sprach sich rum, denn zu dieser Zeit wütete noch der Siebenjährige Krieg. So war es von Katharina II. ein gutes Angebot, nach Russland einzuwandern.

Zusammen mit mehreren anderen Familien machten sie sich auf den langen Weg. Nun war es so weit, die ganze Familie war komplett auf dem Schiff. Andreas stand an der Spitze des Schiffes, hielt das Gesicht in den Wind und beobachtete, wie die anderen Leute mit ihrem Hab und Gut aufs Schiff gelangten. Feuchte Seeluft war im leichten Wind zu spüren und bildete einen schrillen Kontrapunkt zum Knarren und Knattern des Segeltuchs und der verwitterten Planken. Nach kurzer Zeit stach das voll beladene Schiff in See. Alle waren gut gelaunt, voller Hoffnung und gespannt, was die Zukunft ihnen bringen würde. Doch nach zwei Wochen legte sich die Stimmung.

Eine merkwürdige Unruhe durchbrach die ruhige Atmosphäre auf dem Schiff. Viele Passagiere vertrugen die Reise nicht. Einige beklagten sich über verschiedene Wehwehchen, andere waren seekrank. Nach etwa vier Wochen stellte man fest, dass die Schwindsucht ausgebrochen war. Besonders kleine Kinder starben an dieser Krankheit und an den Strapazen der Reise. Von Andreas und Lissi überlebten drei Kinder die schwere Reise nicht und wurden unterwegs im Meer „bestattet". Helena war 14 Jahre alt. Sie steckte sich als Erste mit dem Virus an. Für sie war die ganze Reise ein Fiasko, denn sie litt stark an der Seekrankheit. Ihr Mund hatte sich mit Magensaft gefüllt. Ein Anzeichen dafür, dass das Gewürge gleich wieder losgehen würde. Doch letztlich hatte sie die Schwindsucht in den Tod gerissen. Während das Schiff in einem Wellental erzitterte, als es in die Gegenströmung der Küste geriet, schien es seine plötzliche Unruhe widerzuspiegeln. Wie sollte er nur Lissi sagen, dass sie ihr Mädchen ins Meer geworfen hatten. Es ist besser von der Wahrheit verletzt zu werden, als mit einer Lüge getröstet zu werden, dachte Andreas und war froh, dass er die Nachricht über seine Lippen brachte. Seufzend ließ sich Andreas auf das Bett der Kajüte sinken. Ein Lichtstreif fiel zwischen ihnen übers Bett. Einen Moment lang glaubte Andreas in dem aschgrauen Gesicht seiner Frau das genaue Ebenbild seiner Tochter Helena zu erkennen. Nicht die Helena, mit der er spielte, nicht Helenas Gesicht, die den Hügel runtergelaufen war, wenn die Sonne im Osten unterging. Es war vielmehr jene Helena, die er in eine Decke eingewickelt hatte, um sie im Wasser zu „bestatten".

Nach Helena wurde der siebenjährige Johann-Balthasar krank. Für ihn kam jede Hilfe zu spät. Anschließend Andreas, der elf Jahre alt war. Während er da lag, dachte er daran, wie sie als Familie ihr Haus und ihre Heimat verlassen hatten. Dort verbrachte er sein ganzes Leben. Er vermisste sein Zuhause und wollte heim. So geschah es auch, er ging heim. Sein Vater kniete vor ihm und weinte. Unsere drei Kinder, alle tot! Unvorstellbar! Im düsteren Licht des Mondes war Lissis glasiger Blick erkennbar, der von einem Passagier zum nächsten wanderte. Trotz der Kälte standen ihm Schweißperlen auf der Stirn, denn beide hatten bis zur letzten Sekunde gehofft. Lissi zog ihren Schal übers Gesicht und brach in Tränen aus. Andreas' Gesicht wurde so blass wie der Mond, der über ihnen schwebte.

Nur Johann-Heinrich, der Erstgeborene, blieb am Leben. Auch er trauerte um seine Geschwister, sah die verzweifelten Gesichter seiner Eltern und dachte: „Väter sollten eigentlich nicht weinen?!“ Es war nicht leicht, seinen eigenen Vater schluchzen zu sehen. Er jagte ihm damit Angst ein. Johann-Heinrich merkte, wie seine Mutter Lissi „dahinwelkte“. Es gab einfach keinen besseren Ausdruck dafür. Sie schaute ihren Mann mit leerem Blick an. Kein Zeichen des Erkennens ließ sich in ihren Augen ausmachen. Ihre Schultern waren hochgezogen und das Fleisch ihrer Wangen hing herab, als wäre es zu erschöpft, sich an den Knochen darunter festzuhalten. „Drei Kinder!“, es ging ihr nicht aus dem Kopf. „Drei Kinder …“, wiederholte sie weinend, immer und immer wieder. Andreas ging es nicht anders. So hatte er sich sein Leben nicht vorgestellt. Plötzlich bekam er keine Luft mehr. Er hatte das Gefühl sie war dick, beinahe fest, sodass er nicht atmen konnte. „Seit wann ist Luft fest?“, dachte er. Am liebsten würde er sie in kleine Stücke zerbrechen und sich in die Luftröhre stecken. Sein Hals war wie zugeschnürt. „Das ist ein Ort zum Sterben“, dachte er. Ein Schrei stieg in ihm auf, noch einer und noch einer …!

Er wusste nicht, was er tun sollte, ja nicht einmal, ob er überhaupt hier bleiben wollte. Zorn flackerte in ihm auf. Er war wütend auf sich selbst, auf das Schicksal, auf seine eigene Machtlosigkeit. Es gab keine offensichtliche Lösung für seine Probleme. Nicht nur Helena, auch die beiden Jungs wurden im Meer „bestattet“. Alle wollten den Virus so schnell wie möglich loswerden.

Es war ein warmer sonniger Tag im Juni, als sie eintrafen. Die See war ruhig und klar wie ein Spiegel. Andreas und Lissi alterten während dieser Reisezeit sehr. Das harte Schicksal hatte sie müde gemacht. Sie wünschten sich ein ruhiges Plätzchen zum Erholen. Doch die Reise war noch nicht vorbei. Viele Kilometer lagen noch vor ihnen. Manchmal schlich sich doch noch ein guter Gedanke über die Zukunft ein und gab ihnen Mut und Hoffnung. Keiner hätte jemals gedacht, dass es sie so treffen würde! Des Öfteren flüsterte Andreas ein Gebet vor sich hin: „ … Ja, ich will so beten können, dass mein Gebet nicht nur zur Decke steigt, sondern erhört wird …“ Sie waren beide total erschöpft. Der große Kummer hatte sie von innen fast zerfressen. Sein schlechtes Gewissen plagte ihn zusätzlich, denn er wusste nicht, ob es die richtige Entscheidung war, auszuwandern. Aber nun waren sie hier angekommen und es gab kein Zurück. Seine Augen blickten zu seiner Frau und ihrem Hab und Gut. Lissis Anblick brach ihm das Herz. Nach allem, was sie sich erträumt hatten, nach allem was sie aufgebaut und geplant hatten, war dies nun die Summe ihres Lebens. Ein enttäuschter Ehemann und ein bisschen Hab und Gut. Er versank in Gedanken und erinnerte sich, wie eines Abends etwas wie „Donnergrollen“ zu hören gewesen war und die Erde leicht bebte.

Seine Kinder rannten schreiend zu ihm. Er schloss sie fest in seine Arme. Der kleine Johann-Balthasar rief: „Vati, was war das?“ „Schhh…, mein Junge …, ich denke das war eine Bombe!“, erwiderte er leise, während er seinen Kleinen noch näher an sich zog.

„Vati, was ist eine Bombe?", fragte Johann-Balthasar. „Das erkläre ich dir, wenn du größer bist", antwortete er. Im gleichen Augenblick blitzte ein weißes Licht auf und tauchte den Himmel in Silber. Sie sahen ein weiteres Blitzen und hörten viele Schüsse. Zusammengekauert saßen die Kinder bei ihrem Vater.

„Sie jagen Enten, habt keine Angst meine Lieben!", beruhigte Andreas seine Kinder. Nun wurde ihm schmerzlich klar, dass er ihnen gar nicht mehr erklären konnte, was eine Bombe ist! Gerne würde er seine Kinder wieder umarmen und ganz doll an sich drücken.

Die stärksten Kräfte der Natur sind die unsichtbaren: Hitze, Schall, Elektrizität, Schwerkraft, Kernkraft und so sind auch die mächtigsten Fähigkeiten des Menschen unsichtbar: Denken, Glauben, Lieben, Wünschen. Man kann sie nicht sehen, aber man spürt ihre erstaunliche Wirkung.

Leider mussten sich Lissi und Andreas von ihren Wünschen trennen, und zwar für immer.

Ein deutscher Dichter, Cäsar Flaischlen, fand um die Jahrhundertwende zu den tröstenden Worten: „Und wenn es kommt und wenn's dich fasst und über dir zusammenschlägt, Streit und Neid und Hast und Last …vergiss nicht, dass du Flügel hast!"

Für die beiden waren es nur schöne Märchen. Doch das alles hatte Andreas nicht ermutigt. Er trauerte sehr um seine Kinder. In Deutschland wollten sie dem Krieg entrinnen und auf der Ausreise verloren sie drei ihrer Kinder … Des Öfteren dachte er an Hiob, der sagte: „Wovor ich Angst hatte, genau das hat mich getroffen."

Jemand schrie und holte Andreas in die Realität zurück. Nein, es war kein Schreien. Es war ein Wehklagen. Er schaute sich um und sah von Ferne, wie mehrere Passagiere sich zu einem Kreis zusammengedrängt hatten. Von Weitem konnte er ihre aufgeregten Stimmen wahrnehmen. Er lief direkt auf sie zu und sah, dass dort Kinder und Erwachsene tot auf den Brettern lagen. Die Epidemie war ausgebrochen und keiner konnte sie stoppen. Klagen verwandelten sich in Kreischen, das die Kehlen zu zerreißen drohte …!

Johann-Heinrich saß an Deck und schlug die Beine übereinander, dann stellte er sie wieder nebeneinander und legte die schweißnassen Hände auf die Knie. Ob er einen nervösen Eindruck machte? Er faltete die Hände, war aber bald mit dieser Haltung auch nicht mehr zufrieden und verschränkte die Arme auf der Brust. Er spürte das Blut in den Schläfen rauschen und fühlte sich ganz und gar einsam und verlassen. Gedanken schwirrten ihm durch den Kopf, während er auf der Bank hin und her rutschte. „Nicht noch mehr Leichen, bloß das nicht …!" Plötzlich sprang er auf und lief die hölzerne Treppe runter. Er öffnete die Tür der Kajüte, warf einen Blick zur Seite und dabei stockte sein Herz. Er stellte fest, dass die Betten seiner Brüder leer waren. Am liebsten hätte er aus tiefster Kehle nach ihnen gerufen, aber er befürchtete, dass er sich über den Klang seiner Stimme zu sehr erschrecken würde. Recht langsam setzte er sich auf sein Bett und dachte: „Ich sitze hier in einer dunklen Kajüte ohne meine Geschwister, Tausende von Kilometern von zu Hause entfernt.“ Ihre Namen durfte er nicht laut aussprechen, das zerriss ihm fast das Herz. Trotzdem sprach er leise: „Johann-Balthasar, Helena, Andreas!?“ Doch er hörte nichts. Sie waren weg!

Langsam näherte sich das Schiff der Küste. Vor ihnen lag der russische Hafen Oranienbaum. Hier warteten auf die Familien sowie auch auf Familie Justus neue Strapazen. Es mussten sämtliche Anträge gestellt werden und es dauerte wochenlang. Monate später wurde ihnen der Ort und der Acker zugewiesen. Endlich hatten sie ihr Ziel, ihre neue Heimat, erreicht!

Zu dieser Zeit kamen viele deutsche Einwanderer. Fachkräfte und Spezialisten waren begehrt, dazu gehörte auch Andreas. Fleiß und Tüchtigkeit der Aussiedler förderten den wirtschaftlichen Aufstieg Russlands maßgeblich. Von daher waren die Deutschen im zaristischen Russland willkommen und sehr geschätzt. Wie alle anderen Familien bekam Andreas mit seiner Familie viel Land und was dazugehörte. Sie waren am 28.07.1767 in der Kolonie eingetroffen und siedelten sich an der Wolga im Gebiet Samarer Gouvernement an, in der Kolonie „Dorf Fischer“, wo Christhof und Rosalie schon über ein Jahr lebten. Damit sie sich schneller einlebten, halfen sie ihnen mit allem, was sie konnten. Langsam, aber sicher fühlten sich Lissi und Andreas „angekommen“. Ihr Sohn Johann-Heinrich erfüllte ihnen, soweit es ihm möglich war, jeden Wunsch auf dem Hof. So waren sie zwar nur mehr die Hälfte, aber dennoch eine Familie.

Andreas saß gedankenverloren auf einer Bank – nach und nach zeichneten sich Bilder ab, die einander ablösten: Babys in ihren Wiegen, warm und rosig vom Schlaf. Ein Junge, der sein noch winziges Schwesterchen in einem kleinen roten Wagen zog. Eine Gruppe fröhlich lachender blutjunger Menschen und die schon ein wenig älteren. Das war er selber mit seiner Frau, die nun nicht mehr lachen konnte, weil das Leben so traurig war. Er hatte sich vorgestellt, wie er seine Tochter als Braut zu ihrem zukünftigen Bräutigam vor den Altar führen würde, wie die Söhne nach und nach ihre Auserwählten nach Hause bringen würden, um sie ihnen vorzustellen …“

Aber Andreas und Lissi sprachen nie über ihre verlorenen Kinder. Ganz so, als hätten sie niemals existiert. Denn wenn dieses Thema auf den Tisch kam, bereitete es ihnen so großen Kummer und Schmerz, dass sie beschlossen, nicht mehr darüber zu reden. Lissi fragte sich allerdings, ob er wohl manchmal von ihnen träumte.

Sie sah vom Schicksal sehr mitgenommen aus, war aber immer noch hübsch, wenn sie lächelte. Andreas dagegen litt nach diesem Verlust unter einer Lähmung der unteren Gesichtsmuskulatur, was es ihm unmöglich machte, zu lächeln. So sah er ständig grimmig aus. Es war seltsam, Andreas mit dem versteinerten Gesicht glücklich oder traurig zu sehen, denn dann glitzerte lediglich ein Lächeln in seinen ausdrucksstarken Augen oder sie füllten sich vor Kummer mit Tränen. Es heißt, die Augen seien die Fenster der Seele. Auf niemanden traf das so zu wie auf Andreas, der sich nur durch seine Augen zu offenbaren vermochte.

Die frühe Nachmittagssonne glitzerte auf dem Wasser, wo Dutzende von Papierbooten, von einer frischen Brise angetrieben, dahinsegelten. Die spielenden Kinder hatten sie ins Wasser gesetzt. Andreas blickte auf, entdeckte am Himmel zwei Drachen … und musste an seine Kinder denken. Abseits saßen zwei andere Jungs, die versuchten die Kinder zu ärgern, indem sie die Sonnenstrahlen mit einer Spiegelscherbe in ihre Augen reflektierten. Die Mutter eines Jungen bemerkte es und bedachte ihren Sohn mit einem finsteren Blick. Andreas versank in Erinnerungen: Wie er als Kind mit seinem Freund den Bauern hinterherjagte, die auf ihren Pferden unterwegs zum Wochenmarkt waren. Sie hörten schon von Weitem, wie sich die Herden ihrem Ort näherten. Sie hörten das Blöken der Schafe, das Meckern der Ziegen und das Bimmeln der Glöckchen an den Hälsen der Schafe. Dann rannten sie nach draußen, um zu beobachten, wie die Herde durch ihre Straße zog. Es waren Männer mit staubigen wettergegerbten Gesichtern. Sie als Kinder bewarfen die Ziegen mit Kieselsteinen und spritzten Wasser auf die Pferde. Er war als Kind ein richtiger Schabernack. Wie sehr wünschte er sich, seine Kinder spielen zu sehen und irgendwann Kindeskinder zu haben. Traurig schaute er den spielenden Kindern an dem Fluss zu. Doch das Schicksal hatte es anders gemeint: Männer und Frauen wie sie, die in ihrer Arbeit aufgehen, aber auch müde werden. Männer und Frauen, die wie sie auf das Wiedersehen mit dem geliebten Partner warten. Ein altes Ehepaar, Seite an Seite und Hand in Hand, die sich stumm noch viele gemeinsame Tage wünschen … Solche und ähnliche Bilder schwirrten in seinem Kopf umher. Viel Zeit war inzwischen vergangen. Aber das, was man über die Vergangenheit sagt, dass man sie begraben kann, stimmte nicht. So viel wusste Andreas nun.

Die Vergangenheit wühlte sich mit ihren Krallen immer wieder hervor. Wenn er heute zurückblickte, wurde ihm bewusst, dass er in den letzten Jahren seines Lebens immerzu diese Bilder vor Augen hatte: wie seine Kinder den Fischen zum Fraß ins Wasser geworfen wurden. Die Nackenhaare sträubten sich, wenn er nur daran dachte. Gerne hätte er eigenhändig seinen Kindern ein Grab schaufeln und einen Grabstein aufstellen wollen. Das Grab seiner Kinder besuchen wollen. Aber nein, nur das Rauschen von gewaltigem Meerwasser war in Erinnerung geblieben. Ein Schmetterling kreiselte vor ihm. Da dachte er: In der Schmetterlingswelt gibt es viele wunderschöne Blumen, die im Überfluss überall wachsen. In meinem Leben gibt es nur Kummer und Trauer.

Plötzlich erinnerte er sich, als er sich nach der Schule mit seinem Freund Harry traf. Er griff nach einem Buch und dann trabten die beiden einen Hügel hinauf, der nördlich von ihrem Bauernhof lag. Dort oben gab es einen verkommenen Friedhof mit langen Reihen von Grabsteinen, zwischen denen wirres Gestrüpp wucherte. Regen und Schnee hatten das Eisentor verrosten und die niedrigen weißen Steinmauern zerfallen lassen.

In der Nähe des Eingangs stand ein Apfelbaum. An einem Sommertag benutzte er eins von ihren kleinen Küchenmessern, um ihre Namen in die Rinde des Baumes einzuritzen. „Andreas und Harry" – Diese Namen machten es offiziell: Dieser Baum gehörte ihnen. Nach der Schule kletterten Harry und Andreas an seinen Ästen hoch und pflückten sich die roten Äpfel. Nachdem sie die Früchte gegessen hatten, las Andreas aus dem Buch vor. Manchmal im Schneidersitz unter dem Baum, während die durch das Laub gefilterten Sonnenstrahlen auf seinem Gesicht tanzten und Harry geistesabwesend Grashalme vom Boden zupfte. Harry war ein paar Jahre jünger und genoss es, wenn Andreas ihm Geschichten vorlas, die er selbst noch nicht lesen konnte. Stundenlang saßen die beiden manchmal unter diesem Baum. Selbst wenn die Sonne schon langsam im Westen verschwand, beharrte Harry darauf, dass sie noch genügend Tageslicht für eine weitere Geschichte oder ein weiteres Kapitel hätten. Er verbrachte eine gute Kindheit. Gerne erinnerte er sich daran. Das war nun die Vergangenheit.

Jetzt war er ein gestandener Mann, der einen großen Hof und jede Menge Land besaß, das er jedes Jahr zu bestellen hatte. Es bereitete ihm auch Spaß. Die Zeit verging und der Winter stand vor der Tür. Andreas genoss den russischen Winter, er war kalt und knackig. Es war kein Vergleich zum deutschen schmuddeligen Klima, mit seiner hohen Luftfeuchtigkeit und dem Regen war es sehr ungemütlich. Andreas liebte es, wenn er abends ins Bett ging, während der Schnee leise an sein Fenster klopfte, wenn der frische Schnee unter seinen schwarzen Stiefeln knirschte, wenn er am nächsten Morgen seine Tiere versorgte, wenn er abends mit seiner Lissi am Ofen saß, während draußen der Wind durch die Felder und Straßen pfiff. Er liebte es, wenn die Straßen, Bäume und Dächer unter einer dicken Schneeschicht lagen. Der Himmel war makellos blau, der Schnee so weiß, dass seine Augen zu brennen begannen, während die Sonne schien. Wie gewöhnlich nahm er eine Handvoll Schnee und drückte ihn zu einem Schneeball, lauschte der gedämpften Stille, die nur von dem Krächzen der Krähen und dem Blöken der Schafe unterbrochen wurde.

Am meisten aber mochte er es, wenn das Eis des Schicksals zwischen ihm und Lissi taute. Sie liebten sich dann heiß und innig, so konnten sie wenigstens für kurze Zeit ihr Leid vergessen. So wuchs die Hoffnung in seinem Herzen für seinen Sohn Johann-Heinrich, wie der Schnee auf der Mauer Flöckchen für Flöckchen. Leider träumte er eines Nachts, dass er sich im Schneesturm verirrt hatte. Der Wind pfiff und blies ihm den Schnee ins Gesicht. Er versuchte schneller zu laufen, stolperte aber immer wieder. Er rief nach seinen Kindern, nach der Reihenfolge ihrer Geburt: „Helena, Andreas, Johann-Balthasar!" Der Wind versuchte seine Schreie zu ersticken. Er stolperte erneut und fiel in den Schnee, verloren im Weiß und der Wind heulte in seinen Ohren. Auf einmal sah er, wie der Wind seine frischen Spuren zuwehte. Andreas schrie erneut, aber seine Hoffnung schwand, wie seine Fußspuren im Schnee. Da spürte er, dass ihn jemand an der Hand zog. Schweißgebadet wachte er auf. Lissi zog ihn an der Hand und sagte: „ Du hast im Traum nach unseren Kindern gerufen, was hast du denn geträumt?" Er murmelte leise etwas, während er sich auf die andere Seite drehte und so tat, als ob er schlief.

Es waren Jahre vergangen und sie hatten sich längst eingelebt. Die harte Arbeit wartete täglich auf sie. Jeden Frühling bestellten sie ihre Felder. Täglich versorgten sie ihre Tiere. Im Herbst wurden die Felder abgeerntet. Für den Winter wurden alle Vorbereitungen getroffen. So nahm die Zeit ihren Lauf. Eines Tages brachte Johann-Heinrich ein nettes Mädchen mit nach Hause. Sie hieß Katharina Edel. Sie war eine Schönheit mit schmalen Hüften und samtigem, dunklem Haar. Ihre großen graublauen Augen strahlten. Johann-Heinrich wollte seinen Eltern eine große Freude bereiten und die beiden heirateten schnell. Er wollte Kinder haben, damit seine Eltern ihren Kummer vergessen konnten. So wurde im Jahre 1772 Johann-Christhof geboren. Der Kleine wuchs auf und bereitete seinen Großeltern tiefe Freude. Leider hielt die Freude nicht lange an, denn Lissi wurde sehr krank. Des Öfteren saß sie an warmen Tagen mit geschlossenen Augen auf einer Bank im Garten. Auf der Innenseite ihres Augenlides erschienen ihr kleine Formen, die wie Hände Schattenspiele auf einer Wand veranstalteten. Die Formen bewegten sich, schlängelten sich, flossen zusammen und formten ein einziges Bild: ihre Kinder, die einer nach dem anderen ins Meer geworfen wurden. Dieses grausame Szenario verfolgte sie ihr Leben lang. Lissi zuckte in ihrer Erinnerung zusammen und ließ doch den Wind weiter über ihre Wangen streichen. Sie atmete die frische Luft ein, in der Hoffnung, dass es besser würde. Ihr graues Haar, das wie ein Helm frisiert war, glitzerte im Sonnenlicht. Ihre Beine waren in letzter Zeit sehr angeschwollen und bereiteten ihr große Schmerzen. An manchen Stellen, wo ihr Haar dünn geworden war, schimmerte die Kopfhaut durch. Andreas kümmerte sich liebevoll um seine Frau. Später nach dem Abendessen und weit nach Mitternacht wälzte sie sich hin und her, während ihr Mann tief im Schlaf versank und schnarchte. Sie setzte sich auf. Ein Streifen des Mondlichts schien durch das Fenster. „Sie hat zugesehen, wie ihre Kinder eins nach dem anderen an Schwindsucht starben", sagte sie zu sich selbst. Ihr Mann bewegte sich im Schlaf. Sie hoffte, er hätte sie gehört und würde aufwachen. Aber Andreas schlief tief und fest. Diese Tage der Stille waren die Tage der Traurigkeit und des Abschiednehmens, in denen ihre Schlaflosigkeit begann. Es wurde mit ihr nicht besser. Sie wurde weniger und weniger. Eines Nachts träumte sie, dass sie bei den Gräbern ihrer drei verstorbenen Kinder war und das Unkraut jätete. Als sie damit fertig war, schaute sie sich um und sah einen strömenden, reißenden Fluss. Sie ging näher heran und sah, wie jede Menge Blumensträuße im Wasser an ihr vorbeiflossen. Sie fragte sich: Wer würde wohl so viele und schöne Blumen wegschmeißen? Auf einmal sah sie wie durch Nebel ihre Kinder am anderen Ufer, wie sie ihr entgegenliefen. Ihre Augen weiteten sich. Doch, sie war sich sicher, es waren ihre Kinder. Als sie sich näherten, wurde sie plötzlich wach. Hektisch schnappte sie nach Luft. Ihr Herz schlug so laut, dass sie es hören konnte. Langsam kam sie zur Ruhe, bemüht, ihren Ehemann nicht aufzuwecken. Am nächsten Tag, so gegen Abend, verabschiedete sie sich von Andreas und wurde in die Ewigkeit abgerufen. Traurig stand er noch länger vor ihrem Bett in der Hoffnung, dass sie noch mal aufwachen würde. Noch einmal Lebewohl sagen würde. Doch kalt und blass lag sie vor ihm. Nun kannst du deine Kinder in die Arme nehmen, dachte er nur, wonach du dich immer gesehnt hast. Nach einigen Tagen waren die nötigen Vorbereitungen getroffen und sie wurde auf dem Ortsfriedhof beigesetzt.

Johann-Christhof, als guter Enkelsohn, schaute des Öfteren bei seinem Opa vorbei und übernachtete gelegentlich bei ihm. Tagsüber half er ihm auf dem Hof die Tiere zu versorgen. Abends saß er mit verschränkten Beinen am Fluss und blickte in die südliche Richtung des kleinen Fischerdorfes, wo er seine Kindheit verbrachte. Hinter den Mauern eines jeden Hauses ragten Bäume hervor. Der Himmel war weit und in der Sonne sah man schimmernd die Wäsche an den Leinen hängen. Es war ruhig. Wenn man die Ohren spitzte, konnte man sogar das Muhen der Kühe hören. Johann-Christhof genoss es, mit seinem Opa im Schatten der Apfelbäume zu sitzen, wobei er ihm viel aus der Vergangenheit erzählte. Sie lehnten sich mit dem Rücken an die niedrige Mauer, die sie von ihren Nachbarn trennte. Noch war alles grün, aber in ein bis zwei Monaten würde lauter von der Sonne verbranntes und vergilbtes Gras den Abhang überziehen. In jenem Frühjahr dauerten die Regenfälle länger als gewöhnlich. Manchmal erstreckten sie sich bis in den Frühsommer hinein und das Gras war noch immer grün und mit einem Gewirr von Wildpflanzen durchzogen. Vor ihnen schimmerten die Häuser der Nachbarsleute mit ihren weißen Mauern und flachen Dächern in der Sonne. Wäschestücke hingen an den Leinen und tanzten vom Wind beseelt wie Schmetterlinge.

Dabei erzählte ihm Opa Andreas spannende Geschichten, die sich im fernen, märchenhaften Deutschland abgespielt hatten. Sein dünnes, silbergraues Haar hatte er aus seiner glatten, gebräunten Stirn zurückgekämmt und seine zottigen Augenbrauen waren von weißen Büscheln durchzogen. Er liebte ihn so sehr, dass er am liebsten bei ihm eingezogen wäre.

Johann-Christhof war intelligent, manchmal allerdings ein bisschen faul. So hielt ihn sein Lehrer in der Schule für begriffsstutzig. Er bevorzugte es, sich die Geschichten seines Großvaters anzuhören. Wenn er bei ihm schlief, steckte er sich

Wollkügelchen in die Ohren und zog seine Decke über den Kopf. Obwohl sein Zimmer auf der anderen Seite des Flures lag, drangen die Schnarchgeräusche seines Opas durch die Wände. Es war unglaublich laut. Johann-Christhof fragte sich, wie seine Oma Lissi es geschafft hatte, im selben Zimmer mit ihm zu schlafen. Gerne hätte er am nächsten Morgen seinem Opa diese und noch andere Fragen gestellt.

Die Zeit verging und nun war Johann-Christhof ein junger Mann geworden. Meistens verlieben sich die Jungs in Mädchen. Er aber verliebte sich in eine Witwe, die nicht weit von ihnen wohnte. Ihr Name war Sophia Kraus, geborene Ibe. Als der Tag der Verlobung kam, war Johann-Christhof sehr aufgeregt. Er trug einen dunkelgrauen Anzug, den er sich am Tag zuvor gekauft hatte. Er war dreiundzwanzig Jahre alt. Als er sich mit seiner Familie Sophias Haus näherte, vernahm er hinter der Tür Lachen und Geplapper. Johann-Christhof klopfte an die Tür. Ein Gesicht spähte durch die Vorhänge des Dielenfensters und verschwand wieder. „Sie sind da!“, hörten sie eine Frauenstimme rufen. Das Geplapper verstummte. Sophias Mutter öffnete die Tür. „Guten Abend!“, sagte sie strahlend. Sie trug ein elegantes, knöchellanges dunkelblaues Kleid. Als Johann-Christhof in die Diele trat, wurden ihre Augen feucht. „Sie haben kaum das Haus betreten und schon muss ich weinen, Johann-Christhof“, meinte sie. Er drückte ihr einen Kuss auf die Hand, wie es damals Sitte war. Sie führte alle durch einen hell erleuchteten Flur ins Wohnzimmer mit dem festlich gedeckten Tisch. Das Wohnzimmer war klein und voll mit Gästen, die auf den Stühlen entlang der Wände saßen.

Es folgte eine Zeit, die gefüllt war mit belanglosen Gesprächen, bis sich der Vater von Sophia räusperte. Es wurde still im Zimmer. Er begrüßte alle Anwesenden und schaute seine Frau an. Er hatte sich mit ihr verständigt, dass sie ihrer Tochter Sophia ein Zeichen gibt, dass es so weit ist. Alle Köpfe drehten sich zu der hübschen Sophia, als sie aus einem anderen Raum in das mit fröhlichen Menschen gefüllte Wohnzimmer trat. Obwohl sie dreizehn Jahre älter war als Johann-Christhof, wirkte sie jünger. Sie war schlank und ihr feines Gesicht war mit dunklen, langen Haaren umrahmt. Ihre blauen Augen glänzten vor Freude, dass sie doch noch mal heiraten konnte. Ihren ersten Mann hatte sie vor Jahren verloren. Anmutig bewegte sie sich und nahm neben Johann-Christhof Platz. Nach einem leckeren Essen und einer guten, humorvollen Gemeinschaft endete die Verlobungsfeier. Ein paar Monate später heirateten sie. Johann-Christhof liebte seine Frau. Einige Leute aus dem Dorf zerrissen sich die Mäuler darüber, wie er nur so eine alte Frau heiraten konnte. Seine Eltern waren von seiner Wahl auch nicht besonders angetan. Trotzdem war das frisch vermählte Paar sehr glücklich miteinander. Sophia brachte im Jahre 1795 einen Sohn zur Welt. Sie nannten ihn Gottfried-Heinrich. Während dieser Zeit wurde Johann-Christhof von den Dorfbewohnern zum Dorfvorsteher gewählt. Mit Politik wollte er eigentlich nichts zu tun haben. Er wusste, dass er sonst manche Zugeständnisse machen müsste und dadurch seine eigene Identität oder Einstellung verlieren würde. Das wollte er auf gar keinen Fall. Er war mit seinen Aufgaben als Familienvater und Hofbesitzer zufrieden, sehr zufrieden. So hatte er es abgelehnt.

Andreas freute sich sehr, dass er die Hochzeit seines Enkelsohnes noch miterleben durfte. Ihm wurde sogar noch ein Urenkel geschenkt. Mit zunehmendem Alter fiel ihm das Gehen schwer. Dabei musste er sein dürres Bein in einem weiten Bogen nach vorne schwingen, sodass sein ganzer Körper jedes Mal, wenn er den dazugehörigen Fuß aufsetzte, unmöglich weit nach rechts wegkippte. Es schien ein kleines Wunder zu sein, dass er nicht bei jedem Schritt umfiel. Johann-Heinrich besuchte ihn jeden Tag, denn er hatte die Pflichten auf dem Hof übernommen. Er war sehr fleißig. Von seinem Vater hatte er all die Arbeiten gelernt. Er pflegte zu sagen: „Die Arbeit hält drei große Übel fern: die Langeweile, das Laster und die Not."

Andreas wurde schwächer und schwächer, sodass er das Bett nicht mehr verlassen konnte. Da fragte ihn sein Sohn eines Abends: „Soll ich einen Pastor holen?" Da erwiderte Andreas: „Wenn wir auch dickköpfig und manchmal stolz sind, aber in der Stunde der Not gibt es nichts Besseres als das!" Mit einer rauen und schwachen Stimme flüsterte er: „Hol ihn!" So konnte er am nächsten Morgen in Frieden heimgehen. Andreas Justus starb mit 77 Jahren. Er wurde an einem kalten Dezembertag im Jahre 1802 im Dorf Fischer auf dem Friedhof neben seiner Frau Lissi beerdigt. Der kalte Wind ließ die Zweige der Bäume knacken. Irgendwo brach ein Ast und ein Schrei einer Eule ertönte. Traurig stand Johann-Christhof am Grab seines Opas. Viele Gedanken gingen ihm durch den Kopf. Er konnte an der Situation nichts ändern. So sieht das Leben aus und dazu gehört eine Geburt genauso wie der Tod. Dennoch schmerzte es ihn, er liebte seinen Opa doch so sehr. Einige gute Erinnerungen nahm er für sein Leben mit. Opa Andreas war sein Vorbild und ein großer Held, der sehr viel im Leben gemeistert hatte. Fast sein Leben lang kämpfte er mit seinem Schicksal. Sein geliebtes Zuhause musste er verlassen, seine drei Kinder verlor er, seinen Sohn zog er mit seiner Frau mit großer Liebe groß. Das Schicksal hatte ihn gedemütigt. Am Ende war er selber von Krankheit getroffen, die er nicht bezwingen konnte. Doch der Alltag musste weiterlaufen, dachte Johann-Christhof mit geneigtem Kopf.

Nach der Trauerfeier ging jeder wieder zurück in seinen Alltag, beschäftigte sich mit seiner Arbeit, mit seiner Familie und mit seinen Aufgaben.

Es war ein warmer Sommertag, als Johann-Christhof unterwegs zu seinen Eltern war. Er ging eine zerfurchte unbefestigte Straße entlang. Rechts und links vor ihm sah man nichts als ausgedörrte Büsche, knorrige Baumstämme und vertrocknetes Gras. Er legte einen Schritt zu, als er die Straße, in der sein Vater wohnte, von Weitem sah. Langsam näherte er sich dem Haus. Er klopfte an die Holztür und betrat den kleinen Flur. Seine Mutter kam ihm mit mehligen Händen entgegen. Sie war gerade dabei, einen Teig zuzubereiten. „Schön, dass du vorbeikommst, mein Junge. Deinem Vater geht es nicht besonders gut!", sagte sie, während sie ihn umarmte.

„Ich hoffe, dass er sich wieder erholt!", erwiderte Johann-Christhof. „Ja, die Hoffnung stirbt zuletzt, nicht wahr?", hörte er seine Mutter sagen. Nachdem er seinen Vater begrüßt hatte, bekam dieser einen Hustenanfall, wobei sein abgezehrter Körper durchgeschüttelt wurde. Als er in sein Taschentuch spuckte, zeigten sich darin rote Flecken. Johann Christhof fand, dass der Moment gekommen war, die Frage zu stellen, die er schon lange vermieden hatte.

„Wie geht es dir?", fragte er ihn. „Aber gib mir bitte eine ehrliche Antwort!" „Ich werde sterben", erwiderte sein Vater prompt mit einer gurgelnden Stimme. Er hatte einen weiteren Hustenanfall und nun war noch mehr Blut im Taschentuch zu sehen. Kraftlos wischte er sich den Mund ab und tupfte sich mit dem Ärmel die Stirn von einer eingesunkenen Schläfe zur anderen. Dabei warf er seinem Sohn einen Blick zu und nickte. Johann-Christhof wusste, dass er die Frage in seinen Augen gelesen hatte.

„Es dauert nicht mehr lange", keuchte er. „Nicht mehr lange."

„Wie lange?", fragte sein Sohn. Er zuckte mit den Schultern und hustete weiter. „Ich glaube nicht, dass ich das Ende des Sommers noch erleben werde", antwortete er. Langsam streckte er die Beine aus und lehnte sich vorsichtig und behutsam, wie jemand, der bei jeder Bewegung von Schmerzen durchbohrt wird, an die nackte Wand. Draußen ging die Sonne langsam unter und glitzerte rot durch die Lücken der baufälligen Mauer. Hilflos stand sein Sohn vor ihm. „Wie kann ich dir helfen?", fragte Johann-Christhof. „Soll ich dir einen guten Arzt suchen? Sie entdecken ständig neue Kräuter und neue Behandlungsmöglichkeiten. Vielleicht gibt es schon ein Medikament, das dir helfen kann? Ich könnte dafür sorgen, dass …" Es war ihm bewusst, dass er schwafelte. Aber es war besser als zu weinen, was er gewiss ohnehin tun würde. Sein Vater lächelte leicht. Leise wiederholte er: „Lass gut sein, mein Junge, lass gut sein! Wie ich sehe, tut dir deine Ehe gut. Es gibt Zeiten in unserem Leben, da wirken wir manchmal melancholisch, nicht wahr? Es gibt Tage, da schwelgen wir viel zu viel – im Selbstmitleid. Wir ergeben uns dem Leiden und betrachten es als Teil unseres Lebens. Manchmal sehe ich es als notwendig an. Du aber siehst optimistisch aus, das ist gut. Das Leben geht weiter. Aber ich beuge mich nicht dem Schicksal, lass es dir gesagt sein. Es gibt so etwas wie den Willen Gottes. Ich vertraue ihm!"

Johann-Christhof ging nach draußen, stand im matten Silberschein des Halbmondes und blickte hinauf in einen sprühenden Sternenhimmel. Zikaden zirpten und durch die Birken strich ein leichter Wind. Der Boden unter seinen bloßen Füßen wurde kühl und zum ersten Mal hatte er plötzlich das Gefühl – zu Hause zu sein. Noch nie hatte er es so erlebt, obwohl er hier geboren und aufgewachsen war. Nach all diesen Jahren stand er auf dem Boden, auf dem sein Vater so hart gearbeitet hatte. Auf dem Boden; wo er seine ganze Kindheit verbracht hatte. Nie war es ihm so bewusst wie jetzt. Er hatte geglaubt, diesen Boden vergessen zu haben. Doch so war es nicht!

In dieser Gegend regnete es im Hochsommer selten. Der klare Himmel erstrahlte in seinem Blau. Die Sonne glich einem Glüheisen, das einen, der nicht im Schatten war, fast versengte. Die kleinen Bäche, in die Johann-Christhof als kleiner Junge mit seinen Freunden Steine warf, waren fast ausgetrocknet. Die Wiesen waren von saftigem Grün in trockenes Gelb verwandelt worden. Aber an diesem Tag im Jahre 1818, als Johann-Heinrich starb, regnete es. „Alle sollten es wissen und mittrauern“, fand Johann-Christhof.

Sein Vater hatte vor Kurzem einen runden Geburtstag gefeiert. Nach dem schönen Fest merkte er, dass es mit ihm bergab ging. Es dauerte nicht lange und so wurde er als 70-Jähriger beerdigt. Gewitterwolken zogen auf und färbten den Himmel schwarzgrau. Innerhalb von wenigen Minuten schüttete es nur so, und das ununterbrochene Rauschen des herabströmenden Regens schwoll in Johann-Christhofs Ohren an. Trotz des schlechten Wetters waren fast alle Ortsbewohner gekommen, um dem Verstorbenen die letzte Ehre zu erweisen. Er wurde auf dem Friedhof im „Dorf Fischer“ neben seinen Eltern beerdigt. Während die letzten Worte des Pastors verhallten, sah er, wie die erste Schaufel Erde in das Grab geworfen wurde. Langsam ging er auf die andere Seite des Friedhofs und wollte sich auf die Bank unter der Birke setzen. Dort war es aber zu nass. Alle Trauergäste verabschiedeten sich am Grab seines Vaters und gingen einer nach dem anderen weg. Johann-Christhof biss die Zähne zusammen und hielt die Tränen zurück, die den ganzen Tag schon gedroht hatten zu fließen. Als er merkte, dass er allein war, ging er ein paar Schritte. Am Eingang zum Friedhof lehnte er sich an dem aus grauem Stein gemauerten Pfosten an. Hier hatte sein Vater seine Oma und seinen Opa begraben. Das alte Tor, das schon damals nicht mehr in den Angeln gehangen hatte, war weg und das Unkraut stand überall so hoch, dass die Grabsteine fast darin verschwanden. Auf der niedrigen Mauer, die das Feld umschloss, hockten einige Krähen. Langsam verließ er den Friedhof. Traurig stand er später noch zu Hause am Fenster und sah wie der Regen wie schmelzendes Silber die Fensterscheibe hinabfloss. So viel hatte ihm sein lieber Vater auf den Lebensweg mitgegeben. Nun war er fort, für immer. Sein Vater konnte ihm den Weg nicht mehr weisen. „Ich werde ihn von nun an allein finden müssen“, dachte er, während er sich seine Tränen abwischte.

Kapitel 3

… auf Gedeih und Verderb …

„Liebe ist ein Akt endloser Vergebung,
ein zärtlicher Blick, der zur Gewohnheit geworden ist.“

Peter Ustinov

Es waren gut hundert Jahre vergangen, seit die ersten Kolonisten nach Russland kamen. In all den Jahren hatten die Nachkommen von ihren Vorfahren das ganze Know-how und Geschick fürs Überleben übernommen. Trotzdem war es nicht einfach, auch für Martha nicht. Sie war die Urenkelin von Gottfried-Heinrich und Rosina Magdalena, geborene Hardt. Sie hatte einen jungen Mann namens Balthasar kennengelernt. Die beiden verliebten sich und heirateten früh. Doch Balthasar starb kurz nach der Geburt ihres Sohnes Heinrich. So war sie gezwungen, nachdem die Felder abgeerntet waren, stoppeln zu gehen. Ob es Kartoffeln, Getreide oder andere Gemüsesorten waren, sie nahm, was es gab. Zum Glück hatte sie ihre Schwester Berta, die ihr zur Seite stand. An einem Morgen nahm Martha Abschied von ihr und ging in Richtung der Felder, wo sie sich vornahm, Kartoffeln zu stoppeln.

Als sie das Feld erreichte, begann die Sonne schon heiß zu werden, obwohl es noch Morgen war. Martha, die immer die Blicke des Bauern in ihrem Rücken spürte, ging langsam über das Feld. Außerdem musste sie zu ihrem Kummer feststellen, dass einige andere Frauen in ihrer Habgier ganz dicht hinter den Erntearbeitern hergingen und die meisten Kartoffeln schon zusammengerafft hatten. Als Fremde wagte sie sich nicht so nahe heran und bekam deshalb nur die Überbleibsel. Sie versuchte sich mit dem Gedanken zu beruhigen, dass diese Frauen die Nahrung vielleicht genauso dringend brauchten wie sie selbst. Doch davon wurde die Sache auch nicht besser. Das fortwährende Bücken in der brennenden Sonne, oft nur einer einzigen Kartoffel wegen, machte sich bald bemerkbar. Sie fühlte, wie ihr Rücken zu schmerzen begann. Ihre Zunge brannte vor Durst. Nach einiger Zeit erlaubte sie sich einige Augenblicke auszuruhen. Dabei musste sie an das Gefühl von kühlem Wasser denken. Doch energisch schob sie den Gedanken beiseite und konzentrierte sich wieder auf ihr Tun.

Einige der Arbeiter standen im Schatten des Daches und warteten darauf, dass ihnen der Wasserkrug weitergereicht wurde. Marthas Haut war durch die Sonne sehr dunkel gebräunt und die Hände rau und schwielig, wie die der Männer. Sie stand da und befürchtete, dass dies wohl für die Zukunft ihr Los bleiben würde. Es war schon sehr schön, dass den Witwen und Waisen erlaubt wurde, während der Erntezeit die Kartoffeln aufzusammeln. Aber was würde in den Wochen und Monaten nach der Ernte passieren? Wenn sie und ihr kleiner Sohn auch nur halbwegs ein Auskommen haben wollten, musste sie mehr tun, als hinter den Arbeitern die Kartoffeln zu sammeln. Sie würde so viel davon sammeln oder kaufen müssen, dass die Vorratskisten alle voll würden und sie in den Monaten bis zur neuen Ernte zu essen hatten. Zu dieser Zeit erlaubte es ihnen die Großzügigkeit der Besitzer, so viele Kartoffeln zu sammeln, dass sie leben konnten.

Einige Witwen hatten Väter oder Brüder, die ihnen halfen. Viele hatten erwachsene Söhne und brauchten sich keine Sorgen zu machen. Andere mussten betteln.

Martha selbst hoffte auf Gott. Plötzlich lag ein ganzer Haufen Kartoffeln vor ihr. Anscheinend hatten die Erntearbeiter sie übersehen.

Dankbar bückte sie sich, um sie in ihren Sack zu füllen. Da bekam sie plötzlich einen Stoß in den Rücken, sodass sie die Balance verlor und zur Seite taumelte.

Als sie sich aufrappelte und umdrehte, sah sie eine andere Frau, die sich gerade bückte, um die Kartoffeln aufzuheben. Sie war es, die sie beiseite gestoßen hatte. Sie zögerte noch, weil sie nicht wusste, ob sie dem Zorn, der sie packen wollte, nachgeben durfte. Da hörte sie, wie eine Stimme sagte:

„Du hast kein Recht, das zu tun. Diese Frau hat sich zuerst nach den Kartoffeln gebückt."

Martha sah sich um und sah einen Jungen, der wohl nicht älter als zwölf Jahre war und mit einem ärgerlichen Gesicht auf die andere Frau starrte.

„Vielen Dank", sagte Martha überrascht.

„Ist schon in Ordnung."

„Nein, das ist nicht in Ordnung!", sagte der Junge.

Er schien sie wegen ihrer Duldsamkeit genauso ärgerlich anzublicken, wie er vorher wegen der Gemeinheit, die ihr widerfuhr, auf die andere Frau schaute.

„Ich glaube es hat keinen Zweck, hier einen Streit anzufangen", antwortete Martha und blickte sich unbehaglich um. „Ich möchte nicht, dass jemand wegen mir ärgerlich wird."

Der Junge schaute sie aufmerksam an, während sie weiterging.

Ohne sich noch einmal umzudrehen, verließ sie das Feld und ein großes Unbehagen stieg in ihr auf. Niemand hinderte sie oder versuchte sie zurückzurufen.

Wenn mein Mann nur wüsste und sehen könnte, wie mit mir umgegangen wird, dachte sie verzweifelt. Diese Demütigung – wie ich mich schäme – und trotzdem bemühen muss, die Vorräte für den kalten Winter zusammenzubekommen.

Sie blickte dem Jungen nach, als dieser zu dem Bauern rannte und auf ihn einredete. Das Gesicht des Bauern wurde ärgerlich und er schien leicht den Kopf zu schütteln. Doch der Junge überschüttete ihn mit einem Schwall von Wörtern. Nach wenigen Minuten stand der Junge vor Martha.

„Komm, wir gehen!“, sagte er zu Martha, ohne zu erklären, wodurch er den Bauern überzeugte und wohin es gehen sollte.

„Ja, das ist mein Onkel Erich. Das alles sind unsere Felder“, unterstrich er mit einer ausholenden Bewegung der Hand. „Ich sollte auf unseren Feldern eigentlich auch die Kartoffeln zusammentragen, die nach den Arbeitern liegen geblieben waren. Aber einer der Jungen auf dem Feld, wo du gerade warst, warf eine Kartoffel nach mir. Deshalb kam ich herüber, um ihm meine Meinung zu sagen.“

„Und hast du ihn gefunden?“ Marthas Unbehagen über das, was eben vorgefallen war, war durch diese kleine Unterhaltung fast vergessen. Es bereitete ihr Trost, wenigstens von einem Menschen nicht übersehen worden zu sein, wenn es auch nur ein Junge war.

„Ach, der Feigling ist davongerannt“, sagte er und dabei merkte man ihm seinen Ärger an. „ Aber ich glaube, ich muss wieder zurückgehen. Warum kommst du nicht mit mir? Auf einem unserer Felder sind nicht so viele, die Kartoffeln stoppeln und mein Vater ist sehr großzügig.“

„Ich weiß nicht recht“, zögerte Martha und blickte dabei zu dem Bauern hinüber, der sich für sie wie ein Verfolger anfühlte.

Der Junge folgte ihrem Blick.

„Ach, dem alten Erich kann es doch egal sein, wo du Kartoffeln sammelst. Ich werde ihm sagen, dass du mit mir kommst. Er wird wohl nichts einwenden können!“

Der Junge blickte sie lächelnd an.

„Das ist keine Lüge“, setzte er hinzu. „Aber jetzt ist es Zeit, ich muss gehen. Mein Vater erwartet mich!“

Sie entschied sich, dem Jungen zu folgen und bald war ihr Sack so schwer, dass sie Mühe hatte, ihn hochzuheben. So beschloss sie, nach Hause zu gehen und war froh, dass es doch noch ein gelungener Tag geworden war.

Als Martha gegen Nachmittag zurück war und ihren Kleinen wieder in ihre Arme schließen konnte, berichtete sie ihrer Schwester Berta alles was vorgefallen war.

Berta stand auf und umarmte sie. Sie hatte Mitleid und konnte nachfühlen, wie ihrer Schwester zumute war.

Martha konnte sich nicht erinnern, wann sie jemand das letzte Mal umarmte, seit ihr Mann Balthasar von ihr gegangen war. Sie hob das Kinn, um die Tränen zurückzuhalten.

„Ach, ich wollte nicht lange stören. Ich hätte nichts sagen sollen“, sagte Martha, während sie nach der Tasche griff und mit ihrem Kleinen gehen wollte.

„Natürlich solltest du es erzählen!“, beharrte ihre Schwester darauf, die wie selbstverständlich dazu überging, Marthas Schulter sanft zu drücken.

Martha nahm Abschied, bedankte sich herzlich für die Hilfe und machte sich auf den Heimweg. Berta rief ihr hinterher: „Mein Mann bringt dir den Sack Kartoffeln, sobald er zurück ist."

Draußen traf Martha die Nachbarinnen ihrer Schwester, die nicht weit entfernt auf dem Hügel lebten.

„Hallo, Martha" wurde sie freundlich gegrüßt.

„Das hat mir gerade noch gefehlt. Sie sind wirklich die letzten Leute, die ich jetzt gebrauchen kann. Mein Tag ist schon schlimm genug verlaufen und nun ist klar, dass es noch schlimmer kommen wird. Aber da sind sie nun einmal", dachte Martha.

Sie schwieg, blieb aber stehen. Die Nachbarinnen schauten sie an und nach kurzer Zeit meldete sich eine von ihnen zu Wort, denn sie konnten sehen, dass Martha geweint hatte.

„Du brauchst keine Angst davor zu haben, mir von deinen Gefühlen zu erzählen. Dafür hat man doch Freundinnen."

Sie nannte sich eine Freundin! Ob sie eine war? Martha dachte kurz darüber nach – wohl kaum.

Sie schien ihre Gedanken lesen zu können. „Warum hast du denn nicht wieder geheiratet, wenn du nicht gerne alleine bist?", fragte eine Frau.

Anscheinend hatten auch die anderen Frauen beschlossen, Martha ab sofort zu duzen und damit endgültig zu einer von ihnen zu machen.

Martha ignorierte die Frage. Hatte niemand diesen jungen Frauen beigebracht, erst zu denken und dann zu reden? Solche Fragen zu stellen? Kein Wunder, dass bei ihr zu Hause Krieg herrschte, dachte Martha.

„Es ist nicht sehr höflich eine so persönliche Frage zu stellen", erwiderte die andere, als das Schweigen andauerte.

„Ich bewundere dich Martha!", sagte sie. Ihr Name war Margaret. „All die Jahre, seit dein Mann nicht mehr da ist, hast du trotzdem alles auf die Reihe bekommen. Dein bescheidenes Zuhause, den Garten, um dein Vieh kümmerst du dich und zusätzlich noch dein Kleiner. Es gibt nicht viele Frauen, die so stark sind! Manchmal frage ich mich, ob ich so stark sein könnte, wenn mir so etwas widerfahren wäre?"

„Danke!", erwiderte Martha leise, „was bleibt mir denn anderes übrig? Aber ich hoffe, du bist bereit auf dem Weg zu deinem Ziel, wenn dir tatsächlich so etwas wie mir widerfährt, was ich natürlich keinem wünsche." Danach ging sie ihres Weges.

Ein paar Jahre machte Martha das noch mit, bis sie eines Tages auf einen Gedanken kam. Nach einem längeren Gespräch und viel Überredungskünsten bei ihrer Schwester Berta stand ihr Beschluss fest. Sie wollte ihrem kleinen Sohn ein besseres Leben ermöglichen. Außerdem wurde der Junge größer und musste nächstes Jahr zur Schule. So machte sie sich auf den Weg und ging in die weite Welt, um nach Arbeit zu suchen und Geld zu verdienen. Heinrich ließ sie bei ihrer Schwester Berta.

Auf einmal hieß sie nicht mehr Martha, sondern Martin. Sie zog sich Männerkleidung an, ließ sich die Haare abschneiden und übte sehr lange, mit tiefer Stimme zu sprechen. Immer daran zu denken, mit einer Männerstimme zu reden, war wohl das Schwerste für sie.

Sie hatte mehrere Männerhemden übergezogen, um ihre schmalen Schultern zu verdecken und maskuliner auszusehen. Doch so richtig schaffte sie es nicht. Sie sah immer noch sehr zierlich aus. Sie hatte aber nun mal diesen Entschluss gefasst und machte sich mutig auf den Weg.

Reitend auf ihrem Pferd näherte sie sich einem Dorf, während sie seufzte: „O Herr! Steh mir bei!"

Obwohl sie wie ein Mann aussah, konnte sie aufgrund ihrer zierlichen Statur nicht jede männliche Arbeit bewältigen. Gerade wurde sie eingestellt, so wurde sie nach ein paar Tagen wieder entlassen. Hier und da hatte sie ein paar Versuche gestartet, bis sie endlich einen Bauer fand, der sie fest einstellte.

Nach kurzer Begrüßung sagte er: „Ich brauche jemanden, der meine Schafe hütet! Dafür bist du gut geeignet, Kleiner!", bemerkte er mit seiner tiefen Stimme, während er an den Zügeln ihrer Stute zog.

Nun war sie ein Schafhirte geworden. Oft musste sie auch nachts mit den Schafen draußen bleiben. Egal ob es regnete oder stürmte.

„O Gott", betete sie, „wie soll ich das nur aushalten?" Doch nach außen wirkte sie stark. Sie hatte schreckliche Angst, mitten in der Wildnis allein mit den Schafen zu sein. Nach Mitternacht, als die Stille sich über das Land legte, saß sie da und erinnerte sich an ihren lieben Mann, Balthasar. Wie schön war es mit ihm. Er kümmerte sich um ihren Sohn Heinrich und sie. Er bot ihnen ein schönes zu Hause, er ehrte und schätzte sie. Nun saß sie alleine dort draußen mit den Schafen. Sie konnte es kaum fassen. Doch es war die Realität.

Immer wenn sie Sehnsucht hatte, schrieb sie Briefe an ihre Schwester, um zu erfahren, wie es ihrem kleinen Sohn ging. Sie vermisste ihn schrecklich.

Nur Berta allein kannte ihr Geheimnis, Heinrich war gerade fünf Jahre alt, als sie ihn verlassen hatte. Die erste Zeit fragte er oft nach seiner Mama, aber mit der Zeit legte es sich. So war Berta Heinrichs Bezugsperson geworden.

Martha konnte es manchmal nicht aushalten. So eine schreckliche Sehnsucht hatte sie nach ihrem Sohn. Dann rang sie ganz tief nach Luft, das half ihr etwas.

Doch sie hatte das Gefühl, am lebendigen Leibe ersticken zu müssen. Sie musste sich sehr zusammenreißen, denn es durfte ja keiner erfahren, was sich in ihrem Inneren abspielte. Abends, wenn die ganze Arbeit erledigt war, weinte sie sich in den Schlaf.

Sie hatte keine Freunde. Wie auch? Sie wollte mit niemandem Gemeinschaft haben, damit bloß nicht auffallen würde, dass sie kein Mann war. Es war alles sehr anstrengend für sie.

Bei stürmischem Wetter war sie draußen auf dem Feld oftmals durchgefroren. Sie konnte aber auch keinen Dorfdoktor besuchen. Der Gedanke daran, dass ihr Geheimnis auffliegen würde, bereitete ihr große Sorgen. Ihr monatliches Einkommen würde wegfallen und sie könnte ihren Sohn und sich nicht mehr versorgen.

Wenn Martha gerade nicht bei den Schafen auf dem Feld war, half sie bei der Ernte. Obwohl die Dorfbewohner in dieser Gegend im Sommer nicht so viel Sonne hatten, reiften trotzdem verschiedene Beeren wie Blaubeeren, Sanddorn und Preiselbeeren. Für den langen Winter ergaben sie einen willkommenen, gesunden Vorrat. Sie waren zwar sehr klein und fein, schmeckten aber ungeheuer lecker. Die Vorräte wie Fleisch oder Weißkohl wurden in einer Scheune eingefroren oder als Sauerkraut in einem großen Fass aus Holz gelagert. Hierzulande konnte der Winter bis zu neun Monate dauern und Tiefsttemperaturen von 25 bis 35 Grad minus erreichen.

Es waren fast alle Vorbereitungen für den Winter getroffen, als gegen Ende August der goldene Herbst einzog. Ein paar Wochen später brach der Winter herein. Kalter Wind wehte über das Land und bedeckte alles mit Schnee.

Marthas Gesundheit wurde zunehmend schlechter. Ihre Erkältung, die sie schon längere Zeit mit sich herumschleppte, machte ihr zu schaffen. Trotz Kälte musste die Arbeit erledigt werden. Dazu gehörte es, den Stall auszumisten und die Tiere zu füttern. Das Holzhacken war für sie besonders beschwerlich und ging über ihre Kräfte.

Mit den Jahren verschlechterte sich ihr Gesundheitszustand noch mehr, bis sie eines Tages tot aufgefunden wurde. Als man sie dann zum Dorfarzt brachte, zog er sie aus, um nach der Todesursache zu suchen. Er erschrak beim Anblick des weiblichen Körpers. Das konnte doch nicht wahr sein! Er traute seinen eigenen Augen nicht.

„Das ist eine Frau?!“, rief er laut. „So etwas habe ich ja noch nie erlebt! Das gibt es doch nicht! Was konnte die Arme so weit treiben, dass sie das tat?!“

Wie ein Lauffeuer verbreitete sich Marthas Geheimnis im ganzen Dorf. Sogar die Zeitungen berichteten darüber.

Ihr Arbeitgeber wusste, dass Martin eine Schwester hatte. Schließlich brachte er ihr das Essen und die Briefe aufs Feld. Es war Martha gelungen, ihren Heinrich gut zu versorgen, aber für welch hohen Preis!

Die Regierungszeit Alexanders II. war von Krieg und Revolten geprägt. Nach seines Vaters Tod im Jahre 1855 hatte er den Zarenthron bestiegen. Russland befand sich zu dieser Zeit im Krimkrieg, den Alexander II. unverändert fortsetzte. Er war 1818 als Sohn des Kaisers Nikolaus I. und der Kaiserin Alexandra Fjodorowna geboren und unter der Leitung des Dichters Wassili Schukowskij erzogen worden. Dieser kam aus dem Haus Romanow-Holstein-Gottorp.

Sein Wesen beschrieb man als friedlich und wohlwollend, aber auch wankelmütig.

An einem sonnigen Sonntagnachmittag nahm die Tragödie ihren Lauf. Die Bevölkerung wurde aufs Neue von Unruhen erschüttert. Viele Dorfbewohner waren versammelt, denn die Väter und die Söhne wurden in den Krieg einberufen. Etliche Familien flohen aus den Kriegsgebieten.

So waren sehr viele Flüchtlinge unterwegs, die auf der Suche nach einer neuen Bleibe waren. Die Bevölkerung kam nicht zur Ruhe, Lösungen zeichneten sich nicht ab. Etliche Menschen wurden schwach und krank, nicht wenige starben unterwegs. Irgendwo begrub man sie. So verloren viele Familien Angehörige. Andere klammerten sich an die, die noch am Leben geblieben waren. Doch mussten die Söhne und Väter in den Krieg ziehen. Dies riss viele Familien auseinander.

„Gott hat alles in der Hand, Liebes. Das darfst du nie vergessen. Die Mächtigen dieser Welt haben nicht das Sagen, sondern Gott!"

„Aber mein Bruder", erwiderte Theda.

„Er wird sich melden, sobald er kann. Es hat keinen Sinn, sich im Voraus Sorgen zu machen. Ich überlasse meine Sorgen Gott", fügte Berta hinzu.

Theda wünschte, sie hätte auch nur einen halb so starken Glauben wie ihre Mutter. „Ich verstehe nicht, wie ihr hier so ruhig sitzen könnt. Nach dem, was passiert ist?" erklärte Theda. „Wir müssen kämpfen!"

„Ihr müsst überhaupt nicht kämpfen, wisst ihr!", sagte Berta. Sie war ihrer Tochter ins Haus gefolgt, ohne dass es Theda bewusst war.

„Wir könnten uns alle vom Militärdienst befreien lassen, weil wir Farmer sind."

Alle starten ihre Mutter an, als hätte sie mit fremder Sprache gesprochen.

„Das stimmt. Ich habe es nachgelesen. Keiner von euch muss zur Armee, wenn wir zu Hause bleiben und die Felder bewirtschaften."

„ Aber ich will für mein Land kämpfen", sagte Heinrich.

„Ich auch", ertönte das Echo von den Jungs.

„Ich würde mich sofort melden, wenn ich ein Mann wäre", sagte Theda.

„Du findest doch wohl nicht, dass Frauen kämpfen sollten, oder?", fragte Heinrich.

An jedem anderen Tag hätte sie das mit ihm diskutiert, aber heute nicht. Sie machte sich zu große Sorgen um ihren Bruder Willi, als dass sie einen Streit über die Gleichberechtigung von Frauen vom Zaun brechen wollte.

„Wie auch immer. Ich werde jedenfalls etwas Nützliches für den Krieg tun", sagte sie laut. „Ich weiß im Moment noch nicht was, aber ich werde schon meinen Beitrag leisten."

Zu dieser Zeit hatte Berta mit Ewald drei Söhne und drei Töchter. Heinrich von ihrer verstorbenen Schwester Martha hatten sie auch groß gezogen. Er war ein lieber Junge. Das Lernen in der Schule machte ihm Freude. Er lernte gut und schnell. In der kleinen Dorfklasse erhielt er stets Bestnoten. Nur die Jungs in der Schule hänselten ihn immer wieder, sodass es manchmal in Prügeleien ausartete.

An jenem Tag hatte er die Hände immer noch um seine Kleidung gekrampft. Die Schmerzen missachtend, die der raue Boden seinen nackten Sohlen bereitete, hastete Heinrich durch den Wald. Dort, wo sich der schmale Pfad mit einem zweiten kreuzte, schlug er einen Haken nach links und rannte noch ein Stück weiter, bevor er sich in die Büsche schlug und verschwand.

Er wartete eine Weile, bis sich sein rasselnder Atem beruhigte. Dann lauschte er angestrengt. Auch wenn er ihnen entkommen war, hieß es noch lange nicht, dass er nun aus dem Schneider war. Hoffentlich erwischte ihn keiner der Lehrer oder ein Ältester der Schule dabei. Bei diesem Gedanken stöhnte Heinrich laut auf.

„Warum muss ausgerechnet mir immer so was passieren?“, fragte er sich. Ihm war hundeelend zumute. Doch er war allein und konnte sich nicht gegen diesen Haufen Jungs wehren. „Wenn ich einen Vater oder eine Mutter gehabt hätte, wäre mir all das bestimmt nicht passiert, dachte er, als er sich langsam auf den Weg machte.

Nun war er auch einberufen worden, gleich nachdem Willi hatte gehen müssen.

Bertas nächster Morgen begann genauso wie sonst. Für die Familie bereitete sie das Frühstück, ihrem Mann machte sie die Tasche fertig und für die beiden kleinen Söhne schmierte sie die Pausenbrote. All die Dinge, die ihre Kinder verloren oder verlegten, fand sie wieder. Sie erinnerte ihre Jungs daran, ihre Sachen mitzunehmen und ihre Schnürsenkel zuzubinden. Heinrich musste sie nie erinnern. Er machte alles alleine und ordentlich. Während sie an jenem Morgen ihre täglichen Arbeiten erledigte, beobachtete sie sich selbst dabei, als wäre sie jemand anders.

„Was hast du aus der Zeitung erfahren?“, wollte Berta wissen.

„Nichts.“ Theda klappte schnell die Zeitung zusammen und machte die Tür zu. Vielleicht hatten sie alle nur noch wenige Monate zu leben. Warum sollte sie ihre Mutter die letzten Tage mit solchen Nachrichten belasten. Besonders nach all den Verlusten, die sie in ihrem Leben schon erleiden musste. Mit ihrer Schwester Martha endete es zum Beispiel sehr tragisch. An manchen Tagen sprach sie davon, aber Heinrich zuliebe ließ sie es bleiben. Theda konnte die Neuigkeit ja selbst kaum fassen. Wenn es stimmte, dann war ganz Russland drauf und dran, wieder in den Krieg einzutreten.

Wie ein wiederkehrender Albtraum würde auch dieser Krieg ein Blutbad anrichten und vieles zerstören. Der Krieg erschütterte Bertas Leben in ihren Grundfesten. Es könnte ja sein, dass sie durch den Krieg die totale Vernichtung erlebten und ihre Familien, ihr Hab und Gut total zerstört würden, dachte sie verzweifelt.

„Vielleicht solltest du dich ein bisschen ausruhen“, sagte Theda zu ihrer Mutter.

Geschwind half sie ihr, sich unter dem Deckenberg hinzulegen. Dann nahm sie die Zeitung mit in die Küche hinunter und schlug sie wieder auf.

„... Mehrere Häuser stehen in Flammen und die Verletzten strömen in die Notfallstationen. Berichten zufolge liegt die inoffizielle Zahl der Todesopfer bei fünftausend und man geht davon aus, dass sie noch steigen wird."

Über eine viertel Stunde lang las Theda in sprachlosem Entsetzen die Berichterstattung, bevor sie die Zeitung schließlich zur Seite legte.

Wie kann nur der liebe Gott so eine Katastrophe zulassen, schoss es durch ihren Kopf. Wie kann er daneben stehen und zuschauen, wie Tausende von Männern und vor allem die armen kleinen Kinder, die sich überhaupt nicht schützen können, sterben müssen? Theda war zwar christlich erzogen worden, aber sie ging davon aus, dass Gott, wenn er so etwas abgrundtief Böses nicht verhindern konnte, nicht sehr mächtig sein konnte.

Theda war die älteste Tochter von Berta und Ewald und musste voll mitarbeiten, verbrachte viel Zeit auf den Feldern, im Haushalt und kümmerte sich um ihre Geschwister. Ihre Beine fühlten sich nach diesen Nachrichten schwach und zittrig an. „Vielleicht ist das nur ein schlechter Scherz", hoffte sie, während sie auf die Kutsche kletterte.

Dicker Schnee wehte über die brachliegenden Felder, an denen sie vorbeirasten. Theda hatte Mühe ihre Tränen zurückzuhalten. Zuerst brachten sie Alberts Freund nach Hause, der an diesem Nachmittag zum Spielen da war. Dann fuhren sie mit ihrer Kutsche in halsbrecherischer Geschwindigkeit über die Landstraßen zu ihrem Hof. Dabei hüpften sie alle drei auf den ausgeleierten Sprungfedern der Sitze wie Bälle auf und ab. Jonas und Albert saßen neben Theda und genossen die Fahrt.

Ihre Mutter war in der Küche und bereitete das Essen zu.

„Ich hoffe, unserem Willi ist nichts passiert", sagte Theda, als sie wieder zu Hause ankamen. Berta nahm ihre Hand und drückte sie tröstend, während die Jungs miteinander spielten. Es war Samstag und der schönste Tag der Woche, fand Theda. An diesem Tag bekam ihre Mutter Berta von ihrem Mann das Haushaltsgeld für die ganze Woche. Da war Berta großzügiger als sonst und es gab frisches Brot und Fleisch zum Abendessen, wo sich die ganze Familie versammelte.

Willi war der älteste Sohn von Ewald und Berta und zu einem gut aussehenden Mann geworden. Kurz nach seiner Hochzeit mit Adelia wurde er in den Krieg eingezogen. Es war sehr schwer für ihn, von seiner Frau und seiner Familie getrennt zu sein. Von daher bedauerte ihn die ganze Familie, besonders Theda, denn sie wurde nach ihm geboren und sie waren sich sehr vertraut. Willi und Adelia lebten bei seinen Eltern. Seine Frau war eine Schönheit. Sie war auf schlichte Weise hübsch, mit ihren hellblonden Haaren, den blauen Augen, der hellen Haut und ihrer jungenhaften Figur. Sie entsprach genau dem Typ eines stattlichen Vorzeigemädels, aber sie war barsch und trank des Öfteren Alkohol. Es schien, als würde sie das Alleinsein nicht verkraften.

An einem Abend, als die ganze Familie beisammen war, sagte Ewald zu ihr: „Du musst damit aufhören und dich daran gewöhnen, damit du nach dem Krieg wieder glücklich mit Willi zusammenleben kannst!"

„Wieso glauben Sie, dass wir in diesem lausigen Ort bleiben, wenn er entlassen wird?"

Berta griff ein: „Dies ist sein Zuhause!"

„Da haben Sie recht, aber es ist nicht mein Zuhause", erwiderte Adelia.

In dem Moment, als sie die Worte aussprach, tat es ihr auch schon leid. Wenn sie hier alles verlieren würde, wusste sie nicht, wohin sie gehen sollte. Sie hatte Willi in der Großstadt kennen gelernt, als er mit seinem Vater auf Geschäftsreise war.

„Tut mir leid", sagte sie. „So habe ich es nicht gemeint. Es tut mir leid, nächstes Mal bleibe ich nicht so lange aus."

„Es darf kein nächstes Mal geben", erwiderte Ewald.

„Ist doch schon gut!", antwortete Adelia, während ihre Gedanken woanders waren. Wenn alle schliefen, würde sie sich einfach aus dem Haus schleichen und später wieder ins Haus rein.

„Dein Verhalten in Willis Abwesenheit zeigt mir aber nicht, dass er dir wichtig ist! Du bist gestern sehr spät nach Hause gekommen", sagte Ewald, während er sie anschaute.

„Das ist nicht ihr Recht, mich zu kontrollieren", erwiderte sie.

„Was soll ich denn, abgesehen von der Wäsche, den ganzen Tag tun?", fiel sie Berta ins Wort, bevor sie eingreifen würde.

„Du lebst hier", sagte Ewald. „Ich kann nicht einfach zusehen, wenn du so spät nach Hause kommst und noch dazu betrunken!"

Sie schob den Stuhl, auf dem sie saß, mit einem Ruck zur Seite und stand auf.

„Das muss ich mir nicht bieten lassen", sagte sie aufbrausend und rannte in den Garten.

„Wir sollen einander ohne Vorbehalte annehmen. Du bist nicht der Herr deines Nächsten", sagte Berta zu ihrem Mann. „Vielleicht versuchst du etwas netter zu ihr zu sein. Ich will nicht, dass unser Willi denkt, dass wir nicht unser Bestes gegeben hätten. Mit welchem Recht willst du sie verurteilen? Wir sind nicht für sie verantwortlich, sondern sie selbst. Gott ist stark genug, sie vor falschen Wegen zu bewahren. Es gibt Leute, für die bestimmte Tage von besonderer Bedeutung sind. Für andere wieder sind alle Tage gleich. Das soll jeder so halten, wie es nach seiner Überzeugung richtig ist. Schließlich: Niemand von uns lebt für sich selbst und niemand stirbt für sich selbst. Leben wir, dann leben wir für den Herrn. Ganz gleich also, ob wir leben oder sterben, wir gehören dem Herrn!"

„Ist ja gut, meine Liebe", räumte Ewald ein.

„Es geht gar nicht, wie sie sich benimmt. Das weiß ich auch, aber auf Gedeih und Verderb: Sie gehört nun mal jetzt zu uns!", fügte Berta hinzu.

Später, als die ganze Arbeit erledigt war, saßen sie in der Stube. Berta hielt ihr Strickzeug in den Händen und Ewald saß ihr mit der Zeitung gegenüber und beobachtete sie ab und zu. Das war natürlich nur möglich, wenn er nicht auf Geschäftsreise war. Ewald arbeitete dann hart auf dem Feld.

Jeder Abend schien Adelia genau gleich zu verlaufen. Immer saßen sie mit der ganzen Familie zusammen. Ab und an versteckte Ewald sich hinter seiner Zeitung, während Berta ihren Korb mit Wolle mit den Füßen hin und her schob. Das rhythmische Klackern der Nadeln machte das Mädel ganz unruhig. Heute war Samstag und sie würde lieber mit den Mädchen aus der Nachbarschaft tanzen gehen …

„Du könntest von mir das Stricken lernen", bot Berta Adelia an.

„Einen Dreck werde ich tun!" Sie hatte es ihr brühheiß serviert. Das musste Berta erst mal verdauen. Bertas Hände erstarrten. Ewald ließ seine Zeitung sinken. Die beiden starrten sie an, als hätte sie den heiligen Namen ausgesprochen.

„Tut mir leid", flüsterte sie. „All die schlimmen Nachrichten machen mich fertig. Es sieht ja so aus, als ob die falsche Seite gewinnt, oder? Jetzt haben die Russen angegriffen. Mir graut es schon alleine bei dem Gedanken, dass ich meinen Mann verlieren könnte!"

„Es ist genug, dass jeder Tag seine eigene Sorgen hat", sagte Ewald.

„Was soll das denn bedeuten?", fragte Adelia unhöflich.

„Es bedeutet, dass wir uns nur um das Heute Gedanken machen sollen und nicht um die Zukunft."

„Aber ich kann nicht anders! Fast das ganze Land führt Krieg und irgendwann werden alle Männer mitten hinein marschieren."

Ewald schüttelte den Kopf. „Jesus hat gesagt: „Sorgt nicht für morgen, denn der morgige Tag wird für das Seine sorgen."

„Jesus spricht in Rätseln", murmelte Adelia.

Ewald beugte sich vor: „Wie bitte?"

„Hör mal, Adelia, ich mache mir auch Sorgen um meinen Sohn, in Ordnung? Ich liebe ihn und ich möchte nicht, dass ihm irgendetwas zustößt", warf Berta ein.

„Ich liebe ihn auch und er ist in Gottes Hand. Wir können nur beten.", sagte Ewald leise.

„Ich verstehe nichts vom Beten, aber ich bin mir ziemlich sicher, dass es mich nicht davon abhalten wird, mir Sorgen zu machen."

Adelia erhob sich aus ihrem Sessel, zu nervös, um ruhig zu bleiben. Sie füllte den Teekessel mit Wasser auf und stellte ihn auf den Ofen.

Ewald schaute sie an und sagte:

„Ich möchte nicht, dass du so mit uns redest."

„Um Himmels willen, nein! Ich bin ein Stadtmensch! Gewieft und mit allen Wassern gewaschen, das muss man bei uns in der Stadt sein, sonst wird man da nicht alt", erwiderte Adelia ungehalten.

„Ich bitte dich ja nur, dich zu bemühen", fügte Ewald hinzu.

In manchen Nächten kamen Banditen. Das waren Menschen, die sich in den Wäldern versteckten. Sie plünderten die Bauernhöfe, um zu überleben. Notfalls mit Drohung und Totschlag. So war es ein Leben voller Angst und Zittern. Nun war Adelia noch da, die bei jedem Anlass einen Streit provozierte. Berta und Ewald waren aufgefordert, sich jeden Tag aufs Neue zu beherrschen. In diesen unruhigen Zeiten mussten sie als Eltern eine besondere Ruhe auf ihre Kinder ausstrahlen und eine gute Atmosphäre schaffen. Berta las aus ihrer Bibel vor und sie betete ausführlich, wobei das Danken und das Vertrauen sehr hervorgehoben wurden. Besonders für ihren ältesten Sohn Willi und auch für Heinrich, die sich im Krieg befanden, betete sie ständig. Die kleinen Söhne verstanden noch nicht viel davon, aber es beruhigte sie alle.

Manche Menschen rannten nachts auf dem Hof umher, um den Stall zu durchsuchen. Dann nahm Berta ihre kleinen Söhne in den Arm und betete, während sie im Dunkeln am Fenster stand und leise sagte:

„Nehmt, was ihr wollt, und zieht in Gottes Namen weiter!"

Ein Tag nach dem anderen verging bis zu einem heißen Sommernachmittag. Ewald war mal wieder geschäftlich unterwegs. Ihre jüngste Tochter Adel war zu einer hübschen Dame geworden. Sie war mit ihren Schwestern Theda, Monika und Adelia auf der Wiese. Dort pflückten sie Blumen, um Kränze zu flechten. Ihr voller Name war Adelina, aber alle nannten sie Adel. Es war einfach zu warm, um irgendwelche Arbeiten zu verrichten, so wollten die Mädels in der freien Natur ein wenig entspannen und die Gemeinschaft genießen.

Als sie plötzlich die Hufe von galoppierenden Pferden hörten, schauten sich die Mädchen gegenseitig verwundert an.

„Nanu?", sagte Theda. „Was hat das zu bedeuten?"

Als die Reiter näher kamen, spürte Theda, wie ihr Herz schneller und schneller klopfte. Sie ahnte es, denn es waren fremde Männer, die sie nicht kannte. „Banditen!", schoss es ihr durch den Kopf. Plünderer gab es schon immer, dachte sie weiter, hoffentlich nichts Schlimmeres. Es gab jede Menge Fälle, wo sie Frauen und Töchter vergewaltigten. Erbarmungslos fielen sie über die Siedlung her und schreckten vor nichts zurück. Sie zündeten Feuer an und zerstörten die Farmen derer, die auf diesem kargen Stück Land eine entbehrungsreiche Existenz gegründet hatten. In blinder Wut machten sie alles dem staubigen Erdboden gleich.

Als die Männer anhielten, schauten sie die Mädchen wie ausgehungert und gierig an, als ob sie schon seit langer Zeit keine weibliche Gestalt mehr zu Gesicht bekommen haben.

„Hey, du Hübsche, wie ist denn dein Name?", rief der Mann, der als Erster bei ihnen war. Es schien so, als sei er der Anführer.

„Mein Name ist Adel!", erwiderte sie selbstbewusst. Adel war sehr jung, gerade mal fünfzehn Jahre alt. Sie war ein sehr hübsches Mädchen mit einer schon recht weiblichen Figur. Dichtes, schwarzes, langes Haar bedeckte ihre zierlichen Schultern. Sie hatte große blaue Augen und volle Lippen.

„Ich muss schon sagen, du bist echt ein hübsches, kleines Ding! Ich habe den Eindruck, dass du auf dem Sprung bist? Können wir uns nicht hinsetzen und uns ein bisschen unterhalten? Wir können doch Freunde werden?“, sagte er. Alle Mädchen hatten wirklich nur einen Gedanken – nichts wie weg.

„Ein anderes Mal vielleicht.“ Adel war versucht zu erwidern, dass schon ein Wunder geschehen müsste, bevor sie beide Freunde werden könnten. Sie wollte ihn jedoch nicht provozieren, während Theda versuchte sie zu beruhigen, dass sie ja ihren Mund hielte. Adel versuchte an ihm vorbeizugehen, aber er packte sie am Arm.

„Ich weiß, dass du dich mit mir amüsieren möchtest, Adel! Du und ich könnten eine Menge Spaß zusammen haben“, fügte er hinzu.

„Ein anderes Mal, habe ich gesagt!“

Der Mann war zwar nicht groß, aber seinem Griff nach zu urteilen ein kräftiger Kerl.

Theda hätte ihm am liebsten einen ihrer selbst geflochtenen Blumenkränze überziehen wollen, aber die Kränze und die schönen Blumen taten ihr leid. Sie spürte, dass sie ihre Sachen packen und schnellstens verschwinden sollten, bevor der glupschäugige Typ mit seiner Bande auf dumme Gedanken kommen und über sie herfallen würde.

„Lasst uns nach Hause gehen!“, sagte Theda zu ihren Schwestern.

„Hey, wieso die Eile Mädels? Bleibt doch noch! Vielleicht stellst du uns deine Schwestern vor?!“, rief der Unbekannte. Er richtete sich an Adel, während er kaute und andauert zur Seite spuckte.

„Ich denke gar nicht daran!“, erwiderte Adel, während sie rasch ihre Sachen packte.

„Können wir uns nicht dazusetzen und uns ein bisschen unterhalten?“, sagte jemand anderer von diesen Fremden.

„Nein, könnt ihr nicht!“, entgegnete die mittlere Schwester Monika.

Einer der Männer packte Theda an ihrer Hand, deutete ihr Zögern als Interesse und zog sie an sich.

„Komm her, du Süße!“

„Nein! Lass mich los, du blöder Kerl!“

„Wieso gleich so kratzbürstig?“, meldete sich der Dritte. Theda schubste ihn zur Seite und die Mädchen liefen so schnell sie nur konnten davon.

Als sie ihr Haus erreichten, schrie Adel:

„Mama, Mama, sperr alles ab, da sind irgendwelche fremden Männer hinter uns her!“

Berta hörte ihre Tochter rufen, deren Stimme sehr aufgebracht klang.

„Was ist los?“, rief sie zurück.

Rasch waren die Mädels im Haus und die Mutter verriegelte sofort die Tür.

„Schau aus dem Fenster, Mama! Eine ganze Bande!“, rief Adel.

Berta schaute aus dem Fenster und wollte ihren eigenen Augen nicht glauben: „O Gott! Was wollen die hier?“

Sie konnten sehen, dass die Männer alle schon auf ihren Pferden saßen und in das nahe liegende Wäldchen galoppierten.

„Gott sei Dank!“, seufzte die Mutter. „Das hätte uns noch gefehlt!“

Nach kurzer Zeit legte sich die Aufregung und es schien, dass alles vorbei wäre. Die Mädels beschäftigten sich auf ihren Zimmern. Berta machte das Abendessen für die Familie fertig. Es gab einen gewürzlosen Getreidebrei. Nach dem Essen waren die Jungs schnell mit ihrem Holzspielzeug verschwunden. Berta beauftragte die Mädels, den Tisch abzudecken und das Geschirr abzuspülen, während sie in den Stall ging, um das Vieh zu versorgen.

Die Sonne versteckte sich hinter den hohen Bäumen und die Abenddämmerung legte sich auf die ruhige Landschaft. Berta gab den Kühen frisches Gras und sie sah auch nach den jungen Pferden. Mit den anderen Pferden war Ewald geschäftlich unterwegs.

Als sie sich umdrehte, stand plötzlich ein Mann vor ihr.

„O Schreck! Wer sind Sie denn und was machen Sie hier?“ Wie ein Blitz schossen ihr Gedanken durch den Kopf, was alles passieren könnte.

Sofort war Berta klar, dass dies der Anführer der Bande war. Womöglich gehörte er zu den Deserteuren, dachte sie.

„Ich bin hier, um mit ihnen zu reden“, antwortete er halblaut.

„Es gibt nichts, worüber wir reden müssen!“, erwiderte Berta barsch. „Was wollen Sie? Wir haben nichts! Verlassen Sie unser Grundstück!“

„Nicht doch, nicht doch“, flüsterte er, während er sich Berta näherte.

„Bleiben Sie da wo Sie sind, sonst …!“, schrie ihm Berta entgegen.

„Was sonst? Können wir uns nicht hinsetzen und uns ein bisschen unterhalten? Warum können wir nicht Freunde werden?“

„Freunde?“, fragte sie zurück. Sie war versucht zu erwidern, da muss was Gravierendes geschehen, bevor wir beide Freunde werden könnten! Berta spürte intuitiv, dass etwas Unheimliches auf sie zukam und wollte ihn nicht provozieren. „Ausgerechnet jetzt“, dachte sie, „wo Ewald nicht da ist.“

„Wenn ich mit eurer Tochter Adel eine Nacht verbringen kann, wird euch nichts passieren!“, sagte er.

„Unverschämt!“, entgegnete Berta.

„Wie können Sie es wagen, sie ist noch ein Kind?! Sie …Sie … unverschämter Widerling!“ Berta sagte ihm ohne Umschweife, wohin er gehen könnte.

„Sachte, sachte“, erwiderte er und rückte immer näher, sodass Berta seinen Atem spürte. Voller Ausweglosigkeit spuckte sie ihm ins Gesicht. Schnell wischte er sein Gesicht ab und packte sie vor Wut. „Nicht mit mir, du kleines Luder!“, flüsterte er, während er seine Zähne fest zusammenpresste.

„Mal sehen, ob die Mutter genau so temperamentvoll ist wie die Tochter." Schnaufend schmiss er sie auf den Boden.

„Nein! Nein!", schrie sie. Er packte ihr Kleid am Brustbereich und zerriss es mit einer Wucht von oben bis unten.

„Lassen Sie mich los, nein, nein, aufhören!"

Er versuchte, mit seinem Mund ihren zu halten, dass sie keiner hörte. Doch Berta wälzte sich hin und her. Immer wieder hatte er mit seinem Mund ihren festgehalten. Er war eigentlich ein kleiner und kein starker Mann und trotzdem war es nicht leicht. Bertas Herz begann heftig zu hämmern. Sie überlegte fieberhaft, was sie tun könnte. Doch ihr viel nichts ein, außer dass sie nicht aufgeben würde. Nach einer gewissen Zeit des Ringens konnte sie sich endlich losreißen und davonlaufen.

Schon während des Gesprächs fiel Berta auf, dass er öfters hustete und sich mit einem weißen Taschentuch den Mund abwischte. Es war blutig, das konnte sie sehen. Allerdings wusste sie nicht, was es zu bedeuten hatte. Er lief ihr hinterher.

„Nein! Lassen Sie mich los!", kämpfte sie weiter. Berta rammte ihn kraftvoll mit dem Knie, woraufhin er sich krümmte und vor Schmerzen stöhnte. Zusätzlich bekam er einen Hustenanfall, während er Blut spuckte und nach Luft schnappte. Jetzt war sie endlich frei und lief sofort aus der Scheune heraus.

Mit einer Hand wusch sie ihren Mund und merkte, dass ihre Hand blutig war. Sie ekelte sich und fing an zu spucken. Mit dem Kleid wusch sie ihre blutige Hand und den Mund ab, während sie sich mit der anderen Hand über ihr zerzaustes Haar strich. Danach versuchte sie ihr zerrissenes Kleid zusammenzuhalten. Sie lief davon und schaute sich andauernd um, hoffend dass er sie nicht verfolgte.

Als sie das Haus erreichte, knallte sie atemlos die Tür hinter sich zu.

„Mama, bist du das?", fragte Theda.

„Ja", antwortete sie, völlig außer Atem.

Theda hörte in der Stimme ihrer Mutter, dass etwas nicht stimmte. Sie war anders als sonst. Rasch stand sie vor ihrer Mutter. Berta war es nicht möglich, ihren Zustand zu verstecken.

„Mutti? Was ist denn mit dir los?", rief Theda erschrocken.

„Als ich in der Scheune war, hat mich einer der Banditen überfallen!"

„Ist was Schlimmes passiert?"

„Gott sei Dank nicht!", erwiderte Berta.

„Du hast aber Blut auf deinem Gesicht, Mutti!?"

Während sie die zerrissene Kleidung von sich zog, sagte sie rasch zu Theda: „Setz schnell heißes Wasser auf. Ich muss mich baden und alles abwaschen!"

„Ja, Mama, sofort", antwortete sie und verschwand in der Küche. Vor Aufregung entglitt Theda der Topf, nach dem sie gegriffen hatte, und fiel polternd zu Boden.

Die Jungs kamen geeilt und der kleine Jonas rief:

„Hey, was ist denn das für ein Krach hier?" Er grinste, während er seine schiefen

Zähne zeigte.

„Machst du Kakerlaken platt, Theda? Lass mich das tun, das tue ich nämlich sehr gerne!“

„Geht nach oben und spielt weiter! Keine Kakerlaken!“, antwortete Theda aufgeregt, denn sie wollte auf keinen Fall, dass die Jungs ihre Mutter in so einem Zustand zu Gesicht bekamen. Die Jungs verschwanden wieder, während sich Adel und Monika zeigten.

„Ist das Wasser schon warm?“, fragte Berta, die sich in einem Abstellraum vor den Jungs versteckte.

„Es reicht auch, wenn es lauwarm ist. Theda, beeil dich bitte!“ Berta bemerkte nicht, dass ihre Töchter dastanden. Adel sah den großen Topf auf dem Ofen stehen, wo Berta immer das Wasser warm machte. Sie schaute in den Abstellraum und fragte: „Wieso, heute ist doch kein Badetag?“

Als sie ihre Mutter und ihr zerrissenes Kleid sah, durchzuckte sie gleich ein schrecklicher Gedanke.

„Mama, waren das die Männer, die auf der Wiese zu uns kamen?“

„Ja, Liebes.“ Berta wusste, dass sie den Mädels alles erzählen musste.

„Er wird wiederkommen“, fügte sie hinzu, „ich spüre es.“

„Wer wird wiederkommen, Mutti?“, fragte Monika.

„Frag nicht so viel!“, sprach Theda, während sie Monika schubste.

„Er will dich, Adel! Das sagte er mir. Allen anderen wird nichts passieren. Jedenfalls behauptete er es. Ob er sein Wort hält, sei dahingestellt? Vielleicht überfällt er uns mit seiner ganzen Mannschaft“, erklärte Berta unruhig und machte kein Geheimnis daraus. „So oder anders. Aber er kommt wieder, denn seine Mannschaft und er brauchen Wasser.“

Am nächsten Tag stand er vor der Tür und verlangte nach Wasser und Essbarem, genau wie Berta vermutet hatte. Sie schickte Adel zur Tür.

„Sie können heute Nacht kommen. Ich werde auf Sie warten“, flüsterte Adel, während sie ihm ein Zeichen mit dem Kopf gab und auf die Scheune zeigte. Sie drückte ihm einen Beutel mit Essensresten und Wasser in die Hand. Gierig schaute er sie an.

„Abgemacht!“, sagte er und schaute Adel noch einmal von oben bis unten an, während er sie anlächelte.

Am vorherigen Abend, nachdem Berta sich den ganzen Dreck abgewaschen hatte und die Jungs im Bett lagen, dachte sie sich mit den Mädels einen Plan aus.

Adelia war wie gewöhnlich ausgegangen, so konnte sie nichts mitbekommen. Das war Berta ganz recht.

Der Abend kam. Berta fühlte sich schon den ganzen Tag elend, ihr Herz schrie. Würde es funktionieren? Könnten sie dem Mann Angst einjagen? Würde er allein kommen oder mit der ganzen Mannschaft? Fragen über Fragen und es ließ ihr keine Ruhe.

Als Adel abends in der Scheune verschwand, war Berta schon längst dort und versteckte sich, mit einer Mistgabel bewaffnet, in einer Ecke. Die andere Mistgabel hatte sie griffbereit, nicht weit von Adel entfernt, im Heu versteckt. Der Mann erschien rechtzeitig und allein. Adel tat so, als ob sie auf ihn gewartet hätte. Er legte gleich los, ließ seinen Händen freien Lauf. In diesem Augenblick kam Berta mit der Mistgabel auf ihn zu und schrie: „Nehmen Sie Ihre dreckigen Finger von meinem Kind weg!" Adel lief zur Seite und packte schnell die versteckte Mistgabel. So standen beide Frauen bewaffnet vor ihm.

„Ach, so sieht das aus!", stellte der Mann erstaunt fest. „Wir sind also hier nicht allein!"

„Verschwinden Sie, bevor ich zusteche!", rief Berta ihm drohend zu. Ihr Herz raste in ihrem Brustkorb, doch sie ignorierte es und drohte weiter mit der Mistgabel.

„Ich denk gar nicht dran", sagte er lächelnd.

„Ich warne Sie! Verschwinden Sie! Lassen Sie uns in Ruhe, dann wird niemandem was passieren. Wenn Sie aber nicht gehen, bin ich gezwungen Sie aufzuspießen. Aber meinem Kind werden sie kein Haar krümmen!", drohte Berta weiter.

„Schon gut, schon gut!", erwiderte er, „Aber Gehen habe ich nicht vor! Bin doch gerade erst gekommen!"

Er beachtete Berta gar nicht und dachte, dass er Adel die Mistgabel aus der Hand reißen könnte. Adel wehrte sich und Berta drohte weiter. Der Mann war stur und wollte nicht aufgeben. Die beiden Frauen schützten sich gegenseitig.

Er ging langsam auf Adel zu und als sie ihm rückwärts auswich, stolperte sie plötzlich und fiel zu Boden.

Er rannte auf sie zu und überfiel sie, während er seine Hose öffnete.

„Mama, Mama!", schrie Adel, „Hilf mir!" Berta drohte und schrie, doch der Mann verfolgte sein Ziel. Sie wusste nicht wie ihr geschah, als sie sich gezwungen fühlte mit der Mistgabel zuzustechen. Der Mann schrie laut auf und krümmte sich im Heu. Adel lief weinend aus der Scheune, um schnell ins Haus zu kommen.

Aus Wut, Verzweiflung oder auch Angst stach Berta noch mal zu. Damit hatte sie nicht gerechnet, doch der Mann rührte sich nicht mehr. Sie hatte ihn verjagen wollen. Nun lag er in seiner Blutlache tot vor ihr.

Berta war zutiefst erschrocken, fasste sich an den Kopf und schrie:

„Was habe ich getan, was habe ich getan?"

In diesem Moment kamen Theda und Monika angelaufen und griffen ihrer Mutter in ihrer Verzweiflung unter die Arme.

„Mama, lass uns nach Hause gehen", sagte Monika.

„Wir können nicht nach Hause gehen!", schrie Berta verzweifelt und schubste die Mädchen zur Seite.

„Wir müssen ihn irgendwie beseitigen! Was soll ich machen, was soll ich machen?", rief sie, während sie hin und her lief.

„Los, Theda, bring einen Spaten. Wir werden ihn im Garten vergraben, solange es noch dunkel ist!“, rief sie ihrer Tochter zu. Monika lief hinterher, denn sie wusste nicht, was sie tun sollte.

Als Theda mit dem Spaten zurück war, gruben sie hastig und weinend eine tiefe Grube abseits ihres Gartens. Anschließend schleppten sie den Mann dorthin und schubsten die Leiche in die Grube. Schnell buddelten sie ihn ein und beseitigten sämtliche Spuren. Als sie alle wieder im Haus waren, wandte sich Berta zu ihren Mädchen.

„Versprecht mir, dass ihr keinem Menschen auf dieser Erde erzählt, was heute Abend vorgefallen ist!“ Unter Schock legten die Mädels das Versprechen ihrer Mutter gegenüber ab.

Nachdem sie sich gründlich gewaschen hatten, gingen die Mädchen zu Bett. Berta saß noch bis zur Morgendämmerung in der Stube und konnte nicht glauben, was geschehen war. Bin ich eine Mörderin? Bin ich jetzt eine Mörderin? Diese Frage ging ihr nicht mehr aus dem Kopf.

Ewald kam nach ein paar Tagen von seiner Geschäftsreise zurück und wie gewöhnlich brachte er den Kindern Geschenke mit. Den Mädels Bücher und den Jungs Süßes und eine Kleinigkeit zum Spielen. Als Kunstsammler war er oft unterwegs und begeistert von seinem Beruf, der schon über mehrere Jahrzehnte in Familientradition war. Er übte ihn erst aus, wenn die Felder bestellt oder die Ernte eingebracht war.

Die Mädchen liebten Bücher, besonders Adel, die sich schon manch eine Nacht um die Ohren geschlagen hatte, wenn es spannend war. Sie träumte, wenn sie erwachsen würde, würde sie eine Leihbücherei eröffnen.

Theda dagegen stapelte die Bücher in Regale. Sie legte ihre Blumen zum Trocknen zwischen die Seiten und hatte so schon eine recht vielfältige Sammlung.

Ewald bemerkte, dass irgendetwas nicht stimmte, aber was? Er konnte es nicht herausfinden. Die Mädchen zogen sich zurück, keiner unterhielt sich mit ihm, wie sie es sonst nach seiner längeren Abwesenheit taten. Berta wirkte abwesend und kühl. Merkwürdig, dachte er, aber er stellte keine Fragen.

Berta verwöhnte wie gewöhnlich ihre Söhne, in der Hoffnung darin eine Ablenkung zu finden. Jonas wurde zwölf Jahre alt und Albert zehn. Tagein, tagaus musste sie mit ihrem schlechten Gewissen fertig werden. Mit keinem Menschen durfte sie darüber reden. Sie musste mit sich selbst klarkommen.

Die Sonne schob sich über das Wohnhaus hinaus, strahlte von der anderen Straßenseite her ins Zimmer. Als das Licht auf Bertas Bett fiel, durchfuhr ein stechender Schmerz ihre Lunge. Sie blinzelte zu ihrem Wecker hinüber. Halb zehn vormittags! Sie konnte sich nicht erinnern, wann sie zum letzten Mal so lange geschlafen hatte.

Zu Hause bei ihrer Mutti, soweit sie denken konnte. Was für ein Tag war heute doch gleich? Sonntag? Oh, was macht denn meine Familie ohne Sonntagsessen? Sie fühlte sich wie ausgewrungen.

Sie kroch aus dem Bett, zog einen Morgenmantel über und schlurfte in die Küche, in der Hoffnung doch noch etwas Leckeres vorzubereiten.

Ihre Familie war ohne sie zum Sonntagsgottesdienst gegangen. In letzter Zeit fühlte sie sich oft unwohl. Sie war schnell müde, hatte ziemlich abgenommen und ihre Haare waren auf einmal grau. Sie sah zunehmend älter aus. Obwohl sie abends früher zu Bett ging, kam sie morgens trotzdem nur sehr müde und langsam in Gang.

Theda lernte inzwischen einen jungen Mann kennen. Nach dem Sonntagsgottesdienst begleitete er sie oft nach Hause. Nach kurzer Zeit machte er ihr einen Heiratsantrag. Sie war überrascht und fühlte sich zu ihm hingezogen. Ihr Herz begann heftig zu klopfen. Für sie war Theodor der freundlichste Mensch, dem sie je begegnet war. Doch das Klopfen ihres Herzens machte ihr klar, dass sie es auch mit einem attraktiven Mann zu tun hatte.

„Ja, ich will!“, antwortete Theda und gab sich Mühe, ihrer Stimme einen ruhigen und unpersönlichen Klang zu geben.

Von Weitem nahmen sie schon die Düfte von Bertas Mittagessen wahr. Sie bemühte sich, gerade wenn Theodor sonntags zu Besuch kam, ein besonderes Essen auf den Tisch zu bringen.

Seitdem er Theda kennengelernt hatte, besuchte er sie jeden Abend. Sie trafen sich im Wald, der nicht weit von ihrem Haus lag. Die beiden genossen die Zeit, während sie ihre Hochzeit planten.

Theda träumte von einem schönen Kleid, denn das Rokoko bildete einen sogenannten Ausklang der barocken Stilrichtung in diesem Jahrhundert. Die Lebensformen verfeinerten sich sehr. In der Haltung und in den Gebärden zeigte sich eine heitere, galante und leicht gekünstelte Wesensart. Die aristokratische Gesellschaft ließ sich nur wenig von den großen, geistigen Bewegungen dieser Zeit der Aufklärung beeinflussen. Die Mode war in ihrer Blütezeit. Es war die Zeit des Reifrocks und der Puderfrisur. Der Reifrock bestand aus Fischbeinstäben, einem Korb ähnelnd, den man „Panier“ nannte. Es wurden zierliche Schuhe mit geschwungenem Absatz getragen und die Oberteile der Kleider waren spitz. Theda liebte es. Die Korsetts waren zur Taille hin sehr eng gehalten, was Taille und Busen stark betonte. Die Dekolletés wurden immer tiefer. Schleifen, Blumen und Rüschen dominierten. Die Haare waren mit kleinen Locken angelegt und weiß gepudert. Theda mochte es sehr und ihre Lieblingsfarben waren Silber und Pastelltöne.

Als sie später aufgewühlt nach Hause kam, saßen ihre Schwestern und ihre Mutter in der Stube und waren mit ihrer Handarbeit beschäftigt. Aufgeregt teilte sie ihren Wunsch mit.

„Das ist nichts für Normalsterbliche. Ich muss euch sagen, meine lieben Kinder: Ihr wisst, dass ihr in dieser Welt Fremde seid, nur auf der Durchreise. Deshalb bitte ich euch eindringlich, gebt den Wünschen und Verlockungen dieser Welt nicht nach, die euren Glauben gefährden. Führt stattdessen einen untadeligen

Lebenswandel, der sich vom Leben derer, die Jesus nicht kennen, abhebt. Durch euer Verhalten sollen auch die überzeugt werden, denen ihr es vorlebt. Das betrifft dich besonders, meine Liebe!", sagte Berta und schaute Theda dabei an.

Theda nahm Platz und wühlte ungeduldig in dem Korb, wo sie ihre Handarbeit aufnahm. Keiner wollte der Mutter widersprechen. Die Mädchen schauten sich gegenseitig an, als Adel die Ruhe unterbrach:

„Ja! Du würdest wunderschön aussehen, das kann ich mir gut vorstellen!"

„Da bin ich mir nicht so sicher", räumte Berta ein. „Wir müssen darüber noch mit eurem Vater sprechen."

„Papa wird nichts dagegen haben!", fügte Theda hinzu.

„Das werden wir erst mal abwarten müssen", antwortete die Mutter.

„Ich kann mir nicht vorstellen, dass Thedas Kleid aussehen soll, wie die Kleidung der unteren Schicht. Denn das ist immer noch ein Hochzeitskleid!", erwiderte Monika. Die einfachen Kleider waren weniger ausgeschmückt, alle hatten aber den Reifrock. Nur die arbeitenden Frauen trugen kurze Schoßjäckchen mit einem Brusttuch und relativ stabile Schuhe mit kleinen Absätzen.

Die nächsten Tage gingen die Mädels ihrer Arbeit nach, während sie sich unterhielten. Theda hatte nur halb zugehört. Sie beschäftigte sich mehr mit einer anderen Frage, die sie seit dem gestrigen Tag nicht mehr losließ. Einige Male wollte sie ihren Vater etwas fragen, doch immer schien ihr nicht die rechte Gelegenheit zu sein. Mittlerweile war ihre Sorge um ihr Hochzeitskleid so groß geworden, dass sie reden musste. Außerdem schien ihr jetzt die Zeit gekommen, nachdem die nötigsten Arbeiten beendet waren. Vater hatte ein großes Herz und konnte seinen geliebten Töchtern keinen einzigen Wunsch abschlagen, geschweige denn ein Hochzeitskleid.

Langsam wurden die Vorbereitungen getroffen und die Gäste geladen. Onkel Lutz kam ein paar Wochen früher, denn sie hatten sich sehr lange nicht gesehen. Er war Ewalds Bruder und ein wirklicher Scherzkeks. Abends, wenn die Familie wieder beisammen war, erzählte er den Jungs: „Bei mir auf dem Dach wohnen sehr viele Fledermäuse. Manchmal, wenn ich Lust habe, fange ich eine und sie kommt in die Bratpfanne. Schmeckt wie ein gebratenes Hähnchen."

„Wie fängst du sie denn, Onkel Lutz?", fragte Albert.

„Wenn sie abends aus ihrem Versteck rauskommen, fliegen sie überall herum und verflechten sich überwiegend in den langen Haaren von Mädchen", antwortete er, während er dabei Adel anschaute.

„Wir haben viele Mädchen in der Nachbarschaft. Ich komme ihnen zu Hilfe, ich muss sie nicht fangen."

Alle Erwachsenen schmunzelten, als sie Onkel Lutz' Geschichten zuhörten, nur der kleine Albert glaubte alles, was er erzählte.

Nach Thedas Hochzeit ging es Berta zunehmend schlechter. Die letzten Monate musste sie Blut spucken. Sie hielt es lange geheim. Eines Morgens, als sie aufwachte, saß Ewald an seinem Sekretär und erledigte die Geschäftspapiere. Er schaute sich um, als Berta hustete.

„Wie geht es dir, meine Liebe?“, fragte er, während er aufstand und zu ihrem Bett kam.

Sie merkte, dass Blut auf ihrem Schlafkissen war. Schnell, dachte sie, bevor ihr Mann es sehen würde, drehte sie das Kissen um. Doch Ewald bemerkte es.

„Was ist das?“, fragte er. „Ist das Blut? Was sehe ich da?“, fragte er verwundert.

Berta wusste, dass es jetzt kein Geheimnis mehr war. Sie war an Tuberkulose erkrankt. Der Mann, der sie zu vergewaltigen versuchte, hatte sie angesteckt.

Berta hatte vor längerer Zeit Kräuter gesammelt, wie Lungenkraut und Spitzwegerich, die in erster Linie gegen alle Erkrankungen der Atmungsorgane angewendet wurden, besonders bei starker Verschleimung und bei Lungentuberkulose. Des Öfteren setzte sie für sich einen Hustentee mit Huflattich und Königskerzenblüten auf. Nun schien es, dass sie zu spät damit angefangen hatte.

Ewald beugte sich langsam nieder zu ihrem Bett und schaute seine Frau an. Sie öffnete ihre Augen. Berta wirkte sehr schwach und flüsterte: „Was ich dir schon immer sagen wollte. Es tut mir leid, dass ich es dir nicht früher erzählt habe: Du bist etwas Besonderes. Scheint so, als Gott dich schuf, legte er liebevoll ein Stück von sich selbst in dich hinein. Er wollte, dass du einmalig bist. Ich danke dir – ich hatte ein gutes Leben an deiner Seite. Aber was ich dir noch sagen wollte …“, sie schwieg und es schien, als könnte sie es nicht aussprechen. Ewald saß über Berta gebeugt an ihrem Bett und fühlte sich geschmeichelt und gleichzeitig gerührt, während er sie anschaute.

Dann fragte er: „Was denn?“ Sie zögerte. „Was möchtest du mir denn noch sagen?“, fragte er liebevoll, während er ihre Hand streichelte und ihr tief in die Augen schaute.

„Ich …, ich … bin eine Mörderin“, flüsterte sie.

„Was redest du da? Das ist doch unmöglich?“, starrte er sie entsetzt an. „Unsinn!“, fügte er hinzu.

„Hör mir genau zu!“, erwiderte Berta und schüttete ihm ihr Herz aus.

„Ach du großer Gott!“, rief Ewald aufgebracht.

„Das kann doch nicht wahr sein? Warum hast du es mir nicht schon längst erzählt?“, fragte er ganz aufgewühlt. Er erhob sich und lief im Zimmer auf und ab, während er mit beiden Händen über seinen Blondschopf fuhr und wiederholte: „Es kann doch nicht wahr sein? Es kann nicht sein!“

Einerseits schämte sich Berta in Grund und Boden, andererseits fühlte sie sich leichter. Endlich war es raus! Das Geheimnis, das so lange wie ein schwerer Stein auf ihrem Herzen lag.

Jetzt trug Ewald die ganze Last. Diese Nachricht hatte ihn in einen Schock versetzt. Es schien, als befände er sich in einem Albtraum. In dieser Nacht konnte er nicht so recht entspannen und früh morgens am nächsten Tag ging er zu dem kleinen Schuppen, der an die Scheune angrenzte. Er stand auf einer Wiese, die von den Kühen fast völlig abgegrast war. Doch über dem Schuppen breitete ein mächtiger Birkenbaum seine Krone aus.

Die grünen Blätter bewegten sich leise im Morgenwind und der durch Sonnenflecken gesprenkelte Schatten lag wie ein Segen über dem kleinen Gebäude. Ewald blickte in das Innere des Schuppens. Ein kleines Fenster in der einen Wand und ein recht großes Loch im Dach ließen genug Licht hineinfallen, um das viele alte Gerümpel zu sehen, das über dem Fußboden verstreut war. Er ließ seinen Blick über die Scheune schweifen und wurde ganz betrübt. Hier musste es wohl alles geschehen sein, dachte er. Die Stille des Morgens führte Ewald noch einmal deutlich vor Augen, wie schrecklich es gewesen sein musste. „Wenn ich zu Hause gewesen wäre, wäre es nicht dazu kommen“, gab er sich die Schuld.

Nach diesem erschütternden Geständnis von Berta verging keine Woche und sie lag nach einer durchhusteten Nacht morgens tot neben ihm im Bett.

„Berta, Berta, Liebes, wach auf!“, rief er, während er sie schüttelte. Verzweifelt sprang er aus dem Bett und ließ die ganze Familie zusammenkommen. Doch Berta war bereits kalt.

Nach ein paar Tagen der Vorbereitungen wurde seine Ehefrau, die Mutter seiner Kinder, auf dem Dorffriedhof beigesetzt. Sie wurde gerade mal zweiundvierzig Jahre alt.

Nach der Beerdigung erwachte Ewald bei der ersten Morgendämmerung, blieb aber noch lange in seinem Bett liegen. Seine Tränen versiegten, als er über das Geschehene nachdachte. „Gott ist groß“, überlegte er. „Ich muss sagen, dass ich es anerkenne, und bringe meine Sorgen vor ihn. Kein anderer braucht es zu hören. Tief in meinem Herzen will ich ihn preisen.“ Langsam verschwand sein Kummer in der Dankbarkeit seines Herzens und er wurde fröhlicher. Als die Kinder wach wurden, war Ewald guten Mutes und bereit in den Tag hineinzugehen, von dem er glaubte, er würde einer der schlimmsten seines Lebens werden.

Inzwischen waren Jahre vergangen. Heinrich und Willi waren längst von ihrem Kriegsdienst zurück. Adelia war glücklich mit ihrem Mann. Heinrich war verheiratet und zu dieser Zeit schon verwitwet. Seine Frau Christine starb während der Geburt ihres zweiten Kindes. Es war ein Mädchen. Heinrich gab ihr den Namen seiner Frau – Christine. Er sorgte gut für die Kleine und es schien, als wollte er nicht wieder heiraten. In der Nachbarschaft gab es genug Frauen, die ihn verehrten. Doch er zeigte kein Interesse. Da gab es in der Nachbarschaft die Witwe Maria. Ihre unverheiratete Schwester besuchte sie des Öfteren. Die beiden saßen häufig vor ihrem Haus und konnten so aufmerksam Heinrich und dessen Töchter beobachten. Seine Güte und Autorität wurden an jeder seiner Bewegungen und Gesten sichtbar, obwohl sie nicht hören konnten, worüber er mit seinen Töchtern sprach.

„Wie bedauerlich, dass seine Frau so früh starb“, sagte Maria zu ihrer Schwester.

„Man kann deutlich sehen, dass er ein guter Vater ist und sicher auch ein guter

Ehemann war. Seine Frau war bestimmt sehr glücklich."

Ihre Schwester nickte zustimmend.

„Es gibt viele Frauen in unserem Dorf, die gerne einen solchen Mann als Gatten gehabt hätten. Aber er scheint es nicht eilig zu haben, eine neue Frau zu suchen."

„Sicher erleichterten seine Töchter das Alleinsein", meinte Maria nachdenklich.

„Bestimmt!", pflichtete ihre Schwester bei.

„Töchterchen Christine wirkte manchmal eingebildet, aber ihrem Vater gegenüber ist sie gehorsam und macht ihm keinen Kummer. Es ist besser, eine gehorsame Tochter zu haben, als eine, die ihren Vater zwar liebt, aber nicht gehorcht", fügte Maria hinzu.

Heinrich hatte aber etwas anderes vor. Er überlegte sich alles ganz genau. Der Krimkrieg forderte schließlich seinen Tribut. Zu dieser Zeit siedelten sich in dieser Gegend die Nachfahren der ersten deutschen Kolonisten an.

Die Menschen waren während des Krieges sehr mies zueinander. Jeder dachte nur an sich. Heinrich entschied sich dafür, als Freiwilliger in den Militärdienst einzutreten, denn bei seiner „Enrollierung", was nichts anderes als Truppen anwerben bedeutete, erhielt er einen Sonderbonus. Diesen Siedlern stellte man freien Transport von der russischen Grenze zur Wohnsiedlung, Zollfreiheit bei der Einwanderung und dazu eine staatliche Anleihe beim Häuserbau in Aussicht. Die zusätzlich zur Ansiedlung der Kolonisten angewiesenen Ländereien wurden den Gemeinden zu unantastbarem und erblichem Besitz auf ewige Zeiten überlassen. Sie durften allerdings ohne Wissen und Willen der jeweiligen Gemeindeverwaltung nicht verkauft oder abgetreten werden. Es wurde den Kolonisten auch das Recht auf gemeindliche Selbstverwaltung, ohne Einmischung der russischen Behörden in ihre inneren Angelegenheiten, gewährt. Es war sogar erlaubt, Leibeigene (Angehörige moslemischer Völker zu Untertanen machen) zu haben. Wichtig war zusätzlich noch die Zusicherung, dass alle Kolonisten das Zarenreich jederzeit wieder ungehindert verlassen durften. Durch diese Privilegien wurde eine gewaltige Einwanderungsbewegung ausgelöst, die fast einhundert Jahre andauerte. (Quelle: Bernd G. Längin)

Heinrich dachte an die Zukunft seiner Tochter und wagte deswegen diesen Schritt. So musste Christine mit ihren acht Jahren zu ihrer älteren Schwester Anna, die schon verheiratet war und einen kleinen Sohn von gerade mal acht Monaten hatte.

Die Kleine wusste vom Hörensagen, dass sie ihre Mama schon sehr früh verloren hatte und gab sich immer die Schuld daran. Das hinterließ eine gewisse Bitterkeit in ihrem Herzen. Als sie einmal mit Anna auf einer Wiese saß, fragte sie ihre Schwester: „Sag mal, ist meine Mami während der Entbindung gestorben?"

Anna schaute sie fragend an und hatte noch nicht geantwortet, als Christine auch schon, in Tränen aufgelöst, rief: „Es war meine Schuld! Ich habe sie getötet!"

Anna versuchte sie zu trösten: „Nein, nein, Liebes! Unsere Mama ist gegangen, weil Gott es so wollte! Das hat mit dir überhaupt nichts zu tun! Jeder Mensch auf dieser Erde hat eine gewisse Zeit für sein Leben bekommen, und das liegt allein in Gottes Hand, er entscheidet."

„Warum entschied Gott sich für mich? Was ist schon ein Baby gegen eine Mami?", erwiderte Christine traurig.

Das ist ein Argument, dachte Anna, aber ließ sich nichts anmerken.

Ein kurzes Schweigen trat ein, als Christine es unterbrach und sagte:

„Unser Papa war auch ein unglückliches Kind. Er erzählte mir viel von Oma Martha. Sie ging, als Mann verkleidet, für ihn arbeiten und starb unter diesen Strapazen. Papa sagte mir, dass er sich auch schuldig fühlte. Wenn er nicht gewesen wäre, hätte seine Mutter nicht allein, auch noch über Nacht, die Schafe hüten müssen."

„Nein, nein, so darfst du nicht denken! Nun bist du bei mir und ich werde für dich da sein, solange unser Vater im Krieg ist. Vergiss einfach die Vergangenheit und genieße das Leben!", versuchte Anna zu ermuntern, während sie ihre kleine Schwester fest umarmte.

Dankbar ließ sich Christine von Anna in die tröstenden Arme schließen.

„Ach, Gott, ich danke dir für Anna", flüsterte Christine.

Als dieses kleine Gebet aus ihrem Herzen emporstieg, war sie selbst darüber erstaunt. Sie beabsichtigte es nicht, sondern sprach es frei heraus. Doch wenn Gott uns alle schuf, wie Anna behauptete, dann wird er auch dafür sorgen, dass Papa wieder heil nach Hause kommt und dafür musste sie ihm danken.

Anna lebte mit ihrem Mann Robert auf der anderen Seite des Flusses Karaman. Das Wasser war in jenem Frühjahr hoch und an manchen Stellen fast über das Ufer getreten. Die Strömung war kraftvoll und gefährlich. Ihr Haus stand abseits auf einem Hügel, deswegen mussten sie sich keine besonderen Sorgen machen. Die Felder waren schon bestellt, als Robert sich entschied, freiwillig in den Krimkrieg zu ziehen, wie sein Schwiegervater Heinrich.

Anna war eine sehr starke Frau, cholerisch veranlagt und eine geborene Führungspersönlichkeit. Sie liebte ihren Mann heiß und innig. Beim Abschied küssten sie sich sehr lange und anschließend sagte sie ihm: „Ich liebe dich sehr, Robert!"

„Ich dich auch", erwiderte er.

„Pass gut auf dich auf und dass du mir bloß zurückkommst?! Hörst du?!"

Dann verpasste sie dem Pferd ihres Mannes einen Klatsch auf die Flanke und er ritt davon.

Was als furchtbarer Tag begann, erwies sich jetzt als der Beginn einer guten Sache. Nun war es ihre Aufgabe, sich um ihren kleinen Sohn und Christine zu kümmern. Sie freute sich schon darauf und wollte ihr Bestes geben und viel bewirken. Die Sonne ging unter, als sie sich noch mal umschaute. Doch sie konnte nur eine Silhouette von einem Reiter erkennen. Lebe wohl, mein lieber Herr

Gemahl, dachte sie, als sie in das Haus hineinging.

Heinrich und Robert starben in der Krimschlacht. Ewald wurde nach seinem achtundfünfzigsten Lebensjahr im Dorf Stahl neben seiner Frau Berta beerdigt.

Bis in die 80er Jahre des 19. Jahrhunderts lebten die Familien meistens in den angesiedelten Kolonien Fischer, Stahl am Karaman, Paulskoje, Grimm und Beideck des Samarer und Saratower Governments. Nun begann die Wanderung in andere Gebiete: Sibirien, Kaukasus, Mittelasien, Nord- und Südamerika, Südafrika und andere Länder. (Quelle: Staatsarchiv in Engels, Russland)

Später, während der Stalin-Reform, ging ein „Justus"-Zweig nach Sibirien. In dieser Zeit zogen vier Brüder der Familie Justus in die Stadt Omsk, die auch zu Sibirien gehörte.

***

Kapitel 4

Abschied

„Wer Mensch sein will, muss sich lieben lassen
und Gott und den Nächsten lieben."

Kurt Rommel

Der August 1941 zeigte sich kühl. Der Hochsommer war vorbei und eine Ahnung von herbstlicher Frische wurde spürbar – besonders früh am Morgen und spät am Abend. Dicke Wolken gleich einem weiten Schleier zogen heran. Wochenlang hielt sich die Sonne verborgen. Das erste Laub fiel von den Bäumen. Jeder wusste: Der goldene Herbst stand vor der Tür. Ruhig und friedlich lag das wunderschöne Städtchen Engels noch im Morgenschlaf, als sich der Himmelstau gleichmäßig auf das Land legte und der Nebel sich ausweitete.

Alwina Horn schaute aus dem Fenster und hielt kurz inne. Ihr Name bedeutete „die edle Freundin". Sie wurde am 05.08.1888 in Hockenberg im Wolgagebiet geboren. Sie war einem jungen Mann aus ihrer kleinen Stadt begegnet, Johannes Wolf. Die beiden verliebten sich und heirateten. Dann hatten sie sich mit ihren sechs Kindern ein bescheidenes Zuhause geschaffen: Emma, Hilde, Konstantin, der nach seinem Papa benannte Johann, Alwina wie die Mama und Irma.

Alwina richtete die Gardinen und begab sich in die Küche, um den Kindern, die hier gemeinsam groß wurden, das Frühstück vorzubereiten. Sie waren in einem Schlafraum untergebracht und kamen bestens miteinander aus. Die Mutter sorgte sich vorbildlich um ihre Liebsten und bereitete ihnen ein gemütliches Zuhause. Tagsüber nähte sie Kleidung für ihre Familie, strickte Pullover, Socken, Handschuhe, Schals und kochte ihnen die Lieblingsspeisen. Auch wenn sie als Familie nicht reich waren, so besaßen sie doch das Nötigste. Alwina war das fünfte Kind der Familie, Irma das sechste und damit das Nesthäkchen.

Des Öfteren lagen sie abends gemeinsam im Bett und erzählten sich interessante Geschichten. Irma fragte nach allem, was ihr gerade in den Sinn kam. Sie war neugierig und interessierte sich für jedes Detail. Außerdem liebte sie die Stimme ihrer Schwester Alwina. Sie war warm, wehmütig und klang melodisch. Hin und wieder musste Alwina ihre jüngere Schwester zum Schlafen bewegen. An einem Abend sagte sie: „Das waren nun genug Fragen, Schwesterchen. Du müsstest längst eingeschlafen sein."

Alwina war stets liebevoll. Irma schloss ihre Augen, deckte sich zu und tat so, als würde sie schlafen. Doch innerlich war sie zu aufgeregt, als dass sie nun hätte schlafen können. Sie lag in der Dunkelheit und spähte auf den leise schnarchenden Konstantin, dessen Kinnlade schlaff herunterhing. Dies war ihr ältester Bruder, neun Jahre älter als sie selbst. Irma hatte ein liebevolles Wesen, sie war stets wissbegierig und aufgeweckt. Eines Abends, als ihr Vater Besuch bekam und die Kinder ins Bett mussten, konnte sie mal wieder nicht einschlafen. Konstantin und Johann waren bereits am Schnarchen, auch ihre Schwestern schlummerten tief und fest.

Irma lag wach und versuchte zu hören, was die Stimmen auf der anderen Seite der dicken hölzernen Trennwand sagten. Schließlich stand Irma auf, stieg über die Trennwand hinweg und kniete auf der anderen Seite nieder, um aus der Dunkelheit zu beobachten, wie ihr Vater und der Besuch am Herdfeuer saßen und sich unterhielten. Es war bitterkalt. Die Wärme der Flammen erreichte das kleine Mädchen nicht. Sie trug ein dünnes Kleidchen aus Leinen. Doch es kam für sie nicht infrage, wieder zurück ins Bett zu gehen. Lieber würde sie zittern und frieren, nur um in der Nähe der Erwachsenen zu sein und ihren Gesprächen lauschen zu können.

Jeden Morgen kam die Mutter ins Gemach der Kinder, um sie zu wecken und für die Schule bereit zu machen. Zärtlich streichelte sie ihre Liebsten mit ihren kalten, aber schon nach frischem Teig riechenden Händen. Gewöhnlich frühstückten sie gemeinsam, bevor die Kinder das gemütliche Zuhause in Richtung Schule verlassen mussten.

Obwohl die Schule einige Kilometer entfernt lag, verging der Weg dorthin wie im Flug. Jeden Morgen trafen sie sich mit den Kindern aus der Nachbarschaft, mit denen sie sich gerne unterhielten und Späße machten. Sie liebten die Zeit des Schulwegs, sogar bei Schnee, Sturm oder Regen. Hauptsache, sie waren zusammen, konnten aufeinander achtgeben, damit keiner zurückblieb, sondern alle wohlbehalten in der Schule ankamen.

Alwina hingegen war gern allein. Oft ging sie einsam die verlassenen Straßen entlang, die zum Hof der Familie führten. Einmal, als alle anderen schon zu Hause waren, kam sie zur Tür herein und hörte, wie ihr Bruder Johann hektisch erzählte: „Vor einer Stunde sind zwei Bauern völlig erschöpft in die Stadt gekommen. Sie sind gerade noch entkommen. Ich glaube, bald wird der Tod uns alle holen. Die Bauern sagten, dass sich die deutschen Truppen auf den Weg zu uns gemacht haben." „Woher wissen sie das denn?", fragte seine Mutter.

„Na ja, jeder auf der Straße erzählt davon", antwortete Johann.

„Mutter, ist denn alles verloren? Werden sie uns umbringen?", verzweifelt befragte Johann seine Mutter, während er an ihrer Schürze zog. Alwina war eine nachdenkliche und bedachte Person. Dieses Gerücht traf sie so stark, dass tausend Gedanken in Blitzgeschwindigkeit durch ihren Kopf zuckten: „Wenn es alles stimmt? Was soll aus uns werden?“

So verging zunächst die Zeit. Die Kinder wuchsen behütet auf. Das ruhige Dörfchen Hockenberg, das zu Marxstadt gehörte, lag in einer sehr grünen Gegend.

Eines Tages wurde das ruhige und weitgehend friedliche Land von der Nachricht aufgerüttelt, südlich des Städtchens seien bereits Städte und Dörfer geräumt worden. Die Soldaten Stalins waren auf dem Vormarsch in Richtung Engels, in das Marxstadt-Gebiet, wo Alwina Wolf mit ihren Eltern und Geschwistern wohnte. Die Ukraine wurde großflächig von den Deutschen geräumt. Auf Befehl des aufstrebenden Diktators Adolf Hitler wurden die Mädchen und Jungen nach Deutschland deportiert. Die anderen Städte, die mit deutscher Bevölkerung besiedelt waren, räumte Stalin auf eigene Art und Weise.

Es hatte also nicht lange gedauert, bis sich die anfänglichen Gerüchte bewahrheiten sollten. Zunächst wurden die Jungen weggeführt und die Alten ermordet. Alwinas Brüder, Konstantin und Johann, wurden von Soldaten abgeholt. Niemand wusste, wo man sie hinbringen würde. Später erhielten die Eltern einen Brief, der ihnen den Tod ihres Sohnes Johann bestätigte. Konstantin landete als Gefangener in Deutschland, wechselte die Seiten und kämpfte nun gegen die Russen. Ihre Tochter Hilde konnte zu Hause bleiben. Sie war die zweitälteste. Hilde vermutete, dass sie als Witwe mit drei Kindern nicht abgeholt werden würde. Dennoch konnte man dem unberechenbaren Stalin alles zutrauen. Ihr Mann wurde bereits 1939 als Deutscher von Stalins Handlangern erschossen. Emma, die älteste Tochter, lebte weit entfernt in einem abgelegenen Dorf am Rande des Waldes. Mutter musste keine große Angst um sie haben, denn in diesen verlassenen Gegenden war sie bestimmt sicher.

Emma lebte dort mit ihrem Mann und ihrer einzigen Tochter. Um Alwina und Irma hingegen machte sich die Mutter große Sorgen. Allein schon der Gedanke daran, dass sie jederzeit von den Soldaten abgeholt werden könnten, riss ihr das Herz entzwei.

Alwina war inzwischen achtzehn Jahre alt und hatte die Mittelschule, die in der deutschen autonomen Republik mitten im Wolgagebiet lag, in deutscher und englischer Sprache mit Bestnoten abgeschlossen, da sie recht strebsam war. Irma war gerade sechzehn geworden und hatte viele Träume. Nach Beendigung der Schule wollte sie, so wie ihr ältester Bruder Konstantin, am Konservatorium Musik studieren. Sie hatte eine besondere Leidenschaft für das Cellospielen.

Tagein, tagaus betete Mutter für ihre Kinder, der Herr solle ihnen doch gnädig sein.

Auch dieses Jahr flogen die ersehnten Sommermonate rasch vorüber. Die Kälte des Winters war früher als gewöhnlich zu spüren. Heftige, frostige Böen jagten aus Nordosten über das Land. Die Fenster mussten einmal mehr mit Polyethylen versiegelt werden. Dennoch gelangten die eisigen Winde durch sämtliche Ritzen und Spalte ins Hausinnere. Das Ofenfeuer brannte den ganzen Tag, damit die

Zimmertemperatur erträglich blieb. Deshalb erfüllte rußiger Rauch das Lehmhaus.

In der letzten Zeit stand Mutter jede Nacht auf, um in dem schummrigen Licht für die Familie zu beten. Eine gewisse innere Unruhe raubte ihr in der Nacht den Frieden. Ob sie etwas ahnte?

Einige Tage später überreichte der Postbote einen behördlichen Brief. Mutter richtete ihre Augen starr auf den Umschlag. Das Herz schlug im Inneren ihres Brustkorbs. Sie eilte ins Haus, nahm Platz und öffnete mit zitternden Händen den Briefumschlag.

Rasch überflog sie die Liste mit folgendem Text: „Meldebescheid: Hiermit werden Alwina Wolf, geb. 29.07.1924, und Irma Wolf, geb. 12.09.1926, als Arbeiter einberufen. Bitte melden Sie sich bis zum oben genannten Termin bei Ihrer Einberufungsstelle. Beachten Sie, dass die jungen Frauen als voll dienst- und einsatzfähig angesehen werden und dass Sie gemäß den hinten aufgeführten Paragrafen gegen das Gesetz verstoßen und schließlich rechtskräftig dafür belangt werden würden, wenn Sie die Meldefrist verstreichen lassen sollten."

Nachdem die Mutter diese Zeilen gelesen hatte, erblasste sie schlagartig. Wie erstarrt saß sie da. Die Nachricht war ein tiefer Schock für sie. Wie benommen starrte sie vor sich hin und konnte einfach nicht fassen, dass dies alles wirklich geschah. Die Mädchen kamen hinzu und riefen: „Mutter, was ist los? Mutter, sag doch etwas!" Flüsternd brachte Alwina die Worte heraus: „Ihr müsst fort." Der Umschlag fiel aus ihren Händen.

„Wer muss weg?", fragten die Mädchen erschrocken.

„Du, Irma, und Alwina auch." Den beiden Schwestern lief ein kalter Schauer über den Rücken. Sie rückten ihre Stühle näher zur Mutter. Irma legte ihren Kopf auf die Schulter ihrer leblos dasitzenden Mutter und sagte leise:

„Mama, was werden wir denn nur ohne dich tun?" Die Mutter streichelte den Kopf ihrer jungen Tochter.

„O mein Kind! Du bist sechzehn Jahre alt. Was wollen sie nur mit Kindern im Krieg anfangen? Meine Söhne wurden mir schon genommen. Johann ist tot und wer weiß, ob ich Konstantin jemals wiedersehen werde? Und nun auch noch ihr?!"

Sie schüttelte fragend ihren Kopf.

„O Herr, was sollen wir nur tun?" Sie brach in Tränen aus.

In diesem Moment betrat Hilde mit ihren Kindern die Stube.

„Was ist los? Warum schaut ihr so traurig drein?", fragte sie. Stille. Der Mutter versagte die Stimme. Irma und ihre Schwester Alwina saßen mit gesenkten Köpfen da. Alwina war erst vor vier Monaten volljährig geworden. Natürlich hatte sie als erwachsene junge Frau andere Vorstellungen von der Blütezeit ihres Lebens. Nun aber schien es so, als würde sie auf willkürliche Anordnung des Staates zutiefst geächtet und in ihrer Persönlichkeit entwertet, um für die Ideologien irgendwelcher machtgetriebener Herrscher als „Kanonenfutter" zu enden.

Tausende Gedanken flimmerten blitzartig durch Mutters Kopf. Sie dachte an die vielen Grausamkeiten, die dort draußen auf ihre Töchter warten würden.

Selten war ihre Seele so bedrückt. Es fiel ihr sehr schwer, sich nicht vom Kummer beherrschen zu lassen. Dennoch versuchten die Frauen, sich von dieser schrecklichen Nachricht zu erholen.

Hilde ergriff das Wort: „Wir sollten jetzt keine Zeit verlieren und gleich an die Arbeit gehen. In Sibirien ist es noch kälter als bei uns. Wir müssen euch beiden etliche Paar Socken stricken. Außerdem braucht ihr dicke Handschuhe und wärmere Kleidung. Wir haben nur drei Tage Zeit. Wer weiß, ob ihr überhaupt zum Wäschewaschen kommt. Es wäre also gut, wenn ihr warm ausgestattet seid."

Hilde war hart im Nehmen. Als junges Mädchen hatte sie viel durchmachen müssen. Sie hatte gelernt mit Leid umzugehen. Sie war optimistisch und versuchte ihrer Mutter Mut zuzusprechen. Sie wusste, dass ihre Schwestern nun eine starke und vor allem gesunde Mutter brauchten.

Die Dreitagesfrist verging wie im Flug. Auch der Schmerz ließ sich durch die eiligen Vorbereitungen zunehmend verdrängen. Nun kam der Vormittag, an dem die jungen Mädchen zur Abreise bereit sein mussten. Mutter und Hilde begleiteten die Mädchen auf dem Weg zum Ortsbahnhof, während mit jedem Schritt die Anspannung wuchs. Mutter rieb sich unruhig die Hände, bis sie sich taub anfühlten. Am Bahnsteig angekommen, lief sie nervös auf und ab. Hilde hakte sich bei ihrer apathisch wirkenden Mutter unter und gab Alwina und Irma noch ein paar hilfreiche Tipps mit auf den Weg: „Lauft nicht schmutzig herum. Pflegt euch rechtzeitig und flickt eure Strümpfe. Lasst die Löcher nicht zu groß werden."

Die beiden wirkten sehr traurig, während sie Hildes Ermahnungen hörten.

Die Mutter nahm die Hände ihrer beiden Töchter und sagte:

„Was ich euch, meine Lieben, mit auf den Weg geben kann, ist nicht viel, aber von großer Bedeutung. Haltet euch fest an Gott! Haltet den Glauben, der bereits in eure Herzen gesät ist, lebendig. Versteht ihr?"

„Ja, ja, ich denke wir haben es verstanden, Mama. Der Glaube ist wie ein Senfkorn, das in das Herz gepflanzt wird wie ein Same in den Erdboden des Gartens. Pflegt man den Samen des Senfkorns, so entsteht ein wunderschöner Baum. Pflegt man seinen Glauben, so wird man das himmlische Königreich erlangen", erwiderte Irma.

Mutter nahm Irma in ihre Arme. „Meine liebe Irma, du bist schnell und noch ein wenig leichtsinnig. Nimm dich in Acht, mein Kind, und pass gut auf dich auf."

Hatte sie eine Vorahnung?

Der Wind war rau an diesem Tag, die kühle Luft war durchdringend und ließ die Menschen frösteln. Dunkle Wolken bedeckten den Himmel, während sich die Sonne – wie zu dieser Jahreszeit üblich – sehr selten am Himmel zeigte. Alwina stand wie eingegraben. Sie konnte sich nicht bewegen. Ihre Zunge fühlte sich taub an. War das die Kälte? Obwohl ihr Gesichtsausdruck ernst und zurückhaltend war, behielt sie ihre feinen Gesichtszüge.

Mutter nahm sie in den Arm und weinte bitterlich. Da hörte sie schon den Zug aus der Ferne, wie er sich langsam dem Bahnhof näherte. Ein letzter Kuss, eine letzte Umarmung. Man hätte einander noch so vieles sagen können, aber in diesem Augenblick waren Worte unangebracht. Die wirklich guten Gedanken schienen in diesem Moment wie vom Winde verweht.

Der Viehwaggon zischte heran. Schon von Weitem verbreitete er einen unangenehmen Geruch nach Tieren. Die Masse der Menschen rannte ihm entgegen. Sie drängten sich an die sich nun langsam öffnenden Türen. In nur wenigen Sekunden waren die beiden Mädchen mit der Menge im Zug verschwunden und suchten vergeblich nach einem Sitzplatz. Überall verstreut lag mit Mist vermischtes Heu. Entsetzen breitete sich auf den Gesichtern der eingestiegenen Menschen aus. Sie wurden wie Vieh in die Waggons getrieben. Kurze Zeit später setzte sich der Zug in Bewegung. Mutter und Hilde standen da, allein gelassen, mit schwerem Herzen, und winkten den Mädchen hinterher, hoffend, dass die Mädchen sie durch die Ritzen der Waggonbretter sehen konnten. Sie verharrten, bis der Zug als kleiner Punkt am Horizont verschwand. Betrübt machten sie sich auf den Heimweg. Sie wussten, dass das Leben weitergehen musste, allerdings nicht wie.

Das rasch um sich greifende Gerücht bewahrheitete sich. Stalin zögerte nicht und setzte strikt durch, was er sich vorgenommen hatte. Innerhalb einer Woche traf die anderen das gleiche Schicksal: erst das ganze Wolgagebiet und die Schwarzmeerdeutschen, dann auch die Deutschen in den Städten und im Baltikum. Alle jungen Leute wurden in den Krieg eingezogen. Eltern wurden enteignet, Kinder unter drei Jahren in Waisenhäusern untergebracht und andere landeten auf der Straße.

Aufgrund des schnellen Vorstoßes des Gegners wurden mehr als 140.000 Deutsche enteignet und anschließend in den Osten des Landes deportiert. Für alle jungen Männer und Frauen ging es ums nackte Überleben, denn sie wurden in Arbeitslager verfrachtet. Ihnen war nichts geblieben. Etliche gerieten außer sich vor Wut und versuchten ihrer Empörung über die menschenunwürdigen Zustände Ausdruck zu verleihen. Ungenügende Verpflegung und mangelnde ärztliche Betreuung waren normal in dieser Zeit. Sie lebten in den Arbeitslagern wie wahllos zusammengetriebenes Vieh, unfähig, daran etwas zu ändern. Die gesunden und starken Männer wurden an die Front geschickt, die Frauen landeten in unterschiedlichen Arbeitslagern, einige junge Leute kamen in die kalten Wälder Sibiriens.

Seit Alwinas und Irmas Abreise waren nun drei Tage vergangen. Der Zug war maßlos überfüllt, die Luft verbraucht. Durch die undichten Fenster gelangte von außen ein merkwürdig riechender Nebel ins Zuginnere. Keiner wusste, woher dieser Geruch kam. Die beiden wurden sehr müde und versuchten vergeblich in dem Gedränge etwas Ruhe zu finden. Mit halb geöffneten Augen starrten sie nach draußen. Keine konnte schlafen, dafür waren sie zu aufgewühlt.

Am frühen Morgen, als der Himmel sich rötlich färbte, kam nun langsam in der Morgendämmerung die Sonne hervor. Das Reden im Zug verstummte zunehmend, da die Menschen erschöpft und müde waren, einige schliefen fest.

In großen, aber regelmäßigen Zeitabständen hielt der Zug, um weitere junge Leute aufzunehmen. Es schien später Abend zu sein, als sie das Ziel erreichten.

Plötzlich entstand ein großer Aufruhr in den Waggons. Soldaten stürmten herein, rissen die Leute auseinander und formierten sie zu altershomogenen Gruppen. Auch Alwina und Irma wurden getrennt. Sie verstanden nicht, was dort vor sich ging. Sollten sie etwa in unterschiedliche Gegenden gebracht werden? Bereits als Kinder waren sie unzertrennlich. Die Soldaten taten schroff ihre Arbeit, ohne Rücksicht auf den Einzelnen. Lautes Schluchzen hallte über den Bahnsteig.

„Auf Wiedersehen, mein liebes Schwesterchen", quetschte Irma noch schnell heraus. Die Worte schienen ihr im Hals stecken zu bleiben.

„Auf Wiedersehen, meine Kleine", flüsterte Alwina ihrer Schwester ins Ohr, nachdem sie auf Irma zugelaufen war und sie noch ein letztes Mal in ihre Arme schloss. Fest drückten sie sich. Die Soldaten waren prompt zur Stelle und rissen die beiden auseinander. Sie sollten wohl an einem Ort bleiben, hieß es, aber in verschiedenen Baracken untergebracht werden.

Die Baracken standen sehr weit voneinander entfernt abseits des Waldes. An schönen sonnigen Tagen konnte man bis zur Nachbarbaracke blicken, während sie sonst nur verschwommen wahrzunehmen war. Alwina fragte sich, wo Irma nun untergebracht war, als sie einen großen ausgekühlten Raum betrat. Sehr viele Leute saßen dort auf dem Fußboden. Neben ihnen waren einzelne große Bündel aufgestellt. Sie konnte in diesem Augenblick gar nicht registrieren, was dort passierte. Sie setzte sich auf einen Sack, der scheinbar ihr gehörte.

Eine Weile betrachtete sie die müden, finsteren und verschlagenen Gesichter. Sie wirkten vollkommen abwesend und abgestumpft. Alwina wusste, dass ihr keine andere Wahl blieb, als die Situation anzunehmen und sich ihr zu stellen. An jedem Tag wurden neue Gefangene ins Lager gebracht. Es waren etliche deutsche Gefangene, aber auch junge deutsche Kolonisten. Kriegsgefangene galten als Menschen ohne Ehre und mussten die Bäume im sibirischen Wald fällen. Die Arbeit war sehr schwer und die Verpflegung schlecht. Manche tauschten Kleidungsstücke gegen Essen ein.

Es fiel den Deutschen und Russlanddeutschen schwer, sich an die Gegebenheiten des sibirischen Winters zu gewöhnen, und so wurde einer nach dem anderen krank. Die Kleidung, die sie hatten, war nicht geeignet für dieses raue Klima, doch sie bekamen keine andere. Die Häftlingsbaracken waren überfüllt. Waren es im Herbst noch etwa 3000 Kriegsgefangene, schrumpfte deren Zahl bis zum Frühjahr auf 600.

Eines Tages wurde eine Frau namens Klara eingeliefert. Es gelang ihr, ein zweijähriges Mädchen, das Eva hieß, mit hineinzuschmuggeln. Keiner sollte erfahren, wie sie das hinbekommen hatte. Auch ihr Mann Erwin wurde nach Sibirien verfrachtet, leider wusste Klara nicht, wo er gelandet war.

Klara liebte ihre kleine Tochter heiß und innig. Sie war alles, was ihr noch geblieben war. Die Kleine erinnerte sie an ihren Mann Erwin, denn sie bewegte sich wie er, sie lachte wie er und hatte wunderschöne Grübchen an beiden Wangen, wenn sie lächelte. Sie hatte schönes, dickes, dunkles Haar wie ihr Vater. Sie sah ihm sehr ähnlich. Ob sie sich wiedersehen würden? Oft musste sie daran denken und gab die Hoffnung nicht auf.

Der Aufseher war ein mittelgroßer, gut aussehender Mann mit dunkelbraunem Haar und ebensolchen Augen. Die Uniform passte zu ihm. Sein gefälliges Äußeres stand in krassem Gegensatz zu seinem Inneren. Seine Augen spiegelten pure Kälte wider und die Härte war ihm ins Gesicht geschrieben. Mitleid existierte für ihn nicht. Jedes Mal wenn er in der Baracke erschien, wurde es totenstill. Lief es nicht entsprechend seinen Vorstellungen, wurde er sehr zornig und ließ diesen Zorn an den Barackenbewohnern aus. Jeder wunderte und fragte sich, wie lange es mit Eva und ihrer Kleinen gut gehen würde.

Jeden Tag war der Aufseher gereizt, duldete Eva und ihr Töchterchen eine Weile. Das kleine, süße Wesen hatte für gute Stimmung gesorgt. Jeder liebte sie, jeder spielte mit ihr. Die Barackenbewohner nannten sie Äffchen. Sie benahm sich auch so. Die Erwachsenen machten sich auch zum Affen, um sie zum Lachen zu bringen. Sie war hier zu Hause und hatte eine große Familie.

Äffchen hatte für die Aufmunterung der hoffnungslosen Barackengesellschaft gesorgt. Sie fing gerade an zu sprechen und plapperte und ahmte jeden nach. Sie war einfach goldig. Eines Morgens, als der Aufseher wieder auftauchte, um nach dem Rechten zu schauen, standen alle stramm. Nur die Kleine lief in der Baracke auf und ab, schaute jeden an und lächelte fröhlich. Die Barackenbewohner lächelten zurück.

Der Aufseher wurde sehr wütend, weil die Kleine die ganze Aufmerksamkeit auf sich zog und konnte sich nicht mehr beherrschen. Seine Geduld war am Ende. In diesem Augenblick kämpfte er mit seiner Wut, die in ihm hochkochte, dann verlor er die Beherrschung. Rasch packte er die Kleine an ihrem linken Beinchen, schnappte sich auch das andere und riss das Kind zum Entsetzen aller Anwesenden wutentbrannt in zwei Stücke. Mehrere Frauen, die in den Reihen standen, schrien laut auf und fielen ohnmächtig wie nasse Säcke vornüber auf die Bretter. Der harte Aufprall hatte ihnen für einen Augenblick den Atem geraubt und sie lagen da wie tot. Die Mutter schrie hysterisch und schlug um sich, während sie sich an ihren Haaren riss, bis ihre Kräfte sie verließen. Danach sackte sie in sich zusammen und schluchzte herzzerreißend.

Niemand durfte sie trösten. Der Aufseher wurde noch wütender und lauter. Die ohnmächtigen Frauen ließ er auf dem Holzboden liegen, keiner durfte ihnen zu Hilfe eilen.

Dieses schreckliche Ereignis brannte sich schmerzhaft in die Seelen der Zeugen. Das tote Kind durften die Bewohner später im Wald begraben. Das Leben schien nach diesem Zwischenfall noch hoffnungsloser, hatte alle Farbe verloren.

Nach mehreren Tagen begann sich der Himmel über dem Dach aus Bäumen allmählich aufzuheitern. Die Morgendämmerung brach an. Die Barackenbewohner waren erschöpft, doch das Leben musste weitergehen, genauso wie die Arbeit. Der Aufseher hatte sich nicht mehr blicken lassen, aus welchen Gründen auch immer.

Die Waldarbeiter unterstellten ihm einfach, dass sein Gewissen dieses brutale Tun nicht verarbeiten konnte. Nach ein paar Tagen trat ein anderer Aufseher diesen Dienst an. Zwar war er auch streng, aber nie wurde er wütend. Er war attraktiv, aber seine düstere freudlose Miene beeinträchtigte sein gutes Aussehen. Er wirkte, als trüge er die ganze Welt auf seinen Schultern. Seine unnahbare Art stand in einem solchen Kontrast zu seiner warmherzigen Frau, die ihn einmal begleitete. Die Barackenbewohner fragten sich, wie die beiden jemals zueinandergefunden hatten.

So verrann die Zeit und es hatte sich nichts verändert. Weiterhin wurden sie unter unmenschlichen Bedingungen gezwungen zu arbeiten. Immer noch wurde jeder gebraucht, denn das Land war riesig, seine Wälder dicht und hoch. Die Baumspitzen ragten steil in den Himmel. Auch zahlreiche Birken wuchsen in der Taiga, aus deren Rinde reichlich Harz zu gewinnen war. Zu dieser Zeit entstand etwa 15 Kilometer waldeinwärts ein Studienprojekt zur Harzgewinnung. Alwina wurde dort hin und wieder zur Arbeit eingesetzt.

Während der kalten Vormittagsstunden arbeitete Alwina zusammen mit einer Gruppe junger Frauen und deutschen Gefangenen. Das gemeinsam erduldete Leid schmiedete sie zusammen und machte sie wie eine große Familie. Zur Mittagszeit verzehrte sie mit ihren Arbeitskameraden die willkommene, aber karge Tagesration, bestehend aus vierhundert Gramm Brot und Wasser. Sie unterhielten sich über alles Mögliche. Jeder kannte jeden aus seiner Baracke. Wenn einer von ihnen erschöpft war, blieb er heimlich auf seiner Matratze liegen, sodass der Aufseher es nicht merkte. Die anderen erledigten die Arbeit für den Kranken mit.

Verschiedenste Freundschaften waren entstanden. Alwina hatte jedoch noch keine Freundin, obwohl sie sich mit allen bestens verstand. Besonders gespannt lauschte sie den Gesprächen der Kriegsgefangenen aus Deutschland. Zuerst verstand sie die Unterhaltungen und Andeutungen der Männer kaum, die für ihre Ohren in Rätseln und Abkürzungen sprachen. Es dauerte eine Weile, bis sie den Sinn erfasst hatte. Danach begriff sie, dass diese Männer über ihre Erfahrungen und Erlebnisse im Krieg gegen die Russen sprachen. Sie hatten bei ihrem Einsatz an der Front mit so wenigen Waffen auskommen müssen, dass diese Arbeit eine günstige Gelegenheit bedeutete, sich für alles rächen zu können. Aber sie wurden überwacht und keiner traute sich aufzubegehren, geschweige denn zu entkommen.

Alwinas Vorfahren waren vor über 250 Jahren aus Deutschland ausgewandert. Gleichwohl sie die deutsche Sprache beherrschte, unterschied diese sich von der Ausdrucksweise dieser direkt aus Deutschland kommenden Männer. Vieles verstand sie nicht, blieb unklar, ließ sie schwer Anschluss finden. Doch ihre Wurzeln kamen nachweislich aus dem gleichen Land, machte sich Alwina klar.

Mitleid mit den Gefangenen überfiel sie und tief in ihrem Herzen wusste sie, dass auch sie eine von ihnen war. Die stupide Arbeit und die gesamte Situation erzeugte eine innere Unruhe in ihr und ein gewisses Selbstmitleid: Das ist ungerecht! Ich habe nichts getan und werde einfach so in den Wald verbannt, um diese schwere Arbeit zu verrichten.

Während der Arbeitszeit beschlich Alwina manchmal das Gefühl, unter dem Schatten des Waldes vor Schmerz vergehen zu müssen. Sie hatte keine Hoffnung mehr, genauso wie die ganze Mannschaft hier im Wald. Es konnte sich keiner vorstellen, einmal wieder ein anderes Leben zu führen. Alles kam ihr schrecklich und ungerecht vor. In mancher Stunde wurde Alwina von fürchterlichem Heimweh gepackt. Immer wieder ertappte sie sich, dass ihre Gedanken weit weg in ihr idyllisches Heimatstädtchen wanderten, zu ihren Eltern und Geschwistern. Was würde sie dafür geben zu wissen, wie es ihnen ergangen in der Zwischenzeit war.

„Wir sind in der ganzen Welt zerstreut. Wer hätte jemals so etwas gedacht? Irma, meine kleine Schwester!“ Wie ein Ohrwurm plagten sie diese Gedanken – tagein, tagaus.

Tagsüber wurde sie durch die harte Arbeit oft abgelenkt und musste an sich selbst denken. Sie wollte ihre Verpflichtungen nicht vernachlässigen. Aber abends, wenn sie alle zusammen in der Baracke saßen und sich bemühten, auf ganz andere Gedanken zu kommen, konnte sie sich manchmal nicht beherrschen. An diesem Abend war es wieder so weit. Sie saß auf dem Klappstuhl, der in einer Ecke der Baracke stand. Während die anderen sich unterhielten und laut lachten, erhob sie sich plötzlich, kämpfte mit ihren Tränen, aber versuchte sich nichts anmerken zu lassen, bis sie zur Tür des Holzhauses hinaus war. Dann lief sie los, so schnell sie konnte, und rannte den ganzen Waldweg entlang in die Tiefe des Waldes hinein. Dort ließ sie sich weinend zu Boden sinken.

Sie hatte das Gefühl, ihr Herz würde vor Schmerz auseinanderbrechen. Ihre Sehnsucht nach zu Hause war so groß und die Hoffnung winzig. Werde ich je meine Eltern wiedersehen? Diese Frage hatte sie sich schon oft gestellt. Allmählich beruhigte sie sich. Lange Zeit saß sie da und beobachtete, wie die Schatten der Bäume länger wurden. Ein Rotkehlchen flatterte neben ihr zu Boden und begann auf der Suche nach Würmern zwischen den Blättern zu picken. Als es einen Wurm entdeckt hatte, streckte das Tierchen die Brust heraus und stolzierte im Kreis mit der Beute im Schnabel umher. „Das kleine Vögelchen ist genau wie ich“, dachte Alwina mit einem Anflug von Selbstironie. „Genau so aufgeplustert vor Stolz, dass es schon an Hochmut grenzt.“ Alwina wusste, dass Hochmut eine Sünde war. „Muss ich mich mit dieser Situation abfinden?“ Sie wollte nicht in dieser Gegend ausharren müssen. „Jeder Mensch wird dies nachvollziehen können und meine Meinung teilen“, beruhigte sie sich.

Das Rotkehlchen flog davon und Alwina beobachtete, wie es zwischen den Bäumen zu einem winzigen flatternden Punkt aus Farbe wurde. Sie riss sich zusammen, stand auf und klopfte das Laub ab, das an ihrem dicken Rock hängen geblieben war. Dann strich sie ihr Jäckchen, das ihre Schwester Hilde aus dunklem Mantelstoff genäht hatte, zurecht. Flucht machte keinen Sinn, erkannte sie und ging durch den Wald Richtung Baracken zurück. Was war in ihrem Innern, dass sie ihre sinnlosen Träume nicht aufgab – Träume, die sich vielleicht niemals verwirklichen ließen? War das die Sehnsucht? Ihre Gedanken wanderten wieder nach Hause, wie sie und Irma gepackt hatten, beim schmerzvollen Abschied von ihrer Mutter und Hilde am Bahnsteig. Sie erinnerte sich an die neugierigen Kinder, die am Bahnhof hin und her gerannt waren und wie die Erwachsenen sich geärgert hatten. Über sie? Nein, dachte sie weiter, nicht über sie, sondern über die spielenden Kinder.

Das war die Last, die schwer auf ihrem Herzen lag. Der Schmerz, alles zu verlassen, der Schmerz der Ungewissheit, bohrte sich an die Oberfläche. Nachdem sie sich wieder mit ihrer Situation abgefunden hatte, ging sie zurück und schlich leise in die Baracke hinein. Sie hörte einen der Gefangenen erzählen:

„Ich liebe meine Frau Johanna und ich habe so eine große Sehnsucht nach ihr und meinem Lieblingsgericht, Hefestrudel, den sie so oft für mich gebacken hat. Als sie wieder einmal welchen zubereitete, ging ich heimlich in die Küche und öffnete den Topf. Sie wunderte sich später beim Mittagessen, dass der Strudel in sich zusammengefallen war. Sie sagte nur: ‚Der Teig ist mir wohl heute nicht gelungen, schade! Obwohl ich es wie immer gemacht habe.‘ Natürlich habe ich ihr nicht gesagt, dass ich daran schuld war. Meine Johanna war die Ruhe in Person, ließ sich nie aus der Fassung bringen. Sie fehlt mir so!“

Sein strahlendes Gesicht verwandelte sich langsam wieder in eine traurige, nachdenkliche Miene. Die ganze Mannschaft saß da und jeder hörte ihm aufmerksam zu, sodass gar nicht auffiel, dass Alwina sich dazugesellte.

Später, als sich jeder zum Schlafen auf sein Holzbretterbett zurückgezogen hatte, erinnerte sie sich an einen Herbst, wo ihr großer Garten ihnen eine üppige Ernte bescherte.

Der Küchenboden war von Apfelbergen bedeckt, rote und saftige Früchte, die ihre Mutter zu Apfelmus verarbeiten wollte. Säcke voll Kartoffeln und Getreide lagerten im Keller. Das musste für ein ganzes Jahr reichen, bis die neue Ernte da war. Sie seufzte innerlich und dachte: Ach, wie schön war die Zeit! Sie bemerkte gar nicht, wie ihr die Augenlider zufielen. Alwina konnte diese Nacht besonders gut schlafen, wie früher zu Hause. Nachts träumte sie, wie sie mit all ihren Geschwistern auf einer Wiese spielte. Mit Irma pflückte sie Blumen und daraus hatten sie einen schönen Kranz geflochten. Später setzte Alwina den Kranz auf Irmas Kopf, was die Kleine sehr glücklich machte. Dann hörte sie die Stimme ihrer Mutter, die zum Essen rief. Alwina erwachte angefüllt voll guter Erinnerungen an ihr gemütliches Zuhause.

Dieses wunderschöne Gefühl trug sie wie im Flug durch den Tag. Am nächsten Morgen, als sie alle schon im Wald bei der Arbeit waren, wurde ihr klar, dass sie es satt hatte, diese alltägliche und stupide Arbeit zu tun. Nicht nur ihr ging es so, auch die ganze Mannschaft hatte sich beschwert, was Alwina entgangen war. Trotz harter Arbeit, knappem Essen, Kälte, Freundschafts- und Verwandtschaftsverlusten, versuchten die Arbeiter ihre schwere Zeit so gut wie möglich zu überstehen. Sie lachten viel und scherzten miteinander. Den Aufsehern gefiel es überhaupt nicht, dass sie diese jungen Mitarbeiter nicht im Zaum halten konnten. Sie machten immer wieder wilde Pläne.

Inzwischen hatte sich Alwina mit einer jungen Frau angefreundet, die Luise hieß. Sie verstanden einander ausgezeichnet und entwickelten eine intensive Freundschaft. Alles machten sie zusammen und keine hätte irgendetwas gemacht, was die andere nicht wollte. Luise erinnerte Alwina an ihre Schwester Irma und hatte sogar eine gewisse Ähnlichkeit mit ihr. Jedenfalls kam es Alwina so vor. Die Zeit schien fröhlicher zu sein und die Arbeit leichter. Bis auf den Tag, an dem Luise Post bekam.

„Das soll von meinen Eltern sein“, rief sie Alwina aufgeregt zu. Als sie die ersten Zeilen las, merkte Alwina, dass ihre Augen größer und verwirrter wurden. Schnell überflog Luise den Brief und schrie laut auf: „Nein, nein!“ und lief davon.

„Luise, Luise, warte doch! Was ist denn los? Was steht denn in dem Brief? Erzähl es mir doch!“, rief Alwina hinterher, konnte Luise aber nicht mehr stoppen. Langsam folgte ihr Alwina hinter die Baracke. Neugierig und zugleich sehr vorsichtig näherte sie sich dem Ort, von wo das Stöhnen kam. Mit dem Kummer anderer Leute wollte sie eigentlich nichts zu schaffen haben, aber Luise war nun ihre beste Freundin, die sie nicht im Stich lassen konnte. Zuerst blieb sie stehen, lauschte, drang dann langsam in den Wald ein. Das Blätterdach der Bäume schloss sich über ihrem Kopf.

Der Weg war mit Felsbrocken und Gestrüpp übersät, doch Alwina bewegte sich rasch voran, bis sie Luise sehen konnte. Stolz und Mitleid, Neugierde und Furcht kämpften in ihr. Sie fand Luise, die weinend das Gesicht in den Händen vergraben hatte. Was mochte denn nur geschehen sein?

Alwina ging langsam zu ihr hin. Sonst bewunderte sie die Freude und den Frieden, die Luise ausstrahlte. Heute fand sie Luise in Finsternis und innere Kämpfe verwickelt, wie sie es von sich selbst kannte. Behutsam legte sie die Hand auf die Schulter ihrer Freundin und fragte flüsternd: „Was ist denn geschehen?“

„Hier, lies doch selbst“, schluchzte Luise und reichte Alwina den Brief.

Alwina nahm den Brief und ihre Augen weiteten sich, genauso wie Luises, als sie die erste Zeile leise und die letzten laut vorlas: „Beide Eltern tot?“ Alwina wurde noch lauter: „O Schreck, wie ist das passiert?“

Wie, wann und warum? Tausende Menschen hatten zu dieser Zeit solche Fragen gestellt, aber keiner bekam eine Antwort. Nur eine kurze Mitteilung, dass ihre Angehörigen verstorben waren, aus welchen Gründen auch immer. Das war alles, es sollte genügen. Alwina legte ihre Hand auf Luises Schulter, streichelte sie und versuchte sie zu trösten. Luise weinte noch lauter und wollte sich nicht beruhigen lassen, denn der Verlust war zu groß. Lange saßen die beiden im Wald, Hand in Hand, wie Geschwister unter dem aufhellenden Himmel, bis Alwina sagte: „Es wird schon alles gut. Ich bleibe bei dir." Das war alles, was sie ihr sagen konnte, denn in solch einer Situation gab es keinen Satz und keine Worte, die einen Menschen trösten könnten. Danach zupfte sie an Luises Ärmel und sagte leise: „Komm!"

Sie gelangten zur Baracke, als die Sonne noch tief am Himmel stand. Für die Bewohner waren solche Hiobsbotschaften nichts Neues. Einer nach dem anderen sprach Luise sein Beileid aus. Etliche hatten ähnliche Post bekommen und dasselbe Schicksal erlitten wie sie. Alle standen genau so allein da wie Luise.

Inzwischen waren vier Jahre vergangen. Die Arbeit wurde nicht weniger und ihr musste nachgegangen werden.

In der letzten Zeit musste Alwina wieder an ihre Schwester Irma denken, obwohl es durch die Freundschaft mit Luise seltener wurde.

Irma war in einer Baracke untergebracht, die nicht weit vom Dorf lag. Sie wollte mehr vom Leben und über die Arbeit im Wald sagte sie, dass sie sich dafür nichts kaufen könne. Manchmal hatte sie sogar ihr Stück Brot, das sie nur einmal pro Tag bekam, gegen ein Geldstück getauscht, sodass sie an diesem Tag nur Wasser trank. Heimlich war sie in das nahe liegende Dorf gelaufen und hatte im Haushalt ausgeholfen – Wäsche gewaschen und geputzt. Alles was so anstand, erledigte sie in einer russischen Familie für wenig Geld. Die Frau hieß Maria und sie besaß ein Cello.

Als Irma dieses Wunderstück verstaubt in der Ecke sah, weiteten sich ihre Augen und sie fragte die Besitzerin: „Darf ich?", während sie mit ihrem Kopf auf das Cello deutete. Irma liebte dieses Musikinstrument leidenschaftlich.

„Können Sie denn spielen?", fragte Maria sie. „Ja", kam es fröhlich aus Irmas Mund.

„Mein Vater brachte mir bei, dieses exotische Instrument zu spielen", sagte sie und entfernte liebevoll den Staub vom Cello. Vorsichtig zupfte sie an den Saiten, hörte sich den Ton an und sagte: „Etwas verstimmt, was?"

„Ja, ich habe auch gespielt, aber das ist lange Zeit her", erwiderte Maria. „Sie wissen ja, die Zeiten haben sich geändert. Jetzt ist einem nicht danach. Man muss ums Überleben kämpfen. Ach. Was erzähle ich ihnen? Sie wissen ja selber, wie die Lage im Lande aussieht", fügte Maria traurig hinzu.

In dieser Zeit bewegte Irma den Cellobogen auf und ab, sodass in der kleinen Hütte wunderschöne Klänge zu hören waren.

Eigentlich hatte sie nicht so viel Zeit und musste sich auf das Wesentliche konzentrieren. Sie stellte das Instrument auf seinen Platz und ging in den Waschraum.

Nach der Arbeit war sie nicht besonders glücklich. Langsam bewegte sie sich in Richtung Wald, wo die Baracke stand. An diesem Tag bekam sie weniger als sonst.

Irma hob einen Erdbrocken auf und warf ihn wütend gegen einen Baum. Dann begab sie sich zu ihrer Baracke und zählte dort ihre gehorteten Geldmünzen. Ihr geheimer Schatz war beträchtlich gewachsen.

Morgen würde sie wieder ins Dorf gehen und da würden vielleicht noch ein paar Münzen zu ihrem Schatz hinzukommen. Dann konnte sie sich einen Lippenstift oder ein schönes Kleid leisten …

Die Monate vergingen, während Irma sich immer wieder heimlich in das Dorf schlich. Nach getaner Hausarbeit durfte sie auf ihrem Lieblingsinstrument spielen. Maria hatte inzwischen auch wieder Lust am Cellospiel bekommen und die beiden Frauen tauschten sich rege über ihre Künste aus.

Eines Tages, als Irma mit der Wäsche fertig war, sagte Maria zu ihr:

„Was hältst du davon, wenn ich mit dir heute Abend in die Baracke gehe und wir Werbung machen. Wir könnten auch die Leute von den nahe liegenden Baracken zusammentrommeln und ein Konzert geben. Du könntest spielen, sodass die jungen Leute mal was anderes sehen und hören?"

„Wie, wie kommst du denn darauf?", reagierte Irma stotternd und verwirrt, während sie sie mit ihren großen Augen anstarrte.

„Wieso nicht? Das ist doch was für dich, oder?", sagte Maria. „Lass es uns doch versuchen?"

Von einem Moment auf den anderen fühlte Irma sich unsicher und all dem nicht mehr gewachsen. Sie versuchte sich auf irgendetwas anderes zu konzentrieren als auf die ihr fremden Gedanken, doch ihr Verstand war vollkommen leer. Sie dachte an Maria und an das Vertrauen, das sie in sie setzte, indem sie ihr dieses Konzert ermöglichen wollte. Ihr Magen verkrampfte sich.

„Ist ja schon gut, ist ja schon gut! Wir versuchen es!", sagte Irma. „Wir müssen aber sehr vorsichtig sein, nicht dass einer der Aufseher es erfährt! Dann bekomme ich gewaltigen Ärger!"

„Hab keine Angst, des Öfteren sah ich Mädchen, die tanzen gegangen waren, auch sie hatte keiner erwischt. Auch aus deiner Baracke waren einige dabei", beschwichtigte Maria.

„Im Ernst?", fragte Irma.

„Ja, unsere Dorfbewohner plaudern nicht so viel", fügte Maria hinzu.

„Na gut, wie du meinst. Wann können wir das machen?", fragte Irma.

„Wir sollten es nicht auf die lange Bank schieben", meinte Maria. „Du kannst sehr gut Cello spielen. Warum müssen wir warten? Ich kann dir nicht das Wasser reichen. Solche Talente dürfen nicht verborgen bleiben! Das sollen auch die Leute aus deiner Baracke erfahren!"

„Meinst du?" Irma fühlte sich unsicher.

Gesagt, getan – am Wochenende war es so weit. Vor einer gewaltigen, doppelflügeligen Eichentür blieben die beiden stehen. Aus dem dahinterliegenden Raum erklang lautes Stimmengewirr.

Maria öffnete die Tür und die beiden traten langsam ein. Es war zu laut und keiner hatte reagieren können.

Inzwischen waren auch Gefangene aus den Nachbarbaracken da. Wie Maria es versprochen hatte, lud sie die jungen Leute ein. Die Baracke war zum Bersten voll.

„Siehst du, es hat sich herumgesprochen. Sogar aus den anderen Baracken sind die Arbeiter da, obwohl sie weit voneinander entfernt liegen“, stellte Maria fest.

Mit einem Mal wurde ihre sanfte Stimme barsch:

„Falls Sie heute Abend das Konzert zu hören wünschen, werden Sie uns jetzt bitte durchlassen!“ Sofort wurden Köpfe gehoben und gemurmelte Entschuldigungen ausgesprochen. Der aus Menschen bestehende See teilte sich vor ihnen. Marias Gesicht war von der Anstrengung gerötet. Mit der größtmöglichen Würde ließen sie den Cellokasten neben sich sinken und gingen bedächtig zu der Ecke mit der riesigen Holzwand, welches die Bühne darstellen sollte.

„Gut gemacht, sie hätten uns umbringen oder noch schlimmer, in Stücke reißen können“, übertrieb Irma, als sie dort ankamen. Sie tätschelte den Cellokasten liebevoll. „Trampeltiere!“, murmelte sie, zog ihre Strickjacke zurecht und fuhr sich mit den Fingern durch ihr hochgestecktes Haar und ergänzte: „Ich hoffe, die stürmen heute Abend nicht die sogenannte ‚Bühne‘!“

Vor Nervosität schlug Irmas Herz bis zum Hals. Jetzt würde sie den Leuten gegenüberstehen. Manche waren bestimmt dabei, die sie sehr gut kannten. Ob ich es wohl schaffe? Vor so viel Publikum habe ich noch nie gestanden, dachte Irma. Sie holte das Cello aus dem Kasten und spielte eine kurze Passage aus einer schwierigen Sinfonie. Maria schrie laut: „Hallo! Ich möchte um eure Aufmerksamkeit bitten!“ Plötzlich wurde es still in der Baracke. Sie legte los: „Heute darf ich euch allen eine junge Frau vorstellen, die unter uns ist. Darf ich bitten – ein Applaus für Irma Wolf!“

Irma stand aufrecht und wollte gerade loslegen, als Maria sich ihr zuwandte. „Volles Haus!“, brüllte sie über den Lärm hinweg. Irma nickte zustimmend.

Ruhig und sanft fing sie mit Mozarts Sinfonie an. Stille trat ein.

Nach dem letzten Bogenstrich tönte eine laute Männerstimme aus dem Publikum: „Spiel uns das Stück ‚Für Elise‘ vor!“ Das war für Irma kein Problem, denn sie liebte diese Komposition von Beethoven. Gerne wollte sie ihrem Publikum dieses Stück vortragen, das gewiss vor Freude und Anerkennung jubeln würde.

Die Vorstellung lief und Irma war in ihrem Element. Keiner konnte sie aus der Fassung bringen. Alles hörte gespannt zu, bis auf eine junge Frau, die keine Ruhe hatte und durch die Menge nach vorne zu gelangen versuchte. Das war ihre Alwina. Das war ein berührender Augenblick, als Irma schließlich ihre Schwester vor sich sah.

„Mein liebes Schwesterchen“, flüsterte sie die ganze Zeit, „wie bist du denn hierhergekommen? Ich kann‘s nicht fassen! Ich traue meinen eigenen Augen nicht“, wiederholte sie.

Vier Jahre waren vergangen, als sie sich das letzte Mal gesehen hatten. Alwina kamen die Erinnerungen hoch. Sie sah Irma vor sich stehen, so wie damals.

Wie verändert sie jedoch aussah, erwachsen geworden. Ihre wunderschönen schwarzen Haare hatte sie hochgesteckt. Sie strahlte eine gewisse Reife aus.

Alwina konnte kaum das Ende des Konzerts erwarten, um ihre Schwester begrüßen und in die Arme schließen zu können. Die Zeit kroch viel zu langsam.

Tausend Erinnerungsfetzen bombardierten Alwinas Kopf, während Irma wunderschöne Melodien auf ihrem Lieblingsinstrument vortrug. Plötzlich war der ersehnte Moment da. Die beiden lagen sich in den Armen, schüttelten und rüttelten sich gegenseitig. „Wie, wie, wie bist du denn hier gelandet?“, fragte eine die andere. „Die gleiche Frage wollte ich dir auch stellen.“

Das Publikum applaudierte begeistert und dankbar, aber bei Irma kam davon nichts an. Sie wollte nur hier raus – mit ihrer Lieblingsschwester. In den letzten Jahren hatte sie so viel erlebt, worüber sie gerne berichten würde.

„Lass uns rausgehen, es ist hier zu laut“, sagte Irma. „Erzähl, Liebes, woher kommst du? Wie geht es dir? Hast du was von zu Hause gehört? So eine Überraschung. Ich freu mich riesig über unser Wiedersehen!“, legte sie los und zog dabei Alwina aus der Baracke. „Das heißt, du bist all diese vier Jahre meine Nachbarin gewesen, du warst zum Greifen nahe und ich habe es nicht gewusst?“

„Genau so geht es mir auch!“, fügte Alwina fröhlich hinzu.

„Das war ein wunderschöner Abend!“, sagte Alwina. „Lass dich ansehen, meine Liebe. Du hast mir sehr gefehlt. Ich habe sehr oft an dich gedacht“, sprach Alwina noch immer sehr aufgeregt. Beide konnten sich herzlichst mitteilen und waren glücklich über ihr Wiedersehen.

Maria war gleich nach dem Konzert nach Hause gegangen, deshalb sagte Irma zu Alwina: „Komm, lass uns zusammen ins Dorf gehen und das Cello zurückbringen. Ich habe es mir von einer Frau dort ausgeliehen, wo ich im Haushalt aushelfe.“

„Wie bitte? In welchem Haushalt?“, musternd schaute Alwina Irma an. „Schwesterchen, die Arbeit im Wald ist schon schwer genug. Musst du dir das noch zumuten? Außerdem weißt du doch, dass du dich von der Baracke nicht weiter als einen Kilometer entfernen darfst!“

„Jaja, mich hat noch keiner erwischt, ich bin vorsichtig. Mach dir doch keine Sorgen!“, fügte Irma hinzu.

Alwina war überhaupt nicht begeistert darüber, was Irma machte und ermahnte ihre Schwester. Doch Irma wollte es so und ließ sich nicht abhalten. „Ich verdiene so etwas Geld und kann mir ab und zu wenigstens neue Kleidung und Schminke leisten. Im Wald bekommt man ja gar nichts.“

„Ich hoffe, du weißt, was du tust?“, sorgte sich Alwina um ihre kleine Schwester. Irma lenkte vom Thema ab und erzählte Alwina, wie es ihr ergangen war, als sie sich getrennt hatten. „Ich wurde in der Baracke von den Bewohnern sehr freundlich aufgenommen. Sie kümmerten sich gut um mich. Ich war die Jüngste und fand viele Freunde", erwiderte Irma fröhlich. „Das freut mich", fügte Alwina hinzu.

„Unser Vater hätte dich jetzt sehen sollen. Er würde stolz auf dich sein", sagte Alwina.

„Dazu ist es jetzt zu spät, Schwesterchen. Das hättest du unserer Mutti sagen sollen, als ich noch vier war. Weißt du noch, wie sie immer Angst hatte, dass ich mit dem Cello hinfalle?", fragte Irma und kicherte.

„Klar, wie könnte ich das nur vergessen?", erwiderte Alwina.

„Weißt du noch, wie Vater sich über seinen Dirigenten aufgeregt hatte? Fünf Minuten vor der Vorstellung war er noch nicht einmal angezogen!", erinnerte sich Irma weiter.

„Ja, das stimmt, das ärgerte ihn", fügte Alwina nachdenklich hinzu.

„Nach Vaters Erzählungen erwartete ich sowieso, dass er eines Abends ohne seine Hosen auf die Bühne treten würde, oder?", Irma tippte sich leicht an die Stirn und verdrehte ihre Augen.

Alwina stimmte ihr ausgiebig nickend zu. Die beiden lachten und tauschten ihre Erinnerungen aus der Kindheit aus. Irma verlagerte das Gewicht des Cellos, sodass sie etwas zur Seite gebeugt ging. Dies war ihre vertraute, etwas unbeholfene Art zu gehen.

„Ja, unser Vater hatte gehofft, ich würde ein Junge werden. Später hätte ich vielleicht Herold werden sollen. Jetzt schleppe ich ein Cello durch die sibirischen Wälder, mehr konnte ich bislang nicht für meinen lieben Papa tun. Am liebsten würde ich Vaters Cello spielen", sagte Irma, während sie ihre Schwester anschaute und schwer atmete.

Sie zog ihre Strickjacke enger um sich und beschleunigte ihren Schritt, um das loszuwerden, was ihr nicht gehörte. Denn jeden Morgen kam der Aufseher, da sollte man möglichen Ärger vermeiden.

Unterwegs kam der Mond allmählich hinter einer dunklen Wolke zum Vorschein und beleuchtete ihren schmalen Pfad. Dadurch konnten die beiden gut sehen, wohin sie traten. Alwina starrte zum Himmel und merkte nicht, dass sie kurz stehen blieb. Sie erinnerte sich daran, wie ihre Mutti erzählte, dass sie ihr als kleines Mädchen die Frage stellte, ob es auf dem Mond Lebewesen gäbe. Sie beantwortete ihre Frage mit: „Ja, aber nur Engel."

Irma schaute sich um und rief nach Alwina: „Wo bist du?"

„Ich komme!" Ertappt holte Alwina schnell wieder auf.

An diesem Abend war die Luft recht mild. Die beiden Schwestern waren so glücklich über das unerwartete Wiedersehen. Sich angeregt unterhaltend schien der Weg ins Dorf gar nicht so lang zu sein. Plötzlich standen sie vor Marias Haustür. Maria wartete schon auf sie. Schnell setzte sie Tee auf und bot den beiden an, noch eine Weile zu bleiben.

„Also hier hilfst du aus?", fragte Alwina leise.

„Ja", erwiderte Irma halblaut, „ich bin hier wie zu Hause. Maria ist sehr nett."

Alwina schaute sich um und setzte sich, während Irma das Cello an seinen Platz stellte. Dann gesellte sie sich zu ihrer Schwester und gönnte sich einen Schluck Tee aus dem Becher, den Maria gerade auf den Tisch gestellt hatte.

Aus Marias Küche tönte eine Stimme aus dem Radio: „Inzwischen ist die Stadt Engels gefallen." Die beiden Schwestern erstarrten, während sie gleichzeitig an ihre Eltern und Hilde mit den Kindern dachten.

„Unser wunderschönes Städtchen?", seufzte Irma und hielt ihre Hand vor ihren Mund. „Wäre es vielleicht besser gewesen, wenn wir zu den Hungernden und Toten gehört hätten?", fügte sie traurig hinzu.

„Unsinn!", erwiderte Alwina, während sie ihren Kopf schüttelte.

„Bleibt noch ein Schimmer Hoffnung für uns? Werden wir unsere Lieben irgendwann wiedersehen?" Solche Fragen bewegten die beiden.

Die Zeit war schlimm. Vom Hunger getriebene Menschen streunten durch die Gassen der Stadt auf der Suche nach etwas Essbarem. Einwohner, die sich nach Einbruch der Dunkelheit aus den Stadtmauern stahlen, um auf den Feldern nach Wurzeln zu suchen, hatte man in derselben Nacht hingerichtet.

„Die, die tot waren, sollten sich glücklich schätzen. Sie mussten sich dieses Elend nicht mehr ansehen", flüsterte Alwina vor sich hin. Da waren sie doch froh, dass sie in diesem Moment zusammen waren und einander hatten.

Was ist mit unseren Eltern? Die Frage ließ beide nicht los. Sie tranken ihren Tee aus und bedankten sich herzlich bei Maria für ihre Gastfreundschaft.

So glücklich die beiden zuvor auf dem Weg ins Dorf waren, so traurig waren sie auf dem Rückweg. Der Mond versteckte sich hinter einer dicken Wolke. Es war sehr dunkel, fast ein Spiegelbild ihres Inneren. Vorsichtig und langsam schlichen sie sich durch den Wald, bis zu der Stelle, wo ihre Wege sich trennten.

Mit gemischten Gefühlen gingen sie auseinander: froh, dass sie einander wiedergefunden hatten, traurig und fragend, ob sie ihre Eltern je wiedersehen würden.

„Auf Wiedersehen, Schwesterchen!", sagte Alwina und drückte ihre Schwester noch mal kräftig an ihre Brust. „Jetzt weiß ich wenigstens, wo ich dich finden kann."

Sie winkten einander zu und verschwanden in der Dunkelheit.

Jede von ihnen musste rechtzeitig in ihrer eigenen Baracke erscheinen, bevor diese für die Nacht geschlossen wurden. Leise schlich Alwina sich zur Tür herein. Es war ruhig. Es schien, als ob alle schon schlafen würden. Müde und zufrieden legte sie sich in ihr Bett.

Der Krieg schien vorbei zu sein und jeder aus den Baracken hoffte auf eine frühe Entlassung. Doch davon war nicht die Rede. Sie bekamen noch mehr Aufträge. Noch mehr Bäume sollten im Wald gefällt werden. Bei Wind und Regen, Hitze und Frost mussten sie hungrig und müde die stupide Arbeit verrichten.

Inzwischen waren sehr viele Barackenbewohner und Waldarbeiter verstorben oder zumindest durch die harten Bedingungen krank geworden. Sie hatten chronischen Husten, verschiedene Hautkrankheiten und aufgrund des Wassermangels vermehrten sich die Läuse rasend schnell. Manche Menschen hatten Magenprobleme und fielen deswegen entkräftet um. Besonders im Winter starben sehr viele der Arbeiter und Gefangene. Der Boden war durchgefroren, weshalb sie die Toten wie Holz hinter der Baracke stapelten. Im Frühjahr, als der Boden auftaute, konnten sie mit den Schaufeln eine große Grube ausheben, die Leichen hineinwerfen und anschließend zuscharren. Jeden Morgen und jeden Abend waren sie gezwungen, an diesem Leichenstapel vorbeizugehen. Bedrückt dachten sie an die Endlichkeit ihres Daseins. Hoffnungslosigkeit machte sich breit.

In der letzten Zeit waren die Aufseher nicht mehr so streng und ließen sich auch weniger blicken. Doch die Waldarbeiter waren so geschwächt und unterernährt, dass viele diese Zwangsarbeit nicht überlebten. Beim Begraben der Kameraden stieß der Spaten eines Arbeiters auf etwas Hartes. Ein riesiges Arsenal an Kriegswaffen kam zum Vorschein: Maschinengewehre, Granatwerfer und Karabiner. Wie notwendig wären diese Waffen an der Front gewesen! Das Entsetzen stand dem Totengräber ins Gesicht geschrieben. Bevor einer der Aufseher darauf aufmerksam werden konnte, wurde der Fund schnell wieder verscharrt.

Am gleichen Abend, als sie sich zur Ruhe setzten, kam eine Frau aus Irmas Baracke und suchte nach Alwina Wolf. Als sie ihren Namen hörte, fing ihr Herz vor Aufregung schneller zu schlagen an.

„Komm mit!“, sagte die Frau. „Irma schickt mich. Ich bin ihre Freundin. Sie ist sehr krank und es ist nicht sicher, dass sie diese Nacht überlebt.“

Alwina war vor Schreck wie gelähmt.

Langsam setzte sie sich in Bewegung. Die Bewohner, die die Nachricht ebenfalls mitbekommen hatten, ermunterten sie, nach ihrer Schwester zu sehen.

So folgte Alwina rasch Irmas Freundin, die sich schon auf den Rückweg gemacht hatte, aus Angst ertappt zu werden.

Es war gar nicht einfach, in der Dunkelheit voranzukommen. Immer wieder geriet sie vom Weg ab, Äste und Sträucher zerrten an ihren Haaren und verkratzten Körper und Gesicht. Der Weg wurde zunehmend unebener. Mehrmals trat sie auf Felsstücke oder Wurzeln, die aus dem Boden ragten. Einmal stürzte sie und scheuerte sich Hände und Knie auf. Manchmal lugte auch der Mond hinter den Wolken hervor und erleichterte das rasche Vorwärtskommen. Alwina war erschöpft, doch die Sorge um ihre Schwester trieb sie an, halb ging sie, halb rannte sie den Waldweg entlang. Sie musste ihr Ziel erreichen. Vielleicht konnte sie Irma noch lebend sehen und noch vieles erzählen, was ihr in diesen Jahren auf dem Herzen lag, dachte sie und lief ohne Pausen weiter.

Plötzlich blieb ihr Fuß an irgendetwas hängen. Alwina taumelte und fiel zu Boden, während sie sich noch unbeholfen mit den Armen abzustützen versuchte.

Eine Weile lag sie regungslos da. Der harte Aufprall hatte ihr für einen Augenblick den Atem geraubt. Ihr rechter Arm schmerzte, wo ein scharfer Zweig ihn zerkratzt hatte. Ansonsten schien sie unverletzt zu sein. Sie stemmte sich auf in eine sitzende Haltung. Ihr Herz begann wild zu rasen, als sie neben sich einen Mann liegen sah.

Wer war das? Er hatte ihr den Rücken zugekehrt. Schlief der Fremde, fragte sie sich. Nein – sonst wäre er aufgewacht, als Alwina über seinen Körper gestolpert war. Sie berührte den Mann an der Schulter und rollte ihn auf den Rücken. Der Mann war kein Fremder. Krampfhaft versuchte sie sich zu erinnern, wo sie sich schon begegnet waren. Aber ihr Gedächtnis ließ sie im Stich. Dann erschrak sie, schrie auf und sackte in sich zusammen.

Es war der Aufseher! Der Aufseher, der das süße, kleine Mädchen in zwei Stücke gerissen hatte. Wieso ist er hier? Was ist geschehen? Fragen, Fragen, eine nach der anderen bestürmten ihren Kopf. Der Blick aus seinen erloschenen Augen ruhte starr auf Alwinas Gesicht. Der Mund des Toten stand weit offen und das Gesicht war zu einer Grimasse des Grauens verzerrt. Seine Uniform war zerfetzt und blutig. Alwina sprang auf und rannte davon.

Tausend Gedanken bestürmten sie in Blitzgeschwindigkeit. Ihr Herz raste, sodass sie das Gefühl hatte, ihr Herz springe aus ihrem Brustkorb heraus. Was konnte diesem Mann denn alles zugestoßen sein? War das die Strafe? Hatte er das verdient? Sie rannte so schnell sie nur konnte und versuchte diesen grässlichen Anblick von sich zu schieben. Je mehr sie zu vergessen versuchte, umso mehr kam die Erinnerung. Plötzlich erschien ihr das Bild, als sie an dem Tag des Geschehens alle stramm in der Baracke standen. Das zierliche Kleinkind mit seinem niedlichen Gesicht stand plötzlich vor ihr, als sie jedem noch ihr letztes Lächeln schenkte. Das kleine Äffchen stand regelrecht vor ihr. Sie erinnerte sich an das süße Plappern der Kleinen und wie die Barackenbewohner sie verwöhnten.

Wer hätte geahnt, dass dieser brutale Aufseher so fürchterlich enden würde? Eine Erinnerung nach der anderen flog wie Vögel in ihrem Gedächtnis umher. Wie schön doch die Zeit mit der kleinen Eva war.

Langsam merkte sie, wie ihr Herzklopfen nachließ und doch konnte sie das Chaos, das in ihren Gedanken tobte, nicht kontrollieren. Sie lief so schnell sie nur konnte, während ihr kalte Schauer den Rücken hinunterrannen. Nein, nein, darüber möchte ich nicht mehr nachdenken, dachte sie, als sie plötzlich ein Stöhnen hörte. Rasch blieb sie stehen und hörte genau hin, aus welcher Richtung das Stöhnen kam. Ihre Gefühlswelt spielte verrückt, bildete sie sich das Stöhnen nur ein nach diesem Schock im Wald? Was kam noch alles auf sie zu?

Die dicken Wolken am Himmel zogen weiter und der Mond kam wieder hervor, sodass Alwina die Baracke erkennen konnte, in der ihre Schwester wohnte.

Vorsichtig drückte sie die Klinke der Eichentür, die sich knarrend öffnete. Viele Blicke richteten sich auf sie und eine junge Frau teilte ihr mit: „Deine Schwester findest du drüben in der Scheune!“

„Irma hat schlimme Schmerzen. Sie hat die vergangenen Nächte durchgeschrien", fügte die junge Frau hinzu. „Es konnte keiner hier mehr ertragen und deswegen haben wir sie in die Scheune gebracht, dort drüben, hinter der Baracke. Komm, ich zeige es dir."

„Was ist denn los?", fragte Alwina, „Ist es so schlimm mit ihr?"

„Weißt du, sie war schon sehr lange krank", erwiderte die Frau.

„Wie? Ich war doch vergangenes Jahr hier, als sie Cello gespielt hatte, da ging es ihr gut!", fügte Alwina aufgeregt hinzu.

„Ja, schon, aber im Winter hat sie sich sehr stark erkältet und wie wir alle mitbekamen, ging sie des Öfteren ins Dorf, um in einem Haushalt auszuhelfen. Trotz ihrer Krankheit hatte sie hier im Wald und zusätzlich im Dorf gearbeitet. Dir muss ich es nicht erzählen. Das weiß ja jeder, wie kalt der Winter hier in Sibirien ist. Der Fluss war eingefroren, aber an einer Stelle, wo die Dorfbewohner das Eis aufgeschlagen hatten, um Wasser für sich zu holen, saßen einige Fischer und angelten. Als sie dann weg waren, hatten die Frauen aus dem Dorf und auch Irma Wäsche gespült. Dabei hatte sie sich diese Krankheit zugezogen. Jetzt kann man ihr gar nicht mehr helfen", erzählte sie.

Während Alwina alles Mögliche durch den Kopf schoss, hörte sie wieder ein tiefes Stöhnen. Sie lauschte und konnte die Stimme ihrer Schwester erkennen. Schnell lief sie zur Scheune. Auf einem Haufen Stroh lag eine dünne Decke und darauf Irma. Sie hatte ihr Gesicht in den Armen vergraben. Sie war steif und stöhnte fürchterlich vor Schmerz. Alwina lief schnell auf sie zu und nahm ihre kleine Schwester weinend in die Arme.

„Mein liebes Schwesterchen, was ist dir denn widerfahren? Als wir uns das letzte Mal sahen, ging es dir doch so gut?", flüsterte Alwina in Tränen aufgelöst. Irma konnte kein Wort herausbringen, denn die Schmerzen waren zu groß.

„Du liegst hier in der Scheune ganz alleine? Das ist ja schlimm!", murmelte Alwina. Irma spürte entfernt, dass Alwina da war.

Helle, gekräuselte Rauchwolken stiegen von der Öllampe zur Decke des aus Holz errichteten Raumes empor und blieben in dessen Ecken hängen. Alwina rieb sich müde mit dem Ärmel ihrer Strickjacke über ihre schmerzenden Augen, lehnte sich gegen die Wand und starrte auf ihre jüngere, erst zwanzigjährige, feingliedrige Schwester, die ohnmächtig und völlig regungslos auf dem Stroh neben ihr lag. Vorsichtig nahm sie das blutgetränkte Tuch zur Seite und beugte sich über sie. Anschließend legte Alwina ihre Hand auf den feuchten Lappen an Irmas Stirn, der das hohe Fieber senken sollte

„Irma", flüsterte sie traurig. Sie streckte ihre Hand aus und berührte mit dem Finger das blutgetränkte Handtuch, das neben ihr auf der rechten Seite lag.

„Viel zu jung! So jung! Nein, o Gott, nein!", schluchzte Alwina entsetzt vor sich hin.

Sie gab sich Mühe, ihr Schluchzen zu verbergen, schaffte es aber nicht. Eine Krankenschwester, die mit ihnen im selben Arbeitslager gefangen war, hatte ihr mitgeteilt, dass das Mädchen die Nacht nicht überstehen würde. Niedergeschlagen und ohne Hoffnung hatte sie nur die Achseln gezuckt.

Leise Schritte waren draußen auf dem Lehmpfad zu hören. Maria kam mit einer Flasche in der Hand um die Ecke der Scheune gebogen. Diese Flasche enthielt eine Mischung aus verdünntem Wodka und Kräutern.

„Ich habe dir hier etwas gegen deine Schmerzen mitgebracht", sagte sie.

„Und, und ... ich würde alles für dich tun. Hauptsache, du kommst wieder auf die Beine", fügte sie hinzu, während sie ihr die Flasche entgegenstreckte.

Doch Irma rührte sich nicht. Maria stand enttäuscht da und merkte, dass es zu spät war. „Wie gern wäre ich bei ihr geblieben, wie gern", flüsterte Alwina weiter. „Du hättest mich bestimmt brauchen können, o Gott, was soll ich tun? Kannst du mir nicht ein Wort der Hoffnung sagen?", flehte Alwina sie an. „Du hast dich auf einem Weg voller Gefahren bis hierher durchgeschlagen und willst nun, ohne ein Wort über dein Schicksal zu reden, gehen und mich allein lassen? Wer ist überhaupt noch am Leben aus unserer Familie? Alle haben uns schon verlassen und jetzt auch noch du?"

Plötzlich musste Alwina an ihren Bruder Johann denken, denn er starb vor Hunger und Kälte genau so elendig im Arbeitslager, wo viele Menschen täglich diesen Gefahren ausgesetzt waren.

„Sprich doch, meine kleine Schwester. Nur ein Wort. Bitte!", flüsterte sie weiter und legte ihre Lippen dicht an ihr Ohr. Doch als Antwort bekam sie nichts zu hören. Nur Stille, Totenstille. Die Tränen schmerzten in ihren Augen.

Alwina nahm Irmas schlaffe Hand in ihre eigene und begann das Schema Israel zu beten: „O Gott, höre mich, du bist der einzige Gott ..."

In ihr trauriges Gebet fiel eine andere Stimme ein, die von der Tür her ertönte. Die Barackengenossinnen aus dem Arbeitslager hörten das Geschehene und kamen dazu. Als Alwina die Mädchen sah, legte sie Irmas Hände auf ihre Wange.

„Als sie klein war, hat sie mir diese Hände entgegengestreckt", sagte sie mit schmerzverzerrter Stimme, „sie hat ihre ersten Schritte in meine Arme gemacht."

„Es tut mir leid, Alwina", sagte die Stimme und tiefes Mitgefühl klang in diesen schlichten Worten mit.

„Werden wir alle hier der Reihe nach sterben? Alle hier werden vom Hunger getrieben, in den Gassen der Stadt, auf der Suche nach irgendetwas Essbarem und nach einer warmen Stube", erwiderte Alwina voller Trauer. „Und ich habe sie verlassen. Anstatt zu kämpfen oder ihr zu helfen, bin ich von ihr weggegangen, um diese blöden Bäume zu fällen", schluchzte sie. Denn Alwina durfte nicht im Wald fehlen und konnte die Situation nicht ändern. Jeder hatte seine Arbeitsstelle und bestimmte Aufgaben zu erledigen, ansonsten würden sie großen Ärger bekommen.

„Wer wird je erfahren oder sich dafür interessieren, was wir hier tun? Wäre es vielleicht besser gewesen, wenn ich zu den Toten gehört hätte?", fragte Alwina aufgebracht. Irmas Körper lag regungslos, ruhig und friedlich da.

„Komm, Alwina", hörte sie eine Stimme hinter ihrem Rücken sagen, „es reicht, komm, wir müssen zurück zu unseren Baracken gehen. Du musst dich ausruhen, du hast einen langen Arbeitstag hinter dir. Es ist eh zu spät.“

Die junge Frau beugte sich hinunter und streichelte Alwina über Schulter und Rücken. Sie versuchte sie hochzuheben, während sie Alwina noch tröstete, aber Alwina war untröstlich.

„Es tut mir leid, meine kleine Schwester, es tut mir so leid. So wie es aussieht, müssen wir alle hier sterben“, schluchzte Alwina voller Trauer, während ihre Freunde sie an ihren Armen hochzogen und beim Aufstehen halfen. Langsam führten sie Alwina hinaus, während die andere junge Frau ein weißes Laken über Irmas Leichnam legte.

Später verscharrten die Freundinnen Irmas Leichnam im Wald, wie sie es schon so oft über all die Jahre gemacht hatten. Irma war nicht die Einzige, viele waren schon im Wald vergraben, wo sie ihren letzten Frieden fanden.

Kapitel 5

Nicht erwünscht …

„So lange es seine Sprache spricht, wird jedes Volk leben!“

(Quelle unbekannt)

Im Jahre 1933 herrschte große Hungersnot im Wolgagebiet. Besonders schwer wurde das Dorf Brunnental getroffen, denn die Regenfälle waren in diesem Jahr extrem, sodass die Bauern keine Ernte einbringen konnten. Schon im frühen Herbst hatten manche Dorfbewohner nichts mehr zu essen. Sie waren gezwungen, die Feldmäuse zu fangen, um zu überleben. Zusätzlich zur Hungersnot brach eine schreckliche Typhusepidemie aus und raffte einen nach dem anderen weg. Die nicht von Krankheit betroffen waren, litten fürchterlichen Hunger, sodass ihr Körper aufgedunsen und geschwollen war. Nach einem nassen und kalten Herbst folgte ein langer russischer Winter. Die frostigen Tage mit knappen Lebensmittelrationen kosteten noch mehr Menschen das Leben. Ein schweres Schicksal hatte die Bewohner getroffen. Ganze Familien wurden ausgelöscht, manche hatten mehr Glück, einzelne überlebten die Katastrophe. Die Übriggebliebenen unterstützten sich gegenseitig, tauschten und teilten die wenigen Habseligkeiten. Sie hielten zusammen und wurden im darauffolgenden Jahr mit einer reichen Ernte belohnt. So wurden alle beschenkt und gesegnet. (Quelle: „Aus dem Lebenslauf von Natalie Peter“)

Der folgende Sommer und Herbst waren mild und fruchtbar. Es gab seit Jahren keine bessere Ernte im Dorf. Doch im Januar fiel Schnee und die eisigen Böen fegten kräftig vom Norden her über das Land. Wie in jedem Jahr wurden die Lehmfenster der hölzernen Häuser zum Schutz gegen die Kälte mit fester durchsichtiger Folie stabilisiert. Die Schneewehen türmten sich hoch an den Wänden, sodass die Familie den größten Teil des Tages im Innern des Hauses verbrachte. Für die Kinder wurde es zunehmend schwieriger, Zeit für die Unterrichtsstunden zu finden. Trotz der Kälte mussten aber die Väter ihrer Arbeit nachgehen. Jeden Morgen stellten sie sich bei den eisigen Temperaturen ihren Verpflichtungen.

Der Himmel über den russischen Türmen war in ein schillerndes Zwielicht getaucht: sanftes Rosa, blau durchzogen, und mit einem tiefen sternenübersäten Purpur im Osten. Die Turmspitzen verschwanden in der Dunkelheit. Die Lichter in den Schlossfenstern glichen Sternen, die noch nicht an ihren Platz im Himmel aufgestiegen waren. Der hohe Glockenturm des Ortes sowie die vielen grünen Kuppeln einiger unbekannter Hochbauten schienen das weite Himmelszelt knapp über den hundert Türmen der Stadt gespannt zu halten.

Während andere von der Arbeit nach Hause eilten, überquerte Konrad langsam den alten Marktplatz, wo gewöhnlich jedes Wochenende der Stadtmarkt stattfand. Vertieft in die Tageszeitung, die er in der Hand hielt, überflog er einen Artikel, der ihn stutzig werden ließ. Ein thüringischer Schriftsteller, der sich an der Wolga niederließ, sollte in einem Büchlein gar behaupten, dass ein großer Teil seiner Schicksalsgefährten „in Auswürflingen" bestand, die „das Vaterland ausgespien" hätte. Darunter „sittenlose Menschen, entlaufene Sträflinge, bankrotte Händler, verabschiedete Soldaten und heruntergekommene Adlige".

Nein, so war das nicht, dachte Konrad, während er die Zeitung empört zusammenfaltete und unter den rechten Arm klemmte.

„So etwas Gemeines", dachte er weiter, „das russische Volk wird ihm Glauben schenken, aber was ist mit uns? Wer glaubt uns, wie es tatsächlich war?"

Konrad legte einen Schritt zu und versank in seinen Gedanken tief in der Vergangenheit.

Nach dem Krieg, den Heer- und Frondiensten, den Hungerjahren und großer wirtschaftlicher Not, nach der Beschränkung der Glaubensfreiheit in der alten Heimat, bedankten sich die deutschen Bauern und Handwerker bei den russischen Herrschern für ihre Einladung, indem sie nun tatkräftig dabei halfen, öde Steppen in Kornkammern zu verwandeln oder ganze Industrien aufzubauen. Wenn nicht die erste, dann war spätestens die zweite Generation der Eingewanderten in der Steppe fest verwurzelt. Um das Jahr 1840 sah die russische Regierung mit Wohlwollen auf die deutschstämmigen Kolonisten, die es in Südrussland durch Ackerbau und Viehzucht zu Wohlstand gebracht hatten. Sie hatten mehr zu bewegen vermocht als die utopischen Hoffnungen der russischen Bauern. Allerdings waren es nicht nur die Besten, die Deutschland auf dem Weg Richtung Osten verließen.

Der eigentliche Grund dafür war, so meinte er, dass der Auswandererstrom unter dem familiär stark an das Haus Württemberg gebundenen und mit Luise von Baden verheirateten Zaren Alexander I. eingeschränkt werden musste. Ab 1804 sollte aus dem Westen nur noch derjenige kommen, der gesund, schuldenfrei, verheiratet und außerdem ein Musterlandwirt oder -handwerker war. In ländlichen Beschäftigungen und Handwerksbetrieben konnten Leute, die im Weinbau, in der Anpflanzung von Maulbeerbäumen oder anderen nützlichen Gewächsen hinreichend geübt waren oder aber die in der Viehzucht und besonders in der Behandlung und Zucht der besten Schafrassen erfahren waren, dienen. Diese dürften doch kommen, oder?

Na ja, Papier war schon immer geduldig, dachte er sich und ging eilig dahin.

Die Ministerien des Zaren im 18. Jahrhundert – in Russland allein fünf deutsche Finanzminister – hatten offensichtlich zu rechnen begonnen: Die Ansiedlung einer einzigen deutschen Familie kostete die Regierung in St. Petersburg immerhin rund 5000 Rubel. Es gab im damaligen Russland rein hessische Dörfer an der Wolga, rein schwäbische, evangelische Gemeinden in Taurien, im Gebiet von Odessa und im Kaukasus rein katholische Gemeinden etwa im Grunauer Gebiet, rein mennonitische an der Molotschna; der deutsche Einwanderer war rundherum ein überaus vielschichtiges Wesen geblieben. Vielschichtig, wie die übervölkerten deutschen Länder, aus denen er stammte. Vielschichtig, wie die wirtschaftlichen, gesellschaftlichen und politischen Motive oder schlicht die zu erwartenden Abenteuer, die ihn zur Emigration veranlassten.

Zur Jahrhundertwende lagen die Deutschen hinter den Nationalitäten der Russen, Ukrainer, Polen, Juden, Weißrussen, Kasachen, Tataren und Finnen an neunter Stelle. In Stadt und Land hatte man seine Vereinigungen wie z. B. den Bildungsverein, den Deutschen ärztlichen Verein oder den Handwerker- und Sportverein. Daneben gab es Sängervereine, Theatergruppen, Waisenkassen, Wohlfahrtsvereine, Kameradschaften, Schulvereine, Musikgruppen, Übersiedlungskassen, Kirchengemeinden, Burschenschaften, Hilfs- und Lehrervereine oder schlicht Deutsche Vereine zur Pflege kultureller und gesellschaftlicher Belange, zur Förderung des geistigen Lebens oder nur „des deutschen Innenlebens“. Einhundertzweiundsechzig deutschsprachige Zeitungen erschienen, wie z. B. die „Saratower Deutsche Zeitung“, „Das Sprachrohr der Wolgadeutschen“, „Neues Leben“, das Kirchenblatt „Der Morgenstern“ und weitere religiöse Blätter.

Zehn Verlage versorgten den deutschen Büchermarkt. Das Theater in deutscher Sprache war eine Selbstverständlichkeit. Die deutschen Kirchenschulen – unter anderem die von Moskau, Odessa oder Charkow – genossen den besten nationalen Ruf. Sie waren die „Schule der Sprachen, Künste und Wissenschaften“ und besaßen gar einen internationalen Ruf. Nicht nur in jeder deutschen Siedlung, auch in fast allen größeren Städten gab es deutsche Kirchen, für die allerdings im orthodoxen Russland – die Herrnhuter einmal ausgenommen – ein strenges Missionsverbot ausgesprochen war. Und dennoch hielt sie stand und hatte ihre Daseinsberechtigung erbracht. Neben Moskau und St. Petersburg konzentrierte sich das städtische Deutschtum zuerst auf Zentren wie Saratow (hier wurde Irene geboren). Die Hauptstraße von Saratow an der Wolga (1905: 20.000 Deutsche) hieß „Deutsche Straße“. (Quelle: Bernd G. Längin)

In Odessa am Schwarzen Meer (1905: 12.000 Deutsche) gruppierten sich Ortschaften mit Erinnerungsnamen wie Baden, Klein-Karlsruhe, Klein-Rastatt, Neu-Württemberg, München, Neu-München oder Emmental. Odessa galt somit als weitestgehend deutsche Stadt mit deutschem Hintergrund.

Die Siedler liebten Russland. Sie waren vom politischen Gefühl her zuerst Russen und dann erst Deutsche. Hermann Hesse hatte es wie folgt charakterisiert:

„Ja, Russlands Söhne sind wir. Kraft durchdrungen, entspross dem Ruhm der Slawen als Geschlecht. Die Herzen hält das Vaterland umschlungen, des Kaisers Wort ist uns Gesetz und Recht."

„Ich stimme ihm voll zu", dachte sich Konrad und lächelte dezent. „Doch Russland traut uns Deutschen diese Liebe nicht zu."

Örtliche Administrationen waren zwar durchaus an starken deutschen Bauernwirtschaften interessiert, konnten jedoch um die Jahrhundertwende die generell deutschfeindliche Politik des Hauses Romanow und die wachsende Konkurrenz des deutschen Ackerbaukapitals zum russischen nicht übersehen. Aufgrund der vermehrt auftretenden Hindernisse, die vielen Deutschen bewusst in den Weg gelegt wurden, kam es zu einer erneuten Massenauswanderung aus dem Wolgagebiet und dem Süden Russlands in die USA, nach Kanada und nach Südamerika. Alleine in den Jahren 1901 bis 1911 verließen rund 105.000 Russlanddeutsche das Zarenreich – so schreibt es Bernd G. Längin in seinem Buch „Die Russlanddeutschen unter Doppeladler und Sowjetstern".

Bis Konrad sein Haus erreichte, war es kalt und dunkel geworden. Ein lautes Geräusch lenkte seine Aufmerksamkeit zur gegenüberliegenden Seite des Hauses, wo eine schwere Tür geöffnet wurde.

„Ah! Da bist du ja endlich, Vater. Wir verhungern schon", begrüßte ihn die jüngste Tochter Natalie.

„Dann werde ich mich beeilen. Nichts wie ran", sagte er und ging Hände waschen.

Die Familie wartete wie üblich schon eine ganze Weile, bevor sie ihren Vater bzw. Ehemann zu Gesicht bekam. Seine zwei Töchter und seine Frau waren sehr erwartungsvoll. Endlich konnten sie mit ihm zusammen das Abendessen und die gemeinsame Zeit genießen.

Das Essen war an diesem Abend ausgezeichnet. Es war seit Langem die üppigste Mahlzeit, da sie nur einmal im Jahr schlachteten. Es gab ein knusprig gebratenes, mit Salz gewürztes Lendenstück vom Schwein, gekochten Dinkel und Rote Bete, scharfen, grünen Käse und Scheiben von dunklem Brot, welches frisch auf den glühenden Holzscheiten im Ofen gebacken wurde. Konrad schöpfte sich in einen großen Becher Obstkompott, das dickflüssig wie eine Suppe war. Zum Nachtisch servierte Amalie geröstete Mandeln auf süßen Bratäpfeln.

„Köstlich", sagte Konrad am Ende des Mahls und bedankte sich liebevoll bei seiner Frau.

„Es ist lange her, dass ich so gut gegessen habe. Seit dem letzten Jahr habe ich kein so wohlschmeckendes Schweinefleisch mehr genossen."

Amalie war erfreut. „Es liegt daran, dass wir unsere eigenen Schweine halten und sie mästen, bevor sie geschlachtet werden. Das ist dir doch bewusst, mein

Lieber?“, fragte Amalie beim Abräumen des Geschirrs.

Die Großeltern von Johannes mütterlicherseits, Amalie und Konrad Peter, waren sehr wohlhabend. Das Stoff- und Bekleidungsgeschäft, das die beiden führten, florierte bis zur Oktoberrevolution im Jahre 1917. Anschließend kamen die Bolschewiken, das heißt übersetzt „Mehrheit“, an die Macht, was aber nur von kurzer Dauer war.

Zu dieser Zeit herrschte das Zarenregime, das nur für die Reichen sorgte. Die Bauern waren überwiegend Leibeigene, was auch zur Verarmung der Bevölkerung führte. Die Arbeiterklasse in den Städten wurde schlecht behandelt und schlecht entlohnt. Die sogenannte Unterschicht der Gesellschaft wurde verkannt und unterschätzt, was zu Unruhen und zur Rebellion führte. An diesen Unruhen beteiligte sich auch die Mittelschicht der Gesellschaft. In der Geschichte Russlands gab es schon einige Aufstände, die auf brutalste Art und Weise niedergeschlagen wurden. Zu jener Zeit, in Verbindung mit dem Ersten Weltkrieg, der sich in die Länge zog, brachte der Aufstand Hunger, Not und Tod mit sich.

Dazu hatte sich eine starke Partei, die Bolschewiken, etabliert, die während der Amtszeit von Lenin an die Macht kam. Die Bolschewiki waren radikaler als die andere Partei. Sie wollten so schnell wie möglich den Zaren stürzen und den Kommunismus einführen. Die Menschewiki hatten eigentlich das gleiche Ziel. Sie wollten aber den Weg der Reformen einschlagen. Nun bewahrheitete sich aber der Spruch: „Der Stärkere gewinnt!“ Die Bolschewiki unter der Führung von Lenin kamen an die Macht.

Nach einigen Jahren seiner Regierungszeit wurde Lenin von einer Frau namens Fanny Kaplan angeschossen. Seine Leute brachten ihn sofort in ein Haus in der Nähe von Moskau. Dort gab es einen sehr schönen Garten und er erholte sich langsam. Es ging so weit aufwärts, dass er sogar wieder an den Parteisitzungen teilnehmen und ab und an zur Jagd gehen konnte.

Nach einer gewissen Zeit stellten sich jedoch die ersten Lähmungserscheinungen ein. Er verlor sein Sprachvermögen und konnte sich nur noch mithilfe von Stift und Papier verständigen. Mit 56 Jahren verstarb Lenin schließlich. Er wurde einbalsamiert und im Kreml aufgebahrt, damit sein Volk von ihm Abschied nehmen konnte.

Nach der kurzen Lenin-Ära kam „der Mann aus Stahl“ an die Macht, wie Lenin selbst ihn betitelte. Joseph Dschugaschwili wurde 1879 als Sohn eines Schuhmachers in der kleinen georgischen Stadt Gosi, nicht weit von Tiflis, geboren. Auf Wunsch seiner Mutter besuchte der Junge ein orthodoxes Priesterseminar und sang mit Inbrunst als Solist in einem bischöflichen Chor. Die Petersburger Unterdrückung war so stark, dass die revolutionäre Welle bis in die Kirche eindrang. So wurde Joseph zu einem glühenden Hasser des Zaren.

Der gebürtige Kaukasier war roh und brutal, deswegen auch der Name „Stalin“. Diesem Pseudonym machte er alle Ehre, hart und kalt, erbarmungslos und ohne jegliches Gefühl. Die Gestalt dieses Mannes rief bei den Menschen Entsetzen hervor. Seine schwarzen Augen waren Furcht einflößend. Kein Politiker des 20. Jahrhunderts verfügte über einen so langen Zeitraum über solch eine Macht wie er. Seine Regierungszeit belief sich auf fast dreißig Jahre (1924–1953). Er stieg zum Herrscher über die Sowjetunion auf und hob sein Land in den Rang einer Weltmacht. Was seine Ära kennzeichnete war die Unermesslichkeit von Terror und Leid, die Unterwerfung vieler Völker und millionenfache Morde.

Er ordnete an, alle Wohlhabenden zu enteignen, was die Familie Konrad Peter wie einen Schlag mitten ins Gesicht traf. Alles, was sie sich mühsam erarbeitet hatten, wurde ihnen genommen. Als sich die Familie eines Abends zur Ruhe begab, fuhr ein Auto auf den Hof. Das helle Licht erleuchtete das kleine Schlafgemach.

Zwei Männer stiegen aus dem Auto und hämmerten an die Eingangstür des Hauses. Als Konrad öffnete, wurde er auf der Stelle zum Volksverräter erklärt.

Er stand völlig fassungslos da, als hätte man ihm einen Kübel mit kaltem Wasser über den Kopf gegossen. Er fing an zu stottern. Die Männer rissen an seinem Arm und wollten ihn ins Auto zerren.

Einer von ihnen sagte: „Du wirst erwartet."

Konsterniert antwortete Konrad: „Ich zieh mich kurz um", da er im Schlafanzug dastand.

„Das wird niemanden stören. Du bist gleich wieder zurück", erwiderte der Mann ihm gegenüber. Konrad wurde nie mehr gesehen. Kaltblütig war er erschossen worden. Grundlos. Für nichts und wieder nichts. Amalie ahnte, was passiert war, da ihr Gatte nicht der Erste war, der aus diesem Ort weggeführt wurde. Lange lag sie starr in ihrem Bett, lauschte in die Dunkelheit und ließ das unvermeidliche Gedankenkarussell seine Runden in ihrem Kopf drehen.

Mit Anbruch der Morgendämmerung übermannte sie schließlich der Schlaf. Doch ihr Schlaf war unruhig und sie wurde von Träumen heimgesucht, in denen sich eifersüchtige und zornige Gestalten gewaltige Kriege lieferten. Sie träumte, wie ein Engel mit seinem Flammenschwert vom Himmel kam, um mit einer dieser Gestalten den Kampf zu wagen. Die Schlacht war wild und schrecklich, doch am Ende stand der Engel triumphierend da. Sein Flammenschwert war verschwunden. Er streckte Amalie seine Hand hin. Ihre Hand war sehr schwer. Sie mühte sich, ihre Hand auszustrecken. Sie war kurz davor, die Hand des Engels zu ergreifen – doch dann erwachte sie – schweißgebadet. Ihr Herz pochte so wild in ihrem Brustkorb, dass sie das Gefühl hatte, es würde herausspringen.

Die gnadenlosen stalinistischen Säuberungen, die zwischen diesen Jahren erfolgten, waren die grausamsten, die das deutsche Volk je gesehen oder erlebt hatte. Begleiterscheinungen dieser Säuberungsaktionen waren: die Auflösung der alten Dorfstruktur und die des Zusammenhalts innerhalb der deutschen Gemeinden sowie die Vernichtung der „Intelligenz", vom Pfarrer über den Lehrer bis hin zum Arzt und Beamten. Es folgte die Nomadisierung eines Volkes. Bis zum Beginn des Zweiten Weltkrieges waren nahezu 500.000 Deutsche ums Leben gekommen. (Quelle: Bernd G. Längin)

Fast ein Drittel aller deutschen Familien war ohne männliches Familienoberhaupt.

So musste auch hier die Mutter die Verantwortung für beide Mädchen, Natalie und Rosalia, übernehmen. In einer Situation, die sie an ihre Grenzen brachte und eigentlich dafür prädestiniert war, in Verzweiflung zu versinken, stand sie nun vor der großen Herausforderung, Sorge für die Familie zu tragen. Gleichzeitig musste sie ihren Kindern klarmachen, dass nicht nur der Vater und aller Besitz verloren ging, sondern damit einhergehend – die gesamte Lebensperspektive! Hungersnot stand seitdem auf der Tagesordnung.

Nach der Enteignung besaß Johannes' Oma Amalia nur ein einziges Kleid und wenn sie dieses gewaschen hatte, musste sie in ihrem Unterhemd die Kälte ertragen, bis sie es wieder anziehen konnte. Es war eine Zeit, in der unzählige Tränen geweint wurden. Die Mädchen wuchsen in Not und Elend auf. Statt Besserung und Aufatmen begann jedoch der Zweite Weltkrieg und brachte noch mehr Elend und Verzweiflung über die leidgeprüfte Bevölkerung.

Als im Jahre 1941 der Beginn des Großen Vaterländischen Krieges anstand, erklärte man die Russlanddeutschen noch einmal zum großen „inneren Feind" ihres Gastlandes. Man beschuldigte sie der Kollaboration, was wiederum zur endgültigen Deportation führen sollte. Zuerst wurde das Gebiet am Schwarzen Meer „gesäubert", anschließend die mit so großen Hoffnungen aufgebaute Republik der Wolgadeutschen. Eine Kultur, die bereit gewesen wäre, Russland zu dienen, war vernichtet.

Die Russlanddeutschen wurden nach freiwilligen wie auch unfreiwilligen Wanderungen schließlich zum „Wandervolk", zum Volk ohne Heimat – bis zum heutigen Tag. Gleich nach der Februar-März-Revolution bildeten sich an der Wolga, am Schwarzen Meer, im Kaukasus und in Sibirien Komitees russischer Staatsbürger deutscher Nationen, die unter prinzipieller Anerkennung des Sowjetsystems die Forderung nach Annullierung der zaristischen Liquidationsgesetze stellten, die Zulassung von Deutsch als Amtssprache und ihre Gleichstellung mit den anderen Völkern Russlands. Nach einiger Zeit tagte der Sowjetkongress der Wolgadeutschen, wo das von Lenin unterzeichnete „Dekret über die Autonomie des Gebiets der Wolgadeutschen" bekannt gegeben wurde. Die Autonome Sozialistische Sowjetrepublik der Wolgadeutschen war nach der Gründung im Jahre 1924 dann ein staatliches Gebilde, ein Zusammenschluss von Orten, in denen die deutschen Kolonisten des mittleren Wolgagebiets – ein Viertel der Deutschen in Russland – wohnten. (Quelle: Bernd G. Längin, „Die Russlanddeutschen unter Doppeladler und Sowjetstern")

Die Töchter von Konrad Peter, Natalie und Rosalia, waren inzwischen zu jungen Frauen herangewachsen. In dieser Zeit gab Stalin seinen Beamten den Befehl, in dem Ort Neufriedental, der nördlich am Kaukasus lag, alle deutschstämmigen Einwohner zu deportieren. Alle arbeitsfähigen Jungen und

Mädchen wurden in die im sibirischen Wald angelegten Arbeitslager gebracht, um dort unter unmenschlichen Bedingungen ihre Arbeiten zu verrichten. Alle Kinder und Arbeitsunfähigen blieben zurück. Nach dem Verständnis des despotischen Anführers Stalin galten Kinder ab dem Alter von drei Jahren als fähig, für sich selbst zu sorgen. Die Familie Peter erfuhr somit Glück im Unglück. Im Vergleich zu anderen deutschen Frauen, die ihre Kinder in diesem Alter zurücklassen mussten, fiel es Johannes' Oma recht leicht, ihre fast erwachsen gewordenen Töchter loszulassen. Viele der verzweifelten Mütter rissen sich die Haare von den Köpfen; etliche verloren buchstäblich den Verstand. Wer nicht gewillt war, sein Kind sich selbst zu überlassen, wurde brutal zusammengeschlagen.

Somit blieben Scharen von Kindern auf sich gestellt oder unter der Obhut einiger alter und kranker Frauen. Die obdachlos gewordenen Kinder liefen durch die Straßen und bettelten um Brot. Viele von ihnen starben vor Hunger und Kälte, während die zur Deportation bestimmten Frauen und Männer wie Tiere in den Viehwaggons zusammengepfercht wurden. Da der Krieg viele Rohstoffe benötigte wie etwa Holz, fuhren die Züge mit mehreren Waggons in Richtung des Uralgebirges.

Als sie in Sibirien ankamen, brachte man sie in kalten Baracken unter. Die Wände waren brüchig, kaum isoliert und schützten nicht vor der Kälte des Winters. Dieser war in Sibirien lang und eisig. Die Kleidung, die sie besaßen, war für diese Witterung natürlich nicht geeignet. Bei Schnee, Sturm und unmenschlichen Bedingungen mussten die jungen Männer Bäume fällen. Die Mädchen hatten die Aufgabe, die Äste zu entfernen. Essen gab es nur in minimalen Rationen. Abgemagert, geschwächt von der schweren Arbeit und halb erfroren, mühten sie sich in der Kälte bis zur Erschöpfung ab. Keiner scherte sich um sie. Wer schwach wurde, bekam reichlich Speck zu essen und anschließend kaltes Wasser.

Dies war ein gutes Mittel, um sie, von Durchfall und Magenschmerzen geplagt, schneller krepieren zu lassen. Die Leichen stapelte man abseits der Baracken, als würde man Holz aufschichten. Abends und morgens gingen die Deportierten an diesem Haufen toter Menschen vorbei und mussten sich dem Gedanken ihrer Endlichkeit stellen.

Als der Frühling hereinbrach und der Boden zu tauen begann, mussten sie für ihre verstorbenen Kameraden Gruben ausheben und sie beerdigen.

Natalie selbst war jung und stark geblieben, obwohl sie fürchterlich unter dem Hunger litt. Sie verkraftete die miserablen Umstände recht gut. Als dann die Frühkartoffeln gepflanzt wurden, wartete man sehnsüchtig auf die Ernte. Nachts schlichen sie heimlich auf die umliegenden Felder, um bei Dunkelheit die ein oder andere Kartoffel zu finden. Sie machten sich immer in Dreiergruppen auf den Weg, während hinter den Baracken einige andere das Feuer vorbereiteten. Sie scharrten die wenigen Kartoffeln unter die heiße Asche. Es war eine gefühlte Ewigkeit, bis die Kartoffeln endlich gar waren. An anderen Tagen wurden die hungrigen Truppen, nachdem sie auf den Feldern arbeiteten, streng untersucht, dass sie ja keine Kartoffeln in den Taschen versteckt hätten.

Die Mädchen wussten sich aber auch anderweitig zu helfen. Sie hatten es auf die auf den Feldern hausenden Erdhörnchen abgesehen. Mit ein wenig Wasser konnte man sie aus ihren Erdhöhlen herauslocken und sie dann flink schnappen. Am Abend gab es dann einen besonderen Leckerbissen. Alles, was sich bewegte und herrenlos auf den Feldern umherstreifte, wurde gefangen und gegessen. Sogar Katzen galten in dieser Zeit als Delikatesse; man bezeichnete sie als „Dachkaninchen". Abends saßen die Menschen in den Baracken zusammen und unterhielten sich bis spät in die Nacht. Einige erhielten sogar Briefpost von zu Hause oder bekamen ein Telegramm zugesandt, das sie über den Tod der Eltern oder Kinder informierte. Sie starben reihenweise an Krankheit, Hunger oder aber im grausamen Krieg. Stets wurden bitterlich Tränen vergossen. Man war auf den Trost der anderen angewiesen. Manch einer stimmte dann ein Lied an, das sie selber dichteten, und alle sangen mit. (Quelle: „Aus dem Lebenslauf von Natalie Peter")

„Niederschmetternd war die Kunde, als es hieß:
Was deutsch ist, raus!
Und die vierundzwanzig Stunden
mussten wir von Herd und Haus.
Da lief jeder hin und wieder
sinnenlos von Angst und Schmerz,
alle Hoffnung lag danieder,
allen brach es fast das Herz.
Manche Seufzer und Gebete
stiegen gar empor zu Gott:
Ach, bewahre und errette
mich vom bösen, schnellen Tod." Bernd G. Längin

Das gleiche Schicksal traf Johannes Justus, der im Gebiet Omsk, am 18.11.1921 im Dorf Schermontai zur Welt kam. Seine Mutter Sophie, geborene Fell, wurde 1884 im Dorf Stahl geboren und hatte den Ersten Weltkrieg als Mädchen überstanden. Anschließend kamen die Oktoberrevolution und der Bürgerkrieg. Als der Bürgerkrieg ein Ende nahm, hoffte man auf ein besseres Leben, doch Stalins Macht war so groß, dass er das Volk noch bis zum Zweiten Weltkrieg terrorisierte.

Sophie lernte einen jungen Mann namens Karl Justus kennen. Er war ebenso 1889 im Dorf Stahl geboren worden.

Karl mochte dreiundzwanzig oder fünfundzwanzig Jahre gewesen sein. Ein struppiger Bart umrahmte sein schmales Gesicht. Seine Nase sprang wie ein großer Schnabel zwischen den Augen hervor. Sophie war jung und hübsch.

Es dauerte nicht lange, bis Karl um ihre Hand anhielt. Die beiden heirateten und Karl versprach ihr ein erfolgreiches Leben.

Er besaß eine eigene Schmiede und konnte als kleiner Unternehmer seinen Lebensunterhalt gut bestreiten. Sophie war erfüllt von Freude und Begeisterung, dass sie sich durch den eigenen Betrieb endlich ein beständiges Leben aufbauen konnten. Sie war eine sehr optimistische und willensstarke Frau. Die Strapazen des Lebens nahm sie gelassen hin. Doch ahnte sie nicht, welche Zeiten ihnen bevorstanden. Als die ersten Kinder zur Welt kamen, kamen auch die ersten Sorgen; sie kränkelte des Öfteren. In den nächsten Jahren gebar sie neun Jungen und zwei Mädchen. Sie selbst wurde zunehmend schwächer, doch ihr kräftiges und willensstarkes Wesen lebte in ihren Söhnen weiter, die ganz nach ihr kamen.

Natürlich konnte sie ihr Leben nicht lange genießen. Die Tage mit den Kindern forderten ihren Tribut. Abends, wenn ihr Ehemann Karl nach Hause kam, brach sie fast zusammen. Sie berichtete ihm, dass die Jungs sich auf der Straße prügelten. So nahm der Vater seine Söhne zunehmend mit in die Schmiede, um seine Frau im Alltag zu entlasten. In ihrem Eifer und Temperament begannen die Jungen, sich vor ihrem Vater zu positionieren und um die Herrschaft zu streiten. Keiner von ihnen wollte nachgeben. Auch die Anwesenheit des Vaters konnte es nicht verhindern, dass es weiterhin zu Prügeleien kam. Karl hatte ein weiches Wesen, sodass man auf seine Mahnungen nicht reagierte. Doch eines Tages platzte ihm der Kragen. Er riss die Pferdezügel vom Haken und gebot seinen Söhnen Einhalt. Schnell liefen sie davon, in der Hoffnung, der Vater würde nicht hinterherkommen. Doch sie hatten sich getäuscht! Der Vater war vor ihnen an der Haustür, verriegelte sie und schnappte sich seine Jungs. Ohne Rücksicht züchtigte er seine Söhne mit den Pferdezügeln, bis sie um Gnade flehten. Dieses Mal hatten es die Burschen übertrieben. Sie mussten den Preis bezahlen und gelangten anschließend auch zur Einsicht. Vater litt anschließend sehr unter schlechtem Gewissen, denn er wollte seinen Söhnen keinen Schmerz zufügen. So versuchte er am nächsten Tag wieder alles gerade zu biegen.

Die vielen leeren Kisten in der Schmiede, die Karl für die Lagerung seiner Ware brauchte, nutzte er nun als Sitzplätze für seine Söhne. Ihm lag sehr viel an einer offenen Kommunikation. Er erklärte ihnen, dass sie ihn dieses Mal sehr stark gereizt hätten und dass es ihm leid täte, dass es so weit gekommen sei. Weiterhin machte er sie auf die Arbeit der Mutter aufmerksam und auf all das, was sie für ihre Kinder tat. Nach der Unterweisung des Vaters vertrugen sich die Jungs. Natürlich kam es immer wieder mal zu solchen Zwischenfällen, doch die Wogen glätteten sich auch wieder schnell.

Die Liebe zwischen Karl und Sophie gewann mehr und mehr an Qualität und Tiefe, was wiederum dabei half, die Schwierigkeiten während der anstehenden Oktoberrevolution und der Enteignung zu bewältigen. Sie verloren ihr ganzes Hab und Gut. Die politischen Vorzeichen hatten sich stark verändert und die mittellos dastehenden Menschen erlebten große Not. Man gestattete Karl, als Angestellter in seiner eigenen Schmiede mitzuarbeiten. Manchmal stieg, trotz seiner ausgeglichenen Persönlichkeit, heftige Wut in ihm hoch.

„Mein Eigentum, das seit mehreren Hundert Jahren in Familienbesitz war, wurde mir genommen. Nun muss ich hier für andere Besitzer schuften." Manchmal überkam ihn tiefe Trauer bei dem Gedanken, was alles mit dem eigenen Betrieb und der finanziellen Sicherheit möglich gewesen wäre. Nun bedrückte ihn eher diese totale Begrenzung. Ihm waren die Hände gebunden. Auf der anderen Seite freute er sich, dass seine Schmiede mit samt dem Werkzeug nicht verschleudert wurde, sondern Verwendung fand. Sein Herz hing daran. Oft dachte er an die vergangenen Zeiten. Dann zog es ihn in den alten Lagerschuppen, in dem er früher alle seine Aufträge abwickelte.

Eines Tages träumte Karl dort vor sich hin, als er plötzlich durch ein lautes Knallen an der Tür und der rauen Stimme eines Parteigenossen in die Wirklichkeit zurückgeholt wurde.

„Hallo, ist da jemand?", schrie dieser laut.

„Ja, Herr Genosse, ich bin hier", antwortete Karl und kam aus dem Schuppen heraus.

„Eine Reihe von Pferden für die Kolchose brauchen neue Hufe."

Karl fragte mit seiner ruhigen Stimme: „Wann soll es denn fertig sein?"

„So schnell wie möglich!", erwiderte der Genosse und legte die Papiere auf den verschmutzten Tisch. So machte sich Karl wieder an die Arbeit und vergaß darüber kurzzeitig all die Not und das Elend.

An manchen Abenden, wenn er seiner Sophie begegnete, war sie über die Situation verärgert. Ihm war viel an einem offenen Umgang in der Beziehung zu seiner Frau gelegen. Des Öfteren kam sie aufbrausend daher, doch Karl behielt stets die Ruhe.

„Wir können es doch ohnehin nicht ändern", sagte er ihr eines Abends. Danach nahm er die Kinder auf den Schoß und erzählte ihnen spannende Geschichten aus der Vergangenheit oder aus der Bibel. Denn wie alle Kinder hörten auch seine gerne zu. Sie besaßen keine Kinderbücher oder dergleichen.

Trotz all der schweren Bedingungen und ihrer Armut hielten die beiden Eheleute innig zusammen. Es schien, dass sie niemand und nichts auseinanderbringen konnte. Sie bauten ihre tiefe Liebe auf gegenseitige Achtung und Respekt auf. Doch eines Tages traf sie eine niederschmetternde Nachricht: Sophie war todkrank! Für Karl brach die Welt zusammen. Bitterlich weinte und klagte er: „Was soll ich nur ohne meine liebe Frau machen?"

Nach langem Kampf starb Sophie dann im Alter von siebenundvierzig Jahren an Gebärmutterkrebs. Karls Leid und Hoffnungslosigkeit stieg ins Unermessliche. Sein Schmerz ließ sich nicht in Worte fassen. Von Trauer durchzogen versuchte Karl mit der Kraft, die ihm geblieben war, sein Leben zu bewältigen. Die Sorgen waren größer und die Last schwerer. Selbst die Sonne wärmte nicht mehr so wie früher und hatte ihren Schein verloren. Mit Entsetzen stellte er fest, dass er in seinem Kummer die Kinder total vernachlässigte. Die Jungen wurden noch schwieriger, versuchten sie doch auf diese Art ihren Schmerz und ihren Verlust zu verarbeiten. Auch Karl war vom Alleinsein gezeichnet. Er wirkte introvertiert und innerlich leer. Die beiden Mädchen, Christine und Elisabeth, taten ihm besonders leid, da die gesamte Haushaltsführung schwer auf ihnen lastete und kaum zu bewältigen war. Aber Karl kam nicht mal mit seiner Arbeit hinterher, sodass sich seine Kinder permanent über die vielen fehlenden Dinge beschwerten. Karl wurde mehr und mehr herausgefordert. Mehr als arbeiten konnte er nicht. Er bedauerte die ganze Situation und zum Trauern blieb ihm immer weniger Zeit übrig.

Eines Abends, als die Familie beisammen war, konfrontierte er seine Kinder mit seiner Idee und fragte, ob er ihnen eine Ersatzmutter suchen solle. Doch auch damit waren sie nicht einverstanden, stattdessen würden sie die ganze Arbeit lieber selbst erledigen.

„Gut", meinte Karl, „und wo wart ihr bisher? Wie kommt ihr denn auf diese plötzliche Sinnesänderung?" Prompt grölten seine ältesten Söhne einstimmig:

„Wir wollen keine fremde Frau!"

Einige Tage später setzte sich Karl jedoch auf seine Pferdekutsche und begab sich auf Brautschau ins Nachbardorf. Die Kinder zogen sich zurück, fühlten sich unverstanden, von der Trauer über den Verlust ihrer geliebten Mama geplagt, wütend, enttäuscht. Die Mädchen reagierten eher verängstigt. Der kleine Johannes, der gerade neun Jahre alt war, dachte nur: „Hoffentlich wird die Neue mich lieben und mich vor meinen ältesten Brüdern beschützen, wie es meine Mama immer getan hat."

Karl war in dieser Zeit oft allein unterwegs. Eines Tages kam er mit einer netten Frau nach Hause. Trotz aller Widerstände mussten sich die Kinder mit der Situation arrangieren.

Mit der Zeit glätteten sich die Wogen und die neue Stiefmutter gewann die Herzen der Kinder. Bald wurde sie mit Respekt behandelt, als wäre sie die leibliche Mutter. Erleichtert über die entspannte Familienatmosphäre heiratete Karl seine Margret. Sie sorgte gut für die Kinder und liebte sie von Herzen, was von den Kindern gerne erwidert wurde. Doch auch wenn die erste Zeit gut angelaufen war, war Karl nach einer gewissen Zeit doch nicht mehr glücklich.

Ein Jahr verging und die Kinder merkten, dass in der Beziehung zwischen Vater und Margret irgendetwas nicht mehr stimmte. So kam der Tag, an dem Karl vor seine Familie trat und sie erschütterte:

„Margret, du musst deine Sachen packen. Ich bringe dich dorthin, wo ich dich hergeholt habe."

Wie vom Blitz getroffen standen alle da. Stille. Einer der älteren Jungs fand seine Sprache wieder:

„Vater, was ist los? Wir verstehen uns doch und es läuft alles gut. Wir lieben unsere neue Mutter. Sie sorgt für uns und ist stets für uns da!"

„Mein Entschluss steht fest", sagte Karl mit einem barschen Ton. Natürlich gab er es nicht zu, doch sich selbst musste er eingestehen, dass Margret ihm als Frau nicht wirklich gefiel und auch seine sexuellen Wünsche nicht erfüllen konnte. Margret musste also von der soeben gewonnenen Familie Abschied nehmen. Karl packte ihre restlichen Habseligkeiten zusammen, während Margret sich zurückzog und bitterlich weinte. Die kleinen Kinder liefen zu ihr, um sie zu trösten.

So brachte Karl sie wieder in den nahe gelegenen Ort zurück. Die Kinder waren traurig und wütend zugleich. Die ältesten Jungs haderten mit der Situation und schimpften auf ihren Vater. Die Mädchen zogen sich leise zurück und vergossen viele Tränen. Dieser Schlag verletzte sie schwer und hinterließ tiefe Spuren in ihren Seelen. Der damals neunjährige Johannes sollte bis ins hohe Alter von diesem Schmerz begleitet werden. Die arme und allein gelassene Margret konnte sich von dieser Demütigung nicht mehr erholen. Ein Jahr später starb sie. Einmal mehr verlor die Familie ihre Stabilität. Die Kinder wurden abermals vernachlässigt, sodass sich ihre Beziehung zum Vater erneut verschlimmerte. Karl ging des Öfteren aus, sodass die Kinder nicht wussten, wo ihr Vater war und wann er wieder nach Hause kommen würde. Es kam der Tag, an dem er – nun zum zweiten Mal – eine neue Frau mit nach Hause brachte. Nach kurzer Zeit stand fest: Diese Frau sollte die Stiefmutter der Kinder werden. Für die Kinder begann damit die Hölle auf Erden. Sie war ein wirklicher Bösewicht. Wenn die Kinder nicht umgehend gehorchten, bekamen sie Prügel. Sie ließ jegliche Liebe einer fürsorglichen Mutter vermissen. Aber es gelang ihr, Karl glücklich zu machen. Die älteren Jungs verließen nach und nach ihre Familie, die Mädchen verliebten und verlobten sich früh, um so schnell wie möglich fortzukommen. Allerdings taten ihnen die kleineren Geschwister, für die das Schlimmste erst noch kommen sollte, sehr leid.

So vergingen die Jahre und die kleinen Kinder wurden zu Teenies. Eines Abends, im Jahre 1937, als die Familie bereits im Bett lag, klopfte jemand an der Tür. Karl stand auf, öffnete die Tür und sah drei seiner Kumpels draußen stehen.

„Hallo Karl“, begrüßte ihn einer.

„Ich hoffe, wir holen dich nicht aus den Federn?“

„Doch, natürlich. Was wollt ihr denn zu so später Stunde?“, entgegnete Karl.

„Na ja, wir müssen etwas Dringendes mit dir besprechen“, murmelte einer leise vor sich hin.

„Na schön, ich ziehe mich kurz um“, entgegnete Karl.

„Nicht nötig“, meldete sich ein anderer.

„Wir sind gleich wieder zurück. Auf geht‘s, steig ins Auto!“

Sie fuhren davon. Nie wieder hatte man Karl zu Gesicht bekommen. Dieselbe Masche wie bei Konrad, nur dass es dieses Mal die eigenen Freunde waren, die Verrat ausübten. Mit List und tiefster Kaltblütigkeit führte man die Befehle Stalins aus.

Die Stiefmutter packte ihre Sachen und verschwand. Sie hatte keine Zukunft mehr in diesem Haus. Die Jungs wurden nacheinander in Arbeitslager einberufen. Christine heiratete früh, Elisabeth wurde in den Wald geschickt, um Schwerstarbeit zu verrichten. Die Familie wurde kurzerhand in den riesigen Steppen und Wäldern Russlands verstreut. An schlimmsten traf es Johannes, denn er war relativ jung.

Johannes, der jüngste Sohn Karls, war ein schwarzhaariger, blauäugiger, mittelgroßer Mann mit einer länglichen, spitzen Nase. Er war freundlich und charmant. Gebürtig aus Omsk, verbannte ihn das Schicksal ebenso wie viele junge deutsche Männer in das harte Arbeitslager nach Sibirien. Die Mädchen und Jungen arbeiteten zwar zusammen, doch in den Baracken wurden sie getrennt untergebracht und strengstens kontrolliert. Als die sowjetischen Krieger in Deutschland einmarschierten, entspannte sich die Atmosphäre in den Arbeitslagern, sodass sie des Öfteren Nachschub von deutschen Gefangenen bekamen. Die Kontrolleure ließen die Zügel zunehmend schleifen und es herrschte reger Verkehr zwischen den Baracken.

Es dauerte nicht lange, bis Natalie Peter einen jungen Mann kennenlernte. Ein Lastwagenfahrer, der aus der Nachbarbaracke stammte.

Sein Name war Johannes Justus. Er transportierte regelmäßig die im Wald gefällten schweren Holzbalken. Aufgrund der entspannten Atmosphäre traf man sich heimlich in der Nacht. Die Essensrationen wurden verbessert und der Frühling streute erste Liebesgefühle in die Herzen der jungen Menschen.

Als 1945 der Krieg zu Ende ging, wurden die Arbeiter in die umliegenden Dörfer verlegt. Viele fanden ihren Lebenspartner, so auch Natalie und Johannes. Johannes musste sich nicht lange um Natalie bemühen, denn sie mochte ihn sehr. Schnell fand er einen bekannten Priester, der ihre Vermählung vornahm. Die Hochzeitsfestlichkeiten bestanden aus einem süßen Brötchen, das sie am Abend feierlich miteinander teilten. Johannes war ein tüchtiger Ehemann und ein starker Waldarbeiter. So baute er mithilfe seiner Kumpels ein Häuschen, das aus drei Zimmern bestand. Eine Küche mit Essecke, ein Kinderzimmer und ein Schlafzimmer; für mehr reichte es nicht. Sie ließen sich in einem kleinen Ort mit Namen Jaiwa nieder und gründeten ihre Familie. Hier erlebten sie auch den Tod Stalins und das Ende der Diktatur in Russland.

Der nahe gelegene Wald bot im Sommer viele Beeren und im Herbst reichlich Pilze, sodass Natalie etliche Vorräte für den langen Winter in Gläser einmachen konnte. Johannes tat alles dafür, seine Familie zu versorgen. Sein Gehalt war knapp und reichte gerade aus, um überleben zu können. Die Familie war von Hunger und Not geplagt und von Schwerstarbeit unter schwierigen Bedingungen.

Eine ausgewogene Ernährung war aufgrund der begrenzten Lebensmittel unmöglich. Johannes erkrankte an Asthma, denn in den Baracken war es immer kalt und feucht gewesen. Nicht einmal die Schuhe trockneten damals über Nacht.

Die Kälte im Winter, die Feuchtigkeit im Frühjahr und im Sommer, der Mangel an Medikamenten – alles trug dazu bei, dass er sich bis zu seinem Tod nie von dieser Krankheit erholen konnte.

So zogen die Tage, Wochen, Monate und Jahre in steter Gleichförmigkeit dahin, verwoben mit dem stillen, unveränderlichen und friedlichen Waldleben. Doch es gab auch eine Zeit des Überflusses nach mehreren Jahren mit ertragreichen Ernten. Die Kornspeicher waren bis unter die Decke gefüllt. Die mageren Schweine fraßen sich vom guten und reichlichen Futter fett. Doch direkt an das kurzzeitige Hoch sollte sich eine schwere Katastrophe anschließen.

Wochenlang anhaltender Regen vernichtete die Saat des Frühjahrs. Der Boden war zu nass, als dass man die kleinen Furchen hätte graben können, die für das Ansäen erforderlich waren. Das Saatgut verrottete in der Erde. Das eigentlich Verheerende aber war, dass die durchdringende Feuchtigkeit auch das Getreide in den undichten Speichern faulen ließ und somit die Vorräte verdarb, die man in den fetten Jahren angesammelt hatte.

Die Hungersnot im darauffolgenden Winter war schrecklich. Zu dieser Zeit hatte Natalie ihrem Ehemann bereits drei Kinder geboren. Vom Hunger geschwächt wurden die Kinder zur leichten Beute von Krankheiten. Viele aus der Nachbarschaft verstarben aufgrund von Lungenkrankheiten. Von Natalies Kindern überlebte nur eines. Die Symptome waren stets die gleichen; vor allem das heftige Fieber, das diese Krankheit begleitete, raffte die Menschen wie Fliegen dahin. Für die Erkrankten konnte man nur wenig tun. Man konnte ihnen allenfalls Linderung verschaffen, indem man sie entkleidete und in kalte Tücher wickelte, um die Körpertemperatur niedrig zu halten. Überstanden die Kranken das Fieber, hatten sie eine Chance wieder gesund zu werden. Doch nur wenige überlebten das Fieber. Der Herr allerdings schenkte Gnade. Natalie und ihr Mann überlebten und in den folgenden Jahren bekam Natalie weitere Kinder. Diese mussten in der Wildnis aufwachsen. Mit Wölfen und Bären teilten sie ihr zu Hause. Der Weg zur Schule führte direkt durch den Wald. An einem Tag war Viktor, der älteste Sohn, auf dem Heimweg von der Schule, als er plötzlich bemerkte, dass er von einem Bären verfolgt wurde. Zum Glück war der Bär aber nicht besonders aggressiv. Außerdem wusste Viktor, wie man sich in solch gefährlichen Situationen verhielt. Langsam lief er seinen Pfad entlang. Er drehte sich nicht um und zeigte keine Erschrockenheit. Obwohl er am ganzen Körper vor Angst zitterte und sein Herz ihm auszusetzen drohte, bewahrte er äußerlich Ruhe. Der Bär folgte ihm. Sein Schnauben war deutlich zu hören. Der Weg dauerte eine gefühlte Ewigkeit. Erst als er die ersten Dachziegel aus der Ferne sah, ließ sein Herzrasen allmählich nach. Viktor gelangte an den Rand der Wohngegend und drehte sich langsam um. Er sah, dass der Bär Abstand hielt. So nahm er allen Mut zusammen und preschte vorwärts. Zuerst folgte ihm der Bär in einiger Distanz, gab aber schließlich auf und verschwand im Wald. Viktor erreichte kreidebleich sein Zuhause. Stotternd erzählte er von seinem Erlebnis. Heute würden seine Eltern von Bewahrung reden, damals nannte man es einen Glücksfall.

Eines Tages wurde Natalie von einer Frau zu einer Hausgemeinde eingeladen, wo man auf besondere Art und Weise Gottesdienste feierte. Man betete, dankte und gab dem Herrn die Ehre dafür, dass man die schweren Kriegszeiten überlebt hatte. Natalie ließ ihren Mann Johannes mit den Kindern daheim und folgte der Einladung. Als sie die Atmosphäre leibhaftig miterleben durfte, wurde sie vom Geist Gottes berührt und gab ihr Leben in Jesu Hände. Sie fühlte sich leicht, rein gewaschen von allen Sünden und wollte am liebsten die ganze Welt umarmen. Überglücklich kam sie an dem Abend nach Hause und berichtete ihrem Mann, was sie erlebt hatte. Er aber wollte davon weder etwas hören noch wissen, Natalie hingegen blieb beharrlich. Eines Tages bat sie ihn, sie zur Hausgemeinde zu begleiten. Nachdem sich Johannes schon oft geweigert hatte, wollte er seiner Frau dieses Mal einen Gefallen tun. An diesem Abend, als Johannes dabei war und die Berichte der anderen hörte, wurde ihm klar, dass ihm viele Dinge aus seinem Leben den Zugang zu Gott verbauten. Er hatte nur wenig Gutes getan und dies würde niemals ausreichen, um zu Gott zu kommen, so dachte er bei sich.

Wer kann schon so gut sein, wie Gott es ist? Jemand sagte an diesem Abend, dass einer, der bereits im Himmel gewesen ist, einen anderen auch bei der Reise in den Himmel begleiten kann. Das klang logisch. Jesus Christus könnte man also als eine Art Reiseführer bezeichnen. Dies hatte er verstanden. So bat er bei Gott um Vergebung für seine Taten und schloss Freundschaft mit ihm. Seine Glaubensreise sollte beginnen.

Vom Geist Gottes ergriffen und getrieben von der Liebe zu seinen Mitmenschen bekam Johannes nach kurzer Zeit die leitende Verantwortung. Da sie nach der Befreiung von der Diktatur auch nicht mehr an ihren Wohnort gebunden waren, wollte Johannes mit seiner Familie nach Nordkasachstan ziehen und dort ein neues, besseres Leben aufbauen. Doch die Hoffnungen auf langfristige Besserung wurden vom aufkeimenden, kommunistischen Terror zerschlagen.

Im Jahre 1941, als Stalin die Deutschen nach Kasachstan deportierte, lebten 39 Justus-Familien im Dorf Stahl. Heute heißt der Ort Swonarewka und liegt im Gebiet Saratow.

Kapitel 6

Heimkehr

„Der hat immer, wovon er geben kann, dessen Herz voll Liebe ist.“

Augustinus

Die Strahlen der Spätnachmittagssonne, die durch die Ritzen im vernagelten Fenster des Grubenhauses sickerten, fielen auf den Altar. Alwina stöhnte und versuchte auf dem harten Brett des behelfsmäßigen Altars eine bequemere Körperhaltung einzunehmen. Ihr schmerzten die Knie und ihr Magen knurrte. Sie versuchte sich mit aller Kraft auf die Worte ihres Gebets zu konzentrieren.

„Vater unser, der du bist im Himmel. Geheiligt ist dein Nam...“, murmelte sie leise vor sich hin.

Es hatte keinen Sinn. Es gab kein Entrinnen aus dieser Situation. Alwina war müde und hungrig, außerdem vermisste sie Irma so sehr. Sie fragte sich, warum sie nicht weinte? Sie verspürte ein Druckgefühl in der Kehle und in der Brust, aber die Tränen wollten einfach nicht fließen. Alwina starrte auf das kleine hölzerne Kreuz, das über dem Altar an der Wand hing.

Die unangenehmen Gefühle verstummten mehr und mehr. Nach einer kurzen Pause erklang die murmelnde Stimme des orthodoxen Ortspriesters. Er las aus der Heiligen Schrift folgende Worte:

„Dinge wurden von Gott gemacht; und ohne ihn ist nichts, das gemacht wurde. In ihm war das Leben, und das Leben war das Licht der Menschen. Und das Licht leuchtete in der Dunkelheit und die Dunkelheit ergriff es nicht.“

Die Schönheit und Macht dieser Worte erfüllte die anwesenden Menschen, begleiteten sie und gaben dem Volk Kraft. Doch Alwina fühlte sich immer noch kraftlos. Die Erinnerungen an jeden Tag, den sie mit Irma verbrachte, wollte sie im Gedächtnis behalten.

Als sie beide noch Kinder waren, ließen sie oft ihre Beine über den tiefen Fluss hängen, der durch ihr Städtchen floss. Sie verbrachten viel Zeit miteinander und hatten ihren Spaß zusammen. Der Gedanke an Irma milderte ihr Elend ein wenig. Langsam stand Alwina auf und ging zu ihrer Baracke zurück. An diesem Abend begab sie sich früh zu Bett. Sie fiel in einen tiefen Schlaf und träumte, dass sie mit

Irma wieder an dem Fluss wäre. Doch diesmal lief ihre Schwester voraus und winkte ihr, ihr zu folgen. Das Wasser rauschte und das Gras zwischen den Hügeln breitete sich unter ihren Füßen wie ein weicher Teppich aus. Alwina wusste, dass Irma leichtfüßig war und ohne zu ermüden immer weiter weglief. Der Gedanke an sie ließ sie innehalten. Eine Welle von Heimweh überflutete sie, als ihr klar wurde, dass sie das Zuhause fast vergaß.

Am nächsten Morgen erwachte sie und fühlte, dass der Schmerz nachließ. Langsam schleppte sie sich hinaus und machte sich an die Arbeit im Wald. Sie war froh, dass an diesem Tag die Sonne hoch stand und ihre steifen Glieder erwärmte. Sie beobachtete ihre Kameraden genau, die bald hinter den ersten Hügeln im Wald verschwanden und dachte, es wäre wohl am besten, immer einen Tag nach dem anderen auf sich zukommen zu lassen.

Die tägliche Arbeit im Wald strapazierte ihre Kräfte. Tagein, tagaus hatten die Arbeiter feuchte Füße und es gab in der Baracke keine Möglichkeit, die ausgelatschten Schuhe zu trocknen. Kein Wunder, dass einer nach dem anderen krank wurde. Ständige Kopfschmerzen, Husten und Schnupfen waren die täglichen Begleiter.

Nach diesen fast acht Jahren war Alwina ziemlich dünn und schwach geworden.

Die einzigen Dinge, nach denen sie im Augenblick verlangte, war Essen, Trinken und ein Kissen, auf das sie ihren immer noch schmerzenden Kopf betten könnte.

Die frische Waldluft kühlte ihren müden Kopf ab und sie konnte wieder klar denken. Vor lauter Erschöpfung konnte sie nichts mehr registrieren und merkte nicht, wie die restlichen Jahre vergingen. Die Kräfte ließen rapide nach, das Gehirn stumpfte ab, sodass sie apathisch ihr Dasein führte.

Obwohl die Natur besonders im Frühjahr beeindruckend war – die duftenden Blumen und Gräser, bemerkten es die Arbeiter nach diesen langen Jahren voller Entbehrungen, Verlusten, Hunger, Kälte und harter Arbeit nicht mehr.

Eines Tages, als die Sonne gerade hoch über ihrer Baracke stand und sie mit ihrem Licht erhellte, brachte ein Aufseher die Entlassungspapiere. Keiner der übrig gebliebenen Arbeiter konnte es fassen, dass sie diesen Tag doch noch erleben durften. Mehr als die Hälfte der Kameraden überlebten diesen Tag nicht.

Freude durchströmte Alwinas ganzen Körper, während sie erleichtert aufatmete. Sofort musste sie an ihre Schwester Irma denken. Tja, hätten wir nicht wieder zusammen zurückkehren können?

Als der Aufseher den Entlassungsbefehl vorlas, zuckte Alwina zusammen und ihre Nackenhaare sträubten sich bei dem Satz: „Nur diejenigen werden entlassen, die nahestehende Angehörige haben."

Alle möglichen Gedanken schossen ihr durch den Kopf. In diesem Augenblick konnte sie nicht mehr klar denken. Ob noch jemand von ihren Angehörigen am Leben war? Wo sollte sie suchen? Ihr Städtchen wurde zerstört !? Oder musste sie doch hier sterben, wie so viele von ihnen?

Sehr viele reisten noch am gleichen Tag ab, denn sie wussten, wohin es ging und ihre Papiere lagen vor. Doch Alwina musste auf diese Bestätigungspapiere warten. Eine große Traurigkeit überfiel sie. Gibt es noch einen Schimmer Hoffnung? Fragen, jede Menge Fragen wirbelten in ihrem Kopf umher. Die Zeit schien für sie stehen geblieben zu sein und sie sehnte sich nach einer schnelleren Klärung. Eine gefühlte Ewigkeit war vergangen, als der Aufseher doch eines Tages ihren Namen vorlas. Ein großer Stein fiel ihr vom Herzen, als es hieß, dass ihre Schwester Hilde noch am Leben war und im Nordwesten Russlands in Orenburg wohnte, im Gebiet von der Stadt Nowotroizk.

Unglaublich erleichtert legte sich Alwina an diesem Abend schlafen. Nur noch eine Nacht. Kaum zu glauben! Sie wälzte sich fast die ganze Nacht schlaflos von der einen auf die andere Seite. Frühmorgens stand sie mit leichten Kopfschmerzen auf. Die Sonne ging auf und ließ ihr Licht auf Alwinas Bett scheinen. Diese blinzelte zu ihrem Wecker hinüber – halb sechs. Was für ein Tag war heute doch gleich? Überglücklich sah sich Alwina heimkehren, viel früher als erwartet. Sie war inzwischen eine erwachsene Dame geworden, obwohl sie sich erschöpft und innerlich wie ein kleines Mädchen fühlte, das zwischen den grünen Weizenfeldern Schutz suchen wollte. Endlich war sie frei. Frei vom Arbeitslager, vom Wald und den Baracken. Frei von den Zwängen und der Beengtheit ihres dortigen Lebens.

Während Alwina sich auf ihre Heimkehr freute, halfen andere Barackenbewohner den deutschen Soldaten, die Uniformen in alte Frauenkleidung zu tauschen, damit sie unerkannt fliehen konnten und somit einer Kriegsgefangenschaft entkamen.

Vor Sonnenuntergang machte sie sich auf den Weg. Der Nordwind auf der westwärts führenden Landstraße erfrischte sie. Es war ein ruhiger Abend. Sie war dankbar, dass sie sich den Staub vom Arbeitslager im Wasser der Bucht abspülen konnte.

Der Weg war beschwerlich. Doch es machte Alwina nichts aus. Sie war von der Landschaft fasziniert, die sich ständig veränderte, und von der neuen Welt, die sich jede Stunde vor ihr auftat.

Als sie den kleinen Ort vor der Stadt Ufa erreichte, ging gerade der Mond auf. Schaudernd sah sie sich in dieser unbekannten Gegend um. Sie hoffte, sich die Parade anschauen zu dürfen, die in diesen Tagen stattfinden sollte. Doch nun hatte sie mehr Ruinen als Paraden gesehen. Alles, was sie noch vom Leben erwartete, war etwas zu essen für ihren Magen und Geld für ihren Beutel.

Die Straße nach Ufa wand sich die Hügel hinauf.

Die Birken und Erlen glänzten silberhell im Schein des Vollmondes. Im Vorübergehen pflückte sie sich ein paar Blümchen, die am Straßenrand wuchsen. Als sie die Straße zum nächsten Ort hinabging, überfiel sie die Müdigkeit. Sie setzte sich nieder und merkte nicht, wie sie einschlief. Plötzlich wachte sie auf und erschrak. Es wurde schon wieder Abend, als sie sich endlich mit wunden Füßen und knurrendem Magen durch die Straßen der unbekannten Orte schleppte.

Am Nachmittag arbeitete sie ein paar Stunden in einem Garten und konnte sich dadurch ein bescheidenes Abendessen verdienen. Jetzt kroch sie erschöpft unter einen alten Torbogen und streckte alle viere von sich. Alles tat ihr weh, der ganze Körper war wie gerädert. Unmerklich fielen ihr wieder die Augen zu und sie versank in einen tiefen Schlaf. Im Traum sah sie das riesige Land mit gigantischen Ausmaßen und unendlicher Weite vor ihr liegen und sie wusste nicht, welche Richtung sie einschlagen sollte. Aus der Ferne vernahm sie dumpfe Stimmen. Werde ich verfolgt? Angst überfiel sie, sie wollte weg, nichts wie weg.

Schweißgebadet wachte sie auf, setzte sich aufrecht hin und hörte, wie ihr Herz schlug. Dunkelheit umgab sie, nur das Zirpen der Grillen durchbrach die Stille. Langsam wurde ihr Herzschlag ruhiger. Eine Wolke zog vorüber, der Mond stand hoch am Himmel und es wurde hell. Es ist bestimmt schon Mitternacht, dachte sie und zuckte zusammen, weil sie sich beobachtet fühlte. Vorsichtig rutschte sie zur Wand und kauerte sich zusammen, aber niemand war zu hören. Es war nur ein Traum. Sie blickte über die mondbeschienene Hügellandschaft. Da erinnerte sie sich an die Schulzeit und den Weltkunde-Unterricht, denn in diesem Fach war sie Klassenbeste.

Das Land, welches vor ihr lag, ist wirklich riesig, dachte sie beeindruckt, und erst die vielen Flüsse, darunter die größten und wasserreichsten der Welt. Da Sibirien von drei Seiten durch die Gebirge umrahmt ist und nur zum Polarmeer offen, fließen die Flüsse ausnahmslos in Nord-Süd-Richtung. Gott sei Dank, dass sie nicht in diese Richtung musste, dachte sie. Doch dann war es auch schon mit den positiven Assoziationen vorbei.

Dieses Land bot Kälte, Einsamkeit und unwirtliche Lebensbedingungen, nichts als Not und Kummer.

Die Grausamkeiten in den sibirischen Arbeitslagern standen ihr vor Augen. Ein Bild nach dem anderen durchzog ihre Erinnerung. Sie wollte nicht daran denken, aber verdrängen ließen sich diese noch zu frischen Eindrücke auch nicht. Sie wollte sich auf andere Gedanken bringen, ein Durstgefühl machte sich bemerkbar …

Wasser, ja, Wasser, vor allem durch die Schneeschmelze. Was vor allem bedeutete, dass sie je nach Jahreszeit einen enorm unterschiedlichen Wasserstand hatten. Der Abfluss eines sibirischen Flusses war im Juni vier Mal so hoch wie im September und achtzehn bis zwanzig Mal so hoch wie im Dezember. Im Frühjahr führten die meisten Flüsse Hochwasser. Aber darüber musste sie sich jetzt wirklich keine Gedanken machen, denn erstens gab es in diesem Jahr nicht so viel Schnee und zweitens war diese Zeitspanne schon vorbei.

Sibirien – das Wort hallte in ihr wieder wie ein Ohrwurm – das sind Millionenstädte und vergessene Dörfer, die das Land mit Bären und Wölfen teilen; schamanische Bräuche, im Süden trockene Steppen und im Norden die eisige Tundra. Ihr Gedankenfluss ließ sich nicht stoppen, vergebens versuchte sie einzuschlafen.

Sibirien – das ist tatarisch und bedeutet nichts als nur „Hei Land“. Andere nennen es „schlafendes Land“. Nein, dachte Alwina, das war Sibirien nie. Viele Erinnerungen kamen in ihr hoch – alles was sie dort erlebt hatte! Diese Zeit war geprägt von Entbehrungen, Hunger, Kälte, Krankheit und Tod. Sieht so ein „schlafendes Land“ aus? Niemals!

Nach wie vor zählt Sibirien aber zu den geheimnisvollsten, unbekanntesten und wenig erschlossenen Gebieten. Das stimmte, aber als „schlafendes Land“ konnte man es wirklich nicht bezeichnen.

Alwina spürte eine unwiderstehliche Müdigkeit, kauerte sich wieder zusammen und schloss ihre Augen. Das Zirpen der Grillen verstummte und der Mond verschwand hinter einer ausladenden Wolke. Der Erinnerungsfluss verebbte und Alwina schlief endlich ein.

Es war ein unruhiger Schlaf – ein Albtraum löste den anderen ab. In einem Traum lag wieder eine große Weite vor ihr. Sie ging einen geraden Weg entlang. Plötzlich hörte sie von Weitem Stimmen, die jubelten. Da war eine große Menschenmenge, die ihr zuwinkte, sie konnte aber kein bekanntes Gesicht erkennen. Sie standen dort alle mit ausgestreckten Händen und fuchtelten wild umher, weil sie Alwina erkannten. Sie schaute sich noch einmal um, guckte die Leute genau an und erkannte schließlich ihre ehemalige Deutschlehrerin. Da wusste sie – das waren ihre Klassenkameraden. Fröhlich winkte sie zurück. Alwina war begeistert, nach so vielen Jahren ihre Klassenkameraden wiederzusehen. Gerne wäre sie ihnen entgegengelaufen, hätte jeden in die Arme schließen wollen, aber sie musste weiter. Erinnerungsfetzen über einzelne Mitschüler kamen hoch. Durch die gemeinsam verbrachte Schulzeit kannte man einander mit allen Stärken und Schwächen.

Auf einmal stand sie vor einem Wald und ein schmaler Weg führte hinein. Ängstlich schaute sie sich um und ging zögernd den Weg entlang. Ein kleiner Bach, der zu ihrer Linken floss, machte sich laut plätschernd bemerkbar. Alwina ließ ihren Blick umherschweifen – sie sah nur einen endlos scheinenden Wald um sich herum. Dann stand sie wieder vor der Baracke, in der sie acht furchtbare Jahre ihres Lebens verbrachte. Sie saß auf dem Holzbett und wusste, dass sie wieder raus musste Bäume fällen, und das trotz des grimmigen Frostes und vierzig Minusgraden. Also machte sie sich auf den Weg, sah vor sich wieder nur Wald. Danach kam eine Wiese, wo mal ursprünglich ein Wald war, der aber von den deutschen Gefangenen und ihr abgeholzt wurde.

Sie sah einen kleinen Tümpel und wieder Wald und noch mal Wald ...

Beim ersten Morgenlicht erwachte sie plötzlich. Steif gefroren stand sie auf und begab sich hinunter zum nächsten Ort.

Die Sonne schien und verhieß einen schönen Tag. Alwina wollte so viele Kilometer wie möglich zurücklegen. Sie dachte noch einmal an ihre Träume, die ihrem früheren Erlebten entsprangen, und beschleunigte ihren Schritt.

Das Wetter wurde besser und besser. Die Wärme der Sonne durchdrang ihre schwarze, selbst genähte Stoffjacke und tat ihrem Rücken wohl. Beladen mit all den negativen Erlebnissen nahm sie das herrliche Vogelgezwitscher nicht wahr. Am meisten schmerzte der Gedanke an ihre Schwester Irma. Vor acht Jahren wurden sie beide von Mutter und Schwester Hilde zum Bahnhof begleitet. Aber jetzt stand sie alleine da. Dieser Schmerz war immer noch fast unerträglich für Alwina.

Langsam machte sich der Hunger bemerkbar. Sie wollte wissen, wie spät es war. Von einem nahen Busch brach sie einen längeren Zweig ab und malte einen Kreis auf den Weg. Dann stellte sie den Zweig in die Mitte des Kreises, schaute wohin der Schatten fiel und konnte so bestimmen, dass es kurz vor Mittag war.

Von Weitem konnte Alwina ein Dorf erkennen. Mutig ging sie den Hügel runter, auf das Dorf zu. Ihr Magen verlangte nach Essen, nur woher?

Die Frage beschäftigte sie die ganze Zeit. Sie musste wieder betteln. Für Alwina war es schlimmer zu betteln, als den Hunger auszuhalten. Doch wie lange sollte sie noch hungern? Im Dorf angekommen, sah sie eine Frau, die aus dem Brunnen Wasser schöpfte. Zaghaft ging sie auf die Frau zu. Sie hatte sich schon einen Satz zurechtgelegt, denn ihr Russisch war nicht gut. Sie wusste, dass es nicht nur ihr so erging, viele waren in dieser Zeit auf der Suche nach Nahrung. In dieser Zeit hatte keiner viel zu verteilen. Jeder kämpfte um sein eigenes Überleben.

Die Frau am Brunnen schaute sich um und sah, dass Alwina auf sie zukam. Alwina hielt inne und überlegte, welchen Eindruck sie wohl machte? Ihre Kleidung, ihre Haare, das Gesicht, das dem Frost und der Hitze ausgesetzt war und ihre spröden Lippen verrieten gleich, dass sie eine Kriegsgefangene war. Immer noch verlangte ihr Magen nach seinem Recht. Zu Alwinas Erstaunen sprach die Frau am Brunnen sie gleich an: „Ich habe heute meinen großen Waschtag und könnte Hilfe gebrauchen. Sie sehen suchend aus?"

Alwina war froh, dass sie nicht viel sagen musste. Sie nahm das Angebot dankend an und nickte ihr freundlich, aber schüchtern zu.

„Na, dann kommen sie doch mit!?", sagte die Frau und machte ein Zeichen mit dem Kopf, dass Alwina den anderen Eimer mit Wasser mitnehmen sollte. Alwina beugte sich vor, griff nach dem Wassereimer und folgte der Frau.

Die Leute, die in dieser Umgebung lebten, waren sehr arm. Alwina war auch nicht in einer reichen Familie groß geworden, aber hier wirkte alles sehr rückständig und ärmlich auf sie. Alles, was sie besaßen, kam aus ihrem Lebensumfeld. Das meiste war aus Holz hergestellt: große Holzfässer, die mit Wasser für den täglichen Bedarf gefüllt waren, ein Trog aus Holz zum Wäschewaschen und Geschirrspülen, außerdem noch verschiedene Holzschüsseln, Holzbecher und Holzlöffel.

Sie entdeckte aus Ton gemachte Töpfe und Deckel. Schuhe und Körbe flochten die Einheimischen aus Birkenrinde. Birkenteer benutzten sie als Salbe für ihre Wunden. Mit der Birkenflechte heilten sie ihre Zähne.

Automatisch schaute Alwina ihre Latschen an, die schon fast auseinanderfielen. Eine Frau schenkte sie ihr bei der Abreise mit den Worten: „Du hast noch eine lange Reise vor dir, du kannst sie gut gebrauchen. Bei uns in der Nachbarschaft wohnt ein älterer Mann, er kann mir neue flechten und bekommt dafür ein Paar selbst gestrickte Socken."

Xenja, die Frau vom Brunnen, war groß und in den Dreißigern. Schwarzes Haar umschloss ihr etwas hochmütig wirkendes Gesicht, das durch die schwarzen Augenbrauen, hohen Wangenknochen, eine gerade, scharf geschnittene Nase und eine starke Kinnpartie gekennzeichnet war. Sie sah nicht wirklich hübsch aus, besaß aber eine unglaubliche Ausstrahlung. Das schwarze Kleid, das sie anhatte, verstärkte noch die Wirkung ihres Auftritts und ließ eine unterschwellige Traurigkeit ahnen.

Alwina erwartete eigentlich, dass Xenja sie hassen würde, weil sie eine Deutsche war und dadurch im Land als größter Feind galt. Aber nein, die Frau war sehr nett zu ihr. Sie bot ihr eine heiße Brühe an und in den Holzbecher schenkte sie Birkensaft ein. Alwinas Magen hatte seit mehreren Monaten nichts Heißes bekommen. Die Brühe war viel zu schnell alle. Der Magen beruhigte sich für eine Weile und sie konnte wieder klar denken. Die Leute hier schliefen auf den großen, selbst gebauten Lehmöfen, die sie nur mit Holz heizten. Die Einheimischen in diesem Kaff waren nicht besonders sauber, jedenfalls nicht Xenja, die Alwina aufnahm.

Obwohl Alwina gewohnt war zu arbeiten, war es ein harter Tag. Die letzten Jahre zehrten doch sehr an ihren Kräften. Sie putzte die ganze Hütte und beim Wäschewaschen half sie fleißig mit. Trotz allem merkte sie, wie sie müde wurde. Gegen Abend klopfte es plötzlich laut an die Haustür. Alwina guckte Xenja fragend an.

„Hoffentlich kommt nicht schon wieder so ein frei laufender Streuner vorbei, der Hunger und wer weiß was sonst noch für Verlangen hat!" Xenja schaute Alwina an, während sie zur Tür lief und öffnete. Verdutzt schaute sie den Mann an, der vor ihr stand.

„Ich bin auf der Durchreise und habe Hunger", begrüßte er sie.

„Soo, dann kommen sie rein, mal sehen, was ich für sie tun kann?", erwiderte Xenja. Sie hatte nicht viel, aber so wie sie den Mann nach seinem Aussehen beurteilte, dachte sie – hier kann ich etwas verdienen. Er war bestimmt ein Kaufmann, jedenfalls sah er reich und edel aus. Sein dunkelgrüner Mantel war aus einem besonderen warmen Stoff und fachmännisch genäht. Seinen dunkelbraunen, feinen Filzhut drückte er ihr gleich in die Hand. Als sie noch dabei war, den Hut auf den Haken zu hängen, hörte sie ihn sagen:

„Liebe Frau, wenn sie mir eine gute Suppe mit vielen Fettaugen, die mich anschauen, kochen würden – so viel Rubel bekommen sie auch dafür!"

Sie drehte sich zu ihm und sagte: „Einverstanden!" So ein super Angebot hatte sie noch nie bekommen! Xenja legte gleich los. Als Erstes holte sie den Topf mit dem Schmalz. Davon war noch reichlich vorhanden. Der Kaufmann wollte eine gute Suppe haben. Soll er sie bekommen! Für eine gute Suppe würde es ganz sicher reichen, dachte Xenja. Sie nickte Alwina zu, sie solle die letzten verschrumpelten Kartoffeln schälen.

Rasch kippte Xenja verschiedene Reste, die sie noch hatte, wie getrocknete Pilze und Erbsen, in den Kochtopf. Zum Schluss leerte sie den gesamten Schmalztopf in die Suppe. Das war eine fette Suppe, dachte sie nur, die wird dem Mann schmecken.

Es dauerte nicht lange und schon stand die Suppe auf dem Tisch. Als der Kaufmann in die Holzschüssel sah, meinte er: „Die Suppe ist gut! Nur ein Fettauge schaut mich an. Dann bekommen sie auch nur einen Rubel! So war die Abmachung, stimmts?“ Traurig schaute ihn Xenja an und nickte widerwillig.

„Hier ist der Rubel für sie“, sagte er und legte ihn auf den Tisch.

„Schade“, dachte Xenja, „hätte ich doch bloß nicht den gesamten Schmalzvorrat verwendet, dann wären mehrere kleine Fettäuglein in der Suppe gewesen … dann hätte ich bestimmt mehr Rubel bekommen. Mist! Hab‘ mich zu sehr bemüht!?“

Der Kaufmann aß und immer wieder wischte er mit der Hand seinen Schnurrbart ab, während Xenja noch immer bereute, ihm so eine gute Suppe gekocht zu haben.

Nach dem Mahl verabschiedete sich der Mann und bedankte sich noch mal herzlichst. Xenja fiel ihm ins Wort und fragte, in welche Richtung er fahren würde und ob er Alwina mitnehmen könnte? Der Kaufmann schaute Alwina prüfend von Kopf bis Fuß an. Es war ihm sofort aufgefallen, dass sie eine Kriegsgefangene war. Er zögerte noch eine Weile und sagte: „Ja, ich will in die Stadt, am Wochenende soll ein großer Markt stattfinden. Na, was solls? Ich nehme sie mit!“

So bedankte sich auch Alwina bei Xenja und trat ihre Weiterreise an. Der Abend war fortgeschritten und eine kühle Brise machte sich bemerkbar.

Der Kaufmann gab Alwina mit einer Handbewegung zu verstehen, dass sie sich auf die Kutsche setzen sollte, die mit allen möglichen Sachen beladen war – Kisten aller Art zu ihrer linken Seite und rechts mehrere Säcke. Am Fußende lagen viele Heubündel, Eimer und noch ein kleiner Sack, wo wohl das Pferdefutter drin sein musste. Langsam nahm Alwina Platz und holte ein Stück trockenes Brot aus ihrer Tasche. Xenja hatte es ihr in die Hand gedrückt, bevor sie das Haus verließ. Sie blickte über die weite Gegend. Keine Wolke war am Himmel zu sehen. Hinter dem Straßenrand gingen die riesigen Birken schnell in den Wald über, der so typisch für Russlands Vegetation war. Bunte Vögel wohnten in den Baumwipfeln. Tagsüber hörte man das laute Schreien einer Elster.

Die Luft roch nach feuchter und fruchtbarer Erde. Im Gegensatz zu der üppigen Schönheit der Natur waren Alwinas Gedanken düster und schwer. Die Vergangenheit verfolgte sie und sie dachte wieder an ihre Freunde und an Irma, die sie verlor. Warum musste sie noch nebenbei arbeiten? Wenn es sowieso schon so schwer war? Warum hatte sie es getan? Für Alwina war Sibirien mit traurigen Erinnerungen und vielen Vorstellungen verbunden, von denen sie nicht wusste, ob sie zutrafen.

Das unter Stalin errichtete Arbeitslagersystem kannte sie aus ihrer leidvollen Erfahrung. Zum Glück überlebte sie die Arbeitslagerzeit zusammen mit dem einen oder anderen Kriegsgefangenen dort in den Wäldern. Mit Sibirien assoziierte sie vor allem immense Bodenschätze, spektakuläre, ökologische Katastrophen, riesige, in die Wildnis gesetzte Trabantenstädte und in unvorstellbarer Armut lebende Menschen bei Tiefsttemperaturen. Wie ist Sibirien wirklich? Da konnte ihr bestimmt kein Mensch auf diesem Planeten eine Antwort geben, dachte Alwina, während sie auf der Kutsche durch die Landschaft fuhr.

Auf einmal durchbrach der laute charakteristische Ton einer Lokomotive ihre Gedanken. Vor lauter Freude fing ihr Herz an zu klopfen. Der Bahnhof muss ganz in der Nähe liegen!? Bald, sehr bald würde sie ein Zuhause finden, seufzte sie, während ihr Herz sich freute. Endlich sah sie die langen Steinwände des Bahnhofs. Schnell sprang sie von der Kutsche, bedankte sich bei dem Händler und lief dem Zug entgegen, der auf den Gleisen stand. Da hörte sie, wie der Schaffner rief: „Zuerst die Familien mit mehreren Kindern, danach mit drei und zwei ..." Von mehreren Seiten hörte sie verzweifelte Schreie und ein fürchterliches Gedränge entstand. Alwina versuchte sich Klarheit zu verschaffen, schaute hoch, sah in die Fenster des Zuges und stellte mit Entsetzen fest, dass der schon sehr voll war. Es standen aber mindestens noch genau so viel Menschen vor dem Zug und wollten mitgenommen werden.

Vor allen Dingen hatte jeder viel Gepäck dabei. Sie erkannte, dass der Zug in die Richtung fuhr, wo ihre Schwester Hilde wohnte. Einmal musste sie aber umsteigen. Sie fragte sich, wie sie es bei diesem Gedränge schaffen sollte, in den Waggon zu kommen. Zu ihrer rechten Seite entstand eine Lücke. Allein und nicht von viel Gepäck behindert, ergriff sie die Chance und stieg schnell ein.

Obwohl der Zug überfüllt war, hörte sie den Schaffner sagen: „Gehen Sie, Frau!" Eine wohltuende Ruhe und Dankbarkeit durchströmte ihren Körper und es wurde ihr warm ums Herz. Im Zug fühlte sie sich wie in dem Bunker, in dem sie in den vergangenen Jahren öfter ihre Zeit verbrachte.

Mütter mit kleinen, weinenden Kindern und jede Menge verzweifelte Gesichter umgaben sie. Zum Glück hatte dieser Waggon Fenster. Manche Menschen wurden auch in den Tierwaggons transportiert. Langsam setzte sich der Zug mit Gezische und Getöse in Bewegung. An diesem Tag war das Wetter wunderschön. Die Sonne schien hell und ein warmer Frühlingswind wehte durch die Bäume, die in voller Blüte standen. Obwohl der Krieg schon längst vorbei war, konnte man doch überall noch Flüchtlinge sehen, die unterwegs waren. Nach Sonnenuntergang verbrachten sie den Abend bei Kerzenschein. Später wurden die Kerzen gelöscht und nur der Mond spendete noch ein wenig Licht.

Alwina fühlte sich fast glücklich, als der Zug an einem strahlenden Frühlingstag in den Bahnhof einrollte. Herrlich frische Luft und ein Geruch von Freiheit strömte ihr entgegen, als der Zug anhielt und sich die Türen öffneten.

Endlich – nach acht langen Jahren und dreitägiger Zugfahrt konnte sie sich frei bewegen und die Richtung einschlagen, die sie wollte, ohne dass sich ein Aufseher einmischte und über sie bestimmte.

Alwina war in Nowotroizk angekommen, die Stadt, in der ihre einzige Schwester Hilde mit ihren drei Kindern lebte. Wie konnte sie ihre Schwester ausfindig machen? Die Menschen sahen alle beschäftigt aus, keiner interessierte sich für den anderen. Ihre Gesichter waren von Not und Elend gezeichnet.

Sie getraute sich nicht, jemanden nach dem Weg zu fragen. Aber ihr blieb keine Wahl und so nahm sie allen Mut zusammen und sprach einen Passanten, der ihr gerade entgegenkam, an. Zu ihrem Erstaunen erhielt sie eine genaue Wegbeschreibung.

Der Himmel hatte sich zugezogen und die Straßen wirkten fremd und unheimlich. An der Häuserreihe in Hildes Straße konnte Alwina kaum die Hausnummern erkennen. Aber so kurz vor dem Ziel konnte nichts mehr sie aufhalten, bis sie vor der Haustür ihrer Schwester stand. Ihr Herz klopfte so laut in ihrem Brustkorb, dass sie erst tief durchatmen musste, bevor sie anklopfen konnte. Hilde traute ihren Augen nicht, als sie die Tür öffnete und sofort Alwina erkannte.

Beide umarmten sich innig und ließen ihren Gefühlen freien Lauf, sie weinten und lachten im Wechsel. Acht lange Jahre hatten sie sich nicht gesehen und nichts voneinander gehört. Das Wiedersehen war gewaltig und traurig zugleich.

Abends, als Hildes Kinder im Bett waren, saßen sie am Ofen und Hilde erinnerte sich und sagte:

„Als Mutti und ich euch vor acht Jahren zum Zug begleiteten, sagte sie auf dem Rückweg: ‚Ich werde meine Mädchen nie wiedersehen.‘“

„Ich erwiderte nichts, denn der Gedanke war beängstigend und ich dachte, sie würde mir sagen, warum sie das dachte“, erzählte Hilde.

„Später verstand ich es – sie spürte es intuitiv.“ Zögernd fuhr sie fort: „Nach unserem Abschied von euch war Mutti nie wieder dieselbe. Nie wieder hörte ich sie lachen. Tagein, tagaus war sie traurig. Sie war in Gedanken immer bei euch, bei Konstantin und Johann. Das alles hat sie richtig mitgenommen. Sie war oft krank und aß nicht mehr richtig. Sie klagte ständig über Magenschmerzen. Trotz seines Geizes kaufte Vater ihr jeden zweiten Tag Weißbrot. Du weißt ja, wie er war. Das konnte Mutti vertragen, aber später, als alles zerstört war, konnten wir auch nichts mehr kaufen. Unsere Vorräte gingen zu Ende. Wir konnten nichts mehr anpflanzen und wenn wir es auch versucht hätten, hätte der Krieg alles wieder zerstört.

Wenn es wenigstens Medikamente gegen ihre Schmerzen gegeben hätte oder vernünftiges Essen. Wir hatten nichts. Unter fürchterlichen Schmerzen verhungerte sie letztendlich. Wir begruben sie kurz nach ihrem dreiundfünfzigsten

Geburtstag 1945 in Abakan, im Gebiet Krasnojarsk. Danach fing auch Vater an zu kränkeln. Er zeigte es aber nie so wie Mutti. Lieber fraß er alles in sich hinein und redete so gut wie gar nicht."

„Es war Winter", berichtete Hilde zögernd weiter, „und wir hatten alle schrecklichen Hunger! Ich wusste nicht, was ich meinen Kindern und meinen erschöpften Eltern zu Essen geben sollte. Die deutschen Soldaten verbrannten nicht nur unsere Häuser, sondern auch unser Getreide." Sie blickte an Alwina vorbei, als würde sie ein fernes Bild betrachten.

„Wir aßen alles, was wir fanden. Wurzeln, Disteln, selbst die unverdaulichen Samen im Dung der Tiere. Wir standen kurz vor dem Verhungern. Den Rest kannst du dir ausmalen. Nachdem wir Mutti begraben hatten, folgte Vater ihr ein Jahr später. Unsere Stadt wurde total zerstört. Ich musste eine Bleibe für meine Kinder und mich suchen.

Eines Morgens, es war noch dunkel, hörte ich ein lautes Klopfen an unserer Tür. Als ich aufmachte, stand Emma vor mir, die gegenüber von uns wohnte. Die ganze Nachbarschaft hatte schon ihre Fuhre mit den wichtigsten Sachen beladen. Wie gut, dass sie an uns dachten!

Ich ahnte etwas. Ja, die ganze Nacht war ich unruhig, wusste aber nicht wieso?" Hilde wischte sich über ihre feuchten Augen, während sie weitererzählte:

„Das tat so weh, alles zu verlassen, was wir selber mit unseren Händen aufgebaut hatten", schluchzte sie. „Ich besaß nicht viel, aber das wenige luden wir ganz schnell auf die Fuhre."

Dankbar erzählte Hilde weiter: „Wenn nicht unsere Nachbarn aus der Straße gewesen wären, hätte ich wirklich nicht gewusst, was aus uns geworden wäre!

Gott sei Dank, dass sie mich mit meinen Kindern auf ihrer Pferdekutsche mitnahmen. Wohin wir allerdings loszogen, wusste keiner von uns.

Mehrere Tage waren wir unterwegs. Tagsüber war es sehr heiß, manchmal schien die Sonne extrem – der Staub hing über uns wie eine große Wolke.

Du, wir waren nicht allein. Es waren bestimmt über zwanzig Fuhrwerke, die zusammen losfuhren. Sie teilten ihre Lebensmittel mit uns, obwohl sie selber nicht viel besaßen. Um zu überleben, reichte es. Wir übernachteten alle einfach mitten in der Prärie, unter freiem Himmel, auf der Wiese und manchmal mitten in den fremden Steppen. Morgens standen wir sehr früh auf, fütterten die Pferde, packten unsere Sachen zusammen und zogen weiter ...

An manchen Tagen war es kühler, wodurch es auch nachts kälter wurde. Wir kuschelten uns dann in unsere Decken ein. Hin und wieder regnete es. Zum Glück hatte ich eine Folie dabei, mit der wir uns und unsere Habe bedecken konnten.

Eines Morgens wachten wir mit Schnee auf unseren Decken auf. Die Kinder wurden krank und sehr viele unserer Nachbarn starben. Unterwegs begruben wir sie und zogen dann weiter.

Nun, um meiner Kinder willen wollte ich unsere Nachbarn nicht mehr verlassen. Sie waren sowieso alle drei krank. Die Decken, die ich hatte, wickelte ich um sie und befürchtete, dass ich sie verlieren würde. Typhus und Läuseplage gaben uns den Rest. Tagsüber passten wir auf, aber nachts im Schlaf kratzten wir uns blutig. Die Läuse verbreiteten den Typhus. So raffte die Krankheit einen nach dem anderen dahin – erst die Kleinen und die Geschwächten.

Eines Tages flogen mehrere Flugzeuge über unsere Köpfe hinweg. Plötzlich sahen wir, wie sie umkehrten und uns bombardierten. Sie rissen viele in den Tod. Unsere Nachbarn und wir blieben verschont. Die Vergänglichkeit des Lebens wurde uns immer deutlicher – jeden Tag aufs Neue.

Aber, Dank sei Gott, meinem Vater im Himmel, dass meine drei Kinder und ich überlebten. Die Überlebenden mussten sich trennen, denn im Konvoi war es zu gefährlich. Wir holzten ein paar große Büsche ab und tarnten unsere Kutschen, damit wir wie ein wandernder Busch aussahen – um nicht entdeckt zu werden. In den nächsten Tagen wechselten wir uns ab und fuhren Tag und Nacht durch, denn die Gegend war gefährlicher als vermutet. Abends schliefen wir mit den Geräuschen der Räder ein und morgens weckten sie uns auf. So flüchteten wir weiter und landeten hier in Nowotroizk.

Ich fand im Kindergarten eine Arbeit als Köchin – das kam uns allen zugute. Öfter blieben Essensreste, die wir Mitarbeiter unter uns aufteilten. Das war ein Segen für meine Familie."

Alwina hörte gespannt ihrer Schwester zu. Doch ab und zu erwischte sie sich dabei, als würde ein Film vor ihren Augen ablaufen und sie an Irma, ihre Mutti und ihren Vater erinnern.

Nach langem Erzählen fragte Hilde ihre Schwester, wieso sie so lange im Wald arbeiten musste?

Da entgegnete Alwina: „Als der Krieg endlich zu Ende ging, dachten wir Waldarbeiter, dass er auch für uns zu Ende war. Doch wir mussten mit den Kriegsgefangenen noch vier Jahre bleiben und für die Vergehen unserer Nation, zu welcher wir gehörten, büßen."

Alwina berichtete sehr viel darüber, was sie in den letzten Jahren erlebte – besonders ausführlich über ihre Erlebnisse mit Irma. Trotz des vielen Erzählens wurden sie nicht müde und saßen zusammen, bis der Morgen anbrach.

Nach mehreren Wochen schlich sich der Alltag in Alwinas Leben ein. Sie kam zu Kräften und fing an Russisch zu lernen. Sie war begabt und lernte schnell.

Nach kurzer Zeit kümmerte sich Hilde darum, dass sie eine Arbeit bekam. Sie arbeitete als Bierverkäuferin, was aber nicht lange gut ging, denn sie war zu großzügig und verschenkte viel. Später besorgte Hilde ihr eine Arbeit in einer Fabrik, wo sie am Fließband tätig war. Dies machte sie mehrere Jahre, bis sie Friedrich Kowalski begegnete. Als die beiden dann heirateten und das erste Kind zur Welt kam, zogen sie in die Stadt Saratow, das im Wolgagebiet liegt.

Friedrich war ein impulsiver, heiterer und lebensfroher Mann. Kontakte mit Menschen zu knüpfen, fiel ihm leicht und machte ihm Freude.

Die Probleme, die Friedrich begegneten, sah er gelassen und mit ein wenig Ironie in der Stimme sagte er: „Es gibt keine Probleme, nur Herausforderungen!"

Sich anzupassen oder sich umzustellen fiel ihm leicht, aber wovor er Angst hatte, war die Verbindlichkeit. Sich festzulegen und konstant zu bleiben war für ihn nicht einfach. Wenn das Leben ihn herausforderte sich festzulegen, war es für ihn besonders mit den Frauen sehr schwer. So viele hübsche Frauen? Welche ist die Richtige? Soll ich mit einer Frau mein Leben verbringen? Das zeichnete auch später seine Ehebeziehung aus. In der ersten Ehe hatte er keine Kinder, in der zweiten hinterließ er drei Kinder und in der dritten Ehe mit Alwina setzte er vier Kinder in die Welt.

Alwina dagegen liebte die Beständigkeit. Veränderungen nervten sie und wenn etwas Neues auf sie zukam, stellte sie auf stur. Alwina pflegte zu sagen: „Lieber das Bewährte, das Alte behalten, als das unbekannte Neue."

Das alles war für sie eine Bedrohung. Sie war für die Bildung sehr offen, sprachbegabt und sehr intelligent.

In jener Zeit nach dem Krieg, wo es so viele Analphabeten gab, schaffte Alwina wenigstens ihren mittleren Abschluss mit Deutsch, Englisch und sogar Russischkenntnissen. Gerne half sie Studenten aus der Uni, die Germanistik studierten. Das Übersetzen von langen Texten ins Deutsche bereitete ihr viel Freude. Diese Fähigkeiten verschafften ihr viele Vorteile, aber gleichzeitig musste sie gegen Hochmut und Eitelkeit kämpfen. Die Stellung der Frau galt noch nicht viel. In der Männergesellschaft musste sie einiges einstecken, was Spuren hinterließ, sowie Enttäuschungen und Frust.

Die Ehe mit Friedrich war für Alwina eine große Herausforderung, hatten sie doch ein extrem unterschiedliches Lebensgefühl und Erleben hinter sich. Ihm trotz Enttäuschungen immer wieder zu vertrauen, zu ertragen, dass er mit anderen Frauen flirtete, Treue ein Fremdwort war, lastete auf Alwina. Als wieder mal das Gras in Nachbars Garten grüner war, stieß Alwina zornig hervor: „Wäre er doch tot! Das wäre zwar schmerzhaft, aber darüber käme ich besser hinweg, als diese andauernde Schmach ertragen zu müssen."

Erschrocken empörte sich ihre Schwester Hilde: „So etwas darfst du einfach nicht sagen! Was wäre, wenn sich deine Worte bewahrheiten würden!"

Leichtfertig entgegnete Alwina: „Was wird dem Kerl wohl passieren? Wie es mir dabei geht, merkt er doch gar nicht."

Nun, es ist in der Tat etwas sehr Einschneidendes passiert. Alwina hatte diesen Ausspruch noch bitter bereut.

Kapitel 7

Verfolgung

„Wer sich nach Licht sehnt, ist nicht lichtlos,
denn die Sehnsucht ist schon Licht.“

Bettina von Arnim

Verfolgung gehörte damals zum Christsein dazu. Als Johannes senior die erste Gemeinde gründete, wurde er vom KGB zum Verhör geladen.

„Ich bin ihnen offenbar bekannt?“, sagte der KGB-Kommissar und stellte sich vor. „Schiganow ist mein Name“, und nach einer Weile, während er auf dem Tisch zwischen den Papieren wühlte, fragte er:

„Tja, Genosse Justus, was ist das für ein sonderbarer Name?“

„Es ist ein lateinischer Name, Genosse Schiganow, und bedeutet ‚ein Gerechter‘.“

„Das ist geradezu verwirrend“, reagierte der Mann ungeduldig.

„Ganz im Gegenteil! Das Lateinische ist eine sehr logische Sprache, ich denke so wie jede andere – wenn man es verstehen kann, natürlich“, antwortete Johannes senior.

„Ach wirklich? Was Sie nicht sagen? Den Eindruck hatte ich nicht“, sagte er mit einem schwer sarkastischen Unterton.

Die beiden waren sich kaum begegnet und schon war zwischen ihnen das Wortgeplänkel im Gange. Johannes senior würde nicht einfach so zulassen, dass jemand aus irgendeinem Grund auf ihm rumhackte. Offensichtlich löste er bei dem Genossen Schiganow eine unangenehme Schwingung aus.

„Es wurden genug Worte gewechselt!“, sagte er mit aufbrausender Stimme, während er mit dem Revolver auf den Tisch schlug.

„Wenn du nicht aufhörst zu predigen, bist du des Todes!“, sagte der KGB-Mann. Johannes senior reagierte ruhig und gelassen mit der Antwort:

„Man muss Gott mehr gehorchen als den Menschen.“

Mit diesem Satz konnte der Genosse Schiganow nichts anfangen und fühlte sich äußerst provoziert. Johannes senior brachte den Beamten mit diesen Worten total zur Weißglut. Zuerst setzte er sich in seine Loge und lehnte sich vor. Sein aufgedunsenes Gesicht verzog sich zu einem breiten Grinsen. Dann sprang er auf und hielt ihm die Pistole an seine Schläfe. Er schnaufte vor Wut, presste seine

Zähne zusammen und drohte:

„Ich erschieße dich persönlich, wenn du nicht aufhörst!"

Johannes senior hatte ein schlankes Gesicht und seine Augen leuchteten hell. Er schaute den Mann an und es kam wieder die ruhige Antwort:

„Ich werde weiter predigen, so lange ich lebe."

Der Beamte lief im Raum hin und her. Die Kraft, aber auch die Machtlosigkeit seines Hasses machten ihn beinahe wahnsinnig. Er brüllte los:

„Ich hatte noch nicht die Gelegenheit dir zu sagen, dass der Job, den du tust, in gewissen Kreisen als suspekt angesehen wird. Ich bezeichne es als ‚Untergrundbewegung' und ‚geheimes Zusammenkommen' deiner Mitglieder. Es ist eine gefährliche, geheime Zusammenkunft in unserem Volk."

Johannes Justus senior saß ruhig da und verzog bei den giftigen Worten, die ihm der KGB-Kommissar entgegenschleuderte, keine Miene.

Er musste sich die Unterstellungen anhören. Der Genosse Schiganow wäre beinahe geplatzt, als er ihn dann noch einmal anschnauzte.

Anschließend lief er raus und knallte die Tür zu. Um seinen Rachegefühlen Luft zu machen, war diese Reaktion für ihn scheinbar die beste Medizin.

„Denn ich weiß, dass weder Tod noch Leben, weder Engel noch Fürstentümer, noch Gewalten, weder Gegenwärtiges noch Zukünftiges, weder Hohes noch Tiefes, noch eine andere Kreatur (nachzulesen im Römerbrief, Kapitel 8, Vers 38), wie der Beamte da, mich trennen können von der Liebe Gottes, die in Christus Jesus ist und mir verliehen wurde", dachte Johannes senior vor sich hin, als er so alleine in dem Raum blieb.

Die Schritte des Beamten waren draußen auf dem Schneeweg zu hören, als er vor Wut entfloh. Johannes senior saß da, als habe man ihm einen eiskalten Kübel Wasser über den Kopf gegossen. Er, der sonst versuchte, anderen einen Weg aufzuzeigen, wusste in diesem Moment selbst nicht weiter. Er stand auf und wirkte sehr verlegen. Nach einer Weile ging auch er.

„Jetzt werden die Bürger im Ort von mir erzählen", dachte er.

Der berühmte Pastor, na, berühmt sicher nicht. Manche würden eher sagen – berüchtigt.

Einerseits freute er sich und erinnerte sich an die Anhänger Jesu, die überall Unruhe verbreiteten. Sie fürchteten sich nicht vor den Dämonen und brachten keine Opfer mehr dar. Sie verehrten einen unsichtbaren Gott. Juden, Griechen ..., alle zusammengewürfelt, wie ein Haufen einfältiger Schafe. So versuchten die jüdischen Priester alles, um diese Bewegung zu unterdrücken. Aber diese Leute ertrugen geduldig alle Verfolgungen. Einer ihrer Grundsätze war es, ihre Feinde zu lieben und ihnen zu vergeben. Das hat unser gekreuzigter Jesus auch getan und das wollte Johannes senior auch.

„Nun, jedenfalls denkt dieser KGB-Typ nicht daran, seine Feinde zu lieben noch ihnen zu vergeben und ich bin jetzt sein Feind", dachte Johannes senior, während er seinen Weg fortsetzte.

Doch dann musste er an etwas anderes denken, was ihn selbst beschäftigte. Von dem Augenblick an, als er sich mit seiner Familie hier ansiedelte, hatte er das Gefühl, dass hier irgendetwas in der Luft lag. Dieses Gefühl wurde durch das Auftauchen des KGB-Typen bestätigt.

Johannes senior lief mit großen Schritten seinem Haus entgegen, denn der Monat März war eisig kalt in diesem Jahr.

Obwohl es schon Frühjahr war, schien es, als ob der harte Winter im Norden Kasachstans, bei der Stadt Zelinograd im Dorf Klutschi, nicht aufgeben wollte. Der Wind tobte und eine Schneekruste bildete sich über Johannes seniors Brauen und Lidern. Immer wieder wischte er sich übers Gesicht, um den Weg sehen zu können. Die Hände und Füße schmerzten vor Kälte, obwohl der Weg bis zu seinem Haus nicht weit war.

Der Wind peitschte Schnee vor sich her und nahm Johannes für einen Moment die Sicht, sodass er den markierten Weg nicht mehr erkennen konnte. Es dauerte aber nicht lange und er war wieder auf dem richtigen Weg, der zu seinem Haus führte. Johannes senior war glücklich, gut zu Hause angekommen zu sein und freute sich auf die warme Stube.

Zu Hause empfing ihn seine hochschwangere Frau Natalie. Bei ihr hatten vor geraumer Zeit Wehen eingesetzt, sodass mit einer baldigen Geburt zu rechnen war. Johannes senior war noch nicht bereit und nicht begeistert, denn er wusste nicht, was er zuerst machen sollte. Seine Gedanken überschlugen sich – soll ich mich aufwärmen oder wieder in den eisigen Wind hinaus und die Dorfhebamme holen?

Auto war bei diesem Wetter keine Alternative, denn sie würden nicht weit kommen. Das war klar. Da fragte er seine Frau: „Was soll ich tun?"

„Ich denke, du solltest schnell Irmtraud holen. Ich kann nicht mehr!"

Eilig, ohne ein Wort des Abschieds rannte Johannes senior los. „Hoffentlich schaffe ich es noch rechtzeitig – eine Hausgeburt habe ich noch nicht erlebt."

Eilends lief er südlich die Straße entlang, während unzählige Gedanken durch seinen Kopf wirbelten. Vor lauter Aufregung vergaß er, dass er sich aufwärmen wollte und sein Hunger war auch verstummt. Die nächste Straße muss ich links abbiegen und auf der rechten Seite steht das Haus von Irmtraud, der Dorfhebamme, beruhigte er sich selber. Er konnte sie bereits sehen, wie sie am Brunnen stand, um mit einem Eimer Wasser zu schöpfen.

„Sei gegrüßt, Irmtraud, ich komme dich holen, weil Natalie schon starke Wehen hat. Bitte beeil dich!"

„Lauf schnell und nimm, was du brauchst! Ich bringe dir das Wasser", kommandierte er. Es ging für ihn alles nicht schnell genug. Er packte den Wassereimer und lief ihr hinterher. Die Dorfhebamme brauchte tatsächlich nicht lange. Sie lief ins Haus und kam mit einem kleinen Beutel unter dem Arm zurück.

Die fünfzigjährige Irmtraud war die geborene Hebamme. Einfühlsam und kompetent kümmerte sie sich um die werdenden Mütter und stand ihnen mit Rat und Tat zur Seite. Sie war dunkelblond, durchmischt mit einigen Silbersträhnchen, schlank und nicht besonders groß. Ihr schmales Gesicht wirkte meist ein wenig blass. Sie trug eine randlose Brille und war bei ihren Patientinnen sehr beliebt, weil sie eine geduldige Zuhörerin war. Sie wusste um die verletzliche Seite der Seele und war zu jeder Zeit für ihre Frauen erreichbar.

Die beiden legten einen Schritt zu.

„Entschuldige, Irmtraud, dass ich gekommen bin und dich so gedrängt habe", sagte er. Erst jetzt war ihm bewusst geworden, wie er mit Irmtraud umgegangen war.

Sie schüttelte den Kopf. „Das macht nichts. Und wenn du meinst, dass ich die Richtige bin, um euch zu helfen, dann ist es vollkommen in Ordnung, dass du hergekommen bist."

Die Dämmerung brach herein. Sie mussten sich nun wirklich beeilen, denn bei dem Wetter konnte man in der Dunkelheit den Weg nicht so gut erkennen. Als sein Haus in Sichtweite kam, entspannte sich Johannes ein wenig.

Die beiden betraten das Haus und wurden von einer wohligen Wärme empfangen. Irmtraud schaute sich um. Neben dem großen Ofen stapelten sich dicke Holzscheite. Wenngleich die Zimmerdecke des kleinen Hauses recht niedrig war, strahlte es eine heimelige Gemütlichkeit aus. Die Wände bestanden aus festen Holzbalken, deren Zwischenräume mit einer dicken Schicht aus Stroh und Lehm abgedichtet waren, um Wind und Kälte abzuhalten. Dies hatte Natalie selbst gemacht, denn mit dieser Arbeit konnte sie zum Lebensunterhalt beitragen. Ein Fenster war mit härterem Polyethylen abgedichtet, was eine zusätzliche Schutzmaßnahme gegen den Nordostwind bot, der in dieser Gegend klirrend kalt wehte.

Obwohl das Haus von außen klein aussah, war es von innen geräumig genug, dass man es in drei getrennte Bereiche unterteilen konnte. In einem Teil befand sich der Schlafraum des Dorfpredigers und seiner Frau, im zweiten Teil schliefen die Kinder und schließlich gab es den eigentlichen Wohn- und Arbeitsraum.

Hier wurde gegessen, die Kinder konnten spielen und man saß als Familie beisammen und genoss die Gemeinschaft.

Irmtraud war durchgefroren und stellte sich gleich an den Ofen, ihre Hände aufzuwärmen. Als endlich das Gefühl in ihre Glieder zurückkehrte, begannen sie zu kribbeln und zu pochen. Sie betastete ihre Finger. Sie waren rau und trocken. Doch die bläuliche Farbe ihrer Haut wich allmählich einem gesunden und kräftigen Rot. Sie seufzte erleichtert und stellte einen großen Topf mit Wasser auf den heißen Ofen. Johannes senior und die vier Kinder schickte sie in den Schlafraum und schloss die Tür mit den Worten: „Es geht gleich los und ihr steht mir hier im Weg."

Als Irmtraud ihre Patientin untersuchte, erkannte sie sofort, dass es schlecht um sie bestellt war, denn das Kind war sehr groß. Ihr Atem war flach, ihr Puls raste bedrohlich schnell und ihr ganzer Körper war aufgedunsen und aufgebläht.

Der Dorfhebamme waren diese Zeichen zur Genüge bekannt und sie durfte keine Zeit verlieren. Natalie stöhnte und Irmtraud hätte ihr gerne geholfen den Schmerz zu lindern, damit sie ihr Kind entspannt zur Welt bringen könne. Natalie schrie leicht auf, als eine neue Schmerzwoge sie überrollte. Irmtraud band mit raschen, geschickten Bewegungen ein weißes, breit geschnittenes Tuch um ihren Unterleib. Als sie Natalie dabei auf die Seite drehte, stöhnte die Schwangere erneut. Jede Bewegung bereitete ihr Schmerzen, aber dagegen konnte man wirklich nichts tun.

Das Feuer im Ofen war inzwischen heruntergebrannt. Es flackerte und sprühte Funken. Sie ging zum Holzstapel, nahm zwei große Scheite und legte sie in den Ofen. Sie beobachtete, wie die Scheite rasselnd Feuer fingen und die Flammen um das Holz herum in die Höhe stiegen. Dann ging sie wieder zu Natalie, um ihr beizustehen. Irmtraud war nun schon eine Stunde da, aber Natalies Zustand war unverändert. Die Schmerzen blieben unberechenbar und hartnäckig. Obwohl sie eine starke Frau war, wurde sie immer schwächer.

Irmtraud untersuchte Natalie, ertastete die Öffnung der Gebärmutter. Nach den langen Stunden ergebnisloser Wehen fühlte sich dieser Bereich verkrampft und geschwollen an.

„Pressen, pressen“, befahl sie und merkte gar nicht, dass sie sich selber mit anstrengte. Dann spürte sie endlich, wie die Öffnung sich weitete. Mit einem lauten Jubelschrei ergriff Irmtraud sanft den Kopf des Ungeborenen und drückte ihn vorsichtig hinunter.

„Hol tief Luft und weiter pressen und pressen!“

„Ja, das machst du sehr gut“, ermutigte die Hebamme Natalie. Nach einigen Minuten konnte sie fühlen, wie das Ungeborene sich bewegte. Beharrlich zog Irmtraud an dem winzigen Leib, vorsichtig darauf bedacht, die weichen Schädelknochen des Kindes nicht zu verletzten. Behutsam zog sie den mit dichtem, schwarzem Haar bedeckten Kopf aus dem Leib der Mutter. Dann drehte sie den Körper ein wenig zur Seite, um zuerst der linken, dann der rechten Schulter den Durchgang zu ermöglichen. Noch ein letzter, kräftiger Ruck und der kleine nasse Körper glitt in die Hände der Hebamme.

Wenn es auch für Natalie unendlich schien, dauerte die Geburt nicht lange, denn sie war ja keine Erstgebärende.

„Ein Junge“, sagte Irmtraud. „Gesund und kräftig obendrein“, fügte sie hinzu. Er stieß einen kräftigen Schrei aus, sodass Johannes senior es nicht mehr im Schlafraum aushielt und zur Tür hereinstürzte.

Das kam auch Irmtraud zugute, denn sie hatte alle Hände voll zu tun. Sie wickelte den Kleinen in ein Bettlaken und legte ihn in seine Arme.

„Gratuliere dir noch mal zum Vater“, sagte Irmtraud. „Der Junge ist kräftig und gesund. Gott hat ihm das Leben geschenkt, worauf du stolz sein kannst“, fügte sie noch hinzu. Strahlend sah er seinem Sohn in die Augen und tauchte ganz ein in diesen unvergesslichen Moment, wenn Himmel und Erde sich berühren.

Irmtraud drehte sich um, ging zum Ofen, nahm das heiße Wasser und goss es in die Babywanne. Dann gab sie eine Prise Kaliumpermanganat dazu.

Das Wasser bekam eine leicht lila Farbe. Der Vater war glücklich, seinen Sohn in den Armen zu halten, obwohl er schon einen hatte. Der kleine „Gigant" wog 5000 g. Nach einer Weile zog Irmtraud den Ärmel ihrer Strickjacke hoch und testete mit ihrem Ellenbogen die Wassertemperatur. Dann badete sie den „Giganten". Anschließend machte sie sich an der Nabelschnur zu schaffen. Der Kleine wurde erst in ein Kinderbettlaken und dann in eine Decke, die Natalie für das Neugeborene vorbereitet hatte, eingewickelt. Irmtraud legte das Kind auf die Brust der Mutter. Ihr war bewusst, dass es eine schwere Geburt war und nach einer solchen Tortur viele Frauen an Fieber und Auszehrung erkrankten, doch Natalie war eine starke Frau und würde sich schnell erholen. Johannes senior trat ans Bett und blickte stolz auf seine Frau Natalie hinunter. Dann beugte er sich zu ihr und gab ihr einen dicken Kuss.

„Du hast es gut überstanden", fügte er noch entspannt dazu, denn solchen Situationen hatte er nie beigewohnt.

Während dieser ganzen Zeit löste sich die Plazenta. Natalie musste noch einmal pressen und da hatte Irmtraud die Plazenta schon in der Hand. Sie ging noch mal zum Ofen und schürte ihn richtig durch. Dann öffnete sie den größeren Ring der Ofenplatte und warf die Plazenta mit dem Rest der Nabelschnur ins Feuer, wo sie zischend verbrannte. Dann machte sie sich eilig daran, Natalies Körper von Blut und Fruchtwasser zu säubern, bevor sie sich auf den Nachhauseweg begeben konnte. Irmtraud räumte alles auf, wusch sich die Hände, wickelte ihre Sachen in ein Laken, während Johannes senior sie für die schnelle und saubere Arbeit lobte.

„Dankeschön, dankeschön!", wiederholte er.

„Du bist zu mir gekommen, weil ich dir helfen sollte", antwortete Irmtraud. „Du hast mir vertraut. Helfen kann man nur, wenn man das Vertrauen eines Menschen hat", sagte sie und verabschiedete sich – der Abend war schon fortgeschritten und sie wollte bei dem kalten und stürmischen Wetter noch zurück.

Die Zeit verging und Natalie erholte sich tatsächlich recht schnell von der Geburt. Das kleine Moppelchen fühlte sich hervorragend. Er war gesund und putzmunter; ihm fehlte es an nichts.

Nach ein paar Tagen ging Natalie in den Schuppen, um Brennholz zu holen, als ihre Nachbarin sie sah und über den Zaun rief:

„Hallo Natalie, ich gratuliere dir. Ich habe gehört, du hast einen kleinen Popen zur Welt gebracht?!"

Natalie fiel keine Erwiderung ein, deshalb nickte sie nur. Abends, als ihr Mann nach Hause kam, erzählte sie ihm über diese Begegnung.

Johannes senior zögerte.

„Soo?", meinte er. „Dann soll er auch Johannes heißen."

Der Kleine aber war rundum zufrieden und die Bedeutung seines Namens – „Gott hat Gnade erwiesen" – war ihm vollkommen egal. Der Kleine musste sich keine Sorgen machen – für ihn wurde gesorgt. Das Licht flackerte noch einmal auf und erlosch dann. Der Raum tauchte ins Dunkel. So verging ein Tag nach dem anderen.

Jahre später erzählte Natalie ihm die Geschichte der Propheten Elia und Elisa. Er fühlte sich zu ihnen hingezogen, sie waren seine Vorbilder. Ihre Hingabe und ihre lebendige Beziehung zu Gott faszinierten ihn. Er träumte, genauso mit Gott reden zu dürfen und seine Stimme hören zu können. Er bewunderte ihren Mut, wenn sie im Auftrag Gottes sprachen. Gleichzeitig machten ihre menschlichen Schwächen, wie Ängste und Verzweiflung, sie zu ganz normalen Menschen wie dich und mich. Ihre Vorliebe, in der Einöde allein zu sein, entsprach auch seinem eigenen Naturell.

Die Jahre vergingen und Johannes senior arbeitete hart, um seine Familie zu ernähren und es allen gut gehen zu lassen. Ab seinem achtzehnten Lebensjahr litt er unter Bronchialasthma, weshalb ihm die kalte Luft hier im Norden nicht guttat.

Schließlich sah er sich aus gesundheitlichen Gründen gezwungen, Nordkasachstan zu verlassen und gen Süden zu ziehen. Dort herrschte das Kontinentalklima mit Wintertemperaturen bis zu 30 Grad unter null und gemäßigten Sommern bis zu 30 Grad plus. Regenfälle gab es im Frühjahr und im Herbst und das würde ihm guttun, hoffte er.

Als mittelgroße Familie, damals mit fünf Kindern, besaßen sie nicht viel. Das kleine Häuschen wurde verkauft, der Rest ihres Besitzes in einen Umzugscontainer geladen und in ihre neue Heimat geschickt. Er traf erst sechs Wochen nach ihrer Ankunft ein. Nach dreitägiger Reise mit dem Zug ließen sie sich in dem Ort Rownoje – was „der Gerade" heißt – nieder. Er lag fünf Kilometer von einer 35.000-Einwohner-Stadt entfernt. Kasachstan besteht zu mehr als zwei Drittel aus Wüste und Halbwüste. Die Seen im Landesinneren und auch die Sümpfe in den Niederungen sind salzig. Einige Flüsse führen ständig Wasser. (Quelle: Wikipedia)

Die Grassteppen im Norden Kasachstans gehören zu den fruchtbarsten Regionen des Landes. Auch im Süden lässt es sich gut leben. Die Vielfalt der Tierwelt reicht von Wölfen, Bären, Luchsen, Eidechsen, Schlangen und Murmeltieren bis hin zur Wüstenspringmaus. Damit konnte die neu angekommene Familie umgehen. Schwieriger war, dass sie kaum Gläubige unter den Bewohnern des Dorfes fanden. Es dauerte aber nicht lange und Vater Johannes gründete eine kleine Gemeinde. Sein Motto lautete: „Sei stark und mutig!"

Es war ein warmer Herbsttag im „Altweibersommer". Die Ernte war fast eingebracht und die Frauen in der Nachbarschaft waren alle damit beschäftigt, die Vorräte für den kommenden Winter vorzubereiten. Natalie war auch in ihre Arbeit vertieft, als sie einen Schrei hörte. Ihre Tochter Lydia kam angerannt und in Tränen aufgelöst rief sie: „Mama, Mama, komm schnell … Nadja hat Johannes mit dem Fahrrad angefahren und er kann nicht mehr aufstehen …!"

Natalie schlug sich die Hand vor den Mund und Tränen schimmerten in ihren

Augen. Schnell lief sie aus dem Hof. Nadja, die ältere Schwester, stand da und hielt den Junior in den Armen. Tränen flossen über ihr Gesicht.

„Mama, ich weiß nicht, wie es passieren konnte? Er, er ist mir vor das Rad gelaufen?! Er kann nicht stehen! Ich habe schon ein paarmal probiert, ihn auf die Beine zu stellen? Was soll ich machen?“

Verzweifelt heulte sie los, während sie ihre Mutter anschaute. Der Kleine weinte nicht, aber seine Füße waren gelähmt.

Schnell packte Natalie ihren Sohn, lief in die Sommerküche und legte ihn auf das alte, kleine Sofa.

„Mama, werde ich wieder laufen können?“, fragte er sie leise.

„Das wirst du, das wirst du, mein Kleiner!“, beschwichtigte Natalie, während sie über seine schwarzen Haare streichelte.

Inzwischen sandte sie Stoßgebete zum Himmel.

„Lasst uns beten!“, sagte sie zu ihren Töchtern. Gemeinsam beteten sie für den Kleinen, aber seine Füße blieben regungslos.

„Warten wir bis euer Vater nach Hause kommt. Dann beten wir noch mal zusammen, … ich hoffe, ... dass er wieder wird …“, sagte sie zögernd und voller Angst.

Natalie ließ ihre Arbeit liegen und setzte sich auf die Sofakante zu ihrem Sohn.

Sie streichelte ihn weiter. Er war sehr tapfer und bat: „Mama, bitte erzähl mir von der Geschichte mit Elisa, die du mir schon so oft erzählt hast!“ Natalie legte gleich los.

Immer wieder, wenn er über Elisa etwas hörte, bewunderte er ihn. Er konnte sich mit ihm gut identifizieren und war begeistert. Das war sein großer Traum – so zu werden, wie er. Als er so dalag, dachte er darüber nach, wie es wohl wäre, wenn er eines Tages ein Prophet wie Elisa sein würde und dann durch Wände sehen könnte, was die Leute so in ihren Häusern machten. Das wäre bestimmt sehr interessant. Später hörte Johannes senior tatsächlich die Stimme des Herrn, die zu ihm sprach: „In Häuser wirst du nicht sehen können, aber in die Herzen!“

Als Vater abends von der Arbeit zurückkam, liefen seine Kinder ihm schon auf der Straße entgegen und berichteten von Johannes‘ Unfall. Schnell eilte er zu seinem Sohn, legte die Hände auf und betete.

Täglich versammelten sie sich vor dem Kleinen, um für ihn zu beten. Vater machte allen Hoffnung, indem er sagte: „Unser Vater im Himmel ist sehr groß und er kann Großes tun. So wird unser Kleiner wieder gesund!“ Die ganze Familie kniete nieder und betete immer wieder, bis der Herr ihn völlig geheilt hatte.

Inzwischen war der Name Johannes Justus senior auch bei den Behörden bekannt geworden. Sie versuchten die christliche Seuche im Keim zu ersticken. Trotz dieser Widerwärtigkeiten baute er ein großes Wohnzimmer an sein Häuschen an. Hier trafen sich bis zu vierzig Leute zum Gottesdienst.

In diesem Bewusstsein wurde Johannes geboren und so wuchs er auf. Er musste manches über sich ergehen lassen. Es wurde immer schlimmer. Die Behörden verhängten ein Gottesdienstverbot.

Sie trafen sich trotzdem weiter – spätabends bei Öllampenlicht, damit keiner sie sehen konnte. Die KGB-Leute wussten, wie man einen Christen erpressen konnte. Sie hatten ihre Spitzel, die sogenannten „Schafe im Wolfspelz“, die als Gemeindemitglieder getarnt lebten, aber den KGB heimlich über die Aktivitäten in der Gemeinde informierten.

Einmal bekam Johannes senior einen anonymen Brief mit folgendem Inhalt: „Als ob Christus nicht alles in allem wäre, aber ich muss dich bitten, dich in Acht zu nehmen!“ Natürlich machte er trotz der Warnung weiter.

Beim Schein der qualmenden Lampe beobachtete Johannes senior aufmerksam die Gesichter der kleinen Gesellschaft, während er predigte.

„Ich werde ihnen aufs Neue zeigen, dass in Christus die ganze Fülle der Gottheit wohnt. Das ist das einzige Geheimnis, das sie erforschen sollten!“, sprach er weiter, denn es waren manche dabei, die für die KGB-Beamten arbeiteten und in der Gemeinde als Wölfe im Schafspelz saßen.

„Dann erweist uns bitte eine Gunst, die für uns mehr wert ist als Gold. Verratet nicht dieses Haus und die Menschen, die hier ein und aus gehen“, bat er anschließend.

Trotz dieser Bitte bekamen die KGB-Männer des Öfteren Tipps von Spitzeln. So drohte der kleinen Gemeinde in Rownoje Gefahr. Johannes senior überlegte, wie es überhaupt weitergehen sollte. Es dauerte nicht lange, da hatte er auch schon eine Idee. Der Plan war kühn, verwegen, ja geradezu fantastisch – dabei war er gleichzeitig von erstaunlicher Einfachheit: Sie würden sich nach Mitternacht treffen und bei Petroleumlampen die Gottesdienste abhalten. „Ja, das machen wir!“ Sein Entschluss stand fest.

All das strengte Johannes senior außerordentlich an. Die Gemeinde war ihm sehr ans Herz gewachsen. Die Erinnerungen an die Liebe und Treue ihrer Mitglieder waren ihm kostbar, aber vollkommen war die Gemeinde beileibe nicht. Oft wunderten sich manche Geschwister über die liebevollen Ermahnungen und sanften Zurechtweisungen, aber auch über die bemerkenswerten Gedankengänge ihres Pastors. Manche klammerten sich an sein gütiges Wesen wie an einen Felsen, damit sie nicht ihr Menschsein verlieren und für immer auf die Stufe eines Tieres herabsinken würden.

Für Pastor Justus gab es viel zu bedenken. In einer Zeit, in der um einen herum alles drunter und drüber ging, musste man einen klaren Kopf behalten. Johannes war der festen Überzeugung, dass der Ablauf menschlicher Entwicklungen für einen Wissenschaftler ebenso überschaubar und berechenbar war wie der Rhythmus von Ebbe und Flut. Es gab Wogen der Erregung und des Hasses in seinem Leben. Es gab Wogen völliger Unvernunft, wenn nicht Jesus eingegriffen hätte. Diese Wogen erreichten einen Höhepunkt und verebbten dann wieder. In diesem bewegten Meer der Gefühle lebten eigentlich alle Menschen. Er als Pastor wollte, dass das Leben der Menschen vom Retter der Welt höchstpersönlich verändert wurde.

Inzwischen war es sehr spät geworden. Die Gesellschaft kniete um die verlöschende Lampe auf dem Fußboden nieder und betete lange um die Gnade des Herrn für diesen Ort und für die schlafenden, schuldbeladenen Sünder im Dorf.

Zu später Stunde verabschiedete Johannes noch die Gläubigen: „Wir waren heute Nacht eine bunt zusammengewürfelte Gesellschaft“, sagte er mit leiser Stimme, als wollte er das schlafende Dorf nicht aufwecken, „aber in Jesus sind wir Brüder und Schwestern.“ Johannes segnete sie wie ein Vater und einer nach dem anderen ging hinaus in die Nacht.

Die KGB-Beamten erwischten sie wieder und legten ihnen eine Geldstrafe in Höhe eines halben Monatsgehalts auf. Das knappe Einkommen, das für die große Familie sowieso nicht reichte, dezimierte sich. Die Gemeinde unterstützte die Familie und übernahm die Kosten, damit sie überleben konnte. Als die Behörden merkten, dass sie mit der finanziellen Strafe nichts erreichten, fingen sie zu schikanieren an. So wurden an manchen Sonntagen, während der Gottesdienste, die Fensterscheiben eingeschlagen.

In manchen Gegenden folterten sie die Ältesten, welche die Gemeinden leiteten. Die Haare wurden ihnen mit dem heißen Bügeleisen auf dem Kopf verbrannt oder mit einer Zange die Zunge herausgerissen. Nach der Folterung wurden sie umgebracht. Manche Atheisten benahmen sich hier gnadenlos. Eines Sonntags, als der Gottesdienst fast zu Ende war, stand plötzlich die Schuldirektorin mitten im Raum.

Sie besaß eine Liste mit den Namen aller Kinder und Jugendlicher aus ihrer Schule. Jeden Sonntag schickte sie einen Mitarbeiter in die Kirche, der Mitglied im Komsomol (Kommunistischer Jugendverband) war. Die Namen der teilnehmenden Kinder und Jugendlichen wurden notiert. Diese wurden in der Schule, in den jeweiligen Klassen, bekannt gegeben. Dann hetzten die Lehrer die Schüler auf diese Kinder und Jugendlichen.

Unter ihnen war auch Johannes‘ Name. Am nächsten Tag fingen die Schikanen an.

Er besuchte inzwischen die zweite Klasse und mit der Schule kamen auch neue Herausforderungen auf ihn zu. Im April, zum Geburtstag Lenins, wurden alle Kinder als „Kinder der Oktoberrevolution“ gekürt – die sogenannte kommunistische Taufe. Johannes weigerte sich vehement, an dieser Veranstaltung teilzunehmen. Darauf folgten Diskriminierungen seitens der Lehrer und er wurde vor der ganzen Klasse bloßgestellt. Es begannen regelrechte Hetzkampagnen von Kindern, die von Lehrern geschürt wurden. In den Pausen nannten mehrere Kinder Johannes „Jesulein“. Als das keine Auswirkung mit sich brachte, beschloss das Lehrerkollegium samt Direktor, alle Eingangstüren der Schule zu schließen. Nur eine Tür sollte offen gelassen werden. So konnten sie alle überprüfen und nur diejenigen durften die Schule betreten, die den Oktoberstern sowie das

Pionierhalstuch trugen. Alle anderen mussten draußen bleiben.

In den nächsten Tagen, als nun die Schüler Wache hielten, setzte Johannes sich mit Drohungen durch und kam trotzdem in die Schule. Als die Lehrer merkten, dass es auf ihn keine Wirkung hatte, stellten sie Schüler aus den älteren Klassen als Wachen auf. Sie jagten ihn mit heftigen Tritten vom Schulhof. Er durfte ein paar Tage die Schule nicht besuchen, bis sein Vater zur Schule kam und den Lehrern mit einer Klage drohte. Nach langem Hin und Her duldete man Johannes als absolute Ausnahme. Die Sticheleien der Lehrer hielten die ganze Schulzeit an. Es spiegelte sich auch in den Noten wider. Seine schulischen Leistungen konnten sie ihm allerdings nicht absprechen. Deshalb durfte er weiter mit Erfolg lernen. Die Angriffe der Lehrer und seine Beständigkeit, an seinem Glauben festzuhalten, verbreiteten sich in der Schule wie ein Lauffeuer. Immer wieder stachelten die Lehrer Schüler der älteren Klassen an, die Kinder, die an ihrem christlichen Glauben festhielten, zu verspotten und zu diskriminieren.

So entwickelte sich Johannes zu einem Beschützer der Schwachen, was ihm wiederum Anerkennung und Ansehen einbrachte. Später, als er sich in der fünften Klasse immer noch dagegen verwehrte, das Pionierhalstuch zu tragen, zog es keine Konsequenzen mehr nach sich. Andere Kinder aus christlichen Familien, die dem Druck nicht standhielten und die Abzeichen trugen, wurden trotzdem diskriminiert und verfolgt. Johannes war von Natur aus sehr mutig und konnte sich mit Gottes Hilfe schützen.

Nicht immer verhielt sich der Junior wie ein Christ. Ab und zu brachten sie sein cholerisches Fass zum Überlaufen.

Wenn er zur Schule kam und die Wachen sich ihm in den Weg stellten, wurde er von geistlichem Zorn ergriffen und ließ seine Fäuste sprechen. Manch ein Wachposten ging zu Boden und die restlichen Schüler muckten nicht mehr auf. Einmal wurde er in der Pause von der Freundin seiner Schwester Maria gerufen: „Johannes, komm schnell! Neun Jungs haben Maria überfallen. Sie wollen sie umbringen!“

Rasch folgte er dem Mädchen. Von Weitem sah Johannes, wie sie seine Schwester verprügelten. Zwei Jungs saßen auf ihr, einige traten auf sie ein, wieder andere zogen mächtig an ihren langen Haaren. Maria dachte, ihr Leben geht zu Ende. Sie weinte bitterlich, doch gleichzeitig betete sie intensiv. Als sie Johannes sah, fiel ihr ein großer Stein vom Herzen.

Einer von den Jungs sah Johannes kommen und rief seinen Kumpels zu:

„Johannes kommt, lauft weg!“ So schnell sie konnten, verschwanden sie in alle Himmelsrichtungen. Allein die Anwesenheit von Johannes flößte ihnen Respekt ein.

Maria hatte nach diesem Überfall viele blaue Flecken am ganzen Körper. Sie schämte sich. Beschweren konnte sie sich aber nicht – jedenfalls nicht bei den Lehrern in der Schule. Einige Schüler hatten Mitleid mit ihr, andere wiederum lachten sie aus. Nach der Gerechtigkeit sollte man lieber nicht fragen. Es war sinnlos, denn man würde sie sowieso nicht bekommen.

Abends, als sein Vater erfuhr, dass er sich danebenbenommen hatte, warf er ihm einen musternden Blick zu. Einige Augenblicke herrschte Schweigen, dann sagte er überraschend ruhig:

„Sohn, willst du mir zuhören?“

„Sicher.“

„Du weißt, dass es kein christliches Verhalten und kein gutes Zeugnis für den Herrn war, die Jungs zu verprügeln.“

„Also gut, Vater,“ beharrte Johannes, „dann erkläre mir logisch, wie ich mich hätte wehren sollen.“

„In Ordnung, ich werde dir eine Lektion in Logik erteilen, Sohn. Achte jetzt sorgfältig auf meine Überlegungen“, fuhr der Vater fort. „Gibst du zu, dass der Name Gottes geehrt werden soll?“

Nach kurzem Zögern nickte Johannes: „Ja, natürlich.“

„Da hast du es“, triumphierte Vater. „Du weißt doch selbst, dass in guten Worten und nicht in den Fäusten die Kraft ist.“

Johannes schwieg und überlegte. Sein Ärger legte sich, als er nachdachte.

Es stimmte. Die Heiligen Schrift warnt deutlich davor, die Gebote des Vaters zu missachten. Und sein Vater war als Christ immer sorgfältig darauf bedacht gewesen, sich an die Gebote des Herrn zu halten.

Vater und Sohn hatten ein sehr gutes Verhältnis zueinander. Wenn der Junior Fragen hatte, wurde er von seinem Vater ernst genommen und bekam durchdachte Antworten. Der Junior konnte mit ihm diskutieren und ihn im Gespräch provozieren. Dadurch hatten sie nicht nur gute Gemeinschaft, sondern der Sohn lernte zu argumentieren und sein Selbstwertgefühl wurde bestätigt. Der Vater nahm ihn des Öfteren mit zur Arbeit, wo er auch etwas lernen konnte. Der Junior spürte überall die Begleitung Gottes und Gott gab ihm ein schlagfertiges Wesen.

Als er später die achte Klasse besuchte, versuchte die Lehrerin ihn lächerlich zu machen und sagte:

„Justus, steh auf! Erzähl uns, wie du zu Gott betest und wie es bei dir als Christ läuft!“

„Die Frage passt nicht in den Unterricht und trägt zum Literaturinhalt nichts bei“, erwiderte er.

„Wenn Sie aber persönliche Fragen haben, bezüglich des Glaubens, können wir uns nach dem Unterricht gerne unterhalten.“ Mutig verteidigte sich der Junior.

Die Lehrerin bekam einen leicht roten Kopf und in der Klasse kam Gelächter hoch.

„Setz dich wieder hin“, sagte sie schroff. Er nahm Platz und dachte: Du bist doch selber schuld und hättest nicht anfangen sollen, mich zu provozieren.

Der Herr, unser Gott, schenkte ihm immer eine passende Antwort, trotz der Schikanen seitens des Schuldirektors und der Lehrer. Johannes besaß bei seinen Schulkameraden großes Ansehen und Respekt.

Am Ende seiner Schullaufbahn stellte ihm seine Klassenlehrerin folgendes Zeugnis aus:

„Er besitzt große Autorität und Einfluss ... Er ist eine Führungspersönlichkeit, dem Menschen gerne folgen."

Wo der Satan versuchte zu zerstören, hatte Gott es zum Besten gewendet. Durch seinen Glauben wurde Johannes in der ganzen Schule bekannt. Manche stellten ihm im Geheimen doch Fragen, weil sie vor den anderen Angst hatten. Der Junior erinnerte sich an die Geschichte aus dem Johannesevangelium, wo Nikodemus heimlich zu Jesus kam und Fragen stellte: „Wie komme ich denn ins Himmelreich?" Jesus antwortete: „Du musst von Neuem geboren werden, geboren vom Heiligen Geist."

Wenn schon Jesus so etwas passierte, wieso sollte es zu unserer Zeit anders sein?

Am Interessantesten war der Biologieunterricht, in dem er die Evolutionslehre öffentlich widerlegte und die Aussagen des Lehrers infrage stellte. Er nahm die Aussagen der Wissenschaftler und verglich sie mit anderen Aussagen und wies auf Widersprüche hin. Dem Lehrer gingen die Argumente aus und es kam zu heißen Debatten.

Der Lehrer konnte das Ganze nur noch beenden, indem er sagte: „Justus, störe den Unterricht nicht. Setz dich!"

Es war ein herrlicher Frühlingsanfang. Zu dieser Zeit war im Land ein neuer Generalsekretär eingesetzt worden. Irene und Johannes konnten als Teenager damit nicht viel anfangen, als sie hörten, dass der neue Generalsekretär Breschnew an die Macht kam. Das Christentum und der Glaube in der Gesellschaft wurden nicht mehr so extrem verachtet, aber der Eiserne Vorhang hielt immer noch alles dicht. Der Atheismus hatte sich so breit gemacht, dass die Bevölkerung die Gläubigen überall als zurückgebliebene Fanatiker abstempelte. Es war ein Sonntagmorgen vor dem Gottesdienst auf dem Hof, hier und da konnte man kleine Gruppierungen von Christen sehen, die sich unterhielten.

Vielleicht bekam der ein oder andere Christ durch den frisch eingesetzten Generalsekretär eine neue Hoffnung für sein Leben. Es sah zwar trostlos aus, aber vielleicht wäre es doch noch möglich, dass sich etwas änderte!

Auf einem etwas entfernt liegenden Hügel saß ein einsamer junger Mann. Er war schon am frühen Morgen gekommen und hatte alles, was an diesem Tag geschehen war, aufmerksam beobachtet.

Nachdenklich nickte er mit dem Kopf. Ja, es war möglich. Und nicht nur möglich – es war bereits geschehen. Wenn auch schon vor langer Zeit, als der Herr kam – er wollte alles neu machen. Der Hahn krähte, den Geruch des Misthaufens konnte man wahrnehmen, blühende Apfelbäume kündeten vom alljährlichen Erwachen der Natur aus dem Winterschlaf. An diesem Ort war Johannes großgeworden und beschloss nun, in die Stadt zu ziehen. Er wollte neue Wege gehen und sah für sich auch neue Perspektiven.

Als Junge war Johannes sehr freundlich und kontaktstark, gewann viele Freunde. Des Öfteren brachte er seine Kumpels mit nach Hause, so auch an diesem Abend, an dem er einen neuen Freund kennengelernt hatte.

In dem Teil des Dorfes, wo Johannes und seine Familie wohnten, war es verhältnismäßig ruhig, trotzdem erforderte es Mut, in der Dunkelheit unterwegs zu sein. Denn es gab Gebiete, wo ständig Jungs oder junge Männer umherstreiften und Streit anzettelten, bevorzugt natürlich mit Christen. Da diese sich nie von sich aus mit ihnen anlegen würden, provozierten sie sie und fingen eine Prügelei an.

Schweigend gingen die beiden nebeneinander her, bis sie ein kleines Haus, neben dem sich ein Haufen Bauschutt auftürmte, erreichten. Johannes und der junge Bursche traten ein. Die gesamte Familie war zu Hause. Johannes begrüßte seinen Vater.

„Vater“, sagte er, „ich habe einen Freund zum Übernachten mitgebracht.“

„Das hast du gut gemacht, mein Sohn“, sprach er. „Er soll uns willkommen sein.“ Sein Vater würde ihm das nie abschlagen, denn er war selber sehr großherzig und gastfreundlich.

Manchmal nahm Johannes senior sogar die Obdachlosen mit nach Hause. Zuerst konnten sie sich satt essen und dann ihren Rausch in richtigen Betten ausschlafen. Am nächsten Morgen, nachdem sie geduscht hatten, bekamen sie noch saubere Kleidung. Viele waren sehr dankbar und verschwanden für immer, von manchen wiederum wurden sie aber auch ausgeraubt. „Das bisschen, was wir haben, mussten sie auch noch mitnehmen!?“, trauerte die Mutter und war sehr sauer auf ihren Mann. Johannes senior war sehr leichtgläubig und vertraute den Menschen. Er wollte allen nur Gutes tun. Wäre es nach Natalie gegangen, hätte niemand ihr Haus betreten. Sie war mit der Versorgung ihrer großen Familie ausgelastet.

Nun wurde der Gast hereingeführt. Die Jungen wuschen sich ihre Hände und nahmen Platz. Das Essen wurde angerichtet. Die Mutter stellte ein großes Tablett mit kräftigen Strudeln aus Hefeteig, die sie zusammen mit Kartoffeln zubereitete, auf den Tisch. Es war Johannes‘ Lieblingsgericht. Der Hausherr segnete die Speisen im Namen Jesu Christi. Da war der Junge also wieder einmal bei Christen gelandet. Er merkte gleich einen Unterschied. Es herrschte hier eine so merkwürdige Atmosphäre, die ihm völlig fremd war.

Während dieser Verfolgungszeiten wollte jeder ungläubige Junge den Christen entfliehen und hier war er nun wieder mittenhinein geraten. Ja, nun blieb ihm nichts anderes übrig, als sich an dem guten Essen in der freundlichen Tischrunde zu erfreuen. Der Vater fragte ihn, woher er komme. Die kleinen Geschwister von Johannes wollten ihn bedienen. Die jüngste Schwester von Johannes, Maria, reichte ihm den Teller. Sie war ein hübsches, kleines Ding von ungefähr neun Jahren. Ihr glattes, braunes Haar fiel bis zur Taille herab. Der Bursche lächelte sie an und stellte sich vor. Er mochte sie sofort. Fast alle Freunde von Johannes verliebten sich in Maria, denn sie war sehr hübsch.

Nach dem Abendessen sagte der Vater:

„Heute Abend ist eine Veranstaltung. Johannes, kommst du mit?"

„Nein, Vater, ich bin zu müde und außerdem habe ich meinen Freund bei mir", erwiderte der Junior.

„Es würde euch beiden nicht schaden", antwortete der Vater, während er rausging.

Ein kalter Wind blies durch die Straßen und bald würde es Winter werden.

In diesem Ort genoss Johannes seine gute Kindheit.

Seine Mutter Natalie hatte es nicht leicht, sechzehn Schwangerschaften lagen hinter ihr. Elf Kinder blieben am Leben. Drei starben im Babyalter und sie hatte zwei Fehlgeburten.

Trotz aller Strapazen war seine Mutter gesund und hatte einen starken Charakter. Bemerkenswert, wie der Herr sie geschaffen hat! Robust und kraftvoll.

Als Kind war Johannes nie krank. Das hat er anscheinend von seiner Mutter geerbt. Im Frühjahr, wenn es wärmer wurde, durfte Johannes als Erster barfuß rausgehen. Wenn er nicht erkrankte, durften auch seine Geschwister barfuß laufen. Er war sozusagen das Barometer, das anzeigte, ob es inzwischen warm genug fürs Barfußlaufen war.

Alle Kinder mochten Johannes und waren gern mit ihm zusammen – Jungs und Mädchen. Er behandelte alle gerecht. Wenn aber einer fies zu ihm war, zeigte er auch, was er draufhatte, und das war nicht wenig. Im ganzen Ort war er als Stärkster und Mutigster bekannt. Es sollte biblisch stimmen, dachte er. Wenn man richtig handelt, soll man keine Menschenfurcht haben. Das hieß nicht, über Leichen zu gehen. Nein, das tat er nicht. Was man für sich erkannt hat, da soll man auch frei sein, beruhigte er sich. Diese Erkenntnis setzte er um, indem er sich furchtlos den Angreifern stellte und ihnen zeigte, dass er kräftemäßig durchaus überlegen war – zum Leidwesen seines Vaters, der es nicht gerne sah, wenn sein Sohn in Prügeleien verwickelt war.

Johannes hatte zu all seinen Geschwistern ein gutes Verhältnis. Maria war zwei Jahre jünger als er und hatte eine besonders gute Beziehung zu ihm. Er war ihr Held. Sie vertraute ihm alles an, was sie erlebte. Auf ihren Bruder war sie sehr stolz. Gerne prahlte sie damit, dass er ihr Bruder war. Auch Johannes liebte seine kleine Schwester innig und war immer für sie da. Sein kleiner Bruder Karl, der auf Maria folgte, löcherte ihn jeden Abend im Bett mit vielen Fragen, denn Johannes war sehr belesen und konnte meist eine gute Antwort geben. Fleißig ging er auf seine Fragen ein, obwohl er manchmal sehr müde war und es vorgezogen hätte, zu schlafen.

So verging ein Tag nach dem anderen. Johannes' Familie war arm, trotzdem hatte er eine gute Kindheit. Es fehlte ihm an nichts. Das Wichtigste war für ihn die Liebe und die Aufmerksamkeit seiner Eltern. Die bekam er reichlich und wenn es nicht so gewesen wäre, hätte er sich geholt, was er brauchte.

Inzwischen hatte Johannes seinen Schulabschluss geschafft. Die Entscheidung, die er damals auf der Straße in Rownoje traf, in die Fußstapfen seines Vaters zu treten, klang wenige Wochen später nur noch wie ein hohles Echo in seinem Kopf nach. Er war sich ganz sicher, in diesem Herbst seine Berufsausbildung zum Mechatroniker anzufangen.

An diesem Abend spazierte er bedrückt durch die dunklen Straßen. Der Vollmond schien. Es war angenehm kühl. Bis zum Haus war es nicht mehr weit. Er würde ein Stückchen am Ufer entlangwandern, bis er eine Stelle fand, wo das Wasser nicht so schmutzig war und hoffte, er würde vergessen. Nachdenklich kehrte er doch um und ging nach Hause, denn am nächsten Morgen hatte er einen langen Tag vor sich. Der Abend war schnell vorbei und Johannes begab sich ins Bett. Als er morgens aufwachte, griff er seine Tasche, die er am Vorabend fertig gepackt hatte. Er nahm noch ein Stück Brot, das er unterwegs zum Bus aß und ging in Richtung Bushaltestelle.

Nach einmal Umsteigen hatte er schließlich die Berufsschule erreicht. Seine Ausbildung begann und nach den ersten Tagen wurde ihm klar, dass bei vielen seiner Mitschüler Alkohol und Drogen auf dem Tagesplan standen. Sie versuchten ihn einzuschüchtern. Es waren dreißig Schüler in der Klasse und einige Lehrer brachten ihm Verachtung entgegen, als sie erfuhren, dass er Christ sei.

Einer der Jungen sprang auf und fragte: „Sag mal, Johannes, gehörst du auch zu diesem Gebetshaus da auf der Kuibeschewa-Straße?"

Es war eine große Gemeinde, zu der rund eintausend Mitglieder gehörten.

„Nein", erwiderte er ruhig, „ich wohne auf dem Lande, aber ich besuche diese Gemeinde öfters."

Da fingen sie an zu lachen und verspotteten ihn. Die Jungen sprachen nicht angemessen von diesem Gebetshaus, sondern mit aggressiver Ablehnung. Während sie ihren Wein tranken, wurden ihre Späße ausgelassener. Schließlich rühmten sie sich ohne jede Zurückhaltung. Johannes saß abseits und musste sich diese abscheuliche Unterhaltung anhören. Er beteiligte sich nicht an den Späßen. Er betrachtete sich und sein Gesicht im Fenster, der ihm gerade als Spiegel diente. Seine Gesichtszüge waren fein gezeichnet und sein Körper war athletisch gebaut. Sein Ausdruck war ernst und in diesem Moment besonders zurückhaltend. Er schaute in die Ferne und erinnerte sich an irgendjemanden, aber er entsann sich nicht mehr an wen. Plötzlich stand einer der jungen Männer vor ihm. Überrascht drehte sich Johannes um.

„Komm und trink mit uns. Heute Abend gehen wir zu den Mädels. Was hältst du davon, ha?" Er stand vor ihm und sein Körper zitterte erregt. „Oh, das wäre für dich endlich echtes Leben! Echtes Vergnügen! Das, was die Männer Liebe nennen. Na, hast du Lust?"

Johannes stand auf, schaute ihm in die Augen, schubste diesen besoffenen Kerl zur Seite und ging in Richtung Tür. Die frische Luft kühlte sein erhitztes Blut ab.

Er konnte wieder klar denken und freute sich, dass er nicht seine Fäuste sprechen ließ.

Er ging die Straßen entlang, die in der Stadt Dschambul, nach einem kasachischen Musiker benannt, alle gleich flach waren.

Die Pappeln und Weingärten glänzten silbrig im Schein des Sonnenlichts. Im Vorübergehen pflückte er sich ein paar frühe Trauben. Die Früchte erfrischten ihn, machten aber nicht satt. Als er in die Straße zur Bushaltestelle abbog, überfiel ihn die Müdigkeit. Nach zehn Minuten Wartezeit kam der Bus. Er stieg ein, suchte sich ein ruhiges Plätzchen und machte während der Fahrt ein Nickerchen.

Es dauerte nicht lange, bis Gott Johannes auch in seiner neuen Umgebung wieder Autorität und Einfluss gab. Er konnte Schwache schützen und mit den härtesten Typen über Gott sprechen. Kein Kreis blieb ihm verschlossen.

Seine Leistungen fanden in der Schulzeitung Erwähnung. Auch die Lehrer, die vor der ganzen Klasse seinen Glauben angriffen, zogen den Kürzeren. Johannes widerlegte öffentlich ihre Theorien, wodurch er ein Podium für das Wort Gottes schuf. Johannes las sehr viel in der Bibel und lernte sehr schnell. Jede Stunde, die er mit der Bibel verbrachte, bereicherte ihn. Viele Gedanken rasten durch seinen Kopf. Zu viel war in so kurzer Zeit seines Lebens geschehen. Wie könnte er das alles begreifen?

Er merkte, dass er die Fähigkeit hatte, Nachfolger Jesu zu sammeln, wie man in der Erntezeit die reifen Trauben vom Weinstock las. Immer noch wurde er innerlich hin und her gerissen und musste sich oft an die Worte des Herrn erinnern, der sagte: „Gehet hin in alle Welt und predigt das Evangelium."

Ein weiteres Ereignis, das kurz darauf geschah, bewegte Johannes tief. Es zeigte seinen Herrn in einem ganz neuen Licht.

Eines Morgens, als er sehr früh in die Berufsschule kam, konnte er den härtesten unter seinen Mitschülern zum Glauben führen. Er hieß Eduard. Dessen Mutter war auch eine Christin, aber der junge Mann wollte von ihr nichts annehmen. Johannes sprach mit ihm viel über Jesus und sie fingen an christliche Musik zu hören.

Später, als der junge Mann in die Rote Armee einberufen wurde, wurde er dort als Christ umgebracht. Es geschah auf brutalste, unmenschliche Art und Weise. Er wurde gelyncht und erhängt. Sie stachen ihm die Augen aus und schnitten ihm die Zunge heraus.

Als diese Nachricht Johannes erreichte, war er schockiert und verwirrt zugleich. Seine Gedanken wirbelten durcheinander. Er fühlte einen kalten Schauer über seinen Rücken laufen. Er wusste nicht, wohin er gehen sollte, aber eines war ihm klar: Er musste jetzt allein sein! Schweigend ging er weg und setzte sich auf eine Holzbank auf dem Schulgelände, um nachzudenken. Zu seiner Linken wuchsen Akazienbäume, die ihren wunderbaren Duft großzügig verströmten. Zu seiner Rechten leuchteten in dem frischen Gras ringsherum Ringelblumen und

Gänseblümchen wie Sterne.

Johannes war ein gut aussehender, eher ungewöhnlicher Teenager. Vermutlich lag es an seinem christlichen Elternhaus und dass sein Vater Pastor war, dass er sich anders entwickelte als andere junge Männer in seinem Alter. Was auch immer der Grund dafür sein mochte, schon als junger Mann wusste er um seine Berufung. Folglich verbrachte er seine Freizeit damit, in der Bibel zu lesen und Predigten auszuarbeiten. Bereits mit vierzehn Jahren hatte er die gesamte Bibel durchgelesen und mit sechzehn seine erste Predigt gehalten.

Über alles dachte er nach, während die Vögel gegen den Autolärm anzwitscherten. Unten im Tal sah er einen Obstgarten mit üppig blühenden Pfirsichbäumen. In der Nähe sang ein fröhlicher Hausmeister, der einen Bewässerungsgraben grub und neben dem ein lachendes Kind spielte. Alles verkündete einen frohen Neuanfang. Viel konnte Johannes in seinem Kummer um Eduard gar nicht wahrnehmen, aber eines war ihm klar: Ihre Wege hatten sich nicht umsonst gekreuzt. Er schluckte den dicken Kloß, der in seinem Hals steckte, herunter und rieb sich traurig die Augen. Er fragte sich, ob er wach sei oder träumte. Als er sich umdrehte, sah er seine beiden Klassenkameraden, die immer noch mit ihren Flaschen und Zigaretten auf dem Hinterhof herumhingen. Er war traurig und sehr froh zugleich, dass er der Stimme des Heiligen Geistes gefolgt war und ihm den Heilsplan erklärt hatte.

In dieser Nacht schlief Johannes nur wenig. Die Nachricht von Eduards Schicksal, die er noch nicht verdaut hatte, beschäftigte ihn sehr. Unruhig dachte er über die Fragen nach, die der Klassenkamerad ihm noch im letzten Sommer gestellt hatte, als sie sich zum letzten Mal sahen. Er erinnerte sich noch sehr gut an das Gespräch. Wie konnte nur so etwas Entsetzliches passieren? Wie grausam konnten Menschen doch sein?

Die Zeit der Ausbildung näherte sich dem Ende und trotz der Schwierigkeiten, die sich durch das Leben als Christ ergaben, absolvierte Johannes seine Ausbildung als Diplom-Mechatroniker.

Mit zwei anderen bekam er die Auszeichnung als Jahrgangsbester. Gleich danach fand er auch eine Arbeitsstelle, in der er zufrieden war und den Arbeitskollegen weiter von Jesus erzählte. Er war nun ein erwachsener Mann, der am Ufer eines Ozeans von Leben, Liebe und Wahrheit stand.

Die Liebe Christi, von der Paulus sprach, die alle Erkenntnis übersteigt – dafür brannte sein Herz. Doch das Volk war absolut nicht aufnahmefähig. Es schien, als ob ihre Ohren für das Wort Gottes dicht waren. Der Atheismus im Lande war massiv, sodass sie es hörten und doch nicht hörten. Der Sohn Gottes liebte sie doch auch und opferte sich selbst für sie, dachte Johannes. Auch sie mussten das Evangelium hören und es verstehen lernen. Aber andauernd stieß er auf taube Ohren. Sie waren taub, alle taub.

Kapitel 8

Zurück in die Vergangenheit …

„… und doch hatte jeder Einzelne seine Geschichte, verworren und schwer, wie der Taumel nach einem nächtlichen Gelage …“

F. M. Dostojewski

Der Sommer fing in diesem Jahr gut an. Im April gab es reichlich Regen und die ganze Gegend um die Stadt Saratow lag in einer grünen Pracht. Der Abend neigte sich und viele freuten sich auf den Feierabend. Friedrich beeilte sich, um pünktlich nach Hause zu kommen, denn seine Frau Alwina erwartete ihn schon.

Der Tisch war gedeckt und seine Frau empfing ihn mit den Worten: „Schön dass du da bist! In letzter Zeit habe ich immer einen Bärenhunger und kann kaum erwarten bis du da bist! Es scheint mir so, dass ich guter Hoffnung bin ...?“

„Kann das sein?“

„Vielleicht täusche ich mich auch?“

„Was soll das alles heißen?“, erwiderte Friedrich erregt! „Kommt nicht infrage! Wenn, hm ... das tatsächlich der Fall ist, dann, dann … treibst du ab … wir können uns kein zweites Kind leisten! Jedenfalls nicht zum jetzigen Zeitpunkt!“

Mit großen Augen starrte Alwina ihren Mann an und sagte: „Wann denn? Wenn ich schwanger bin, dann will ich das Kind behalten!“

„Du hast meine Meinung gehört und ich wiederhole mich nicht!“, erwiderte Friedrich mit erhobener Stimme.

Alwina wollte nicht mehr darüber reden. Schweigend stand sie auf und verschwand im Nebenraum. Voller Trauer setzte sie sich auf das Sofa und dachte: „Wenn ich tatsächlich schwanger bin, dann, mein Lieber, treibe ich nicht ab, da kannst du machen, was du willst.“

„Nein und noch mal nein, das ist mein Ernst!“ Leise wiederholte sie sich, während sie ihren Kopf mit beiden Händen stützte. Wenn ich meinen kleinen Jungen anschaue, da freue ich mich über ihn. Das Baby wird bestimmt auch so ein süßes Kind sein! Nein, kommt nicht infrage, ermutigte sie sich.

Alwina merkte gar nicht, dass ihre Gedanken weit zurück in die Vergangenheit wanderten.

Sie war damals sechzehn Jahre alt und verliebte sich in Paul, der in der Nachbarschaft wohnte. Sie wusste, dass Paul sie auch mochte, obwohl er es ihr nicht gesagt hatte. Er war ein Jahr älter als sie. Der lange Weg zur Schule lag plötzlich vor ihren Augen. Diese wunderschöne Gegend, besonders im Winter, alles sah wunderschön aus, wie im Märchen. Paul war meist mit ihr unterwegs, schaute sie manchmal heimlich von der Seite an. So, so verspielt und zärtlich gleichzeitig …

… Wie wäre es wohl mit uns weitergegangen – wenn nicht diese grausame Stalinzeit, die Hungersnot und der doofe, elendige Sack mit Getreide gewesen wäre!

Um das Leben seiner Mutter und sein eigenes zu retten, stahl er ihn von der Tenne. Er war das einzige Kind der Eheleute Hänsler.

Der Sack hatte ein kleines Loch. So hinterließ er eine Getreidespur bis zu seinem Haus. Er bemerkte es aber erst, als er zu Hause ankam. Da war es aber zu spät!

Sein Herz fing vor Schreck an schneller zu schlagen. Er wusste, was ihn nun erwartete.

Am nächsten Morgen waren gleich die Soldaten Stalins da. Er schaffte es, vorher wegzulaufen und versteckte sich in der Scheune des Nachbarn.

Die Soldaten stellten das ganze Haus auf den Kopf. Seiner Mutter drohten sie, sie umzubringen, wenn sie nicht verraten würde, wo sich ihr Sohn versteckt hielt. Sie wusste es aber wirklich nicht.

Die Zeit war grauenhaft, deswegen lief er so weit wie möglich weg. Er lief um sein Leben. Es war Herbstzeit, wo sollte er sich denn verstecken? Das ganze Laub war schon von den Bäumen gefallen, das Gras auf den Wiesen und zwischen den Bäumen war längst vertrocknet; er fand in dieser Gegend kein Versteck. In seiner Not verbarg er sich im Tümpel, unweit seines Elternhauses. Schnell riss er sich einen Strohhalm ab, schlich sich in den Tümpel und tauchte unter in der Hoffnung, dass ihn auch wirklich niemand sah.

Die ersten zwei Nächte kroch er im Schutz der Dunkelheit an Land. Im Morgengrauen verschwand er wieder unter Wasser.

In der dritten Nacht, als der Mond hell schien, kam er langsam aus seinem Versteck raus. Plötzlich merkte er, dass ein Netz über den ganzen Tümpel gespannt war und es klingelte bei ihm. Schnell senkte er sich nieder. Sein Herz schlug so schnell in seinem Brustkorb, dass er dachte, jeder könne es hören. Er musste die Ruhe bewahren, nicht in Panik verfallen, beruhigte er sich selber. Der Durchmesser des Strohhalmes war nicht so groß und er durfte auf keinen Fall außer Atem kommen, sonst würde er verlieren. Die Zeit verlief wahnsinnig langsam.

Tagsüber hörte er die Hunde laut bellen, die rund um den Tümpel liefen. Das war schlimm! Jetzt konnte er gar nicht raus! Ruhig saß er im Tümpel. Mit einer Hand hielt er den Halm und mit der anderen seine Nase zu, damit er kein Wasser einatmete. Tagsüber durfte er es nicht wagen, aber nachts testete er immer wieder, ob das Netz noch über ihn gespannt war.

Fünf Tage und fünf Nächte musste Paul nun unter Wasser ausharren. Er dankte Gott von ganzem Herzen, dass er ihm den Tümpel als Versteck schenkte. Den Rest hatte er sich schon zig Mal ausgemalt – wie es alles hätte laufen können. Nein, er wäre schon längst tot, das wusste er. Vor lauter Angst hatte er kein Hungergefühl wahrgenommen. Am sechsten Tag, als der Mond wieder so hell schien, versuchte er langsam hochzukommen und zu seiner Verwunderung war das Netz weg. Auf allen vieren kroch er ans Ufer und blieb dort erst mal eine Weile liegen. Ruhig und still war es ringsumher. Langsam versuchte er aufzustehen. Wie es sich wohl anfühlte, wieder auf eigenen Beinen zu stehen? Was sollte er tun? Er war sehr durstig. Das Wasser im Tümpel probierte er einige Male. Aber es war eklig und stank widerlich.

Er wagte es weiter und schaute sich um. Der Mond war hell und er konnte die Gegend erkunden. Die Angst saß ihm noch in seinen Knien und trotzdem kroch er weiter. Nicht weit vom Tümpel waren tiefe Pfützen. Dort ließ er sich reinfallen und trank wie ein ausgetrockneter Fisch. Als sein Durst gelöscht war, schaute er sich um und die Angst überfiel ihn aufs Neue. Langsam kroch er wieder zum Tümpel zurück. Es ekelte ihn schrecklich, aber das Leben ist kostbar, dachte er und nach längerem Sitzen verschwand er wieder unter Wasser.

Die siebte, die achte und die neunte Nacht verliefen ähnlich. Bereits zehn Tage und Nächte diente ihm der Tümpel als Zufluchtsort. In dieser Nacht machte er größere und größere Kreise um den Tümpel herum und prüfte, ob die Luft rein war. In der elften Nacht hielt er es nicht mehr aus und machte einen doppelt so großen Rundgang.

Beim Morgengrauen – kein Mensch kann sich wohl vorstellen, wie er sich gefühlt haben muss – versank er wieder in seinem nassen Versteck.

Die Zeit unter Wasser verging unsagbar langsam. Als die Sonne an diesem Tag die Oberfläche des Wassers aufwärmte, zog er sich ein bisschen hoch und wollte rausschauen. Zu seiner großen Verwunderung standen rund um den Tümpel Kühe und tranken das Wasser. Da dachte er, das ist die Rettung! Vorsichtig kroch er aus seinem Versteck hoch und schaute schnell um sich.

Den Kühen hatte es nichts ausgemacht, aber den Hirten hatte er zu Tode erschreckt. Mit riesigen Augen starrte er ihn an, denn alle hatten ihn schon für tot erklärt, doch jetzt stand er leibhaftig vor ihm. Dann stammelte er: „Ich habe dich nicht gesehen. Mach was du für richtig hältst. Ich habe dich nicht gesehen!" Vor lauter Schreck wiederholte er sich immer wieder.

Paul wartete ab und zwischen den Kühen versteckt und geduckt schlich er sich gegen Abend in den Ort hinein. Beim ersten Haus klopfte er. Die Leute waren genauso erschrocken wie der Hirte, als sie ihn erblickten. Paul erzählte, dass er ins Wasser gefallen war und bat um trockene Kleidung. Sie waren sehr nett und versorgten ihn mit Kleidern, vorher durfte er sich noch waschen. Dann servierten sie ihm einen dampfenden Teller mit nahrhafter Suppe. Noch nie schien er etwas Köstlicheres gegessen zu haben. Dabei schauten ihn die Leute verwundert an. Sie konnten sich alles Mögliche ausmalen, aber niemand hätte sich vorstellen können, dass er fast elf Tage und elf Nächte mit einem Strohhalm unter Wasser verbracht hatte. Paul wusste nicht, wie er aussah, aber das ältere Ehepaar konnte seinen jämmerlichen Zustand nicht übersehen: seinen aufgequollenen Körper und die graublaue Tönung seiner Haut. Er durfte nicht lange bleiben. Die Angst, dass ihn doch jemand gesehen hatte, gab ihm keine Ruhe.

Als er mit dankbarem Herzen das Haus verließ, musste er an seine Mutter denken. Was könnte ihr alles zugestoßen sein? Vielleicht hatten die Soldaten Stalins sie getötet? Der Gedanke daran löste richtige Schockwellen in ihm aus. Koste es, was es wolle. Er musste es herausfinden. Nach Mitternacht, als alles in diesem schönen Städtchen so ruhig schien, schlich er sich vorsichtig zu seinem Elternhaus. Er klopfte ans Fenster von Mutters Schlafecke. Erschrocken fuhr sie hoch und erkannte ihren Sohn am Fenster. Damit hatte sie nicht mehr gerechnet. Schnell öffnete sie die Tür und seufzte: „Mein Liebling, du lebst! Ich hatte schon die Hoffnung verloren, dich je wiederzusehen! Deinen Vater haben sie erschossen und ich dachte, du wärst auch tot! Wo bist du gewesen? Du siehst so mitgenommen aus? Wie geht es dir? Sag doch was? Sprich mit mir?“ Die Mutter merkte gar nicht, dass sie ganz außer sich war.

„Mama, es geht mir gut! Beruhige dich!“, sprach er leise. „Das Gleiche wollte ich dich auch fragen?!“

„Mein Junge, du …, du lebst!? Gott sei Dank! Du glaubst gar nicht, wie glücklich ich bin, dich zu sehen? Fünf Tage und fünf Nächte bewachten die Soldaten unser Haus. Stell dir vor, sie schliefen hier auf dem Sofa! Ich betete Tag und Nacht, dass du bloß nicht wieder nach Hause kommen würdest. Sie hätten dich ja auf der Stelle erschossen. Als sie nach dem fünften Tag nicht mehr kamen, da ging ich davon aus, dass sie dich gefunden und erschossen haben wie deinen Vater.“

„O Herr, ich danke dir für meinen Jungen“, weinte sie, während sie ihren Sohn ganz eng an sich drückte.

„Was haben die Soldaten gesagt, Mama, erzähl es mir!“, forderte Paul sie auf, während er sich mit ihr auf das Sofa niederließ.

„Junge, sie suchen dich!“, sagte sie aufgeregt.

„Du wolltest mein Leben retten, damit ich nicht verhungere. Jetzt muss ich deines retten und dir sagen: Du musst fliehen! Ich weiß nicht wie und wohin, aber laufe um dein Leben, mein Junge. Fliehe, bevor es hell wird?!“

„Wegen eines Sacks Getreides! Es ist ja nicht zu fassen!“, flüsterte die Mutter.

Paul wollte keine Zeit verlieren. Was sich alles in seinem Kopf abspielte und was er alles überlegte, wusste nur Gott allein.

Noch eine letzte, feste Umarmung seiner Mutter, dann lief er schnell zur Tür, knallte sie hinter sich zu und verschwand in der Dunkelheit.

Kein Mensch hatte wieder etwas von ihm gehört. Erst als Stalin starb und sich das System im Land änderte, kam er nach zehn Jahren zurück.

Alwina hörte nur davon. Sie selbst hatte ihn nie wiedergesehen.

Die Nacht war für Alwina ganz unruhig. Sie wälzte sich von einer Seite auf die andere. Irgendwann schlief sie ein und träumte von ihrem Geburtsort, wo sie ihre Kindheit und Jugend verbrachte. Plötzlich war sie wieder im Wolgagebiet, wo große, fast stadtähnliche Dörfer entstanden. An mehreren Längsstraßen reihte sich Haus an Haus. In der Stadt Engels gab es kleinere Ansiedlungen oder auch einzelne Häuser, die in den Wäldern verstreut gebaut waren. Zu beiden Seiten der Fahrstraße wurden die Gehwege durch Birkenbäume abgetrennt. Bei der Vermessung der Grundstücke wurde von vornherein je eine genügend große Parzelle für Schule und Kirche in der Mitte des Dorfes eingeplant. Die Höfe waren einheitlich 40 Meter breit und bis zu 120 Meter lang, sodass der Dorfplan einen regelmäßigen, fast schachbrettartigen Eindruck vermittelte. Da die Häuser alle nur einstöckig waren, beherrschte die Kirche mit dem hohen Turm das Dorfbild. Die deutschen Kolonisten wurden bei der Ansiedlung aufgefordert, Bäume anzupflanzen. Und so hob sich ein deutsches Dorf wie eine Oase aus der sonst baumlosen Steppe hervor. Im Frühling lag das Dorf in einem Blütenmeer voll Honigduft. Oft sah man die Häuser hinter den dichten Birkenbäumen nicht mehr. Einfahrtstor und Eingangstörchen hatten oft verzierte Säulen oder Torbögen, die bunt gestrichen waren. Groß und regelmäßig war solch ein Bauernhof mit den Gebäuden angelegt. Auf der einen Seite, durch ein Blumengärtchen von der Straßenmauer getrennt, stand das lange Wohnhaus. Zwei abgetrennte Wohnungen mit meist vier Räumen boten den Eltern und dem ältesten, verheirateten Sohn Unterkunft. Unter demselben Dach schlossen sich die Stallungen für Pferde und Kühe an und dann folgten die Schuppen für Wagen und Ackergeräte. Vorne, gegenüber dem Hauptgebäude, stand die „Sommerküche", in der sich das Leben in den heißen und staubigen Sommermonaten abspielte. Anschließend kam die Scheune. Im Hinterhof war der große Dreschplatz. Um diesen sah man hohe Stroh- und Misthaufen – beides in Ermangelung von Kohle und Holz –, das unentbehrliche Brennmaterial.

Das Äußere eines Kolonistenhauses machte immer einen sauberen, gut gepflegten Eindruck. In Saratow waren die Häuser teils aus Holz, teils aus Stein errichtet. Sie waren alle verputzt und weiß angestrichen. Alljährlich wurden die Mauern und auch die Häuser, meist zu Pfingsten, neu gestrichen. Das Dach war je nach Lage mit Schilf, Blech oder Ziegeln gedeckt. Oft sah man auf den Dächern das Baujahr eingelegt oder eingezeichnet. Neben den geschlossenen deutschen Siedlungen gab es eine größere Zahl von Gutshöfen, die zerstreut und abgelegen in der weiten Steppe lagen. Unternehmungslustige, wohlhabende Bauern, denen es im Dorf zu eng wurde, kauften sich bei den russischen Gutsbesitzern Land. Oft waren es 200 bis 800 und mehr Hektar. Um das Gutshaus herum lag die Weide, weiter entfernt das Ackerland. Geräumige Wohnungen, viele Stallungen für Vieh,

geeignete Bauten für Ackergeräte und Wagen waren Kennzeichen für solch einen Gutshof.
Kraft der ihnen zugestandenen kommunalen Autonomie wählten die Kolonisten ihre Schulzen, also ihre Vorsteher, und Oberschulzen selbst. Diese waren der Dorf- bzw. der Gebietsversammlung rechenschaftspflichtig.

Das Erbsystem – der jüngste Sohn war der Hoferbe – der Kinderreichtum und das Privileg, Land zu kaufen, führten zur Gründung von zahlreichen Tochterkolonien: zuerst in der Nähe der Mutterkolonien im Wolga- und Schwarzmeergebiet, seit dem letzten Drittel des 19. Jahrhunderts auch im Nordkaukasus, am Ural, in Sibirien, Kasachstan und Zentralasien.

Die letzten Siedlungen entstanden noch 1927–1928 im Amurgebiet.
Im Wolgagebiet entstanden 440, im Schwarzmeergebiet rund 1.800, in Sibirien rund 500 Tochterkolonien. Insgesamt entwickelten sich aus 304 Mutterkolonien 3.232 Tochterkolonien; die Zahl der deutschen Dörfer betrug somit 1.940 rund 3.500, die im Baltikum nicht mit gezählt. Die Kolonien waren streng nach Konfessionen getrennt. Ein Grund für die starke Verbreitung des Russlanddeutschtums war der große Kinderreichtum. Während bei allen nationalen Minderheiten in Europa die Geburtenziffer unter der des Staatsvolkes lag, überstieg sie bei den Russlanddeutschen die des Staatsvolkes. Auf 1.000 deutsche Einwohner kamen im europäischen Russland 43,8 Kinder. Die durchschnittliche Kinderzahl pro Familie lag vor 1918 bei acht Kindern.
Aus 100.000 Einwanderern wurde in 150 Jahren eine Volksgruppe von 1,7 Millionen.

Im Unterschied zu anderen Emigranten entwickelte sich bei allen Russlanddeutschen mit der Zeit ein gut ausgeprägtes lokales Heimatbewusstsein. Sie wollten auch in der neuen Heimat Deutsche bleiben. Deshalb legten sie von Anfang an großen Wert darauf, ihren Glauben, ihre Muttersprache und ihre folkloristischen Traditionen sorgsam zu pflegen und an die nachfolgenden Generationen weiterzugeben. So konnten sie über zwei Jahrhunderte ihre nationale Identität bewahren und der Assimilation widerstehen.

Das religiöse Leben war in den deutschen Siedlungen stark ausgeprägt. Viele waren ja seinerzeit auch aus religiösen Gründen ausgewandert. Da von der russischen Regierung religiöse Freiheit gewährt wurde, war man in der Lage und auch bereit, für den Bau der Kirche große Opfer zu bringen. Die Kirchen mussten immer aus eigenen Mitteln erbaut werden. Da gab es aber nie Schwierigkeiten. Die von der Gemeinde auferlegten Kirchensteuern wurden willig getragen und die Teilnahme am Bau war Ehrensache. So gab es dann in jeder mittleren und größeren Gemeinde eine stattliche Kirche mit hohem, über die Bauernhäuser hinausragendem Kirchturm.

Der um die Kirche angelegte Kirchengarten und die Kirchenmauer waren immer gut gepflegt. In allen Kirchen gab es Orgeln, die meist aus Deutschland kamen; besonders war die Walker-Orgel aus Ludwigsburg. Die Kirchenbauten unterschieden sich sowohl im äußeren Erscheinungsbild als auch in der Innenausstattung grundlegend von den orthodoxen Kirchen. Beim Baustil der Kirchen, die den ganzen Stolz der Deutschen zum Ausdruck brachten, folgte man den in der zurückgelassenen Heimat vorherrschenden neoklassizistischen und historistischen Mustern des 18./19. Jahrhunderts. Der Kirchenbesuch war in den deutschen Siedlungen sehr rege. Von der Familie blieb nur eine Person zu Hause. Daher waren die Kirchen an den Sonntagen immer überfüllt. Die sonntägliche Ruhe war mustergültig.

An Sonntagen wurde keinerlei Arbeit verrichtet, auch nicht in der Ernte- und Dreschzeit. Nicht nur in jeder deutschen Siedlung, sondern auch in fast allen größeren Städten Russlands. Jede missionarische Tätigkeit unter orthodoxen Christen war den Deutschen streng verboten bis 1905. (Quelle: Bernd G. Längin)

Alwina hatte sich der Abtreibung widersetzt, aus welchen Gründen auch immer – das war ihr selbst nicht ganz klar.

Wenn Friedrich dann betrunken nach Hause kam, sagte er: „Ach weißt du was, lass es, treib nicht ab. Wo ein Kind satt wird, wird auch das zweite satt." So ging es die ganze Zeit, bis das Baby in Saratow im Wolgagebiet zur Welt kam.

Es war nach vier Uhr morgens und es war hell, als sie das Haus verließen und sich auf den Weg machten. Nicht der geringste Windhauch hatte während dieses Morgens das dichte Schilfrohr bewegt, das nah an ihrem Haus in einem Tümpel wuchs. Auch kein Tier war erschreckt aufgeflogen oder davongesprungen. Am Tümpel, der in einer Senke der Wiese lag, rührte sich seit dem Morgen nichts. Es herrschte vollkommene Stille.

Die ersten Vögel sangen ihr Loblied und die Frauen machten sich auf den Weg, um die Kühe zu melken. Nicht weit von ihnen lag an einem ruhigen Ort eine große Farm mit Kühen, die zu einer Kolchose gehörte.

Die Sommernächte in dieser Gegend waren sehr kurz. Alwina musste des Öfteren stehen bleiben, denn die Wehen hatten zugenommen, während Friedrich sie ermutigte. Nach kurzen Pausen gingen sie weiter, bis sie das Ortskrankenhaus erreichten. Es dauerte nicht lange, da erblickte ein kleines Mädchen von gerade 2 900 Gramm die Welt … Zugegeben – kein optimaler Start. Ungeplant …!

Plötzlich fiel Irene ein, dass ihr Vater sie zuerst gern Elena genannt hätte. Irene versuchte sich auszumalen, wie es wäre, wenn sie die Hand ausstreckte und sich als Elena vorstellen müsste, – das ginge gar nicht. Als nun Friedrich das kleine Baby zum ersten Mal sah, verliebte er sich heiß und innig in sie und sie sollte Irene heißen: „Friede", so heißt das aus dem Griechischen übersetzt.

„Ja, das ist es! Sie hat den Frieden in mein Herz gebracht", meinte Friedrich. Seitdem kam er immer pünktlich nach Hause, was vorher nicht der Fall war. Er war nach der Arbeit lieber mit seinen Kumpanen in die Kneipe gegangen. Jetzt sorgte er für die Kleine und spielte mit ihr. Sie kuschelten oft miteinander und er drückte sie ganz liebevoll. Danach brachte er sie höchstpersönlich in ihr Bettchen. Irene wurde gerade ein Jahr alt, als der Beschluss Stalins verkündet wurde: Alle Deutschen, die im Lande noch am Leben waren, sollten nach Kasachstan deportiert werden. So packte die Familie mal wieder ihr bisschen Hab und Gut und machte sich auf den langen Weg.

Ursprünglich wurden die Deutschen ja von Katharina der Großen nach Russland eingeladen. Die vielen, die dieser Einladung gefolgt waren, die kasachischen Steppen besiedelt und mit aufgebaut hatten, wurden jetzt in die Verbannung geschickt. Die Zeiten hatten sich sehr verändert. Jeder der Siedler hatte viel Arbeit. Am Anfang mussten sie neben ihrem Hauptberuf für die eigene Familie ein kleines Zuhause aufbauen. In den großen Werken und Fabriken, die sie aufgebaut hatten, herrschte Fleiß und Ordnung. Seit die Deutschen als Fabrikherren die Zügel fest in den Händen hielten, flossen den Fabriken neue Aufträge zu. Mit ihrem Fleiß brachten sie die kasachischen Steppen zum Blühen. (Quelle: Bernd G. Längin)

Inzwischen war Irene drei Jahre alt geworden. Es war ein kalter Winter mit viel Schnee. Wenn Friedrich Schnee schippte, packte er Irene in warme Kleidung ein und nahm sie mit hinaus. Zwischendurch drückte er sie ganz fest an sich und schob dann den Schnee weiter zur Seite. Sie lief um ihn herum und war glücklich – Friedrich auch; Hauptsache sie war in seiner Nähe. Nach ihrer gemeinsamen Tochter bekam Alwina noch einen Jungen namens Peter und ein Mädchen namens Lydia. Der Älteste hieß Waldemar und war drei Jahre älter als Irene. So schien die Familie komplett zu sein.

Die Freude war nicht von langer Dauer. Es war der 18. Februar im Jahre 1961, ein kalter Morgen. Schnee lag auf den Straßen und es war sehr glatt. Friedrich war früh auf, denn sein Arbeitstag nahm seinen Lauf. Bis zu seiner Arbeitsstelle musste er bei diesem Wetter fünf Kilometer mit dem Fahrrad zurücklegen. Friedrich arbeitete als einfacher Arbeiter in einem großen, logistischen Unternehmen, welches zu Kirgisien gehörte. Beginnend von Lebensmitteln bis zu allerhand Ersatzteilen konnte man alles bekommen. Kirgisien lag rund fünfhundert Kilometer entfernt in einem Tal, kesselartig umgeben von Bergen. Deswegen wurde hier im Dschambulgebiet die Ware gelagert und nach Bedarf dann mit Lkw weiter nach Kirgisien transportiert.

Alwina hatte das Frühstück fertig und Friedrichs Arbeitstasche war auch schon gepackt. Als sie sich von ihrem Mann verabschieden wollte, hielt sie ihn an den Händen fest. In ihnen spürte sie seine Stärke, seinen Mut und die Liebe zu ihr. Sie schmiegte sich an ihn und wusste, dass er sie in wenigen Minuten verlassen würde. Viele Erinnerungen drängten sich ihr auf. So viel Kummer hatte sie mit ihm geteilt, aber auch viel Freude. Manchmal gab es Ärger, auch der war nicht ausgeblieben, vor allem als sie noch jünger waren.

Friedrich ging aus dem Haus, holte sein Fahrrad aus dem Schuppen und fuhr los. Noch einmal winkte er seiner Frau zu und verschwand hinter einer

Straßenkurve. Unterwegs überholte ihn ein Laster, der ihn mitriss. Der Lkw-Fahrer war eindeutig zu schnell. Jede Hilfe kam zu spät, Friedrich war tödlich verunglückt.

So verlor Irene ihren Vater bereits mit drei Jahren. Ihr ältester Bruder Waldemar war sechs Jahre alt. Ihr Bruder Peter war achtzehn Monate und ihre jüngste Schwester Lydia erst sechs Monate alt.

Alwina kam mit dem Verlust ihres Mannes nicht zurecht. „Er hat vier Kinder als Halbwaisen und mich als Witwe zurückgelassen, was soll ich nur tun?“

Alwina fand keinen Platz, an dem sie zur Ruhe kommen konnte, weder am helllichten Tag noch bei Nacht. Dazu krochen Existenzängste in ihr hoch und machten ihr das Leben sehr schwer. Mit vier Kindern konnte sie nicht arbeiten gehen. Es gab kein Sozialamt und keine Witwenrente. Das, was sie bekam, war zum Leben zu wenig und zum Sterben zu viel. Für jedes Kind bekam sie vier Euro Kindergeld pro Monat. So lebte Alwina von Almosen, die die Leute aus ihrem Ort brachten, denn viele wussten von ihrem Leid. Von manchen bekam sie Kleidung für ihre Kinder, von anderen Mehl und Kartoffeln oder auch nur Sauerkraut, was die Ortsbewohner eben abgeben konnten. Des Öfteren fühlte sie sich allein und verlassen. Solchen Herausforderungen des Lebens war sie nicht gewachsen. Sie fühlte sich schlechter und schlechter, sodass sie gar nicht merkte, dass sie in einer tiefen Depression steckte.

Nachdem sie ihre Kinder ins Bett gebracht hatte, konnte sie vor Angst nicht einschlafen. Jeden Abend wechselten sich die Töchter der Nachbarn ab, um bei ihr zu übernachten. Und trotzdem hatte sie jede Nacht das Gefühl, als stünde eine schwarze Gestalt vor ihrem Bett. Zu dieser Zeit war sie keine Christin.

Was sie von zu Hause kannte, war, dass sie sich vor dem Schlafen mit der Hand überkreuzte und – im Namen des Vaters und des Sohnes und des Heiligen Geistes – sprach. Das brachte auch nichts. Dann spielte sie mit dem Gedanken, das Haus und den Ort zu verlassen. Es dauerte nicht lange und schon waren die ersten Interessenten da. Eines Tages verkaufte Alwina ihr Hab und Gut und verließ mit dem letzten Treck ihren Ort. Ohne Mann, aber mit ihren vier Kindern. Schon vor dem Verlust ihrer Heimat war Alwina kraftlos und ohne Lebensenergie, doch nun war sie eine gebrochene Frau. Sie war nicht weit davon entfernt, zu den Obdachlosen zu gehören. Seelisch und geistig war sie ein lebendiges Wrack.

Sie fuhr zu ihrer Schwester Hilde nach Russland zurück, in die Stadt Orenburg. Hier hatte sie vor einigen Jahren ihren verstorbenen Mann kennengelernt.

Es war schon kalt in Russland, als Alwina mit ihren Kindern eintraf. Sie hatte nur zwei Koffer dabei. Der Rest wurde mit einem Container per Zug versandt. Die Kinder besaßen keine vernünftige Kleidung. Es dauerte einen Monat, bis sie ihre Sachen aus dem Container wiederbekamen. Zum Glück konnte ihre Schwester Hilde sehr gut nähen und fertigte den Kindern wenigstens eine Grundausstattung zum Anziehen.

In diesem Herbst wurde Irene eingeschult und ihr älterer Bruder ging in die dritte Klasse. Die erste Zeit war Alwina bei ihrer Schwester glücklich. Es waren bereits sechs Monate vergangen. Sie hatte immer noch nicht zu ihrer inneren Ruhe zurückgefunden und plante, sich endgültig im Kaukasus im Gebiet Krasnodar niederzulassen. Diese Entscheidung war für ihre Schwester Hilde unverständlich und absolut nicht nachvollziehbar. Dort hatte sie weder Verwandte noch Bekannte. Wie kam sie überhaupt auf dieses Land? Das Land war ihr doch total fremd. Aber Alwina war fest davon überzeugt, dass dies der richtige Weg für sie und ihre Kinder sei.

Als Alwina die beiden Kleinen aus dem Kindergarten abholte, donnerte und blitzte es und die ersten Tropfen fielen auf den Boden. Nach wenigen Minuten, als sie die Wohnung erreichten, schüttete es wie aus Eimern.

Hilde war froh zu Hause zu sein. Sie war eine ordentliche Hausfrau und das Essen stand schon auf dem Tisch. Am Mittagstisch wandte sich Alwina zu Hilde und sagte: „Ich habe mich erkundigt und werde nächste Woche aufbrechen."

Das traf Hilde sehr. Damit hatte sie doch nicht gerechnet und hoffte noch, Alwina zu überreden, bei ihr zu bleiben. Aber es war nichts zu machen. Alwina blieb stur.

Wieder mal fing Hilde an zu nähen und zu stricken, damit ihre kleinen Neffen und Nichten versorgt waren.

Sie war schnell und gut, so war alles rechtzeitig fertig. Die Koffer waren erneut gepackt und der Container versandt worden.

Wieder mal standen sie auf dem Bahnhof, wieder mal hieß es Abschied nehmen.

Diesmal machte sich Hilde Sorgen und wirkte sehr unruhig, denn sie wusste wirklich nicht, wohin Alwina wollte, und noch dazu mit vier kleinen Kindern. Da fuhr auch schon der Zug ein. Die Schwestern nahmen Abschied.

„Melde dich, wenn du da bist", sagte Hilde. Alwina nickte nur mit dem Kopf, während sie sich umschaute, um sicher zu sein, dass auch alle vier Kinder im Zug waren.

Der Zug legte mit Gezische und Getöse los. Alwina machte es sich mit ihren Kindern auf den Sitzplätzen gemütlich. Irene und Waldemar saßen am Fenster und genossen die Gegend und das Schaukeln des Zuges. Lydia war müde und jammerte immer wieder. Peter war ein ruhiges Kind und bald eingeschlafen. Einmal mussten sie in Moskau auf dem Hauptbahnhof umsteigen.

Das Warten auf den Anschlusszug in Richtung Kaukasus dauerte mehrere Stunden. Waldemar war schon ganz müde und unzufrieden. Er wollte sich umschauen und ein bisschen die Beine vertreten.

Alwina war zwar etwas ängstlich, erlaubte es ihm aber trotz der fremden Gegend. Nach einiger Zeit wurde sie total unruhig, denn so selbstständig war Waldemar mit seinen gerade mal neun Jahren doch noch nicht.

Sie musste ihn suchen, aber wo? Und wer würde dann auf ihre anderen Kinder und ihre wenigen Habseligkeiten aufpassen? Der Junge kam und kam nicht. Nach langem Überlegen beschloss sie, ihn doch zu suchen.

Plötzlich hörte sie über den Lautsprecher, der in der ganzen Bahnhofshalle schallte, folgende Ansage:

„Achtung, Achtung, eine wichtige Durchsage! Ein kleiner Junge läuft ohne Aufsichtsperson über die Gleise! Die Erziehungsberechtigten sollen sich im Informationsbüro melden!“

Alwinas Herz blieb stehen. „Das kann mein Junge sein“, schoss es aus ihrem Mund.

Schnell befahl sie Irene: „Du sollst jetzt ein großes Mädchen sein! Ja, pass schön auf deine Geschwister auf und auf die Sachen! Ich laufe und gucke wo Waldemar abgeblieben ist.“

Irene schaute sie nur verdutzt an und nickte mit dem Kopf, als ihr bewusst wurde, was sie da gerade eben hörte. Schon war Alwina aus ihrem Blickfeld verschwunden. „Wie – groß sein? Ich soll groß sein?“ Eine panische Angst überfiel sie. Irene sollte groß sein? Allein mit ihren beiden Geschwistern, die noch kleiner waren? Auf diesem riesigen Bahnhof, wo sie keine Menschenseele kannte!? Die Kleine war gerade selber knapp sechs Jahre alt. Sie schaute unsicher um sich. „Hoffentlich kommt kein Fremder und kein Penner vorbei.“ Sie waren in großer Zahl auf den Bahnhöfen zu Hause. Ihr kleines Herz schlug lauter und lauter, aber sie sollte ja groß sein und musste sich beherrschen können. Wie lange ihre Mutter weg war, wusste Irene nicht, aber es kam ihr vor wie eine Ewigkeit. Zum Glück schlief ihre kleine Schwester Lydia ein. Ihr jüngster, dickbackiger Bruder Peter schaukelte vor und zurück, wobei er missmutig am Daumen lutschte. Irene starrte immer wieder zur Eingangstür, wo unzählige Menschen rein und raus gingen. In den Gesichtern der fremden Menschen erkannte sie, wer gut oder böse aussah. Endlich erblickte sie in der nächsten Menschenlawine, die gerade in die breite Tür reinquoll, eine Frau, die wie ihre Mama aussah.

Sie steuerte auf sie zu. Doch das muss sie sein. Ein Stein rollte von Irenes Herz und sie fühlte sich leichter. Allerdings nahm Irene auch den verzweifelten Blick auf dem Gesicht ihrer Mutter wahr. Blass stand sie vor ihr und ihr Herz klopfte so laut, dass Irene es hören konnte.

„Ich habe ihn nicht gefunden“, sagte sie und sackte wie ein nasser Sack auf die Bank nieder. Viele Gedanken wirbelten in Alwinas Kopf umher. „Mein Junge, mein kleiner Junge, wo ist er nur? Was soll ich tun? Wo finde ich ihn? Es ist aus. Meinen Mann habe ich verloren und jetzt noch meinen Jungen. O großer Gott, was werde ich ohne ihn tun? Er ist doch mein großer Junge! Er muss bei mir bleiben, ich habe ja gar keinen mehr, der mir sonst zuhört? Bei wem sollte ich denn mein Herz ausschütten? Er hörte mir immer zu, egal was ich ihm erzählte.“ Ihr Kopf sackte tiefer und tiefer. Immer wieder hob sie ihn hoch und schaute sich verwirrt um.

„O nein, nein, das kann doch nicht wahr sein!“, stieß sie immer wieder laut aus.

Es war ein kalter Frühlingstag. Noch kälter und dunkler sah es in Mutters Seele aus, die ihr eigenes Kind verloren hatte.

Irene starrte immer noch zur Eingangstür und beobachtete diese bewegende Menschenmenge, die nicht zum Stillstand kam.

„Woher kommen die denn alle und wohin wollen sie?!", dachte sie. Plötzlich sah sie eine Schaffnerin, die aus der Menschenmenge herausragte und einen Jungen an der Hand hielt. Ihre Augen wurden größer. Sie schaute zu ihrer Mutter, die immer noch ihren Kopf fast bis zu ihren Knien hängen ließ und sagte:

„Mama, Mama, guck mal, da kommt Waldemar", rief sie, während sie mit ihrem Zeigefinger geradeaus zur Eingangstür zeigte. Alwina erwachte, wie aus einem schrecklichen Albtraum und konnte ihren eigenen Augen nicht trauen.

„Gehört der Junge zu Ihnen?", fragte die Schaffnerin mit strenger Stimme, während sie Alwina und alle anderen Kinder anschaute, als wollte sie ihnen Maß nehmen.

„Ja, das ist mein Junge", sagte Alwina erleichtert und drückte ihn ganz fest an ihre Brust, während sie schluchzend fragte: „Wo bist du gewesen?" Er schaute seine Mutter unschuldig an und antwortete: „ Ich wollte sehen, wohin die Gleise führen." Alwina schaute ihn streng an, wollte schimpfen, riss sich dann aber doch zusammen und erwiderte: „Das ist jetzt egal, Hauptsache du bist da!"

„Nein, das ist nicht egal", empörte sich die Schaffnerin. „Passen Sie nächstes Mal besser auf ihre Kinder auf!" Dann ging sie mit energischen Schritten Richtung Ausgangstür.

Als sich die Aufregung gelegt hatte, fragte Alwina ihren Sohn aus.

„Sag mal, was ist los mit dir? Wo bist du tatsächlich gewesen? Du wolltest dich doch nur ein bisschen umschauen und nun? Wie bist du denn auf den Gleisen gelandet? Du weißt doch, dass du das nicht darfst?"

„Entschuldigung, ich habe mich verlaufen und außerdem wollte ich schon immer wissen, wie die Züge auf solch schmalen Eisendingern fahren können?"

„Du hast uns viel Kummer bereitet, ist dir das klar, Waldemar? Du weichst mir nicht mehr von der Stelle, ehe ich es dir sage! Hast du das verstanden?"

„Ja, Mama", sagte er mit eingezogenem Kopf und fing an zu weinen.

„Hör auf. Hör sofort auf, sag ich dir!" Stirnrunzelnd schaute Alwina ihn an und versuchte ihn zu beruhigen. Aber er weinte weiter – herzzerreißend, als hätte er Mutters Worte nicht gehört, dabei liefen ihm die Tränen über die heißen, rot gefleckten Wangen.

Alwina packte die Schultern des schlafenden Waldemars und schüttelte ihn kräftig. Sein Kopf wackelte heftig vor und zurück. Seine Augen waren geschlossen und sein Mund stand offen. Waldemar hörte das scharfe Klicken der Zähne, als seine Kiefer aufeinanderschlugen. Verdutzt öffnete er die Augen und blickte seine Mutter an.

Alwina umarmte ihn und zog ihn an sich. „Du wirst jetzt nicht mehr weinen – um deiner Geschwister willen und um meinetwillen. Alles wird gut, mein Junge, aber du musst jetzt ruhig sein!" Alwina wiegte ihren Sohn in ihren Armen, besänftigte ihn und wies ihn gleichzeitig zurecht.

Irene beobachtete die Szene nachdenklich und erkannte, wie wichtig für sie doch ihr ältester Bruder war. Sie hatte Mitleid mit ihm. Ihr Gesicht rötete sich vor Erregung, als sie ein plötzlicher Gedanke und ein Empfinden mit ganzer Kraft überkam: Liebt meine Mama ihn mehr als mich? Ob sie sich auch so viele Sorgen gemacht hätte, wenn mir so etwas zugestoßen wäre?

Alwina bemerkte einen eigenartigen Ausdruck auf Irenes Gesicht. „Was ist mit dir? Geht es dir nicht gut?", fragte sie ihre Tochter. Diese schüttelte energisch den Kopf und sagte: „Nichts."

Nach 24-stündiger Fahrt und all der Aufregung erreichten sie das Gebiet Krasnodar, wo sie sich niederließen.

Alwina fand auf dem Lande ein kleines Häuschen, das sie sich leisten konnte. Es hatte einen kleinen Schlafraum mit einem Holzfußboden und eine kleine Küche mit Anbau und Lehmfußboden. Die Fenster waren entsprechend winzig und von außen sah man die niedlichen, weiß-blauen Läden, die sie jede Nacht zuzog. Es war das vorletzte Haus im Ort und somit der Weg zur Schule recht weit. Einmal kehrte Irene mitten auf dem Weg vor Angst um, weil sie dachte, der Weg hätte kein Ende und sie würde sich verlaufen.

Gleich neben dem Haus lag ein Wald, der sie im Winter gut mit abgebrochenen, trockenen Ästen versorgte. Alwina sammelte sie mit ihren Kindern, um den Ofen zu heizen, denn Kohle konnte sie sich nicht leisten.

Solche breiten Straßen hatte Irene noch nie gesehen. Genau so einen Abstand hielten die Bewohner zueinander. Die Distanz der Leute untereinander war für Irene ungewohnt.

Alwina war mit ihren Kindern die einzige deutsche Familie in dieser Gegend. Die anderen waren Donkosaken und sie musste mit ihrer Familie viel ertragen. Die beiden Ältesten, die zur Schule gingen, aber auch sie selber musste sich von den Ortsbewohnern einiges anhören.

Irene ging hier weiter in die erste Klasse. In den Pausen waren die Kinder auf dem Schulhof sehr gemein zu ihr. Sie beschimpften sie als „deutsche Faschistin", während sie ihre gekochten Krebse aßen. Man konnte sie in der Pause kaufen, wie in deutschen Schulen heute belegte Brötchen oder Obst.

Die Kleine stand immer abseits und war ganz alleine. Keines der Mädchen wollte mit einer Deutschen befreundet sein.

Waldemar hatte sich nicht viel bieten lassen und schloss schnell Freundschaften. Seine Kumpels gaben ihm einen abwertenden Spitznamen, aber das störte ihn nicht, vermutete Irene jedenfalls.

„Deutsche! Deutsche!", wurde immer wieder über sie gespottet. Egal ob sie in der Schule oder zu Hause waren, es wurde sehr viel über sie geredet.

Alwina versuchte zu jedem einen netten Umgang zu pflegen. Sie hasste allerdings das Lästern über sie und hielt einen gewissen Abstand zu den Leuten.

Eines Sonntags wollte Alwina zum Markt gehen, denn er fand nur am Sonntag statt. Sie nahm Irene mit und ließ die anderen Kinder allein zu Hause. Der Weg dorthin war sehr weit und sie mussten über eine Holzbrücke, die über einen sehr breiten, lauten Fluss mit lehmfarbenem Wasser führte. Der Fluss hieß Kuban. Die Brücke war so sehr verfallen, dass man sie schwer wieder aufbauen konnte. Die Planken waren verrottet; an zwei, drei Stellen waren sie in den Fluss gestürzt und bildeten breite Lücken, sodass die Überquerung einem Angst einjagte. Irgendjemand hatte eine behelfsmäßige Brücke errichtet, indem er mehrere alte, nicht mehr gebrauchte Holzboote in einer Reihe nebeneinander festband. Viele Personen, Pferde und mit Waren beladene, schwere Karren und Vieh, das auf dem Markt verkauft wurde, passierten diese Brücke. Es war einfach unmöglich, sie zu benutzen. Irene klammerte sich fest an die Hand ihrer Mutter und wollte auf keinen Fall die Brücke überqueren.

Die Dorfbewohner konnten dort alles kaufen und verkaufen. Manche Bauern schleppten ihre Ziegen zum Verkauf auf den Markt. Aber die sträubten sich vor Angst, über die wackelige Brücke zu gehen und standen wie eingegraben auf einem Platz, sodass die Bauern sie mit Gewalt an einem Seil ziehen mussten.

Man hatte das Gefühl, sie würden ersticken. Genau so kam sich Irene vor, als sie die Brücke überqueren sollte, ihr die Angst aber den Hals zuschnürte, sodass sie sich nicht getraute, die Brücke zu betreten. Alwina zog sie an der Hand, bis sie auf der anderen Seite wieder festen Boden unter sich spürten. Der Weg ging danach über einen Berg, der sehr nah an einer ganz tiefen Schlucht lag. Irene dachte nur, es wird nur noch schlimmer und konnte gar nicht wegschauen, denn ihre Augen zogen sie automatisch ins Verderben. Als sie danach heil ankamen, sahen sie einen riesigen Markt, der so groß war, wie das Auge reicht. Man merkte nicht, dass er auf einem Bergplateau lag, denn hier war alles eben.

Alwina suchte auf dem Markt nach Wolle. Sie wollte für ihre Kinder Socken, Handschuhe und Schals stricken, denn der Winter würde in Kürze Einzug halten.

Als sie sich auf den Rückweg machten, stieß ein fremder Mann zu ihnen und leistete ihnen Gesellschaft.

Als kleines Mädchen bewunderte Irene ihre Mutter. Obwohl sie noch kein so „richtiger Christ“ war, kannte sie sich schon sehr gut in der Bibel aus. Die Ansätze konnte man deutlich spüren, denn nach dem Thema Weltkunde war die Bibel ihr Lieblingsdiskussionsthema.

Der Mann hatte viele Fragen. Es schien ihm aufgefallen zu sein, dass sie neu in dieser Gegend waren. Sie unterhielten sich über das Wetter, die Flora und Fauna.

Sie diskutierten über den Glauben und über das deutsche Volk.

In Alwina stieg die alt vertraute Woge aus Liebe, Zärtlichkeit und Trauer auf.

„Die meisten Deutschen sind Christen“, sagte sie herb, „jedenfalls so weit man Menschen mit Feuer und Schwert vom wahren Glauben überzeugen kann.“

Der Mann betrachtete Alwina mit scharfem Blick.

„Sind Sie etwa nicht der Meinung, dass die Kirche den Auftrag hat, die Heiden zu bekehren?“

„Welchen Wert hat ein Versprechen, wenn es unter Zwang gegeben wurde? Wenn ein Mensch gefoltert wird, kann es sein, dass er alles sagt, was seine Peiniger hören wollen, nur um den Qualen ein Ende zu bereiten.“

„Das ändert nichts daran, dass unser Herr Jesus uns geboten hat, in Frieden hinzugehen, allen Völkern im Namen des Vaters, des Sohnes und des Heiligen Geistes die Frohe Botschaft zu verkünden und die Menschen zu taufen.“

„Das stimmt“, räumte Alwina ein. „Aber ...“ Sie hielt eine Weile inne.

„Du tust es schon wieder,“ stoppte sie sich. Wieder einmal ließ sie sich in ein unvernünftiges, unter Umständen gefährliches Streitgespräch verwickeln. Und diesmal mit keinem Geringeren als dem Vorsteher der Orthodoxen Kirche.

„Na ja“, Alwina wählte ihre Worte mit Bedacht, „bedenkt einmal die Reihenfolge des Gebots, das Jesus erteilt hat: zuerst die Völker lehren und dann taufen. Christus hat uns nicht dazu ermahnt, das Sakrament der Taufe zu spenden, bevor der Glaube wahrhaftig in den Herzen der Menschen ist.“

Der Mann betrachtete die arme Witwe interessiert. „Sie argumentieren geschickt! Was haben Sie gelernt?“

„Gelernt?“, erwiderte Alwina.

„Ja, gelernt“, wiederholte der Mann.

„Außer die acht Klassen in der Schule nichts“, antwortete sie. Dass sie ihre Jugend in Gefangenschaft verbracht hatte, wollte sie nicht erwähnen.

„Da waren sie in der Schule sehr gut, wie ich höre?!“, fragte er weiter.

„Doch, ich war gut“, antwortete sie leise.

„Ja, ich konnte auch nicht lange die Schule besuchen“, sagte der Mann. „Wir waren arm und ich musste früh arbeiten gehen.“

„Was die Armut betrifft: Ich bin in Armut geboren und daran gewöhnt“, erwiderte Alwina.

Sie war sehr belesen. Ihre schulischen Leistungen waren bestens. Nach acht Jahren Schule konnte sie zwei Sprachen. Deutsch war ihre Muttersprache und Englisch beherrschte sie auch ganz gut. Nach dem Krieg lernte sie noch Russisch.

Es war inzwischen ein Jahr vergangen und Alwina spielte mit dem Gedanken, wieder zurück zu ihrer Schwester Hilde zu ziehen. Hilde hatte doch recht, aber Alwina wollte nicht hören. Im Kaukasus konnte sich Alwina nicht einleben. Die Menschen, die Mentalität, alles war ihr so fremd. So brachte sie ein Schild an das kleine Häuschen an, worauf stand: „ Zu verkaufen“. Das Haus wurde schnell verkauft und so stand wieder ein Umzug an.

Als alles gepackt war und der Laster mit dem Container losfuhr, konnte sich Alwina mit ihren vier kleinen Kindern am nächsten Tag auf die Reise begeben.

Nachdem sie das Haus verlassen hatten, wurde die Reise zunehmend beschwerlich. Die gut befestigte Straße verwandelte sich in einen schmalen, verwahrlosten Pfad, der von tückischen Spalten und Rinnen durchzogen war. Der

Pflastersteinbelag aus den alten Zeiten war verschwunden. Die meisten der uralten Steine waren aus dem Boden gerissen und davongekarrt worden, um sie für den Bau von Häusern zu verwenden, denn so gutes und festes Baumaterial war in diesen finsteren Zeiten eine Seltenheit. Natürlich konnte man auch Baumaterial kaufen, aber die wenigsten konnten es sich leisten. Es dauerte ziemlich lange, bis die Familie endlich, nach einer anstrengenden Fahrt mit dem Bus, den Bahnhof erreichte.

Schwester Hilde war wieder bereit, die Rückkehrer aufzunehmen. Alwina gab sich alle Mühe, fand aber wieder keine innere Ruhe. Hilde bewohnte mit ihren drei Kindern eine schöne Wohnung. Sie rückten alle zusammen, Waldemar und Irene gingen tagsüber ja wieder zur Schule.

Nach sechs Monaten war es wieder so weit, dass Alwina es nicht mehr aushielt und die Koffer packte. Die innere Unruhe gab ihr keinen Frieden und keine Bleibe.

Ihre Schwester Hilde stand ihr mit Rat und Tat zur Seite. Sie war eine exzellente Köchin und sehr gute Schneiderin. Hilde legte sich ins Zeug, bekochte alle, sorgte für die Kinder, nähte, was gebraucht wurde, und doch hielt es Alwina nicht mehr aus und wollte weiterziehen.

Hilde selbst war zur Witwe geworden, als sie ihren Mann zu Stalins Zeiten verlor. Sie hatte aber schneller Fuß fassen können als Alwina und war viel optimistischer.

Eines Abends, als die Kinder im Bett waren, saßen die beiden Schwestern zusammen und unterhielten sich. Irene konnte nicht schlafen und verfolgte das Gespräch der beiden.

Hilde schimpfte mit Alwina: „Sag mal, irgendwann sollte es doch wohl aufhören!

Du kannst doch nicht ständig umziehen? Da geht noch das Letzte drauf, was du besitzt! Und was dann? Denk doch an deine Kinder, sie müssten schon wieder die Schule wechseln. Kein Wunder, dass dein Irenchen so kränkelt. Wo willst du denn schon wieder hin? Ich verstehe dich überhaupt nicht mehr!“

Sie warf Alwina pausenlos und ungeduldig einen Satz nach dem anderen hin.

„Ach, du hast ja Recht! Aber … hm, es zieht mich wieder zurück“, erwiderte Alwina leise.

„Was meinst du mit zurück, wohin zurück?“, fragte Hilde.

„Jaaa …, es zieht mich wieder zurück in diesen Ort, wo ich meinen Mann verloren habe …“, antwortete sie.

„Schön und gut, aber du hast doch dort gar niemand, der dir zur Seite stehen kann? Hier hast du wenigstens mich?!“, widersprach Hilde.

„Du hast vollkommen Recht, aber ich tue es trotzdem!“, fügte Alwina überzeugt hinzu. Sie saßen noch lange zusammen und unterhielten sich über die verschiedensten Themen.

Irene lag immer noch wach im Bett und hatte alles mit angehört. Nun konnte sie erst recht nicht einschlafen. Wieder umziehen? Schon wieder eine neue

Heimat? Wir schaffen es nirgends, uns einzuleben, dachte sie so vor sich hin.

In der Erinnerung sah sie sich auf der dunklen Holztreppe sitzen, so real, als ob es gerade passierte. Blonde Zöpfe und aufgeschlagene Knie. Es war dunkel auf der Treppe und sie fühlte sich so allein. Sie war nur ein kleines, einsames Mädchen.

Durch den Spalt der Tür fiel das Licht auf ihr Bett und sie sah ihre Mutter in der Waschküche am großen Trog stehen. Unaufhörlich tropften ihre Tränen in den Trog. Wie oft hatte sie ihre Mutter so dastehen oder mit dem Strickzeug in der Hand irgendwo sitzen oder mit dem Spaten im Garten arbeiten sehen – und weinen. Sie konnte das nicht aushalten und wollte ihre Mama glücklich machen. Ja, das wollte sie. Unbedingt! Aber wie?

Einige Tage später, als die Kinder im Bett waren, unterhielten sich die beiden Schwestern wieder sehr intensiv. Irene konnte nicht schlafen und so lauschte sie, was sie erzählten.

Hilde schimpfte wieder mit Alwina. Sie hatte das Gefühl, dass sich Alwina in ihrem Selbstmitleid suhlte.

„Ich kann dich nicht mehr verstehen! Du verschleuderst den Rest von deinem Hab und Gut! Kannst du dich nicht endlich niederlassen und leben wie alle Menschen leben? Ich denke das reicht! Und deine Kinder? Sie werden immer wieder mitgerissen, denk doch nach! Jedes halbe Jahr wechseln sie die Schule! Ich glaube nicht, dass es ihnen gut tut! Mach was du willst, aber ich habe es satt mit dir! Dieses ewige Hin und Her!“ Hilde wurde lauter und lauter, ob es Alwina helfen würde, wusste niemand. Es dauerte lange, bis Irene endlich einschlafen konnte.

Am nächsten Morgen, als die Kinder wach wurden, war Alwina unberechenbar und teilte den Kindern Ohrfeigen aus. Obwohl Alwinas Schwester sie davon abbringen wollte, stand ihr Entschluss fest. Sie zogen wieder um, und zwar dorthin, woher sie kamen – genau in diesen Ort zurück, wo Alwinas Ehemann Friedrich verunglückt war.

Die letzten Tage des Schuljahres waren noch offen und dann standen die langen Sommerferien bevor. Alwina suchte sich eine Arbeit und bekam auch eine. Waldemar war schon größer und war ihr eine wirkliche Hilfe. Lydia war im Kindergarten untergebracht, aber wohin mit Peter und Irene?

Als Alwina sich so Sorgen machte, kam ihr Bruder Konstantin zu Besuch. Er wohnte in der Stadt Frunse, in Kirgisien, die etwa 300 Kilometer entfernt lag. Sie hatte ihm geschrieben, dass sie wieder in Kasachstan lebte.

Irene liebte ihren Onkel. Er brachte immer viel Süßigkeiten mit, wenn er zu Besuch war. Nicht nur das, er war sehr witzig und hatte sehr viel Sinn für Humor. Er erzählte den Kindern, dass er unterwegs zu ihnen einen Esel traf, ihn am Schwanz zog und schnell die Tasche dahinter stellte. „Was meint ihr?“, fragte er die Kinder.

„Das alles ist da rausgefallen!“ So viel Süßigkeiten hatte Irene noch nie gesehen. Sie lachten alle herzlich, während sie die Süßigkeiten verzehrten. Als die Kinder schlafen sollten, setzten sich die beiden Erwachsenen und unterhielten sich. Alwina erzählte ihm von ihren Problemen. Auch hier konnte Irene das Gespräch verfolgen und hörte wie Konstantin zu Alwina sagte:

„Ich kann dir helfen, indem ich beide für die Ferienzeit zu mir nehme. Meine Frau kann auf sie aufpassen!“

Konstantin hatte mit Sonja einen gemeinsamen Sohn. Es war seine dritte Ehe. Sonja hatte noch einen Sohn aus erster Ehe. Konstantin liebte Sonja nicht. Er konnte einfach seine erste, große Liebe nicht vergessen.

Im Zweiten Weltkrieg hatte er in Deutschland auf einem Panzer namens „Tiger“ gekämpft. Dort lernte er die hübsche Helene kennen.

Wie er aber nach Deutschland gekommen war, ist unbekannt. Der Krieg sorgte schon für manches Durcheinander. Nach dem Krieg heirateten die beiden und bekamen einen Sohn, den sie Manfred nannten. Sie waren sehr glücklich und zufrieden mit der Welt und miteinander.

Doch dann bekamen sie immer wieder anonyme Briefe aus der Sowjetunion. Der Inhalt lautete, dass die Verwandtschaft vor Sehnsucht nach ihm und seinem Sohn fast eingehe. Eines Tages hielt er es nicht mehr aus. Er packte ein paar Habseligkeiten in schäbige Kisten und Säcke, denn nach dem Krieg besaßen sie tatsächlich nicht viel. Als sein Fuß sowjetischen Boden berührte, waren die KGB-Männer sofort an Ort und Stelle. Ohne ein Verhör und ein Verfahren bekam er fünfundzwanzig Jahre Haft.

Seine Frau Helene verbrachte mit ihrem Sohn drei Tage auf dem Bahnhof. Keiner von den Verwandten war gekommen, um sie zu begrüßen, geschweige denn sie abzuholen. Sie hatten doch fürchterliche Sehnsucht nach ihnen, sie verstand die Welt nicht mehr. Von den Angehörigen hatte keiner einen blassen Schimmer. Helene beherrschte die russische Sprache nicht und nach drei langen Tagen des Wartens setzte sie sich mit ihrem Sohn Manfred in den nächstbesten Zug und fuhr zurück nach Deutschland. Auf Nimmerwiedersehen.

Die beiden konnten nicht ahnen, dass es eine Falle war. An so manchen Tagen hatte Konstantin an seine geliebte Helene gedacht. Werde ich dich je wiedersehen und unseren Sohn in meinen Armen halten können? Mit diesen Gedanken schlief er ein und wachte morgens auch wieder auf. Er sehnte sich so nach ihnen, aber das durfte er keinem erzählen.

Nur die Sehnsucht blieb ihm, und die musste er sein Leben lang mit sich schleppen, wohl bis ins Grab.

Der Tag der Abreise kam und keiner ahnte, wie quälend diese drei Monate für Irene sein würden. Sonja war nicht besonders nett zu fremden Kindern.

Konstantin war ein Musiker. Es konnte auf vielen Musikinstrumenten spielen. Sein Lieblingsinstrument war die exotische Klarinette. Deswegen war er jeden

Abend unterwegs und spielte in den berühmten Restaurants der Stadt und verdiente so sein Geld. Viel Zeit für die Kinder hatte er nicht.

So waren die beiden auf sich gestellt. Peter hatte es nichts ausgemacht, aber Irene hatte fürchterliches Heimweh. Sie erinnerte sich noch gut an ihre erste Nacht bei den Verwandten. Sie schlief auf einer Matratze. Als sie wach wurde, war alles um sie herum so still.

Sie konnte mit niemand darüber reden, denn Onkel Konstantin freute sich, dass er ihre Mutter entlasten konnte und Peter war kleiner und durfte nicht „mitgerissen" werden. Jeden Abend weinte Irene, aber keiner hörte sie. Konstantin war nicht da und die Tante hatte sich nichts daraus gemacht.

So wurden die drei Monate für Irene ohne ihre Mutter zu einer schweren und traurigen Zeit. Manchmal fühlte es sich wie der Weltuntergang an, aber sie musste da durch. Sie schrieb sehr viel Briefe an ihre Mutter, in denen sie ihr sagte, dass sie sie sehr vermisste und zu ihr nach Hause zurückwollte. In jeden Briefumschlag legte sie eine Blume hinein. Sie bekam nie eine Antwort von ihrer Mutter, denn Sonja brachte keinen einzigen Brief von Irene zur Post.

Manchmal versteckte sich Irene tagsüber im Himbeergarten und weinte dort vor sich hin. Anschließend ging sie in die Küche, nahm ein Schälchen aus dem Schrank, ging wieder in den Himbeergarten und pflückte Beeren für ihre Mama. Sie stellte sie auf die Nachtkonsole, doch nach ein paar Tagen waren sie mit einer wolligen, weißen Kappe bedeckt: Schimmel, musste die Kleine zu ihrer Enttäuschung feststellen. Sie nahm die Schale und kippte die Beeren auf den Komposthaufen.

Wenn ihre Mutter nur wüsste, dachte Irene, dass es so schwer für sie ist, würde sie sie bestimmt abholen. Aber Alwina wusste selbst keinen Ausweg aus dieser aussichtslosen Lage.

Nach drei langen Monaten konnten sie endlich die Rückreise antreten. Doch Konstantin kam mit ihnen zu spät und der Bus war schon weg. Da fragte er einen Lkw-Fahrer, der mit seiner Ladung nach Kasachstan fuhr, ob er ihn mit den beiden Kindern mitnehmen könne. Der nette Mann stimmte zu. Als sie sich zwischen Kisten auf dem Boden platzierten, merkte Irene, wie dunkel es wurde. Sie schaute nach rechts, nach links, nach oben, nach unten, bewegte die Hand vor den Augen, sah nicht die geringste Bewegung. Sie blinzelte, blinzelte erneut. Nichts. Mit der Luft stimmte auch etwas nicht, sie war einfach zu dick.

Die Fahrt schien kein Ende nehmen zu wollen. Fünf Stunden hinten in dem dunklen Laster, wo der Fahrer die Ware transportierte bei Temperaturen von 45 Grad Celsius, waren ungemein anstrengend. Als der Karren endlich anhielt, hatte Irene das Gefühl, dass es stockdunkel geworden war. Irene konnte kaum etwas sehen, aber sie spürte, dass sie vor einem Tor standen und dass in dem Tor mehrere Leute waren.

Vielleicht warteten sie schon auf uns, ging es Irene durch den Kopf. Was auch immer, sie musste unentwegt an ihre Mutter denken, die sie so sehr vermisst hatte.

Dann bekam sie mit, dass es eine Polizeikontrollstelle an der Grenze zwischen Kirgisien und Kasachstan war. Irene saß hinten und in ihrem kleinen Herzen hoffte sie nur, dass die Polizei den Laster nicht durchsuchen würde. Sonst wären sie alle verloren. Zu ihrem Glück hatte die Polizei tatsächlich nicht die Ladung überprüft und sie konnten die Fahrt fortsetzen.

Auch diese Fahrt nahm irgendwann ein Ende und Irene war froh, wieder zu Hause zu sein. Wie gut tat ihr die gewohnte Umgebung. Vor Glück tanzte sie und hüpfte in ihren Garten. Sie würde am liebsten jeden Baum und jeden Menschen umarmen. Es hatte sich nicht viel geändert, nur die Bäume auf ihrem Hof waren gewachsen, sodass sie den Blick in den Himmel versperrten. Sie setzten sich an den alten Tisch, den ihre Mutter gebraucht gekauft hatte, als sie vom Kaukasus wieder zurückkehrten.

Irene wollte ihrer Mutter so viel erzählen, aber als sie sie ansah, sah sie so müde, so mitgenommen und traurig aus. Da wollte sie ihre Mutti nicht noch mehr kränken und erzählte nichts. Zwar brauchte Alwina Hilfe für ihre Kinder, aber so etwas tat sie nie wieder. Da war Irene sehr glücklich.

Zu dieser Zeit war Johannes Justus senior Dorfpastor in diesem Ort. Als er hörte, dass eine Witwe mit vier Kindern ankam, wollte er ihr helfen, denn sein Herz brannte für Witwen und Waisen.

Alwina war mit ihren Kindern, als sie im Frühjahr in diesen Ort zurückkehrten, in einem Hühnerstall behelfsmäßig untergebracht.

Er kümmerte sich um sie, half ihr mit den ganzen Papieren und wo sie sonst als Alleinstehende noch Unterstützung brauchte. Eines Tages lud er sie zum Gottesdienst ein. Da hörte Alwina das erste Mal im Leben eine Predigt. Johannes senior sprach gerne vom Frieden. Doch in seiner Kühnheit und Leidenschaft waren seine Predigten nicht immer friedvoll. Er zögerte nicht damit, bei den Leuten auch mal Ermahnungen auszusprechen – ob sie diese nun hören wollten oder nicht. Die Leute taten ihm leid und er wollte, dass alle die Frohe Botschaft hören.

Unzählige Male wurde er von den KGB-Leuten getadelt und gedrängt, seine Meinung zu ändern. Doch in all den langen Jahren, die so oft voller Not und Spannungen waren, hatte er doch Gott gehorchen und die Leute retten wollen. Als Alwina dasaß, merkte sie, dass etwas Warmes sie umgab. Sie empfand es als sehr angenehm. Der Geist Gottes war da, sie kannte dieses Gefühl noch nicht, aber sie genoss es. Fragen und noch mal Fragen wirbelten in ihren Gedanken umher.

Gab es noch Hoffnung und Vergebung für sie? Würde Jesus Christus sie noch in Gnaden annehmen, obwohl sie sich jahrelang geweigert hatte, seine Nachfolgerin zu werden? Trotz ihres verzweifelten Entschlusses frei zu sein, der sie so tief hatte sinken lassen? Würde diese dunkle Gestalt, die fast jede Nacht vor ihrem Bett stand und sie würgen wollte, verschwinden? Immer wieder stellte sie sich diese Fragen. Alles, was jahrelang in ihrem unglücklichen Herzen eingeschlossen war, kam wie ein schwarzer Strom herausgeflossen.

„Nun erzähle mir alles", bat Pastor Johannes, während er sie zu sich rief.

„Alles?", seufzte Alwina, die nicht in der Stimmung zu sein schien. Über die ganze Sache reden, dachte sie.

„Ja, alles, wie es dir geht und wie du dich fühlst?"

Tatsächlich gab es tausend Fragen, die sie ihm gerne gestellt hätte. Doch am liebsten wäre sie still und würde auf das warten, was er erzählen würde, dachte sie.

Pastor Johannes war schon immer ein guter Zuhörer gewesen. Während der langen Jahre seines Pastoraldienstes hatten schon mehrere vor ihm ihr Herz ausgeschüttet. Doch er erinnerte sich auch an andere Zeiten, wo nichts aus ihm herauszubekommen war. In seinem glühenden Eifer und einem Herzen, das für seinen Herrn brannte, wollte er sprechen und Nägel mit Köpfen machen.

Es schien Alwina, dass er allen anderen Dingen weit entrückt sei. Denn am liebsten würde sie dieses warme Gefühl festhalten und ruhig sein.

Alwina schüttete ihm dennoch ihr Herz aus. Er sprach lange und ernst mit ihr über das Kreuz Jesu Christi und seine Bedeutung.

„Er kann den Schuldbrief, der gegen dich steht, austilgen", sagte er mit leiser Stimme. „Er kann ihn wegschaffen, als sei er an sein Kreuz genagelt. Durch den Glauben kannst du Frieden mit Gott haben."

„Ich weiß es", tröstete er sie weiter. „Ich bin auch nicht immer diesen Weg gegangen und ich weiß um all diese Gewissensqualen. Oh, ich kenne sie zur Genüge."

Als Alwina sich von ihren Knien erhob und sich aufrichtete, sah sie, wie die Morgendämmerung in den Raum hereindrang. Es war ihr, als sei sie von Neuem geboren worden. Sie fühlte sich wie ein kleines Kind in einer schönen, neuen Welt. Ihre Schuldenlast war sie für immer losgeworden! Sie hatte kaum über die nächsten Schritte auf dem neuen Weg nachgedacht. Für den Augenblick war es ihr genug, dass sie zu Jesus gekommen war und dass Jesus sie angenommen hatte.

Doch in der Tiefe ihres zerbrochenen, unglücklichen Herzens schlummerte die Frage, die einmal Paulus auf der Straße vor Damaskus gestellt hatte. Bald wurde ihr klar, dass auch sie sich dieser Frage stellen und die Antwort darauf finden musste.

„Herr, was willst du, das ich tun soll?" Die schwarze Gestalt, die sie jede Nacht quälte, kam nie wieder.

Später hatte sie sich auch taufen lassen. Die Taufe wurde in der Stadt durchgeführt und Alwina musste ihre vier Kinder irgendwo unterbringen. Der Pastor hatte vorgeschlagen, dass die Kinder bei ihnen übernachten können. Irene war ängstlich und wollte nicht weg. Sie hatte sich von dem Sommer noch nicht richtig erholt. Es blieb ihr aber nichts anderes übrig, sie musste zur Familie Justus.

Pastor Johannes hatte zu dieser Zeit acht Kinder und die drei Ältesten wollten sich auch taufen lassen. Die anderen fünf Kinder waren zu Hause. Die Nacht war doch nicht so schlimm, wie Irene es sich vorgestellt hatte. Sie hatten viel Spaß mit den Justus-Kindern und hier sah Irene zum ersten Mal Johannes junior.

Er war ihr auf den ersten Blick sympathisch gewesen. Sie schloss ihn gleich in ihr kleines Herz. Sogar in diesem Alter konnte sie sich gut vorstellen, ihn eines Tages zu heiraten. Sie begegneten sich auch des Öfteren auf dem Schulhof. Johannes war immer freundlich und nett zu ihr.

Eines Nachmittags spielten Irene und Waldemar in dem „Hühnerstall", wo sie lebten. Ihre Mutter war noch bei der Arbeit. Zwar waren sie oft allein, aber bis auf diesen Tag hatten sie nie etwas Schlimmes angestellt. Als Waldemar Irene ärgerte, sprang sie auf und wollte nach draußen laufen. Sie stieß gegen die Tür, in der Hoffnung, dass sie wie jede andere Tür aufgeht. Aber nein, die Tür fiel aus den Angeln.

Irene stand wie „der Ochs vorm Scheunentor" und starrte zuerst die Tür und dann ihren Bruder Waldemar an.

Was ist jetzt kaputt, dachte sie nur. Waldemar musste laut lachen. Ihr war nicht danach, denn abends würde sie Ärger von ihrer Mutti bekommen.

Die Tür war sehr wackelig, denn es war ja eigentlich keine Wohnung, sondern ein Hühnerstall …

So blieben sie ohne Eingangstür. Alwina hängte ein altes Laken auf und tagsüber musste immer jemand zu Hause bleiben, damit der Rest nicht geklaut wurde.

Ein paar Tage später besuchte Alwina den Bürgermeister, um nach einer neuen Wohnung zu fragen. Er erfuhr aber, dass sie die Baptistengemeinde besuchte, die Pastor Justus leitete. Der Bürgermeister war ein Atheist und ein Verfolger der Gläubigen. Zu Alwina sagte er: „Wenn du dich von deinem Gott lossagst und die Gemeinde nicht mehr besuchst, bekommst du eine gute Wohnung."

Doch inzwischen liebte Alwina den Herrn und wollte ihm treu bleiben.

So erwiderte sie: „Gott wird für mich und meine vier Kinder sorgen, auch wenn ich mit ihnen in einem Hühnerstall lebe. Der Herr wird sich um uns kümmern!"

Irene erinnerte sich, wie Waldemar und sie den Hühnerkot zusammenfegten und die Hühnerstangen rausbrachten. Ihre Mutter strich die Wände weiß, sodass es wohnlicher aussah. Es waren zwei Räume. Einen hatte sie als Schlafraum eingeräumt und den anderen als Küche. Dort stand der Familienesstisch, der Gasherd und an der Wand war ein kleines Regal angebracht. Alwina war sehr ordentlich und es war immer sauber bei ihnen. Das bisschen Hab und Gut, was sie hatten, pflegte sie sehr.

Zum Glück war es Sommer und schön warm. Alwina betete viel … Was sollte nur werden, wenn der Winter kam? Hier konnten sie nicht bleiben, ohne Heizung und nicht isolierten Wänden. Am nächsten Tag ging sie in der Mittagspause wieder zum Bürgermeister und wollte einen Antrag auf eine bessere Wohnung stellen. Was sollte sie sonst tun?

„Sag dich von Gott los, dann bekommst du eine bessere Wohnung", sagte der

Bürgermeister wieder. Traurig verließ sie sein Büro. Als sie abends zur Gemeinde ging, schilderte sie anschließend Pastor Johannes ihre Lage.

„Mach dir keine Sorgen! Geh zu deinen Kindern nach Hause! Ich werde mich um alles kümmern“, sagte er.

Der Sommer war vorbei und so kam der Herbst mit seinen frischeren Nächten. Die Schultage rückten näher und es kühlte sich merklich ab. Als Irene zur Schule kam, wurde sie in die zweite Klasse eingeschult. Alles war neu und fremd dazu. Kein einziges bekanntes Gesicht …

Das war nicht einfach. Es war schon der vierte Schulwechsel: wieder neue Lehrer, wieder neue Schüler. Sie stellte sich viele Fragen. „Wie wird es wohl diesmal werden!?“

Am ersten Schultag war der Himmel strahlend blau. Als sie nach der Schule auf dem Hof stand, roch die Luft aber nach Herbst. Plötzlich kam ihr ein kleines Mädchen entgegen.

„Ich heiße Katharina“, sagte sie.

„Ich heiße Irene“, erwiderte Irene.

„Wo wohnst du?“, fragte sie Katharina.

„Diese Richtung lang“, antwortete Irene.

„Schön, ich auch“, sagte sie.

So machten sich die beiden gemeinsam auf den Heimweg. Unterwegs gab es viel zu erzählen, denn sie hatten sich ja gerade erst kennengelernt.

Irene schloss ihre neue Freundin gleich ins Herz. Sie schien schüchtern zu sein, aber das war nur der erste Eindruck. Sie sah gut aus und hatte wunderschöne lange, dicke, blonde Haare – im Vergleich zu ihr, sie hatte sehr dünne, blonde Zöpfe.

Irene war mit ihrem Aussehen nie besonders zufrieden gewesen. Sie war sehr dünn, sodass ihr Bruder Waldemar einmal zu ihr sagte: „Sag mal, du siehst ja aus wie das Skelett aus unserem Biologieunterricht?!“

Sie hörte oft, dass sie schöne graublaue Augen hätte. Aber das sagten die Leute wohl nur, weil ihre Nase zu klein und ihr Mund etwas zu groß war. Am schlimmsten fand sie ihr dünnes, lockiges Haar, das sich einfach nicht legen ließ. So gerne wünschte sie sich Haare wie Katharina.

Schräg gegenüber wohnte eine ältere Dame mit ihrem Ehemann. Die beiden hatten ein großes Haus, aber keine Kinder, obwohl sie sich sehr welche gewünscht hatten. Eines Tages besuchte Alwina sie. So kamen sie ins Gespräch. Sie boten ihr an, zu ihnen ins Haus zu ziehen, denn sie hatten Mitleid. Alwina nahm das Angebot gerne an und so überwinterte sie mit ihren Kindern in diesem warmen und großen Haus. Die Ängste und Sorgen waren wie weggefegt. Der Herr erhörte ihr Gebet. So musste keiner frieren. Als das Frühjahr kam, übernahm Pastor Johannes die Leitung eines Neubaus. Die Gemeinde hatte ein Grundstück für Alwina gekauft und zusammen errichteten sie ein kleines Haus für sie. Die gesamte Gemeinde stand dahinter und den ganzen Sommer lang arbeiteten alle fleißig mit. Im Herbst stand das kleine Häuschen und Alwinas Familie durfte einziehen. So sorgte der Herr für seine Kinder, die ihm vertrauten, und erhörte ihre Gebete.

Als Kind realisierte Irene gar nicht richtig, dass ihr ein Vater fehlte. Ihre Mutti sorgte sehr gut für ihre vier Kinder. Zweimal im Jahr ging sie zur Blutspende. Es lohnte sich, denn pro Spende bekam sie ein Monatsgehalt und ein gutes Essen. Anschließend bekam sie drei Tage frei, wo sie ihrem Haushalt nachgehen konnte. Sorgfältig kümmerte sie sich um ihre vier Kinder und versuchte ihnen zu geben, was sie konnte. Sie war nur nicht sehr mitteilsam, was durch ihre Schicksalsschläge nicht verwunderlich war: Witwe, vier Kinder und sehr viel Arbeit! Jeden Tag ging sie arbeiten und abends hatte sie im Haushalt viel zu tun. Von Natur aus war Alwina sehr introvertiert, deswegen hatte Irene nicht so einen Ansprechpartner wie Johannes ihn in seinem Vater Johannes senior gefunden hatte.

Als Kind war Irene oft krank und musste das Bett hüten. Sie konnte sich noch ganz gut an die Patchworkdecke, die ihr Tante Hilde genäht hatte, erinnern. Sie bewunderte sie in ihrer Vielfalt. Man konnte in Dreieck geschnittene kleine Stückchen von Stoff oder auch Quadrate in ihren verschiedenen, lebhaften Farben und Mustern erkennen. Manche Quadrate waren mit wunderschönen Blumen bedruckt und sehr akkurat zusammengenäht.

Während sie das alles so bestaunte und bewunderte, merkte sie nicht, wie die Zeit im Bett verflogen war. Auf der anderen Seite weinte Irene als Kind fast jeden Abend; wenn ihre Mutter besorgt fragte, was los sei, redete sich Irene mit Bauchschmerzen heraus.

Mit Waldemar hatte Alwina ihren Kummer und ihr Leid geteilt. Mit Lydia kuschelte sie. Peter war ein genügsames Kind. Hauptsache er konnte auf seinen Füßen sitzen und hin und her schaukeln.

Irene wünschte sich, dass ihre Mutter sie mal streichelte oder umarmte. Sie hätte sich auch sehr gefreut, wenn ihre Mutter sie abends zugedeckt und ihr einen Gutenachtkuss gegeben hätte, aber das blieb ihr versagt.

Jedes Frühjahr gab es eine traditionelle Feier in der Schule – die sogenannte „Oktoberrevolution“ – aus Anlass des Geburtstags von Wladimir Iljitsch Lenin am 22.04. Jedes Kind, das in der zweiten Klasse war, bekam einen Stern, auf welchem der Revolutionär Lenin als kleiner Junge abgebildet war. Er musste auf der rechten Seite der Schuluniform getragen werden. Alwina hatte Irene schon mit Irene gesprochen und ihr erklärt: „Wir sind Christen und du trittst den Oktoberkindern nicht bei!“

Irene konnte damit nichts anfangen, weder mit „Christ“ noch mit „Oktoberkind“. Ihre Lehrerin war eine überzeugte Atheistin. Sie bereitete ihre Klasse für diese große Oktoberfeier gut vor. Der Reihe nach fragte sie alle Kinder ab, ob sie den Oktoberkindern beitreten wollten. Als sie dann bei Irene angelangt war, erwiderte die Kleine: „Nein, ich möchte es nicht.“ Also ging es weiter. Alle Kinder waren begeistert und konnten die Feier kaum abwarten. In der zweiten Reihe meldete sich noch ein kleines, blondes Mädchen mit langen Zöpfen und sagte: „Ich möchte es auch nicht.“ Es war Katharina. Die Lehrerin kannte den Grund. Vor der ganzen Klasse fragte sie die Kinder: „Wisst ihr, warum Katharina und Irene keine Oktoberkinder sein wollen?“

Der Reihe nach hoben die Kinder ihre Hände und meldeten sich. Einer sagte: „Weil sie Deutsche sind.“

„Nein, nicht deswegen“, sagte die Lehrerin. Da meldete sich noch ein Kind: „Weil sie beide keinen Vater haben.“

„Nein“, sagte wieder die Lehrerin und klärte die Kinder auf: „Die beiden Mädchen glauben an Gott und deswegen wollen sie es nicht.“

In den Pausen ging es dann richtig los. „Ihr Gottesanbeter, ihr Gottesanbeter, was habt ihr hier zu suchen? Geht doch dorthin, woher ihr gekommen seid und betet euren Gott an.“

Irene war sehr schüchtern und konnte sich als Mädchen nicht mit Jungs anlegen, geschweige denn sich verteidigen. Aufgewachsen war sie ohne Vater und ihre Mutter war jeden Tag fort bei der Arbeit.

Des Öfteren wurde ihr der Schulranzen von den Lehrern weggenommen. Sie wurde nach Hause geschickt, weil sie nicht das rote Pionierhalstuch trug. Sie ging zwar nach Hause, wohin denn auch sonst, aber ihre Mutti kam ja erst abends wieder von der Arbeit zurück. So konnte sie keine Hausaufgaben erledigen. Am nächsten Tag in der Schule musste sie ihre ganzen Schulsachen aufsammeln. Ihre Klassenkameraden hatten alles ausgekippt und in der ganzen Klasse mit ihren Heften und Büchern Fußball gespielt und sich gegenseitig beworfen. Das Brot aus ihrer Brotdose aßen sie auf und hänselten sie: „Deine Brote waren aber sehr lecker!“

Die beiden Mädchen wurden von ihren Schulkameraden ausgelacht und verspottet. So hetzten die Lehrer die Schüler auf die zwei Mädchen los. Die Kinder traten Katharina und Irene und nahmen ihnen immer wieder die Schulranzen weg.

Die Schüler lachten die beiden aus und schubsten sie herum. Sogar den Schulranzen nahmen sie Irene weg und kippten den Inhalt in eine Pfütze oder auf die befahrene Straße.

Manchmal wurden sie verprügelt und geärgert. Die Lehrer hetzten die Schüler auf und suchten während des Unterrichts einen Grund, um die Christenkinder einfach rauszuschmeißen. An manchen Tagen stellten die Lehrer große und starke Jungen vor den Eingang der Schule, um die Kinder auszusortieren, die keinen Oktoberstern oder das Pionierhalstuch trugen. So wurden sie oft als Christen aussortiert und durften die Schule nicht betreten.

Seit dieser Zeit waren Katharina und Irene Freundinnen. Es war sehr gut, dass sie nicht alleine waren. Zu zweit war es einfacher und so konnten sie sich gegenseitig unterstützen.

Immer noch wurden zu dieser Zeit die Christen im Lande verfolgt. Die Eltern durften ihre Kinder nicht zu den Gottesdiensten mitnehmen. Deswegen trommelte Alwina oft ihre Kinder zusammen und sie hielten zu Hause eine Andacht.

Als Kind gefiel das Irene nicht sonderlich. Alle anderen Kinder durften sonntags spielen und draußen toben. Nur sie musste mit ihren Geschwistern in der Stube sitzen und diese Bibelgeschichten anhören. Oft saß sie abwesend da und beobachtete sehnsüchtig ihre Freunde aus dem Fenster. Nicht immer waren es Geschichten. Einmal erzählte ihre Mutter ein Zeugnis. Doch damit konnte Irene nichts anfangen. Sie war noch zu klein und verstand es nicht.

„Ich glaube, ich bin ein neuer Mensch und ein besserer als je zuvor geworden", erzählte Alwina nachdenklich. „Früher war ich bloß ein Tier, das jeder Begierde seines Körpers gehorchte. Nach dem Tod ist mit mir alles vorbei, dachte ich. Heute weiß ich, dass Gott lebt und hilft. Zwar mahnte mich Gottes Geist und ich hasse meine Begierden, dennoch konnte ich mit Gottes Hilfe widerstehen. Paulus sagte, dass Gott einen hellen Schein in unsere Herzen gegeben hat. Wir sahen das Licht der Herrlichkeit Gottes im Antlitz Jesu Christi aufleuchten. Gott war in Christus und Christus lebt in uns. So wurden wir echte Menschen, die Kraft empfangen haben, um ihre Begierden zu beherrschen. Wir sind ganz neue Geschöpfe in Jesus Christus. Nein, ich möchte bestimmt nicht mehr zu diesem alten Dasein zurückkehren. Das Alte ist vergangen, es ist alles neu geworden. Gott kam in Jesus zu uns hernieder."

Später, als die Mädchen draußen waren, erklärte Katharina Irene, wie es gemeint war. Sie kam öfter dazu und genoss die Erzählungen von Alwina, denn bei ihr zu Hause hielten sie keine Andachten. Gleichzeitig wartete sie auf Irene, um später mit ihr irgendetwas zu unternehmen.

Manchmal nahm Alwina die Kinder trotz des Verbots mit zum Sonntagsgottesdienst. Irene gefiel es hier aber auch nicht und sie fand die Gottesdienste damals auf dem Lande sehr langweilig. Alwina nahm sie trotzdem auch mal abends mit. Sie saß dann abwesend da und beobachtete die Menschen, die dazukamen. Sie hatte das Gefühl, als versammelte sich eine bunt zusammengewürfelte Schar in den Häusern. Bauern und Schnitter, die nach Vieh und Acker rochen.

Irene musste bei den Predigten aber gut zuhören, denn ihre Mutter fragte sie nach den Gottesdiensten, was der Prediger erzählt und welche Bibelstelle er vorgelesen hatte. Sie war gespannt, was sich ihre Tochter merken konnte. Damit wollte Alwina ihr beibringen, dass es wichtig ist, konzentriert zuzuhören.

Einmal wäre sie fast eingeschlafen, weil der Prediger so monoton predigte. Als dann jemand Steine an die Fensterscheiben warf, erschrak sie so sehr, dass sie sich vornahm, nie wieder im Gottesdienst einzuschlafen.

Es geschah öfters, dass während des Gottesdienstes Steine geworfen und die Versammelten vom Ortsvorsteher auseinandergejagt wurden. Die Namen der bei der Versammlung erwischten Jugendlichen und Teenies wurden den jeweiligen

Schulen gemeldet. In den Schulen nahm der Druck und die Schikane auf die Kinder aus gläubigen Familien immer mehr zu. Damit erreichten sie aber nur, dass der Glaube noch stärker wurde.

Dem langen Winter folgte mal wieder ein wunderschöner Frühling. An diesem Nachmittag war Irene mit ihrer Freundin Katharina unterwegs nach Hause. Irene hob ihr Gesicht der hellen, warmen Frühlingssonne entgegen.

Wie üblich nahmen sie die längste Strecke nach Hause. Sie gingen zu der Stelle, wo sie sich sonst nur in ihrer freien Zeit trafen. Der Winter war für beide recht spaßig. Sie benutzten gerne ihre Tornister als Schlitten und rutschten jeden Hügel hinunter.

Manchmal kamen die beiden durchnässt nach Hause und der Schulranzen war voller Schnee. Damit ihre Mütter es nicht merkten, holten sie schnell den Inhalt heraus und legten ihn zum Trocknen aus.

An einer Stelle, wo sie immer vorbeigehen mussten, wuchs früher ein großer Weidebaum, der abgesägt worden war. Doch nach einiger Zeit, wie es so in der Natur ist, trieben neue Äste und Zweige durch. Er wuchs wieder zu einem großen, wunderschönen Busch. Des Öfteren saßen die beiden Mädchen unter diesem Busch und führten angeregte Gespräche. Der Busch bot viel Schatten und diente manchmal als Versteck. Wenn ihnen gerade danach war, banden sie Garben zusammen und saßen abwechselnd obendrauf, wie auf einem Pferd. Anschließend pflückten sie sie wieder auseinander. Danach sah der Busch richtig misshandelt aus, aber jedes Mal erholte er sich wieder und gedieh prächtig.

Wie gewöhnlich kamen die beiden Mädchen wieder zusammen an diesem Busch vorbei. Irene hatte eine Frage auf dem Herzen und setzte sich deshalb nachdenklich auf den Busch. Eine Wolke verdunkelte für einen Augenblick die Sonne und Irene zog passend dazu eine düstere und skeptische Miene. Ihr war unbehaglich bei dem Gedanken, wie ihre Freundin Katharina wohl auf ihre Frage reagieren würde. Schließlich nahm sie all ihren Mut zusammen, räusperte sich und fragte Katharina:

„Sag mal, gibt es denn Gott tatsächlich?“

Katharina seufzte.

„Ja, natürlich! Schau dich doch um! Die ganze Natur spricht doch schon von ihm! Die Bäume, die Blumen, der Mond und die Sterne. Schau mal unseren wunderschönen Busch hier an! Was meinst du, wer ihn wohl gemacht hat?“

Katharina konnte ihr schon immer alles recht einfach erklären, sodass sie es auch verstand. Ab diesem Augenblick glaubte Irene an die göttliche Existenz. Freude durchströmte sie.

Als sie später die Straße hinabschlenderten und sich ihrem Zuhause näherten, hellte sich Irenes düstere Miene auf. Die Schönheit der ersten Frühlingstage hob ihre Stimmung schon immer. Die rosafarbenen Apfelblüten brachen aus den kahlen Zweigen hervor. Das Gold des Löwenzahns am Wegesrand ließ sie sogar

Katharina vergessen. Wäre sie alleine gewesen, dann wäre sie die Straße hinuntergerannt.

Vor lauter Lust wäre sie in die Luft gesprungen und hätte diesen Gott gepriesen. Doch sie beherrschte sich und ging mit Katharina wie gewöhnlich die Straße entlang.

Nach dem Frühling kam der heiße Sommer und mit ihm heißer Wüstenwind, der gelbe Staubwolken aufwirbelte. Unter dem blauen Himmel bekam die harte, ausgetrocknete Erde Risse. Weit entfernt, im Nordosten und Nordwesten lagen die fruchtbaren, grünen Länder. Diese Gegend liebte Irene: die grünen Obstbäume und die vielen Felder mit goldgelbem, reifem Getreide. Zu dieser Jahreszeit hatte Irene Geburtstag und darauf freute sie sich ganz besonders. Sie liebte alles in dieser Gegend: die Straßen mit den riesigen Schlaglöchern, die graue Luft, die grauen Wände der Häuser und die grauen Gesichter der Menschen. Wenn diese Verhältnisse auch manche Menschen krank machten – das war ihr Zuhause, was für sie wichtig war. Hier wuchs sie auf und hier verliebte sie sich zum ersten Mal. Ihr war alles sehr vertraut und für sie waren es besondere Erlebnisse aus ihrem Leben.

Die Sonne stieg eben über die Berge, die das vor ihnen liegende Dorf umschlossen. Die Sonnenblumen und Mohnblumen öffneten sich den Sonnenstrahlen entgegen und die jungen Getreidehalme leuchteten grüngolden auf. Sie setzte sich unter ein paar Pappeln und trällerte in Vorfreude auf ihren Geburtstag ein Lied vor sich hin.

Aber ihre Mutti wollte nie Geburtstage von Kindern feiern; aus welchem Grund auch immer. Alwina feierte ihren Geburtstag auch nie.

Als Irene ihr einmal zum Geburtstag ein Bild malte und daraus eine Karte bastelte, sagte ihre Mutter, dass sie das nie mehr tun und Geburtstage einfach wie einen normalen Tag behandeln sollte. Das machte Irene sehr traurig, sie hatte sich als Kind so viel Mühe gegeben. In ihrer Fantasie hatte sich die Kleine einen wunderschönen Tag ausgemalt: Frohes Lachen klingt durch das Haus. Es wird Geburtstag gefeiert und viele Geschenke stehen auf dem festlich gedeckten Tisch. Ganz gespannt warten die Gäste darauf, dass das kleine Mädchen endlich mit dem Auspacken beginnt. Doch das Geburtstagskind will kein einziges Geschenk öffnen. „Es ist alles so schön und ich bin so glücklich. Aber wenn ich die Pakete aufmache, ist alles vorbei."

Irgendwie hatte die Kleine recht. Der Zauber des Augenblicks lässt sich nicht festhalten. Tolle Geschenke, gute Wünsche, große und kleine Zeichen von Liebe und Wertschätzung – all das macht einen Geburtstag schön und wertvoll. Pure kindliche Fantasie. Irene hatte so etwas als Kind nie erlebt. Doch was bleibt, wenn alle Geschenke ausgepackt sind? Schöne Erinnerungen an einen besonderen Tag. Freude und Dankbarkeit. Gute Wünsche als ermutigende Begleiter in den neuen Lebensabschnitt.

Vielleicht hatte ihre Mutti doch recht, dachte die Kleine. Gottes Segen kannst du auch so haben, nicht nur zum Geburtstag. Den Wunsch als Kind, seinen Geburtstag zu feiern, hat bestimmt jedes Kind. Es ist nun mal etwas Besonderes. Aber es blieb wie ein Traum in ihrer Fantasie.

Gottes Segen zum Geburtstag: Dieser Wunsch beschreibt Bleibendes und Unvergängliches für unser Leben. Seine Nähe und Fürsorge, seine Liebe und Zuwendung, sein Schutz und Beistand – all das sind unvergängliche Geschenke. Gott beschenkt uns gern. Am liebsten mit sich selbst. Weil er uns liebt und uns nahe ist. Weil er uns kennt und uns versteht. Weil er weiß, was im neuen Lebensjahr auf uns zukommt. Und nicht zuletzt, weil er unser Leben mit allem, was es beinhaltet und ausmacht, in seiner guten Hand hält und uns segnen möchte.

Ihr Geburtstag verlief wie jeder andere Tag auch, mit der Hoffnung, dass es im nächsten Jahr anders sein würde.

In diesem Jahr war Irene wieder krank geworden. Jeden Sommer bekam sie die sogenannte Dysenterie, im Volksmund als Magen- und Darmgrippe bekannt. Die Krankheit hatte sie unwahrscheinlich ausgezehrt, diesmal genauso wie im vergangenen Jahr. Undeutlich spürte sie, dass sie aufgehoben und fortgetragen wurde, vernahm ein fernes Stimmengemurmel. Dann umgab sie plötzlich Frieden und Stille, sie wusste nichts mehr. Erst am Morgen des folgenden Tages erwachte sie. Die Sonne schien golden auf einen Innenhof, der mit einem Fliederstrauch bedeckt war. Sie lag in einem kleinen Raum, der sich zu diesem Hof hin öffnete. Sie fühlte sich noch schwach vom Wasserverlust und lag eine Weile reglos da. Allmählich erinnerte sie sich wieder an alles, was geschehen war.

Schon in ihrem kleinen Häuschen lag sie lieber auf dem Hof als in ihrem Zimmer im Bett, denn sie war allein. Die Mutter musste arbeiten gehen. Ihre Geschwister waren mit Freunden unterwegs.

Abends, wenn ihre Mutter zurück war, sagte sie: „Du musst viel trinken! Es geht um den Verlust der Flüssigkeit während dieser Krankheit, da ist Trinken wichtig."

„Nein, danke, ich habe keinen Durst", sagte die Kleine.

„Trotzdem musst du trinken", bestimmte die Mutter. Sie reichte ihr einen Beruhigungstrank mit Pfefferminze, schüttelte ihr Kissen zurecht und ging dann fort, um Essen zu bereiten. Als Irene so dalag, streiften ihre Augen in der Gegend herum.

Die Lichtreflexe auf dem Boden wurden heller und verblassten dann allmählich, als die Sonne hinter den hohen Gebäuden versank.

Diesmal hatte es sie ganz extrem erwischt. Nach mehreren Wochen wurde es immer noch nicht besser. Die Mutter sah sich gezwungen, Irene ins Krankenhaus zu bringen. In diesem Jahr war sie in der fünften Klasse und hatte schon so viel verpasst. Nach vier Wochen Krankenhausaufenthalt gab es bei ihr immer noch keine Fortschritte. Sie musste sich nach dem Essen übergeben und litt unter Durchfall.

Es schien, als wollte der Magen und Darmtrakt nicht gesund werden. Doch dann bekam sie vom Arzt eine Infusion verordnet. Danach besserte sich ihr

Zustand und sie kam langsam zu Kräften. Bis sie wieder richtig fit war, dauerte es eine gefühlte Ewigkeit. Über sechs Wochen musste sie im Krankenhaus verbringen.

Abends half sie den Krankenschwestern, die Kräuter zu sammeln, aus denen sie selber Medizin herstellten. Später hatte Irene ein Mädchen kennengelernt, das im Nebenzimmer lag. So konnten die beiden sich ein wenig miteinander beschäftigen.

Die Lehrer aus Irenes Schule beschlossen, dass sie die Klasse wiederholen musste. Sie war sehr traurig darüber und versuchte mit ihrer Mutter Wege zu finden, doch in ihrer alten Klasse bleiben zu können. Aber es half nichts, sie musste wiederholen.

Diese Klasse, in der Irene war, war wegen der Jungs, die häufig im Ort in Schlägereien verwickelt waren, sehr bekannt. Des Öfteren hatte sie davor Angst, zu dieser Klasse zu gehören. Einerseits freute sie sich, dass sie nicht mehr mit den frechen Jungs in einer Klasse zusammen sein musste, die oft genug die Mädchen angegrapscht hatten. Zum Glück hatten die Jungs Katharina und Irene nicht angefasst, sie waren ja Christen. Andererseits war es für sie sehr schwer, nicht mehr mit Katharina und Johannes in einer Klasse zu sein. Viele Gedanken bewegten sie: „Wie wird es wohl in der neuen Klasse sein? Werde ich dort neue Freunde finden? Werde ich als Christin wieder angegriffen? Wie werden die Lehrer sein?“ Aber sie lebte sich schnell ein und die Bedenken waren umsonst! Sie lernte bald andere Mädchen kennen und so bekam sie neue Freundinnen. Katharina war aber immer noch die beste Freundin. Öfter trafen sie sich nach der Schule. Auch an diesem Tag, der nicht außergewöhnlich schien.

Nach der Schule war Irene zu Katharina gegangen und beide liefen die Straße entlang, um die Mädchen aus ihrer Nachbarschaft zu besuchen. Katharina schüttete Irene auf dem Heimweg ihr Herz aus:

„Weißt du, was ich mir wünsche? In den letzten Jahren hätte ich einen guten Vater gebrauchen können, einen, der auf mich aufpasst und mich vor Widerlingen wie Nikolaj beschützt, der mich immer wieder zu missbrauchen versuchte. Sie blinzelte heftig, als ob sie etwas im Auge hatte. Aber ich denke, das ist wohl zu viel verlangt.“

Es war ein langer Fußmarsch bis zu den Mädchen, die in der gleichen Straße wohnten und sie hatte mehr als genug Zeit, ihre Tränen unter Kontrolle zu bringen, bevor sie bei ihnen ankamen.

„Heute in der Schule“, meinte sie weiter, „ich habe den ganzen Tag über meine Blicke in Richtung Tür richten können, weil ich mir Sorgen machte, dass er kommen und auf Rache aus sein würde. Ich wünschte, dass die Schule nie enden würde.“

Irene hörte sich alles aufmerksam an, was Katharina ihr berichtete.

Plötzlich färbte sich der Himmel rot, wie bei einem Sonnenuntergang, obwohl es doch erst Mittag war. Das Wetter wurde immer merkwürdiger. Die Straßen lagen leer und verlassen da. Wegen der drückenden Schwüle hielten die meisten Leute, die nicht auf den Feldern oder bei der Arbeit waren, Mittagsruhe. Die Mädchen keuchten und schwitzten und schauten immer wieder ängstlich zum Himmel empor.

„Das wird heute kein gewöhnlicher Nachmittag werden“, sagte Irene zu Katharina.

„Ich fürchte, es kommt noch ein Sturm“, antwortete Katharina.

„Aber die Sonne scheint doch?“, erwiderte Irene fragend.

„Das ist sehr merkwürdig!“, sagte Katharina.

In diesem Moment hörten sie, wie ein dumpfes Dröhnen oder wie dumpfes Getöse des Donners sehr heftig, aber gleichmäßig über sie kam. Sie wunderten sich und wussten nicht, was das bedeuten sollte.

Gleich danach spürten sie das erste Beben. Mit einer schnellen Wucht wackelten die prachtvollen, großen Pappelbäume gewaltig hin und her. Alle Schornsteine auf den Dächern verschwanden ganz plötzlich, sodass die Ziegelsteine und der Putz runterfielen. Es war zwar nur schwach, aber sie begriffen sofort, was es zu bedeuten hatte. Schon strömten verängstigte Menschen aus den Häusern ins Freie. Aus einem Haus hörte Irene, wie eine Mutter verzweifelt nach ihren Kindern rief. Ein Schrei erklang aus aller Munde: „Hinaus auf die freie Straße! Raus aus den Häusern!“

Zum ersten Mal erlebten die Mädchen ein Erdbeben. In der Gegend südlich von ihnen geschah es öfter und ziemlich heftig.

Den Mädchen war alles vergangen und jede von ihnen eilte nach Hause. Als sich Irene ihrem Haus näherte, merkte sie, dass bei ihnen auch der Schornstein weg war. Sehr viele Leute standen plötzlich in kleinen Gruppen auf den Straßen. Wenn es noch ein Nachbeben gäbe, würde tatsächlich von manchen Häusern nur eine Ruine übrig bleiben. Die Hinterwand von Irenes Zuhause stand circa zehn Zentimeter ab. Sich in einem solchen Haus zu befinden, war gefährlich. Gott sei Dank, es hatte nicht mehr gebebt und gleich am nächsten Tag nahmen ihr ältester Bruder und ihre Mutter die Wand bis zum Fundament auseinander. Die ganze Familie lebte nun ein paar Tage mit einer fehlenden Wand in ihrem Haus. Irene stieg über den Haufen von Steinen, Staub und trockenem Lehm. Vorbei war der Schreck und sie dankte Gott, dass es nicht im Winter passiert war. Nachts war es für Irene schon unheimlich. Sie fühlte sich wie auf der Straße, hörte den Lärm vom Ort, jedes Geräusch und konnte nicht schlafen. Nach einer Woche hatte ihr Bruder Waldemar die Wand zugemauert und ihre Mutter fing an, die Seitenwand zu verputzen. Einige Wochen später sah in diesem Ort wieder alles aus wie vorher und keiner bemerkte mehr die Folgen des Erdbebens.

Nun, das Leben hinterließ seine Spuren, die man nicht übersehen konnte.

Alwina kochte das Abendessen, als Irene nach Hause kam. Das Aussehen ihrer Mutter bekümmerte sie. Sie war in der letzten Zeit dünn geworden und hustete oft. Manchmal bemerkte Irene, wie sie sich die Seite hielt und große Schmerzen zu haben schien. Die „Verdauungsgeschichte" bereitete ihr sehr viele Schwierigkeiten. Häufig schlief sie nur bis fünf Uhr morgens und saß dann an ihrem Spinnrad oder strickte Socken für den kommenden Winter für ihre Kinder. Ihr Schlaf war unruhig und zuweilen schrie sie auf, wenn sie schlecht träumte. Später, wenn die Kinder alle wach waren, stand schon das Frühstück auf dem Tisch. Alwina versorgte noch ihre Kinder und ging dann zur Arbeit. Aber wenn man sie danach fragte, wie es ihr ging, behauptete sie nur, alles sei in Ordnung.

„Ich bin in Gottes Händen", pflegte sie zu sagen. „Kann mir da etwas Böses widerfahren?"

Kapitel 9

Die Bohnenschoten ...

„Liebe heißt nicht bekommen, sondern geben: Sie ist Güte und Ehre und Friede und wahres Leben – sie ist das Beste, was es gibt.“

Henry van Dyke

Ein tiefer Schlaf hatte Irene erquickt. Es war Sonntagmorgen. Jetzt wartete sie auf ihre Mutti, die wie gewöhnlich ihren Kindern aus der Bibel vorlas. Als Alwina ihre Bibel zuschlug und auf ihren Platz zurücklegte, nahm Irene die Bilderbibel und blätterte sie durch. Dieses Buch war zu der damaligen Zeit eine über einhundert Jahre alte Bibel in altgotischer Schrift und mit wunderschönen Bildern. Natürlich konnte sie damals die Schrift nicht lesen, aber die Bilder faszinierten sie. Deswegen nahm die Kleine diese Bibel des Öfteren in die Hand.

Ihre Mutter wies sie an: „Geh ganz vorsichtig mit diesem Buch um, Irene. Die Ecken der Seiten bröckeln ab, weil die Bibel sehr alt ist. Du darfst die Seiten nicht knicken und wenn es doch passiert, pass auf, dass nichts auf den Boden fällt. Und auch wenn dir etwas runterfällt, so darfst du nicht darauf treten, sonst bestraft dich der Herr.“

Irene hatte nicht mehr nachgefragt, wie sie das gemeint hatte und dachte als Kind, wie konnte der Herr sie denn bestrafen, wenn sie ihn doch gar nicht sah. Dadurch wurde in ihr eine Neugier geweckt. In ihrem kindlichen Leichtsinn hatte sie ein abgebröckeltes Stückchen fallen lassen und war darauf getreten. Sie hatte hinterher tagelang gewartet und fragte sich, wo denn jetzt der Herr war und wann wird er sie bestrafen würde. Da die Strafe auch nach langem Warten nicht eintrat, ging sie davon aus, dass es ihn gar nicht gibt.

Ihrer Mutter hatte sie als Kind nie eine Frage gestellt, solang sie sich erinnern konnte, denn ihr schien es, als habe sie keine Zeit und als sei sie obendrein noch zu streng. Oder sie erklärte ihr ihre Frage nur in einem kurzen Satz, was für sie zu wenig war.

Diesen Charakterzug hatte Irene bei ihr nicht gemocht. Man muss aber gestehen, dass sie den gleichen hatte und später mit ihren Kindern manchmal genauso umging, bis sie sich selber dabei ertappte. Auf die Fragen von Kindern war sie nur kurz und knapp eingegangen. Sie hatte sich Jahre danach immer geärgert und wollte die Fehler, die ihre Mutter machte, nie im Leben wiederholen. Aber sie hatte andere Fehler begangen.

Die Neugier hatte ihr keine Ruhe gelassen. „Gibt es denn Gott tatsächlich“, dachte sie. Damals war sie ungefähr acht Jahre alt und in ihren kindlichen Gedanken hatte sie sehr viel auf ihre gute Freundin Katharina gebaut. Für Irene war sie wie eine Großmutter, obwohl sie klein und zierlich war. Sie wusste einfach alles, egal welche Frage sie ihr stellte. Als kleines Mädchen verbrachte Irene oft viele Stunden bei Katharina. Die beiden Mädchen erforschten zusammen die Flussbetten. Sie waren flussaufwärts sehr weit gelaufen, vor Neugier, wo denn der Fluss münden würde? Sie hatten Dämme gebaut, gebadet, Schlammschlachten veranstaltet und sich wieder gebadet. Irene liebte diese Spiele mit Katharina – einander Vogelnester und Fuchsbauten zeigen und gemeinsam ihre Spuren verfolgen.

An einer Stelle, wo der Fluss sich zu einem schmalen Bach verengte, spritzten sich die beiden das Wasser ins Gesicht und über den Körper. Es war sehr erfrischend und sie fühlten, dass sie noch den ganzen Tag so weiterlaufen könnten. Im Schatten, unter einem Baum, saßen die Mädchen und ließen ihre Beine ins Wasser hängen. Sie sangen leise vor sich hin, während sie sich gegenseitig mit Körbchen und Hüten aus Binsen, die sie selber geflochten hatten, beschenkten. Manchmal zogen sie ihre Kleider aus und benutzten sie als Netze für die Fische. Manchmal gingen ihnen auch Fische ins Netz, natürlich nur ganz kleine.

Katharina hatte langes, blondes Haar. Auch Irene war blond und hatte sich immer gewünscht, lange Haare zu haben. Aber ihre Mutti hatte so wenig Zeit und sagte ihr, sie könne lange Haare haben, wenn sie groß genug sei, um ihre Haare selber zu flechten. Bis dahin würde sie kurze Haare haben.

Oft waren ihre Wangen von der Hitze gerötet und sie hatten den Schoß voller Blumen, die sie am Flussufer gepflückt hatten: welkende Witwenblumen, Löwenzahn, der sehr gut für einen Haarkranz geeignet war, und Vergissmeinnicht.

Abends hatten sie das Holzkohlenfeuer angeblasen und sich in die Decken gekuschelt. Wenn Alwina die Kuh gemolken hatte, genoss Katharina die warme, frische Milch. Für Irene war das nichts, sie ekelte sich davor.

Katharina war immer ein stilles Mädchen gewesen, sehr nachdenklich, mit einem leichten Schimmer von Trauer in ihrem Blick. Vielleicht war es nur Irene, die diese Trauer wahrnahm, denn für alle anderen Menschen in ihrer Umgebung war sie die personifizierte Heiterkeit – obwohl sie auch keinen Vater hatte und ihre Mutter mehr als nur einmal geheiratet hatte, war sie ein wohlerzogenes, umgängliches Mädchen.

Ihre Mutter hatte Katharina erzählt, dass ihre erste Schwiegermutter sie verflucht hatte. Aus diesem Grund hatte Katharinas Mutter Anna angeblich kein Glück mit Männern, obwohl sie mittlerweile zum sechsten Mal verheiratet war. Glücklich war sie jedoch nicht. Nach zwei Jahren ließ auch dieser Mann sie sitzen, aber es dauerte nicht lang, bis sie wieder einen Neuen hatte – der letzte und der schlimmste. Bei jeder Mahlzeit mischte er ihr ein bisschen Gift in das Essen, sodass sich ein langsamer Tod einschleichen würde. Eines Tages entdeckte dies die Schwiegertochter, die Frau von ihrem ältesten Sohn Wilhelm, als sie bei ihnen zu Besuch war. Nach diesem Vorfall nahmen sie Anna zu sich nach Hause, um eine langsame Entgiftung vorzunehmen. Der Mann hatte sich später erhängt, aus Wut oder Trauer, dass ihn von seinen Kindern keiner haben wollte. Er war nicht dazu in der Lage, alleine zu leben. Anna war eine liebenswerte Persönlichkeit, obwohl sie selber vier Kinder hatte, kümmerte sie sich noch um arme Kinder, so gut es ihr möglich war. Mal mit Lebensmitteln, ein andermal nähte sie ihnen Kleider. Auch für Irene hatte sie nur für drei Rubel ein Kleid genäht.

Trotz dieser Umstände stand Katharina mit beiden Beinen fest im Leben, fand immer das richtige Wort, tat immer das Richtige und war immer voll freundlicher Teilnahme. Wenn es auch sonst niemand bemerkte, Irene sah es – vielleicht weil sie viel über ihre Vergangenheit wusste. Wie immer nach der Schule hatten die beiden es nicht eilig, nach Hause zu gehen. Sie hatten die längste Strecke eingeschlagen und unterhielten sich intensiv über Gott und die Welt. Eine kurze Strecke hatten sie gerade hinter sich, als Katharina die Stille mit einer Frage durchbrach.

„Sag mal, Irene, warst du schon einmal verliebt?“ Die Frage traf sie unvorbereitet, sodass sie ins Stottern geriet.

„O jaaa“, ziehend kam die Antwort aus ihrem Munde.

„Und in wen, wenn ich es wissen darf?“

„Ddddoch, das daaarrfst du“, entgegnete Irene. „Du kennst doch Johannes?“, kam es endlich und ängstlich raus.

„Ach tatsächlich?“

Irene nickte mit dem Kopf und ein „Hmm …“ kam durch ihre Nase.

„Ach du meine Güte?“, erwiderte sie.

„Was ist, gefällt er dir nicht?“, fragte Irene neugierig.

„Doch, doch, aber er ist für mich zu rüde“, räumte Katharina ein.

„Und wenn schon! Ich mag ihn wie er ist“, erwiderte Irene.

„Ich aber war noch nie in einen Jungen verliebt“, erwiderte Katharina stolz, während sie mit ihrem Kopf wackelte und weitermarschierte.

„Das finde ich aber sehr schade“, fügte Irene hinzu.

„Ach“, seufzte Katharina und versuchte möglichst theatralisch zu klingen. „Eines Tages willst du ihn heiraten? Du denkst, Johannes ist dein zukünftiger Ehemann?!“

Ab dieser Stunde versuchte Katharina bei jeder Gelegenheit, Irene damit aufzuziehen.

Sommer und Herbst waren vorüber und der Winter war im Anmarsch. Es hatte keiner mit so einem Winter gerechnet, doch dann kam er hart und böse. Über einen Meter Schnee lag auf den Straßen. Morgens auf dem Schulweg konnte man den Weg bei der Dunkelheit nicht finden. Bei jedem Schritt sank man fast bis zu den Hüften ein. Wenn die Kinder in der Schule ankamen, mussten sie als Erstes die Stiefel ausziehen und den Schnee abklopfen. Zum Glück hatte Irene den kürzeren Schulweg als Katharina.

Diese kam heute weinend und schluchzend an und erzählte, was sie erlebt hatte. Unterwegs hatte sich eine Schneekruste über ihren Brauen und Lidern gebildet, die die Sicht beeinträchtigten. Immer wieder wischte sie sich übers Gesicht, um den spärlich markierten Weg sehen zu können. Trotz mehrerer Socken und Handschuhe schmerzten ihr Hände und Füße vor Kälte. Der Wind peitschte Schnee durch die Luft, was Katharina blendete und die Sicht noch mehr erschwerte. Entsetzen stieg in ihr auf. Schon mehr als ein Dorfbewohner hatte sich in diesen kalten und nebligen Wintern verirrt. Es war zu gefährlich, wenn man die Orientierung verloren hatte und bis zur völligen Erschöpfung im Kreis umhergeirrt war, manchmal nur ein paar Schritte von seinem Haus entfernt.

Katharina zwang sich stehen zu bleiben und zu warten, während der Schnee um sie herum tobte und wirbelte, um sie mit einer vollkommen konturlosen Landschaft aus reinem Weiß zu umgeben.

Als der Sturmwind endlich nachließ, konnte Katharina die Umrisse des Weges nur noch mit Mühe erkennen. Sie setzte sich wieder in Bewegung. Der Schmerz in den Händen und Füßen war verschwunden, sie waren jetzt völlig taub vor Kälte. Katharina wusste, was das bedeuten mochte, aber sie konnte es sich nicht leisten, lange darüber nachzudenken. Es war wichtig, die Ruhe zu bewahren. Sie murmelte vor sich hin: „Ich darf nicht an die Kälte denken."

Ein Stück voraus erschien ein verschwommener schwarzer Fleck auf dem Pfad. Es war eine tote Krähe. Selbst diese zähen Aasfresser starben in diesem bitterkalten Winter. Sie verhungerten, weil die Kadaver dermaßen hart gefroren waren, dass sie mit den Schnäbeln das Fleisch nicht aufpicken konnten. Sie wusste nicht wie, aber endlich fand sie den Weg.

Zusammen mit Irene und den anderen Mädchen klopften sie den Schnee aus ihren Stiefeln und ihrem Mantel. Anschließend rieben sie ihre Hände, die blau gefroren waren. Als sie dann wieder Gefühl in ihre Glieder bekam, begannen sie zu jucken und zu pochen. Ihre Hände sahen rau und trocken aus. Als sie sich alles von der Seele gesprochen hatte, beruhigte sie sich langsam und es wurde ihr auch wärmer. Es klingelte und die Lehrerin betrat den Klassenraum. Nach dem Unterricht war Katharina wieder aufgewärmt und die ganze Aufregung hatte sich gelegt.

Am schlimmsten erging es in diesem Winter den Dorfbewohnern. Sie verloren sehr viele Tiere, die dem Frost zum Opfer fielen und einfach erfroren – das einzige Hab und Gut, was sie hatten und wovon sie lebten. Der Markt war überfüllt mit sogenanntem „Schlaffleisch".

Gefährlich war der Winter auch für die Häuser. Manche Dächer sind fast unter den Schneemassen eingestürzt. Sie als Kinder haben es genossen. Anstatt den

Schnee runterzuschieben, womit die Eltern sie eigentlich beauftragt hatten, haben sie sich gegenseitig von den Dächern in den Haufen von Schnee hinuntergeschubst. Die dicke Schicht von Schnee auf den Straßen wurde glatt gefahren und das Schlittenfahren war bei dieser Witterung die reinste Freude.

An einem Nachmittag hatten sich Irene und Katharina etwas Besonderes ausgedacht. Sie spannten Katharinas Hund vor einen Schlitten und liefen abwechselnd mit einem Stück Brot vor dem Schlitten her, um den Hund zu locken. Irene steckte zwei Finger in den Mund und pfiff sehr laut. Damit feuerte sie den Hund an. Nun, Irene und Baikal, so hieß der Hund – wie der größte Süßwassersee der Welt, waren gute Freunde. Er kannte sie bereits, seit er ein kleiner Welpe war. Katharina saß auf dem Schlitten und die beiden Mädchen lachten, bis ihnen der Bauch wehtat. Als gute Freundinnen genossen die beiden ihre gemeinsame Zeit und hatten viel Spaß und Freude dabei.

Der Winter bäumte sich noch einmal kurz auf und dann stand der Frühling wieder vor der Tür. Regen prasselte, Donner krachte. Ein heftiges Frühlingsgewitter tobte und erfüllte die Luft mit süßsaurem Geruch feuchter, frisch gepflügter Erde. Der Regen trommelte laut auf das Dach des Hauses.

Der Wind frischte auf und die Pappelbäume, die neben dem Haus standen, begannen unregelmäßig gegen die Wände zu klopfen. Irene hatte immer große Angst vor dem Gewitter. Voller Entsetzen saß sie da und schaute erstarrt aus dem Fenster, während der Blitz zuckte. Sie brachte weder den Mut noch die Willenskraft auf sich zu bewegen. Später streckte sie voller Entschlossenheit ihr kleines Kinn vor, während ihre Füße den kalten Fußboden spürten. Dieses vertraute Gefühl gab dem Mädchen Sicherheit. Dennoch wagte sie kaum zu atmen, denn immer wieder krachte eine Salve von Donnerschlägen über ihnen. Am nächsten Tag hörte sie von Freunden, dass eine Kuh vom Blitz getroffen worden war. „Komm, die wollen wir uns anschauen“, sagte eine Klassenkameradin zu Irene. Die Mädchen machten sich auf den Weg und tatsächlich lag die Kuh dort auf einem Hügel, nicht weit von der Herde entfernt.

Häufig entfachte sich im Frühling und Sommer während eines Gewitters ein Feuer, denn die Blitze hatten einige Scheunen, in denen Heu gelagert wurde, getroffen. Das Feuer griff meist rasch auf den ganzen Hof über. Solche Erlebnisse saßen tief in Irenes kleinem Herzen und erschreckten sie jedes Mal aufs Neue.

Schön, dass die Natur für Abwechslung sorgte und wenn das Gewitter vorüber war, kam wieder die Sonne zum Vorschein und trocknete die im Garten vom Herbst herumliegenden Äste, das Laub und die Reste der Sonnenblumen. Mit ihren „Stäben“, die sehr lang und hart waren, konnte man weit springen. Irene genoss die Zeit mit ihren Freunden, wenn sie sich im Garten austobten. Danach begaben sie sich an die Arbeit.

Sie harkten das getrocknete Laub zusammen und schnitten die Büsche, bevor der neue Saft im Frühjahr in den Bäumen und Büschen hochkam. Zur Freude der Kinder wurden abends bei Mondlicht die trockenen Äste, Laub und Zweige auf einen Haufen geworfen und verbrannt.

In der Glut haben sie Kartoffeln garen lassen und über dem Feuer wilde Tauben aufgespießt und gebraten, die die Jungs mit der Zwille geschossen hatten. Die Mädchen hatten sie gerupft und ausgenommen. Nachdem alle satt waren, sprangen sie um die Wette übers Feuer. Die Jungs legten immer wieder Äste nach, sodass das Feuer noch höher wurde.

Die Kindheit war vorüber und im Alter von fünfzehn Jahren hatte Irene ihr Leben Jesus übergeben. Ihr ganzes Leben lang war sie nur Gottesdienstbesucherin gewesen, obwohl ihre Mutter sie viel gelehrt hatte. Sie wusste einiges über Gott, aber er war keine persönliche Wirklichkeit für sie. Es war ein wunderschöner Sonntagabend im Sommer, als sich die Jugendlichen im Haus von Pastor Justus zur Jugendstunde getroffen hatten.

Wie gewöhnlich hatten sie am Anfang ein paar Lieder gesungen und der Pastor selber, Johannes Justus senior, hatte an diesem Abend die Predigt gehalten.

„Es wird dann so sein wie bei dem Mann, der ins Ausland reisen wollte. Er rief alle Verwalter zusammen und beauftragte sie, während seiner Abwesenheit mit seinem Vermögen zu arbeiten. Dem einen gab er fünf Goldstücke, einem anderen zwei und dem dritten eins, entsprechend den Fähigkeiten, die er bei ihnen voraussetzte. Danach reiste er ab“, fing er an (Matthäus 25,14.29 ff.). Er sprach über Unzuverlässigkeit, Untreue, Faulheit und Ungehorsam. Genau so hatte Irene sich gefühlt und sie konnte ihm nicht mehr folgen, denn sie wurde von ihrem schlechten Gewissen verfolgt, von Reue geplagt, während sie den Ruf des Herrn hörte.

Es war nicht der Sommersturm mit seinen unangenehmen Regenschauern, sondern der Sturm, der in ihrer Seele tobte. Das Herz raste in ihrem Brustkorb und sie konnte ihre Tränen nicht mehr zurückhalten. Sie tat Buße, denn sie wollte kein faules und nichtsnutziges Mädchen sein und anschließend noch in die Finsternis geworfen werden, wo nur noch Verzweiflung herrscht.

Sie erlebte, wie viel Mut es kostete, die innere Bereitschaft zu diesem Ja aufzubringen, aber wie bewegend war dann die Erfahrung, innere Gewissheit zu gewinnen: „Ich weiß, dass mein Erlöser lebt!“

Auf einmal wurde ihr klar, was Freiheit in Wirklichkeit bedeutete: frei zu sein, um sich den Geboten der Liebe zu beugen und sich freiwillig in ihre Gefangenschaft zu begeben. Ohne diese Unterordnung unter die Zucht der Liebe war die Freiheit nur eine öde Wüste voller Luftspiegelungen, die alles versprachen, aber nichts hielten. Je mehr sie darüber nachdachte, desto besser gefiel ihr dieses Leben und jedes Mal, wenn sie etwas von Jesus gehört hatte, spürte sie, dass sie ihn lieb haben könnte. Am liebsten hätte sie solche Augenblicke festgehalten, aber die Zeit kann nicht stehen bleiben. Als die Jugendstunde zu Ende war, ging sie mit erleichtertem Herzen nach Hause.

Es schien, als ob der Mond an dem Abend heller leuchtete und die Luft frischer war als sonst. Sie selbst fühlte sich federleicht, denn die Last und die Schuld waren weg, die sie wie einen schweren Rucksack auf ihrem Rücken getragen hatte.

Als sie am nächsten Morgen wach wurde, hatte sie das Gefühl, dass die ganze Umgebung schöner geworden sei. Sie freute sich auf den neuen Tag, denn die Sonne leuchtete wärmer und heller.

Sie erzählte ihrer Mutti von ihrer Freude, aber Alwina antwortete nur: „Schön." Irene erwartete, dass sie sie jetzt in den Arm nehmen würde und dass sie sich gemeinsam riesig freuen würden. Aber es kam nichts. Irene dachte, irgendetwas musste mit Mamas Gefühlen nicht stimmen, daran konnte sie aber nichts ändern und nahm es so wie es war. Vielleicht war sie in so einer Familie aufgewachsen, in der man einander nicht liebevoll umarmt, in der Gefühle wie Freude, Wut und Schmerz nicht zum Ausdruck kamen.

Die Mutter ging wieder zur Arbeit. Sie kam jeden Mittag für eine halbe Stunde nach Hause und hatte dann gegen 17.00 Uhr Feierabend. Als sie dann wieder da war, hatte Irene die Reste des Mittagsessens abgeräumt, den Abendbrottisch gedeckt und die Bratkartoffeln samt Pfanne auf den Tisch gestellt. Über die ganzen Sachen wurde nicht viel gesprochen. Vielleicht lag es auch an Irene, dass sie sich nicht öffnete. Die Sonne war schon am Untergehen. Da die ganze Familie beim ersten Hahnenschrei aufstehen musste, pflegte Alwina abends nur noch schnell zu essen, sich dann kurz für den nächsten Tag vorzubereiten und sich baldmöglichst hinzulegen. An diesem Abend hatte Irene es nicht eilig, zu Bett zu gehen, fühlte sich weder schläfrig noch müde. Nachdem sie das einfache Abendessen gegessen hatte, saß sie noch lange auf der Schwelle des Hauses und versuchte, das Geschehene zu verarbeiten, das sie emotional aufgewühlt hatte.

Unzählige Male hatte sie seitdem in ihrem Leben erfahren, dass Gott wie ein Fels in der Brandung war, ein Fels, auf den sie sich zurückziehen konnte. Denn es hatte sich etwas Grundlegendes in ihrem Leben geändert. Da war jetzt jemand mit Mitspracherecht in ihrem Leben. Sie lernte zu fragen: „Herr, was willst du, das ich tun soll?" Sie schaute hinaus über das weite Land, wo die Sonne soeben hinter den Bergen im Nordwesten des Dorfes verschwunden war, während ihre letzten Strahlen den Himmel in eine rote Glut tauchten. Auf der Ebene des Dorfes war die Ernte beinahe beendet und die langsamen hölzernen Eselswagen rumpelten die staubigen Wege zwischen den Pappeln entlang. Die müden Dorfbewohner, die den ganzen Tag auf dem Felde arbeiteten, ruhten sich auf ihren Weizengarben aus. Langsam begann es dunkel zu werden.

Zu dieser Zeit waren zwanzig Mädchen in der Jugendgruppe des Dorfes und Johannes war der einzige Junge. Bei so einer Auswahl ist es ihm bestimmt schwergefallen, sich zu entscheiden.

Es war ein warmer Nachmittag im August. Alwina hatte die Bohnenranken im Garten geerntet und zum Trocknen in die Sonne gelegt. Dann war es Irenes Aufgabe, die Bohnen zu pulen und die Überreste an Schoten und Kraut wieder in den Garten zu bringen, wo sie später verbrannt wurden. Als sie so auf einem kleinen Hocker saß und nichtsahnend in ihre Arbeit vertieft war, quietschte das Zauntor. Sie schaute sich um und sah, wie Johannes auf sie zukam.

„Hallo“, sagte er und setzte sich dazu.

„Guten Tag“, antwortete sie, während gleich ein Gedanke durch ihren Kopf schoss und sie anmerkte: „Mein Bruder ist nicht zu Hause.“

„Das macht nichts, ich kann ja warten“, räumte er ein, während er nach einer Bohnenschote griff. Stille trat ein.

In seiner Anwesenheit fühlte Irene sich total verlegen, fing an zu schwitzen und wusste nicht, worüber sie sich mit ihm unterhalten sollte. Das war die erste Begegnung. Noch nie waren sie einander so nah, um sich zu unterhalten, wenn auch nur über unverfängliche Dinge. In diesem Moment liefen in Irene wie in einem Film viele Erinnerungen durch den Kopf, was sie beide in der Jugend erlebt hatten. Zwar wollte sie ihm schon immer viel erzählen und hatte auch jede Menge Fragen, aber es schien, als ob ein dicker Kloß in ihrem Hals stecken geblieben war, sodass Irene nichts herausbrachte. Nach einer kurzen Pause unterbrach Johannes die Stille:

„Das musst du alles allein schaffen?“

„Ja“, erwiderte sie.

„Ich helfe dir“, sagte er. Nach einer Weile fing er an:

„Das ist ja wie eine Nadel im Heuhaufen suchen, so langatmig. Weißt du was? Wir legen das besser schön aufeinander und machen einen großen Haufen daraus, dann trete ich darauf. Die Schoten sind schön trocken und die Bohnen fallen raus. Dann schmeißen wir das Bohnenkraut zur Seite und die Bohnen werden alle auf dem Boden liegen, sodass wir sie aufsammeln können und die Sache ist erledigt! Was hältst du davon?“

„Das ist wie beim Wein machen“, meinte er. „Man geht da auch mit Füßen bei, das geht wesentlich schneller“, überzeugte er Irene.

„Aber da die Abende ja lang und hell sind, brauchen wir uns nicht abhetzen“, sagte er noch dazu.

„Ja, okay, wenn du meinst, das ist eine gute Idee“, antwortete Irene.

Er legte alles auf den Haufen und trat ordentlich mit den Füßen darauf, sodass der Haufen ganz klein wurde. Dann nahm er das trockene Bohnenkraut und schmiss es zur Seite. Tatsächlich lagen sehr viele Bohnen auf dem Boden. Sie legten los und sammelten sie auf. Irene bemerkte nichts um sich herum, obwohl die Sonne so wunderschön schien und ihre hellen und warmen Strahlen alles erwärmten. Die Vögel waren so laut mit ihrem Gesang, in ihrem Gezwitscher hörte Irene, wie die Vögel sie drängelten: Es schien ihr, dass sie nur eins verstanden hat in ihrem Gezwitscher: „Frag ihn doch, was du schon sehr lange fragen wolltest.“ Doch sie schwieg. Johannes erzählte ihr von den frechen Jungs aus seiner Klasse, soweit sie sich erinnern konnte, aber sie war tief in ihren Gedanken versunken und dachte über ihren großen Traum nach: „Sind meine Träume zu Ende geträumt oder fängt der erste gerade an?“

Sie blieb stumm und erinnerte sich, wie sie ihn zum ersten Mal gesehen hatte, da ging sie noch in die zweite Klasse. Damals, als Katharina sie gefragt hatte, ob sie schon einmal verliebt war. Sie war die Erste, der Irene ihre Gefühle anvertraut hatte. Er hat ihr schon immer gefallen, aber eigentlich, dachte sie, bin ich selber schuld. Davon brauche ich nicht träumen, auf mich wird er niemals gucken, beruhigte sie sich selbst. Jedes Mal wenn sie ihn traf, in der Schule oder im Gottesdienst, machte sie einen großen Bogen um ihn, sodass es ihm bloß nicht auffallen konnte, dass sie ihn mochte. „Bestimmt ist er in irgendein Stadtpüppchen verliebt. Was will er denn mit einem Dorfmädchen wie mir?“ Ständig musste Irene mit solchen Gedanken kämpfen. Außerdem hatte er ihr noch nie Aufmerksamkeit geschenkt. Nun, wenn er sowieso auf ihren Bruder warten wollte? „Na bitte! Warum denn nicht? Soll er doch! Oder?“ Genau dieses „Oder“ hatte Irene neugierig gemacht. Aber sie ließ sich nichts anmerken. Das war die erste nette Geste von ihm, kreiste es in ihrem Kopf.

Außer einmal im Winter in der Schule, während der Pause, als es so geschneit hatte. Da haben sich alle Schüler gegenseitig die Gesichter mit Schnee eingerieben. Da stand er plötzlich vor Irene, mit vollen Händen Schnee und wollte ihr das Gesicht waschen. „Bitte nicht“, kam es leise aus Irenes Mund. Obwohl sie es nicht glauben konnte, ließ er sie laufen. Später musste sie nur an ihn denken: „Wie kam das denn?“, fragte sie sich. Dieser Rabauke hatte sie nett angeschaut und ließ sie laufen. Das sah ihm nicht ähnlich. Genau dieses Gesicht stand vor ihren Augen, mit dem gleichen Blick, wie er sie angeschaut hatte. Diesen Blick konnte sie nicht vergessen! Bis zu diesem Tag hatte dieser Blick sie begleitet. Wie ein Sekundenfilm kreisten die Gedanken in ihrem Kopf.

Die Sonne sank hinter den Pappelbäumen tiefer, sodass der Schatten sich änderte. Die beiden saßen immer noch auf den Hockern und sammelten die Bohnen auf, näher und näher kamen sie aufeinander zu. Irene konnte hören, wie er atmete. Ihr Bruder war immer noch nicht zurück. Die Mutter hatte Feierabend und eilte nach Hause. Als sie auf den Hof kam, fand sie Irene und Johannes beim Aufsammeln der Bohnen. Dann aber wollte Johannes auch nicht länger bei ihr verweilen. Soweit es seine Höflichkeit zuließ, sagte er nur „Lebewohl“ und verließ den Hof.

Die Mutter fragte Irene: „Wollte er irgendwas?“

„Ja“, antwortete Irene, „er hat auf Peter gewartet, aber er ist immer noch nicht zurück.“

Irenes Erregung, die Johannes‘ Besuch ausgelöst hatte, legte sich nur langsam, nachdem er gegangen war. Sie schleuderte die Schuhe von ihren Füßen, ging ins Haus hinein und setzte sich auf das Sofa.

„Allerhand!“, dachte sie nur, „habe ich es nicht gleich gedacht, dass es ein interessanter Abend sein wird?“

Es wurde immer dunkler. Über den Pappeln war eine Mondsichel zu erkennen. Irene ging auf den Hof hinaus, stand da und wollte das Geschehene verarbeiten.

„War das die Stunde der Wahrheit?“, fragte sie sich.

Irene spürte, dass sie zu sich selbst aufrichtig sein musste und schob die Gedanken zur Seite. Es fiel ihr schwer, sie loszuwerden. Sie musste es aber.

„Dann muss ich wohl“, dachte sie, „mein Geheimnis bis ans Ende meines Lebens tragen? Wird dann mein Wunsch zunichtegemacht?“ Fragen über Fragen kreisten wieder und wieder in ihrem Kopf umher. Plötzlich merkte sie, dass sie sich fürchtete und gleichzeitig spürte sie die Nähe der Liebe. Sie sprach zu ihr in den zarten Farben des Abendhimmels, im warmen Hauch der Sommernacht und in der Kraft der Dämmerung, die sich langsam niederlegte.

An diesem Abend kam Katharina vorbei. Nachdem sie sich begrüßt hatten, sagte Irene sofort: „Lass uns spazieren gehen, ich habe dir etwas Wichtiges zu berichten.“

„Ah, was denn?“, wollte Katharina wissen.

„Lass uns gehen!“, drängelte Irene.

Die beiden gingen zum See. Irene erzählte ihr das Geschehene. Katharina war sehr gespannt und hakte immer wieder nach.

„Wie hat er sich denn benommen? Erzähl mir alles!“, sagte sie.

„Wie hat er dich denn angeschaut?“ Katharina konnte fast jeden Blick und jede Aussage über Johannes deuten. Sie kam Irene vor wie eine erfahrene Frau, die jede Geste und jede Bewegung interpretieren konnte.

Als der Abend vorüber war und sie im Bett lag, konnte sie nicht einschlafen und musste noch länger nachdenken. Später erfuhr Irene, dass Johannes gar nicht zu ihrem Bruder wollte, es kam ihm einfach in den Sinn, sie zu besuchen.

„War das sein erster Schritt? Kommt er wieder? Ist das der Traum, der gerade anfängt oder geht er schon zu Ende? Oder nimmt er langsam Schwung auf?“, fragte sie sich. Danach kam der Alltag und es lief wieder so wie vorher. Er ließ sich nichts anmerken und sie musste so tun, als ob nichts gewesen war. Sie war enttäuscht, aber wollte ihre Hoffnung und ihre guten Gedanken nicht aus ihren Erinnerungen löschen.

Der Sommer war vorbei und der Herbst kam mit seiner farbigen Pracht. Die Pappeln auf ihrem Hof vergilbten. Die Luft roch nach Kälte, es wurde draußen ungemütlich und nur die guten Erinnerungen blieben warm in Irenes Herzen.

Zu dieser Zeit hatte Irene die Mittelschule abgeschlossen und arbeitete seit vier Monaten in einem Entbindungskrankenhaus, das sich in der Stadt befand. Ihr Traum war es, Hebamme zu werden. Sie musste diesen Weg einschlagen, denn in Kasachstan ging ohne Schmiergelder gar nichts. Als Irene ihre Mutter fragte, was sie tun sollte, antwortete diese: „Erstens sind wir Christen und zweitens haben wir das Geld nicht. Aber du kannst der Hebamme zwei Jahre assistieren. So würdest du nach dieser Zeit ein Zeugnis bekommen und ohne ein Examen gut in der Medizinischen Schule ankommen.“ So machte Irene es auch. Sie bekam für ihre Arbeit natürlich ein Gehalt, so konnte sie zum Familieneinkommen beitragen, was allen half. Irene war recht fleißig und bei den Hebammen und Gynäkologen sehr beliebt. Jeder wollte, dass sie ihnen zur Hand ging.

So verging die Zeit. Trotz des kalten Herbstes und des anschließenden stürmischen Winters hatte sie die Sehnsucht tief in ihrem Herzen vergraben. In diesen ungemütlichen Tagen hatte sie sich oft an diesen wunderschönen Gedanken erwärmt. Es gab ihr Hoffnung und die Gefühle wurden wieder geweckt.

Bis auf einen sonnigen Februartag. Es war Sonntag, der 17. Februar im Jahre 1972. Irene und ihre Freunde fuhren in die Stadt zum Gottesdienst. „Mal etwas anderes“, hieß es, sie wollten die große Gemeinde mit 1.200 Mitgliedern besuchen und gute Gemeinschaft haben.

An dem besonderen Tag erhob sich Irene aus ihrem Bett, es war noch dunkel und ungemütlich. Sie kleidete sich mit besonderer Sorgfalt an, als ob sie etwas geahnt hatte, und ging zu Katharina. Es war ein seltsam schwüler Morgen. In den Pappeln zwitscherte kein Vogel. Nebel lag über den Feldern und die Berge waren in Wolken gehüllt. In der Ferne grollte der Donner.

Als sie später in der Stadt ankamen, änderte sich das Wetter schlagartig. Die Sonne kam hoch, sodass der melancholische Morgen verschwunden war. Irene vergaß in diesem Moment alle ihre Bedenken, ließ sich auf einer Bank neben Katharina nieder und schaute sich um. Die Gemeinde in der Stadt war enorm gut besucht. Ihre Gemeinde auf dem Dorf war dagegen nur eine „Handvoll“.

Irene mochte den eindrucksvollen Chor, die Sänger, die oben auf der Bühne standen, mit ihren starken Stimmen Gott lobend. Der Prediger sprach über einen Dienst auf dieser Erde, welcher jedem Christen von Jesus Christus verliehen worden war, und von der Sorge um die Gemeinde, die er die Herde Gottes nannte.

Irene versuchte sich ganz auf die einleitenden Worte zu konzentrieren. Aber nicht lange und sie war in Gedanken weit weg, in ihrem Dorf. Sie stellte sich vor, wie sie auf dem Hof von Johannes mit den anderen Jugendlichen stand und heimlich immer wieder einen Blick in seine Richtung warf.

Katharina rüttelte sie schließlich und holte sie zurück ins Jetzt: „Endlich, wo warst du denn mit deinen Gedanken? Ich versuche dir, die Schönheit dieses Gebäudes zu zeigen und du bist total abwesend!“

„Entschuldige, ich war im Entbindungskrankenhaus“, sagte Irene.

„Etwas Besseres konntest du dir nicht aussuchen, was, in Gedanken im Entbindungskrankenhaus zu landen?“

Katharina hatte auch im Entbindungskrankenhaus gearbeitet, aber nur bei den Säuglingen.

„Schau dir doch die wunderschönen Farben auf den Säulen an, wie sie ineinander verwoben sind!“, schwärmte sie.

Die Säulen waren grau gestrichen. Weinrote, grüne und orangene Verzierungen, die wie Schleifen aussahen, wickelten sich um die Säulen.

„Ist das nicht schön?“, fügte Katharina hinzu.

„Ja, gefällt mir auch. Das ganze Farbspiel kann viel bedeuten“, räumte Irene ein.

„Was meinst du denn damit?“, hakte ihre Freundin nach.

„In all diesen Farben ist sehr viel verborgen, wie Freude und Leid, Geborgenheit und Ablehnung, Zärtlichkeit und Gewalt“, antwortete Irene.

„Meinst du? Wie bist du denn heute drauf? Für mich sind das nur Farben, mehr nicht“, erwiderte Katharina.

„Ich sehe es anders“, fügte Irene hinzu.

Als sie sich noch flüsternd unterhielten, erschien oben auf dem Podest ein Dirigent. Der Chor erhob sich und auf ein Zeichen des Dirigenten stimmten sie zusammen ein Lied an. Nach kurzer Zeit schauten sich die Mädchen an und Irene flüsterte Katharina zu: „Wow! Das ist gewaltig!“

Danach kam die Predigt. Irene musste sich konzentrieren, denn sie wusste, dass ihre Mutter sie zu Hause sicher nach dem Inhalt der Predigt fragen würde. Der Ablauf des Gottesdiensts war ähnlich wie bei ihnen auf dem Lande. Nach der Versammlung hatten die Mädchen sich nicht beeilt und mussten erkennen, dass sie den Bus, den sie eigentlich nehmen wollten, nicht mehr schaffen würden. Auf den nächsten warten wollten sie auch nicht. Eine meinte dann: „Lasst uns doch zu Fuß nach Hause gehen!“

„Zu Fuß?“, erwiderte Irene und freundete sich gleichzeitig mit diesem Vorschlag an. „O ja, das war schon immer mein Wunsch!“

Alle waren einverstanden: „Jaja, lasst uns das machen, das haben wir noch nie gemacht“, sagten alle anderen Mädchen. Es waren rund zwölf Kilometer.

Der Monat Februar war in diesem Jahr angenehm mild. An diesem sonnigen Sonntag waren es neun bis zehn Grad Celsius, was sehr ungewöhnlich in dieser Jahreszeit war. Die Sonne schien und der Schnee auf den Straßen und Gehwegen verwandelte sich in eine nasse und matschige Masse. Da die Mädchen die richtige Kleidung anhatten, machte es ihnen nichts aus.

Unterwegs unterhielten sie sich über belanglose Dinge und gleichzeitig schauten sie sich die Stadt an. Sie merkten gar nicht, wie schnell die Zeit verging und sie ihren Ort erreicht hatten. Als Irene zu Hause ankam, wandte Alwina sich ihr mit den Worten zu:

„Johannes war nach dem Gottesdienst hier und hat nach dir gefragt.“

„Johannes?“, wunderte sich Irene. „Was könnte er von mir wollen? Ach, vielleicht hat er irgendwelche Fragen wegen der Jugendstunde?“, antwortete Irene.

Dabei blieb es. Die Mutter hatte schon das Essen für sie warm gemacht und stellte es ihr auf den Tisch. Irene aß hungrig und beeilte sich dann zum nächsten Gottesdienst gegen 17.00 Uhr, denn sonntags fanden immer zwei Gottesdienste statt.

Der Nachmittagsgottesdienst war in der Regel eine halbe Stunde kürzer als der am Vormittag und er schien Irene auch erquickender zu sein.

Sie ahnte nichts, als sie nach der Versammlung nach ihrem Mantel griff und nach draußen ging. Die Jugendlichen hatten einen Kreis gebildet und unterhielten sich über den schönen Nachhauseweg heute Mittag, als sich Irene dazugesellte. Gleich danach kam auch Johannes und stellte sich neben sie.

„Apropos … Spaziergang", mischte er mit, und wandte sich zu Irene mit den Worten:

„Möchtest du mit mir eine Runde spazieren gehen? Jetzt gleich?" Dabei schaute er sie an. Wie aus der Pistole geschossen kam ein Ja von Irene.

Langsam ging die Jugend nach Hause. Irene und Johannes schlugen die Richtung zum See ein. Er hat sie irgendwie zusammen verbunden, denn an ihm hingen sehr viele Erinnerungen, die die beiden zusammen erlebt hatten. Schon als Kinder hatten sie dort sehr oft ihre Zeit im Wasser verbracht und die Taufe von Gemeindegeschwistern fand auch hier statt. Das Wetter war herrlich, die Sonne war gerade untergegangen und tauchte den Himmel in eindrucksvolle Rottöne. Frühling lag in der Luft. Gegen Abend konnte man zwar hier und da sehen, wie die Pfützen sich allmählich mit dünnem Eis bezogen hatten, aber trotzdem konnte man riechen, dass der Frühling nahe war. Von dem Schnee war so gut wie nichts übrig, denn die warme Sonne hatte ihn tagsüber in zahlreiche Pfützen verwandelt. Irene war sehr aufgeregt und steckte ihre Hände andauert in die Manteltaschen, in der Hoffnung, sie würde was finden, woran sie sich festhalten konnte. Aber sie fand nichts. Nach einer Weile unterbrach Johannes die Stille: „Was macht deine Arbeit?" „Gut!", antwortete sie. Zu dieser Zeit hatte sie schon jede Menge praktische Erfahrungen gesammelt, um später den Beruf ausüben zu können.

Sie musste mit dem Bus zur Arbeit fahren. Jeden Morgen traf sie Johannes an der Bushaltestelle, denn seine Ausbildungsstätte lag im gleichen Stadtteil wie ihr Entbindungskrankenhaus. „Ich liebe diese Arbeit", fügte sie weiter hinzu. „Nur die Nachtschichten sind sehr kräftezehrend. Gestern nach einer anstrengenden Nacht bin ich im Bus fast eingeschlafen", antwortete sie weiter und erzählte ihm ihre Aufgaben als Hebammenhelferin.

„Das ist bestimmt nicht einfach", kommentierte Johannes.

„Ist es auch nicht", bestätigte Irene, „es ist wirklich gewöhnungsbedürftig."

„Möchtest du den Beruf tatsächlich nach der Ausbildung ausüben?", fragte er weiter.

„Ja, das würde ich gerne", antwortete sie.

Den See hatten sie schon erreicht. Sie genossen die wunderbare Aussicht von dem Hügel auf das Dorf, aus dem sie beide stammten, als Johannes sagte:

„Lass uns nach unten zum Fluss gehen!" Sie gingen über eine Wiese, die nach dem Schnee gelb-grün gefärbt war. Der Boden war reichlich mit Tauwasser getränkt und hier und da standen die Schneeglöckchen in voller Blüte. Unterwegs erzählte er ihr viel über die Berufsschule und die Ausbildung, die er gerade machte. Irene schenkte ihm ihre ganze Aufmerksamkeit und dachte über nichts anderes nach, als er dann an einem Mast vor einem Hügel stehen blieb, abrupt aufhörte zu erzählen und sie aus heiterem Himmel fragte: „Möchtest du mit mir befreundet sein?"

Er hatte sie aus ihrer Aufmerksamkeit herausgerissen, denn damit hatte sie nicht gerechnet. Sogar in ihren kühnsten Träumen nicht und jetzt stand sie da und hatte

Angst bekommen, ins Stottern zu geraten. Ihr Herz fing wie verrückt zu klopfen an! Die ganze Zeit dachte sie, er würde irgendwann das Thema „Jugend" anschneiden wollen, aber es kam nicht. Sie wusste nicht, wie ihr geschah. Sie konnte keinen klaren Gedanken fassen. Sie wusste nicht, was sie erwidern sollte, aber das Richtige kam raus: „Ja!"

Sie erschrak. „Habe ich eigentlich die richtige Antwort gegeben?", fragte sie sich. Damit hatte sie echt nicht gerechnet. Er blieb vor ihr stehen und sie schauten sich an. Sie sah in seine Augen und gab ihm wortlos zu verstehen, dass sie die Herausforderungen annehmen würde, vor die er sie stellte. Aber welche?

Vor Aufregung war Irene fast die Luft weggeblieben. Das Blut stieg ihr in den Kopf und sorgte für eine leichte Rötung im Gesicht. Am liebsten wollte sich Irene verkriechen – aber wohin? Eigentlich hatte sie sich nach diesem Augenblick gesehnt. Nun, wo er endlich gekommen war, konnte sie ihn nicht wahrnehmen und dachte, sie träumte.

Das war Realität und sie musste sich noch mit ihr anfreunden. Als sich die Aufregung langsam legte, wollte sie Johannes gerne erzählen, wie sie sich fühlte und was sie gedacht hatte, aber das würde sie sich auf gar keinen Fall trauen. Schweigend standen sie da und sahen sich die Gegend an. Keiner wagte die Stille zu durchbrechen.

Den eigentlichen Fluss hatten sie noch nicht erreicht, aber man konnte im Hintergrund bereits das schnelle und laute Wasser hören. Irene dachte, dass sie noch ein Stück gehen würden, als Johannes dann die Stille unterbrach: „Gehen wir wieder zurück?"

Irene wollte auf keinen Fall widersprechen und antwortete: „Ja, gerne." Auf dem Rückweg fühlte sie sich zwar leichter, denn alle Fragen waren aus ihrem Kopf verschwunden. Aber irgendwie stand sie immer noch neben sich und war die ganze Zeit angespannt, ob noch so eine Frage sie überfallen würde. Sie war still und versuchte ihre Gefühle zu ordnen.

Als die beiden dann über die Wiese dahinschritten, bemerkte Irene, wie wohltuend die Abendstille und der Duft des frisch wehenden Windes waren. Sie fühlte, wie sie allmählich ruhiger wurde und merkte nicht, wie ihr Gang sich verlangsamte und sie schließlich stehen blieb. Manchmal stellte sie sich vor, dass man an solchen Frühlingsabenden Laute hören konnte, die das menschliche Ohr sonst nicht wahrnahm: das Rascheln des trockenen Schilfrohrs, das abseits des Sees wuchs, das Schmelzen von Schnee, das Entfalten der Schneeglöckchen und den Abendflug der Zugvögel. Sie seufzte, ihr Blick blieb auf dem im Schatten liegenden Dorf jenseits des Hügels haften, wo die beiden aufgewachsen waren. So viele Erinnerungen liefen ihr durch den Kopf, als sie noch Kinder waren. Nun, jetzt waren sie in der Blüte ihres Lebens angekommen.

Worüber dachte er wohl gerade nach? Das hätte sie gerne gewusst. Johannes blieb auch stehen, aber er konnte nicht wahrnehmen, was sie fühlte und wahrnahm. Langsam legte sich die Dämmerung in ihrer Stille nieder. Die ersten

Sterne am Himmel wurden sichtbar, der Halbmond schlich sich hinter einer Wolke hervor. „Es ist kühl geworden. Wollen wir nicht langsam zurück?“, fragte er.

Als sie den Ort erreicht hatten, bogen sie in Irenes Straße ein. Sie merkte, dass ihre Hände und Füße sehr kalt waren, aber sie ließ sich nichts anmerken. Da standen sie schon vor ihrem Haus. Licht brannte in einem der Zimmer und erhellte auch den Hof vor dem Haus. Johannes wollte aber nicht im Licht stehen und suchte eine dunkle Stelle. Noch ganz kurz und schweigend standen sie da, als er dann wieder die Stille unterbrach: „Sehen wir uns morgen an der Bushaltestelle?“

„Klar, so wie immer um acht Uhr“, antwortete sie.

„Dann bis morgen“, sagte er und verschwand in der Dunkelheit.

„Bis morgen“, kam ihre ruhige Antwort.

Irene hatte sich lange für diesen Abend gewappnet, der schwierig zu werden versprach, doch jetzt fühlte sie sich entwaffnet durch diesen freundlichen jungen Mann.

Der Tag ging zur Neige, ein kühler Wind wirbelte die Abendluft auf. Irene zog ihren Mantelkragen hoch und kuschelte sich hinein. Sie holte tief Luft und versuchte der Anspannung Herr zu werden, die sie auch jetzt wieder verspürte, genauso wie bei der ersten Begegnung, als er am Nachmittag kam und ihr beim Bohnensammeln half.

Als Irene das Haus betrat, wartete die Mutter auf sie, denn sie hatte schon von jemandem erfahren, dass Irene mit Johannes Richtung See unterwegs war.

„Na, du warst mit Johannes weg, hörte ich?“, fragte Alwina.

„Ja, war ich“, bestätigte Irene.

„Nun, wie kommt‘s?“, wollte die Mutter wissen.

„Er hat mir seine Freundschaft angeboten“, sagte Irene.

„Das habe ich mir schon gedacht“, entgegnete die Mutter.

„Wie – hast du dir schon gedacht?“, fragend schaute Irene sie an.

„Ach, ich sehe doch, wie er dich die letzte Zeit anschaut“, sagte Alwina.

„Wie denn?“, fragte Irene.

„Du, das sah ich, als er noch im Sommer zu uns kam, angeblich um Peter zu besuchen. Als ich euch beide beim Bohnensammeln zugeschaut hatte, habe ich es bemerkt, wie er dich angeguckt hat“, antwortete die Mutter.

„Wieso hast du mir nichts erzählt?“, fragte Irene.

„Was sollte ich dir denn erzählen? Die Zeit zeigt es, dachte ich nur, und so kam es auch“, gab sie zur Antwort. „Und ich bin neugierig, wie du reagiert hast“, lächelte ihre Mutter.

„Ich habe Ja gesagt“, kam die knappe Antwort von Irene, während sie in ihr Zimmer ging.

„Ich wollte dich eigentlich bitten, dass du nicht so früh eine Freundschaft eingehst wie dein ältester Bruder“, sagte die Mutter, während sie lauter wurde.

„Nun, zu spät, ich habe schon zugesagt“, konnte sie Irenes Stimme vernehmen, die aus ihrem Zimmer kam.

Nach dem Gespräch mit ihrer Mutter wäre Irene am liebsten zu Katharina gelaufen, um ihre Freude mit ihr zu teilen, aber sie war zu Hause nun mal unentbehrlich und musste noch Etliches erledigen.

Am nächsten Morgen wurde Irene bereits von Katharina an der Bushaltestelle erwartet. Sie war neugierig und wollte genau wissen, was gestern Abend nach dem Gottesdienst geschehen war. Irene erzählte es mit wenigen Worten. Sie hörte aufmerksam zu, während auf der anderen Straßenseite kurz vor acht auch Johannes erschien. Irene stand mit dem Rücken zu ihm und unterhielt sich mit Katharina. Diese konnte ihn sehen und fiel ihrer Freundin ins Wort:

„Irene, sag mal, jeder weiß, dass er ein Grobmotoriker und kein großer Romantiker ist. Ist das was für dich?"

„Du, er sieht wahrhaftig nicht aus wie einer der würdigen Charmeure und seine Grobheit scheint mir mit Sicherheit nur gespielt", antwortete Irene lächelnd.

„Tu so, als ob du nichts weißt. Er soll nichts merken. Den Rest erzähle ich dir später auf der Arbeit", warnte Irene sie.

„Ehrenwort, ich halte meinen Schnabel", erwiderte Katharina. Sie war sehr froh und hatte keinen Krümel Neid oder Eifersucht gezeigt, wie die anderen Mädchen. Für Irene war das sehr wichtig. Damit hatte Katharina bewiesen, dass sie eine wahre Freundin war.

Kaum ging die Sonne hinter dem Entbindungskrankenhaus unter, frischte die Luft auf. Die beiden Mädchen hatten eine 24-Stunden-Schicht. Irene hatte gearbeitet bis sie nicht mehr konnte und ihr Kopf war schwer und benommen. In der Wäscherei, wo sterile Bettwäsche für die Patienten war, fiel sie in einen Halbschlaf. Der Ruf der Hebamme riss sie öfters aus dem Schlaf. Sie hörte jedes Krachen und Ächzen, jedes Nebengeräusch in diesem großen Gebäude. Selten konnte sie entspannt einschlafen. Erst gegen Morgen fiel sie in einen tiefen Schlaf voll seltsamer und verworrener Träume. Ein plötzliches, dröhnendes Geräusch ließ sie erschreckt hochfahren, als ihre Kollegin vor ihr stand. Die 24-Stunden-Schicht hielt nicht jeder Angestellte durch, ohne einzunicken, obwohl es verboten war. Die Hebamme verstand sich mit Irene sehr gut und abwechselnd zog sich eine zu einem kleinen Schläfchen zurück.

Als sich die Beziehung zwischen Irene und Johannes in ihrer Clique herumgesprochen hatte, sah Irene für manche der Mädchen nun plötzlich wie ein „hässliches Entlein" aus.

„Wie konnte sich Johannes nur für sie entscheiden? Hier laufen wunderschöne Schwäne herum! Ist er blind? Eine andere würde besser zu ihm passen", war ihre Meinung. Aus diesem Grund fiel die Gruppe auseinander. Nur Katharina hielt zu Irene und stand ihr mit Rat und Tat zur Seite. Des Öfteren haben sie zu dritt etwas unternommen. Johannes wollte lieber mit Irene alleine sein, aber er ließ es über sich ergehen.

Sehr viele von diesen Mädchen sind heute keine Christen, haben ungläubige Männer geheiratet und sind mit ihnen „in der Welt geblieben". Manche sind längst geschieden.

Irene wurde zu Hause beigebracht, für den Zukünftigen zu beten. „Dass der Herr für sie sorgt und den Richtigen schicken soll“, wiederholte ihre Mutter immer wieder: „Der Herr weiß, was du brauchst, bring ihm das rechtzeitig im Gebet.“

Kapitel 10

Die Musterung

„Mit einem einzigen liebevollen Wort erreichst du mehr als mit drei Stunden Streit."

Josemaría Escrivá

Wieder einmal war ein neuer Morgen angebrochen. Johannes war durch den Gesang der Vögel erwacht. Es war erst kurz nach der Morgendämmerung. Ein Blick auf die Uhr zeigte ihm, dass es schon sehr spät war. Er sprang gleich aus dem Bett und machte sich fertig. „Hoffentlich bin ich nicht der Letzte, sonst werden mich die Jungs aufziehen", dachte Johannes, packte noch schnell seinen riesigen Rucksack und verschwand aus der Tür. Er war gerade fünfzehn, als er zur ersten Musterung einberufen wurde. Der Weg ging zur Wüste Kara-Kum und war sehr weit. Ungefähr in vier Stunden würden sie den Ort erreichen. Von daher hatte Johannes noch viel Zeit, denn unterwegs konnte er im Bus seinen unterbrochenen Schlaf nachholen. Die Busfahrt wirkte auf alle Jungs einschläfernd, sodass nur noch schnarchende und murmelnde Geräusche zu hören waren.

Die in Zentralasien liegende Wüste Kara-Kum heißt auf Usbekisch wörtlich „schwarzer Sand". Zusammen mit der benachbarten Kysyl-Kum-Wüste – „roter Sand" – nimmt sie den größten Teil des inneren Tieflands von Turan ein.

Die Wüste liegt westlich des Flusses Amudarja und gehört fast vollständig zum Staatsgebiet von Turkmenistan, lediglich an den nördlichen Randgebieten hat auch Usbekistan einen Anteil. Die Wüste bedeckt etwa 90 Prozent der Fläche Turkmenistans und hat eine Größe von über 400 000 Quadratkilometern. Die extrem wasserarme Region wird im Süden vom etwa 1.445 Kilometer langen Kara-Kum-Kanal durchquert, dem vielleicht aufwendigsten Bewässerungsprojekt aller Zeiten. Mit dem Bau des Kanals wurde 1950 begonnen. (Quelle: Wikipedia)

Bislang hatte Johannes sich nicht für die Kara-Kum-Wüste interessiert und dachte, es wäre nicht schlecht, wenigstens ein bisschen über sie in Erfahrung zu bringen, wenn er seine Zeit schon hier verbringen musste.

Die Sonne war noch nicht im Zenit, als die ganze Mannschaft ankam und einer der Jungs laut dachte: „Das hier ist ein, Saunawetter', das kann ja kein Mensch aushalten!"

„Doch“, kam die raue Stimme des Unteroffiziers, „ich werde es euch schon zeigen. Und ob ihr das überlebt!“

„Und jetzt aufstellen, aber zack, zack“, schrie er weiter.

Auf so eine Musterung war keiner von ihnen vorbereitet, sodass die lässigen Gesichter sich im Nu veränderten.

„Junger Mann namens Justus, einen Schritt vortreten!“, rief er laut.

Pflichtbewusst reagierte Johannes sofort und trat vor.

„Ich habe in Ihren Unterlagen gelesen, dass Sie kein Komsomolze sind?“, fragte er streng.

„Nein, Genosse Leutnant!“, antwortete Johannes.

„Warum nicht?“, fragte er fordernd.

„Ich bin ein Christ!“

„Christ? Na, so was! Hmm.“

„Ich habe meine Glaubenssätze und Sie Ihre, Genosse Leutnant!“, wie aus der Kanone geschossen kam es von Johannes.

„Das werden wir noch sehen, wie lange Sie Ihre sogenannten ‚Glaubenssätze‘ vertreten werden, junger Mann“, reagierte der Leutnant überheblich.

Vor der ganzen Mannschaft versuchte der Leutnant, Johannes‘ Glauben ins Lächerliche zu ziehen.

„Wir brauchen nur Komsomolzen, die dem Mütterchen Russland dienen können. Ich werde schon dafür Sorge tragen, dass Ihnen Ihr Glaube rausgeprügelt wird. Am Nordpol werden Sie Ihren Dienst verrichten und den Weißbären‘ den Rücken kraulen“, sagte der Unteroffizier, der von sich sehr überzeugt war.

„Das glaube ich nicht, Genosse Leutnant!“, antwortete Johannes; damals schon mit fünfzehn Jahren ließ er nichts auf sich sitzen.

„O ja, die Christen – ihr Glaube, ihre Geschichten aus der Bibel sind voll von wunderbaren Erzählungen und gern geglaubten Wundern, das ist mir alles bekannt! Doch unser Heute, das ist kein Wunder, sondern Wirklichkeit und das zählt“, fuhr er fort, „wir haben keinen Josua, der die Sonne stillstehen und die Mauern einstürzen lassen kann, wir müssen alles selber tun. Die Zeiten der Wunder sind vorbei.“

Überheblich und sehr sarkastisch, aber erstaunlich informiert hat sich das alles angehört, dachte Johannes.

Die Zeit der Grundausbildung in der Wüste, wo auch ein Überlebenstraining stattfand, brachte Johannes durchaus an seine Grenzen. Die Sonne in der Wüste schien gnadenlos heiß und auf dem Thermometer konnte man tagsüber sehen, wie das Quecksilber bis zur Fünfzig-Grad-Marke stieg. Die armen Jungs hatten Wassermangel und konnten sich nur dadurch helfen, dass jeder unentwegt an einem von seiner Kleidung abgerissenen Knopf lutschte, um den Speichelfluss anzuregen.

Die Offiziere hatten kein Einsehen mit den Jungs. Jeder bekam einen kleinen

Spaten in die Hand gedrückt und musste sich ein Loch graben, um sich vor dem imaginären Feind zu verschanzen und die Stellung zu halten.

Oft vergriffen sich die Offiziere in ihrer Wortwahl und schleuderten den Einberufenen rüde Worte entgegen:

„Ihr seid keine Soldaten, ihr seid Flaschen, das soll eine kleine Kostprobe für euer zukünftiges Soldatenleben sein!“

„Auf euren Lippen ist die Muttermilch noch nicht ausgetrocknet!“

Die Offiziere sahen ihre Rolle darin, die Jungen handzahm und gefügig zu machen.

Johannes hatte etliche Kameraden, die den Anstrengungen solch einer Musterung nicht gewachsen waren.

Aus klimatischen Gründen bot die Wüstenflora den jungen Soldaten tagsüber keinerlei Schatten. Heiße Sommertemperaturen und frostige Winter erlaubten auch beim Frühjahresregen keine höhere Vegetation.

Abends schleppten sie sich gequält und erschöpft in ihre Unterkünfte.

Statt zu schlafen und sich auszuruhen, soffen die Kameraden reichlich Alkohol und rauchten Haschisch. So schienen sie sich nach den Tagesstrapazen abreagieren zu müssen. Johannes war sehr müde, ging in sein Zelt und schlief gleich ein. Da erlaubten sich ein paar Jungs einen derben Scherz, indem sie ein Stück Papier nahmen und es Johannes zwischen seine Zehen steckten und anschließend anzündeten. Der Schmerz weckte Johannes, der sichtlich Mühe hatte zu begreifen, was geschah. Dann aber ballte er seine Hände zu Fäusten, biss die Zähne krampfhaft zusammen und strahlte eine unbeugsame Entschlossenheit aus, sich das nicht zu bieten lassen. Fast noch im Schlaf packte er den Spaten und ging auf die Jungs los. Sie rannten um ihr Leben.

„Sachte, sachte, lass dir den Verstand nicht durch deine Gefühle verdunkeln!“, schrie einer von ihnen.

Johannes‘ Gesicht nahm einen noch bedrohlicheren Ausdruck an.

„Ich werde es euch allen zeigen, wehe ihr macht das noch mal!“, legte er los.

„Nein, nein“, schrie der junge Mann, der das Papier angezündet hatte, während er auf den Boden fiel und so tat als ob er schlafen würde.

Stille trat ein. Erst jetzt wurde Johannes bewusst, was er wirklich gesagt hatte. Er erschrak über sich selbst. Doch sein Stolz ließ es nicht zu, auch nur ein einziges Wort zurückzunehmen. Er stand auf und verließ das Zelt. Er schämte sich zutiefst seines eigenen Benehmens.

Einen Fehler haben die Jungs begangen und einen schlafenden Riesen geweckt, wenn man bei Johannes‘ Größe auch eher an einen abgebrochenen Riesen denken musste.

„Du bist dir deiner selbst sehr sicher, nicht wahr?“, sagte ein junger Mann. Er war gerade dabei, sich wieder aufzurappeln, denn Johannes hatte ihn bei seinem stürmischen Ausbruch einfach umgefegt.

„Ich würde sagen“, antwortete Johannes, „dass ich es im Augenblick etwas mehr bin als du.“ Gleich danach ging er hinaus.

Die Erregung, die die jungen Leute in ihm ausgelöst hatten, legte sich nur langsam, nachdem er wieder hineingegangen war. Schließlich schleuderte er seine Schuhe von den Füßen und hockte sich auf den Boden. „Allerhand, Johannes!“, sagte einer, der neben ihm stand.

„Du hattest ja gleich gesagt, wir hätten einen interessanten Abend vor uns“, antwortete der nächste.

„Halt die Klappe, sonst erfährt er, von wem die Idee kam“, mischte ein dritter sich ein.

Die nächsten Tage erzählte er:

„Mir war angst und bange und ich werde das nie wieder tun. Ich habe nur gebetet: Lieber Gott, lass ihn nicht dahinterkommen, dass ich das war.“

Er war der Sohn des Obersten des KGB und bekannt für seine Brutalität und die Misshandlung von Kameraden. Aber mit Johannes würde er sich nie wieder anlegen.

Die Zeit in der Wüste fühlte sich immer heißer an, was die Soldaten aber nicht hinderte, am Abend noch einen Ringkampf zu veranstalten, wo auch ein Ringer von einem Verein anwesend war.

Der Schweiß rann ihnen in Bächen hinunter, doch das würde sie nicht aufhalten. Johannes schlug sie alle. Damit verschaffte er sich großen Respekt. Er war nicht besonders groß, aber dafür ein sehr muskulöser und stämmiger junger Mann, sodass alle Angst vor ihm hatten und sich keiner mit ihm anlegen wollte.

Einer der jungen Leute fragte Johannes einmal: „Du bist doch nicht groß, wieso haben alle Angst vor dir?“

„Kennst du die Geschichte von Napoleon?“, fragte ihn Johannes.

„Welche Geschichte? Nein, die kenne ich nicht“, erwiderte er.

„Der Diener Napoleons war ein größerer Mann als Napoleon selbst. Eines Tages, als Napoleon aus dem Haus wollte und nicht an seinen Hut herankam, der oben auf einem Schrank lag, streckte der Diener nur seine Hand aus und reichte ihm den Hut. Napoleon bedankte sich, guckte ihn an und sprach:

„Nicht die Länge des Körpers bestimmt die Größe des Menschen. Ihr Körper ist nur lang. Ich aber bin groß!“, erzählte Johannes dem angeregt zuhörenden Kameraden.

Napoleon war ein großer Mann, aber nicht körperlich, denn er war nur 1,50 Meter groß. Natürlich konnte Johannes sich nicht mit Napoleon vergleichen, aber immerhin traf die Aussage auch auf ihn zu.

Wenn er bemerkte, dass die Jungs die Schwächeren misshandelten, griff Johannes gleich ein und sie hörten auf ihn. Spät nachts, wo sich manche aufspielen wollten, hatten sie ein Pokerspiel angefangen. Natürlich ging es bei solchen Spielen nicht ohne Verlierer aus. Dem Verlierer wurden dann die Hände zusammengebunden und man band ihn an eine Klimmzugstange. Johannes konnte keine Ungerechtigkeit dulden, sodass sie ihn runternahmen. So durfte er einen kleinen Vorgeschmack auf die damalige „Rote Armee“ bekommen.

In der Nacht sollte sich die Mannschaft vor Brillenschlangen, von den Einheimischen „Gecko“ genannt, hüten, die bis zu ein Meter sechzig lang wurden und als sehr giftig galten. Der Wüstenluchs, von den Einheimischen „Karakal“ genannt, schlich nachts auf der Suche nach Essensresten auch um die Zelte der jungen Männer herum. Eines Nachts wurde Johannes von einem Wüstenwaran geweckt. Ein kalter Schauder rollte ihm über den Rücken, während er aufschrie.

„Uh“, meinte er, „Gott sei Dank, ein Waran und keine Schlange.“ Dieser Schreckmoment ließ ihn noch eine Weile wach im Zelt liegen und seinen Gedanken nachhängen. Wüstengeschichten kamen ihm in den Sinn und dann befand er sich plötzlich mitten in seinem ehemaligen Geografieunterricht, sah den Lehrer wie echt vor sich stehen. Irgendwann übermannte ihn der Schlaf.

Die Wüste ist sehr reich an Bodenschätzen, es finden sich bedeutende Erdöl- und Erdgasvorkommen und sie war einst Heimat einer frühzeitlichen Hochkultur, die bislang nur als Oasenkultur bekannt ist. Diese eigenständige Kultur entstand zeitgleich mit den bekannten Hochkulturen am Nil, in Mesopotamien und im Industal im 4. Jahrtausend vor Christus. Um 1700 vor Christus verschwand die Kultur auf bislang ungeklärte Weise, nachdem vermutlich eine Landflucht in Richtung Zweistromland einsetzte.

Lange nachdem die Oasenkultur verschwunden war, verlief die Seidenstraße durch diese Wüste. Die Oasenstadt Merw war eine wichtige Zwischenstation dieser Handelsroute des Altertums und dient auch heute noch dem gleichen Zweck.

Das Tiefland von Turan erstreckt sich zwischen dem flachen Landrücken der Kasachischen Schwelle mit dem Aralsee im Norden, dem stark aufgegliederten Hochgebirge von Pamir und Hindukusch im Osten, dem mäßig hohen seismisch aktiven Faltengebirgsstrang des Kopet-Dag im Süden und dem Kaspischen Meer im Westen.

Aufgrund der Kontinentallage ist die Kara-Kum-Wüste extrem trocken. Daher finden sich hier je nach Gestaltung des Untergrunds harte Lehmwüste, trockene Kalktafeln oder von groben Gesteinsschuttmänteln umgebene vereinzelte Restberge. Den größten Teil des Gebiets nimmt jedoch Wüstensand ein, der nicht schwarz ist, auch wenn der Name „schwarzer Sand“ dies andeutet. Sie besteht aus dem Material, das dem Flusstal des Amudarja und zerfallendem Sandstein entstammt. Es sind dabei gewellte Sanddecken anstatt hoher Dünen zu finden. Hier herrscht in der Regel eine ziemliche Winderosion vor.

Diese Region ist vom Kontinentalklima geprägt. Im Sommer bewegen sich die Temperaturen im Mittel zwischen 27 Grad Celsius und 32 Grad Celsius. Bei hohen Mittagstemperaturen und wolkenlosem Himmel wird der Sand bis auf 70 Grad Celsius erhitzt. (Quelle: Wikipedia)

Der Wassermangel erschöpfte die Jungs, die an dieses Klima nicht gewöhnt waren, noch zusätzlich. Aufgrund der Wärme traten nachmittags sehr häufig Stürme auf. Der Wind schleuderte den jungen Soldaten den aufgewirbelten Sand ins Gesicht, sodass es auf den Zähnen knirschte und sie einander kaum sehen konnten. Abends brannten die Augen und waren rot vom Sand. Mit den Niederschlägen hatten die Soldaten nicht gerechnet, da der Großteil nur im Frühjahr und Frühsommer fällt, wobei der durchschnittliche Jahresniederschlag 100 bis 150 Millimeter beträgt.

Die Winter sind meist kalt. Die Januartemperatur liegt im Mittel zwischen minus sechs Grad Celsius und fünf Grad Celsius. Er wird durch die Dauer der Fröste und die geringe Schneedecke, die meist nur wenige Wochen liegen bleibt, bestimmt.

Der erste fahle Streifen der Dämmerung war noch kaum wahrnehmbar, als der Leutnant die Jungs aufweckte. Johannes fühlte sich nicht besonders fit, denn er merkte, dass er zu wenig geschlafen hatte. Als sie alle fertig waren, gingen sie zum Bus, der schon auf sie wartete. Der Fahrer fuhr los, Johannes machte es sich auf seinem Sitz bequem und schaute aus dem Fenster.

Felder aus Baumwolle, wie weiße Wolken, erstreckten sich an den nördlichen Grenzregionen Usbekistans entlang. Johannes sah zum ersten Mal Baumwollplantagen, das „Weiße Gold“, wie es bei den Einheimischen genannt wurde. Es dauerte nicht lange und ihm fielen die Augen zu. Wie lange er geschlafen hatte, wusste er nicht. Als er dann wach wurde, breitete sich das kasachische Ackerland wie ein grüner Teppich vor Johannes aus und die beißende Luft des Düngers zog von den Feldern in den Bus hinein.

Friedlich weidendes Vieh und blühende Obstgärten waren nach dem Wüstenaufenthalt ein willkommener Anblick. Dieser Sonntag wäre perfekt zum Picknicken gewesen, ein Nachmittag, an dem man im sanften Sonnenschein vor sich hindösen könnte, aber der Bus rollte und rollte und schien Johannes kein Ende zu haben. Schon von der Hinfahrt her wussten die jungen Leute, dass es lange dauerte und sie sich irgendwie die Fahrzeit vertreiben mussten. Johannes versuchte wieder zu schlafen, als sich der Sohn des KGB-Obersten zu ihm setzte.

„Es tut mir echt leid, Johannes“, fing er an, „das mit dem Unterleutnant, dass er dich als Christen vor der ganzen Mannschaft so bloßgestellt hat.“

Johannes reagierte kaum.

„Weißt du, ich kenne ihn. Des Öfteren kam er zu uns und spielte eine Runde Schach mit meinem Vater. Da hörte ich mal, wie sie sich unterhielten. Er wollte damals im Zweiten Weltkrieg eine rasche Karriere machen und Major werden. Mein Vater sagte: ‚Das ist das Richtige, alter Junge!‘ und schlug ihm auf die linke Schulter.

‚Wieso hast du das denn nicht gemacht?‘, fragte er ihn. ‚Lange Geschichte‘, fing er an. ‚Erzähle, ich höre gerne Geschichten‘, fügte mein Vater hinzu. ‚Alles lief wie am Schnürchen‘, fing er zögernd an, als er dann Laura begegnete, dieser Asiatin mit ihrer dunklen Haut, dieser Frau, die für die Liebe geschaffen war. Jeder Mann trug tief in seinem Innersten verborgen das Bild einer Laura, doch seine Laura war aus Fleisch und Blut, war Lachen und Weinen, Glut und Leidenschaft, war Wirklichkeit. Mit Laura zusammen zu sein, war wie auf einem kochenden Vulkan zu leben, der jeden Augenblick ausbrechen konnte. Sie brachte ihn um den Verstand. Er war verrückt nach ihr. Er machte ihr vor Eifersucht wütende Szenen, um sie im nächsten Augenblick, den Tränen nahe, um Verzeihung zu bitten. ‚Laura – Laura.'

Dieser alte Sack, weißt du Johannes", erzählte er weiter, während sich der KGB-Sohn einschleimte.

Er fuhr fort: „Ihre dunklen Augen und das rabenschwarze Haar. Sie konnte ihn quälen, konnte ihn entzücken, durch sie erlebte er Höhen, von deren Existenz er bis dahin überhaupt nichts gewusst hatte. Mein Vater und der Offizier waren so beschäftigt, dass sie nicht merkten, dass ich alles mitbekam. Doch er war verheiratet und seine Frau war ihm immer eine gute Frau gewesen. Sie war eine gute Mutter, eine hervorragende Gastgeberin und sie war genau die richtige Frau für einen Leutnant. Er war vom Glück eigentlich begünstigt gewesen. Als seine Frau das erfuhr, da sagte sie: ‚Wir müssen schließlich an die Kinder denken, an deine Karriere und an die Familie. Ich werde versuchen eine Form zu finden, irgendwie weiter mit dir zu leben, doch du musst mir versprechen, dass du diese Person nie wiedersiehst und dass du die sofortige Versetzung von Asien einreichst und dir eine andere Stelle suchst.'

Von einem Major konnte er nur noch träumen, das hatte er sich selbst verbaut.

Seitdem benimmt er sich seinen Rekruten gegenüber wie ein Ekel!"

Johannes hatte sich die Geschichte genau angehört, aber verstand nicht, warum er ihm das erzählte. Wollte er wieder geradebiegen, was an dem einen Abend gelaufen war? „Wie dem auch sein mag", dachte Johannes weiter, „das wiederholst du nicht noch Mal und nicht so schnell. Jedenfalls nicht mit mir!"

Johannes war äußerst intelligent und besaß eine natürliche Gabe zum Predigen. Natürlich hatte er als Sohn eines Pastors eine vorzügliche Erziehung erhalten, doch dies allein konnte nicht erklären, dass er über die Dinge, die in der Welt vorgingen, erstaunliche Erkenntnisse hatte und gesunde Ansichten. Er hatte ja noch kaum etwas von der Welt gesehen.

Sein Wissen über die Heiligen Schriften und philosophische Zusammenhänge und Denkmodelle war beachtlich. Als junger Mann war er sehr belesen, interessierte sich vor allem für Schriftsteller wie Dostojewski, Tolstoi, Hegel, Kant und Goethe.

Ihm wurden in der Unterhaltung mit den Menschen immer wieder neue Dinge deutlich, sodass er darüber vollkommen die Zeit vergessen konnte.

Während der Musterung von Johannes in der Kara-Kum-Wüste musterte seine resolute Mutter Natalie Irene zu Hause auf dem Lande.

Johannes' Vater mochte Irene sehr und einmal sagte er zu seinem Sohn: „Je länger du mit Irene zusammen bist, desto mehr mag ich sie."

Seine Mutter war aber das totale Gegenteil.

Irene war mit Maria, der jüngsten Schwester von Johannes befreundet.

In seiner Abwesenheit besuchte Irene Maria und die beiden saßen draußen auf der Bank unter einem Baum, der vor ihrem Haus wuchs. Es war ein herrlich warmer Sommerabend und sie genossen die ruhige Abendstimmung, während sie sich unterhielten.

Die ersten Sterne und der Mond zeigten sich gerade und eine kleine Wolke zog vorüber. Die beiden merkten nicht, dass die Mutter hinter dem Zaun stand und sie belauschte. Als Irene dann gehen wollte, klatschte sie Maria auf die Hand und sagte zum Abschied: „Ich bin heute Erste." Dann lief sie davon, denn sonst war Maria immer schneller.

„O Mann! Das ist aber ärgerlich", sagte Maria und lief ihr hinterher. Die Mutter aber kam aus ihrem Versteck raus und rief hinterher: „Verpasse ihr einen Tritt, dass sie verschwindet von hier!"

Entsetzt vernahm Irene diese gehässigen Worte, die ihr fast den Atem raubten. Sie hörte auch nicht, was Maria ihrer Mutter entgegnete. Irene war taub und apathisch und konnte nichts mehr aufnehmen, denn Natalie hatte sie „erschlagen". Zu Hause angekommen, ging sie direkt in ihr Zimmer, legte sich gleich ins Bett und zog die Decke über den Kopf. Ungeheuerlich verletzt und verraten weinte sie still vor sich hin, um ja niemand auf sich aufmerksam werden zu lassen. Es dauerte diese Nacht außergewöhnlich lange, bis sie Schlaf fand. Im Traum hörte sie andauernd dieselben Worte:

„Verpasse ihr einen Tritt …", und immer wieder das Gleiche, „verpasse ihr einen Tritt …", wie ein Ohrwurm.

Am nächsten Morgen brachte sie vor Kummer nichts hinunter. Sie verschwand in ihrem Garten, wo sie ein großes Stück mit Mais bepflanzt hatten. Irene war sich sicher, dass sie hier niemand fand und heulte sich aus. Doch plötzlich bewegte sich etwas in ihrer Nähe und als sie mit verweinten Augen aufsah, stand Frau Emilia Hain, die Nachbarin, vor ihr. Es schien, als habe sie doch jemand gehört.

„Was ist denn los, Kleines? Was machst du hier ganz alleine? Was bedrückt dich denn?", wollte sie wissen.

„Ach, nichts ", kam es zuerst aus Irene heraus. Dann aber ergriff sie doch die Gelegenheit, jemandem von ihrem Kummer erzählen zu können.

„Die Frau Justus, sie, sie mag mich nicht", erklärte Irene langsam.

„Ich weiß, du bist mit Johannes befreundet, das habe ich gehört", antwortete sie.

Frau Hain setzte sich zu Irene hinunter und fragte sie leise: „Liebst du ihn?"

Mit so einer Frage hatte Irene nicht gerechnet und so offen war sie zu ihr auch noch nie gewesen.

„Ja, ich liebe ihn", antwortete Irene.

„Weißt du was? Gib nicht auf! Du musst nicht mit seiner Mutter leben. Hauptsache, du liebst ihn", tröstete die Nachbarin, „ich habe euch schon ein paar Mal gesehen, als ihr zusammen spazieren gegangen seid. Weißt du, ihr passt einfach gut zueinander. Wirklich! Ihr seid wie eine mathematische Gleichung. Da müssen bestimmte Zahlen hinein, wenn man eine bestimmte Summe erreichen will. Sonst würde die Gleichung nicht aufgehen. Genauso passt ihr zueinander! Bei euch beiden ist die Gleichung schon aufgegangen! Glaub mir!"

Irene schaute sie mit großen Augen an und fühlte sich verstanden. Die Sonne schien auf einmal ganz hell in ihrem Herzen.

Das hatte sie ein Stück ermutigt. Sie stand auf, wischte die Tränen ab, die ihr Gesicht heruntergekullert waren und ging ins Haus zurück.

Mutter Alwina wunderte sich über ihre Tochter, denn an dem Tag nach dem Vorfall war sie nicht ansprechbar und am zweiten Tag auch nicht. Nach drei Tagen konnte sie sich bei Irene endlich erkundigen, was ihr so Kummer bereitete.

Irene erzählte, was vorgefallen war. Ihre Mutter konnte es nicht fassen und vergewisserte sich noch mal, alles richtig verstanden zu haben.

Alwina entschloss sich, Natalie aufzusuchen und in Erfahrung zu bringen, was hinter dieser verletzenden Bemerkung ihrer Tochter gegenüber steckte.

Ein paar Tage später, als sich die beiden Mütter wirklich trafen, sprach Alwina die Situation im Lauf des Gesprächs an.

„Sag mal, ist das wahr?"

„Von was redest du?", fragte Natalie.

„Was ich da hörte? Wie gehst du mit meiner Tochter um? Ich könnte mit deiner genauso umgehen", sagte Alwina, denn ihr ältester Sohn Waldemar war mit Johannes' ältester Schwester Rosa befreundet und die beiden liebten sich heiß und innig.

„Ja, das tut mir auch leid", erwiderte Natalie und wimmelte damit Alwina ab.

Die Zeit verging und es bewahrheitete sich das Sprichwort: „Die Zeit heilt alle Wunden." Was passiert ist, ist passiert. Worte sind wie Vögel, die wegfliegen und man kann sie nicht zurückholen. Worte können einen Menschen auch sehr tief verletzen und genau das bewirkten sie bei Irene. Als Johannes dann nach der Musterung zurückkam, war seine Mutter ungewöhnlich nett zu ihm. Er konnte das nicht einordnen.

Aber dann erzählte seine Schwester Maria ihm, was vorgefallen war.

Natalie war sehr bestimmend und obwohl sie Johannes darauf ansprach, wollte sie nicht einsehen, dass sie zu streng mit Irene war. Noch vor der Musterung hatte sie zu ihm gesagt:

„Sag mal, Johannes? Das ist wohl nicht dein Ernst, du willst tatsächlich mit ihr befreundet sein?"

„Ja", kam die klare Antwort.

„Sie hat blonde Haare?"

„Na und? Ich mag sie, weil sie blonde Haare hat!", erwiderte Johannes.

„Wieso suchst du dir nicht ein Mädchen, das schwarze Haare hat?“, widersprach die Mutter. „Sie ist nicht so wie wir und außerdem sehr dünn, zu dünn!“

„Ein Mann ist doch kein Hund und schmeißt sich nicht auf einen Knochen. Er muss was zum Anfassen haben“, setzte sie ihrem Sohn noch mehr zu.

„Mutter, sie ist genau das, was ich haben will!“, entgegnete Johannes und verließ den Raum.

Als Irene auch das noch erfahren hatte, war sie zu Tode betrübt. Sie ging wieder in den Garten und weinte, denn es tat unsagbar weh. Nach einer Weile starrte sie zum nächtlichen Himmel empor, an dem schon die ersten Sterne funkelten. Da fiel ihr ein Satz von ihrer Nachbarin Emilia Hain ein: „Ihr passt zueinander, lass sie doch sagen was sie will, achte nicht drauf!“

Irene nahm sich vor, an die mathematische Gleichung zu denken und nicht aufzugeben. Sonst würde die Gleichung nicht aufgehen.

Es ging wieder einmal aufs Wochenende zu. Die Gottesdienste fanden immer bei Familie Justus zu Hause statt. Pastor Johannes Justus hatte ein großes Zimmer an sein Haus angebaut, sodass sich alle Christen aus dem Ort zum Gebet und zu den Gottesdiensten hier trafen. Irene hatte lange überlegt, ob sie zum Gottesdienst gehen sollte. Sie hatte Angst, Natalie unter die Augen zu treten. Aber sie hatte die Gottesdienste noch nie ausfallen lassen. Ein Kampf machte sich in ihr breit. Was sollte sie tun?

Irene liebte ihre Gemeinde. „O Herr, was soll ich machen?“, seufzte sie.

Natalie war cholerisch veranlagt und ihre Kinder bekamen das immer mal wieder zu spüren. Ihr Mann Johannes war im Vergleich zu seiner Frau ganz anders gestrickt. Er war sehr lieb und zuvorkommend, höflich und warmherzig. Irene hatte oft darüber nachdenken müssen und es schien, als ob die beiden einfach die Rollen getauscht hätten. Immer wenn Natalie ihre cholerischen Anfälle hatte, fing ihr Mann an zu singen, um sie zu ärgern: „Mama, das ist ein wunderschönes Wort. So viel Liebe und Zärtlichkeit ist in diesem Wort verborgen.“ Sie konnte es nicht ertragen und fuhr ihn an, er solle endlich damit aufhören.

Der Sonntag kam, die Sonne schien so herrlich und Irene kämpfte immer noch ihren inneren Kampf. Doch dann beschloss sie, zum Gottesdienst zu gehen, als ob nichts geschehen wäre.

Die Straßen lagen eigentlich parallel zueinander, Irene konnte aus ihrem Fenster das Haus von Johannes sehen und umgekehrt genauso. Das Haus von Johannes war auf einem Hügel gebaut, vor der Straße war ein Garten, sodass nichts die Aussicht versperrte. Bis vor Kurzem hatte es einen Durchgang gegeben, der für die Fußgänger eine Abkürzung gewesen war. Durch einen Besitzerwechsel des Grundstücks, auf dem sich der Durchgang befand, wurde ein Zaun gezogen und die Straße zu einer Sackgasse.

In den vergangenen Jahren konnte man einfach und schnell durch den kleinen Durchgang zur Schule, in das Ortszentrum und auch zu Familie Justus gelangen.

Heute aber freute sich Irene über den Umweg, der die angstbesetzte Begegnung mit Natalie hinauszögerte. Als sie in die Straße abbog, merkte sie, wie ihre Knie weich wurden.

Irene öffnete die Tür des Justus-Hauses und sah, wie Natalie an der Tür saß und als Gastgeberin alle Geschwister begrüßte und willkommen hieß. Gerade sangen sie das erste Lied. Es wurde immer a cappella gesungen, ohne instrumentale Begleitung. Natalie hatte eine sehr gute Sopranstimme. Sie stimmte alle Lieder an und führte die Geschwister durch den Gesang hindurch. Irene nickte Natalie grüßend zu, während diese so tat, als ob sie vor lauter Singen gar nichts bemerken würde. Dann nahm sie Platz auf einer langen Bank, wo die Jugendlichen saßen.

Der Saal wurde in drei Teile geteilt: Links saßen die Frauen, rechts die Männer, dazwischen stand ein Tisch, der als Rednerpult diente und am Ausgang saßen die Jugendlichen – die Jungs hinten und die Mädchen vorne. Irene war froh, dass sie saß und blätterte im Gesangbuch nach dem Lied, das gerade gesungen wurde. Nach dem Gottesdienst verschwand sie genauso schnell, wie sie gekommen war.

Abends war der Jugendtreff, der auch bei Familie Justus stattfand. Irene musste sich noch einmal einer Begegnung mit Natalie aussetzen.

Sie war sehr froh, als am Nachmittag Maria vor ihrer Tür stand. Zusammen gingen sie zum Jugendtreff. Bei den Jugendlichen sah es anders aus. Sie starteten ihre gemeinsame Zeit zwar auch mit Gesang, aber begleitet mit Akkordeon, Gitarre und Mandoline. Maria und Katharina spielten Mandoline. Irene begleitete sie mit einer Art Keyboard. Johannes saß am Akkordeon. Das durften die Jugendlichen nur unter sich, in den gemeinsamen Gottesdiensten war es untersagt.

Eine neue Zeit war hereingebrochen, doch die älteren Gemeindeglieder leisteten großen Widerstand. Ab und an setzten sich die Jugendlichen durch und feierten die gemeinsamen Gottesdienste, wie Erntedankfest oder Ostern, unter musikalischer Begleitung.

Doch für die älteren Geschwister war es schwer, sich umzustellen. Für sie hörte sich die Musik zu modern und die Stimmen wie ein Jammern an. Sehr widerwillig und langsam, ohne den Widerstand aufzugeben, wurde den Forderungen einer neuen Zeit begegnet.

Die junge Generation konnte es kaum abwarten, dass sich etwas in den Gebetshäusern ändern würde. Das Warten aber war vergebens. Sich etwas Neuem zu öffnen war für die meisten Gemeindeglieder fast blasphemisch.

Die heißen Sommertage eilten schnell dahin und auf dem Lande mussten die Leute vom frühen Morgen bis zum späten Abend arbeiten. Die Weizenernte war schon beinahe eingebracht und noch bevor das Getreide in den unterirdischen Vorratsgruben eingelagert wurde, stand schon die Weinlese an.

Natalie wollte immer noch nicht akzeptieren, dass ihr Sohn mit Irene befreundet war und versuchte ihren Willen durchzusetzen. Eines Tages nach der Arbeit sprang er schnell unter die Dusche und beeilte sich anschließend, so schnell er konnte, Irene zu besuchen. Diesen Moment hatte sie abgepasst. Sie schloss ihn ein und besuchte ihre Nachbarin. Als er fertig war und zur Haustür hinauswollte, merkte er, dass abgeschlossen war. Er nahm seine Schuhe in die Hand und sprang aus dem Fenster. Rasch verschwand er in der grauen Dämmerung. Als Natalie zurückkam, schloss sie die Tür wieder auf und rief nach ihrem Sohn. Als sie aber merkte, dass er nicht da war, wurde sie wütend und lief ihm hinterher. Vor Alwinas Haustür klopfte sie energisch.

„Wo ist mein Sohn? Ich muss ihn sprechen", fragte sie in einem barschen Ton.

„Er ist hier, mit Irene in der Stube." Sie vergaß vollkommen ihr Benehmen, platzte durch die Tür und herrschte ihren verdutzten Sohn an: „Johannes, du musst um 23.00 Uhr wieder zu Hause sein und keine Minute später! Hast du mich verstanden?" Johannes schämte sich in Grund und Boden, aber es war seine Mutter und er respektierte sie. Danach knallte sie die Tür zu und eilte grußlos davon.

Sie verbot Johannes, länger bei Irene zu bleiben. Nach dem Feierabend hatte sie noch diverse Aufgaben für ihn. Bis er sie erledigt hatte, war die Dämmerung schon angebrochen. Da er um 23.00 Uhr schon wieder zurück sein musste, hieß das, dass er nur mehr eine knappe Stunde bei Irene sein konnte.

Johannes war ein gehorsamer Junge und folgte der Anweisung seiner Mutter. Dieser straffe Zeitplan, der durch die Feindseligkeit seiner Mutter entstand, war für ihn nicht lange durchzuhalten. Es schien, als ob er nach kurzer Zeit aufgegeben hatte. Wollte er seiner Mutter Natalie einen Gefallen tun oder interessierte ihn Irene nicht mehr? Was auch immer der Grund war, es schien so, als ob die Mutter erreicht hatte, was sie wollte. Er brach jeglichen Kontakt zu Irene ab. Letztere wurde krank vor Sehnsucht, vor langem Warten, vor Ungewissheit, das alles hatte ihr sehr zugesetzt.

Wenigstens ein Geheimversteck hatte sie sich gewünscht, wo er ihre Fragen beantworten konnte. „Warte noch" oder „Es ist aus mit uns". Nichts, absolut nichts kam von ihm. Die Mutter beobachtete ihn streng und hatte auch sozusagen ihre Spitzel ausgesandt, die ihm nachspionierten.

Der traurige und graue Herbst war auch schon vorbei, Irene wartete mehr oder weniger geduldig, versuchte die Ungewissheit zu ertragen – es kam immer noch kein positives Signal von Johannes.

Die Felder wurden abgeerntet und jeder stellte sich langsam auf den Winter ein. Sie gingen auf die abgeernteten Stoppelfelder und sammelten die letzten Kartoffeln, Zwiebeln, Weintrauben und alles, was noch da war.

Irene ging mit den Mädchen mit. An diesem Nachmittag war auch Maria dabei, die Schwester von Johannes. Katharina versuchte so viel wie möglich aus ihr herauszuquetschen, aber Maria hatte auch keinen Einblick.

Johannes und Irene begegneten sich zwar in den Gottesdiensten und Jugendstunden, aber interessanterweise gingen sie einander aus dem Weg. Fragen über Fragen quälten Irene. Mit wem sollte sie darüber reden? Nur Katharina war da und ermutigte sie.

So verging der Winter und der wunderschöne Frühling, der in der Natur alles zu neuem Leben erweckte. Immer noch nichts, nicht mal eine klitzekleine Nachricht. Ungewissheit und Unklarheit blieben. So verging ein ganzes Jahr.

Endlich entschied sich Johannes. An einem wunderschönen Frühlingsabend war es so weit. Irene ahnte nichts.

Johannes sprang nach der Arbeit schnell unter die Dusche. Anschließend machte er sich schick. Als er sich Irenes Haus näherte, kam ihm Lydia, Irenes Schwester, entgegen.

Er begrüßte sie und fragte: „Sag mal, ist Irene auch zu Hause?"

Lydia konnte nicht glauben, was sie da gerade gehört hatte. Sie war sehr direkt und sagte:

„Was ist? Ich denke, du wolltest mit meiner Schwester nichts mehr zu tun haben? Sie ist schon fast vergangen vor lauter Warten!"

„Irene ist meine erste und auch letzte Liebe", sagte er und ging in Richtung ihres Hauses.

Als ihn Irene erblickte, erschrak sie, war überrascht über sein Kommen und wusste wieder mal nicht, was sie denken sollte. Ihre sich rötenden Wangen verrieten ihre Verlegenheit. Sollte sie sich freuen oder kam er mit einer schlechten Nachricht?

Eigentlich, dachte sie, war er ihr nicht fremd geworden, er war ja immer in ihren Gedanken gewesen. Die ganze Zeit, mehrmals am Tag, dachte sie an ihn.

„Hallo, Irene", sagte er ruhig, „ich wollte da anfangen, wo ich aufgehört habe."

Irene blickte zu ihm auf und ihr Gesicht war strahlend wie die Sonne, die morgens in ihrer Pracht aufgeht. Ihre Augen glänzten.

„Ich wusste, dass du kommen würdest", flüsterte sie. Des Öfteren hatte ihr Glaube sie verlassen, aber sie kämpfte um ihre Liebe und die Hoffnung war nicht vergebens.

Er nahm sie bei der Hand und sie gingen zu ihren vertrauten Plätzen, die sie über ein Jahr lang nicht besucht hatten.

Die Sonne war über dem östlichen Hügel fast untergegangen, sodass ihre letzten Strahlen ihre geneigten Köpfe umspielten. Die Blumen schlossen sich und der Abendtau legte sich glitzernd darauf. Die beiden hatten sich viel zu erzählen, langsam gingen sie den Hügel hinunter und verschwanden in der Dämmerung. Während sie sich wiederhatten und vertieft ins Gespräch waren, merkten sie gar nicht, wie sie den Weg zum Fluss einschlugen, wo sie sich vor einem Jahr das letzte Mal getroffen hatten.

Der Abend verflog wie im Flug, sie genossen einander und die warme Abendluft.

Am nächsten Morgen sah alles anders aus. In ihren Herzen war die Eiszeit endlich zu Ende und der Frühling hielt Einzug, ließ wachsen und blühen. Der Tau blitzte silbern auf dem Gras. „So mag es am allerersten Morgen im Garten Eden gewesen sein“, dachte Irene.

Schnell verging die Zeit und die reife Ernte wartete darauf, gepflückt zu werden. Irene liebte diese fröhliche Zeit des Jahres. Als dann die Pfirsiche, Pflaumen und Äpfel geerntet wurden, färbten sich die Pappeln auf ihrem Hof und im Garten bereits goldgelb. Sie waren in einer langen Reihe gepflanzt worden und dienten gleichzeitig als Grenze zum Nachbarhaus. Auf dem Hof, den Zaun entlang, bekam das Farnkraut eine gelbliche Farbe. Die Luft roch berauschend und duftete süß wie alter Wein. Auf den Flachdächern dörrten Äpfel und Birnen, die in dünne Scheiben geschnitten wurden. Morgens war es kühl und der Nebel wallte in dicken Schwaden vom See her durch das Dorf. Die Bäume waren schwer mit Früchten beladen. Irene bestaunte die Bäume mit den Früchten, als sie plötzlich eine Stimme vernahm.

„Guten Morgen“, grüßte die ältere Dame griechischer Abstammung aus ihrer Nachbarschaft. Irene mochte diese Dame namens Anna. Sie hatte eine sehr liebenswürdige Persönlichkeit, grüßte immer freundlich und fand jedes Mal, wenn sie sich trafen, ein paar nette Worte, trotz ihres schwierigen Lebens: Sie verlor ihren Mann in Stalins Zeiten, der ähnlich Irenes Vorfahren erschossen wurde. Ihre Kinder waren schwach und wuchsen nicht, sodass sie die Hungersnot nicht überlebten, wo es keine warme Kleidung und Medikamente gab. Als einzige aus ihrer Familie war sie den Drangsalen entronnen und lebte nun ganz alleine in einem kleinen Häuschen nahe Irenes Familie. Sie sah immer traurig aus, in ihrem Gesicht konnte man die Falten sehen, die die Spuren ihres schweren Lebens hinterlassen hatten. Aber ihr Herz war fröhlich, nett und offen.

„Ah ja, Sie sind das. Guten Morgen!“, antwortete Irene, die nicht bemerkt hatte, dass Anna sich näherte. Die beiden mochten sich. Des Öfteren standen sie am Zaun und Anna erzählte Geschichten aus ihrer Jugend, die sie in ihrem Heimatland verbracht hatte. Sie liebte es damals, wenn sie hinunter an den Strand im Süden der Stadt laufen konnte. Dort stürzte sie sich in die Wogen des glitzernden Mittelmeeres und schwamm weit hinaus. Von ganzem Herzen genoss sie die erfrischende Kühle des Wassers und die Kraft ihrer Jugend. In solchen Augenblicken vergaß sie die Welt um sich herum. Anna hätte das alte Griechenland so gerne besucht, aber die Reise war zu beschwerlich. Die Luft in den Bussen und Zügen war tagsüber unerträglich heiß. Die lästigen Fliegen, die drückende Hitze und das Geholper des Wagens würde sie nicht mehr verkraften können. Auch die lärmerfüllten Straßen und das Gewimmel am Hafen würde ihr letzten Endes doch zu viel werden, sehnte sie sich doch nach Stille.

„Wie geht es dir, Irene?“, fragte sie.

„Sehr gut, danke der Nachfrage!“, erwiderte sie.

„Wir sind dieses Jahr mit wunderschönen Früchten gesegnet, nicht wahr?“, lächelte sie. Es schien, als ob sie ihre Bestätigung bräuchte, während sie zu den Bäumen aufschaute.

„Das stimmt“, erwiderte Irene.

„Von meinen Vorfahren weiß ich, dass die griechische Fruchtbarkeitsgöttin Rhea, 204 vor Christus bei den Römern als Magna Mater eingeführt wurde. Für sie feierte man damals das Erntefest“, plauderte Anna.

„Die Mutter der Natur schien ihre Kinder in verschwenderischer Fülle mit Gaben zu überschütten, als letztes Zeichen ihres Segens, bevor die dunklen Wintertage kommen würden. Genauso hat sie uns auch dieses Jahr gesegnet. Das ist sehr gut!“, fügte sie hinzu.

Plötzlich wechselte sie das Thema und redete über das Dorfgeschehen, das sich schnell im ganzen Ort verbreitete.

„Irene, ist das nicht schrecklich?“, fing sie an. „Da wird ein Kind großgezogen und dann bringt es seine eigene Mutter auf brutalste Art und Weise um? Meine Nackenhaare sträuben sich, wenn ich nur daran denke!“, fuhr sie fort.

Sascha, der den Spitznamen „Hooligan“ bekam, war als Einzelkind ohne Vater bei seiner Mutter groß geworden. Eines Tages kamen seine Kumpels mit nach Hause. Diese fesselten die Mutter an einen Stuhl, während Sascha inzwischen Wasser im Wasserkocher aufsetzte. Als er das Wasser zum Kochen gebracht hatte, öffneten die Jungs mit Gewalt den Mund seiner Mutter und Sascha goss seiner eigenen Mutter das kochende Wasser in die Kehle. „Allein diese Vorstellung jagt mir Schauer über den Rücken. Die Arme starb qualvoll nach kurzer Zeit.“

„Nimmst du an der Beerdigung teil?“, fragte Anna, während sie sich umschaute.

„Ja, natürlich“, bestätigte Irene.

Die Sonne stand so niedrig, dass die flach ausgemeißelten Rillen der Grabinschriften Schatten warfen und gut zu lesen waren. Letztens, dachte Irene, als sie hier auf dem Friedhof stand, konnte sie kaum eine Inschrift entziffern. Heute machte die fast horizontale Morgensonne die Buchstaben sehr deutlich sichtbar.

Am Tag nach der Beerdigung war Irene früh aufgestanden. Die Sonne war gerade aufgegangen und stand noch tief. Während der Beerdigung hatte es geregnet und alles war noch feucht. Sie ging in den Garten und wollte die Arbeit bei der Morgenkühle erledigen, denn später; wenn die Sonne hochkam, konnte man es draußen nicht mehr aushalten.

Irene war in ihre Arbeit vertieft und sann über das Schreckliche, das geschehen war, nach, als die Nachbarin Anna sie plötzlich aus ihren Gedanken riss. Sie unterhielten sich über die Beerdigung, das Leben und den Tod.

„Wir leben vorwärts, aber erkennen das Geschehene rückwärts. Das ist nicht auf meinem Mist gewachsen“, fügte Anna noch dazu.

„Doch, doch, sie haben Recht, das ist so!“, erwiderte Irene. „Nicht nur das, was vor unseren Augen ist, ist gut, sondern überhaupt, dass wir leben dürfen, ist gut!“

„Ach, das Weltbild, allgemein: ‚Mit sichtbaren Zeichen‘, erinnerte Perikles die Athener, ‚üben wir wahrlich keine unbezeugte Macht, den Heutigen und den Künftigen zur Bewunderung.‘ Wir brauchen keinen Homeros mehr als Sänger unseres Lobes, noch wer sonst mit schönen Worten für den Augenblick entzückt. In der Wirklichkeit hält dann aber der Schein nicht der Wahrheit stand", erzählte Anna oft vom Kulturerbe ihrer Väter, auf die sie sehr stolz war.

Irene hörte zu, aber sagte nichts, denn das, was für Annas Denken eine Art Philosophie war, damit konnte sie nichts anfangen und dachte nur: „Schöne Worte." Anna war sehr belesen und intelligent.

„Jetzt muss ich mich aber wieder meiner Gartenarbeit widmen", sagte Anna und wühlte weiter in ihrem Garten herum.

„Auf Wiedersehen", rief Irene ihr hinterher, denn sie hatte einen riesigen Hunger und war froh, sich endlich was Essbares holen zu können.

So verflog die Zeit, schon wieder ging ein wunderschöner Sommer zu Ende und der lange, dunkle November mit seinen grauen, regnerischen Tagen, die auch schon mal mit Schnee aufwarteten, näherte sich. Die Wintervorbereitungen waren so gut wie abgeschlossen, im Garten fand man nur noch Weißkohl, der auf seine Verarbeitung wartete. Am Samstag, wenn die ganze Familie zu Hause war, wurde Sauerkraut gemacht, sodass der Vorrat für den langen Winter und sogar für die Hälfte des Frühlings reichte. Jeder hatte alle Hände voll zu tun. Noch bevor die späte Kartoffelernte beendet wurde, wirbelten die ersten Schneeflocken durch die Felsschluchten. Der kegelförmige Berg im Osten und der Gipfel des Buruls trugen weiße Schneehauben. Raue Winde fegten durch die Schluchten und über die Ebenen und schon war der Winter da, begleitet von der Stille des Schnees und den grellroten Sonnenuntergängen am See.

Die Dorfbewohner zündeten ihre Kohleöfen an und machten es sich nach dem schweren Arbeitstag gemütlich.

Das Leben trottete in den kalten Tagen so vor sich hin. Für die Bewohner des Dorfes gab es im Winter merklich weniger zu tun als im Sommer. Kohle bringen, Ofen schüren, Asche hinausbringen, Vieh versorgen, Schnee schippen. So lief der Winteralltag ab. Irene mochte die Winterzeit sehr, besonders wenn es geschneit hatte. Die kahlen Felder und die grauen Straßen wurden mit einer schönen weißen Decke überzogen, sodass die trostlose Gegend sich in eine Schneestadt verwandelte. Die laublosen Bäume standen in ihrer weißen Pracht, als ob jemand ihnen ein neues Outfit verpasst hatte. An einigen Tagen schneite es nur und Irene musste nach der Arbeit oder wenn sie frei hatte, ein paar Mal pro Tag Schnee schippen. Aber das machte ihr nichts aus.

Über den östlichen Höhenzügen war die Sonne aufgegangen und ihre Strahlen umspielten Irenes Kopf. Der Schnee blitzte silbern auf den Feldern und von den Bäumen tropfte es.

Gut, dass der Herr, unser Gott, vier Jahreszeiten geschaffen hat. So hat jeder Typ und jeder Mensch etwas von der Natur und vom Wetter. Gut, dass jede Jahreszeit nur drei Monate dauert.

Der Winter war noch nicht vorbei, aber der Frühling kündigte sich bereits mit milder Luft an und es schien, als ob die beiden miteinander gekämpft hatten. Der Kampf war schnell entschieden und der Frühling hielt auf dem Hof Einzug.

Die Schneeglöckchen sprießten aus der Erde und verkündeten neues Leben. Die warme Luft aus dem Süden sorgte dafür, dass die geschlossene weiße Decke, die auf den Feldern lag, einfach dahinschmolz. Zwar war die Frühlingssonne noch nicht intensiv, aber die Felder mussten für die Frühkartoffeln vorbereitet und der Acker mit den kleineren Gemüsesorten bestellt werden. Ein paar Wochen später hatte die Sonne schon mehr Kraft, sodass der ganze Boden aufgewärmt wurde und das Grün merkbar aus der Erde spross.

So waren wieder zwei Jahre vergangen und der Sommer stand bevor. In der kleinen Gemeinde auf dem Dorf wurden die ersten Tauftermine anvisiert. Fünfzehn junge Leute hatten sich angemeldet, darunter auch Irene.

Es war nicht einfach, Leute zu taufen, wenn Christen im Land verfolgt wurden.

Heimlich machten sie einen Termin ab, sodass es nicht viele wussten. Die Täuflinge hatten sich im Pastorenhaus versammelt und saßen dort bis zwei Uhr morgens. Die Nacht hatte sich wie ein Schleier herabgesenkt und der Lärm im Ort war verstummt. Irene stand draußen im Freien unter dem funkelnden Sternenhimmel und genoss die Abendluft. Die anderen saßen in der Stube und unterhielten sich über dies und jenes, sangen Lieder, beteten wieder alles von vorne, bis die Zeit kam und alles im Dorf schlief. Einige der Täuflinge waren schon eingeschlafen und mussten geweckt werden. Das Warten war anstrengend, für manchen wohl nervenaufreibend. Endlich war es so weit und sie gingen im Schutz der Dunkelheit so leise wie möglich zum Bugut, dem See südlich des Ortes, der zu dieser Tageszeit einen überirdischen Frieden ausstrahlte.

Der Himmel war klar, frei von Wolken und der Vollmond spendete fast zu viel Licht, dass man doch Angst bekam, entdeckt zu werden. Noch einmal wandte Irene sich um, warf einen letzten Blick auf das schlafende Dorf mit seinen weißen Dächern, die vom Mondlicht beschienen wurden, und stieg hinter den Hügeln hinab, tief die warme, stark nach Weiden und Seeluft riechende Luft einatmend.

Sie teilten sich in zwei Gruppen auf und hielten Abstand voneinander, falls jemand entdeckt würde. Äußerst leise führten sie noch Gespräche, bis sie am See angelangt waren. Da warteten sie auf die andere Gruppe. Als sich alle am See eingefunden hatten, beteten sie zusammen und legten das ganze Ereignis in Gottes Hände. Die Täuflinge verschwanden im Gebüsch und kamen in weiße Kleidung gehüllt wieder hervor. Der Pastor war inzwischen schon ins Wasser gestiegen und wartete auf den ersten Täufling. Sie stellten sich in einer Reihe auf und einer nach dem anderen ging ins Wasser hinein. Nach jedem Täufling, der dem Wasser entstieg, sangen sie ein Lied.

Der See lag außerorts, nur deswegen waren sie so mutig. Und selbst wenn einer wach werden würde, würde er nicht unbedingt bemerken, was hier geschah. In diesem Moment war es ihnen allen egal. Diese Freiheit nahmen sie sich und keiner sollte ihnen die Freude daran rauben. Endlich war Irene an der Reihe, vorsichtig stieg sie ins Wasser. Der Pastor fragte sie: „Glaubst du, dass Jesus Christus Gottes Sohn ist und dein einziger Erlöser?"

Klar und ohne zu zögern antwortete sie mit Ja.

„Möchtest du ihm gehören in Zeit und Ewigkeit?" Wieder ertönte ihr Ja.

„Auf dein Bekenntnis des Glaubens taufe ich dich in den Tod Jesu Christi zu einem neuen Leben. Im Namen des Vaters und des Sohnes und des Heiligen Geistes."

Sie holte tief Luft, während der Pastor sie unter Wasser tauchte. Als er sie wieder rauszog, atmete Irene tief durch, wischte das Wasser von Haaren und Gesicht und stieg aus dem Wasser. Ihr war, als ob es um sie herum flüsterte: „Du bist gestorben für die irdische Sünde, du kannst aufatmen, denn du lebst für Christus, er will immer bei dir bleiben und dich beschützen." So ein wunderschönes Gefühl hat man selten, wie beflügelt fühlte sie sich. In ihrem Auge glitzerte eine kleine Träne, doch ihr Antlitz erstrahlte vor innerer Freude. Danach, als alle Täuflinge getauft worden waren, breitete sich eine Stille aus – buchstäblich eine Totenstille.

Langsam gingen die Teilnehmer wieder in das Dorf und einer nach dem anderen verschwand in der grauen Nacht.

Jeder von ihnen nahm die Richtung zum eigenen Haus. Irene blieb noch und stand abseits am Hügel, in der Hoffnung, dass Johannes sie gesehen hatte.

Da merkte Johannes, wie eine schmale Gestalt die Arme um sich schlang, als ob sie fror. Dabei hatte es sich nach dem sonnigen Tag noch nicht abgekühlt.

Johannes meinte, das Gesicht des einsam wirkenden Mädchens schon einmal gesehen zu haben, wollte aber auf Nummer sicher gehen und nicht neugierig erscheinen. Deswegen ging er ein paar Schritte zum Abgrund hin, wo er stehen blieb und zum See sah, dessen Wasser an diesem Abend überraschend dunkel wirkte und dessen Oberfläche sich im Wind ein wenig kräuselte.

In der Dunkelheit war er sich nicht sicher, ob tatsächlich schon alle gegangen waren. Sie hatte ihn von Weitem kommen sehen und ging auf ihn zu. Als er merkte, dass das Mädchen auf ihn zukam, wusste er, dass sie es war. Wie damals bei ihrer ersten Begegnung, so erblickte sie ihn auch jetzt eine Minute früher. Johannes gratulierte ihr und sie gingen den Hügel hinunter. Es war spät. Ganz unbewusst hatten ihre Füße sie durch die leeren Straßen zu ihrem Haus geführt.

Sie legten einen Schritt zu, außerdem waren sie viel zu müde, um noch ein Glied regen zu können und jeder dachte nur an sein Bett. Er begleitete sie nach Hause und verschwand in der Dunkelheit. Das graue Dämmerlicht des anbrechenden Tages würde bald schon die Straßen erfüllen und der erste Hahnenschrei den Morgen verkünden.

Die Erntezeit rückte näher. Währenddessen widmete sich jeder aus dem Dorf ganz der Arbeit und Johannes half seinem Vater beim Heumähen. Hier war ein exaktes Timing wichtig, das man nicht verpassen durfte. Jeder kümmerte sich um seine Verpflichtungen und Vorräte, damit der Keller für den langen Winter gefüllt und die Scheunen von Heu überquollen.

Bei Irene auf dem Hof war eine Baustelle, denn ihr Bruder hatte das Haus umbauen wollen, das hielt sie sehr beschäftigt. Zusätzlich half sie ihrer Mutter beim Kochen der Marmelade und hatte in ihrer provisorischen Sommerküche gleichzeitig das Abendessen vorbereitet. Plötzlich hörte sie, dass das Zauntor zugeschlagen wurde. Sie wunderte sich, denn sie erwartete niemanden, da stand schon Johannes vor ihr. Sie war sehr verlegen, dass er sie in ihrer schlimmsten Arbeitskleidung sah. Das Sommerkleid, das sie anhatte, war ganz schlicht. Durchgeschwitzt am Herd kam sie sich für so eine Begegnung sehr ungepflegt vor.

„Nein", dachte sie nur, „so hat er mich noch nie gesehen! Was mach ich bloß? Wie peinlich!"

Es war zu spät, es gab kein Entrinnen mehr.

Johannes wirkte sehr selbstbewusst, manchmal schien es Irene, dass er ein wenig frech in die Welt blickte. Genau den gleichen Blick hatte sie an jenem Abend wahrgenommen, als er ihr zum ersten Mal begegnete.

„Hallo", begrüßte er sie.

„Hallo", gab sie verlegen zurück. „Was machst du denn hier?" Bevor er antworten konnte, bat sie ihn: „Komm mit in den Kräutergarten, ich brauche noch Petersilie." Als sie in den Garten kamen, ließen sie sich zwischen den duftenden Kräutern und Sträuchern nieder, wo die Bienen summten und die Sonne warm und golden schien. Glücklich lächelten sie sich an. Irene schnitt ein Bund Petersilie und erinnerte sich an den frechen Jungen aus ihrer Kinderzeit.

„Erinnerst du dich noch an den Tag am Teich, als du mich in das grüne Wasser geschubst hast?", fragte Irene.

„Nein", antwortete Johannes.

„Wo ich mir meinen Zeh verstaucht habe?", fragte sie weiter.

„Nein."

„Wirklich nicht?", entgegnete Irene. Sie wollte ihm gerade ein wenig auf die Sprünge helfen, als er ihr schon ins Wort fiel.

„Erzähl mir nichts. Ich weiß nichts davon", antwortete er wieder.

„Und weißt du noch, wie wütend meine Mutter damals auf dich war?"

„Neee", wiederholte er wieder.

„Das macht aber nichts, ich wollte nur wissen, ob du dich noch erinnern kannst?", sagte Irene. „Du scheinst mir heute genauso ungestüm zu sein."

„Nein, wie kommst du darauf? Wie bist du denn heute drauf?", fragte Johannes.

„Ich bin eigentlich gekommen, um mir die Axt deines Bruders für meinen Vater auszuleihen. Aber als Allererstes wollte ich natürlich dich sehen, denn bis zum Abend dauert es mir zu lange", meinte er charmant.

„Soo", sagte Irene, während sie sich noch für ihr Aussehen schämte. Doch sie ließ es sich nicht anmerken.

„Ich muss leider gehen, mein Vater wartet mit Sicherheit. Es war schön, dich wiederzusehen! Bis heute Abend", sagte er und ging vom Hof.

„Bis heute Abend", folgte noch die Antwort aus dem Kräutergarten.

Trotz der vielen Arbeit auf dem Lande gehörte der Abend den jungen Leuten. Johannes beeilte sich nach dem Arbeitstag und machte sich fertig für sein Rendezvous.

Die Dämmerung brach herein, als er wieder Irenes Haus erreicht hatte. Sie war aber schon zum See gegangen und wartete dort auf ihn.

Als er sich dem See näherte, war es dunkel geworden. Sie erkannte ihn trotzdem von Weitem und sprang ihm entgegen.

Schnell eilte er durch das Gras auf sie zu. Sie sah ihn an, der ernste Ausdruck auf ihrem Gesicht verschwand und sie strahlte vor Glück und Freude.

„Wie könnte ich ihn denn nicht erkennen?", dachte sie. Nie würde sie den eintönigen Nachmittag vergessen, an dem er ihr bei der Bohnenarbeit half. Und nun stand er leibhaftig vor ihr. Einen Augenblick dachte Irene, es sei ein Traum. Dann überzeugte sie sich selbst. Nein, es war kein Traum. Sie schaute noch einmal hoch in sein etwas kantiges Gesicht und merkte, dass er sie genauso anschaute wie damals, am Nachmittag im Februar, mit solch einem unternehmungslustigen Funkeln in den Augen.

„Wollen wir zum Fluss gehen?", schlug er vor, als er sie erreichte.

„Ja, gerne", entgegnete Irene mit fröhlicher Stimme, während sie ihn schon an seiner Hand zog. Rasch verschwanden die beiden in der Dämmerung, während die letzten Vogelstimmen und der plätschernde Fluss ihren Schöpfer zu loben schienen. Denn ihr sollt in Frieden ausziehen und im Frieden geleitet werden, Berge und Hügel sollten vor euch her frohlocken mit Ruhm und alle Bäume auf dem Felde mit den Händen klatschen.

War jemals jemand zuvor an einem solch dämmerigen Abend mit einer solchen Freude im Herzen einhergeschritten? Die beiden jedenfalls schon!

Kapitel 11

Nicht alle Träume werden wahr …

„Der Schlüssel zu den Herzen der Menschen wird niemals unsere Klugheit sein, sondern immer unsere Liebe."

Hermann Bezzel

Der Juli ging langsam zu Ende. Die stressige Arbeit auf dem Lande jedoch schien kein Ende zu haben. Wie gut, dass der Herr Tag und Nacht geschaffen hat, denn so sind die Landwirte gezwungen, einen Schlusspunkt am Ende des Tages zu finden. Die Tageswärme lag immer noch in der Luft, obwohl es schon dämmerte. Es wurde ruhiger in diesem kleinen und schönen Dorf, in dem ungefähr 3.500 Einwohner lebten. Der Hirte hatte die Herde nach Hause getrieben. Die Einwohner des Ortes begleiteten die Herde jeden Morgen nach dem Melken an eine bestimmte Stelle, von der aus der Hirte die Herde zu einer saftigen Weide weiterführte. An diesem Abend sah er besonders müde aus. Es war nicht einfach, bei solchen Temperaturen den ganzen Tag unter der Sonne zu verbringen und dazu die schwer zu kontrollierende Herde zu weiden. Nicht nur einmal war ihm ein wildes Kalb ausgebrochen und davongelaufen. Doch immer wenn der Hirte das Vieh zu den Dorfbewohnern zurücktrieb, kehrte im Dorf endgültig Ruhe ein.

Anschließend nahmen die Einwohner das Abendessen zu sich. Diejenigen, die sehr erschöpft waren, hatten sich gleich hingelegt. Bei den jungen Leuten allerdings schien das Leben gerade erst aufzublühen. Irene hatte einen schweren Tag hinter sich und freute sich auf das Rendezvous mit ihrem Geliebten. Sie hatte mit ihrer Schwester an den schweren Ziegeln gearbeitet; eine Arbeit, nach der man einfach umfallen und vor lauter Müdigkeit einschlafen könnte. Sie setzte sich in den Schatten der Pappelbäume, die auf ihrem Hof wuchsen, um sich von der Arbeit ein wenig zu erholen. Sie ließ ihren Gedanken freien Lauf. Schon während des Tages dachte sie manchmal an das Volk Israel, welches viele Jahre unter dem Zwang der Sklavenarbeit litt. Sie mussten für den Pharao die Vorratsstädte Pitom und Ramses bauen. Jetzt aber, wo sie so ruhig dasaß, versank sie ganz tief in Gedanken. Das Volk Israel tat ihr leid.

Mit Gewalt wurden sie gezwungen, Stroh auf den Feldern zu sammeln und aus dem Lehm Ziegel herzustellen. Nach der Prophezeiung, die anlässlich des Bundes zwischen Gott und Abraham offenbart wurde, sollten zwischen der Zeit von Jakobs Ankunft in Ägypten und der Zeit des Exodus 400 Jahre vergehen; 400 lange Jahre. Aber die Söhne Israels waren von Gott mit Fruchtbarkeit gesegnet und wuchsen zu einem großen Volk heran, so außerordentlich, dass sie das Land füllten. So bekam Ägypten einen neuen König, der nichts von der Existenz Josephs wusste. Er sagte zu seinem Volk: „Siehe, das Volk Israel ist größer und mächtiger als wir. Wohl an, wir wollen sie mit List niederhalten, dass sie nicht noch mehr werden, und wenn es sich begibt, dass ein Krieg ausbricht, schließen sie sich auch unseren Feinden an. Sie werden gegen uns kämpfen und aus dem Lande ausziehen." Deshalb setzte man Fronvögte über sie, die sie mit Zwangsarbeit unterdrücken sollten. Doch je mehr sie bedrückt wurden, desto stärker vermehrten sie sich und breiteten sich aus, denn der Herr stand hinter ihnen. So wurden sie den Ägyptern überdrüssig. Unbarmherzig zwangen die Ägypter die Kinder Israels zum Dienst und machten ihnen das Leben mit harter Arbeit an Ton und Ziegeln und mit allerlei Frondienst auf dem Felde schwer. Diese Geschichten fand Irene in der Bibel im ersten Buch.

Ihr wurde bewusst, dass sie ihre heutige Arbeit nicht mit der damaligen Sklaverei vergleichen konnte. Sie durfte sich zwischendurch ausruhen und wurde auch nicht stetig durch Aufseher ausgepeitscht, wenn ihre Kräfte nachließen. Sie seufzte. Ihr Herz war mit Dankbarkeit erfüllt, während sie wieder an das Volk Israel dachte. Selbst die sklavische Unterdrückung schien den neuen Herrschern von Ägypten kein Gefühl der Sicherheit zu geben. Sie wussten nur zu gut, dass sie bereitwillige Verbündete finden würden, wenn die Hyksos zurückkehren sollten. Die einzige Antwort auf diese mögliche Bedrohung war die völlige Ausrottung. Eine Vertreibung würde die Bedrohung, die jetzt zumindest teilweise unter Kontrolle war, in eine sehr reale verwandeln. Die Leute, die das Land so gut kannten, würden ihre Kräfte sammeln und sich bis aufs Äußerste verteidigen. Außerdem brauchte der große Baumeister die Sklaven im Augenblick sowieso. Welcher Sklavenhalter verliert gerne seine Sklaven, selbst wenn sie eine potenzielle Gefahr darstellen? Doch auch das genügte nicht, um die Ängste des Pharaos zu beschwichtigen. Die bestehende hebräische Sklavengesellschaft reichte aus, um seine Hauptstadt zu errichten, vermehren aber war ausgeschlossen.

Irene bemerkte kaum, dass die Sonne unterging. Sie spürte wie ein Hauch frischer Luft über sie zog. Sie war dermaßen in die Geschichte vertieft, dass die Zeit weit fortgeschritten war. Schnell stand sie auf und räumte die Geräte an ihre Plätze. Sie ging ins Haus, um die Sachen für die Dusche zu holen, die während der Sommerzeit draußen im Garten war. Das Duschhäuschen war aus Holz gebaut, mit einer schwarz gestrichenen Tonne als provisorische Dachdecke, die aufgrund ihrer Farbe eine Menge Sonnenwärme speichern konnte. Das Wasser wurde sehr heiß, sodass das Duschen zum reinsten Vergnügen wurde. Nach der Erfrischung schlich sich ein Hauch von Müdigkeit ein, aber die Sehnsucht und die Liebe hielten sie fit. Sie begann sich für den Abend fertig zu machen. Innerlich war sie aufgeregt und voller Vorfreude auf die gemeinsame Zeit mit Johannes. Die Momente mit ihm waren immer etwas Besonderes; Irene wusste diese Zeit zu schätzen und zu genießen. Es war klar, bei wem ihre Gedanken von nun an weilten, natürlich bei ihrem Geliebten.

Johannes freute sich auch, nach dem anstrengenden Ausbildungstag endlich nach Hause zu kommen. Er hatte oft an Irene gedacht und trug sie in seinem Herzen immer mit sich. Doch jetzt wurde ihm plötzlich klar, wie viel sie ihm bedeutete und was sie aus ihm gemacht hatte. Der Gedanke an ihre Unschuld und Reinheit hatte ihn damals am See sofort erkennen lassen, dass sie die Richtige für ihn war. Ihre junge, schlanke, stolz aufgerichtete Gestalt hatte ihm gezeigt, dass Leben und Jugend etwas Herrliches waren; ihre innere Schönheit hatte seine Augen geöffnet für die Schönheit rings um ihn herum, für die Blumen am Wegesrand und die leuchtenden Farben des Himmels. Er sehnte sich sehr nach ihr und konnte kaum erwarten, bei ihr zu sein.

Die heiße Luft vereinte sich mit der Dämmerung und wandelte sich zur schwülen Abendluft. Obwohl es schon die zweiundzwanzigste Stunde war, hatte sich die Luft noch nicht wirklich vom heißen und sonnigen Tag abgekühlt. Leise Schritte waren draußen auf dem Hof zu hören. Johannes war immer pünktlich. Beide hatten sich ein Zeichen überlegt: Wenn Johannes ankam, sammelte er drei feine Steinchen vom Boden und warf sie vorsichtig an die Fensterscheibe. Nach dem anschließenden Klopfen wusste Irene, dass er es war. Rasch und voller Aufregung lief Irene nach draußen und begrüßte Johannes mit einem zarten Kuss. Er umarmte sie und fragte:

„Na, wie geht es dir? Schön, dich wiederzusehen!"

„Wie soll es mir gehen, wenn du da bist? Wunderbar", antwortete Irene und kuschelte sich näher an Johannes heran.

„Freut mich", antwortete er lächelnd. „Wohin wollen wir heute gehen?", erkundigte sich Johannes, während er Irene an die Hand nahm. Eigentlich brauchte er nicht fragen, denn die beiden hatten ohnehin ihre Stammplätze. Sie merkten nicht, dass sie wieder den Weg zum See einschlugen, während sie ins Gespräch vertieft waren. Sie genossen es, zusammen zu sein und hatten einander sehr viel zu erzählen. Sie hatten bereits einen ziemlichen Weg zurückgelegt, obwohl im Sommer eine Menge Wanderkröten unterwegs waren, die das Gehen erschwerten. Wenn man nicht aufpasste, dann ... An einer gewissen Stelle blieben sie stehen. Johannes nahm Irene in den Arm. Sie schauten sich den sternenklaren Himmel an. Die vertrauten Laute, die die beiden sonst begleiteten, das Quaken der Frösche im Sumpf und das Zirpen der Grillen, nahmen sie gar nicht mehr wahr.

Am Horizont lag die unruhige Stadt als schmaler Strich, rechts und links die ruhigen Dörfer und der stille See. Der breite Fluss strömte seinem Ziel zu, sodass man ihn aus großer Entfernung hörte. Weit unten schimmerten die Apfelbäume, deren Duft durch den frischen Wind nach oben getragen wurde. Johannes stand da und sah Irene an. Die beiden hoben sich als Silhouette vom Himmel ab, als eine Wolke an ihnen vorbeizog.

„Wie schön sie doch ist", dachte Johannes, „wie wunderschön." Irene war anders als die anderen Mädchen, die Johannes kannte. Sie war etwas Einmaliges für ihn. Er begehrte sie, er wollte sie begehren, aber es gab für Johannes viel auf dieser Welt, wovor er Achtung hatte. Es war ihm ein Bedürfnis, Gott, den Menschen und Irene Achtung entgegenzubringen. Außerdem war sie das einzige Mädchen, in deren Anwesenheit er sich absolut wohlfühlte. Bei ihr konnte er sich geben, wie er war. Er hatte es ohnehin nicht nötig, Eindruck zu schinden.

„Tagsüber hatte ich so eine Sehnsucht nach ihr", dachte Johannes weiter, „und jetzt steht sie vor mir, immer noch dasselbe schlichte und fröhliche Mädchen." Sie setzten sich auf einen abseits gelegenen Felsblock und betrachteten staunend die Fülle der Schönheit, die sich im Mondschein zu erkennen gab. Das weite Wiesenfeld, der vorbeirauschende Fluss und der Sternenhimmel, der an diesem Abend besonders hell leuchtete, ergaben ein romantisches Panorama. Johannes erzählte, was er in den letzten Tagen erlebte. Irene hörte gespannt zu. Sie wusste, dass Johannes sie lieb hatte. Wie er sie anschaute, mit ihr umging und ihr genau zuhörte, sie hatte es gespürt und fühlte sich sehr geborgen bei ihm.

„Ich glaube", sagte Irene schließlich, „das hier ist die schönste Aussicht, die es auf der ganzen Welt gibt." Er nickte. Solche wunderbaren Stunden verbrachten sie oft miteinander. Die langen Juliabende waren die besten. Irene schien in der Gegenwart von Johannes jedes Mal ein neuer Mensch geworden zu sein, denn seine Anwesenheit hatte eine heilende Wirkung auf sie – in jedem Bereich.

„Wie war dein Tag? Das hast du noch nicht erzählt", unterbrach Johannes die Stille. „Ach, ich habe nichts Besonderes erlebt. Ich habe mit meiner Schwester an den Ziegeln gearbeitet, damit mein Bruder die Wände weitermauern konnte", antwortete sie.

„Du? Du hast mit deiner Schwester Ziegel gemacht? Das wundert mich. Wie habt ihr das nur hinbekommen?"

„Es war auch nicht einfach, um ehrlich zu sein. Den ganzen Tag in der stickigen und heißen Luft, dazu noch die lästigen Fliegen und diese schwierig zu formenden Ziegel. Wir konnten sie kaum vom Platz schleppen, glaubst du das? Jedenfalls brauche ich diese beschwerliche Arbeit nicht mehr zu machen. Meine Mutti hatte uns diese Arbeit aufgetragen, da sie dachte, wir würden es zu zweit bewältigen können. Sie hattsich getäuscht."

„Du bist bestimmt sehr müde? Sollen wir zurückgehen?"

„Nein, nein, Johannes. Ich bin nicht müde oder willst du etwa schon gehen?", erwiderte sie.

„Nein, ich habe Zeit, solange du mich haben willst", antwortete er und drückte sie näher an sich.

„Johannes, was ich dir noch erzählen wollte", fing Irene an. „Morgen ist es so weit, ich habe den Termin für die medizinische Ausbildung. Der Papierkram ist endlich gemacht", informierte sie ihn freudig. Als Kind hatte Irene davon geträumt, Ärztin zu werden. Mit siebzehn Jahren, als sie bereits im zweiten Jahr im Entbindungskrankenhaus tätig war, hatte sie den tiefen Wunsch, eine Ausbildung in Gynäkologie und Geburtshilfe zu absolvieren. Johannes wollte sich nichts anmerken lassen, aber Irene spürte, dass er nachdenklich wurde.

„Johannes, bist du da? Du bist so ruhig geworden", sagte sie.

„Ich genieße deine Gegenwart und die wunderschöne Aussicht am Himmel", flüsterte er in ihr Ohr, während er sich mit seiner Nase in ihr Haar kuschelte. Irenes Wangen glühten, als sie ihn spürte. Ihre tiefsten Gedanken teilte sie niemanden mit, aber Johannes begriff schnell, dass sie ihm ihr Innerstes offenbarte. Sie fühlte sich wie ein Kind, das am Ufer eines Ozeans voller Leben, Liebe und Wahrheit steht. Er stand ganz still da und wagte kaum zu sprechen. Nichts durfte diesen Augenblick der Wahrheit und des vollkommenen Verstehens trüben.

„Oh, vielleicht hätte er jetzt sogar sein ganzes Herz öffnen können", dachte Irene. Tief in ihren Herzen wussten beide, dass sie für einander bestimmt waren.

Der Abend verging wie im Flug, sodass die kühle Mitternachtszeit rasch eintraf. Mit langsamen Schritten machten sie sich auf und setzten ihren Weg fort. Sie hatten diese Strecke so sehr verinnerlicht, dass sie sich nicht verirren konnten. Der Mond war inzwischen so hell, dass sie den engen Pfadweg sehen konnten, der sie auf die graue Straße führte, die zu ihrem Dorf verlief. Irene wickelte sich fester und fester in ihre Strickjacke. Vom Berge Burul blies ein kühler Ostwind herab. Langsam bogen sie in die schmale Straße, die sie zum See blicken ließ. Der aufgebrochene Mond spiegelte sich in dem ruhigen Wasser und glich einem glitzernden Silberstreifen. Von quakenden Wanderkröten war jetzt nichts mehr zu hören. Es schien so, als schliefen sie satt und müde in ihren Verstecken. Trotzdem gingen Johannes und Irene gewohnt vorsichtig und langsam. Sie genossen die Zeit zu zweit. Wenn es nach Irene ging, so würde sie die Momente mit Johannes anhalten und sich stundenlang daran erfreuen. Die Zeit mit ihm war nämlich immer zu kurz.

Als sie den Ort erreichten, nicht weit entfernt von Irenes Haus, blieb Johannes stehen und drückte sie fest an sich. Es war klar, dass jetzt noch was kommen musste. Das Unangenehme hatte er sich immer für den Schluss aufgespart, damit der Abend nicht darunter zu leiden hatte. Er schaute sie an und fragte:

„Was wäre, wenn du diese Ausbildung nicht machen würdest?"

„Warum denn nicht?", fragte Irene.

„Weißt du, leider besagt das aktuelle Rechtssystem, dass du nach Abschluss so einer Ausbildung wehrpflichtig bist. Was wäre, wenn wir später heiraten möchten und Kinder bekommen? Wenn ein Krieg ausbricht, dann müssten wir beide weg. Was soll dann aus unseren Kindern werden?"

Irene stand wie gelähmt da. Sie wusste zwar noch nicht, wie sich Muttergefühle wirklich anfühlen, aber plötzlich waren sie in ihr vorhanden. Sie wurde überrollt von einer Gedankenlawine und bekam keinen Ton heraus.

Plötzlich erinnerte sie sich an eine Erzählung ihrer Mutter. Im Zweiten Weltkrieg musste ein Elternpaar in den Krieg gehen und die noch kleinen und jungen Kinder zurücklassen, welche von nun an betteln, hungern, erfrieren und sogar sterben mussten. Wenn sie Glück hatten, kamen sie in ein Kinderheim. Ein kalter Schauder zog über Irenes Rücken. Sie dachte: „Nein, meinen Kindern wird dies nicht passieren, das lasse ich nicht zu." Sie standen beide eine Weile ruhig da und trauten sich nicht, die Stille zu durchbrechen. Jeder hing seinen Gedanken nach. Schließlich fragte Johannes:

„Habe ich dich erschlagen?"

„N-n-nein", erwiderte Irene zögernd. Sie wollte es zwar nicht zugeben, aber es war so. Dann wandte er sich um und schaute sie noch mal an. Ein seltsames Mitgefühl, das er nie zuvor empfunden hatte, wallte in ihm empor. Dass der Abend so ausklingen würde, hatte keiner von ihnen gedacht. Dementsprechend kühl war auch die Verabschiedung. Johannes begleitete Irene nach Hause. Sie warf ihm noch einen letzten Blick zu, in dem Bewusstsein, dass ihr großer Traum soeben wie eine Seifenblase zerplatzt war. Als er gegangen war, stand Irene dennoch eine Weile draußen und fragte sich: „Ob Johannes schon daheim angelangt ist?" Er hatte es ja nicht weit. Aber sie wollte noch bleiben und etwas nachsinnen. All die vertrauten Laute der Dämmerung nahm sie jetzt deutlicher wahr als je zuvor: das Quaken der Frösche im Sumpf, das Zirpen der Grillen. Der Vogel, der heimwärts zu seinem Nest flog und das Blöken der eingepferchten Schafe. Mit wachem Entzücken betrachtete sie die zierlichen Ranken des Weinlaubs und die reifen, dunkelroten Äpfel auf dem Baum neben ihrer Hand. Irene spürte es: Sie hatte sich verändert, sie war älter und reifer geworden und sie stand vor einer großen Entscheidung. Als sie hereinkam, saß ihre Mutter am Spinnrad. Sie ließ sich nicht anmerken, dass ihr großer Traum soeben zerplatzt war und setzte sich zu ihrer Mutter.

„Mutter, bitte erzähle mir von meinem Vater!", sagte sie plötzlich.

Alwina lachte und setzte sich zu ihrer Tochter. Während ihre Hände die schwarze Schafwolle mit der Wollkratze kämmten, beschäftigten sich ihre Gedanken nur mit ihr. Sie war eine schöne, blauäugige und reife Frau, gebürtig aus der Stadt Engels im Wolgagebiet, in der Nähe von Hockenberg. Irene gefiel ihre schlanke Gestalt und das rot-blonde Haar. Sie hatte ihren Gatten sehr geliebt, der mit gerade mal dreiunddreißig Jahren tödlich verunglückt war.

„Dein Vater hatte dunkelblondes Haar, war sehr schlank und hatte ein schmales Gesicht. Der mittelgroße Mann war überaus gastfreundlich. Wenn er nur könnte, würde er den ganzen Ort einladen", fing die Mutter an.

„Ach, du weißt doch schon alles, was es zu wissen gibt", sagte sie.

„Was ist denn heute Abend nur mit dir los?"

„Nichts", erwiderte Irene, „ich wollte nur gerne wieder von meinem Vater hören."

„Er wurde in der Ukraine im sogenannten Andrees-Dorf geboren", setzte Alwina die Beschreibung fort.

„Er liebte alles Schöne. Als er heranwuchs, wollte er nach Odessa gehen, um zu studieren. Er sagte, das sei die schönste Stadt der Welt. An so manchem Abend hat er neben mir gesessen und mir von seinem Land erzählt. Von Inseln hat er gesprochen, die wie Edelsteine in der blauen See funkeln, von Bergen, deren Gipfel in Wolken gehüllt und mit Schnee bedeckt waren, sodass man an sonnigen Tagen nicht aufschauen konnte, weil man von der Sonne geblendet wurde. Er heiratete mich, weil ich schön war und weil er mich liebte."

Sie verstummte und blickte in die Dämmerung hinaus.

„Weiter, Mutter", bat Irene, „erzähle mir jetzt von dem Krieg."

Alwina umriss kurz die damalige Situation.

Der Weltkrieg brach aus und Adolf Hitler ließ alle jungen Leute deutscher Herkunft mit Pferdekutschen aus der Ukraine nach Deutschland holen. Später, als sie im Lande waren, wurden sie als sogenannte Hitlerjugend ausgebildet. Hitler hatte auf sehr raffinierte Art und Weise die jungen Leute eingezogen, einige mit List und andere mit Gewalt, wie zum Beispiel deinen Vater. Um die Jugendlichen dazu zu bewegen, in die Hitlerjugend einzutreten, lief eine gewaltige Werbekampagne. Geworben wurde mit Fahrten und Zeltlagern. Die Reiter-, Motor-, Flieger-, Marine-, Nachrichten- und Hitlerjugend sprachen die technisch begabten und sportlichen Jugendlichen an.

Die Jugendlichen, deren Talent im künstlerischen Bereich lag, konnten sich bei Fanfarenzügen und Theaterspielen betätigen. Feiern wie zur Sommersonnenwende oder zum Gedenken an die „Märtyrer der Bewegung" versprachen das Erlebnis von Gemeinschaft. Wer der Hitlerjugend nicht beitrat, zählte als Außenseiter. Beamte wurden dazu verpflichtet, ihre Kinder in die Hitlerjugend zu schicken. Seit 1936 schon war die Mitgliedschaft gemäß dem „Gesetz über die Hitlerjugend" verpflichtend und wurde zusätzlich durch die „Jugenddienstpflicht" bekräftigt. Die Mitgliedschaft in der Hitlerjugend konnte auch gegen den Willen der Eltern polizeilich erzwungen werden. Ab dieser Zeit wurde der Großteil der Jugend in der Hitlerjugend erfasst. Später wurden die Bestimmungen und Vorschriften in der Polizeiverordnung „Zum Schutz der Jugend" vergrößert.

Als die deutschen Soldaten 1941 in die Ukraine kamen, wurden die jungen Leute per Pferdekutsche nach Deutschland gebracht. Zu dieser Zeit waren die Jugendverbände der Weimarer Republik da, um gesellschaftliche und staatliche Aufgaben zu erfüllen. Sie sollten die Jugend im Sinne der NS-Ideologie prägen und gleichzeitig als „wesentliches Mittel der Herrschaftssicherung" fungieren. Obwohl dies einen Bruch mit dem unabhängigen Selbstverständnis der deutschen Jugendbewegung bedeutete, nahm die Hitlerjugend für sich in Anspruch, diese fortzuführen. Eine Kooperation zwischen der Hitlerjugend und anderen Jugendorganisationen hatte kaum bestanden, denn im Reichsausschuss deutscher Jugendverbände war die Hitlerjugend nicht vertreten. Beim Auf- und Ausbau ihrer Monopolstellung auf dem Gebiet der Jugendarbeit behielten sie deren Traditionen

(z. B. das Prinzip der Selbstführung) und Personalstruktur. Diese zielte darauf ab, politische und ideologische Inhalte zu vermitteln, wobei der Schwerpunkt bei der Hitlerjugend auf vormilitärischer Ertüchtigung lag, während der BDM (Bund Deutscher Mädel) den Fokus neben der sportlichen Betätigung auch auf die hauswirtschaftliche Vorbereitung für die künftige Mutterrolle richtete.

Zu diesem Zweck wurde die Jugend – zusätzlich zum regulären Hitlerjugend-Dienst in ein umfangreiches Aktionsprogramm eingebunden, das speziell ihren Interessen und Bedürfnissen angepasst war. Die Hitlerjugend-Erziehung hatte somit die Tendenz, sich als neue und für Jugendliche attraktive Gegenkraft zu tradierten Normen der Erziehungsinstanzen wie Schule, Eltern und Kirche zu etablieren, mit dem Ziel, diese letztendlich auszuschalten. Hitler sagte einmal: „Jeder muss mitmachen." (Quelle: Wikipedia)

Sie mussten wie ein Häufchen Elend ausgesehen haben, als ihre Familien auseinandergerissen wurden und die jungen Leute auf den alten Pferdekutschen zusammengedrängt saßen. Sie schauten auf das Heimatdorf zurück, das sie verließen. Rote Ziegeldächer schimmerten stellenweise durch die dicke Schneedecke in der Dämmerung. Hier und da stiegen dünne Rauchschwaden aus den Schornsteinen auf. „Es war eine traurige Szene, erzählte er mir", berichtete Alwina mit ihrer ruhigen Stimme.

„Er hätte sich vielleicht sicherer gefühlt, wenn seine Eltern dabei gewesen wären. Die deutschen Soldaten haben nur junge Leute ausgesucht, die sie ausbilden und danach einsetzen konnten. Sie waren sehr lange unterwegs. Ich bin mir nicht sicher, aber ich meine, er erzählte mir von mehreren Wochen. Sie konnten nicht viel mitnehmen und litten sehr stark Hunger. Er erinnerte sich an das gute Essen, sodass er sich seine Mutter bildlich vorstellen musste, wie sie am Herd stand und die leckeren Pfannkuchen gebacken hatte. Dazu gab es ein süßes Kompott mit Preiselbeeren, welche dort in Hülle und Fülle wuchsen. Seine Gedanken wurden unterbrochen und die Pferdekutsche hielt nach mehreren eisigen Stunden an. Der Kutscher hatte den Auftrag, sie zu dieser Stelle beziehungsweise zu einem bestimmten Gebäude zu bringen. Von hier aus sollten sie eigentlich mit Fahrzeugen weitertransportiert werden, aber keiner wusste, was hier inzwischen vorgefallen war. Es standen nur mehr ein paar markante Ruinen.

Dass es am Ende eines Dorfes eine alte Scheune gab, wusste der Kutscher glücklicherweise. Dort konnten sie Unterschlupf für die Nacht finden. Doch zum Entsetzen aller mussten sie feststellen, dass es die Scheune nicht mehr gab – sie war verschwunden – ein Opfer des Krieges. So gab es keine Autos und niemanden, der auf sie wartete. Der Kutscher hatte seine Pflicht erfüllt, machte sich aus dem Staub und überließ sie der freien Natur. So standen sie da und wussten nicht, wie es mit ihnen weitergehen sollte. Nach reiflicher Überlegung begannen sie einen langen Fußmarsch.

Dein Vater Friedrich war von Natur aus ein sehr freundlicher Typ und kam mit den meisten Leuten schnell ins Gespräch. Dadurch schloss er problemlos Freundschaften. Aus seiner Gegend kam ein junger Mann mit Namen Otmar. Er war in seinem Alter. Sie wurden zu besten Freunden. Otmar war sehr mutig und hatte vor nichts und niemandem Angst. So haben sich die beiden gut ergänzt – der eine freundlich und humorvoll, der andere mutig und kühn. Die Dunkelheit brach an und sie kannten sich überhaupt nicht in der Gegend aus, waren ganz auf sich allein gestellt. Hungrig und müde erreichten sie ein kleines Waldstück. Ihre Vorräte waren bereits mittags aufgezehrt, nichts blieb für Abend übrig. Da hatte Otmar eine Idee:

‚Lasst uns ein Naturbiwak bauen und erst einmal ausschlafen. Sobald es hell wird, machen wir uns auf die Suche nach etwas Essbarem.'

So legten sie sich mit knurrenden Mägen unter den Naturbiwak, der immerhin von einer Seite Schutz vor dem eisigen Wind bot. Sie kuschelten sich in ihre Mäntel und Decken und schliefen ein. Auf der wackeligen Kutsche kamen sie nie so richtig zum Schlafen.

Der Morgen war so mild, dass sie gar nicht froren. Das kam ihnen natürlich zugute. Es schien so, als hätte der Herr eingegriffen. So machten sie sich im Morgengrauen in Richtung Norden auf und sahen tatsächlich nach kurzer Zeit die ersten Häuser. Sie gingen durch den Ort und suchten nach Nahrung. Die Ortseinwohner bemerkten sofort, dass sie Fremde waren. Den Hunger konnte man ihnen förmlich von den Augen ablesen. Die Einwohner zeigten ihnen den Weg zur Schule, entlang der Straße. Dort sollten sie etwas zu essen bekommen, wo normalerweise die Schüler ihr Essen erhielten. Dort erbarmte man sich ihrer, sodass sie reichlich zu essen bekamen. Was für ein Gefühl, sich endlich mal richtig satt zu essen. Sie aßen so viel, dass ihnen übel wurde. An diesem Tag durften sie sogar dort bleiben und bekamen ein Zimmer im Obergeschoss, zu dem eine steile Treppe hinaufführte. Als sie während der Nacht mit starken Bauchschmerzen ins Bad gingen, sahen sie sich in einem alten Spiegel, der in der Toilette angebracht war und erschraken zutiefst. Durch die anstrengende Reise ohne Essen waren ihre Gesichter so sehr angeschwollen, dass sie sich kaum wiedererkannten. Schon am nächsten Tag standen sie wieder in der eisigen Kälte und fürchteten sich vor den Spiegelbildern ihres eigenen Lebens. Sie fühlten sich trostlos. Dort konnten sie nicht länger bleiben. Sie mussten weiter. Aber wohin? Wie lange würden sie noch unterwegs sein? Das alles wussten sie nicht. Selbst Otmar, der keine Angst kannte, stand sprachlos da. Trotz ihrer Übelkeit machten sie sich wieder auf den Weg – sie hatten ja keine andere Wahl. Mehrere Tage marschierten sie und bettelten bei Leuten, die sie unterwegs antrafen, um Nahrung."

„Weißt du, Irene", sagte ihre Mutter, „ich habe ja auch viel durchmachen müssen. Ich weiß noch sehr genau, wie es mir erging. Deshalb konnte ich auch gut nachvollziehen, wie es deinem Vater ergangen sein muss. Eine Geschichte, die er mir eines Abends beim Spaziergang erzählte, werde ich wohl mein Leben lang nicht vergessen. Der Weg führte uns durch einen Wald hin zu einem kleinen, netten Dorf, das ihn an eine Situation aus seinem Leben erinnerte.

Er erzählte, wie er eines Tages bei einem Bauernhof einen gelben Kohlkopf bekam. Später hielt sie ein deutscher Soldat an, entriss ihm ein Stück jenes Kohls, da er dachte es sei Käse. Als er jedoch feststellte, dass er sich getäuscht hatte, warf er den Kohl über einen Zaun. Stell dir vor, so schlimm war das."

Alwina hatte eine Reaktion erwartet, aber Irene saß da, tief versunken in ihren Gedanken und stellte sich diese Szene bildlich vor. „Da stand er nun mit leeren Händen und wunderte sich, dass jemand so grausam und verrückt sein konnte, etwas Essbares wegzuwerfen", fuhr Alwina fort.

„Sie gingen weiter und bemerkten, dass die Temperaturen stiegen. Leider fing es zu regnen an und sie waren erneut gezwungen, sich einen Schlafplatz zu suchen. Glücklicherweise fanden die beiden einen Heuschuppen. Sie kuschelten sich in das trockene Heu und freuten sich auf eine ruhige Nacht. Weit gefehlt! Dein Vater war beinahe eingeschlafen, als er plötzlich eine laute Stimme vernahm. Deutsche Männer unterhielten sich in der Nähe. Stocksteif und ruhig blieb er liegen. Dann wachte auch Otmar auf und wurde gleich gewarnt:

‚Pssst. Sei still, wir müssen uns ruhig verhalten. Sie sollen nicht wissen, dass wir hier sind.'

Doch schließlich wurde es ruhig und sie schliefen wieder ein. Seit dem Verlassen ihres Dorfes hatten sie dieselbe Kleidung an. Sie waren hungrig, müde und der ganze Körper juckte. Er erzählte mir, dass sie einen langen, mit sehr hohen Tannenbäumen gesäumten Weg entlanggingen. Sie hofften, auf diesem Weg in eine bewohnte Gegend zu kommen. Getrieben von der Sehnsucht nach Essen liefen sie sehr weit und erblickten schließlich in der Ferne Häuser und Bauernhöfe. Doch das Dorf war unter deutscher Besatzung. Sie wurden sofort bemerkt, sodass sie keine Chance hatten wegzulaufen. Ein Mann in deutscher Uniform kam auf sie zu und bat sie, in einen kleinen Laster zu steigen. Man konnte nicht übersehen, dass sie völlig ausgehungert waren. Der Mann rief jemanden, der für die Mahlzeiten zuständig war. Sie bekamen reichlich zu essen. Der deutsche Offizier war nett zu ihnen. Im Laster war es warm, sodass es nicht lang dauerte, bis sie einschliefen. Als sie wieder erwachten, standen sie vor einem langen Gebäude.

Am Eingang stand ein ‚J'. Sie wussten nicht, was es zu bedeuten hatte. Sie bekamen Kleidung und wurden aufgefordert zu baden. Die beiden wunderten sich, als sie während des Badens eine braune Brühe an ihrem Körper herunterfließen sahen. Doch hinterher fühlten sie sich richtig wohl, der Körper juckte nicht mehr so wie zuvor.

Danach wurde jedem ein Bett in einem großen Raum zugewiesen. Dein Vater hatte sich das oberste ausgesucht. Am nächsten Tag gab es wieder gutes Essen und am Tag darauf begann die Ausbildung der sogenannten Hitlerjugend. Die Ausbildung war stark körperbetont: Es wurden Langläufe durchgeführt, sie mussten das Schwimmen erlernen, machten Unterwasserübungen, krochen auf dem Bauch und kletterten etliche Gerüste hoch. Dein Vater erzählte, dass es bei den nächtlichen Orientierungsmärschen im Rücken kribbelte. Sie liefen mit der Taschenlampe durch den Wald und dachten immerfort darüber nach, was denn nun passieren würde. Das war kindliche Abenteuerlust.

So in etwa verliefen die nächsten drei Jahre der Ausbildung. Er bekam immer sehr gutes Essen, was er sich niemals hätte träumen lassen. Er war jung und gesund und hatte sich schnell von seinen Strapazen erholt. Otmar hatten sie mit ihm zusammen untergebracht, was die beiden natürlich sehr freute. Jeden Morgen mussten sie sich in ‚Reih und Glied' aufstellen, wenn die Stimme zum Appell erklang.

Manchmal sahen sie einen mittelgroßen Mann vorbeimarschieren, der seine Mütze weit ins Gesicht gezogen hatte. Dein Vater wollte immer wissen, wer das war. Beim nächsten Appell fragte er dann einen nebenstehenden Jungen:

‚Was ist das für ein Mann, der hier vorbeimarschiert und so große Aufmerksamkeit bekommt?' Der Junge flüsterte ihm ins Ohr: ‚Pssst! Das ist der Führer.'

Gegenüber von ihrem lang gezogenen Lager stand ein ebenso langes Gebäude, das ein Stück weiter im Wald versteckt war. Friedrich war neugierig, Otmar – so wie immer – mutig. So wollten sich die beiden eines Abends anschauen, was sich in diesem Gebäude verbarg. Allerdings war es verboten, dort hinzugehen. Als die Sonne unterging und die Dämmerung angebrochen war, machten sie sich auf den Weg. Über dem Eingang war der Buchstabe ‚M' groß angebracht. Ansonsten konnten sie nicht viel erkennen, da der Haupteingang des Lagers auf der anderen Seite war. Später erfuhren sie, dass das ‚M' für ‚Mädchen' stand und ein ‚J' natürlich für ‚Jungen'.

Gelegentlich bekamen sie tageweise frei, sodass manche von ihnen Arztbesuche wahrnehmen oder in die Stadt gehen konnten. Dein Vater war viel unterwegs, er wollte immer sehen, was sich hinter der nächsten Bergkette verbarg, denn Bavarias wunderschöne Gegenden waren bekannt. In seiner freien Zeit im Frühjahr trotzte er den tosenden Wasserfällen. Im Sommer ließ er sich nicht von der sengenden Nachmittagsglut entmutigen, sondern kletterte unbeirrt weiter, und im Winter bahnte er sich seinen Weg durch die Schneewehen. Er warf immer einen Blick auf die Sonne, um sich zu orientieren, und fand den Weg immer wieder zurück. Er war sehr abenteuerlustig und hatte einen unglaublich exakten Orientierungssinn.

Eines Tages war er mal wieder auf seiner Tour. An einer Stelle verengte sich sie Bergschlucht. Die Kiefern, die verkümmerten Eichen und die Wacholdersträucher warfen ihre Schatten über den Hohlweg. Der oben entlang fließende Fluss wirkte wie ein schmaler Bach. Friedrich erfrischte sein Gesicht und seinen Körper im Wasser des Flusses und fühlte, dass er noch den ganzen Tag weiterklettern könnte. Er sehnte sich immer danach, noch weiter hinaufzusteigen, bis hin zur höchsten Stelle, wo die Wermutblumen wuchsen und wo der Fluss entsprang. Sogar bis hinauf zu den Schneefeldern des Berges, doch so viel Zeit hatte er nicht. Nun, immerhin reichte die Zeit noch aus, um kurz im grün schimmernden Teich zu schwimmen, der so tief war, dass er niemals austrocknete. Danach kletterte er auf eine umgestürzte Kiefer und hielt plötzlich erschrocken inne. Der Mund blieb ihm offen stehen, seine Augen weiteten sich vor Erstaunen. Dort auf einem Baumstamm saß ein Mädchen, ließ ihre Beine ins Wasser hängen und sang leise vor sich hin. Sie mochte fünfzehn Jahre alt sein, war nicht groß und sehr schlank. Sie hatte dunkles Haar, das bis zur Hüfte herabhing. Ihre Wangen waren gerötet von der Hitze und ihr Schoß war angefüllt mit wunderschönen Blumen, die sie am Flussufer gepflückt hatte. ‚Wer mag sie denn sein?', fragte er sich. Ihr helles Kleid schien aus kostbarem Stoff gefertigt zu sein, dazu trug sie geflochtene Sandalen. In seinen Augen sah sie aus wie eine Prinzessin und benahm sich auch so.

O, das arme Mädchen!, stöhnte er innerlich. War sie gefangen in einer Etikette des Hofes? Ich halte nichts von dieser gepflegten Langeweile, schoss es ihm durch den Kopf. Er beobachtete sie aufmerksam, kroch weiter auf dem Baumstamm voran und überlegte, wer sie wohl sein mochte. Ist sie die Tochter des Generals oder die Tochter des Offiziers? Nun, wenn sie das wäre, dann hätte er auf jeden Fall nichts zu befürchten. Sie sah wunderschön aus, obwohl er sie nur von hinten sehen konnte. Er wollte sich noch ein wenig näher heranschieben, da knackte ein trockener Zweig unter seinen Füßen. Sie fuhr zusammen und blickte auf, verriet jedoch weder Überraschung noch Furcht. Sie war ein vernünftiges Mädchen und ein Junge war für sie eben bloß ein Junge. Dennoch wurde ihr ein wenig bange, da sie daran dachte, was sie getan hatte.

‚Was machst du denn hier oben?', fragte sie ihn neugierig und rückte weiter zur Seite.

‚Und was machst du hier?', fragte er in einem netten Ton zurück, ‚es ist ein weiter Weg bis hier herauf in die Felsschlucht für solch ein hübsches Ding wie dich. Wer bist du eigentlich?'

‚Ich heiße Evelyn.'

‚Einen wunderschönen Namen hast du. Als ich dich von Weitem sah, war ich mir sicher, dass dieses hübsche Mädchen den Namen einer Prinzessin haben musste.'

Er versuchte ihr zu imponieren. Sie sprach bedachtsam und beobachtete ihn ernst, als denke sie darüber nach, wie viel sie ihm wohl anvertrauen dürfte. Auch er starrte sie an, wie sie da so allein und schutzlos zwischen den Felszacken der Bergschlucht stand, im flimmernden Sonnenlicht, das durch die Kieferzweige auf sie niederfiel. Er sehnte sich danach, alles über sie zu erfahren, ihr Vertrauen zu gewinnen und sie zu beschützen, wenn es nötig sein sollte.

‚Wo wohnst du denn, Evelyn? Da drüben bei ‚M', stimmt's? Du bist doch sicher nicht allein hierhergekommen? Wird man dich nicht suchen?'

‚O ja, das wird man!'

Ihre Augen funkelten plötzlich vor Vergnügen und dann sprudelte es aus ihr heraus:

‚Sie werden meinetwegen außer sich geraten. Der Offizier, der für uns ‚M' zuständig ist, geht mir auf die Nerven. Evelyn hier, Evelyn da! So geht es den lieben langen Tag, es ist zum Verrücktwerden! Warum soll ich immer bloß tun, was er will? Außerdem mache ich sowieso alles verkehrt. Ich habe auch keine Lust mehr auf seine Übungen. Ich wollte lieber in die Felsschluchten klettern, am liebsten bis zum Gipfel hinauf. Darum lief ich einfach weg. Bis hierher bin ich gelangt und ich wäre auch noch weiter vorgedrungen, aber der Teich hat mich aufgehalten.'

‚Aber hattest du denn keine Angst, so hoch hier oben und so ganz allein?'

‚Nein', erwiderte Evelyn, ‚ich bin nämlich gern allein und abenteuerlustig bin ich auch.'

Friedrich musste laut lachen. Hier hatte er also eine gleichgesinnte Seele gefunden!?

‚O ja', erwiderte er, ‚so geht es mir auch. Darum stieg ich hier den Hohlweg herauf, um allen davonzulaufen und um das zu tun, was ich mag. Manchmal, wenn ich etwas Zeit habe, schwimme ich durch die Teiche und klettere die Felsen noch weiter hinauf. Eines Tages werde ich den Fluss bis zu seiner Quelle verfolgen und irgendwann werde ich bis zum höchsten Gipfel emporklettern und das ganze Land überschauen.'

Er hielt inne und war selbst erstaunt über diesen Ausbruch, denn für gewöhnlich behielt er seine Wünsche und Sehnsüchte für sich. Dann kehrten seine Gedanken wieder zurück zu diesem hübschen Geschöpf an seiner Seite, das ihn mit großen, hellen Augen anstarrte und an seinen Träumen teilnahm.

‚Du musst bestimmt wieder zurück?', mutmaßte er.

‚Das glaube ich auch', sagte sie leise.

‚Ich muss mir wieder sein Gemecker anhören. Hoffentlich schimpft er nicht mit mir.' ‚Das tut er bestimmt nicht', sagte er tröstend, ‚komm, Evelyn! Wir gehen gemeinsam zurück. Steige hier über den Ast und jetzt herunter auf den nächsten Stein und hinein ins Flussbett. Hier kannst du besser gehen. Reiche mir deine Hand. Und jetzt springst du einfach von Stein zu Stein, so wie ich, dann werden wir bald unten sein!'

Sie reichte ihm ihre Hand. Vorsichtig zog er sie hoch und zusammen gingen sie zurück. Er hatte von jetzt an eine hübsche Lady bei sich und würde deshalb nicht rennen wie auf dem Hinweg. Er durfte sie nur zu einer bestimmten Stelle begleiten und den Rest musste sie alleine schaffen. Natürlich würde er sie gern zur Tür bringen und dem gemeinen Offizier die Meinung sagen, aber das war logischerweise streng untersagt.

Es entwickelte sich eine echte Freundschaft zwischen Evelyn und Friedrich. Sie verbrachten ihre freien Tage gemeinsam und sprachen sich immer wieder ab – hatte der eine frei, nahm sich auch der andere frei. Einen Treffpunkt hatten sie ja schon. Dort war es für sie am besten. Des Öfteren trafen sie sich in einem anderen Versteck und hatten auch dort sehr gute Zeiten miteinander. Eines Tages dann fragte er sie, ob sie ihn liebte. Sie widersprach nicht. An diesem Tag gestand auch er ihr, was er für sie empfand. Sie hatten sich geschworen, nach Beendigung des Krieges einander aufzusuchen und zu heiraten. Koste es, was es wolle, denn ihre Liebe füreinander war sehr groß. Doch der Traum zerplatzte schnell wie eine zarte Seifenblase. Denn eines Tages musste die Hitlerjugend nach Polen ausreisen, um dort bestimmte Manöver durchzuführen. Zu dieser Zeit war Polen unter deutscher Besatzung.

Ich weiß nicht, wie lange sie bleiben mussten“, erzählte Irenes Mutter mit ihrer ruhigen angenehmen Stimme.

„An einem Abend, an dem es keiner erwartet hatte, marschierten die russischen Truppen ein und belagerten das Land. Es gab keinen Ausweg. Am nächsten Tag nahmen sie alle gefangen und stellten sie in eine Reihe, um sie zu erschießen. Otmar war auch unter ihnen. Er sollte zum schuldlos getöteten Opfer werden. Friedrich konnte sich kaum beherrschen, als er Otmar dort stehen sah. In ihm staute sich ein Gefühl von Wut und Verzweiflung auf, doch er war machtlos. Dann plötzlich kamen polnische Soldaten hervorgesprungen. Es ging so schnell, dass niemand sehen konnte, woher sie kamen. Sie fingen sofort an zu schießen und brachten die russischen Offiziere und Soldaten um. Dein Vater dachte sich:

‚Dies ist die Gelegenheit! Jetzt oder nie! Jeder ist seines Glückes Schmied.‘ Er verschwand flink im Gebüsch. Jeder rannte nun um sein Leben.

Überall lagen tote Soldaten. Es war eine grauenvolle Szene, wo man nur hinschaute. Friedrich überlegte kurz. Ein Hoffnungsschimmer erwachte in seinem Herzen.

Wäre es möglich, Evelyn doch noch einmal wiederzusehen?

Zum Nachdenken blieb keine Zeit. Er sah einen toten russischen Soldaten vor sich, zog ihm die Kleidung aus und zwängte sich in diese hinein. Er versteckte sich, bis die Szene zur Ruhe kam. Auf einmal stand er da, ohne Papiere, ohne Identität.

Wer bin ich? Deutscher oder Russe? Die Sprache beherrschte er noch, aber das war auch alles. Es dauerte nicht lange, bis man ihn verdächtigte. Die russischen Offiziere nahmen ihn unter die Lupe. Friedrich stand da, ungewiss, was mit ihm passieren würde. Am nächsten Morgen würden sie ihn sicher einsperren.

Ein Gedanke flog durch seinen Kopf: Was ist, wenn ich Evelyn nicht mehr wiedersehe?

Er wollte es sich nicht ausmalen, aber tief im Herzen ahnte er, was ihm bevorstand.

Nun, es wäre wohl am besten, einen Tag nach dem anderen auf sich zukommen zu lassen, beruhigte er sich.

Die ständig mit Lärm erfüllten Straßen und das Gewimmel der Soldaten weckte in Friedrich eine tiefe Sehnsucht nach Stille, der Bergwelt, nach den klaren Teichen, den Gebirgsflüssen und den felsigen Schluchten. Er sehnte sich nach den leuchtenden Mohnblumen am Wegesrand, die Evelyn immer pflückte. Er sehnte sich nach den zu dieser Zeit immer noch grünen Getreidefeldern. Er sehnte sich nach dem prächtigen Farbenspiel, nach der untergehenden Sonne und nach den funkelnden Sternen über den Gebirgskämmen. Er liebte die Natur.

Die Soldaten verpassten ihm harte Prügel und sperrten ihn dann ein. Was er befürchtet hatte, war nun eingetroffen."

„Nun lag Friedrich steif und ‚zerschlagen' auf dem kalten Betonboden, genau so fühlte er sich auch in seinem Inneren. Er wollte nicht, dass Evelyn ihn so sah, schon gar nicht dass man ihn vor ihren Augen herumkommandieren würde. Sie sollte lieber die Erinnerung an jenen Tag im Gedächtnis behalten, als sie sich beide am Fluss trafen und ihre Beine über dem tiefen Teich in der Bergschlucht baumeln ließen und zusammen lachten. Der Gedanke an Evelyn milderte sein Elend ein wenig. Friedrich lag ganz still da, bis die Dämmerung herabsank. Das Gesicht hatte er in den Armen vergraben. Er war zu steif und wund, um sich bewegen zu können. Nur sein Gehirn arbeitete fieberhaft. Er fiel in einen unruhigen Schlaf und träumte, dass sich beide wieder in der Bergschlucht befänden. Dieses Mal lief sie voraus und winkte ihm zu, dass er ihr folgen solle.

Der Wasserfall rauschte, das Gras zwischen den Felsen breitete sich unter ihren Füßen aus wie ein weicher Teppich und in ihren Fußspuren schienen Frühlingsblumen aufzublühen. Er sah, wie sie leichtfüßig und ohne zu ermüden immer höher hinaufstieg, bis zu den verborgenen Seen und den Schneegipfeln, bis hin zu Freiheit, Schönheit und Leben. Er war frei und durfte ihr folgen. Ein Offizier, der nach ihm rief, weckte ihn aus dem Schlaf. Er fühlte nichts als Schmerzen und Fieber. Es war dunkel um ihn herum. Die Zeit im Kerker ertrug er nur, indem er in seinen Erinnerungen Evelyn begegnete: Ja, hier würden wir gleich zur tiefer gelegenen Ebene gelangen, die vor Schnee und rauen Winden geschützt ist, die ständig über die Hochebenen brausten. Dort unten würde heute schon üppiges Gras emporsprießen. Auf steinigen Pfaden würden sie ins Tal hinuntergehen, durch kahle Weinberge und silbergraue Zypressen, wo sie Stunde um Stunde einfach nur dastanden, ohne große Worte. Sie standen da und schauten sich tief in die Augen, so als würden sie bereits wissen, dass es ein letztes Mal sein könnte.

Ein wunderschönes Land, dachte er, und die Zeit mit Evelyn war noch um einiges schöner. Am liebsten würde er wieder eine Weile dasitzen und auf sie warten, doch stattdessen saß er im Gefängnis und seine Träume zerplatzten mit einem Male wie ein Luftballon im Wind."

Irene konnte sich gut in die Geschichte hineinversetzen. Sie konnte mitfühlen, wie sehr man doch zu leiden hatte, wenn man auf dieser Welt einen geliebten Menschen verliert.

„Was ich dir jetzt erzählen möchte, hast du noch nicht gehört. Deiner Schwester Lydia habe ich schon davon erzählt", erklärte Irenes Mutter weiter.

„Was denn?", fragte Irene neugierig.

„Dein Vater war verheiratet, als ich ihn kennenlernte."

„Wie?", starrte Irene sie an.

„Ja, so war es. Ich bin die dritte Frau in seinem Leben gewesen und nicht nur das, er hatte sogar drei Kinder", sagte sie. „Seine erste und größte Liebe war Evelyn. Nun, als das alles geschah, konnte er sie lange Zeit nicht vergessen. Aber er wusste, dass er sie nie wiedersehen würde, obwohl sie einander geschworen hatten: Egal was kommt, wir werden einander finden und das Leben zusammen verbringen! Keiner von ihnen ahnte, was auf sie zukam", erzählte Alwina mit Wehmut in der Stimme weiter.

„Nach gewisser Zeit traf er ein Mädchen und dachte, er liebte sie. Die beiden heirateten und sie hoffte auf ein schönes Leben. Aber es schien so, dass er Evelyn nicht vergessen konnte. Nach einiger Zeit verließ er seine junge und sehr enttäuschte Ehefrau. Aber allein fühlte er sich auch nicht wohl und fand wieder eine Frau, die er heiratete. Es schien, als ob die Zeit die Wunden heilt. Sie bekamen drei Kinder", seufzte die Mutter.

„Davon hast du nie erzählt!" Irene schaute sie fragend an.

„Es tut mir auch sehr leid", flüsterte sie weiter mit Tränen in den Augen.

„Wenn ich jetzt so an euch denke, an meine Kinder, dann weiß ich nicht, wie ich euch so etwas nur antun konnte. Seine Frau hatte mich in ihrem Kummer und Leid verflucht, denn ihr stand ein herbes Leben bevor als allein erziehende Mutter. Ihre Worte klingen noch heute in meinen Ohren nach", erzählte sie weiter.

„‚Er wird dir genommen, wenn du auch Kinder hast und glücklich mit ihm bist!' Genau so war es eingetroffen. Wir hatten vier Kinder und hofften auf ein glückliches gemeinsames Leben. Doch nach neun Jahren Ehe verunglückte er und die Verwünschung bewahrheitete sich." Bedächtig schüttelte sie ihren Kopf, als ob sie es immer noch nicht begreifen könnte, und wühlte in der schwarzen Wolle.

Dann wischte sie sich die Tränen aus dem Gesicht, schluchzte auf und sagte nichts mehr. Irene selbst war sprachlos. Totenstille kehrte ein. Es dauerte nicht lang, als die Mutter sie unterbrach.

„Ja, mein Kind, du hast noch Halbgeschwister", sagte ihre Mutter, während sie ihre Augen auf den Sack mit der Schafwolle richtete, der nicht weit von ihr entfernt stand. „Mutter? Wie konntest du nur?", kam zögernd die Frage aus Irenes Mund.

„Das war ein großer Fehler in meinem Leben, deswegen habe ich es verschwiegen. Wir haben uns geliebt und … und ... Na ja, wir lebten beide nicht aus dem Glauben heraus. Friedrich war katholisch erzogen und ich lutherisch, was sich erschwerend auswirkte." Sie hielt kurz inne und fuhr dann fort:

„Dieses Datum hatte sich deinem Papa tief eingeprägt: 11.10.1945. An diesem Tag wurde er von Polen nach Russland zurückgebracht und dort ins Gefängnis geworfen, wo er sich einer Untersuchung unterziehen musste. Ihm war klar, dass er Evelyn nie mehr wiedersehen würde. Einzig und allein die Erinnerungen würden in seinen Träumen lebendig bleiben.

Nach neun Monaten Untersuchungshaft wurde er schließlich freigelassen. Er gab sich natürlich Mühe, einen guten Eindruck zu machen und ein fehlerfreies Verhalten an den Tag zu legen. Somit konnten sie ihm nichts nachweisen und ließen ihn gehen. Nach einem Befehl des Kommandanten und nach der Zeit der

Repatriierung, der Rückführung von Zivilgefangenen, wurde er auf Bewährung in sein altes Land, in eine Zwangssiedlung in Sibirien, zurückgebracht: Gebiet Orenburg, Stadt Nowotroizk. In dieser Stadt fand er Arbeit und die erste Frau, die er heiratete. Sie hatten keine Kinder und die Ehe ging bald auseinander. Allein wollte er aber nicht bleiben, nach gewisser Zeit traf er die andere und heiratete wieder. Mit ihr hatte er drei Kinder, bis ich dann kam.

Ich war damals nach acht Jahren Arbeitslager entlassen worden. Da ich nach dem Krieg niemanden hatte, bin ich zu meiner großen Schwester gezogen, die in dieser Gegend wohnte. So habe ich ihn schließlich auch kennengelernt."

Irenes Mutter erzählte weiter, doch sie konnte nichts mehr aufnehmen. Sie war in Gedanken versunken und dachte jetzt: Mein Traum hat sich über Nacht in Staub aufgelöst. Das ist doch nichts im Vergleich zu meinem Vater. Er hat seine erste Liebe verloren, doch ich habe meine ja noch und würde auch gerne tun, was er vorgeschlagen hat. Ich brauche mich nicht zu bedauern.

Ein Lied kam Irene in den Sinn: „Du fliehst in Träume, doch sie werden nicht wahr …" Sie wusste nicht genau, wie es weiterging. „Keine Hoffnung, die Seele schreit … Ich kenne den Ort der Gnade, Gott ist für dich da …"

Sie atmete schwer durch und versuchte diese Fülle an Informationen über ihren Papa sinken zu lassen, zu verarbeiten, ihren Bezug dazu herzustellen.

Jetzt war es höchste Zeit, sich schlafen zu legen. Die Gedanken an ihren Vater ließen Irene nicht los. Wie denn auch? Nach so vielen dramatischen Eindrücken! Wie schön wäre es, wenn sich die beiden jetzt in die Augen schauen könnten. Augen verraten viel von einem Menschen. Wir spüren es, wenn uns jemand mit dem Herzen anschaut. Wir erkennen, wenn der andere von unserer Freude und unserem Leid betroffen ist. Seine Blicke lassen im Reden und Handeln ein Stück Bedrückung abfallen, selbst wenn der andere uns keine Lösung bieten kann. Für viele Probleme reichen menschliche Hilfestellung und Anteilnahme nicht aus. Wir brauchen das Hinführen zu dem, der helfen will und kann – Gott in Jesus Christus.

Schade, wie schade. Irenes Vater konnte sich nicht als Christ bezeichnen. Ob er überhaupt die Möglichkeit hatte, den Herrn zu finden? Ob er es vielleicht noch schaffte, ein Stoßgebet gen Himmel zu schicken? O Herr, sei mir Sünder gnädig!?

Ein kalter Schauder lief ihr bei diesem Gedanken über den Rücken. Seine Träume wurden nicht wahr. Wie es ihm wohl erging? Irene wollte sich nicht weiter in diese Art von Gedanken vertiefen. Sie wollte nicht in seiner Haut stecken. Wen hatte er schon? Doch sie, sie hatte Jesus. Sie bat Gott, dass sie mit erleuchteten Augen ihres Herzens die Hoffnung ihrer Berufung und den zugedachten Reichtum der Herrlichkeit erkennen möge. Sie merkte, dass sie es selbst nicht schaffen würde.

Als Christen bleiben wir von Gottes beschenkender Gnade abhängig. So können wir es nur erbitten, uns in seinem Wort Zuspruch und Weisung holen und ihm vertrauen.

Nach neun Jahren Ehe verlor Irenes Mutter Alwina ihren Mann durch ein tragischen Unfall. Furchtbar! Als Mutter mit vier Kindern musste Alwina die Herausforderungen des Lebens allein meistern. Das fiel ihr nicht leicht. Sie hinterließen Spuren auf ihrem Gesicht und in ihrer Seele. Oft saß sie abends grübelnd da, nicht wissend wie sie am nächsten Tag ihre Kinder satt bekommen sollte. Das Leben war knallhart.

Dankbar erinnerte Irene sich, dass sie nie gehungert hatten. Ihre Mutti hatte häufig Teig gemacht, verschiedene Kuchen für ihre Kinder gebacken wie Lauch-, Kartoffel- oder Kürbiskuchen. Geld, um Brot zu kaufen, war nicht immer vorhanden. Fleißig bestellte sie neben ihrem Job auch noch den selbst angelegten Garten und wurde meist mit einer guten Ernte belohnt: Bohnen, Erbsen, Gurken und Tomaten. Als Alleinverdienerin brachte sie einen Monatslohn von 30 Rubel heim, das wären umgerechnet 90 Deutsche Mark beziehungsweise 45 Euro gewesen. Zum Leben zu wenig, zum Sterben zu viel. Mit den spärlichen Mitteln, Einsatz von Zeit und Kreativität, gelang es ihr immer, ihren Kindern ein gutes Essen zu servieren. „O ja", seufzte Irene, „wie sehr benötigen wir als Menschen Fürbitte von Mitchristen, so wie andere wiederum unsere Fürbitte brauchen, zum Wachsen im Glauben. Papa hatte diesen Rückhalt nicht."

Manchmal hat es Gott mit uns „Frommen" besonders schwer. Für uns ist es klar, dass Jesus das Entscheidende für die Rettung unseres Lebens für hier und für die Ewigkeit getan hat. Wir sehen uns auf den richtigen Weg verwiesen und versuchen den Rest fast allein zu machen. Sie sah förmlich, wie ein großes und blühendes Feld des Lebens vor ihren Augen lag. Dieses ist nicht immer einfach zu überqueren, wenn überhaupt. Für sie waren Blumen ein plastisches Beispiel. Irene mochte Blumen aller Art, ein wunderbares „Bild des Glaubens".

Da wachsen sie um mich herum – klein und groß, krank und gesund, schwach und stark, in unbeschreiblichen Formen und Farben. Aber ich sehe nicht nur, wie sie mir jetzt begegnen, sondern ich sehe zugleich, wie sie sein werden in ihren prächtigen Blüten und tausendfältigen Farben zu meiner Freude und zum Lobpreis Gottes. Indem ich sie so ansehe, werde ich erinnert, dass Gott mich sieht, wie ich sein werde. Was aus mir wird, kann ich jetzt nicht wissen, aber ich kann Gott vertrauen. Irene wälzte sich im Bett hin und her und versuchte einzuschlafen – erfolglos. Die Gedanken ließen sich einfach nicht abstellen.

Bei den Blumen, das weiß ich, werden nicht alle zur vollkommenen Blüte heranwachsen. Ich freue mich, wenn ich den Kleinen und Kranken zur Blüte verhelfen kann. Ich bin traurig und enttäuscht, wenn Schöne und Verheißungsvolle dem Unwetter nicht standhalten oder trotz Mühe eingehen. Ja, mein Vater wurde in der Blüte seines Lebens durch eine schreckliche Kraft des Unglücks herausgerissen und getötet. Schlimm!, wirbelten die Gedanken durch Irenes Kopf.

Vertrauen? Aber wenn man den Herrn gar nicht kennt?

Dann dachte sie an Gott, wie er sich um uns Menschen bemüht.

Wie viel Zeit und Chancen hat er mir schon zum Wachsen gegeben. Irene spürte, dass sie anderen Menschen den Gott, der uns in Jesus Christus begegnet, nahebringen und ihm einfach blind vertrauen wollte. „O Herr, mögest du mir die Augen des Herzens öffnen“, stöhnte sie, als sie an die Begebenheit erinnert wurde, wo Jesus den Abstieg des verlorenen Sohnes in Hoffnungslosigkeit und Schmutz beschreibt. Nachdem er ganz unten bei den Schweinen angekommen war, besann er sich auf seinen Vater. Er wollte zurückkommen. Noch während er seine Entschuldigung formulierte, gab der Vater die Anweisung, ein großes Fest zu bereiten. Die Heimkehr seines Sohnes sollte gefeiert werden (Lukas 15,11-31).

Ein großes Vertrauen? Ja, dieses war nicht vergeblich.

Es war bereits gegen fünf Uhr morgens. Irene starrte unglücklich vor sich hin. Sie konnte einfach nicht einschlafen. Sie versuchte alle möglichen Tricks anzuwenden: Schafe zählen, sich auf den Schlaf konzentrieren. Vergebens! Sie musste ohnehin in einer Stunde aufstehen. Und doch, als sie den Wecker klingeln hörte und dabei aufsprang, dachte sie: Oh, ich muss wohl doch geschlafen haben? War das ein Traum?

Auf einmal befand sich Irene in einem Raum, den sie bislang noch nie gesehen hatte und in dem sie vorher noch nie gewesen war. Plötzlich kam ihr Vater hinein und sie fuhr ihn an:

„Wo bist du gewesen? Ich sitze und warte schon die ganze Zeit auf dich, und du?“ Aufgebracht legte sie los: „Wo warst du?“

Sie bekam keine Antwort. Stattdessen kam ihr Vater auf sie zu und umarmte sie. Sie zuckte und war plötzlich hellwach. „Komisch“, dachte sie, „dass ich so etwas geträumt habe!“

Irene stand auf und taumelte ins Bad. Sie schleppte sich müde durch den scheinbar endlosen Tag. Doch auch dieser Tag verging und allmählich hatte sie das Gehörte verdauen können. Nun blieb ihr reichlich Zeit, denn sie hatte ihre Anstellung gekündigt mit der Hoffnung auf einen neuen Anfang.

An diesem Tag nahm sie sich vor, dass ihre Mutti nach der Arbeit an dem gedeckten Tisch sitzen dürfte. Irene liebte das Kochen und machte sich gleich daran, Kohlrouladen zuzubereiten. Sie lernte es bereits mit acht Jahren, da ihre Mutti immer außer Haus war, um zu arbeiten. Nach dem gemeinsamen Mittagessen räumte sie die Reste auf, spülte das Geschirr, setzte sich in den Hof unter die ausladenden und Schatten spendenden Pappeln und hing wieder ihren Gedanken nach.

Sie musste feststellen, dass ihre Sorge im Vergleich zu der ihres Vaters nur sehr klein erschien. Plötzlich stand ihr der Verlust seiner Freundin klar vor Augen. Seine Träume konnte er nicht verwirklichen.

Was ist mit meinem Traum? Was ist, wenn ich ihn aufgeben muss? Was verliere ich dabei? Sollte Johannes Recht haben?

Sie lebten in einer sehr unruhigen Zeit, voller kriegerischer Auseinandersetzungen in Afghanistan. Doch Jesus sagte einst: „Euer Herz erschrecke nicht! Vertraut auf Gott und vertraut auf mich!“

Nicht immer fiel ihr das Vertrauen leicht. Die Fragen klangen noch immer in ihren Ohren:

Was ist, wenn Johannes Recht hatte und sie weg müssten? „Was wird aus unseren zukünftigen Kindern?"

Die Geschichte musste sich nicht zwingend wiederholen. Schließlich erlebten bereits ihre Eltern im Zweiten Weltkrieg, wie sie ihre Kinder allein hinterlassen mussten. Kluge Menschen lernen aus der Geschichte, dachte sie.

Sie atmete durch und erinnerte sich nochmals an eine Bibelstelle: „Denen die Gott lieben und nach seinem Willen leben, werden alle Dinge nur zum Besten dienen (Römer 8,28). Denn dazu hat Gott selbst ihn erwählt und berufen. Wen Gott nämlich auserwählt hat, der ist nach seinem Willen auch dazu bestimmt, seinem Sohn ähnlich zu werden, dem ersten unter vielen Brüdern …"

Da entschloss sie sich, alles in die Hände Gottes zu legen. Natürlich war es in diesem Alter nicht einfach, Gott völlig zu vertrauen und sich selbst zurückzunehmen, aber sie hatte sich dafür entschieden. So saß sie da und dachte sich:

„Wenn ich all das aufgebe und mir tatsächlich alles zum Besten dienen sollte, was bekomme ich dann dafür?" Aus der Bibel wusste sie es und sie hatte es von Menschen gehört, dass man etwas Großes bekommen würde, wenn man sich selbst ganz bewusst zurücknimmt, um anderen zu helfen und zu dienen. Doch diesbezüglich fehlte ihr jegliche Erfahrung.

So malte sie sich dieses und jenes in ihren Gedanken aus, doch es wollte ihr einfach keine passende Belohnung einfallen. Am Abend hatte Johannes keine Zeit, sodass Irene noch länger auf der Türschwelle des Hauses sitzen blieb und über das weite Land hinausschaute. Die Sonne verschwand soeben hinter den Bergen im Nordwesten des Landes, während ihre letzten Strahlen den Himmel in eine rote Glut tauchten. Irene genoss die Abendluft und die Gegend. Die Dorfbewohner und die langsamen hölzernen Wagen, von müden Eseln gezogen, rumpelten auf den staubigen Wegen zwischen den Pappeln entlang.

Inzwischen waren drei Monate vergangen und die Erntezeit fast beendet. Als Irene an jenem Morgen erwachte, war es noch dunkel und sie so müde, dass sie sich einfach umdrehte und weiterschlief. Einige Stunden später wachte Irene erneut unerwartet auf. Es war noch immer dunkel. Der erste Hahn hatte soeben gekräht. Irene wartete bis zum Morgengrauen, stand auf und beschloss für sich, den Tag mit Katharina zu verbringen.

Als sie bei ihr ankam, traf sie Katharina im Badezimmer.

„Ich sehe furchtbar aus", sagte Katharina und wischte sich ihre Tränen mit dem Handtuch von den Wangen.

„Komm, wir gehen in die Küche." Sie zog Irene hinter sich in die Küche, die gegenüber dem Badezimmer lag.

Sie setzte sich auf den Stuhl und starrte mit tief liegenden Augen aus dem Fenster.

„Weißt du was, Irene? Ich bin es leid, nicht zu wissen, was kommt, wenn ich morgens aufwache. Mein Leben ist wie eine Motorradfahrt auf der Schnellstraße. Ich kann mich nur festhalten, während es mich hin und her schleudert und sich alle zwei Sekunden die Richtung ändert."

Irene verstand, was sie meinte, denn ihr Stiefvater war gerade mit seinem siebzehnjährigen Sohn Alexander bei ihnen eingezogen. Alexander war ein großer, gut aussehender junger Mann mit schwarzen Haaren und lebhaften dunklen Augen. Katharina hatte viel Zeit im Gespräch mit ihm verbracht. Sie mochte sein Aussehen, sein Wesen aber war verdorben. Er stieg Katharina nach, belästigte sie immer wieder.

„Ich kann mich auf nichts und niemanden verlassen. Klar, Alexander will mir weißmachen, dass er mich liebt. Ich weiß aber, dass er ein nichtsnutziger Freund ist und mich nur ausnutzen würde."

Katharina war weise, sie hatte ihn durchschaut und war nicht auf ihn eingegangen.

„Es tut mir sehr leid für dich", erwiderte Irene. Sie sahen einander an und ein kurzes Schweigen trat ein.

„Ja, aber ich habe gar keinen Menschen und im Moment habe ich die Nase voll von den Schlaglöchern und Kurven, von der Aussichtslosigkeit, die mir widerfährt", unterbrach Katharina. Inzwischen hatte sie Tee aufgesetzt. Irene saß ihr am Tisch gegenüber, während sie sich unterhielten.

„Wollen wir irgendetwas unternehmen? Ich muss mich ablenken."

„Gerne", erwiderte Irene und fing an:

„Ach übrigens, ich wollte dir noch erzählen, dass Johannes mich gestern Abend auf eine Motorradtour eingeladen hatte. Das war schön! Ich hatte natürlich Angst", sprach sie, ohne dabei zu bemerken, dass Katharinas Bruder Alex den Raum betrat.

„Hallo Irene, wie geht es dir?", fragte er.

„Gut", antwortete sie kurz und knapp. Alex setzte sich dazu. Er wollte ihnen Gesellschaft leisten. Im Laufe der Gespräche erfuhr Alex dann auch, dass sich Irenes größter Traum in Luft aufgelöst hatte und dass sie schon seit drei Monaten zu Hause war. „Weißt du was?", sagte Alex, „ich habe einen sehr guten Bekannten, der Direktor einer großen Kantine und eines Restaurants ist. Soll ich ihn fragen, ob er dich als Auszubildende einstellen würde?" Irene saß da und dachte nur: Ja, wenn du meinst?

Sie wagte nicht den Gedanken zu Ende zu denken. Die Gefahr, hinterher enttäuscht zu werden, war ihr einfach zu groß. Dennoch wirbelte im gleichen Moment ein Hoffnungssturm durch ihren Kopf, der neue Zuversicht mit sich brachte. Ein Lichtblick? Sie wusste nicht, was sie denken sollte.

Alex war als Lastwagenfahrer angestellt und belieferte die unterschiedlichen Standorte der Kantinen und Restaurants mit Lebensmitteln. Er verfügte also über ein breites Beziehungsnetz. Er sah Irene an und wartete verdutzt auf eine Antwort.

Endlich kam ein Okay von ihr.

„Ich habe zwar noch nie daran gedacht, eine Ausbildung zur Köchin zu beginnen, aber vielleicht ist es eine gute Idee. Ich bin mir nur ein wenig unsicher."

Alex versuchte sie zu überzeugen:

„Weißt du, es ist immer noch besser, als die Zeit zu Hause zu vergeuden. Außerdem kannst du das Kochen für deine Zukunft gut gebrauchen."

„Du hast Recht, nur in meinen schlimmsten Träumen würde ich nicht träumen wollen, Köchin zu werden ...", antwortete Irene mit leisem Zweifel. Sie saß da mit zwiespältigen Gefühlen und dachte sich insgeheim: Ich warte erst einmal ab. Sollte ich tatsächlich eingestellt werden? Kann ich mir nicht vorstellen!?

„Was bleibt mir auch über!? Mein Traum ist nun geplatzt. Du kannst fragen", sagte Irene schließlich. Sie war bestrebt, ihr Vertrauen auf nichts anderes zu setzen, als auf Jesus Christus allein. Durch ihn sind ja alle Dinge geschaffen worden und durch ihn blieben sie erhalten. In ihm sind alle Schätze der Weisheit und der Erkenntnis verborgen. Würde sie ihre Hoffnung auf etwas anderes setzen, wäre sie ewiglich verloren.

Auf dem Heimweg dachte sie nur noch an Johannes. Was würde er wohl zu dieser Sache sagen? Sie fühlte sich allein gelassen und wollte ihre ersten Eindrücke natürlich bei Johannes loswerden. Wie gerne würde sie sich jetzt mit ihm darüber unterhalten. Doch ihr blieb nichts anderes übrig, als zu warten, bis er wiederkommen würde. Mit diesem untröstlichen Gedanken ging sie dann auch zu Bett.

Am nächsten Abend kam Katharina bei Irene vorbei und erzählte aufgeregt, dass Alex mit dem netten Mann gesprochen hatte und der Direktor ihr einen Vorstellungstermin für den nächsten Tag gegeben hatte.

Katharina drückte ihr einen Zettel mit der Adresse in die Hand. Natürlich war Irene nervös und angespannt, aber sie machte sich am nächsten Morgen tapfer auf den Weg zu diesem Direktor. Der Mann empfing sie sehr zuvorkommend. Er wirkte mit seinem südländischen Aussehen sympathisch und freundlich. Das Gespräch dauerte nicht lange. Er bot ihr eine Stelle in der Nähe ihres Wohnortes an. Von dort aus könnte sie den Arbeitsplatz innerhalb einer Viertelstunde mit dem Bus erreichen. Es war ein großes Asphalt- und Betonwerk, das an die vierhundert Arbeiter beschäftigte. Die Betriebsausbildung würde 30 Monate dauern, mit geregelten Arbeitszeiten: Montag bis Freitag von 08:00 bis 17:00 Uhr.

Als dann abends Johannes kam, um Irene zu besuchen, erzählte sie es ihm auf dem Weg zum Fluss. So vergingen die ersten Arbeitswochen und Irene war insgesamt sehr zufrieden mit ihrem Job. Die Arbeit machte ihr Spaß und besonders erfreulich war, dass sie keine kräftezehrenden Nachtschichten mehr schieben musste.

Auch dieser Sommer neigte sich dem Ende zu. Die Zeit verging wie im Flug. Altweibersommer und Herbst stellten sich ein. Tagsüber schien weiterhin kräftig die Sonne, nur am Morgen und Abend konnte man die kühle Herbstluft riechen.

Das Laub an den Bäumen verfärbte sich allmählich, besonders schön empfand sie das Rot des Hopfenkrauts, das am Nachbarzaun entlangwuchs. Die Tage wurden kürzer, die Abende länger.

Es stand bereits fest, dass Johannes noch in diesem Jahr in die Rote Armee einberufen werden sollte. Der Termin rückte näher und näher, trotzdem half er weiterhin tatkräftig beim Einbringen der Ernte. Als alles eingebracht war, veranstaltete die Familie einen Abschiedsabend für Johannes. Für Irene und Johannes war dies eine Zeit der Anspannung und der Trauer. Zwei lange Jahre standen ihnen bevor. Zwei lange Jahre, in denen sie sich nicht sehen würden. Zwei lange Jahre, in denen ihr Kontakt nur aus Briefeschreiben bestehen würde. Schnell war der Abschiedsabend zu Ende. Freunde und Bekannte sagten Lebewohl und überbrachten ihre Wünsche und Segnungen. Doch Irene und Johannes wollten es nicht wahrhaben, konnten es nicht fassen, dass die Stunde des Abschieds gekommen war. Als alle Gäste gegangen waren, machten sich Johannes und Irene noch ein letztes Mal auf den Weg zu ihren Stammplätzen. Natürlich ging es nicht um die Plätze selbst, sondern darum, den letzten gemeinsamen Moment innig genießen zu können, an einem Ort, der ihnen vertraut war. Es war bereits sehr spät und sie waren nicht sonderlich gesprächig. Sie spürten schon jetzt den Abschiedsschmerz mit ihrem ganzen Sein. Sie drehten ihre obligatorische Runde, erinnerten sich noch einmal an die besten gemeinsamen Zeiten und genossen noch ein letztes Mal die Anwesenheit, die Wärme und die Liebe zueinander.

Viel zu schnell befanden sie sich auf dem Rückweg, da meinte Johannes:

„Was ich dir schon immer sagen wollte, ich denke jetzt ist der richtige Zeitpunkt." Irene wurde neugierig: „Schieß los!"

„Damals als ich zu dir kam und mit dir die Bohnenschoten zertreten habe, wollte ich mir anschauen, wie du lebst. Denn ich habe für mich fünf Werte aufgeschrieben, als ich auf der Suche nach einer Lebenspartnerin war."

Irene schaute ihn mit großen Augen an und dachte: Was kommt jetzt?

„Erstens", legte er los, „sollte sie Christin sein, zweitens blond und schlank. Drittens sauber und akkurat, denn meine Mutter ist nicht so. Das kann ich nicht ab. Viertens sollte sie gastfreundlich sein und fünftens sollte sie gut kochen können. Meine Mutter meinte immer: ‚Alles stopft das Loch zu!' Das sehe ich nicht so und wünsche mir eine Frau, die gut kochen kann." Irene wurde ganz Ohr.

„In dir habe ich alle meine fünf Werte gefunden", machte er deutlich.

Irene holte tief Luft, um auf das Gehörte zu reagieren.

Da fügte Johannes noch hinzu: „Würdest du die zwei Jahre auf mich warten?"

Das kam für sie alles so unerwartet und sie hatte keine Zeit gehabt, über alles nachzudenken.

Er war für Johannes schon lange klar und doch fiel es ihm schwer, diese Frage zu stellen.

„Ja", schoss es aus Irene heraus. Sie musste nicht lange überlegen.

Er drückte sie noch näher an sich und sagte:

„Wenn ich zurück bin, dann wirst du meine Frau!"

Er hielt inne, selbst erstaunt über diesen Ausbruch, behielt er doch für gewöhnlich seine Wünsche und Sehnsüchte für sich. Seine Gedanken kehrten sofort wieder zurück zu dem schmalen Geschöpf an seiner Seite, das ihn mit großen, hellen Augen anstarrte und an seinen Träumen teilnahm oder besser gesagt Teil seines Traums war.

„Du musst jetzt nach Hause", sagte Irene zögernd.

„Leider ja. Es bleiben mir nur noch vier Stunden zum Schlafen", erwiderte er.

„Aber bevor ich gehe, habe ich noch eine Frage: Hast du Werte für deinen Zukünftigen?"

„Ja, die habe ich", erwiderte sie selbstbewusst.

„Erstens sollte er in jeder Situation des Lebens gerecht sein und keine Partei ergreifen. Zweitens sollte er keinen Bauch haben."

„Ist das alles?", fragte er.

„Ja, das ist alles", antwortete sie.

„Na, dann sieht es ja so aus, als ob ich mich mein Leben lang körperlich betätigen muss", räumte er ein, während er seinen Bauch streichelte.

„Ja, das werde ich, und meinem Namen muss ich wohl auch die Ehre geben?!" (Justus heißt auf Lateinisch Gerechter.)

Beide schmunzelten, er drückte seine erste Liebe zum letzten Mal fest an sich und verabschiedete sich. Irene winkte, während er in der Dunkelheit verschwand.

Am nächsten Morgen machte er sich auf zum Kreiswehrersatzamt, wo die letzten Untersuchungen stattfanden. Zu seinem Erstaunen war der Offizier, der bei der Musterung in der Kara-Kum-Wüste zuständig war, auch hier wieder bei der Einberufung dabei. Obwohl Johannes inzwischen erwachsener und stärker geworden war, hatte ihn der Offizier erkannt. Johannes hatte natürlich nicht damit gerechnet, jenen Mann wiederzusehen, der ihm einst gedroht hatte, ihn zu den weißen Bären zu schicken. Der Offizier sah Johannes von oben herab an und fragte mit einem arroganten Ton in seiner Stimme:

„Na, wen haben wir denn da? So kann ich jetzt mein Versprechen einlösen, das ich vor einigen Jahren gab."

Der Offizier wollte dafür Sorge tragen, dass Johannes nicht in die Einheit kommt und er wollte sein Wort halten. Doch der Herr ist immer bei seinen Kindern und passt gut auf, dass diese Typen ihnen nicht schaden können.

Nach der medizinisch-psychologischen Untersuchung stand fest, dass Johannes topgesund war. Der Arzt stellte den Bescheid für die Spezialeinheit aus, in welcher besonders auf gesunden Körperbau sowie auf Seele und Geist geachtet wurde. Als der Offizier nun merkte, dass er verloren hatte, war er außer sich vor Wut.

Er begann in den Unterlagen zu wühlen, nahm die Papiere von Johannes heraus und schrieb mit roter Farbe und dickem Stift in die rechte obere Ecke das Wort „Pope", welches im Russischen „Priester" bedeutet. Danach beruhigte sich der Offizier sichtlich. Dieser „Stempel" begleitete Johannes und schon vor Antritt seines Wehrdienstes wusste man, dass er Christ war. Johannes aber wunderte sich nicht, denn schließlich wurde er schon bei seiner Geburt als Pope bezeichnet. Nach dieser Untersuchung bekam Johannes noch zwei Tage frei. Dann aber sollte er mit Sack und Pack in der Stadt am Kreiswehrersatzamt erscheinen, wo die jungen Männer in die Kompanien aufgeteilt wurden.

Die Offiziere hatten viel zu tun. Es war nicht einfach, einen so lauten und unbeholfenen Haufen zu koordinieren. Es waren sehr viele, bestimmt über eintausend junge Leute, die einberufen wurden. Es war entsprechend der Jahreszeit sehr kalt, die ersten Schneeflocken fielen vom Himmel, langsam verwandelte sich die kahle Gegend in eine wunderschöne Winterlandschaft. Die Bäume und Felder lagen unter einer weißen Decke und die graue Novemberluft wurde klarer und trockener. Die Stadtbewohner freute der Wintereinbruch, aber die armen Jungs, die den ganzen Tag im Freien verbrachten und alle blau gefroren waren, hatten keinen Grund zur Freude. Freilich dachte jeder von ihnen auch an eine Decke, aber eben nicht an jene große weiße, die in der Natur anzutreffen war. Deswegen gab es auch viel Unruhe unter den jungen Soldaten. Sie mussten sich bewegen, um warm zu werden. Manche konsumierten Alkohol, lagen in den Ecken und waren nicht mehr ansprechbar. Andere bewarfen sich mit Bierflaschen, um die Zeit zu vertreiben.

Was sollten sie denn auch sonst tun?

Zur Mittagszeit fuhr Irene mit dem Stadtbus auch dorthin, doch in den Tumulten war Johannes nicht zu finden. Wen hätte sie denn auch fragen sollen? Einige von den Jungs bedrängten sie, andere schauten skeptisch und fingen an über sie zu reden. Dabei war sie nicht die Einzige, die auf der Suche nach einem Soldaten war. Viele Angehörige irrten bei ihrer Suche nach dem Richtigen hilflos in der Gegend herum. Ratlos stand sie noch eine Weile mit suchenden Blicken da, doch die Kälte machte ihr sehr zu schaffen, sodass sie mit dem nächsten Bus den Heimweg antreten musste. Wie enttäuscht war sie, wieder zu Hause angekommen zu sein, ohne Johannes gesehen zu haben. Sie lief Viktor, dem älteren Bruder von Johannes, über den Weg, der sich auch gleich erkundigte, wie es gelaufen war. Irene erzählte deprimiert, dass sie ihn nicht gefunden hatte. Die Enttäuschung stand ihr ins Gesicht geschrieben.

„Macht nichts“, sagte er, „sei nicht traurig. Lass uns nach Hause fahren, meine Eltern abholen und noch einmal in die Stadt zurückfahren. Vielleicht bekommen wir ihn heute doch noch zu Gesicht.“

Am Abend war es dann endlich so weit. Es standen fünfzehn warme Busse zur Abfahrt bereit, in die man je nach Kompanienummer einsteigen durfte. Es ging zum Bahnhof, wo sie der Nummer entsprechend in die jeweiligen Waggons hineingejagt wurden. Die Offiziere standen vom Busausgang bis hin zum Waggoneingang wie ein lebendiger Korridor. Sie schoben einen nach dem anderen in die entsprechende Richtung und achteten darauf, dass niemand fliehen konnte. Irene, Viktor und seine Eltern waren rechtzeitig da und beobachteten die Szene in der Hoffnung, Johannes zu entdecken. Aber es war vergeblich. Es ging alles zu schnell und inzwischen war es schon dunkel geworden. Es dauerte eine Weile, dann waren die jungen Soldaten in den Waggons untergebracht. Zum Glück wusste Irene, dass Johannes der 22. Kompanie angehörte, sonst wäre ihre Suche vergeblich gewesen.

Sie gingen an den Waggons entlang und fragten bei den Soldaten, die aus den Fenstern herausschauten, nach der Kompanie 22. Endlich fanden sie den Waggon.

Er war voll mit jungen Soldaten, die sich laut unterhielten. Es war ein Gewusel, ähnlich wie in einem Wasserfass voll aufgewühlter Fische.

„Wo suchen wir jetzt? Wen fragen wir bloß?" Die Jungs kannten sich ja noch nicht einmal beim Namen, was sich sicher bald ändern würde. Doch Irene hatte dieses eine Ziel: ihren Johannes noch einmal zu sehen. Sie suchte verzweifelt weiter und blieb plötzlich erstarrt vor einem Fenster stehen. Sie sah Johannes. Er saß dort am Fenster und schaute apathisch ins Weite. Irene konnte es erst nicht glauben, aber er war es wirklich. Sofort begann sie zu rufen, zu winken, mit den Händen aufgeregt zu fuchteln. Doch Johannes saß da, versunken in Gedanken und nahm nichts wahr. Es schien fast so, als wollte er sich vom ganzen Szenario um ihn herum nicht aus der Ruhe bringen lassen.

Der ganze Lärm im Waggon, die lachenden Jungs, die sich schubsten, sich anschrien und mit Bierdosen um sich warfen, das alles störte ihn nicht. Er war von der Außenwelt nicht abgelenkt. Also sprang Irene mit aller Macht nach oben, um an sein Fenster zu klopfen. Dann endlich rührte er sich. Das Klopfen weckte ihn aus seinem „Gedankenschlaf". Er schaute in Irenes Gesicht und traute seinen Augen nicht. Hätte er etwas sagen wollen, es hätte nichts genützt. So laut war es dort. Seine Eltern und sein Bruder beobachteten die Situation aus dem Hintergrund, winkten Johannes noch ein letztes Mal zu und zogen sich dann langsam zurück. Sie spürten, dass dieser Moment nun den beiden Liebenden gehören musste. Irene starrte Johannes an, Johannes starrte zurück. Sie wechselten kein einziges Wort, nicht weil es ohnehin unmöglich gewesen wäre, sondern weil sie einfach nicht wussten, welche Worte diesem einzigartigen Abschiedsmoment gerecht geworden wären. Sie schauten sich ununterbrochen an, sogen das Bild des anderen tief in sich hinein, ließen sich vom Lärm nicht stören. Was sich wohl alles in ihren Gedanken abspielte? Bestimmt schwelgten die beiden in wunderschönen Erinnerungen an ihre gemeinsame Zeit. Lange stand Irene wie angewurzelt da. Sie fühlten sich so unglaublich nah beieinander, obwohl sie durch das Fenster und das Getöse getrennt waren.

Der Zug würde dort noch bis Mitternacht stehen müssen, doch so lange konnte sie natürlich nicht bleiben, denn Johannes' Eltern und sein älterer Bruder warteten im Auto auf sie. Erst als Irene dann zum Auto kam und hinten Platz nahm, bemerkte sie, dass sie durchgefroren war. Von Traurigkeit gepackt fing sie leise an zu weinen. Die anderen überhörten liebevoll ihr Weinen. Johannes' Vater tröstete sie und sagte:

„Weine nicht, Irene! Du kannst immer zu uns kommen, wenn es dir zu einsam wird.“ Es tat ihr gut, dass sie bei Johannes‘ Eltern willkommen war. Auch nachdem sie am Abend zu Hause ankamen, war Irene noch ganz aufgewühlt. Es verging einige Zeit, bis sie zur Ruhe kam und sich aufgewärmt hatte. Sie versuchte sich abzulenken, denn in jeder freien Sekunde war sie in Gedanken bei ihrem Johannes. Sie stand auf und holte sich ein Buch aus dem Schrank. Auf einer Seite des Buches, die sie zum Nachdenken brachte, musste sie innehalten.

Billy Graham hatte einmal gesagt: „Integrität ist der Klebstoff, der unsere Art zu leben zusammenhält. Wir müssen konstant danach streben, unsere Integrität intakt zu halten. Geht der Wohlstand verloren, dann ist nichts verloren; geht die Gesundheit verloren, dann ist etwas verloren; geht der Charakter verloren, dann ist alles verloren.“

Dankbar trank Irene ihren Tee und aß das Abendbrot. Sie erkannte für sich, dass es besser ist, alles in die Hände Gottes zu legen, die Hoffnung nie zu verlieren und am Vertrauen stets festzuhalten, auch wenn es einen immer wieder zu verlassen scheint. Anschließend öffnete sie ihre Bibel und las vor dem Schlafen die Apostelgeschichte, Kapitel 14, Vers 3: „Doch blieben sie längere Zeit da selbst und lehrten freimütig im Vertrauen auf den Herrn, der dem Wort seiner Gnade Zeugnis gab und Zeichen und Wunder durch ihre Hände geschehen ließ.“

Das war die Bestätigung: Vertrauen.

Genau das muss ich jetzt lernen, dachte sie entspannt, während sie langsam auf ihr Bett sank. Interessanterweise schlief sie an diesem Abend sofort ein. Jemand schüttelte sie sacht und sie fuhr erschrocken hoch. Sie hatte sich doch eben erst hingelegt? Dann sah sie ein schwaches Licht vom Hof ins Zimmer dringen und wusste, dass der Morgen dämmerte.

Kapitel 12

„Rote Armee“

„Es ist mit der Liebe auch wie mit anderen Pflanzen:
Wer Liebe ernten will, muss Liebe pflanzen.“

Jeremias Gotthelf

Rasch stand Irene auf und warf als Erstes einen Blick aus dem Fenster.

„Ach ... wie schön!“, sagte sie, während sie sich streckte. Der Winter kam früh in diesem Jahr, die ganze Landschaft lag bereits unter einer Schneedecke und verbarg das triste Herbstgrau. Ob es die Bäume, die Dächer der Häuser oder die Straßen waren, alles lag unter der weißen Decke – wie ein von Künstlerhand gemaltes sauberes, strahlend weißes Bild.

Irene machte sich fertig, griff auf die Schnelle nach ihrer Bibel, schlug sie aufs Geratewohl auf und ließ sich von einem Bibelvers beschenken:

„Alle Dinge wurden von Gott gemacht und ohne ihn ist nichts, das gemacht wurde. In ihm war das Leben und das Leben war das Licht der Menschen und das Licht leuchtete in der Dunkelheit und die Dunkelheit begriff es nicht.“ (Johannes 1,3-5)

Die Schönheit und Macht dieser Worte erfüllten sie, gaben ihr Kraft und Zuversicht. Irene schaute auf die Uhr und eilte zum Bus.

Als sie dann nach einer Viertelstunde den Bus verlassen hatte und zu ihrer Arbeitsstelle unterwegs war, merkte sie, wie hier dreckiger Stadtschnee die Straßen bedeckte. Dem Biss eisiger Luft nach zu urteilen, der durch die Straßen strömte, lag die Temperatur unter dem Gefrierpunkt.

Sie blickte zum Himmel auf und erinnerte sich an die Zugvögel mit ihrem Geschrei, die einander zu den langen Flugreisen ermutigten.

Genau das hatte sie gebraucht, denn es lagen zwei lange Jahre vor ihr, die sie getrennt von Johannes aushalten musste. Immer und immer wieder dachte sie an ihn, an den Abschied und wie es denn so ohne ihn sein wird.

Da stand Irene bereits vor der Tür ihrer Arbeitsstelle. Ihre Kollegin begrüßte sie und Irene war gezwungen, ihre Gedanken anzuhalten, in die Wirklichkeit zurückzukommen. Irene erwiderte den Gruß und tauchte in ihren Alltag ein.

Für Johannes aber hieß es, dass die Reise fünf bis sieben Tage lang andauern würde: von seinem weit auf dem Lande gelegenen Hof zu der Ortschaft Lettlands, die berühmt für ihre Weißeichen und ihre steinharten Zedern war.

Während er noch im Zug saß, war der Alkoholpegel von mehreren Jungs höher gestiegen als je zuvor. Manche konnten sich überhaupt nicht beherrschen und fluchten maßlos. Andere dagegen waren wohlauf und eine Stimme tönte: „Ein Lied! Ein Lied!“ Bierflaschen wurden rhythmisch und beharrlich auf den Boden gehämmert.

„Na los, Wasilij, stimme ein Lied an!“ Ein hochgewachsener, hellhaariger junger Mann wurde von seinen Nachbarn aufmunternd angestoßen und erhob sich lachend.

Mit einer tiefen Stimme fing er an zu singen: „Ah, wie wunderschön sind doch die Moskauer Nächte …!“ Mehrere Stimmen unterstützten ihn.

„Ein seltsamer Gesang“, dachte Johannes und schaute seinen Nachbar verstohlen an. Dieser hörte gespannt zu und seine Augen strahlten vor Freude.

Mit einem donnernden Jubelschrei beendeten die Männer das Lied. Laut rumpelten und scharrten sie mit ihren Füßen über den Fußboden des Zuges. Mit einem verschmitzten Lächeln erhob sich nun ein anderer Mann.

„Ich habe gehört ...“, rief er mit lauter Stimme, als er sich in einer Ecke des Waggons aufrichtete. Er stand sehr wackelig, konnte kaum auf seinen Beinen stehen, nahm sich zusammen und hielt erst einmal inne.

„Ein Rätsel. Jawooohl! Ein Rätsel!“, brüllte jemand und die Menge grölte beifällig.

„Stelle uns ein Rätsel, Sascha! Ja!“, jubelte die betrunkene Mannschaft ihm zu. „Lass es uns hören!“

Der Mann namens Sascha wartete, bis der Lärm verebbt war. Er war so betrunken, dass er kaum deutlich reden konnte.

„Ich habe gehöööört ...“, wiederholte er ein paar Mal den gleichen Satz. Er stand kurz auf seinen wackeligen Beinen und knallte mit ganzer Wucht auf sein Gesicht. Es schien, als ob er sich umbringen wollte, aber er fluchte und schimpfte, während er auf dem Boden lag und aufzustehen versuchte. Diesem Zwischenruf folgte donnerndes Gelächter und ein Hagel verschiedenster obszöner Gesten von mehreren Männern. Johannes beobachtete das Treiben fassungslos.

„Wo bleibt denn dein Rätsel?“, rief jemand in dem Waggon.

Sascha versuchte erneut aufzustehen, aber es gelang ihm nicht. Eine andere Stimme rief:

„Dann sag uns doch gleich lieber die richtige Antwort! Ja! Die Antwort! Die Antwort!“

Wieder riefen die Jungs an ihren Plätzen rhythmisch und hämmerten mit ihren Bierflaschen im Takt.

Endlich schaffte er es. Wackelig setzte er sich, während eine weitere Woge Gelächter durch den Waggon schallte.

„So ein ekliges Scheusal“, dachte Johannes.

In diesem Moment kam ein Offizier herein, um nach dem Rechten zu schauen. Er war ein sogenannter „Käufer“, das heißt ein Offizier, der extra aus dem Ort, in dem er stationiert war, kam, um bestimmte Rekruten auszusuchen, die geeignete Streitkräfte waren und um die neu Einberufenen abzuholen. Für eine kurze Zeit verstummte alles. Hier und da konnte man aus den Ecken des Waggons weiteres Kichern hören. Johannes rutschte unruhig auf seinem Sitz hin und her und wartete nur darauf, dass die Tortur endlich zu Ende ging. Eine brennende Röte stieg ihm von der Kehle bis in die Wangen. Wie konnten sich diese jungen Leute im Beisein des Offiziers derart benehmen?

Der Offizier streifte mit einem ernsten Blick über die lachenden Jungs und räusperte sich, während er sie musterte. Anschließend grinste er einen jungen Mann mit schmalem Gesicht an, der ein paar Sitze entfernt saß, während er in Richtung Ausgang ging. Er war ein großer, stiernackiger Mann, die Haare auf seiner dicken Brust und die massigen, muskulösen Schultern zeichneten sich durch sein dünnes Baumwollhemd ab. Er hatte den gewaltigen „Bierbauch“ und das gerötete Gesicht eines Mannes, der mit leidenschaftlicher Freude dem Wein und dem Essen verfallen war. Die neu einberufenen jungen Männer hatten ihren Frust abgebaut und Sicherheit gesucht.

Noch lange Zeit, nachdem die Gespräche der Männer verstummt waren, lag Johannes in der Dunkelheit wach. Er fühlte sich unglaublich beschwingt und frei, als wäre ein drückendes Gewicht von ihm genommen worden. Er lag da, schaute die Decke des Zuges an, während der Zug ihn hin und her schaukelte. Er griff in seine Brusttasche und holte sein Taschenbuch heraus. Jeden Abend bevor er sich ins Bett begab, las er aus seiner Taschenbibel. Nach einer Weile merkte er, dass ihm die Augen zufielen. Er konnte schon immer gut schlafen und auch der ganze Lärm störte ihn nicht. Im Traum fand er sich wieder, als er mit sechzehn Jahren zum ersten Mal predigte: Er war sehr aufgeregt und hätte am liebsten den Knopf des weißen Hemdes, das er anhatte, abgedreht, aber er konnte sich beherrschen. Er sah sich vorne stehen und hatte die Bibel vor sich, als er plötzlich wach wurde. Die Gedanken, die ihn beschäftigt hatten, waren: „Wie kann ich für diesen Saufverein ein Vorbild sein? Und wie kann ich sie für Jesus gewinnen?

Morgens wurde er von einer Schlägerei aufgeweckt. Seinem Impuls folgend versuchte er die Schlägerei zu stoppen, während andere die Jungs auch noch anfeuerten.

Johannes trat auf die jungen Männer zu und blieb vor ihnen stehen. Auf dem Gesicht des einen lag ein seltsamer Ausdruck, so als hätte er irgendetwas Saures verschluckt.

Angst war für Johannes ein Fremdwort. Er packte die beiden am Kragen und zog sie auseinander. Keiner würde sich trauen, so etwas zu tun. Aber so hatte sich der Lärm erst einmal gelegt. Johannes war körperlich sehr stark und gesund, deswegen wurde er für die Luftwaffe ausgesucht. Noch vor der Einberufung musste sich jeder von ihnen einem Gesundheitstest unterziehen, in dem er mit

„sehr gut" abgestempelt wurde – trotz seines religiösen Hintergrunds und obwohl einer der Offiziere es so gerne verhindert hätte.

Viele der Jungs hatten mit sich selber zu tun, denn nach der feuchtfröhlichen Nacht, die hinter ihnen lag, war ein Kater keine Seltenheit. Um lästige Begleiterscheinungen wie Kopfschmerzen und Übelkeit abzumildern, fingen manche wieder mit der Sauferei an oder prügelten sich. Hier und da meldeten sich ein paar Stimmen: „Ruhe da! Wir wollen schlafen."

Frische Luft würde ihnen allen guttun, aber sieben Tage und sieben Nächte lang mit einer „Bimmelbahn" unterwegs zu sein, war nicht einfach.

Als etwas Ruhe einkehrte, holte Johannes ein Buch aus seiner Tasche. Prompt saßen gleich welche neben ihm und fragten interessiert, was er denn da lese.

Einer schrie laut: „O Alter! Er hat ein Buch, lies uns was vor!"

„Was ist das für ein kleines Büchlein?", rief der andere. Ruhig und gelassen schaute Johannes sie an und antwortete mit freudiger Stimme: „Das ist ein Neues Testament."

„Was für ein Ding?", rief er.

„Ein Neues Testament", wiederholte Johannes ruhig.

„Was für ein Testament?"

„Erzähl! Das habe ich noch nie gehört. Was steht denn da drin?"

Johannes hatte den Inhalt des Buches in Kürze wiedergegeben. Manche zeigten Interesse, die anderen aber lachten ihn aus. Das nahm er in Kauf. So entstanden mehrere Gespräche und spätere Freundschaften.

Die Reise ins Ungewisse war sehr anstrengend, aber Johannes empfand sie als gut. Nach sieben Tagen sollten sie in Lettland ankommen, in einem Ort namens Paplaka in der Nähe von der Liepaja. Nach der Ankunft mussten sich alle ausziehen und ihr Kopf wurde kahl rasiert. Danach jagte man alle Männer unter die Dusche. Von ihrer Kleidung und persönlichen Gegenständen mussten sie sich verabschieden. Ihre Rucksäcke wurden durchsucht und das meiste wurde ihnen abgenommen, bis auf ein paar harmlose Utensilien, die sie behalten durften. Johannes musste sein geliebtes Neues Testament abgeben. Lange hatte er es bedauert, aber er konnte nichts daran ändern.

Anschließend wurden alle in die gleiche Uniform gesteckt. Johannes kam sich vor wie einer aus dem Konzentrationslager und musste an das jüdische Volk denken. Nun, zum Glück sahen sie alle gesund und munter aus.

Draußen war soeben die Finsternis gewichen und die Sonne stieg langsam am Himmel empor.

Es hatte sich herumgesprochen, dass unter den neu einberufenen jungen Leuten ein Christ dabei sei. Selbst den Major des großen Bataillons erreichte diese Nachricht, er ließ Johannes zu sich bestellen. Gleich nach der Begrüßung fragte er Johannes:

„Wie stehst du zur Kommunistischen Partei? Bist du ein Komsomolze?"

„Nein, Herr Major, ich bin ein Christ", lautete die Antwort von Johannes.

„Ich weiß es", erwiderte der Major. „In deinen Papieren habe ich gesehen, dass da ganz groß ‚Pope' geschrieben steht." Dann fuhr er fort:

„Mir sind schon einige Christen begegnet: Namenschristen, überzeugte Christen, mutige Christen und jede Menge Feiglinge. Einige von ihnen reden schöne Worte, aber das Leben ist eine Katastrophe – genau wie meine Parteigenossen und Soldaten. Ich wollte mir mal anschauen, ob du uns nützen kannst oder ein Scheinheiliger bist."

„Kennst du unser Parteiprogramm, wozu wir als Kommunisten stehen?", fragte er weiter.

„Nicht wirklich, Herr Major", lautete die Antwort.

„Soldat Justus! Merke, was ich dir zu sagen habe!", legte der Major los.

„Ich war im Zweiten Weltkrieg und habe meine Feinde genau studiert. Wann sie aufstehen, wohin sie gehen und wie sie gehen, mit wem sie sich unterhalten, sogar wann sie zur Toilette gehen. Ich konnte mich in ihre Denkweise hineinversetzen, um sie effektiv bekämpfen zu können.

Dir, junger Soldat, gebe ich einen kostenlosen Rat. Studiere die kommunistische Partei, ihre Stärken und ihre Schwächen, wo sie Parallelen zu anderen Ideologien hat. Nur so kannst du Menschen mit deiner eigenen Ideologie überzeugen. Überschätze und unterschätze dein Gegenüber nicht. Wenn du dein Gegenüber überschätzt, wird es dich zur Lähmung deiner Kreativität führen, unterschätzt du es aber, wirst du arrogant und wirst viele Nuancen übersehen. Und noch eine Sache, junger Mann! Komm nie mit Halbwissen um die Ecke. Denn jeder, der in diesem Element zu Hause ist, erkennt es sofort. Halte dich lieber bedeckt und zeige, dass du in einer Entwicklungsphase bist. Das wird dir gut stehen. Gleichzeitig kannst du so deine Kontrahenten entwaffnen. Nun, du bist frei, Soldat Justus. Zeig dich von deiner besten Seite, sonst muss ich dich vor allen deiner Scheinheiligkeit überführen."

Diese Begegnung mit dem Major und seine Worte haben Johannes tief beeindruckt. Es hat ihm die Augen geöffnet, dass die Menschen ihn beobachten und in ihm als bekennendem Christen gewisse Qualitäten suchen. Es war als ob der Herr Johannes einen Auftrag erteilte. Er musste an die Stelle in der Bibel denken, wo der Apostel Paulus schreibt: „Wie kann ich mich der himmlischen Berufung widersetzen?" So sagte er zu sich selbst: Wenn ich auch immer wieder Ängste habe, Komplexe und Selbstzweifel, möchte ich mich nicht davon leiten lassen, sondern dem Herrn treu sein! Bekanntlich sind Ängste und Komplexe keine guten Ratgeber, wie folgender Spruch aussagt: „Mut ist die Angst, die überwunden ist!"

So hatte Johannes sich entschieden, einen klaren Kopf zu behalten und unermüdlich an seiner Entwicklung zu arbeiten, damit er zu Zeit und Unzeit Rede und Antwort stehen konnte.

Als der Major ihn freiließ, lockte er Johannes noch mit folgendem Angebot:

„Solche Leute brauchen wir, die so überzeugt sind wie Sie, Soldat Justus.

Kommen Sie und treten Sie dem Komsomol bei. Sie bekommen von mir auch einen Urlaub!“

„Ich bin nicht käuflich, ich stehe dazu, wovon ich überzeugt bin“, antwortete Johannes und ging hinaus. Diese und noch weitere Lektionen im strategischen Denken konnte Johannes vom Major lernen.

Nachdenklich ging er wieder zu seinem Posten zurück. Wie soll man die Wahrheit richtig weitergeben?, fragte er sich.

Johannes erinnerte sich an eine Geschichte, die sich zu der Zeit Dschingis Khans zugetragen hatte:

Der wilde Mann hatte einen Traum, dass ihm alle Zähne herausgefallen waren.

Er ließ aus seinem Stamm zwei Männer rufen, die dafür bekannt waren, Träume auslegen zu können. Als er ihnen seinen Traum erzählt hatte, sagte der erste:

„O du großer Khan, der Traum ist sehr schlecht. Alle deine Angehörigen werden sterben!“

Wie es in ihrer Sitte üblich war, hatte der Mann nicht mehr prophezeit. Er wurde umgebracht, da die Nachricht für den Khan schlecht war.

Als der zweite gefragt wurde, erwiderte er:

„O du großer Khan, der Traum ist sehr gut. Du wirst sehr lange leben! So lange, dass von deinen Angehörigen keiner mehr da sein wird.“

Er wurde verschont. Beide Ausleger hatten recht. (Quelle: Wikipedia)

Wie sagt man die Wahrheit richtig?, fragte er sich. Da musste er an die Stelle denken, wo Jesus im Matthäusevangelium sagte: „Seid schlau wie die Tauben und listig wie die Schlangen.“

So begann seine Ausbildung zum Flugzeugmechaniker, die sieben Monate dauerte. Jeden Morgen mussten die jungen Soldaten um sechs Uhr aufstehen, sich schnell waschen, Zähne putzen und anschließend war intensiver Sport angesagt. Danach gab’s Frühstück, zu dem jeder rannte, als ob es um Leben und Tod ginge. Jeder wollte sein Stückchen Butter nicht verpassen, es waren eh nur zwanzig Gramm. Hundertundzwanzig Mann standen hinter ihren Tischen und warteten – nein, nicht auf ein Gebet, sondern sie mussten leise sein und wurden von einem Sergeant gemustert. Wenn irgendjemand schon ein Messer oder eine Gabel in der Hand hatte, jagte der Sergeant alle aus der Kantine zum Appell. Er ging zwischen den Reihen auf und ab und schaute sich jeden genau an, ob die Hände dem Körper entlang lagen. War alles in Ordnung, brüllte er:

„Hinsetzen, ihr Flaschen! Eine Viertelstunde Zeit gebe ich euch, ohne jegliche Klapperei mit Besteck, sonst fliegt ihr alle raus! Ich bringe euch Manieren bei!“

Nach diesen sieben Monaten täglicher Übung lernte Johannes, sehr schnell zu essen. Nach dem Frühstück begann der intensive theoretische Unterricht. Die lehrenden Offiziere waren wirkliche Meister ihres Fachs. Im Vergleich zum Sergeant waren sie geduldig und bildeten die Soldaten umfassend aus. In jedem Unterrichtsraum gab es Geräte, Maschinen und Anschauungsmaterial, sodass jeder am Modell lernen konnte. Die Soldaten wurden ja zum Flugzeugmechaniker ausgebildet und es war wichtig, dass sie in Zukunft die Maschinen zuverlässig und kompetent betreuen konnten. Des Öfteren fand die Ausbildung auf dem Flughafen statt, wo sie die Maschinen in Aktion erleben konnten. Johannes konzentrierte sich während seiner Ausbildung auf das gesamte Flugzeug und auf die Triebwerke. Die anderen Jungs wurden speziell für bestimmte Teile des Flugzeugs ausgebildet, die sie untersuchten. Anschließend brachten sie Johannes die Berichte über den Zustand des Flugzeugs, die er dann an seinen vorgesetzten Offizier weitergab. In sein Aufgabenspektrum fiel auch das Begleiten des Piloten bis zum Start – Anschnallen, Check-up der Geräte und nach dem Starten der Triebwerke gab Johannes das „Go".

Gleichzeitig wurde Johannes zum Soldaten ausgebildet, was aus vielen Trainings und Schießübungen bestand. Jeder von ihnen besaß sein eigenes „Kalaschnikow"-Maschinengewehr, das gepflegt werden musste – mehr als das Gesicht. Sie mussten die Gewehre nach Stoppuhr auseinander und schnell wieder zusammenbauen, säubern und ölen.

„Dein Gesicht ist hier nicht wichtig, aber deine Kalaschnikow sollte dir lieber und wichtiger sein als die eigene Mutter! Dein Leben, das deiner Kameraden und deiner Familie hängt davon ab", schrie der Sergeant mit lauter Stimme. Der tägliche Drill brachte die Soldaten an ihre Grenzen und die Laune sank oft in den Keller. Zur Sicherheit wurden die Schießübungen auf dem Schützenplatz folgendermaßen abgehalten: Je zehn Soldaten mussten vortreten und ihre Position im Liegen einnehmen. Ein Soldat stellte sich über den Rücken eines liegenden Kameraden und quetschte dessen Brustkorb zwischen seinen Beinen ein. Nur dann bekamen sie scharfe Munition zum Schießen, damit keiner von ihnen auf dumme Gedanken kommen könnte. Diese Übungen haben aus Johannes einen guten Schützen gemacht. Des Öfteren belegte er den ersten Platz. Auch diese Ausbildung der jungen Soldaten war topp.

Nicht nur Schießübungen standen auf dem täglichen Plan. Im Winter mussten sie Ski laufen. Johannes stand zum ersten Mal auf Skiern und musste damit gleich eine Strecke von zehn Kilometern absolvieren. Im Sommer marschierte die ganze Kompanie, die aus rund fünfzig Soldaten bestand, weite Strecken. Der Sergeant hatte sie angefeuert, während des Laufens zu singen, dies sei Teil der Ausbildung. Manchmal waren sie Stunden singend und marschierend unterwegs, denn der Sergeant schrie:

„Noch eine Runde, ich nehme noch keinen Gummigeruch wahr!"

Dann kamen die Jungs total verschwitzt und durchnässt im Quartier an.

Als neue Rekruten eintrafen, staunten sie nicht schlecht, wie die Soldaten marschieren und wie an der Schnur aufgereiht gerade stehen konnten.

„Wow!", rief einer von ihnen, „so etwas habe ich im Fernsehen gesehen!"

Johannes erwiderte: „Nach sieben Monaten täglichem Training werdet ihr genauso gut sein."

Das alles bereitete Johannes große Freude, nur das Essen war gewöhnungsbedürftig. Als der Brei zum ersten Mal serviert wurde, warf er noch einen Blick darauf und dachte laut:

„Das kommt mir bekannt vor; das habe ich schon mal irgendwo gesehen!"

Nun, er musste kurz nachdenken und dann sagte er:

„Ich hab's! Das ist doch der gleiche Weizenbrei …! Zu Hause hatte meine Mutter den gedroschenen Weizen für unsere Schweine aufgebrüht!"

Einer der Soldaten fügte sarkastisch hinzu:

„Tja, Johannes, jetzt weißt du, was wir hier wert sind. So viel dazu."

Währenddessen schallte Gelächter durch den Essensraum.

Während Johannes die Ausbildung genoss, fing Irene an, jeden Tag Briefe zu schreiben, die mit dem jeweiligen Datum versehen waren. Sie hatte nur noch keine Adresse, wohin sie ihre täglichen Nachrichten senden könnte.

Des Öfteren besuchte sie ihre Freundin Katharina und sie sprach gewöhnlich nur über ein einziges Thema: die Erinnerungen an die Zeit, in der sie Johannes kennen- und lieben gelernt hatte – die langen Spaziergänge, egal bei welchem Wetter, an romantisches Essen zu zweit, die persönlichen tiefen Gespräche, die Meilensteine auf dem Weg zu ihrer Liebe füreinander.

Katharina ermutigte sie und stand ihr bei. Sie unterstützte sie mit guten Ratschlägen, versuchte sie abzulenken, indem sie die Gespräche langsam zu einem anderen Thema überführte, sodass Irene nicht merkte, dass sie über andere Dinge redeten. Sie war immer noch Irenes beste Freundin. Irene konnte ihr alles anvertrauen. Trotz der vielen Erzählungen wurde Katharina nie neidisch. Sie war sehr sensibel und ehrlich zugleich. Zeiten wie diese, voller Gefühl und emotionaler Nähe, waren vorbei und die lange zweijährige Wartezeit war eingetreten, machte Katharina ihr bewusst.

Irene schrieb weiter, Tag für Tag, über ihre Arbeit und Ausbildung, über die Jugend und die Gemeinde, über die Freundschaft mit Katharina und über ihre Familie. Einfach alles, was sie so bewegte, verarbeitete sie dadurch und ihre Sehnsucht und das Warten schien leichter zu werden. Als Erstes erkundigte sie sich beim Heimkommen, ob Post für sie eingetroffen war.

Zwei lange Wochen waren vergangen und von Johannes gab es noch kein Lebenszeichen. Der Herbst war kalt, es wurde früher dunkel. Als sie nach ihrer Arbeit den Bus nahm, hatte es heftig geschneit. Zu Hause angekommen, strahlte ihre Mutter sie an und sagte:

„Heute musst du mir ein Lied vorsingen."

„Wieso das? Das musste ich noch nie?", erwiderte Irene.

„Ich habe nämlich was für dich", sagte sie.

„Was? Einen Brief?"

Irene spürte es und die Mutter war gnädig und drückte ihr gleich ein Bündel mit sechs Briefen in die Hand. Irene packte die Briefe und verschwand in ihrem Zimmer. Sie öffnete alle und las sie dem Datum nach durch. Ihr Herz klopfte so laut, dass sie es hören konnte.

Als sie die geheimnisvollen Briefe in der Hand hielt und auf dem Sofa saß, dachte sie an Johannes. Plötzlich überkam sie ein seltsames Gefühl. Sie kam sich fast wie eine Puppe vor, die durch die Zauberkraft der Liebe lebendig geworden war. War es nicht seltsam, dass sie auf der Welt war und in einem wunderlichen Märchen herumlaufen konnte?

Nun hatte Irene endlich die Adresse. Gleich am nächsten Morgen brachte sie alle Briefe, die sie schon geschrieben hatte, zum Briefkasten. Beflügelt ging sie an diesem Tag zur Arbeit.

Sie hatte jetzt, nachdem Johannes weg war, mehr Zeit. Eines Abends nach der Arbeit ging sie bei der Musikschule vorbei und meldete sich für den Klavierunterricht an. Freudig nahm sie zweimal die Woche nach der Arbeit Klavierunterricht. Das hat sie die zwei Jahre durchgezogen. Später, als Johannes zurückkam, saß sie leider nie wieder am Klavier.

Ein paar Wochen später, genau zu Weihnachten, hatte Irene ein Päckchen für Johannes gepackt: Süßigkeiten, etwas Gebäck und ein großes Glas mit Marmelade. In das Glas aber hatte sie ein Taschenevangelium, in einen Plastikbeutel dicht verpackt, gesteckt, denn die Pakete wurden geprüft. Von ihrem Plan hatte sie ihm in einem ihrer Briefe in Geheimschrift berichtet. Als Johannes das Paket bekam, standen seine Kumpels rund um das Päckchen und wollten natürlich, dass er den Inhalt mit ihnen teilte. Er überließ ihnen das Paket, packte nur das Glas mit Marmelade und verschwand im Wald, der rund um die Kaserne wuchs. Dort fand er einen großen Stein. Er knallte das Marmeladenglas gegen den Stein und holte das Taschenevangelium aus dem Plastikbeutel heraus.

Bis er zurück war, hatten seine Kameraden bereits alles Essbare verdrückt. Sie wunderten sich, dass er nichts dazu sagte. Er war sehr froh ein Evangelium zu haben, aus dem er jeden Abend im Bett lesen konnte. Der Rest war ihm nicht wichtig, denn die Süßigkeiten und das Gebäck dienten nur als Ablenkungsmanöver.

Johannes freute sich, dass er jetzt jeden Abend und jeden Morgen darin lesen konnte. Als die Soldaten eines Morgens zum Appell gerufen wurden, hatten sie nur 45 Sekunden Zeit. In dieser Zeit mussten sie angezogen sein und draußen stehen. Jeden Morgen hatte der Sergeant sie angefeuert: „Schneller, schneller!“ Dabei sah er zu, wie sie sich anzogen. Ausgerechnet in diesem Moment stand er neben Johannes. Bei den schnellen Bewegungen fiel das Evangelium dem Sergeant direkt vor die Füße.

„Was ist das denn, Soldat Justus?“, schrie er, während er sich beugte und das Evangelium in der Hand hielt. Johannes stand stramm. Die ganze Kompanie wurde neugierig und reckte ihren Hals.

„Können Sie mir bitte sagen, was das ist?“, wiederholte er mit lauter Stimme, während er im Evangelium blätterte.

„Na? Wie ich sehe, beten Sie einen Gott an? Sind Sie ein Christ?“

„Ja, Sir!", antwortete Johannes.

Es war ihm peinlich, nicht weil das Evangelium entdeckt wurde, sondern weil alle Soldaten aufgehört hatten, sich anzuziehen und in seine Richtung schauten. Es waren 120.

„Sie rühren mich zu Tränen", konstatierte der Sergeant weiter.

„Na, dann glauben sie weiter, Soldat Justus! Gewöhnlich ist es so, dass die Hunde, die bellen, nicht beißen. Wir haben jetzt etwas Besseres zu tun, als an Gott zu glauben!"

Während er weitersprach, drückte er Johannes das kostbare, kleine Büchlein in die Hände.

„Alle anziehen!", brüllte er mit lauter Stimme.

Es kam bei den Soldaten nicht gut an, wenn einer zu langsam war oder aus irgendeinem anderen Grund die Aufseher lauter wurden. Dann fing nämlich die ganze Anzieherei von vorne an. Manchmal waren sie so durchgeschwitzt vom mehrmaligen Anziehen und wieder Anziehen, dass bei dem einen oder anderen die Uniform zerriss. Dann rächten sich die Soldaten. Also wollte Johannes die 120 Jungs natürlich auf keinen Fall gegen sich aufhetzen. „Das ist aber noch einmal gut gegangen", dachte er. „Preis dem Herrn!"

Die ersten sechs Monate waren für Johannes hart, manchmal überkam ihn das Heimweh. Da hatte er die Idee, sich einen Taschenkalender zu kaufen, wo er jeden vergangenen Tag mit einer Nadel durchstach. So konnte er sehen, was hinter ihm lag. Auf die Briefe hatte er sich sehr gefreut, denn eine Nachricht von zu Hause tat ihm gut. Von seinem ersparten Geld gönnte er sich eine Packung Milch und ein süßes Brötchen. Das milderte sein Heimweh, während seine Militärkameraden das Geld für Zigaretten und „heimlichen" Alkohol ausgaben.

Das Gleiche galt für Irene. Sie war es gewohnt, ihre freie Zeit mit Johannes zu verbringen, aber auf einmal war er nicht mehr da. Sie fragte sich, wie sie es nur die weiteren 18 Monate aushalten sollte. An manchen Abenden dachte sie, ob sie ein „Vlies" in der Nacht auslegen sollte, dass der, der mir Gnade schenkt …, wie es in Richter 6,33-40 zu lesen ist. Mit der Zeit gewöhnte sie sich daran, dass Johannes weit weg war. Langeweile hatte sie nicht, immerhin musste sie sich auf ihre Ausbildung konzentrieren. Auch die Jugendgruppe und das Gemeindeleben nahmen ihre Zeit in Anspruch. Am meisten Freude bereitete ihr das Briefeschreiben an Johannes, abends an ihrem Schreibtisch. Wenn es ihr an einem Tag nicht gelang, ihm zu schreiben, schrieb sie am nächsten Tag gleich zwei.

Zuerst wurde Johannes von den Soldaten als Christ belächelt, später aber kamen sie mit Fragen zu ihm. Für manch einen konnte er sogar beten. Besonders gut hatte er sich inzwischen mit seinem Bettnachbarn angefreundet. Eines Abends, als sie schon im Bett lagen, stellte er ihm eine Frage.

„Erzähl mir bitte, Johannes: Wem ist das Reich Gottes ähnlich, womit kann ich es vergleichen?"

Nichts Besseres konnte Johannes passieren als das. Dafür hatte er schon gebetet, dass sein Bettnachbar sein Leben Jesus übergibt.

Voll Freude erklärte er ihm: „Es bedeutet, dass der Glaube wie ein Senfkorn ist. Man pflanzt ihn im Herzen ein, genauso wie ein Same im Garten gepflanzt wird. Wenn man den Samen des Senfkorns hegt und pflegt, wird ein wunderschöner Baum daraus wachsen. Wenn man seinen Glauben hegt und pflegt, wird man das himmlische Königreich mit vielen Abenteuern erlangen."

Immer wenn sich eine Möglichkeit ergab, konnte Johannes die Frohe Botschaft auch an andere Kameraden weitergeben. Sein Verlangen nach Wissen und seinen Wunsch zu lernen, hatte Johannes sehr früh entdeckt. Seine Liebe zum Wissen war weder sündhaft noch gegen die Natur, sondern eine unmittelbare Folge der dem Menschen von Gott geschenkten Fähigkeit, logisch und vernünftig zu denken. Er investierte seine Zeit in Bücher und in das Evangelium.

So war es überall, wo er hinkam. Jeder wusste, dass er ein Christ ist.

Der Leutnant, dem Johannes während der Musterung in der Wüste Kara-Kum begegnet war, wünschte ihm natürlich das Schlechteste, aber der Herr hatte es zum Guten gewandt.

Johannes wusste sich zu behaupten und durchzusetzen. Er war ein guter Soldat und als Christ akzeptiert, weil er überall ein Vorbild war, zum Beispiel im Umgang mit Menschen. Als guter Handwerker ging er den Offizieren zur Hand, die umgezogen waren. Er baute Fenster und Türen für sie.

Hier in Lettland bei Paplaka wurde er zum Flugzeugmechaniker ausgebildet. Nach etwa sieben Monaten guter Ausbildung wurden die Mechaniker in alle Gebiete der Sowjetunion verlegt. Johannes und ein paar Rekruten aus seiner Kompanie kamen nach Wolgograd in die Luftwaffenschule, wo die Piloten ausgebildet wurden. Der Flughafen befand sich außerhalb der Stadt. Nun kam die Zeit, das Gelernte in die Praxis umzusetzen. Die Steppen am Wolgograd boten viel Platz für Manöverübungen. Johannes wurde einer Technikereinheit zugewiesen, die für die Flugzeuge zuständig war. Noch vor Dienstantritt wollte der Major der Einheit ihn unbedingt sehen. Er meinte: „Ich habe noch nie einen Deutschen gesehen. Wie sieht er aus?"

„Holt ihn zu mir!", befahl er dann.

Eine Stunde später stand Johannes wie bestellt vor ihm.

Der Major sagte laut: „Du siehst aber normal aus!"

„Herr Major, wie soll denn ein Deutscher aussehen?", erwiderte Johannes.

Der Major bemerkte, wie peinlich sein Denken über die Deutschen war und versuchte die Situation abzubiegen, indem er lächelnd bemerkte: „In einer Uniform, versteht sich!"

Im Gebiet Wolgograd waren die Deutschen nicht besonders angesehen. Gingen die Soldaten in die Stadt, durfte keiner seine Nationalität verraten, das würde nicht gut ausgehen, besonders auch für Johannes.

Er bekam zwei Flugzeuge – ein älteres Modell und ein neues frisch ab Werk, was sehr beliebt und gefragt bei höheren Offizieren und Generälen war. Das Flugzeug war so konzipiert, dass zwei Insassen Platz fanden: der Ausbilder mit seinem Auszubildenden. Es hatte Johannes große Freude bereitet, denn der Militärdienst verlief wesentlich entspannter als die Ausbildungszeit. Er musste nicht mehr jeden Morgen marschieren, sondern er hatte drei Dienstschichten – für Nacht- und Tagflüge. Andererseits drückte die große Verantwortung, die auf ihm lag, ein wenig. War die Maschine in der Luft, wartete Johannes voller Spannung auf deren Rückkehr. Unzählige Stoßgebete sandte er zum Himmel. Wenn sie die Landebahn anflogen und sicher gelandet waren, war er erleichtert und entspannt. Mit Freude nahm er die Maschinen in Empfang, denn alle Mechaniker und Techniker haben ihren Job gewissenhaft gemacht. Nach seiner Beurteilung waren alle Flugzeuge in sehr gutem Zustand.

Eines Tages kam ein General auf Johannes zu und sagte:

„Mechaniker Justus, ich hätte gern Ihre Maschine gesehen?“

„Sehr gerne, Herr General“, antwortete er.

Johannes setzte die Leiter und fixierte sie. Danach stieg er sie hoch, um Vorkehrungen zu treffen. In diesem Moment rutschte sein Schuh runter und eine nackte Ferse kam zum Vorschein. Als ihm der General mit seinen Blicken folgte, sah er ein großes Loch in seiner Socke.

„Mechaniker Justus, steigen Sie bitte sofort die Leiter runter!“

Unten fragte er Johannes, warum er eine kaputte Socke anhatte.

„Sie bekommen doch regelmäßig eine Uniform und dazu auch Socken gestellt?“

„Ich bekam nichts, Herr General“, erwiderte Johannes.

Es brach die Hölle aus. Der leitende Kommandeur der Flugschicht wurde einbestellt, dann der Bataillonsführer, bis zum Sergeant mussten alle antreten. Der General wetterte:

„Was ist das für eine Frechheit und Disziplinlosigkeit? Wie sollen die Soldaten ihren Dienst gewissenhaft verrichten, wenn hier an den Socken gespart wird?“

In der Folge wurde Johannes vom Oberst befragt:

„Wie kam es dazu, dass du keine intakten Socken hast?“

Johannes zuckte mit den Schultern, während er antwortete:

„Der Sergeant hatte nichts ausgegeben.“

Sofort wurde der Sergeant per Telefon vorgeladen. Johannes wusste nicht, was da hinter der Tür ablief. Jedenfalls war es sehr laut. Danach wurden ihm regelmäßig eine neue Uniform und neue Socken ausgehändigt. Es ging das Gerücht herum, dass der Sergeant Kleidung verhökerte.

Später wurde Johannes von einem General eine Maschine zugeteilt, die er für seine Flugübungen nutzte. Er liebte seine Aufgabe, genoss aber auch seine Freizeit, in der er Sport trieb. Mit zeitlichem Einsatz brachte er es sogar zum Gewichtheber. Ab und an, wenn er frei hatte, ging er mit anderen Kameraden zum Fluss, der hinter dem Flughafengelände lag. Der Fluss war voller Fische: Hechte, Forellen und andere. Sie warfen ihre Netze aus und wurden mit einem reichen Fang belohnt. Sie entfachten ein Feuer, grillten die Fische und genossen die Gemeinschaft.

Hin und wieder sorgte der Offizier für ein wenig Abwechslung von der Eintönigkeit des Arbeitsalltags. Im Konvoi begleitet fuhren die Soldaten ins Kino, wo ein Konzert von Abba auf der Leinwand zu sehen war. Johannes war ein Fan dieser schwedischen Band. Während er dasaß und die ausdrucksstarken Stimmen der Sängerinnen genoss, kam in ihm der Wunsch hoch, nach seiner Eheschließung selbst Vater von solch hübschen Mädchen zu werden.

Inzwischen waren die Haare von Johannes wieder gewachsen und er hatte ein nettes Foto von ihm in Uniform an Irene geschickt.

Irene hängte das Bild über ihrem Bett auf.

Jeden Abend, wenn sie zu Bett ging, und jeden Morgen, wenn sie erwachte, fiel ihr Blick auf dieses Bild von Johannes.

Eines Morgens riss der schrille Ton des Weckers Irene aus dem Tiefschlaf. Im Traum war sie in ihrem ländlichen Schulhaus mit nur einem Klassenzimmer gewesen, in das sie einst zur Schule gegangen war, und stellte nun überrascht fest, dass sie in ihrem Schlafzimmer war. In dem Traum hatte sie Johannes in der ersten Reihe sitzen sehen. Er sah genau so aus, wie sie ihn von ihrer ersten Begegnung in Erinnerung hatte.

Sie waren damals in der zweiten Klasse. Johannes war barfuß, mit kurzer Hose, die ein paar Nummern zu groß war, und einem rot-weiß karierten Hemd. Seine blauen Augen waren so hell und geheimnisvoll wie Geheimgänge.

Sie hätte ihre Augen gerne wieder geschlossen und wäre zu ihrem Traum zurückgekehrt, um seine Stimme und den Klang seines Lachens noch ein wenig länger zu hören. Aber es war an der Zeit aufzustehen und zur Arbeit zu fahren. Der Traum war so lebhaft gewesen, dass es einen Augenblick dauerte, bis Irene bewusst wurde, dass sie an sein Zuhause dachte, welches sie manchmal aufsuchte. Irene beschloss, gleich am kommenden Wochenende Familie Justus zu besuchen.

Wie gewöhnlich traf sie als Erstes seine Mutter Natalie in der Sommerküche, in der die Familie den Sommer über ihre Zeit verbrachte und verschiedene Vorbereitungen für den Winter traf. Natalie stand gerade neben dem großen Lehmsteinofen, aus dem köstliches Brot duftete, und bereitete eine Mahlzeit vor.

Das kam der Familie zugute, denn so konnten sie den Sommer über Strom sparen. Als Irene sie begrüßte, erwiderte Natalie, dass sich der Rest der Familie im Garten aufhält. Irene ging den Hof entlang in Richtung Garten, vorbei an dem Sommerschuppen, in dem das Futter für die Tiere gelagert wurde. Daneben befand sich der Sommerstall, in dem die Kühe während der warmen Jahreszeit die Nacht verbrachten.

Natalie war immer noch unfreundlich zu Irene. Einerseits tat sie Irene leid, denn sie hatte ein schweres Leben hinter sich, Hungersnöte und Gefangenschaften erlebt. Mit Johannes senior wurde sie sechzehn Mal schwanger. Elf Kinder waren am Leben geblieben, doch fünf musste sie beerdigen.

Nichts Schlimmeres konnte sich Irene vorstellen, als zu den eigenen Kindern ins Grab zu schauen. Andererseits dachte Irene, dass sie sich endlich einmal damit abfinden sollte, dass Irene ihren Sohn liebte, und dies auch so bleiben würde. Nichts würde sich diesbezüglich ändern. Während sie in Gedanken diskutierte, befand sie sich nach einer kurzen Rechtskurve im Garten der Familie Justus. Von Weitem konnte sie Johannes senior erkennen. Maria stand neben ihm. Sie winkte, als sie Irene kommen sah und rief:

„Hier sind wir, nimm den Pfad, der an der Grenze zu den Nachbarn liegt!“

Irene ging den Pfad entlang, an dem eine dichte Hecke wuchs, die als Grenze zu den Nachbarn diente. Die Nachbarn starben im letzten Winter in ihrem Häuschen. Es war ein älteres Ehepaar und es schien so, dass sie den Ofen angeheizt und vergessen hatten, den Schieber, der sich oben am Ofen befand, zu öffnen. So waren sie zu Bett gegangen und da die Abgase nicht zum Schornstein hinauskonnten, breiteten sie sich im Raum aus. Später fing alles, was neben dem Ofen stand, Feuer und so verbrannte alles. Ein kalter Schauder lief über Irenes Rücken, als sie daran dachte.

Sie freute sich, als sie Maria und Johannes senior unter einem Apfelbaum erreicht hatte. Er liebte Äpfel, genoss sichtlich den Garten und Marias Begleitung. Irene hüpfte mit Maria über die Furchen, die voll mit Wasser gefüllt waren und die durch einen platt gedrückten Rosteimer versperrt waren.

Da sagte Maria zu ihr: „Sieh mal da“, während sie auf den Rosteimer zeigte. Sie erinnerte sich an den Tag, an dem Johannes ausrutschte und auf seinen Ellenbogen fiel, direkt auf den platten Rosteimer, der als kleine Schleuse diente, um das Wasser in den Furchen zu halten. Er hatte sich recht schwer verletzt. Die tiefe Wunde hinterließ eine große Narbe, die heute noch sichtbar ist.

„Gut zu wissen“, erwiderte Irene, „ich werde aufpassen.“

„Schön, dass du uns wieder besuchst“, begrüßte Herr Justus Irene. Er war schon immer sehr lieb zu ihr gewesen. Nach einem kurzen Wortwechsel waren Maria und Irene allein im Garten zurückgeblieben. Sie unterhielten sich über verschiedene Dinge, während Irenes Blick über den ganzen Garten streifte. Sie musste feststellen, dass der Garten im Vergleich zu ihrem zu klein war, denn die Familie Justus war sehr groß.

Irenes Mutter Alwina sammelte viele und gute Erfahrungen in der Landwirtschaft, die der ganzen Familie dienten. Sie liebte den Garten und verbrachte jede freie Minute dort. Es war ihr eine Freude, einen prächtigen Garten mit viel Gemüse, Früchten und Beeren anzulegen. Irene hatte sich anstecken lassen und pflegte ihren Blumengarten, der vor dem Haus angelegt war, mit großer Sorgfalt. Jedes Mal wenn sie Besuch bekamen, waren die Gäste stehen geblieben, staunten über ihren Blumengarten und lobten Irene für ihre liebevolle Gestaltung.

Der Sommer dieses Jahres war warm und fruchtbar. Ende August heiratete

Irenes Bruder Waldemar und so musste der Garten früher als sonst abgeerntet sein, denn die große Hochzeit fand im Garten statt. Es waren viele Gäste eingeladen – über 200 Personen. Somit hatte die Familie Kowalski alle Hände voll zu tun mit den Vorbereitungen. Sie arbeiteten alle im Garten, hatten nach der Ernte das ganze Grün herausgezogen und den Acker ordentlich geharkt. Anschließend wurde eine Überdachung gebaut. Der Acker wurde mit große Planen abgedeckt und die Tische und Bänke daraufgestellt. Das Essen wurde auch im Garten in großen Kesseln zubereitet. Die Backwaren hatte Irene in der Bäckerei ihrer Kantinenkette bestellt. Alle waren froh, als die Feier vorbei war.

Jedes zweite Wochenende war großer Waschtag. Ein großer Waschkessel aus Zinkblech stand auf dem Küchenherd und wurde mit Wasser und schmutziger Bettwäsche gefüllt. Mit Holz und Kohle wurde ein Feuer angezündet und alles begann allmählich zu kochen. War die Wäsche gründlich durchgekocht, kam sie in eine Zinkwanne, um sie dann auf einem Waschbrett sauber zu rubbeln. Das war harte Arbeit für Irene.

Grobe Flecken bekamen zusätzlich noch eine Spezialbehandlung. Sie wurden mit Seife eingerieben und tüchtig auf dem Waschbrett nachbehandelt. Eine solche Wäsche beanspruchte in der Regel einen ganzen Tag. Abends wusste Irene, was sie geleistet hatte. Oft bildeten sich Blasen an ihren Händen und ihre Fingerknöchel waren wundgescheuert.

Am Montagmorgen schob sich Irene mit den anderen aus dem Bus. Sie war froh, wieder hier zu sein. Die Tore zu der riesigen Betonfabrik waren weit geöffnet und schienen sie mit offenen Armen willkommen zu heißen.

Irene arbeitete in einer Kantine, wo sie 350 Leute mit Mittagessen versorgten.

Valentina war eine Vorarbeiterin. Die kleine und zierliche Frau hatte drei Kinder und war geschieden. Sie war eine Führungspersönlichkeit, aber total ungehobelt, wie die Axt im Walde. Aus diesem Grund gab es unter den Kollegen öfter Streit. Valentina war sehr dominant, sogar der Chef gehorchte.

Er war ein großer und schlanker Mann griechischer Abstammung, der unter Epilepsie litt. Von seiner Art her war er sehr umgänglich und beliebt.

Immer wieder bekam er einen Epilepsieanfall. Das ganze Kollegium war auf der Hut, denn keiner wusste, wann es ihn traf – nicht auszudenken, wenn es am kochenden Wasser oder am glühend heißen Herd geschah. Irene musste an die Bibelstelle denken, wo ein Mann seinen Sohn zu Jesus brachte. Der böse Geist schmiss ihn ins Feuer oder Wasser. Das erlebte sie hier live.

An diesem Montagmorgen lag auf Valentinas Gesicht ein seltsamer Ausdruck, so als hätte sie irgendetwas Saures verschluckt. Schon vor Arbeitsbeginn schien die Stimmung im Keller zu sein, der Chef zog sich nach kurzer Begrüßung in sein Büro zurück und ging dort seiner Arbeit nach. Wenn Valentina schlechte Laune hatte, bekamen es alle zu spüren. An diesem Vormittag war es wieder so weit. Sie hatte einen Streit mit Nina angezettelt, die in der Bäckerei-Abteilung arbeitete. Nina war sehr nett und freundlich, aber auf Valentina reagierte sie „allergisch".

Oft eskalierte die Situation und hinterließ ein bitteres, unangenehmes Gefühl. Nina hielt es nicht lange aus und ließ sich in eine andere Abteilung versetzen. Valentina aber unterdrückte weiter alle anderen vier jungen Mädchen. Irene war ihr Liebling, denn sie machte alles, womit sie sie beauftragte, ohne Wenn und Aber. Deswegen gab es mit Irene auch keine Probleme. Nach Ninas Weggang blieb ihre Stelle erst mal unbesetzt.

Da fragte der Chef Valentina:

„Und nun hast du erreicht, was du wolltest? Was sollen wir jetzt machen? Jetzt muss ich jemanden einstellen."

„Du musst gar keinen einstellen", erwiderte Valentina.

„Irene übernimmt die Stelle", fügte sie hinzu.

„So, meinst du?", fragend schaute der Chef sie an.

„Ja, meine ich", gab sie zurück.

Nach Feierabend, als Irene nach Hause kam, war sie froh, dass das Haus noch warm war. Sie setzte sich an den Ofen, ihr Lieblingsplatz im Haus. Das Feuer war inzwischen heruntergebrannt. Es flackerte und sprühte Funken. Neben dem Feuerofen lagen dicke Scheite Pappeln und Eichenholz aufgestapelt. Sie legte noch paar Scheite nach und gewaltige Wärmeschwaden kamen ihr entgegen. Der Rauch zog den Schornstein hoch. Sie beobachtete, wie die Scheite prasselnd Feuer fingen und die Flammen um das Holz herum in die Höhe leckten. Sie nahm ihr Buch, schlug es auf der Seite auf, auf der sie mit Lesen aufgehört hatte und las weiter. Wenngleich es nur ein Lehmziegelhaus war, war es ein gemütliches Zuhause, schoss es ihr dankbar durch den Kopf. Später lag sie noch eine Weile wach in ihrem Bett, umhüllt von der wohltuenden Dunkelheit der Nacht. Sie dachte über die Arbeit und über ihre geplatzten Träume zur Hebamme nach. Das kam in ihr ab und zu noch hoch, aber in der letzten Zeit weniger und weniger. Es schien so, als ob sie einerseits zufrieden mit ihrer neuen Arbeit und Ausbildung war, andererseits bedauerte sie die unangenehmen Situationen, die es immer wieder gab.

Langsam schlich sich der Herbst ein. Es wurde die beste Ernte seit Jahren im Dorf eingefahren. Die langen Abende waren windig und regnerisch, sodass immer mal wieder der Strom ausfiel. Später, als die Dämmerung hereinbrach, saß Irene beim trüben Schein der rußenden Petroleumlampe und schrieb einen Brief an Johannes. Alwina war stets darauf bedacht, den Docht zu reinigen und neues Petroleum nachzufüllen. Irene schrieb weiter regelmäßig die Briefe, aber seit mehreren Wochen bekam sie keine Antwort mehr. Nicht nur sie, auch die Familie Justus bekam seit längerer Zeit keine Post mehr. Eines Abends, als Irene nach der Arbeit nach Hause kam, saß Natalie, Johannes' Mutter, bei ihnen und wartete. Sie wollte wissen, ob Irene Post bekommen hatte. Alwina konnte ihr bereits sagen, dass seit mehreren Wochen keine Briefe mehr eingetroffen waren.

So verging der Herbst. Pünktlich zu Heiligabend fiel Schnee und in eisigen Böen wehte ein kräftiger Wind aus dem Norden. Wieder wurde manches Fenster der Häuser zum Schutz gegen Kälte und Schnee mit Polyethylen dicht gemacht. Der herangewehte Schnee türmte sich hoch an den Hauswänden auf und manch eine Familie blieb den großen Teil des Tages im Inneren des Hauses. Irene war froh, dass sie zur Arbeit konnte, dies sorgte für Ablenkung, denn sie wartete immer noch auf Post von Johannes. Sie machte sich Sorgen, denn sie konnte sich deswegen nirgendwo erkundigen. Ihr blieb nur Beten und Abwarten. Tag für Tag, Woche für Woche. Weihnachten und Silvester waren vorüber. Es war kräftezehrend. So kam auch der Januar, aber er brachte keine Veränderungen mit sich. Es gab keine Post und die Kälte hielt alles in ihrem eisigen Griff. Plötzlich, in der dritten Woche etwa, wurde es milder. Stellenweise begann der Schnee zu schmelzen.

Irene war eines Tages auf dem Heimweg von der Arbeit und tief in ihren Gedanken versunken. Sie konnte nur an Johannes und natürlich an die vielen Briefe denken, die sie verschickt, aber keine Antwort erhalten hatte. Sie merkte gar nicht, wie sie das Haus erreichte und vor der Tür stand, als ihre Schwägerin Rosa sie begrüßte. Als Erstes fragte Irene natürlich nach der Post.

„Nein, es ist nichts angekommen, aber du bekommst heute Abend Besuch."

„Besuch? Welchen Besuch meinst du? Ich erwarte niemanden", entgegnete Irene.

„Doch!", meinte sie, „an diesem Besuch wirst du dich sehr erfreuen!"

„Ich bin sehr gespannt", erwiderte Irene.

„Sag schon! Was meinst du mit dem Besuch?", hakte Irene noch einmal nach.

„Das ist ein Geheimnis, ich darf es dir nicht verraten", antwortete Rosa. So begnügte sich Irene mit dieser Auskunft und ging auf ihr Zimmer. Alle in der Familie wussten davon, aber keiner wollte über den Besuch reden.

Langsam wurde es draußen dunkel, Irene beschäftigte sich mit ihrer Berufskleidung. Wie gewohnt, bügelte sie abends ihren sauber gewaschenen, weißen Kittel und packte ihn in ihre Tasche. Danach nahm sie ein Buch und setzte sich an den warmen Ofen. Doch sie war unruhig, bestimmt wegen des Besuches. Sie stand auf und schaute aus dem Fenster. Der starke Wind vertrieb alle Wolken, sodass sie die Lichter, die wie verstreute Juwelen am Himmel wirkten, bewundern konnte. Dann und wann vereinte sich ihr strahlender Glanz zu einem einzigen großen „Funkelwerk". Sie fühlte sich allein, als sie sich während dieser Aussicht die Frage stellte: Kann sich jemand inmitten solcher Bilder des grandiosen Universums Welt allein fühlen?

Kapitel 13

„Urlaub“

„Wahre Liebe ist nicht ohne Lohn,
doch sie liebt nicht um des Lohnes willen.“

Bernhard von Clairvaux

Der Wind war an diesem Abend recht stark und mit plötzlich heftigen Böen vermischt. Man hatte das Gefühl, dass es zu gefährlich sei, das Haus zu verlassen. Ungeduldig wartete Johannes auf den Abend. Er hatte zwischendurch schon mal bei Irene vorbeigeschaut, aber bei ihr schien es heute später als sonst zu werden, warum auch immer. Die Sonne war schon längst untergegangen und er hielt das Warten auf das Wiedersehen mit Irene kaum aus.

„Wo bleibt sie nur“, fragte er sich.

Von seinem Haus aus konnte er alles überblicken, wenn es nicht so schnell dunkel wurde, denn die Straße lag ziemlich hoch. So würde er sie kommen sehen. Er machte sich wieder auf den Weg in der Hoffnung, dass Irene schon dort war. Inzwischen war sie zu Hause und rätselte immer noch, um welchen Besuch es denn ging.

Da öffnete sich die Tür und Johannes stand vor ihr. Irene war fassungslos, denn damit hatte sie nicht gerechnet. Das war eine gigantische Überraschung!

Ihre Augen weiteten sich, während sie aufschrie: „Johannes!“

„War er aus dem Himmel gefallen?“, fragte sie sich. „Das kann nicht wahr sein!“, rief Irene weiter, als sie sich in die Arme fielen.

„Was tust du hier?“, fragte sie.

„Aber du weißt doch, was ich hier tue! Dich besuchen!“, kam die Antwort.

Nach einem langen Jahr der Trennung verbrachten die beiden einen wunderschönen Abend zusammen. Irene stellte Johannes sämtliche Fragen, die sich in ihrem Kopf gesammelt hatten und er erzählte ihr, dass er nach einer Blinddarmoperation für zehn Tage nach Hause durfte, um sich zu erholen. Denn die Operation war eigentlich ungefährlich und wird als Routineeingriff bewertet, bei Johannes verlief sie aber sehr kompliziert.

Der Chirurg hatte in seinem Bauch ein paar Tampons vergessen, woraufhin der ganze Unterleib eiterte und sich taub anfühlte. Statt Heilung wurde sein

Gesundheitszustand mit jedem Tag kritischer. Er landete erneut auf dem Operationstisch, wo der Schnitt wieder geöffnet wurde. Natürlich war man erstaunt, in seinem vereiterten Unterleib Wattetampons zu finden.

Endlich wurde alles sorgfältig entfernt und gereinigt. Seine Genesung aber zog sich hin und er verbrachte eine längere Zeit im Krankenhaus. Die ständigen Besuche der Krankenschwestern, die ihn beobachteten und seinen Zustand überwachten, hielten ihn vom Schlafen ab. Am dritten Tag nach der Operation ging die Schwellung des Unterleibs zurück und die Haut erholte sich sichtlich. Am Abend erwachte Johannes aus einem unruhigen Schlaf und stellte fest, dass das Blut in seinen Gliedern wieder ungehindert floss und er sich auch zunehmend schmerzfrei bewegen konnte. Das Fieber sank stetig. „Dem Himmel sei Dank!“, seufzte er.

Als er am nächsten Morgen wach wurde, fragte ihn die Krankenschwester:

„Wie fühlst du dich?“

„Ich ..., ich weiß nicht“, erwiderte er erschöpft. „Besser, scheint es mir.“

„Auf jeden Fall siehst du schon viel besser aus.“ In der Tat waren der ermattete Gesichtsausdruck und der kränkliche, bläulich-graue Schimmer der Haut verschwunden.

„Meine Beine ...“, Johannes schob die Arme unter das Laken und kratzte sich, „... sie jucken schrecklich!“

„Das ist ein gutes Zeichen. Es beweist, dass das Leben in die Beine zurückkehrt“, erklärte die Krankenschwester.

„Aber die Haut darf sich nicht entzünden, denn es besteht immer noch die Gefahr einer Infektion. Also kratz nicht so viel!“

Johannes zog die Hände unter dem Laken hervor, um sie im nächsten Augenblick wieder zurückzuschieben und sich weiter an den Beinen zu kratzen. Der Juckreiz war übermächtig. Die Krankenschwester verabreichte ihm eine Dosis Beruhigungsmittel, um ihn ruhigzustellen. Schließlich schlief er ein.

Als er am nächsten Tag die Augen aufschlug, war er bei vollkommen klarem Verstand und sich seiner Umgebung deutlich bewusst.

Der Schmerz – er war verschwunden! Er schaute auf seine Beine, danach auf seinen Bauch und merkte, dass die Schwellungen zurückgegangen waren. Diese Feststellung verlieh ihm frischen Schwung. Er zog sich in Sitzposition und blickte fröhlich zur Krankenschwester, die vor seinem Bett stand.

Wie viele Männer hatte auch Johannes durchaus einen Sinn für körperliche Schönheit, die in Russland verhältnismäßig häufig zu bewundern war. Nach mehreren Reisen durch das Land musste er immer wieder feststellen, dass die russischen Mädchen den klassischen Schönheitsidealen besonders häufig entsprachen. Doch auch in Russland, wo schöne Frauen eher die Regel, als die Ausnahme bildeten, gab es Frauen, die so atemberaubend aussahen, dass kein Mann in ihrer Nähe unbeeindruckt bleiben konnte. Die junge Frau, die jetzt vor seinem Bett stand, gehörte definitiv zu dieser Gruppe. Johannes räusperte sich. Er blickte in die aufregendsten blauen Augen, die er jemals gesehen hatte. Die Frau hatte einen dunklen Teint und ebenmäßige Gesichtszüge mit einem Ausdruck von Zartheit und Sensibilität, wie es in so klassisch schönen Gesichtern selten zu finden war. Blondes Haar umrahmte das ungewöhnliche Gesicht, das sich unter einer weißen Schwesternhaube verbarg. Ihre Figur war von dem engen weißen Kittel fast unverschämt hervorgehoben.

„Ich habe Hunger!“, kam es endlich aus ihm heraus.

„Ja“, meinte sie.

„Ich habe in Ihrer Kartei gelesen, dass Sie heute Abendessen bekommen“, erwiderte sie lächelnd, während sie in Richtung Tür ging.

Während er Irene dies alles erzählte, ging es ihr durch den Kopf, wie seltsam die Liebe doch sein kann. Da sieht man einen Menschen viele Monate lang nicht, man gewöhnt sich an den Gedanken, ihn in der Ferne zu haben und versöhnt sich mit dem Schicksal – und dann, in einem einzigen unerwarteten Augenblick, steht er da!

Plötzlich stiegen die Erinnerungen wieder auf und der Schmerz, vermischt mit Freude, kehrte zurück, so rau und scharf wie eine frische Wunde.

Mit seinem charmanten Lächeln breitete Johannes wieder seine Arme aus, ging auf Irene zu, zog sie noch mal an sich und umarmte sie innig. Die Lippen der beiden berührten sich bei einem fröhlichen, lang ersehnten Kuss. Seine Brust war fest und breit, seine Arme stark. Sie genoss seine Gegenwart.

Abrupt ließ er sie dann los.

Denn so erstaunlich es auch klingen mag, auch er hatte Angst. Es war freilich eine andere Furcht als jene, von der Irene gepackt war – er fürchtete keine Gefahr. Er fürchtete, sie könnte ihn zurückweisen. Natürlich konnte sie sich nicht gegen seinen Willen auflehnen, er war stark genug, seinen Willen durchzusetzen. Auch würde sie nicht fliehen wollen.

Doch er wollte nicht, dass sie etwas gegen ihren Willen tat. Er wünschte sich, sie möge fühlen, wie er fühlte und seinem Charme und der Großartigkeit seiner Erscheinung verfallen, wie er schon ihrer Weiblichkeit verfallen war.

„Lass dich anschauen!“, sagte er, zog sie wieder an sich und drückte sie fest.

„Wie oft habe ich mir diesen Moment herbeigesehnt.“

„Komm, wir gehen runter zum Fluss. Ich möchte unsere Plätze besuchen, die ich alle so vermisst habe!“, sagte er heiser.

Sie gingen zu ihren Stammplätzen am Fluss, der eine Viertelmeile vom Ort entfernt war. Sie unterhielten sich den ganzen Abend – bis Mitternacht. Sie beide hatten das Gefühl, sich alles erzählen zu wollen, was sie im ganzen letzten Jahr versäumt hatten.

Später begleitete Johannes sie nach Hause, denn sie musste am nächsten Tag arbeiten.

Irene konnte ihre Augen vor Glück nicht schließen. Sie wusste gar nicht, ob sie vor Aufregung überhaupt geschlafen hatte. Am nächsten Tag kam sie wie beflügelt zu ihrer Arbeitsstelle. Valentina sah, dass Irene glücklich aussah. Sie schleppte sich nicht mehr so betrübt wie in den letzten Wochen durch den Tag. Irene konnte es nicht für sich behalten. Sie musste von Johannes‘ Überraschungsbesuch erzählen. Die Arbeitskollegen freuten sich mit ihr, sodass Valentina sie früher nach Hause schickte.

Es war ein sonniger und milder Tag, als Irene nach Hause fuhr. Die Luft war voller Frühlingsversprechungen, obwohl es erst Ende Januar war. Johannes hatte sich auch gefreut, sie wiederzusehen. Abends holte er Irene ab und sie machten sich erneut auf zu ihren Lieblingsplätzen. Auf beiden Seiten des Weges sprossen die Schneeglöckchen aus der Erde.

Unterwegs erzählte Johannes ihr, wie es dazu kam, dass er Urlaub bekommen hatte. Ein Offizier setzte sich für ihn ein. Eines Tages lud er ihn zu sich nach Hause ein und bat Johannes, seinen Staubsauger zu reparieren. Er vertraute ihm seine Hausschlüssel an. Später fragte Johannes ihn, warum er das tat.

„Meine Oma ist auch Christin, ich weiß es zu schätzen“, erklärte der Offizier.

Als sie das Flussufer erreichten, herrschte dort eine Totenstille. Das einzige Geräusch, das zu hören war, war das Rauschen des Wassers. Schweigend standen sie sich gegenüber und blickten sich tief in die Augen.

„Weißt du, dass du die Einzige bist, die mir noch schreibt?“, sagte er leise.

„Wie meinst du das?“, entgegnete Irene.

„Von allen meinen Kameraden aus unseren Bataillonen bekomme ich als Einziger noch Briefe von dir. Keine Freundin schreibt mehr. Alle meine Kumpels sind sehr enttäuscht, aber sie können nichts daran ändern. Mehrere Mädels haben sogar schon geheiratet. Zwei Jahre zu warten, das war ihnen dann doch zu lang“, fügte er hinzu.

Betroffen schwiegen sie, bis Johannes die Stille unterbrach.

„O mein schönes Mädchen“, murmelte er. Gleich darauf lagen seine Lippen auf den ihren und sie erwiderte den Kuss.

Die Luft schien in Irenes Ohren zu summen. „Johannes“, dachte sie, „Johannes.“

Keiner der beiden bemerkte, dass die Zeit wie im Flug verging.

Johannes löste ihre Arme, die seinen Hals umschlungen hielten, und trat zurück. „Komm“, sagte er und seine Stimme klang heiser vor Gefühlen. „Wir müssen zurück.“

Eine Weile liefen sie still nebeneinander her, bis Irene innehielt. Sie war glücklich, dass sie Gemeinschaft mit Johannes hatte und trat auf ihn zu, um ihn noch einmal zu umarmen.

Der Blick aus Johannes tiefblauen Augen hielt den ihren gefangen. Er war sehr gut aussehend. Sie wollte nur eins – dass er sie wieder in seine Arme nahm.

Er streichelte ihr langes, blondes Haar. Irene setzte zum Sprechen an, doch ihre Stimme brach ab. Bei dem Gedanken an die bevorstehende Trennung wurde ihr beinahe übel. Sie holte tief Luft und versuchte ihr aufgewühltes Inneres zu

beruhigen.
„Komm."
Zärtlich nahm Johannes ihre Hand. Sie erhob keinen Widerspruch, als er sie vom Flussufer fort und den Hügelhang hinauf bis auf die Straße führte. Hand in Hand gingen sie die trostlose Wegstrecke bis zu Irenes Haus, während sie sich weiter über ihre Briefe unterhielten, die sie sich ein ganzes Jahr lang schon geschrieben hatten. Sie versprachen sich gegenseitig, dies auch weiterhin nicht zu vernachlässigen.
Pünktlich um 10:00 Uhr war Irene an der Bushaltestelle, an der Johannes sie schon erwartete. Es war Wochenende. Sie hatten sich zu einem gemeinsamen Kinobesuch verabredet. Sie trug ein dezent elegantes, hellblaues Kleid, das ihr hervorragend stand. Johannes hielt eine langstielige rote Rose in der Hand. Ihr Herz begann aufgeregt zu klopfen. Hier war ein Mensch, dem sie etwas bedeutete. Sie lächelten sich an und gingen aufeinander zu. Johannes strahlte. Er hatte nur Augen für sie. Als sie sich erreichten, nahm er ihre Hand, trat näher und gab ihr einen sanften Kuss auf die Wange.
Sofort meldete sich Irenes Gewissen. Aber ihre Haut verlangte nach Berührung, mehr als jemals zuvor in ihrem Leben.
„Ich bin überglücklich, dass du gekommen bist", waren Johannes' erste überschwängliche Worte. Er ließ ihre Hand los und überreichte ihr die Rose.
„Es ist mir bewusst, dass dies nicht das praktischste Geschenk für den heutigen Tag ist, aber manchmal ist eine Rose einfach der beste Beweis für die Ernsthaftigkeit eines Mannes, der einer Frau in die Augen sieht und erklärt: Du bist wunderbar und bedeutest mir sehr viel!", sagte er, während er sie strahlend anschaute.
Irene nahm die Rose entgegen und versuchte ihre aufwallenden Gefühle unter Kontrolle zu bringen.
„Danke", flüsterte sie, „ich freue mich ... über die Blume und über die Worte ... mehr als du dir vorstellen kannst."
Sie schnupperte an der Rose und lächelte:
„Ich werde sie gerne bei mir tragen."
Johannes wirkte erleichtert.
„Hab vielen Dank, dass du mich heute begleitest."
Schweigend sahen sie einander in die Augen. Dann reichte er ihr seine Hand, während er sich nach dem Bus umschaute.
„Ach, da ist er schon!" Johannes bat Irene einzusteigen und kam selber hinterher. Er schaute sich nach guten Plätzen um. Nach einer halbe Stunde hatten sie das Lieblingskino von Johannes fast erreicht. Die Lichter am Vordach des Kinos munterten sie noch mehr auf. Heute lief der Film „Mackenna's Gold".
„Wollen wir reingehen?", fragte er leise, als sie vor der Tür standen.
„Gerne", antwortete sie und ließ sich von ihrem Freund in die hell erleuchtete Halle führen.

Johannes stellte sich an der Kasse an und Irene wartete etwas abseits auf ihn. Der Film übertraf Irenes Erwartungen bei Weitem – es war ein unvergessliches Ereignis und Balsam für ihre Seele, denn es war ihr erster Besuch im Kino. Sie verließen mit den anderen Besuchern das Kino und machten sich nebeneinander auf den Weg. Keiner von ihnen sagte auch nur einen Ton.

Als sie in die Straße einbogen, die sie in den nahe gelegenen Park führte, fragte Johannes:

„Wenn es dir nichts ausmacht, würde ich lieber zur Eisdiele hinuntergehen und ein Eis für uns holen?"

Sie lächelte schüchtern.

„Also gut!", sagte sie endlich.

Sie folgte ihm. Die Luft hatte sich im Laufe des Nachmittags deutlich abgekühlt. Nach wenigen Minuten wünschte sich Irene bereits, sie hätte sich doch wärmer angezogen. Zuerst lief sie schnell, weil sie es gewohnt war, straff zu gehen. Doch dann schaute sie sich im Park um. Sie sah die dicken alten Eichen und die Weidenbäume, die ihre Äste lang nach unten hängen ließen und verlangsamte ihre Schritte.

Irene schwieg und betrachtete sein Gesicht, während sie am Eis leckte. Er sah aus wie der typische junge Mann – braunes Haar, ein schlankes kantiges Gesicht, ein jungenhaftes Lächeln. Er war gerade neunzehn, sah aber älter aus. Er war gut aussehend, ganz zu schweigen von seinem muskulösen Körper.

„Danke für das Eis!", sagte Irene, während sie sich ihm zuwandte. Er warf ihr ein so strahlendes Lächeln zu, dass sie von Kopf bis Fuß errötete. Irene wünschte sich, er hätte es nicht gesehen. Er machte eine Handbewegung und sie schlenderten weiter den Park entlang, bis sie eine Parkbank erreichten, auf der sie Platz nahmen. Es war kalt, sodass sie nicht lang sitzen konnten. Während sie Hand in Hand weiter durch den Park gingen, setzte Johannes wieder an:

„Das Herausragende dieses Tages war für mich weniger der Film, es war die Gemeinschaft mit dir, die ich schon seit einem Jahr vermisst habe."

Nach einer Weile blieb er stehen und stellte sich vor sie. Er griff auch nach ihrer anderen Hand und sah ihr in die Augen:

„Das Besondere an diesem Tag bist du, Irene – deine Schönheit, deine Persönlichkeit, deine Stärke und deine Zartheit. Alles an dir ist faszinierend, seit wir zusammen sind, bewundere ich dich mehr und mehr."

Er wartete und sah sie ernst an. Dann fuhr er fort:

„Was ich zu sagen versuche, ist: Ich mag dich sehr, Irene. Du bedeutest mir sehr viel. Ich ... liebe dich."

Sie schloss unwillkürlich die Augen und versuchte das Gehörte in sich aufzunehmen und irgendwie vernünftig darauf zu reagieren. Ihre Seele saugte Johannes' Worte mit der Sehnsucht und Freude auf, mit der sie ihn auch während dieser langen Trennung vermisst hatte – wie ein einsames Kind, das endlich in liebevolle Arme geschlossen wird. Wieder schloss sie ihre Augen.

Nach einer Weile öffnete sie sie wieder und studierte das Gesicht von Johannes. Durch ihren Kopf schoss ein Gedanke: „Nur noch diese Tage bin ich bei dir, dann noch ein Jahr ...?“

Ehe sie noch weiter nachdenken konnte, zog Johannes sie in seine Arme und küsste sie. Spontan umfasste Irene seinen Körper und erwidere den Kuss, zärtlich und leidenschaftlich.

Dann verlor sie jedes Gefühl für Raum und Zeit. Das Nächste, was sie wahrnahm, waren die Tränen, die ihr übers Gesicht strömten.

„Wirst du auf mich warten? Du bist die Einzige von den Mädchen, die noch wartet.“

Irene hüstelte verlegen, versuchte etwas zu sagen und schwieg. Dann versuchte sie noch einmal zu antworten, aber Johannes kam ihr zuvor:

„Tut mir leid, das war nicht gerade taktvoll von mir. Ich habe nur ... Ach, am besten wir vergessen, was ich gefragt habe.“

„Aber natürlich werde ich auf dich warten! Mach dir keine Sorgen!“, erwiderte sie, während sie ihn über sein Gesicht streichelte.

Der Tag hatte sich geneigt und die beiden machten sich auf den Heimweg.

Johannes begleitete sie bis nach Hause.

„Wie sieht es mit morgen aus?“, fragte er.

„Ja, bis morgen. Danke für den schönen Tag!“, rief Irene ihm zu, während sie einander winkten.

Irenes Mutter kam ihr entgegen, als sie ihren Mantel ablegte:

„Du hast Post“, entgegnete sie.

„Post? Von wem? Johannes ist doch hier!“, fragte Irene verwundert.

„Schau mal rein!“, antwortete Alwina, während sie auf den Tisch zeigte.

„Verstehe ich nicht. Absender Familie Stockmann?“, dachte Irene laut und riss den Briefumschlag auf. Schnell hatte sie die Karte überflogen.

„Mama! Das ist eine Beerdigungseinladung! Alfred Stockmann ist tot!“, rief sie erschrocken ihrer Mutter zu.

„Beerdigung? Wie meinst du das?“, erwiderte die Mutter.

„O Schreck!“ Irene fasste sich mit beiden Händen an den Kopf.

Vor ein paar Tagen hatte Familie Stockmann von der Roten Armee einen Sarg aus Zink geliefert bekommen, mit einer Benachrichtigung für seine nächsten Angehörigen. Alfred war Irenes Klassenkamerad. Er wohnte eine Straße weiter und musste wie alle Jungen sein achtzehntes bis zwanzigstes Lebensjahr im Militärdienst verbringen. Er war in das Bau-Ausbildungs-Bataillon einberufen worden. Die Umstände in der Roten Armee waren knallhart. Die Jungs hatten ihn in einen Betonmischer gesteckt, aus welchem Grund auch immer.

„Alfred konnte sich noch nie wehren“, ging es durch Irenes Kopf.

Es dauerte lange, bis Irene in dieser Nacht einschlief. Sie war sehr traurig und musste das Geschehene verarbeiten. Tausende Erinnerungen zogen in Blitzgeschwindigkeit an ihr vorüber.

Als sie schließlich schlief, träumte sie von ihm, wie er ihr mit seinen dünnen Armen entgegenkam. Vor Schreck wachte sie auf und erinnerte sich an die Schule und die ganze Zeit mit ihm. Natürlich musste sie an Alfred denken, denn acht Jahre hatte sie mit ihm in der gleichen Klasse die Schulbank gedrückt. Er war ein lieber Junge, klein und zierlich, der sich niemals und mit niemand angelegt hatte. Er war ein guter Schüler, drittbester im Deutschunterricht.

Am nächsten Tag sollte die Beerdigung stattfinden. Als Johannes sie am Nachmittag besuchte, erzählte sie ihm von Alfred. Sie war davon ausgegangen, dass Johannes sie zu der Beerdigung begleiten würde, aber er sagte ab. Er hatte schlechte Erinnerungen, denn Ähnliches lief auch bei der Luftwaffe ab. Das wollte er sich nicht antun.

Wegen seiner sanften Hartnäckigkeit fühlte sich Irene noch schlechter. Sie entdeckte eine Lücke im Verkehr und lief so schnell wie möglich über die Straße, während sie ihm über die Schulter zuwinkte.

„Bis morgen!“, rief sie und verschwand.

„Bis morgen!“, erwiderte er leise.

In den folgenden Tagen sahen sich Johannes und Irene jeden Tag. Sie wollten mehr Zeit miteinander verbringen, denn die zehn Tage waren im Vergleich zu einem Jahr der Trennung sehr kurz. Das Wetter spielte mit. Es roch regelrecht nach Frühling. Jeden Tag verschwand der Schnee mehr von der Oberfläche und die ersten Schneeglöckchen sprossen aus der Erde.

Kurz, aber intensiv war der Urlaub. Johannes musste zurück, um noch ein weiteres Jahr in der Roten Armee zu dienen. Wie im Flug war der Urlaub vergangen. Wieder war Warten angesagt – ein ganzes Jahr lang.

Es hatte ihm nichts ausgemacht, nach zehn Tagen wieder zurückzukehren, denn er war sich sicher, dass Irene auf ihn warten würde. Für einen Soldaten war es etwas Besonderes, wenn ein Mädchen auf ihn wartete, denn viele hatten es versprochen und schon in den ersten Monaten ihr Versprechen gebrochen.

Irene hatte keine Langeweile, obwohl sie Johannes sehr vermisste. Sie schrieb wieder fleißig Briefe. Außerdem musste sie sich auf ihre Abschlussprüfung vorbereiten. Inzwischen kaufte auch die kleine Gemeinde aus dem Dorf ein Haus, wonach sie schon länger gesucht hatten. Der Bürgermeister, der ihnen immer wieder Hindernisse in den Weg legte, hatte es endlich bewilligt. Gleich danach starteten die Geschwister mit dem Umbau. Jeder wurde gebraucht. Egal ob groß oder klein – jede helfende Hand zählte. Des Öfteren half Irene nach Feierabend beim Gemeindebau mit. Die Innenwände wurden eingerissen und abgetragen. Die Elektroinstallationen hatte Pastor Justus selbst durchgeführt. Er war ein sehr guter Handwerker, war jeden Tag auf dem Bau und packte fleißig zu. Davor aber hatte er sämtliche Baubehörden abgeklappert, um die nötigen Papiere zu bekommen. Am meisten musste er den Bürgermeister besuchen, der wie ein Bremsklotz auf die ganze Unternehmung wirkte. Pastor Justus war ein netter, aber hartnäckiger Mann und hatte alles erreicht, was der Gemeinde diente.

So verging die Zeit, eine Woche nach der anderen. Wie gewöhnlich kniete Irene jeden Abend nach der Arbeit als Erstes in ihrem Zimmer vor ihrem Bett, las die Briefe von Johannes und betete. Sie bedankte sich beim Herrn für den Tag, für die Post, für Johannes, für den Bau und allgemein, was sie so alles beschäftigte. Sie bat natürlich um neue Kraft und Hilfe – auch für ihren Job, denn die Frauen bei der Arbeit fluchten viel, tranken zwei bis dreimal in der Woche Wodka und nötigten Irene dazu, obwohl sie wussten, dass sie Christin war und sich mit solchen Sachen nicht befassen würde. Später, als sie mit allem fertig war, las sie in der Bibel, denn auch das gehörte zu ihrem Tagesablauf.

Der nächste Tag war ein Sonntag. Irene saß im Gottesdienst. Ein leichter Regen hatte eingesetzt, der auf das Dach trommelte.

Die Gemeinde und auch die Gäste setzten sich so, wie es die Regeln vorschrieben. Die Männer auf einer Seite, die Frauen auf der anderen, getrennt voneinander.

Man sang das Anfangslied, langsam und melancholisch, wie es der Tradition in den Bethäusern entsprach. Manchmal wirkte dieser lang gezogene Gesang wie ein liturgischer Jammer.

„Welch Glück ist es, erlöst zu sein, Herr durch dein Blut: Preis seiner Liebe und Macht …!"

Wir haben alle zusammen vergessen, unserem Gesicht mitzuteilen, dachte Irene, dass die Freude, die wahre Erlösung sei und dass sie sichtbar in uns werden kann.

Oder „O Jesus, Gekreuzigter, dir jauchze ich zu …!"

Der Mensch ist das, was er denkt. Was er denkt, strahlt er aus. Was er ausstrahlt, zieht er an, dachte Irene, während sie die Geschwister ansah. Nun, sie kannten nichts anderes und so wurden sie alle geprägt.

Inzwischen war Johannes wieder ganz gesund und widmete sich seiner Arbeit und seinem Sport beim Militär, während Irene ihre Ausbildung als Köchin erfolgreich absolviert hatte und von ihrem Chef angesprochen wurde, ob sie die Backabteilung übernehmen wolle.

Irene dachte, dass sie dies niemals schaffen würde, doch das wollte sie ihrem Chef nicht zeigen und sagte zu.

Nach jedem Arbeitstag beschäftigte sie sich noch lange in Gedanken mit allen Anforderungen des Tages, sodass sie nachts nicht besonders gut schlief. Das bereitete ihr Sorgen, weshalb sie an dieser Stelle dachte: Jeder Tag hat Sorgen genug. Gott wird auch morgen für mich sorgen. Erleichtert dachte sie: Es ist doch gut, immer wieder mal ein Wort von Gott ins eigene Herz zu säen. Es ist eine gute Angewohnheit, die ganz wesentlich zu einem ausgewogenen Leben beiträgt. Irgendwann wurden die Sorgen weniger und weniger, bis sie schließlich ganz verschwanden und Routine den Alltag beherrschte.

So überstand sie die ersten Wochen. Sie hatte sich das alles schwerer vorgestellt, als es war. Sie hatte Erfolg. Nach einem Monat lobte sie der Chef, denn sie hatte den Umsatz vervierfacht, sodass ihre Kantine jedes nahe liegende Restaurant mit Backwaren beliefern konnte.

Während Irene weiter in ihrer Backabteilung arbeitete, wurde ihr bewusst, dass der Chef und ihre Vorarbeiterin Valentina viel Vertrauen in sie setzten.

Vertrauen ist wie dieser Hefeteig, den sie gerade in der Hand hielt, der alles nach oben trieb. Das tat ihr gut, sodass Irene nach der Arbeit beflügelt nach Hause ging.

Es war ein sonniger Apriltag. Als sie die Straße entlangging, bemerkte sie auf der anderen Seite, dass ein Polizist eine obdachlose Frau hinter sich herschleppte. Sie wirkte sehr dünn und durch den Konsum von Alkohol und Nikotin war ihr Alter schwer einzuschätzen.

Sie schrie: „Hilfe, Hilfe! Er wird mich umbringen! Wieso hilft mir denn keiner?"

Fassungslos verfolgte Irene dieses Szenario. Sie konnte ihren Augen nicht trauen, was sich da gerade abspielte. Sie konnte nicht schweigen und griff ein.

„Das kann ja nicht angehen, Sie sollen ein Polizist sein? Wie gehen Sie denn mit einer Frau um?", rief Irene laut.

„Lassen Sie die Frau los!", herrschte sie den Polizisten an.

Damals war es gang und gäbe, dass die Polizisten so mit Obdachlosen umgingen. Sie wurden grün und blau geprügelt, wenn sie nicht das taten, was ihnen befohlen wurde. Sie hatte sich fürchterlich aufgeregt, konnte aber nicht wirklich helfen. Als sie zu Hause ankam, konnte sie sich immer noch nicht beruhigen.

Sie hatte einen Schreck bekommen, denn er hätte Irene auch verprügeln können. Aber weil er sich so schämte, verschwand er schnell, sodass keiner ihn sah.

Der Mann war wohl zwischen Ende dreißig und Anfang vierzig. Er war klein, vielleicht nur etwas über 1,65 Meter groß, hatte dunkles, lockiges Haar mit grauen Strähnen und einen gepflegten Bart. Unter der Polizeiuniform trug er ein ausgeblichenes hellblaues Hemd.

Als sie zu Hause den Abend mit ihrer Familie verbrachte, erzählte sie, was sie erlebt hatte: wie ihr Chef sie lobte und die Gewalt auf der Straße. Was für ein Tag!

An diesem Abend kniete sie wieder vor ihrem Bett, um zu beten, konnte sich aber nicht so wirklich aufs Gebet konzentrieren, denn sie hatte sich zu viel geärgert. Als sie später zu Bett ging, wälzte sie sich von einer Seite auf die andere. Irgendwann kam der ersehnte Schlaf.

In dieser Nacht träumte sie, dass sie eine unbekannte Straße entlangging, die gesamte Gegend war ihr fremd. Plötzlich vernahm sie von Weitem eine männliche Stimme, die immer lauter wurde, sodass sie die Aufmerksamkeit der Passanten erregte. Sie verlangsamte ihren Schritt und bemerkte vor sich eine Menschenansammlung, in der sich ein gewaltiger Streit hochschaukelte.

Die Anschuldigungen flogen in der Menge schnell hin und her. Die meisten Menschen kannte sie nicht. Es ging um Beschwerden – über Heuchler und langweilige Predigten während des Gottesdienstes.

Irene hörte zu, während ihr ein entschlossener Gang eines unbekannten Mannes auffiel, der direkt auf die Menge zuging. Sein Gesicht war sanft, er schien mit der Menge zu verschmelzen, tauchte dann aber im Zentrum wieder auf und beobachtete diejenigen, die sich am lautesten äußerten. Die Diskussion war nun richtig feindselig geworden.

„Wartet nur, wenn ihr zur Hölle fahrt!", drohte eine männliche Stimme.

Irene dachte, die Männer würden jetzt gleich aufeinander losgehen und sich die Köpfe einschlagen, als der nette Mann seine Worte an die umherstehenden Menschen richtete. Als sich seine Augen in ihre Richtung wandten, war sie von ihrer Intensität gefesselt. Sie waren tief und lebendig. Er strahlte eine enorme Sicherheit aus.

„Haben Sie eine Ahnung, wie Jesus wirklich ist?", fragte er, während die Worte so sanft von den Lippen des Mannes kamen, wie durch den Wind, der über sie alle wehte. Sie waren so leise gesprochen, dass Irene sie ihm mehr von den Lippen ablas, als dass sie es hörte. Aber sie verfehlten ihre Wirkung auf die Menge nicht. Denn der Lärm ebbte schnell ab und aus angespannten Gesichtern wurden neugierige.

„Wer ist das?", fragte jemand aus der Menschenmenge.

Irene schmunzelte in sich hinein, weil keiner den Mann kannte, der gerade gesprochen hatte. Er war groß und trotzdem leicht zu übersehen. Doch die Menge hatte ihn genau beobachtet und war von seinem Verhalten begeistert.

Der Mann ließ seinen Blick durch die Menge schweifen, während er den Einzelnen einen kurzen Moment in die Augen schaute. Als er Irenes Augen traf, schien alles in ihr zu schmelzen. Sofort wandte sie ihren Blick von ihm ab. Wenig später sah sie ihn wieder an, in der Hoffnung, er würde jetzt nicht mehr zu ihr rüber schauen.

Sanft und ruhig sprach er: „Kommt alle zu mir, die ihr müde und beladen seid, ich möchte euch erquicken!" Irene wurde hellwach.

„Ach, das ist doch meine Lieblingsbibelstelle!", schoss es ihr durch den Kopf. „Wie kommt es, dass er sie hier draußen auf der Straße ausspricht?"

Er hatte kein besonderes Aussehen, war aber ein sanfter Mensch, wie sonst kein anderer. Kurz hielt er inne und schaute die Leute wieder genau an. Der Kern seines Wesens war die Liebe.

„Wie er strahlte?", dachte Irene, während sie ihn mit ihren Augen verfolgte. Seine Augen schauten weit über die Menschenmenge hinaus, sie schienen die Tiefen von Raum und Zeit zu durchdringen. Da verstand Irene, dass sie gar nicht wusste, was Liebe war, bis sie es in ihm sah.

In den letzten Minuten waren viele Menschen stehen geblieben, um zuzuhören. Ihr Blick war fest auf diesen Mann gerichtet.

Nun war er noch etwa sechs Meter von Irene entfernt, da verschwand er aus ihrem Blickfeld. Sie wollte mit ihm reden, bekam aber kein Wort heraus. Sie bog um die Ecke und wollte ihm nachrufen, er solle warten, blieb aber wie angewurzelt stehen, als sie die enge, leere Straße hinuntersah. In diesem Moment hörte sie ein lautes Geräusch. Es war ein Flugzeug, das gerade vorbeiflog. Ihr Blick folgte dem Flugzeug, das sich zwischen den Wolken seinen Weg bahnte. Als das Flugzeug in den Wolken verschwand, sah sie wie ein Satz geschrieben stand: „Siehe, ich komme bald!"

Schweißgebadet erwachte sie. Ihr Herz raste vor Angst. Sie hatte das Gefühl, sie würde ihn verpassen. Panisch rannte sie in den Straßen ihrer Gedanken hin und her. Nach kurzer Zeit beruhigte sie sich langsam wieder und ihr Herzschlag wurde ruhiger, denn er hat zugesagt, uns niemals zu verlassen. Das war ihr eine gute Lehre, denn wir sind zum Segen berufen.

Sie war sehr wütend und empört über den Polizisten. Sie hatte viele Fragen zu diesem Traum, die den ganzen Tag im Kopf umherwirbelten. Auch am nächsten Tag, während der Arbeit in der großen Kantine, nahm sie sich in Gedanken die Fragen der Reihe nach vor, um sie zu beantworten.

Nach Feierabend ging Irene wie so oft, um auf der Gemeindebaustelle mitzuhelfen. Das Gebäude befand sich in einer ruhig gelegenen Straße am Ortsrand und bestand aus einem einzigen großen Saal, einer Garderobe und einem ganz kleinen Zimmer für Mütter und deren Kinder. Die Geschwister waren sehr fleißig, sodass sie schnell vorankamen. Die Wände waren schon weiß gestrichen, mussten aber noch ein paarmal nach dem Verputzen überstrichen werden. Als Irene eintraf, waren bereits einige Frauen am Streichen. Sie zog sich schnell um und half fleißig mit.

Am nächsten Abend waren die Gartenarbeiten dran. Zusammen waren sie stark, gut und schnell. Der Oktober 1977 war der Altweibersommer schlechthin. Er zog sich in die Länge, was den Gemeindegeschwistern zugutekam. So konnte Ende November der Umzug stattfinden.

Alle packten mit an, jeder hatte seine Aufgabe. Es ging zu wie auf einem Ameisenhaufen, sodass sie gegen Abend den Umzug bewältigt hatten. Irene versorgte die Mannschaft an diesem Tag mit einem heißen Mittagessen. Sie war müde, aber auch sehr zufrieden, dass sie gemeinsam geschafft hatten, wonach sich jeder so lange gesehnt hatte.

Das Rednerpult befand sich an der einen Längsseite des Hauptraums. In der Mitte und davor parallel zum Mittelschiff befanden sich mehrere Bankreihen, die braun gestrichen waren. Es gab eine freitragende Decke, keine Säulen und keine Dekoration – alles war schlicht und einfach. Nur über dem Rednerpult wurde ein Bild angebracht, darauf stand:

„... Wir aber predigen Christus, als den Gekreuzigten ..."

Hinter dem Rednerpult stand eine lange Holzbank, auf der die Gemeindeältesten während des Gottesdienstes den Gemeindegeschwistern zugewandt saßen.

Als Irene den ersten Gottesdienst in den neuen Räumen erlebte, fühlte sie sich mit dem Psalmisten verbunden, der schrieb: „Ich kann es kaum noch erwarten, ja, ich sehne mich danach, in die Vorhöfe deines Heiligtums zu kommen, o Herr“ (Psalm 84,3).

Nun besaßen sie als Gemeinde ein Gebäude, worauf sie alle stolz waren. Endlich war die Zeit vorbei, in der sie sich in den Häusern trafen und sich verstecken mussten. Jetzt gab es auch für die Öffentlichkeit einen Beweis und eine Bestätigung, dass die Zeit der Verfolgung vorüber war. Es wurden auch nie wieder die Fenster eingeschlagen, obwohl die Christen oft das Gesprächsthema waren. Die Situation verbesserte sich zunehmend, sodass Groß und Klein die Gemeinde besuchen konnten.

Irene schaute sich unter den Gottesdienstbesuchern um. Die Leute mit fünfzig Jahren sahen alt aus, mit matten Augen und fehlenden Zähnen, obwohl sie sich gesund ernährten – alles aus dem eigenen Garten, den sie angelegt hatten. Das liegt bestimmt an der anstrengenden Zeit, die hinter ihnen lag, dachte Irene.

Alljährlich fand im Herbst ein Jahrmarkt statt. Irene musste arbeiten – auch am Wochenende. Vierzehn lange Arbeitstage lagen hinter ihr. An diesem Abend kam sie wie immer mit dem Firmenbus nach Hause, der alle Mitarbeiter im Zentrum des Dorfes absetzte. Dann fuhr er weiter, um die restlichen Mitarbeiter des Betonwerks nach Hause zu bringen. Als sich Irene von ihrer Arbeitskollegin verabschiedete, die in der gleichen Straße, aber auf der anderen Straßenseite wohnte, blieben sie noch eine Weile ins Gespräch vertieft stehen. Beide freuten sich auf das Wochenende.

Endlich winkte Irene Frida zu, wünschte ihr ein schönes Wochenende und ging schnell die wenigen Schritte nach Hause. Die Nachbarn, die kurdischer Abstammung waren, standen draußen. Einer der Jungs begrüßte Irene, als sie bei ihm vorbeiging und sagte:

„Die Freude wird bei dir heute groß sein!“ Irene verstand nicht, was er damit meinte, dachte nur, dass sich wohl jeder auf sein Wochenende freue. Sie bedankte sich und ging weiter. Als sie ihr Haus betrat, standen dort viele Kinderschuhe im Flur. „Seltsam“, dachte sie, „das ist ungewöhnlich. Wer ist denn heute alles da?“

Das Haus war zwei Jahre zuvor von Irenes ältestem Bruder Waldemar umgebaut worden. Sein erster Beruf war Maurer. Dies kam der Familie zugute, denn es war jetzt ein viereckiges Haus, hatte drei Zimmer, eine Küche und einen kleinen Flur, in dem man Schuhe und im kalten Winter Wasser, Kohle und Holz lagern konnte.

Sie öffnete die Küchentür und sah, dass die fünf jüngeren Geschwister von Johannes am Tisch saßen. Sie begrüßte sie alle herzlich und fragte: „Was macht ihr denn hier?“

Alle lächelten sie geheimnisvoll an, aber keiner gab ihr eine Antwort.

Während sie ihren Mantel auszog, kam ihre Mutter und meinte beiläufig: „Post liegt auf deinem Bett.“

Eigentlich wollte sie wissen, was die Geschwister von Johannes hier machten, aber jetzt interessierte die Post sie natürlich mehr. Rasch verschwand sie im nächsten Zimmer. Doch zu ihrer großen Überraschung lag da gar keine Post, sondern Johannes stand da, lächelte sie an und sagte:

„Hallo, Irene, wie schön, dich wiederzusehen!“

Sie schrie auf. Vor lauter Freude weinte und lachte sie gleichzeitig. Die beiden merkten gar nicht, wie sie sich in den Armen lagen. Die Freude war so groß! Irene fühlte sich unglaublich beschwingt und frei, als wäre ein drückendes Gewicht von ihr gewichen. Genauso fühlte sich auch Johannes. Die beiden waren wie verzaubert, voll gespannter Erwartung, was ihr Vorhaben betraf und voller Glück, in Gesellschaft des anderen zu sein. Beide strahlten, denn sie konnten kaum fassen, dass das lange Warten vorüber war.

„Ist es möglich“, vergewisserte sich Irene, „dass du nicht mehr wegmusst und ich keine Briefe mehr schreiben muss?“

„Ja, es ist möglich. Und nicht nur möglich, sondern es ist wahr, ich muss nicht mehr weg und du musst keine Briefe mehr schreiben. Es tut so gut, wieder zu Hause zu sein und bei dir, mein Liebes“, erwiderte er ruhig.

Nach dem Wiedersehen trafen sie sich so ziemlich jeden Abend. Später aber nahmen ihn Gemeindeangelegenheiten in Anspruch, denn er musste sich beruflich orientieren.

Ein kalter Wind blies durch die Straßen des ruhigen Dorfes. Im Westen verschwanden die Berge des Buruls unter den Wolken, während sie im Norden recht steil in die Höhe ragten und die Spitzen schon unter dem Schnee lagen. Bald würde es Winter werden. Dann durfte man die langen und gemütlichen Abende miteinander verbringen.

Weihnachten stand vor der Tür. Nur die Deutschen feierten damals in der Sowjetunion Weihnachten, denn die Russen hassten alle christlichen Feiern und hatten Weihnachten auf Silvester verlegt. Auch alle Kinder bekamen ihre Geschenke zum Neuen Jahr. Obwohl Irene und Johannes bereits zwanzig waren, bekamen sie dieses Jahr in ihrer Gemeinde zu Weihnachten auch noch ein Geschenk mit Süßigkeiten.

Kapitel 14

„Der Start ins gemeinsame Leben“

„Bevor du freist, bedenk das eine: Ein Ehepaar hat meist vier Beine und außerdem zwei Köpfe immer, und das ist schlimmer.“

A. O. Weber

Vorsichtig schob Johannes einige Zweige beiseite, um die sich nähernde Irene besser sehen zu können. Sie war im Garten. Er musste dabei an das denken, was er von den Frauen in diesen Situationen gehört hatte. Die sollten so feine Sinne wie das Wild haben und auch noch das leiseste Rascheln im Laub oder das geringste Knacken eines Zweiges bemerken und unglaublich schnell flüchten können. Er wusste nicht, was er von diesen Berichten halten sollte. Er wollte aber unter keinen Umständen diese Gelegenheit durch Unachtsamkeit verderben.

Nicht der geringste Windhauch hatte während dieses Nachmittags das dichte Unterholz bewegt. Auch kein Tier war erschreckt aufgeflogen oder davongesprungen und hätte so den am Rand der Wiese verborgenen Beobachter verraten können. Auch an dem Teich, der in einer Senke der Wiese lag, hatte sich seit dem Morgen nichts gerührt. Doch seit einigen Minuten war es in ihm lebendig geworden und darauf richtete er, als versteckter Beobachter, seine Aufmerksamkeit.

Die Menschen in Irenes Nachbarschaft hatten dunkles Haar und eine olivfarbene dunkle Haut. Doch sie hatte ja noch Zeit und konnte noch eine Weile zuschauen. Während sie dieses tat, wurde ihre Aufmerksamkeit zu den breiten Hügelrücken gelenkt, die zwischen zwei schnellen Flüssen und mehreren Höfen lagen. Sie genoss die grüne Gegend und vor allem die frische Luft. Als sie das Rascheln hörte, schaute sie sich um. Plötzlich stand Johannes vor ihr.

„Ach!“, schrie sie auf, „hast du mich erschreckt! Was machst du denn hier?“

„Ich wollte dich besuchen“, antwortete Johannes entspannt.

„Das ist aber eine Überraschung! Na, dann komm, wir gehen ins Haus“, sagte Irene, während sie ihn an die Hand nahm.

Es waren gut sieben Monate vergangen, dass Johannes aus der Roten Armee wieder zurück war. Er hatte sich längst eingelebt und arbeitete inzwischen als Elektriker zusammen mit seinem Vater in der gleichen Firma. Obwohl sein Vater

Pastor war, musste er nebenbei arbeiten, um seine Familie zu ernähren. In der damaligen Sowjetunion leiteten alle Pastoren die Gemeinde ehrenamtlich. Eine Einstellung war nur teilweise möglich. Die Wirtschaftslage hatte es nicht zugelassen und das Verständnis der damaligen Zeit auch nicht.

Der Monat Mai war sehr warm und sonnig. Irene war ihrer Arbeit nachgegangen und die beiden trafen sich regelmäßig. Eines Abends stand Johannes vor ihr, sein Gesicht strahlte. Irene schaute ihn an, als er fragte:

„Liebling, wann heiraten wir endlich, ich kann es nicht mehr erwarten!"

„Ich will dich, willst du mich?"

Irene lächelte ihn an und antwortete mit einem Ja.

Das war ein Heiratsantrag – kurz und knackig. Beide waren sie sich ganz sicher, dass sie füreinander bestimmt waren. So legten sie den Termin auf den 10.06.1978 fest.

Die Hochzeitsvorbereitungen liefen auf Hochtouren. Irene erinnert sich nicht gerne an diese Zeit, denn Natalie wollte sie immer noch nicht als zukünftige Schwiegertochter annehmen. Zusätzlich musste Irene an die ganze Dekoration denken und die Einkäufe für das kalte Büfett erledigen. Außerdem war es schwierig, ein schönes Kleid und Schuhe zu finden. Man musste überall Beziehungen haben, um an die Sachen heranzukommen. Nach langen Suchaktionen hatte Pastor Johannes seine Beziehungen spielen lassen und Irene bekam, was sie sich so für die Hochzeit vorstellte: schicke weiße Schuhe und ein feines Spitzenkleid.

Katharina, ihre Freundin, sollte natürlich die Brautjungfer sein. Sie half Irene viel bei den Hochzeitsvorbereitungen. Aber ihre Familie hatte inzwischen ihr Haus verkauft und war bereits zum Flughafen unterwegs, um das Flugzeug nicht zu verpassen, das sie in den Kaukasus bringen sollte.

Katharina hatte für sich entschieden, gleich nach der Hochzeit den Flieger in die gleiche Richtung zu nehmen. Zwar hatte sie ihr Kleid selbst genäht, aber sie mussten extra Schuhe für sie bestellen, denn sie hatte nur Größe 33 – Kindergröße, die man für eine Hochzeit nicht finden konnte. Außerdem hatte sie einen Freund, Andreas, der ihr einen Korb gab. Zu dieser Zeit war sie sehr deprimiert und suchte die Schuld bei sich. Dies alles machte die Sache kompliziert und bereitete Irene große Kopfschmerzen.

Der Tag der Hochzeit rückte aber unaufhaltsam näher. Das Wetter war zu dieser Jahreszeit ausgesprochen gut, sodass für die Gäste draußen auf dem Gemeindehof aufgebaut wurde. Irene hatte sich mit ganzer Kraft an den Vorbereitungen beteiligt. Am Vortag stand sie in der Küche und hatte bis in die Nacht noch elf Torten gebacken und verziert.

Das Kochen der Speisen für die Hochzeit hatte Natalie, die Mutter von Johannes, übernommen. Als Irene bereits um sechs Uhr morgens erwachte, wurde sie von der Sonne angestrahlt, die einen schönen warmen Tag verhieß. Sie ahnte auch, dass ein stickiger Tag auf sie zukommen würde, denn am frühen Morgen waren es im Schatten fast dreißig Grad. Schnell sprang sie unter die Dusche und besuchte dann ihre Nachbarin Lilli, die sich als Friseuse um ihre Haare kümmerte. Lilli legte Irenes Haare schön, hatte noch mehr Locken reingebracht, dass das Diadem sehr fest sitzen konnte. Später hatte Irene ihr hübsches Brautkleid angezogen und immer wieder aufgeregt aus dem Fenster geschaut, in der Hoffnung Johannes zu sehen, der sie abholen kam. Irene war viel zu früh fertig und lief unruhig von einem ins andere Zimmer. Endlich fuhr Onkel David mit dem Auto vor und brachte Johannes und seine Eltern mit. Ihr Bräutigam sah blendend aus: Sein schwarzer Anzug mit weißem Hemd machte ihn noch schlanker, als er schon war und sein kantiges Gesicht kam Irene zu blass vor. Doch er fühlte sich sehr gut, schien aber genauso aufgeregt wie sie. Zusammen fuhren sie in die Stadt zum Fotostudio. Nach dem Fotoshooting brachte Onkel David sie zur Gemeinde, wo viele Gäste sie in Empfang nahmen. Wie Irene befürchtete, war die Luft schwül und ihr Kleid klebte am Rücken. Sie wunderte sich, dass Johannes es im Anzug aushielt. Im Gemeindesaal konnte man kaum atmen, weil so viele Menschen wie möglich darin Platz finden mussten. Im Freien fühlte man sich wie in einer Sauna, noch mulmiger war es im Saal. Kein Windchen wehte an diesem Tag. Der Chor sang ein Empfangslied, während Johannes und Irene durch den Mittelgang schritten und dann oben auf der Bühne Platz nahmen. Katharina setzte sich neben Irene und Karl neben seinen Bruder Johannes. Der Pastor begrüßte das Brautpaar und seine Gäste, dann folgte ein wunderschön vorgetragenes Lied. Nach einer kurzen Andacht begann die Trauzeremonie. Der Trauspruch lautete: „Der Herr soll mit euch sein!"

Durch die Aufregung und Hitze hatte Irene recht wenig des Gesagten mitbekommen. Sie war froh, als sie nach dem Schlusslied den Saal verlassen konnten. Draußen auf dem Gemeindehof fand die Feier statt, wo für die rund 150 geladenen Gäste ein Zelt aufgebaut war. Die Musikgruppe spielte ein Stück, während sich alle einen Platz suchten und man zum kulinarischen Teil der Feier übergehen konnte. Nach dem Essen gab es ein buntes Allerlei an Beiträgen: Lieder, Sketche, Gedichte. Bis um Mitternacht wurde gefeiert.

Nach der Hochzeit zogen Irene und Johannes in die Stadt, wo sie sich eine Wohnung gemietet und eingerichtet hatten. Da beide in der Stadt arbeiteten, ersparten sie sich die lange Anfahrt. Ein paar Tage nach der Hochzeit wurde Irene erst richtig bewusst, dass sie jetzt eine verheiratete Frau war. Sie hatte von ihrer Mutter viel gelernt. Früh genug brachte sie ihr das Kochen bei und wie man das Haus in Ordnung hält. Sexualerziehung war leider nicht dabei. Folglich war sie sehr unsicher und unwissend, wie es eine junge, christliche Frau im 20. Jahrhundert nur sein konnte. Sie war ängstlich und voller Komplexe. Zum Glück war Johannes ganz anders drauf und bemühte sich sehr, seiner Irene aus dieser Verlegenheit herauszuhelfen, sodass sie freier und ungezwungener wurde.

Irene blickte sich in der blitzblanken Küche um und musterte den Brotteig, den sie sorgfältig geknetet hatte, den ordentlich gedeckten Küchentisch und den Wäschekorb, der noch auf dem Flur stand. Zügig erledigte sie ihre Hausarbeit, denn sie wollten ihren Jahresurlaub nach der Hochzeit zusammen verbringen. Es war eine wunderbare Zeit, sie genossen einander und ihre Flitterwochen. Der Monat verging leider nur zu schnell und sie mussten nun gemeinsam in ihren Alltag zurückfinden. Jeden Morgen verließen sie zusammen das Haus und nahmen den gleichen Bus, denn ihre Arbeitsstellen lagen nicht weit voneinander entfernt. Abends kamen sie zur gleichen Zeit wieder zurück. Alles schien sich perfekt einzuspielen.

Ihr Vermieter war auf den ersten Blick ein netter Mann und hatte ihnen das Gefühl gegeben, ein vernünftiger Mensch zu sein, der mit beiden Beinen auf der Erde stand. Dies wurde durch seinen herzlichen Empfang bestätigt. Nun, drei Monate später sah es ganz anders aus, sodass die beiden freiwillig ihre Wohnung kündigten. Mit diesem Vermieter unter einem Dach zu wohnen, hielt das frisch vermählte Paar nicht aus. Er war alleinstehend und sehr kleinlich, stand jeden Abend an der Tür und lauschte. Er spionierte den beiden nach und unterstellte ihnen viele Dinge, die sie nie tun würden. Später erfuhren sie von ihren Nachbarn, dass es noch keiner so lange ausgehalten hatte wie sie. Die meisten waren schon nach einem Monat wieder weg.

Es stand die Frage im Raum, zu Johannes' Eltern zu ziehen. Pastor Justus, also Irenes Schwiegervater, hatte oft davon gesprochen und er war ein sehr guter und herzlicher Mensch.

Als Irene ihre Habseligkeiten einpackte, betete sie ernstlich, dass Jesus ihr helfen möge, in der kommenden Zeit mit ihrer Schwiegermutter zurechtzukommen. Sie brauchte Hilfe und Kraft und Jesus sollte es ihr in besonderem Maß zuteilwerden lassen. Sie war sich sicher, dass Johannes recht hatte, dass es nur Gott gelingen konnte, die Schwiegermutter zu verändern, dass sie Irene endlich akzeptieren und als Schwiegertochter annehmen konnte.

Am kommenden Wochenende besuchten sie Irenes Mutter Alwina. Als sie ihr von den Neuigkeiten berichteten, sagte sie ruhig, aber bestimmt zu Irene:

„Das ist doch nicht dein Ernst, dass du beschlossen hast, in das Haus deiner Schwiegermutter einziehen zu wollen? Das kommt nicht infrage. Ihr wohnt hier bei mir!" Sie überzeugte Irene und Johannes mit mehreren Argumenten.

So wurde es dann auch gemacht. Die Woche darauf fand der Umzug statt. Nach einer gewissen Zeit merkten beide, dass es eine gute Entscheidung war. Sie freuten sich aneinander und gingen ihrer Arbeit nach.

Eines Morgens war Irene früh aufgewacht und fühlte sich elend. Einige Male musste sie sich übergeben. Als sie den Arzt aufsuchte, stellte er fest, dass Irene guter Hoffnung war. Mit der Übelkeit wurde es nicht besser, sondern schlechter, sodass sie ins Krankenhaus eingeliefert werden musste. Da sie sich am Tag bis zu sieben Mal übergab, blieb sie bis zur Entbindung im Krankenhaus, um vom Arzt die täglichen Infusionen verabreicht zu bekommen.

Am Wochenende holte Johannes Irene nach Hause und Sonntagabend brachte er sie wieder zurück. Obwohl sie nicht viel voneinander hatten, denn sie musste sich andauernd übergeben, nahm sie es dennoch in Kauf, denn der Krankenhausaufenthalt war für sie kaum zu ertragen. Da sie kein Auto besaßen, machten sie alles per Anhalter. Für Johannes begann eine sehr anstrengende Zeit. Er wechselte die Arbeitsstelle. Sein neuer Arbeitgeber war ein weltbekannter Chemiekonzern, der mit moderner Elektronik ausgestattet war. Es bereitete ihm sehr viel Freude, mit einer so guten Technik zu arbeiten. Leider lag der Konzern außerhalb der Stadt, etwa dreißig Kilometer entfernt. Jeden Tag musste er früh aufstehen, um mit dem Stadtbus zu seiner Arbeitsstelle zu gelangen. Irene wünschte sich aber natürlich, dass er sie im Krankenhaus besuchte. Das lag allerdings vierzig Kilometer in entgegengesetzter Richtung in einer Kleinstadt.

Johannes schaffte es noch mit den öffentlichen Verkehrsmitteln zu ihr zu kommen, aber zurück musste er jeden Abend fünf Kilometer laufen, denn nach zwanzig Uhr fuhr in diese Richtung kein Bus mehr. Das musste er sechs Monate lang durchhalten. Er tat Irene sehr leid, aber es war ihr so wichtig, ihn jeden Abend zu sehen und Gemeinschaft mit ihm zu haben. So erfüllte Johannes ihr diesen Wunsch, obwohl es für ihn mit mehreren Strapazen verbunden war. Treu kam er nach jedem Feierabend zu ihr. Das rechnete Irene ihm hoch an.

Er war froh, als es endlich so weit war. Die Hebamme merkte bei der Untersuchung sofort, dass es sehr schlecht um Irene bestellt war. Ihr Atem ging flach, der Puls raste bedrohlich und ihr ganzer Körper war aufgedunsen. Jede Bewegung bereitete ihr Schmerzen, aber dagegen konnte man nun mal nichts tun. Wieder wurde sie eingeliefert, aber diesmal ins Entbindungskrankenhaus direkt in der Stadt. Nach drei Tagen kam das Baby per Saugglockengeburt zur Welt.

Johannes durfte leider bei der Geburt nicht dabei sein, das war den Ehemännern in der Sowjetunion nicht gestattet.

„O Herr", seufzte Irene, „ich werde wie ein Kriegsopfer aussehen, wenn sie damit fertig sind, an mir herumzuschneiden."

Die Geburt zog sich hin und endlich, bevor Irene wieder protestieren wollte, hörte sie einen durchdringenden Schrei. Sie konnte es nicht fassen, dass es ein fast 3.300 Gramm schweres, kleines Mädchen war. Nach einiger Anstrengung war das Baby da. „Sie ist einfach goldig", wiederholte Irene mehrere Male, als sie ihr kleines Töchterchen zu Gesicht bekam.

Am liebsten hätte sie ausgiebig in das zornesrote Gesicht ihres Kindes geschaut, aber sie war so mit Beruhigungs- und Schlafmedikamenten vollgepumpt, dass sie gleich wegdämmerte. Nach kurzer Zeit wurde sie genäht, denn so eine Geburt war nicht einfach. Die Anstrengung forderte ihren Tribut und es fiel ihr schwer, durch die Schmerzen wach zu bleiben.

Irene wollte ihr den Namen Erika geben, aber Johannes meinte:

„Nein, sie wird genauso heißen wie du."

„Wie ich?", fragte Irene verwundert.

„Ja! Wie du", antwortete er.

„Wieso das denn?"

„Weil der Name mir sehr gefällt. Ich würde am liebsten auch die nächsten Mädchen, die wir bekommen werden, genauso nennen. Leider geht es nicht, aber dieses Kind wird Irina heißen."

„Oh … ich wollte sie aber gerne Erika nennen …", erwiderte Irene mit trauriger Miene.

„Okay! Wenn es so ist, dann lass uns knobeln", antwortete Johannes.

Schnell hatte Irene die zwei Namen aufgeschrieben und die beiden Zettel zusammengerollt. Dann streckte sie ihre Hand zu Johannes aus und sagte: „Du fängst an."

Johannes nahm einen Zettel, öffnete ihn und rief mit großer Freude „Irina!" aus.

„Gewonnen! Die Kleine heißt Irina!"

(In Russland wurde Irene auch Irina gerufen, änderte den Namen allerdings, als sie nach Deutschland kam.)

Der Arzt, bei dem Johannes sich später über die Geburt erkundigte, meinte:

„Durch eine Saugglockengeburt kann das Kind eine Behinderung davontragen."

Diese Nachricht riss Johannes den Boden unter den Füßen weg. Traurig hatte er den Arzt verlassen. Zu Hause angekommen, kam ihm seine Schwiegermutter Alwina entgegen. Er berichtete ihr das Neuste.

„Wir haben immer noch unseren Gott! Lass uns beten und fasten, ich bin davon überzeugt, dass der Herr Wunder tun kann", tröstete Alwina ihn. Der Gedanke an eine Behinderung seines kleinen Mädchens machte Johannes sehr zu schaffen und er begann gleich am nächsten Morgen mit dem Fasten.

In den Tagen seit der Geburt hatte Johannes eine beängstigende Wandlung vollzogen. Aus dem ehemals lebensfrohen, verantwortungsbewussten Ehemann und Vater war ein in sich gekehrter, geistig abwesender Mensch geworden, der niemanden an den Kämpfen teilhaben ließ, die sich in seinem Inneren abspielten.

Wie sehr hatte Irene sich danach gesehnt, von ihrem Mann ins Vertrauen gezogen zu werden. Immer wieder hatte sie das Gespräch mit ihm gesucht. Aber er hatte kühl und abweisend reagiert. Er müsse die Dinge mit sich selbst klären, hatte er mit knappen Worten geantwortet und den Raum verlassen.

Später stellten sie fest, dass alles gut war. Ihr Kind war vollkommen gesund. Die Folgen der Geburt waren für Irene sehr schmerzhaft und sie konnte ein halbes Jahr nicht sitzen. Dafür entwickelte sich die kleine Irina prächtig, wurde zu einem schlauen und pfiffigen Kind. Preis dem Herrn!

Die Zeit verging, das Baby wuchs sehr moderat, aber immerhin hatte es sich von der anstrengenden Geburt erholt. Irene hatte fast zehn Tage lang hohes Fieber und durfte Irina nicht zum Stillen anlegen. Die Kleine war auch sehr schwach, aber nach zwei Wochen wurden die beiden aus dem Krankenhaus entlassen. Johannes kam sich sehr unbeholfen vor, denn als er sein erstgeborenes Kind auf dem Arm hielt, hatte er keine Ahnung, was Vatersein bedeutete. Deshalb versuchte er, sein Bestes zu geben.

Mittlerweile hatte er ein neues Arbeitsangebot bekommen, das ihm so zusagte, dass er gar nicht abwarten wollte, um mit Irene darüber zu reden. Er sagte gleich zu und kündigte seine Stelle bei dem Chemiekonzern.

Nun arbeitete er für ein Umspannwerk, einen Teil des elektrischen Versorgungsnetzes, eines Energieversorgungsunternehmens und diente der Verbindung unterschiedlicher Spannungsebenen. Es lag mitten in der Prärie zwischen zwei Ortschaften.

Johannes‘ Aufgabe war es, dafür zu sorgen, dass die Wartung sowie die Überwachung und die Stromversorgung einer Region einwandfrei funktionierten. Dazu gehörte ein Dreizimmerhaus mit einer großen Veranda, einem Hof, einem Stall für Tiere und einem kleinen Garten.

Als er nach Feierabend zu Hause ankam, erzählte er Irene begeistert von seiner neuen beruflichen Perspektive. Sie reagierte gar nicht, denn was sie hörte, gefiel ihr überhaupt nicht. Immerhin standen sie auf der Warteliste für eine schöne, neue Wohnung in der Stadt. Darauf freute sich Irene sehr. Sie liebte die Menschen, die Stadt und den Trubel. Niemals würde sie in der Prärie leben wollen, wo sie am Tag nur einen einzigen Menschen sah, und zwar einen Hirten, der morgens und abends die Kuhherde vorbeitrieb. Das war alles.

Dazu kam die Einkaufssituation, die durch die einsame Lage sehr erschwert war. Zum einen war es ein Problem, dass sie zu Fuß fast fünf Kilometer laufen musste. Sie regelte es dann mit ihrer Kleinen und mit dem Kinderwagen, sodass sie die Einkäufe nicht schleppen musste. Sie besorgte die Grundlebensmittel und backte jeden Tag frisches Brot oder Brötchen. Nudeln stellte sie auch selbst her, genauso Butter, Käse, Quark etc. von den Tieren, die sie auf dem Hof hielten. Zum anderen wurde sein Gehalt um fünfzig Prozent weniger. Da fingen auch die ersten Eheauseinandersetzungen an.

Irene hatte andauernd ein schlechtes Gewissen und litt darunter. Zusätzlich hatte sie Befürchtungen, dass sie dadurch ihren Mann verlieren könnte, denn Johannes war ein auffallend attraktiver Mann, der unwillkürlich die Aufmerksamkeit der Frauen auf sich zog. Seine Gesichtszüge waren markant, umrahmt von dickem, dunkelbraunen Haar, das ihm in die Stirn fiel. Er besaß einen durchtrainierten Körper – so manche Frau drehte sich nach ihm um.

Allgemein galt die Gegend als gefährlich. Irene fühlte sich dort recht unglücklich, besonders im Frühjahr. Als die Tage wärmer wurden, wimmelte es von giftigen Schlangen. Wenn Irene ihren Waschtag hatte und Wäsche aufhängen musste, war es besonders gefährlich, von einer Schlange gebissen zu werden. Manchmal lagen die Schlangen wie eine Brezel zusammengerollt in ihrem kleinen Garten und wärmten sich in der Sonne. Einmal kam Johannes abends nach der Gebetsstunde nach Hause. Irene saß im Kinderzimmer und hatte gestrickt, als die beiden Schlangengeräusche wahrnahmen. Da hatte sich eine hinter dem Heizkörper versteckt, weil die Abende noch kühl waren. Ein ganz schlimmes Erlebnis, wo Irene noch heute Gänsehaut bekommt, wenn sie nur daran denken muss.

An einem Abend wollten die beiden schlafen gehen. Als Irene die Bettdecke hochhob, lag dort eingerollt eine Schlange. Sie hatte sich ein warmes und gemütliches Plätzchen ausgesucht. Jedes Mal schrie sie auf. Johannes packte die Schlange ruhig und gelassen am Schwanz und schmiss sie raus. Langsam gewöhnte sich Irene an die Gegend und hatte gelernt, auf der Hut zu sein. Ihre kleine Tochter ließ sie nie ohne Aufsicht auf dem Boden spielen, denn es könnte ihr was Schreckliches zustoßen. Das würde Irene sich nie im Leben verzeihen.

Seit Beginn seiner Ehe suchte Johannes sich eine zusätzliche Einnahmequelle, weil das Monatsgehalt nicht ausreichte. Er wusste sich zu helfen, auch jetzt wo sein Gehalt nur die Hälfte von dem betrug, was er bei seiner letzten Arbeitsstelle verdient hatte. Einmal hatte er eine Kiste gebaut, die er als Brüter verwendete. Die Kiste war ungefähr 60 x 60 Zentimeter groß.

Von außen hatte Johannes den Brüter mit einer alten Decke beschlagen, sodass kein Wärmeverlust entstehen konnte. 30 bis 40 Eier passten hinein. Der Brüter wurde manuell bedient. Unten war ein Platz für eine Wasserschüssel, damit auch ausreichend Feuchtigkeit zur Verfügung stand. In der Mitte war ein Gitter für die Eier befestigt. Es waren Gänse-, Hühner- und Enteneier. Um die richtige Temperatur im Brüter zu halten, hatte er eine 25-Watt-Lampe eingebaut. Irene musste die Eier im Abstand von drei Stunden per Hand drehen, auch in der Nacht. Einundzwanzig Tage lang, bis die Küken geschlüpft waren. So hatten sie im Spätsommer und im Herbst ihr eigenes Geflügel zum Schlachten. Es war Irenes Aufgabe, das Geflügel zu rupfen und auszunehmen, um ein gutes Gericht zubereiten zu können. Zu dieser Zeit kam sein ältester Bruder mit seiner Familie aus Weißrussland zurück, wo er eine Pfingstgemeinde kennengelernt hatte. Es wurde sehr viel debattiert und diskutiert, über das Sprachengebet und über jegliche Wunder, die sie dort erlebt hatten. Doch für die beiden gab es nur ihre Baptistengemeinde, zu der sie von klein auf dazugehörten.

Was ist eine Pfingstgemeinde, was ist das Sprachengebet? Sie waren so glücklich miteinander und mit der Gemeinde und nun das. Eine Frage nach der anderen tauchte auf und es schien, als ob es kein Ende geben würde. Johannes hatte sich oft in seinem Leben mit Gott und heiligen Dingen beschäftigt. Er suchte immer nach Erkenntnis, tat sein Bestes, um ein heiliges Leben zu führen. Doch jetzt fühlte er sich entsetzlich allein. In der Gegenwart oder unter der Gegenwart des allmächtigen Gottes spürte er, wie ungenügend und schwach all seine Anstrengungen gewesen waren.

Manchmal warf er sich abends in den Sessel und vergaß sich völlig.

„Von seinem Leben scheint nichts mehr übrig zu bleiben“, dachte seine Frau,

„er wirkt jedenfalls, als ob er mit seinem geistlichen Leben total unzufrieden ist."

Als Christin wusste Irene natürlich, was Gnade ist. Dies im Alltag zu leben, war aber nicht immer leicht und oft konnte sie Johannes auch einfach nicht verstehen. Ein langer Weg begann, von dem sie keine Ahnung hatte. Johannes besuchte die Gemeinde, in der sie Mitglieder waren, seltener. Nach einer gewissen Zeit schob er dies auf die viele Arbeit und Geschäftigkeiten.

Später kaufte Johannes noch Bienen und fing an, mit den Becker-Brüdern ein Geschäft aufzubauen. Die ersten Jahre der Ehe war Johannes viel unterwegs. Als Imker war er manchmal bis zu einem Monat lang in Usbekistan auf der Baumwollplantage. Die Arbeit gefiel Johannes weniger gut, da sie familienfeindlich war. Des Öfteren lag er abends allein in der Wüste und kam sich vor wie ein einsamer Wolf.

Das Wetter war dort herrlich, die Sonne strahlte ununterbrochen bei fünfzig Grad im Schatten. Für die Bienen war es eine Wonne. Sie waren fleißig auf dem Baumwollfeld zerstreut unterwegs. Für Johannes war es weniger angenehm, aber ihn hatte auch keiner gefragt, denn er war wegen der Bienen und des guten Ertrags da.

Er lag in seinem hölzernen und transportablen Häuschen, während das Feuer fast ausging, welches er anlegte, um die lästigen Mücken zu vertreiben. Sie hatten ihn fürchterlich geplagt und verstochen, sodass es tagelang juckte. Es war nun schon so spät, dass der abendliche Wind davonzog und ein letzter Baumwollduft durch die Hütte zog. Johannes sehnte sich nach seinem Zuhause und nach seinem gemütlichen Bett. Hier hingegen bekam er nachts Besuch von Skorpionen oder Schakalen und war geplagt von einer unendlichen Sehnsucht nach seiner geliebten Frau.

Die Nächte waren kalt und endlos. Johannes stellte sich vor, wie er seine Frau in den Armen halten und wie sie ihren Arm um seinen Hals legen würde, während sie mit der anderen weichen Hand zärtlich sein Gesicht berührte. Er erinnerte sich an ihr Parfüm, es war sein Lieblingsduft und er roch ihn förmlich. Wie gerne würde er doch ihre langen blonden Haare berühren. Für eine Minute hielt er den Atem an.

Sein energisches Gesicht wurde weicher, das Herzklopfen konnte er selbst hören und in seinen Augen fühlte er das Strahlen. Doch in der Dunkelheit sah man nur seinen Umriss. Ihre Wärme und Geborgenheit fehlten ihm. Das gemütliche Zuhause vermisste er sehr. Vor allem Irenes heimisches und leckeres Essen. Hier musste er für sich selbst kochen, doch von seiner Kochkunst war nicht einmal sein Hund besonders begeistert. Sie hatten gerade vor zwei Jahren geheiratet und er genoss es verheiratet zu sein.

„Wir befinden uns eigentlich noch in den Flittermonaten", dachte Johannes. „Ob sie wohl auch an mich denkt? Und wie es wohl meinem kleinen Töchterchen geht, das doch erst zehn Monate alt ist?" Ach, das alles fehlte ihm so sehr. Johannes konnte sonst tief schlafen, so tief, dass nicht einmal ein heulender Wolf ihn hätte wecken können. Doch das alles tat er nur, wenn seine Frau dabei war. Die Hälfte der Nacht war fast vorüber, als Johannes offensichtlich steif und ein wenig verkrampft einschlief.

Eines Nachts lag er wieder wach und konnte nicht schlafen. Da fragte er sich: „Muss ich mir das antun und mein junges Leben vergeuden?“ Außerdem war das Geschäft nicht lukrativ genug und Johannes gesamter Urlaub ging dabei drauf. Oftmals reichte die Zeit nicht aus und er musste zusätzlich noch unbezahlten Urlaub nehmen, was einen Verdienstausfall zur Folge hatte. Nach drei langen Jahren beschloss Johannes, mit diesem Geschäft Schluss zu machen. In seinen Gedanken ging er wieder auf die Suche nach neuen Möglichkeiten.

Am Ende seines Arbeitstags kam Johannes nach Hause und sagte zu seiner Frau: „Ich habe Probleme.“

„Probleme? Welcher Art?“, erkundigte sich Irene neugierig.

„Ach, es sind keine unüberwindbaren. Ich denke … ich glaube … ich möchte mit den Bienen und mit der ganzen Imkerei aufhören.“

„Wie? Aber du hast doch …? Sagtest du nicht, dass du Verlust machst, wenn du …?“, fügte Irene zögernd hinzu.

„Das stimmt“, antwortete Johannes.

„Wenn wir unser Ziel erreichen wollen, müssen wir einen guten Weg finden und uns mit dem beschäftigen, was auch etwas einbringt.“

Mittlerweile waren sie wieder in Alwinas Haus gezogen, wo sie davor schon gelebt hatten. Das war gut so, denn wenn Johannes als Imker unterwegs war, wollte Irene nicht alleine im Haus in der Prärie wohnen. Sie war ohnehin mit ihrer Kleinen bei ihrer Mutter, bis Johannes wieder zurück war.

Als Irene und Johannes wieder allein waren, erzählte er aus heiterem Himmel, was sein Herz bewegte. Er wünschte sich, die Nächte wieder zu Hause verbringen zu können, statt als Imker in der Prärie, auch wenn das ein Zubrot bedeutete, da das Monatsgehalt nie ausreichte für den Bedarf ihrer Familie.

Inzwischen hatte er auch beim Umspannwerk gekündigt. Er fing wieder bei dem großen Chemiekonzern an, aber diesmal als Gasrettungsassistent. Er hatte direkt beim Konzern die Prüfung abgelegt und konnte sofort anfangen. Durch seinen neuen Arbeitsrhythmus – 24 Stunden arbeiten, 72 Stunden frei – konnte er seinen anderen Geschäften nachgehen. So hatten ihn einige Kollegen, die mit Wassermelonen handelten, heiß gemacht. Sie erzählten ihm, wie man das alles zum Laufen bringen kann. Das hatte ihn sehr interessiert, sodass er anfing eine geeignete Plantage zu suchen. Mit seinem Schwager fuhr er auf dem Motorrad in die Wüste, um sich das Land anzuschauen. Dort sollten angeblich die Melonen aufgrund des sandigen Bodens besser wachsen. Als er eine gute Plantage fand, stellte er fest, dass es unrealistisch war und zusätzlich mit großem Aufwand verbunden wäre. Nun durchquerte er die Wüste weiter auf der Suche nach einem geeigneten Platz.

Doch die Piste war nicht wirklich befahrbar. Das war sehr abenteuerlich.

Schieben, fahren, wieder schieben und ein kleines Stück fahren. Als er diese Erfahrung hinter sich gebracht hatte, verwarf er die Idee mit der Wüste wieder. Anschließend wandte er sich an den Bürgermeister ihres Wohnortes, um Land für die Melonenzucht zu bekommen. Nach anfänglichem Zögern willigte er ein und so pachtete Johannes eine zwei Hektar große Plantage, um Wassermelonen zu züchten. Der Zufahrtsweg war relativ fest, doch nach einem ausgiebigen Regen war auch das ein wahres Abenteuer. Riesige Pfützen und gewaltige Schlammlöcher erschwerten ihnen die Reise. Das Land lag circa 25 bis 30 Kilometer weit weg von ihrem Zuhause.

An einem Abend im Frühjahr brachte Johannes einen großen Beutel mit Samen von Wassermelonen mit nach Hause und sagte zu seiner Frau: „Morgen ist Samstag, lass uns auf das Feld hinausfahren und die Samen einbringen."

„Okay", antwortete Irene. Als sie an diesem Morgen losfuhren, war der Himmel noch hell, doch bei ihrer Ankunft war der Himmel mit dicken grauen Wolken überzogen. Der Regen ließ auch nicht lange auf sich warten, sodass sie innerhalb einer Viertelstunde vollkommen durchnässt waren. Der anhaltende Regen zwang die beiden, ihre Arbeit manuell zu Ende zu bringen. Als sie den ganzen Samen eingebracht hatten, stoppte der Regen. Die beiden trieften vor Nässe. Irene war zu dieser Zeit mit dem zweiten Kind schwanger. Sie war sich sicher, dass es ein Junge werden würde, wobei sie dafür keine Erklärung hatte. Sie sollte recht behalten. Johannes befürchtete, dass sich seine Frau nach solch einem Regen eine Erkältung zuziehen könnte.

Doch es ging ihr gut und sie waren sehr dankbar, dass diese Schwangerschaft komplikationslos verlief.

Im kalten Januar war es dann so weit. Die Wehen setzten in der Nacht ein. Große weiße Flocken fielen vom Himmel herunter, als sich die beiden gegen neun Uhr morgens auf den Weg zum Entbindungskrankenhaus machten. Bereits jede dritte Minute nahm eine Wehe Irene den Atem.

„Schaffst du es noch?", fragte Johannes sie freundlich, während er sie stützte.

„Ja! Hab' ich eine Wahl?", seufzte sie.

Langsam gingen sie in Richtung Bushaltestelle und konnten kaum abwarten, bis der Bus in der Stadt angekommen war. Die Zeit zwischen den Wehen verkürzte sich und sie wurden stärker. Mit dem Stadtbus mussten sie dann noch eine halbe Stunde bis zum Entbindungskrankenhaus fahren. Es zog sich schmerzhaft in die Länge. Irene wurde stationär aufgenommen, die Wehen kamen bereits in Minutenabstand.

Gegen 17.00 Uhr erblickte der Kleine schlussendlich das Licht der Welt, gesund und munter und 3.400 Gramm schwer. Sie nannten ihn Dimitrij, was Sieger bedeutet. Irene war sieben Tage mit ihm in Krankenhaus, dann wurden beide gesund entlassen.

Doch als er älter wurde, kränkelte Dimitrij sehr oft. Er blieb klein und zierlich, was laut Irene wohl daran lag, dass er nur 18 Tage lang Muttermilch bekommen hatte. Nach mehreren Diskussionen und Glaubensauseinandersetzungen, die Irene etwas mitnahmen, wachte sie eines Morgens auf und wollte den Kleinen stillen. Ihre Milch war versiegt und ihr Söhnchen musste sich mit einem Fläschchen begnügen. Seine Haut war blass, seine Adern und Venen zeichneten sich darunter deutlich ab. Ständig litt er an Durchfall. Irene versuchte alles erdenklich Mögliche, nur damit es dem Kleinen gut ginge. Sie kochte Reis ab und gab diese Brühe mit einer Prise Salz und Zucker in sein Fläschchen. So konnte sie ihn während der damals schwierigen Umstände retten.

Als der kalte Winter vorbei war, kamen mit dem Frühling die wunderschönen und sonnigen Tage. Als Irene einmal mit ihren Kindern draußen spazieren ging, begegnete sie der Nachbarin, Oma Luise. Erstaunt sah sie den Kleinen und meinte zu Irene:

„Ich habe nicht geglaubt, dass der Junge den harten Winter überlebt. Wer hätte gedacht, dass er sich so gut erholt?"

Auf der Melonenplantage war nun ein langes Warten angesagt. Viele Neugierige fragten: „Was haben Sie denn hier angepflanzt?"

„Wassermelonen", antwortete Johannes. „Oh, dann sollten wir gute Freunde werden, ich liebe Melonen", witzelte einer von ihnen hoffnungsvoll. Nach einundzwanzig Tagen wuchsen die kleinen Pflanzen aus der Erde heraus. Nach einigen Wochen, als Johannes in seiner Holzhütte übernachtete und morgens auf das Feld ging, bemerkte er kleines rotes Ungeziefer, das die Pflanzen befallen hatte. Johannes erschrak: „Sie werden alle meine zarten Pflänzchen auffressen? Was mach' ich nur?"

Als er am nächsten Tag zur Arbeit ging, erzählte er seinem Kollegen die Geschichte. Der nette Kollege hatte am Tag darauf fünfzig Kilometer zurückgelegt, um Johannes den Gefallen zu tun, sich die Pflanzen anzuschauen. Als er sie sah, sagte er zu Johannes:

„Ach, mein Lieber, mach dir keinen Kopf, das sind die Eier der Marienkäfer. Das heißt, deine Pflanzen haben Läuse. Nach ein paar Tagen werden sich hier jede Menge Marienkäfer einfinden, die die Läuse auffressen", beruhigte er Johannes, dem ein großer Stein vom Herzen fiel.

„Ich dachte schon, meine ganze Arbeit wird vom Ungeziefer aufgefressen und ruiniert", sagte Johannes. „Was hätte ich denn meiner Frau erzählen sollen, die mir trotz Schwangerschaft und im strömenden Regen geholfen hat. Das könnte ich mir nie verzeihen."

Nach seinem Arbeitstag fuhr Johannes fast jeden Tag auf das Feld hinaus, um nach dem Rechten zu schauen. An einem Abend kam er nach einem langen und harten Arbeitstag sehr spät zurück und war entsprechend erschöpft. Johannes öffnete behutsam die Tür, weil er annahm, dass Irene schlief. Die Fenster waren offen und es war dunkel in dem kleinen Haus. Nur eine kleine Tischlampe auf dem Tisch verbreitete einen schwachen Lichtschein. Irene, die ihre Bluse ausgezogen hatte und über ihren weißen Rock ein großes Badetuch gelegt hatte, stand gebeugt über einer Waschschüssel und summte leise vor sich hin, während sie ihre Haare wusch. Das Wasser tropfte schäumend in die Schüssel. Johannes stand eine Weile schweigend vor diesem Anblick. Für einen Moment sah er sie wieder vor sich, wie in jener ersten Nacht in der Roten Armee. Schon damals hatte ihn ihre feminine Art tief ergriffen.

Lächelnd dachte er: Aber um wie viel schöner ist sie jetzt! Ist es möglich, dass dies meine Irene ist? Verwundbar. Voller Zuversicht. Fähig, mir mit ganzem Herzen zu vertrauen.

Er schickte ein kurzes Gebet zum Himmel: „Danke, Herr, dass du mir diese Frau geschenkt hast."

„Irene", sprach er sie flüsternd an. Sie hob den Kopf und sah ihm unter tropfenden Haaren in die Augen. Überrascht rief sie:

„Ach, Johannes, du bist zurück?" Er lachte und blieb mit verschränkten Armen mitten im Raum stehen.

„Gerade rechtzeitig, würde ich sagen. Du bist einfach ein wunderbarer Anblick!" Er warf einen Blick auf ihre nackten Füße und lachte wieder, als sie das Wasser aus dem Haar drückte. Eine feine Röte stieg langsam zwischen ihren Schultern empor bis zum Hals und schließlich bis in die Wangen.

„Johannes, bitte", sagte sie verwirrt. „Bitte geh fort, bis ich fertig bin!"

„Nein", er warf seine Jacke zur Seite. „Dies ist das Schönste, was ich heute gesehen habe."

Er ging zu ihr, beugte sich über sie und küsste sie auf die Schulter.

„Bitte!", wiederholte sie.

„Bist du fertig?", fragte er, ohne auf ihre Einwände einzugehen. Er neigte den Kopf, um ihr in das nasse Gesicht zu lächeln.

„Nein! Ich habe gerade erst angefangen und das Wasser wird kalt werden, wenn ich nicht …"

Johannes reichte ihr das Handtuch, zog einen Stuhl heran und sagte sanft, aber bestimmt:

„Dann werde ich dir helfen." Sie trocknete ihr Gesicht und fragte zögernd und mit erstaunter Miene: „Was?"

„Na los", er drückte sie auf den Stuhl und stellte die Waschschüssel hinter ihr auf den Tisch. Dann liebkoste er ihr Gesicht mit seinen starken Händen.

„Du weißt doch wie sehr ich es liebe, meine Finger durch dein Haar gleiten zu lassen. Nun leg deinen Kopf nach hinten!"

Mit einem milden Glanz in den Augen gehorchte sie ihm. Sie spürte, wie sich ihr Körper entspannte, als das warme Wasser durch ihr Haar rann und Johannes ihren Kopf und Nacken massierte. Sie schloss mit einem zufriedenen Seufzer die Augen, während eine angenehme, durch seine Berührungen hervorgerufene

Wärme durch ihren Körper zu strömen begann. Johannes betrachtete ihren Gesichtsausdruck und spürte den feinen Schmerz der Liebe in seinem Herzen. Sie ließ den Kopf in seine Hände sinken und fragte:

„Wo hast du so etwas gelernt?"

„Ich bin eben ein Mann mit vielen Talenten", erwiderte er keck und massierte sie weiter.

„Ich habe noch nie gehört, dass ein Mann seiner Frau die Haare wäscht", sagte sie schließlich nach langem Schweigen. Ihre Stimme war leise und schläfrig vor lauter Entspannung.

„Nein? Das steht doch sogar im Epheserbrief. Das hat Paulus doch bereits gesagt, Mädchen."

Er streichelte ihre Wange. „Es ist eine ganz bekannte Stelle! Kapitel 16, Vers 5."

„So?" Sie öffnete die Augen und betrachtete ihn zweifelnd. Er lächelte sie an und küsste sie auf den Mund.

„Ja", meinte er neckend.

„Und nun schließe wieder die Augen!" Er goss langsam das dampfende Wasser über ihr blondes Haar. Dann rieb er das Shampoo zwischen seinen Händen, bis es schäumte und begann wieder ihr Haar zu massieren.

„Ach, Johannes", sagte sie leise.

„Wenn du so weitermachst, werde ich nicht mehr aufstehen können."

„Dann muss ich es wohl richtig machen?" Irene sah ihn an. Es war, als versanken seine Augen in ihrer Seele. Ihre Lippen öffneten sich zu einem Lächeln.

„Und was sagt Paulus sonst noch über die Pflichten eines Mannes gegenüber seiner Frau?", fragte sie und hielt inne.

Er spülte ihr Haar ein letztes Mal aus.

„Dass er sie lieben und für sie sorgen soll, wie für sich selbst." Er trocknete ihr Gesicht und ihre Haare mit einem Handtuch, zog sie hoch, drückte sie fest an sich und spürte ihren zarten Körper.

„Das hört sich gut an", sagte Irene und wandte ihm ihr Gesicht zu. Er küsste sie so heftig, dass ihr der Atem verging.

Nach einer Weile sagte sie: „Tsch, ich denke der Kleine ist wach." Sie legte ihren Finger auf seinen Mund. Johannes ging ins Kinderzimmer und holte ihn aus dem Bettchen. Er war jetzt fast zwei Jahre alt. Er drückte ihn an sich, küsste ihn und flüsterte leise: „Ja, das weiß ich noch, du kleiner Mann, wie du deine ersten Zähnchen mit fünfzehn Monaten bekommen hast. Gleich vier auf einmal, zwei oben und zwei unten!"

Johannes konnte sich gut daran erinnern, denn er musste ihn damals öfter füttern.

Trotz seiner körperlichen Schwäche war sein Geist hell und wach. Johannes konnte in ihm schon damals einen entschlossenen und starken Jungen sehen, der bereit war, ein Risiko einzugehen und ab und zu waghalsig war. Später musste er für sich neu lernen, nicht nur seine Möglichkeiten zu checken, sondern auch seine

Grenzen zu akzeptieren. Seine Möglichkeiten hat er ständig erweitert – durch seinen Forschergeist und seine Neugier, seine Grenzen aber wollte er nicht akzeptieren. Eines Tages stand Johannes unter einem Apfelbaum und Dimitrij saß auf dem Baum. Da rief er plötzlich: „Papa, fang mich!"

Ehe sich Johannes versah, sprang er auf ihn und Johannes fiel unter der Wucht zu Boden. Während er auf dem Rasen lag, kam sich Johannes wie eine weiche Matratze vor, die sein Sohn benutzt hatte. Voller Vertrauen schmiegte er sich an seinen Vater, lächelte ihn an und weg war er, auf der Suche nach neuen Abenteuern. In der Schule war er sehr begabt und einfach alles interessierte ihn, sodass er viele Bücher las, um seinen Wissensdurst zu stillen.

Die Zeit verging und die Wassermelonen nahmen langsam Gestalt an. Als die ersten Wassermelonen reif waren, schauten die Plantagennachbarn, die Zwiebeln und Tomaten züchteten, in der Hoffnung vorbei, mindestens eine Wassermelone zu ergattern. Vielleicht waren es auch andere Gründe. Schließlich stand Diebstahl auf der Tagesordnung. Jede Nacht verschwanden eine Menge Wassermelonen, sodass Johannes beschloss, die reifen Melonen abzuernten. Mit einem Traktor fuhren seine Frau und er auf das Feld. Irene trennte die Wassermelonen vom Zweig und packte sie in große Säcke, während Johannes die Säcke auf den Traktor lud. Jeder Sack musste über das zwei Hektar große Feld geschleppt werden. Über dreißig Tonnen hatte er an diesem Abend auf seinem eigenen Rücken zum Traktor geschleppt. Irene musste einfach über die ausgeprägte Männlichkeit ihres Mannes staunen. Sie fand es sehr bewundernswert – diese Kraft, diese muskulösen Arme, dieser Fleiß, dieser starke Wille. Sie war sehr stolz auf ihn. Er hatte sich vollkommen für seine Familie eingesetzt und kümmerte sich mit all seinen Möglichkeiten um ihr Wohl. Als sie die riesige Ladung nach Hause gebracht und alles wieder abgeladen hatten, machte sich Johannes auf die Suche nach einem Abnehmer, einem Spediteur.

Die beiden mussten nicht lange warten. Am Wochenende fanden sie einen Käufer. Die Ladung wurde aufgeladen. Nach ein paar Stunden war alles verhandelt, Johannes drückte dem Mann die Hand und gab ihm 150 Rubel mit auf den Weg. Das war Johannes' Monatsgehalt. Voller Vertrauen verabschiedeten sich Irene und Johannes von ihm.

Die Zeit verging. Erst zwei Monate, dann drei, dann vier. Der Spediteur hatte sich nicht mehr gemeldet. Weder das Geld noch die Ladung hatten Johannes und seine Frau zu Gesicht bekommen. Ungefähr nach fünf Monaten hatte Johannes den Mann gefunden und zur Rede gestellt.

„Was ist los, junger Mann, wieso flüchtest du und was ist mit der Ladung?"

„Ich wurde ausgeraubt, ich kann nichts dafür", sagte er. Als Johannes ihn anschließend mehrere Male aufsuchte, drohte er ihm mit seinem Vater, der Staatsanwalt war, wegen Belästigung. Dass er so aufdringlich wirkte, war Johannes nicht bewusst. An diesem Abend war er jedenfalls so gut wie nicht ansprechbar. Dennoch erzählte er seiner Frau, dass sie sich keine Hoffnung mehr machen sollte, versuchte sie aber gleichzeitig zu trösten. Irene kam und schmiegte sich an ihn, nachdem sie seine letzten Worte gehört hatte. Johannes legte schweigend einen Arm um sie und hoffte, dass sie nicht weinen würde. Irene konnte die Tränen nicht verbergen. Sie liefen über ihr Gesicht. Johannes hatte ein Vermögen in den Sand gesetzt. Der junge Gauner hingegen hatte sich bereichert und anschließend hinter dem starken Rücken seines Vaters versteckt. Wut, gepaart mit Traurigkeit überfiel Johannes. Doch was nützte es? Es sollte ihm eine Lehre sein in Sachen Investitionen und Vertrauen.

Diese Erfahrungen hatten ihn vor weiteren Betrügern geschützt, die ihn auf dieselbe Art und Weise ausnehmen wollten. Bis heute wird Johannes als Schlitzohr bezeichnet. Er selbst hingegen spricht von Weisheit. Er ist seinem Gott sehr dankbar, dass er ihn nicht bitter werden ließ und dass alles, was er anfasst, gedeiht. Während Johannes sich erinnerte, stieg plötzlich die Wut in ihm hoch: „Warum musste mir so etwas passieren? Warum?“ In diesem Moment bekam er keine Antwort. Ihm fiel ein, dass man auf einige „Warum“ erst im Himmel die Antwort bekommt. Doch sofort dachte er daran: Denen, die ihn lieben, werden alle Dinge zum Besten dienen.

In dieser Zeit hatte Irene reichlich Raum gehabt, in die Elternschaft hineinzuwachsen. Durch ihre Erfahrung lernte sie, ihre Kinder zu erziehen, ausgewogen mit Strenge und Liebe, wie sie es sich vorgestellt hatte.

Gott hat mit jedem Menschen besondere Absichten. Ob sich die Pläne Gottes, die letztlich aus seiner Liebe geboren sind, im Leben eines jeden Menschen verwirklichen lassen, hängt zu einem großen Teil mit davon ab, wie der Mensch auf das Handeln Gottes in seinem Leben reagiert: ob er auf dieses Handeln Gottes eingeht oder ob er sein Herz verschließt und sich von Gott abwendet.

Manchmal lässt Gott es zu, dass wir durch dunkle Straßen des Schattens gehen müssen, weil er möchte, dass wir anfangen nach ihm zu fragen und er uns seinen Willen zeigen kann.

Doch manche Menschen werden dadurch nur bitter und ihre Seele verhärtet sich. Als Menschen auf dieser Erde müssen wir eine Phase nach der anderen durchmachen und die Umstände im Leben akzeptieren, sodass wir als Menschen letzten Endes vielen Herausforderungen ausgesetzt sind. Das ist nicht immer einfach und leichter gesagt, als getan.

Es war Sommer und die Hitze des Tages machte müde und schlapp. So fühlte sich auch Johannes, als er nach dem Arbeitstag nach Hause kam, wo seine Familie ihn erwartete.

Wie gewöhnlich war der Tisch schon gedeckt und Irene füllte ein leckeres Gericht aus Reis und Fleisch in eine größere Schale, während Johannes sich die Hände wusch.

„Papa, Papa, ich muss dir was zeigen, ich habe sehr viele Tiere aus Knete geknetet“, begrüßte sein kleiner Sohn ihn freudig. „Komm, jetzt, sofort, das musst du sehen."

„Später, wenn ich gegessen habe", sagte sein Papa.

„Nein, Papa, jetzt", forderte er und zog seinen Vater am Ärmel.

Johannes schaute seine Frau mit einem fragenden Blick an und ging mit.

„Aber bleib nicht so lange", sagte Irene, „sonst wird das Essen kalt."

„Versprochen", antwortete Johannes, als er losging.

„Papa, ich habe heute ein neues Gedicht auswendig gelernt. Möchtest du das hören?", entgegnete Irina und legte gleich los, ohne eine Antwort abzuwarten.

„Beeilt euch!", rief Irene noch einmal aus der Küche.

„Wir sind gleich da!", kam die Antwort.

Während des Abendessens fragte Irene ihren Mann, ob er ihr eine neue Wäscheleine aufziehen könne.

„Wieso sollte ich, du hast doch eine?", reagierte Johannes auf einmal wie ausgewechselt.

„Du hast Recht! Aber erstens ist sie zu kurz und zweitens hängt sie zu tief. Ich kann keine schweren Sachen aufhängen, ich habe das Gefühl, die Wäsche berührt dann den Boden!", entgegnete Irene.

„Nein, ich ziehe dir nichts auf!", folgte in ziemlich barschem Ton die Antwort.

„Johannes, was ist los, wieso reagierst du so?", fragte Irene ungeduldig.

So entstand aus einer kleinen Lappalie eine Auseinandersetzung. Sie gingen sich als Ehepaar aus dem Weg und sprachen stundenlang nicht miteinander. So mussten sie lernen, wie man miteinander umgehen soll und konnten Erfahrungen sammeln. Die Fehler, die sie gemacht hatten, versuchten sie nicht mehr zu wiederholen. Nicht immer gelang es, dafür brauchten die beiden reichlich Zeit.

Zu dieser Zeit hörte Johannes, dass es in der Stadt auch eine Pfingstgemeinde geben sollte. Er hatte sie aufgesucht, dort die Kraft des Heiligen Geistes erfahren und sogar die Geistestaufe bekommen. Schnell wechselte er die Gemeinde und trat der Pfingstgemeinde bei. Mit Irene hatte er damals nicht so viel darüber gesprochen. Hauptsache, es gefiel ihm. Seine Frau fühlte sich übergangen und war verletzt. Sie hatten diesbezüglich sehr oft Streit.

Es war schlimm. Beide glaubten, ihrer großen Liebe begegnet zu sein und in Lichtgeschwindigkeit einer Zukunft entgegen zu sausen, die sie für alles entschädigen würde, was sie bis dahin schon durchgemacht hatten. Keiner von ihnen bemerkte, dass jeder darauf bestand, der „richtigen" Gemeinde anzugehören und dass deshalb das, was in der Vergangenheit wahr gewesen war, sich längst überholt hatte. Es kriselte in der Ehe und die ganze Verwandtschaft von Johannes hatte schon ihre Meinung beigesteuert. Sein Entschluss stand aber fest: Keiner konnte ihn überreden, wieder in seine alte Gemeinde zurückzukommen. Obwohl sich Irene und Johannes heiß und innig liebten, eskalierte die Situation immer, wenn das Thema auf den Tisch kam. An manchen Tagen waren sie wieder die Alten, sie waren sehr glücklich, wie früher, wo sie sich gut verstanden, bis jemand aus der Verwandtschaft da war und Öl ins Feuer gegossen hatte. Es fing wieder von vorne an. Für Irene war das ein Teufelskreis. Es gibt Leute, die ihre Erfahrungen verdrängen können und sich an nichts mehr erinnern. Und es gibt Leute, die unter einem ausgeprägten biografischen Gedächtnis leiden. Irene gehörte zu der zweiten Kategorie. Sie speicherte jede Begebenheit, jede Geste, jedes Wort und jeden Blick von Johannes in ihrem Gedächtnis ab. Aufgrund ihrer Introvertiertheit nahm sie sich alles zu Herzen und beschäftigte sich damit längere Zeit, was überhaupt nicht gut war. Sie fühlte sich von ihrem Mann abgelehnt und unverstanden.

Johannes' Vater war Pastor in der Baptistengemeinde, Irenes Bruder Waldemar auch; er hatte in Moskau vier Jahre Theologie studiert. Den beiden hatte Irene viele Fragen gestellt, wenn sie keine Lösung wusste. Beide hatten ihr gesagt, dass die Pfingstbewegung eine Irrlehre sei, die von „unten" komme. Dieser Version schenkte sie Glauben: Wenn schon die beiden Pastoren das sagen, dann muss es wohl stimmen. Das Gleiche hatte sie auch verbreitet. Manchmal griff sie selbst ihren Mann an und unterstellte ihm, dass er falsch im Glauben liege. So stand sie die ganze Zeit an einer Weggabelung. Eines Abends waren sie mit seinem jüngsten Bruder und dessen Frau ausgegangen. Natürlich stand als Allererstes dieses Thema auf der Tagesordnung. Viel wurde gesagt und geredet, denn sein Bruder war auch gegen die Pfingstler. An diesem Abend äußerte Irene sich negativ bezüglich der Pfingstbewegung, was sie später tief bereute. Ab diesem Tag fühlte sie sich wie in einem tiefen Tal.

Ganz in der Nähe des Hauses war Donnergrollen zu hören. Irene erwachte, drehte sich im Bett um und suchte die Wärme und Behaglichkeit, die vom Körper ihres Mannes ausging. Sie fühlte sich fürchterlich. Der Regen prasselte, Donner krachte. Ein heftiges Frühlingsgewitter tobte und erfüllte die Morgenluft mit dem süßsauren Geruch feuchter, frisch gepflügter Erde. Der Regen trommelte laut auf das Dach des Hauses. Der Wind frischte auf und die Pappelbäume, die auf dem Hof standen, begannen sich wild zu bewegen. Irene fühlte sich auch, als ob sie von einer dunklen, grauen Wolke umhüllt wurde, aus der sie keinen Ausweg fand. Sie fühlte sich schuldig und ihr Schuldregister wurde länger und länger. In ihrem tiefsten Inneren wusste sie jedoch, dass die von ihrer Mutter und ihrer Gemeinde auferlegten Regeln und Vorschriften, die ihr manchmal zu hart und unfair vorkamen, auf der Tatsache beruhten, dass man sie wirklich lieb hatte und ihr helfen wollte. Denn dem Herrn treu zu bleiben, zu diesem Dienst hatte Irene sich entschlossen. Es war nicht einfach, gegen diese Art von Liebe zu rebellieren. Irene kam aus einem gesetzlichen, baptistischen Hintergrund. Sie war so erzogen worden, dass nur ihr Glaube „richtig" war und alles andere falsch sein musste. Der häufige Streit abends mit Johannes über die Pfingstgemeinde zog sie tiefer und tiefer in den Sumpf hinein, der sie zu ersticken drohte. Sie weinte viel und konnte nicht schlafen. Das alles zehrte an ihr, zerstörte ihren Appetit, sodass sie oft keinen Bissen runterbekam. Verzweifelt fragte sie sich: „Was soll ich tun?" Tagsüber ratterte sie ihre Gebete rauf und runter, in der Hoffnung, dass der Herr sie erhörte und seelische Erleichterung schenken würde. Aber tagaus, tagein geschah nichts. Keine Veränderung, die Situation verschlechterte sich eher noch.

Oft kam ihr folgendes Lied in den Sinn:

„Und wenn es kommt und wenn es dich fasst und über dir zusammenschlägt,
Streit und Neid und hast du Last, vergiss nicht, dass du Flügel hast!"

Aber ihre Flügel fühlten sich immer schwerer an und sie war sich nicht sicher, ob sie überhaupt noch welche hatte?

Kapitel 15

Durchbruch und Aufstieg

„Die Nacht, in der das Fürchten wohnt,
hat auch die Sterne und den Mond.“

Mascha Kaléko

So verging die Zeit. Die beiden waren schon fast fünf Jahre lang verheiratet und hatten zwei Kinder. Johannes und Irene nahmen weiterhin die Tradition wie Muttermilch in sich auf – wenn man nichts anderes kennt und nicht zulässt, es zu erkennen! Einerseits liebten sie den Herrn von ganzem Herzen, andererseits durchlitten sie einen ungeheuren Kampf. Sie hatten das Empfinden, einen kontrollierenden, rachsüchtigen und strafenden Gott zu haben, zu dem man keine aufrichtige Beziehung aufbauen kann, weil sie für ihn nicht gut genug sein konnten. Johannes ärgerte das manchmal auch, weshalb er gelegentlich rebellierte und der Gemeinde gegenüber trotzig wurde. Immer wieder ging Johannes auf Distanz zur Gemeinde. Er wusste kaum noch, wie er sich verhalten sollte und war froh, wenn er hinunter an den Strand, der im Süden des Orts lag, laufen konnte. Dort stürzte er sich in das stille Wasser des Bugutsees und schwamm weit hinaus. Er genoss mit ganzer Seele die erfrischende Kühle des Wassers und die Kraft seines Körpers. In solchen Augenblicken vergaß er die quälenden Gedanken, die ihn bedrängten.

„Du bist jung und stark!“, schien ihm das blaue Wasser zuzuflüstern. „Dieses Erdenleben ist schön! Tod und Gericht sind weit fort. Freue dich dessen, was du hier hast, denn der schmale Weg, der zum ewigen Leben führt, der liegt weit von dir entfernt. Also was willst du noch mehr? Genieße dein Leben und freue dich auf die Sonne und den See, der in seiner Pracht vor dir liegt.“

Er wollte mehr. Er wollte eine Kraft spüren, die real war, die zum Greifen nahe war, aber er fand sie nicht.

Gerade war am östlichen Horizont der Rand der Sonnenscheibe zu sehen und Irene wusste, dass sie aufstehen musste. Sie spürte, wie eine schwarze Wolke über ihrer Seele hing. Sie konnte nicht verstehen, was es zu bedeuten hatte. Sie fühlte sich, als ob Jesus sie verlassen hatte, und tiefe Traurigkeit überschattete sie. Langsam kroch sie aus dem Bett, aber es war ihr zum Heulen zumute. Sie musste sich um ihre Kinder kümmern und den Hof versorgen.

Johannes verließ das Haus, um zur Arbeit zu fahren. Irene starrte unglücklich vor sich hin. Eine gewisse Unruhe machte sich in ihr breit.

Sie waren schon als kleine Familie zusammengewachsen, aber dieses Hinterfragen ihres Glaubens und ihrer Traditionen war für sie beide wie neu laufen zu lernen. Jahrelang war ihr klar, was sie zu tun hatte, aber nun musste sie plötzlich überlegen, was sie jetzt tun konnte. Es war so still geworden. Irene war mit ihren fünfundzwanzig Jahren gerade mitten im Leben, obwohl ihre Kraftreserven so gut wie aufgebracht waren. Im Verlauf ihrer Gedanken überkam sie doch ein warmes Gefühl, bei dem sie dankbar in die Ferne schaute und überlegte. Sie war zutiefst davon überzeugt, dass das Leben seinen letztendlichen Sinn dort findet, wo sich das Reich Gottes in ihrem Herzen ereignet. Das Reich Gottes ereignet sich dort, wo Verwandlung geschieht. So ist das Leben. Ihr Leben war hier noch nicht zu Ende. Sie wollte sich bereithalten und sich zur Verfügung stellen, bis zu dem Tag, an dem auch sie ihr Ziel erreichen würde.

„Ist es nicht so", dachte Irene, „dass das Fehlen des Glaubens die Menschen dazu bringt, sich vor der Prüfung eines Sachverhalts durch logisches Machtdenken zu fürchten? Falls die Bestimmung zweifelhaft ist, muss der Weg voller Furcht sein. Ein fester Glaube braucht aber keine Furcht, denn falls es Gott gibt, kann die Vernunft sie nur zu ihm führen."

Sie versuchte sich selbst zu ermutigen, aber es gelang ihr nicht. Sie wusste, dass irgendetwas nicht stimmte. Sie spürte, wie ihr Gemüt schwer wurde, wie eine schwere, dunkle Wolke das helle Licht verdunkelte. Außerdem spürte sie, wie sich ihr ganzer Körper wie ausgewrungen anfühlte. „Was ist das?", fragte sie sich selbst. Sie wusste nicht, was es war und wie man damit umgeht. Als Allererstes ging sie zu ihrer Mutter und erwartete einen Zuspruch.

Viel Trost bekam sie nicht und genauso traurig wie sie kam, ging sie wieder zurück. „Bei wem kann ich denn meine Seele öffnen, wem kann ich vertrauen, wenn man das schon bei seinem eigenen Mann nicht machen kann?" In der letzten Zeit hatten sie ständig Auseinandersetzungen, was eine imaginäre Mauer zwischen ihnen entstehen ließ.

Irene war von ihrem Mann enttäuscht. Sie dachte, dass sie ihm ihre Seele in die Hand gelegt hatte und musste zusehen, wie ihre mühselig aufgebauten Werte durch seine Hand flossen. Es war, als würde ihr Verständnis von Glaubwürdigkeit, Wahrheit, Gerechtigkeit, welches sie sich mühselig in diesen christlichen Jahren aufbaute, von seiner Hand zunichtegemacht. Sie ging wieder zu ihrer Mutter, dieses Mal hatte sie aber ihren gesetzlichen Stab herausgeholt und sagte:

„Bist du bereit, alle deine Stöckelschuhe zu verbrennen? Denn du liebst diese mehr als Gott!"

Irene musste zugeben, dass das ihre Leidenschaft war, und ist es auch bis heute. Aber es ging ihr sehr mies und sie dachte, sie kann Gott damit tatsächlich besänftigen und die ganzen Depressionen hinter sich lassen. Sofort sagte sie: „Ja, das mach ich.“

Während sie vor dem Ofen saß, ihre Stöckelschuhe in das Feuer schmiss und dabei den Ofen schürte, musste sie zusehen, wie einer nach dem anderen verschwand und nur noch ein wenig rote Asche übrig blieb. Sie dachte, dass jetzt alles vorbei sei und sich die Traurigkeit in Freude verwandeln würde. Am Abend saßen Irene und Johannes da, aufgeregt miteinander diskutierend. Er war nicht besonders begeistert, dass sie ihre High Heels verbrannt hatte. Er wusste gleich, dass es falsch war. Sehnsüchtig erwartete Irene die Morgendämmerung, denn sie war davon überzeugt, dass mit dem Sonnenaufgang auch die Veränderung eintreten würde. Doch zu ihrem Bedauern geschah nichts. Sie hatte sich getäuscht.

Eines Tages wagte sich Irene und offenbarte ihrer Mutter, dass sie mit Selbstmordgedanken kämpfte.

„Denk ja nicht, dass du die Einzige bist, die Schweres in ihrem Leben zu tragen hat!“, entgegnete ihre Mutter. Der gesetzliche Hintergrund ihrer Mutter war massiv zu spüren. Sie wusste es aber nicht anders, denn wie man es sie gelehrt hatte, so gab sie es auch weiter.

„O Herr, wohin soll ich denn gehen?“, seufzte Irene.

Seitdem sie Christin geworden war, wusste sie, dass sie dem Herrn dienen wollte, doch hatte sie noch viel über den Glauben und das Vertrauen zu lernen. Sie saß auf einem kleinen Stuhl in ihrem Zimmer und die Sonne schien durch die großen Fenster hinter ihr. Die Aussicht war wunderschön, aber ihre Seele trug Trauer. Eine Frage nach der anderen stellte sie sich. „O Herr, habe ich gesündigt und wo? Habe ich mich bei der einen oder anderen Diskussion über den Glauben über dich erhoben? Oder habe ich mich ohne jegliches Hintergrundwissen mit manchen Aussagen zu weit aus dem Fenster gelehnt?“ Ihr wurde klar, dass sie sich mit ihrer Selbstverurteilung auf fremden Boden begab und dachte, dass sie nun nicht mehr unter dem Schutz des Herrn stand. Während dieser Zeit der Auseinandersetzungen hatte sie ihr persönliche Beziehung zu Gott vernachlässigt.

Dann dachte sie an die Kopfbedeckung, denn sie bedeckte ihren Kopf nur zum Gottesdienst, sonst nicht. Vielleicht ist es das? Denn ein älterer Mann aus der Gemeinde sagte einmal: „Das Haar einer Frau ist das Netz, mit dem der Teufel die Seele eines Mannes fängt.“ Da hatte Irene ihrer Mutter und Gott versprochen, dass sie das Tuch immer tragen würde. Aber auch das hatte nicht geholfen.

„Diese Mühe könntest du dir sparen“, murmelte irgendetwas in ihr. Dieses Leben war ziemlich aufregend und oft anstrengend, aber sie waren sich sicher, das Richtige gewählt zu haben und Gott zu dienen mit allem, was sie taten. Inzwischen war die Dunkelheit hereingebrochen und niemand bemerkte Irene, die heimlich hinter das Haus ging und heulend ihr Herz vor Gott ausschüttete.

„Was soll ich denn tun? O Herr, hilf mir bitte, ich gehe ein. Kannst du mich hören?“

Dort blieb sie betend, unbeweglich stehen, bis die Stimmen verklungen waren.

Fragen über Fragen türmten sich in ihr auf. Fragen danach, woher diese

Bedrückung in ihr kam und vor allem wie lange das noch so weitergehen sollte. Weshalb muss man das erleiden und wozu ist das gut?

Immer wieder richtete sie ihre Fragen verzweifelt im Gebet an Gott. Sie war allein, nichts außer den leisen Geräuschen der Nacht war jetzt zu hören – das schwache Blöken der eingepferchten Schafe, das Rascheln des Grases unter ihren Füßen und der Schrei einer Eule oben in den Bergschluchten. Sie betete weiter zu Gott und es schien, als ob ihr Herz in Stücke gerissen wurde. Innerlich schrie sie, aber die Gebete schienen nur bis zur ersten Wolke zu gehen und nicht weiter. Es fiel ihr schwer. Nichts war für sie selbstverständlich, alles war ein Geschenk, alles ein Wunder, das sie in Staunen versetzte und zutiefst dankbar machte.

Sie versuchte noch einmal weiterzuatmen, doch eine Flut von Gedanken, Gefühlen und Erinnerungen wollte sie unter sich begraben. Hier war sie Kind gewesen, hatte als Achtjährige mit ihren Freunden gespielt, egal ob Versteckspiel, Wettlauf oder Weitsprung, sie hatte immer gewonnen.

Dann kam ihre Schulzeit … Pickel wurden zu einem quälenden Problem … Sport nahm eine wichtige Rolle ein. „Ach“, ein Seufzen kam aus ihr heraus, „hätte ich bloß …?“

Eine Erinnerung nach der nächsten flog wie Zugvögel an ihr vorbei. Sie hatte eine gute Kindheit gehabt, und nun?

Den Gefühlen nicht mehr nachgehend, ging sie zurück, während die untergehende Sonne den Himmel in tausend pastellzarte Töne tauchte.

Sie versuchte mit Johannes darüber zu reden, aber er konnte sie nicht verstehen. Als es noch schlechter wurde, lief Irene zu seinem Vater, damit er für sie betete. Ihr Schwiegervater hatte immer ein Herz für sie und brachte ihr viel Verständnis entgegen.

Es lag schon fast ein Jahr des Leidens hinter ihr. Irene merkte keine Veränderung, es schien, als ob sich die grauen Wolken mehr und mehr verdichteten. Ihr wurde gesagt, dass es eine seelische Krankheit ist und kein Arzt ihr behilflich sein könne. Ihre Mutter bestätigte ihre Aussage noch einmal, indem sie sagte: „Man muss bei Gott alles bereinigen, dann wird es weggehen.“

Was sollte sie denn noch bereinigen, sie hatte doch schon Buße getan. Dann hieß es, sie hätte noch mehr verborgene Sünden. Von so einer Nachricht erschlagen, setzte sich Irene auf einen Holzstuhl, der hinter ihr stand. Fast über eine Stunde saß sie jetzt schon hier auf diesem Stuhl. Sie hätte sich das alles sparen können …

Die Verbrennung ihrer Schuhe, die Kopfbedeckung, die gute Kleidung …

Eine Beklommenheit überfiel sie. Gibt es einen Ausweg aus dieser Zwickmühle?

Ein schrecklicher Gedanke schlich sich ein. Vielleicht gab es überhaupt keinen Gott?

Denn so ins Dunkle und ins Nichts zu sinken, ganz allein mit ihrer Schuld, war ein schrecklicher Gedanke. Da war es immer noch besser, diesem Leben mutig entgegenzutreten und eine Hoffnung zu haben, als sich in Verzweiflung zu stürzen und dem Tod ausgeliefert zu sein.

Jeden Tag setzte sie sich weiter mit der Krankheit auseinander, die ihr ganzes Leben beeinflusste. Was macht mich als Menschen wertvoll? Wem gehören die Kinder? Wer bestimmt meinen Wert? Und überhaupt? Sie buchstabierte auch Altbekanntes neu durch, manchmal entdeckte sie mit tiefer Freude, dass im Reich Gottes alles ganz anders ist und dass andere Maßstäbe gelten. Sie hatte Hoffnung und griff jeden Tag nach dem Strohhalm, der sie vor der großen Flut retten würde. Sie erinnerte sich an das Volk Israel, das sich das Gelobte Land angeschaut hatte und die Früchte mitnehmen durfte. Dann aber machten die anderen Kundschafter, die mit Josua und Kaleb unterwegs waren, dem Volk große Angst und sagten:

„Ja, das Land ist zwar wunderschön, aber die Menschen dort sind zu groß, das sind Riesen. Wir schaffen es nicht, mit ihnen fertigzuwerden. Hätten wir lieber in Ägypten sterben sollen oder hier in der Wüste, was wird mit unseren Frauen und Kindern?“ Das Volk weinte die ganze Nacht.

So ging es auch Irene, denn zu dieser Zeit hatte sie viele durchweinte Nächte. Keiner konnte sie verstehen – das Gefühl, dass ein Riese, der einem große Angst einjagt, vor einem steht und man zu ihm aufschaut. Kaleb versuchte das Volk zu beruhigen und rief:

„Wir sind stark genug, um das Land zu erobern. Der Herr ist mit uns!“

Gut, wenn man so einen starken Glauben hatte wie Kaleb. Aber das hatte Irene zu dieser Zeit nicht. Aber die Riesen? Täglich waren sie vor ihren Augen und sie hatte das Gefühl, als umgaben sie sie in ihrem Alltag. Ohne Gott, ohne Frieden im Herzen, Frieden in ihrer Ehe konnte man sie nicht bewältigen. Ohne Glauben ist man ihnen ausgeliefert. Es wimmelte nur so vor Riesen.

Des Öfteren ging Irene zu ihrem Schwiegervater. Sie konnte ihre Seele bei ihm ausschütten. Sie hatte das Gefühl, er verstand sie. Er gab ihr manch guten und richtigen Rat, egal in welcher Situation sie gerade steckte. Er war ihr Tröster, betete anschließend für sie. Doch an diesem Abend sagte er noch mehr, aber Irene nahm nur noch die Bewegungen seiner Lippen wahr. Die Finsternis, die sich auf sie legte, schnitt sie von der Außenwelt ab. Vergeblich versuchte sie, diese böse Macht, die ihr die Luft zum Atmen rauben wollte, zurückzudrängen. Sie seufzte. All das Gute, an das sie ein Leben lang geglaubt hatte, existierte kaum mehr. Sollte hier die Finsternis gewinnen? Sie kämpfte weiter, aber immer wieder überfiel sie panische Angst und sie wusste nicht, woher sie Hilfe bekommen konnte.

In ihrer Not ging sie nochmals zu ihrer Mutter, auf Trost hoffend. Der folgende, so gar nicht hilfreiche Ausspruch kam von ihr:

„Weißt du was, zwei Glauben auf einem Kissen und der Teufel dazwischen. Es kann nicht so weitergehen, einer von euch muss sterben!“

Irene war wie erschlagen. Da dachte sie: „Ich kann nicht sterben, ich habe ja die Kinder, wer soll denn für sie sorgen? Gott lässt das doch nicht zu, auch wenn er ein strafender Gott sein sollte? Aber dann muss mein Mann sterben? Nein! Bitte nicht, o Herr! Du bist groß und mächtig, das weiß ich, aber bitte, lass keinen von uns sterben, dafür liebe ich meinen Mann zu sehr … o bitte nicht!"

Mit so einem Gedanken fertigzuwerden, war nicht leicht. Sie dachte, sie würde verrückt werden und keiner stand ihr bei. Gott, wo bist du? Die Aussichtslosigkeit schien kein Ende zu nehmen. „Bitte nimm mir nicht meinen Mann weg, was soll ich denn hier ohne ihn?"

Irene war sehr schwach im Glauben und nahm an, was ihr gesagt wurde. Das war ein großer Fehler, der sie fast umgebracht hätte. Jung und naiv, ohne erprobten Glauben oder starke Unterstützung durch gläubige Menschen im Umfeld, geht man vor die Hunde. Sie befand sich in einer schlimmen Phase ihres Lebens und musste einen Ausweg finden. Aber diesen zu finden, war nicht einfach. Ein schlimmer Gedanke hatte sich in ihrer Vorstellung breitgemacht: „Die Kinder werden mir weggenommen und ich verbringe den Rest meines Lebens als Verrückte im Irrenhaus."

Das alles brachte sie fast um. „Wird es wie bei Hiob sein? Wovor ich am meisten Angst hatte, genau das holt mich jetzt ein?!", fragte sie sich.

„Bitte Herr, reinige mich von jeglicher Schuld und befreie mich von dieser schweren Last, die zu groß für mich ist!", betete sie.

Vom Kopf her wusste sie, dass Gott immer gegenwärtig war, denn das sagt uns sein Wort, doch gefühlsmäßig stand sie allein da. Sie versuchte, ihm zu vertrauen, betete ohne Unterbrechung und ermutigte sich, dass er da ist, auch wenn man ihn nicht sehen kann. Doch die Verzweiflung überkam sie immer stärker.

Irene erinnerte sich an die Stelle, an der Elia auf dem Berg war. Gott zog vorüber, er konnte ihn nicht sehen, aber er war da. Aufs Neue versuchte sie sich selbst zu ermutigen. Es war sehr schwer. Des Öfteren dachte Irene an Katharina, die zu der Zeit verheiratet war und sich mit ihrem Mann beruflich im kalten Norden Russlands befand, wo der Polartag und die Polarnacht herrschten. Irene hatte ihr Briefe geschrieben, ihr sogar Pakete mit Marmelade und warmer Kleidung zugesandt. Doch sie wollte nicht über ihren Depressionszustand schreiben. Dabei war sie sich sicher, dass ihre beste Freundin sie verstehen und ihr eine gute Unterstützung sein würde. Doch sie war weg, weit weg.

Trotz Irenes ständiger Müdigkeit und ihren Gemütsschwankungen wurde sie mit einem dritten Kind schwanger, was das Leben zusätzlich verkomplizierte. Die Angstzustände waren sehr massiv. Sie hatte das Gefühl, dass der Teufel persönlich von ihr Besitz ergreifen wollte. Das ließ ihr keine Ruhe, denn sie dachte daran, was mit dem Kind, das sie unter ihrem Herzen trug, werden sollte. Die Angst, in der Hölle zu landen, wurde immer erdrückender. So ging es weiter und Irene wusste nicht mehr, wo ihr Glaube geblieben war. Tiefer und tiefer versank sie im Zweifel und körperlicher Schwäche. Sie erlebte dies wie ein über sie hereinbrechendes Unwetter. Aber wenn sie ehrlich sein sollte, hatte es sich schon lange angekündigt, denn es fiel ihr schwer, dem Herrn nach all diesen Jahren immer wieder innerlich und äußerlich vollkommen zu vertrauen. Nach wie vor hatte sie viel geweint, aber das Schlimmste waren doch die unbeschreiblichen Angstzustände.

Wem konnte sie es erzählen? Ein paar Geschwistern aus der Gemeinde hatte sie sich anvertraut und sie hatten ihr zu verstehen gegeben, dass Christen keine Depressionen bekommen können.

Traurig stand sie da und dachte, sie sei verrückt geworden. Wie soll sie als kranke Frau ein gesundes Kind zu Welt bringen? Ängste plagten sie, dass ihr nach der Entbindung das Kind weggenommen werden würde und sie in der Psychiatrie landete. Sie hatte viel gebetet, hatte aber immer noch das Gefühl, dass diese Gebete nur bis zur Decke gingen und nicht weiter. Eines Abends wurde sie wieder von diesen fürchterlichen Angstzuständen überfallen. Es war Mittwochabend und in der Gemeinde fand ein Gottesdienst statt. Johannes war unterwegs. Aber auch wenn es anders gewesen wäre, sie konnte es ihm nicht erzählen, denn er verstand sie nicht. Sie hatte die Kinder in ihrer Verzweiflung allein gelassen. Hochschwanger war sie durch die Dunkelheit zur Gemeinde gerannt. Als sie dort ankam, bat sie eine ältere Schwester, die an der Tür saß, ihren Bruder zu verständigen. Waldemar kam heraus und sah, wie verzweifelt sie aussah. Er betete für sie und sagte:

„Ich habe den Eindruck, dass du keinen Glauben hast. Ohne Glauben wird man zu einer Meereswoge, die vom Wind hin und her getrieben wird."

„Er hat Recht", dachte Irene. Aber nicht nur das, die fürchterlichen Ängste machten ihr zu schaffen. Endlich verstummten die grässlichen Laute in ihr. Nach einer kurzen Pause erklang ihre murmelnde Stimme, sie fing an zu beten.

„O Herr, steh mir bei! Was bin ich ohne dich?"

Sie hatte noch keine Erfahrung, wie man sich in sich in Phasen der Depression verhält. Daraus resultierte das Fehlverhalten, das viel Leid mitgebracht hatte.

Allmählich wurde sie wieder ruhiger und gefasster und rannte dann schnell zurück zu ihren Kindern. Am nächsten Tag hatte Irene einen Termin bei der Hebamme. Zu Irenes Entsetzen stellte die Hebamme bei der Erstuntersuchung gleich fest, dass das Kind quer im Bauch lag, sodass ein Kaiserschnitt nicht vermieden werden konnte. Von da an wurde sie von zusätzlichen Ängsten geplagt. Die ganze Strecke bis nach Hause hatte sie geweint und den Herrn wieder angefleht, ihr Gebet zu erhören.

„O steh mir bei!", rief sie verzweifelt und stoßgebetartig immer wieder zu Gott.

Abends, als Johannes nach Hause kam, fand er wieder eine heulende Frau vor. Sie beteten zusammen und legten alles in die Hände des Herrn. Plötzlich sah sie ein kleines Licht, das am Ende des langen und dunklen Tunnels leuchtete. Irene verstand, dass man nichts übers Knie brechen kann, hatte mehr Verständnis für ihren Mann und hatte sich damit abgefunden, dass er zu einer Pfingstgemeinde gehörte. Sie versuchte den kontroversen Themen aus dem Weg zu gehen, um mehr den Frieden zu bewahren. Denn die ganzen Auseinandersetzungen und der Streit über den Glauben waren die Ursache der Depression. Frieden im Herzen und in der Ehe waren ihr wichtiger als die heißen Diskussionen, die nichts brachten.

Am nächsten Abend bekam Irene Besuch von Katharinas Schwägerin. Sie hatte sich sehr gut mit ihr verstanden. In Tränen aufgelöst erzählte Irene ihr, dass das Baby quer liegt, obwohl die Depression ihr mehr Sorge bereitete.

„Mach dir keinen Kopf! Wenn die Zeit näher rückt, dreht sich das Kind von alleine", tröstete sie Irene.

In der dritten Septemberwoche hatten die ersten Wehen eingesetzt. Alle zwanzig Minuten, Tag und Nacht, bis zum dritten Oktober. An diesem Morgen kamen sie alle drei Minuten. Es wurde Zeit, sodass Johannes sie wieder in die Stadt brachte. Nach sieben Stunden wurde ein gesundes Kind auf natürliche Art und Weise geboren. Es war ein Junge und er wog 3.500 Gramm. Alle Gebete Irenes waren erhört worden. Sie nannten ihn Daniel. Nach sechs Tagen holte sie Johannes nach Hause. Der Oktober zeigte sich dieses Jahr von seiner besten Seite, war warm und sonnig. Langsam erholte sich Irene von Schwangerschaft und Geburt, nur der Schlafmangel machte ihr zu schaffen. Daniel kam die erste Zeit stündlich. Eines Tages, bei Anbruch der Morgendämmerung, schlief sie ein. Doch ihr Schlaf war ruhelos und sie wurde von Träumen heimgesucht. Irene schlug die Hand vor den Mund, um ein Schluchzen zu unterdrücken, warf sich herum und rannte los. In der Dunkelheit prallte sie gegen eine Gestalt, die nach ihr griff. Sie kreischte vor Angst, als sie gepackt wurde. Die Hand des Ungeheuers! Irene trommelte mit ihren Fäusten auf die Bestie ein und wehrte sich mit aller Kraft. Doch das Ungeheuer war riesengroß und hielt sie fest. Sie schrie laut und wachte schweißgebadet auf:

„Dein Wort sagt: Ihr meint wohl, der Herr sei zu schwach, um euch zu helfen und dazu noch taub, sodass er eure Hilferufe gar nicht hört? O nein! Er erhört es."

„Bitte, Herr, erweise mir deine Gnade", flehte sie weiter, „schenk mir deinen Frieden und innere Ruhe!"

Sie musste nur fest glauben und vertrauen. Es waren fast zwei Jahre vergangen, als Irene merkte, dass die Depression langsam nachließ und nach einer gewissen Zeit ganz weg war.

Daniel war ein gesundes Kerlchen, aber sehr zurückhaltend, ängstlich und anhänglich. Er ließ seine Mutter nicht aus den Augen. Irene betete für ihn – täglich – in der Hoffnung, dass die Zeit des Leidens keine Spuren bei ihm hinterlassen hatte. Langsam stabilisierte sich auch ihre Ehe. Die Glaubensauseinandersetzungen fanden nur dann statt, wenn die Verwandtschaft Öl ins Feuer goss. Aber darüber hatten sie sich ausführlich unterhalten und damit Schluss gemacht. Denn es kann sich immer jemand finden, der eine Ehe ruinieren kann, wenn nicht beide zueinanderstehen. Irene und Johannes gaben sich wieder das Versprechen, keine Geheimnisse voreinander zu haben und über alles zu reden, besonders was ihre Ehe betraf. Das machte ihre Ehe stärker und stärker. Wenn auch die Verwandtschaft dagegen war und zwei Glauben auf einem Kissen waren, war die Ehe stabil und vorbildlich geworden.

Eines Morgens, als sie am Frühstückstisch saßen, merkte Irene, dass mit dem Gesicht ihrer Tochter irgendetwas nicht stimmte. Das kleine Mädchen wuchs gesund auf, sodass sie nichts gemerkt hatten und alle Probleme schienen Vergangenheit zu sein. Der Herr hatte sie geheilt und es war ein sehr intelligentes und wunderschönes Kind. Und jetzt auf einmal das.

„Was kann das denn sein?“, ging es durch Irenes Kopf. Die Kleine war gerade sechs Jahre alt. Ihr Gesicht war verzogen. Irene hatte sie noch einmal angeschaut und noch einmal. Irgendwie schien sie ihr anders zu sein, aber sie konnte es nicht genau bestimmen und wollte es wohl auch nicht wahrhaben.

Es wurde schlimmer und schlimmer. Wenn sie etwas gegessen oder getrunken hatte, fiel oder lief es aus ihrem Mund heraus. Sie konnte gar nicht richtig ihren Mund treffen, weil er auf der Wange war. Das linke Auge war Tag und Nacht offen, sogar während des Schlafens.

Schnell bemühten sie sich um ärztliche Hilfe. Bei der Untersuchung wurde eine Gesichtslähmung diagnostiziert. Irina wurde in ein Krankenhaus eingeliefert und musste dort drei Monate lang bleiben. Die Krankheit war sehr ernst.

Johannes war an diesem Abend in Gedanken versunken, wie im Film, der auf die Schnelle vorgespult wurde.

Die Schwangerschaft war schon nicht so einfach gewesen. Die Komplikationen fingen bereits damals an. Seine Frau lag sechs Monate mit ihr im Krankenhaus, das ist schon eine Geschichte für sich.

Wie anstrengend war es, sie jeden Tag nach der Arbeit zu besuchen, circa 130 Kilometer zurückzulegen, und das alles mit dem Stadtbus. Dreimal umsteigen und am Abend nach dem Besuch fünf Kilometer zu Fuß zurückgehen, um das Zuhause zu erreichen, weil dann kein Bus mehr fuhr. Und das sechs Monate lang!

„Wie habe ich das überhaupt überstanden?“, dachte Johannes, während er laut seufzte. „Meine Frau hatte sich bis zu sieben Mal pro Tag übergeben, deswegen mussten sie die Ärzte an den Tropf legen. Aber nicht nur das – die Gefahr, dass die Nieren versagten, war auch da, aufgrund des hohen Eiweiß im Urin. Das war eine harte Zeit!“

In seiner Hilflosigkeit stand er da und redete mit Gott – Tag für Tag. So konnte er all seine Gedanken und Gefühle loswerden, ohne sie laut aussprechen zu müssen – was ihm ohnehin eher schwerfiel.

Irene ging es nicht besser. Als sie später zu Bett gingen, warf sie sich von einer Seite auf die andere. Sie war erst in den früheren Morgenstunden in einen unruhigen Schlaf gesunken und nun wurde sie von wirren Träumen geplagt: Sie sah, wie mehrere Kinder an einem heißen Sonntagnachmittag unter den schattigen Pappeln auf ihrem Hof spielten und dabei Vanilleeis aßen, das sie selber zubereitete. Wie im Nebel sah sie Irina in einem hellen Kleidchen, die versuchte, den anderen Kinder etwas mitzuteilen. Ihr feines, zierliches Gesicht war wie früher – makellos. Irene schaute sie an und freute sich für ihr schönes Mädchen. Plötzlich wurde sie wach. Sie hatte das Gefühl, dass jemand nach ihr rief. „Mama, Mama.“

Morgens traf ihre Frage Johannes völlig unvorbereitet.

„Warum muss das ausgerechnet unserem Kind passieren, sind wir schlechte Christen, beten wir zu wenig um Schutz für unsere Kleinen oder sind das die Folgen der schweren Geburt?“

Johannes schwieg.

„Musst du über deine Antwort länger nachdenken?“ Jetzt stand sie vor ihm und sah ihn direkt an.

„Nein, nein. Ich habe keine Antwort“, erwiderte Johannes, während er in Richtung Fenster schaute.

Irene nickte. Ihr Blick ging einen Moment lang ins Leere, bevor sie mechanisch erklärte: „Ich mache jetzt Frühstück.“

Dann schwieg Irene. Eine bisher unbekannte Angst hatte sich in ihr ausgebreitet. Mit ein paar Schritten war sie an der Tür und sah nach ihrem Sohn, dann starrte sie wieder aus dem Wohnzimmerfenster. In ihrem Herzen schrie sie zu Gott. Hoffentlich stimmte es nicht, was sie dachte. An diesem Tag beschloss Irene, ihr Kind zu besuchen. Dafür bräuchte sie aber den ganzen Tag. Das Kinderkrankenhaus befand sich am anderen Ende der Stadt und Irene musste dreimal umsteigen. Der Bus fuhr jede halbe Stunde. Sie bat ihre Mutter Alwina, bis zu ihrer Rückkehr auf die beiden anderen Kinder aufzupassen und machte sich auf den Weg. Erst gegen Mittag erreichte Irene das Kinderkrankenhaus. Die Kleine freute sich sehr und Mutter und Tochter umarmten sich innig.

„Wir werden tun, was wir können, mein Schatz“, flüsterte sie und hielt die Kleine fest in ihren Armen.

„… und können die Ärzte mir helfen?“, flüsterte Irina mit ernster, aufrichtiger und interessiert klingender Stimme ihrer Mutter zu. Irene schluckte schwer an dem Kloß, der sich in ihrem Hals bildete.

„Das hoffe ich doch!“, erwiderte sie. Es war noch keine Veränderung zu sehen, obwohl sie täglich fast eine Handvoll Medikamente bekam. Wenn sie sich weigerte, wurde sie geschlagen.

Verzweifelt saß Irene da, mit ihrem Kind auf dem Arm und schlug vor: „Wollen wir beide zusammen beten?“

Die Kleine nickte wortlos. Tränen traten in ihre Augen und flossen die Wangen hinunter. Mit einer verzweifelten Geste strich sie mehrmals die Haare aus dem Gesicht. Dann krümmte sie sich vornüber und ein tiefes Schluchzen drang aus ihrer Kehle. Irene drückte die Kleine fest an sich und versuchte sie zu beruhigen. Ein Schmerz zuckte durch ihren Brustkorb, ihr Herz schlug heftig. Sie riss das Fenster auf und atmete schwer. Draußen war es immer noch hell. An den Kirschbäumen hingen kleine, grüne Früchte. Mit wie viel Sorgfalt hatten sie die Bäume an ihrem Zuhause gepflegt, wie viel Freude hatten sie immer an ihrem reichen Ertrag gehabt.

Genauso erinnerte sie sich, wie viel Zeit und Liebe sie als Mutter von Geburt an in ihr Kind investierte und wie viele schlaflose Nächte sie vor ihrem Bettchen verbracht hatte … und jetzt das. Dann seufzte sie: „O Herr! Sei uns gnädig!“

Gleichzeitig konnte sie dieses Bild nicht abschütteln. Es bedrängte sie von allen Seiten und raubte ihr jede Kraft und jedes Fünkchen Hoffnung. Sie hatte in ihrem Leben auch Zeiten der Angst, Entmutigung, Einsamkeit und Bedrückung erfahren, aber was sie jetzt spürte, war anders. Es war nackte, kalte Angst um ihr Kind, die ihr Herz umklammert hielt.

Ihr Blick ging an Irina vorbei. Sie fühlte sich von allen verlassen, auch Gottes Nähe konnte sie kaum noch wahrnehmen. Während sie Abschied nahmen, drückte Irene ihr Kind noch einmal fest an sich. Sie winkten einander, bis sie außer Sichtweite war. Dann begann die Busfahrt.

Nach sechs Stunden war Irene wieder zu Hause angekommen. Alwina trug einen Stapel

gebügelter Wäsche in das Kinderzimmer. Traurig nahm Irene in der sauberen Küche, die Alwina in dieser Zeit geputzt hatte, Platz. Sie unterhielten sich noch eine Weile, dann schlug Alwina vor, für sie zu beten. Sie sehnte sich danach, ihre müde, leidende Tochter in ihre Arme zu schließen und Gott um sein Eingreifen zu bitten. Dienten sie nicht einem Gott, der in hoffnungslosen Situationen angerufen werden wollte und der seinen Kindern immer gerne half?

Aus zeitlichen Gründen konnten Irene und Johannes ihre Tochter nicht jeden Tag besuchen, denn in der Sommerzeit mussten sie die Vorbereitungen für den Winter treffen. Bis zu dreihundert Zweilitergläser weckten sie jeden Sommer ein. Die Zeit verging und nach drei Monaten wurde Irina entlassen. Man konnte die Veränderung in Irinas Gesicht sehen, aber es war noch weit entfernt von einer totalen Wiederherstellung. Mit Massagen und Gesichtsübungen wurde es nach fünf Monaten besser. Irene freute sich sehr, ihr Kind wieder bei sich zu haben.

Gerne erzählte sie ihren Kindern mit warmer und melodischer Stimme Geschichten. Sie fühlte sich gesegnet mit ihren reizenden, gesunden Kindern. Sie spürte aber doch, dass mit ihr irgendetwas nicht stimmte. Sie wurde schnell müde, konnte sich nicht richtig konzentrieren, hatte keinen Appetit und war sehr nah am Wasser gebaut. Es zeigten sich erste Symptome, die Irene aber auf die viele Arbeit schob.

Es war ein wunderschöner sonniger Samstagvormittag, als die Familie zusammen gefrühstückt hatte. Die Kinder waren gleich darauf auf den Hof gestürmt, um mit den anderen Kindern zu spielen. Johannes saß noch am Tisch, tief in Gedanken versunken und beobachtete seine Frau, während sie noch den Tisch abräumte.

„Sie ist wunderschön, Herr, und ich liebe sie sehr, aber manchmal weiß ich einfach nicht, was sie denkt und warum sie bestimmte Sachen sagt oder fragt. Gibt es irgendeinen Grund, warum du Frauen so kompliziert geschaffen hast? Es würde doch manches erleichtern, wenn sie uns Männern irgendwie ähnlicher wären."

Diese innere Zwiesprache mit Gott war ihm seit vielen Jahren zur Gewohnheit geworden, eigentlich genauer gesagt seit ihrer ersten Schwangerschaft und der Geburt von Irina vor sieben Jahren. Nie würde er vergessen, dachte er weiter, wie absolut hilflos er sich vorkam, während seine Frau sich Stunde um Stunde vor Schmerzen wälzte. Irgendwann nach dem dritten Tag, kurz vor Mitternacht, kam das Baby auf die Welt. Als Hilfsmittel hatten die Ärzte eine Saugglocke angewandt, während Irene unter der Narkose nichts mitbekam.

Der Kinderarzt hatte ihnen Angst eingejagt, indem er sagte:

„Das Kind kann Geburtsschäden abbekommen haben und dadurch behindert sein."

„Wie dankbar ich meiner Schwiegermutter bin", seufzte er innerlich, „die mich ermutigte, beim Gebet und Fasten dranzubleiben."

Als er noch so in Gedanken vertieft war, klopfte jemand am Tor. Irinas Freundinnen standen vor ihm und luden sie zum Baden ein. Irene hatte keine Zeit, sie zu begleiten. Johannes musste arbeiten. Heißer Wüstenwind wirbelte gelbe Staubwolken auf. Unter dem blauen Himmel lag die harte und ausgetrocknete Erde. Es war warm und ein idealer Tag zum Baden. Die Kleine konnte aber nicht schwimmen. Die Mädchen versprachen, dass sie gut auf sie aufpassen würden.

Als sie am Fluss ankamen, zog Irina ihr Kleid aus. Dann stieg sie mit den Mädchen ins Wasser. Im ersten Augenblick war ihr, als sei das Wasser wärmer als die Luft. Zunächst watete sie immer tiefer in das Wasser hinein, doch als sie etwa ein Drittel der Strecke hinter sich hatte, spürte sie, wie sie langsam den Boden unter den Füßen verlor. Sie begann zu schwimmen. Mit aller Kraft warf sie sich gegen den Strom, um nicht abgetrieben zu werden. Doch es half nicht viel. Das Wasser war zu reißend, immer weiter zog es sie flussabwärts. Doch plötzlich stieß sie mit ihren Beinen irgendwo an. Es musste ein Stein gewesen sein, denn es schmerzte heftig. Sie unternahm noch eine letzte Anstrengung und es schien, dass sie den Grund unter den Füßen spürte. Irina hatte noch heftig zu kämpfen, ehe sie aus dem reißenden Strom herauskam. Sie merkte nicht, dass sie schon sehr weit von den Mädchen entfernt war. Sie wollte schreien und rufen, aber jedes Mal wenn sie es versuchte, schwappte ein Schwall Wasser in ihren Mund. Mehrere Male stieß sie sich heftig an den verborgenen Felsen. Doch endlich wurde sie von einem der Mädchen entdeckt. Es war älter und konnte schwimmen. Gleich rannte es in Panik flussabwärts. „Was soll ich denn Irinas Eltern erzählen?" Sie hatte versprochen, dass sie auf Irina aufpassen würde. Doch endlich war es geschafft. „Gott sei Dank!" Sie schleppte Irina zum Ufer und legte sie auf den Boden. Irina hatte sehr viel Wasser geschluckt und fing gleichzeitig an zu husten, zu spucken und zu weinen. Die Arme war total ermattet. Ihre Knie und Füße bluteten an mehreren Stellen. Es dauerte eine Weile, bis die panische Angst von ihr wich und die Kräfte wieder zurückkamen.

Endlich rappelte sie sich auf und die Freundin nahm sie in ihre Arme. Sie mussten ein ganzes Stück flussaufwärts gehen, weil sie so weit abgetrieben war. Als sie endlich zurückkamen, drängten sich die Mädchen mit ihren nassen Badeanzügen an Irina, während ihr immer noch das Wasser in Rinnsalen aus dem nassen Haar lief. Sie hielten sich gegenseitig umschlungen und waren vor Schreck sprachlos. Endlich flüsterte die Älteste: „Lasst uns nach Hause gehen!"

Am anderen Ufer standen mehrere Schaulustige und verfolgten das Geschehen, ohne einzugreifen.

Den Mädchen war die Lust zum Baden vergangen, sie packten ihre Sachen und gingen nach Hause. Für Irene war dieses Erlebnis Schreck und Lehre zugleich: Nie Kinder allein ohne Aufsicht baden lassen! So eine Bewahrung zu erleben, war nicht selbstverständlich. Irene musterte Irina in Gedanken immer wieder. Gerade hatte sich die Kleine von der Gesichtslähmung erholt, da hätten sie sie fast durch Fahrlässigkeit verloren. Nie wieder ließ Irene ihre Kinder ohne Aufsichtsperson losziehen, ganz sicher nicht zum Baden. Wenn sie keine Zeit hatte, dann blieben ihre Kinder mit ihr und spielten auf dem Hof. Als Irene selbst noch ein Kind war, ging sie ihrer Mutter immer zur Hand und beschäftigte ihre Geschwister. Sie besaß eine starke Beobachtungsgabe, die ihr half die Situationen einzuschätzen. Ihre Hilfsbereitschaft ist ihre Liebessprache. Dies wurde ihr häufig zum Verhängnis, denn sie wollte Kindern helfen und sie beschützen, dabei vergaß sie sich selbst. Bei alledem hatte sie nicht vergessen, sie zu führen und die Richtung vorzugeben. Sogar die Kinder in der Nachbarschaft gehorchten Irene. Später, als Irene größer geworden war, gab sie den Menschen gerne Lob und Anerkennung, hoffte natürlich auch darauf, dass etwas davon zu ihr zurückkam. Leider ging die Rechnung nicht immer auf und sie musste lernen damit umzugehen.

Eines Tages kam Johannes nach Hause und teilte Irene seine Idee mit: „Ich habe es dir bisher zwar noch nicht erzählt, aber ich habe mich bereits informiert. Ich möchte uns ein Pärchen Nutrias (spanisch: Biberratte) anschaffen." Er lächelte zufrieden.

„Wie du meinst", antwortete Irene achselzuckend.

„Die Tiere sind Vegetarier und haben ein wunderschönes, braun bis dunkelbraunes oder schwarzes, glänzendes Fell. Es gibt sie auch mit weißem und perlfarbenem Fell", fügte Johannes hinzu.

„Mit der Literatur über diese Tiere ist es sehr mangelhaft. Deswegen muss man einige Erfahrungen sammeln und viel erfragen", fuhr er fort.

Irene spürte seine Hilflosigkeit, wusste aber auch nicht, was sie für ihn hätte tun können. Nach einer längeren Zeit des Schweigens erhob sich Johannes und trat auf den Hof in die kühle Abendluft hinaus. Irene hatte nie etwas gegen die Geschäfte ihres Mannes, was er auch immer tat. Sie ließ ihn stets ausprobieren, was er auf dem Herzen hatte.

Im ersten Jahr scheiterte vieles. Doch Johannes war nicht von jener Sorte, die die Flinte schnell ins Korn warf und aufgab. Viele von den Jungen, die das trächtige Nutriaweibchen zur Welt brachte, waren tot, aus welchen Gründen auch immer. Andere wiederum wurden vom Männchen nicht angenommen, es zerriss sie. Johannes und seine Irene hatten allerlei Mühe, waren mehr als nur einmal deprimiert und wussten weder ein noch aus.

Dennoch probierten sie es weiter und erkundigten sich bei einem Halter solcher

Tiere. Johannes baute neue und größere Käfige, die einen Auslaufbereich sowie Wannen zum Baden hatten. Die Tiere konnten ohne Wasser nicht leben, verbrachten eher ihre Zeit überwiegend im Wasser. So musste das Wasser jeden Tag gewechselt werden, womit Irene auch ziemlich beschäftigt war.

Nach einer Weile kaufte Johannes weitere Nutriaweibchen und sammelte somit wichtige Erfahrungen. Zum Beispiel lernte er, wie man auf die ausgewogene Ernährung der Tiere achtgab und wie man trächtige von nicht trächtigen Weibchen unterscheiden konnte, um diese rechtzeitig voneinander zu trennen. Nach zweieinhalb Jahren wuchs der Bestand auf dreihundert Tiere.

Daniel war gerade sechzehn Monate alt, als das vierte Kind zur Welt kam. Er war immer noch sehr anhänglich und ließ seine Mutter nie aus den Augen, folgte ihr auf Schritt und Tritt. Er wollte überall dabei sein. Später als er größer wurde, war er ein stiller Beobachter. Er konnte genau erkennen, was die Beweggründe eines Menschen waren. Die Gesichter und Augen der Menschen sagten ihm, ob sie ihn ernst nahmen oder ausnutzen wollten. Wenn jemand dann die Grenzen überschritten hatte, protestierte er mit deutlichen Worten: „Ich will es nicht!" Selten spielte er zusammen mit anderen Kindern, er fühlte sich in der Nähe seiner Mutter mit seinem Spielzeug besser aufgehoben. Als er zum Teenager heranwuchs, wuchsen gleichzeitig auch seine empathischen Fähigkeiten und gaben ihm die Möglichkeit, den Menschen in der Tiefe seiner Seele zu erkennen. Menschen waren für ihn schon immer wichtig, wenn er sie auch alle auf Distanz hielt. So fiel Johannes, Daniels Vater, die Aufgabe zu, seinem Jungen Nähe zu vermitteln. Als Johannes ab und an mit seinem Motorrad unterwegs war, nahm er ihn mit. Das hat er besonders geschätzt, denn er bekam das Gefühl, dass sein Vater für ihn da war.

Nun durfte sich Familie Justus über ihr viertes Kind freuen. Nach einer nicht ganz einfachen Schwangerschaft und schweren Anstrengungen Irenes während der Geburt, war die Kleine da. Sie wog 3.600 Gramm und wurde Erika genannt, der Name, den Irene so mochte und der „dort drüben" bei den Deutschen sehr beliebt zu sein schien. Erika war ein ruhiges Baby, das viel schlief und wenn es wach wurde, schaute es sich mit ihren großen blauen Äuglein alles an.

Nach der Entbindung bekam Irene Besuch von ihrer Schwiegermutter Natalie.

Schon immer hatte sie Irene eingeredet, dass sie nicht besonders hübsch sei und sie gar nicht verstehen konnte, was ihr Sohn an ihr findet! Ihrer Meinung nach waren all ihre Kinder gut aussehend und dann nahm sich Johannes Irene zur Frau!? Das konnte sie bis heute nicht nachvollziehen und ließ Irene auch spüren, dass sie ihren Sohn ihrer Meinung nach nicht verdient hatte. Dadurch bekam Irene Minderwertigkeitskomplexe.

„Johannes wollen alle", sagte Natalie zu Irene. „Aber wohin mit den Kindern?"

„Wie? Ich bin ja da?!", wunderte sich Irene.

Natalie hätte Irene am liebsten bei lebendigem Leibe beerdigt. Sie zeigte ihr immer noch oft genug, dass sie sie nicht akzeptierte. Dies setzte Irene immer wieder emotional sehr zu.

Als Johannes dies alles erfuhr, sagte er zu seiner Mutter:

„Mama, das ist nach Jesus die beste Entscheidung meines Lebens gewesen. Ich liebe meine Frau und ich will keine andere haben. Du musst mit deinen bösen Worten gegenüber Irene aufhören!“

Irene hoffte, dass ihre Schwiegermutter sie endlich in Ruhe ließ. So war es auch. Nach dieser Ansage von Johannes kamen keine negativen Äußerungen der Schwiegermutter mehr. Sie behandelte Irene ab diesem Zeitpunkt angemessen.

„Da muss nur der Richtige ein Machtwort sprechen und alles läuft wie gewünscht“, flüsterte Irene vor sich hin.

Erika war als Kind sehr anhänglich und weinte viel. Sie war sehr auf ihren Papa fixiert. Aber leider war er wenig zu Hause, nur abends, und das auch nicht immer. Wenn sie seine Stimme hörte, rannte sie ihm entgegen, in seine Arme, denn er war für sie Schutz und Rettung aus jeder Lebenssituation. Später als Teenie hatte sie immer noch volles Vertrauen in ihren Vater. Johannes musste genau aufpassen, dass er alle seine Zusagen einhielt, sonst zog sie sich enttäuscht zurück. Sie hatte eine ausgeprägte Sensibilität fürs Übernatürliche. Erika hatte Irenes Wesen, aber den Hang zum Übernatürlichen von Johannes geerbt.

Ihr offenes und freundliches Herz machten sie oft verletzlich, was schwer für sie war. Ihre Liebe und ihr Gottvertrauen gaben ihr Sicherheit. Für Johannes war es wichtig, sie als seine Tochter in diesen Bereichen zu unterstützen, sie an die Hand zu nehmen und ihr zu zeigen, wie man damit umgeht. Wenn auch alle Stricke reißen würden, er war für sie da. Als Tochter hatte sie ihn gelehrt, sensibel und aufmerksam zu sein.

Die nächsten Tage musste Johannes seine Chemiekenntnisse auffrischen, um die Felle der Nutrias qualitativ und hochwertig gerben und färben zu können. Tagsüber musste Irene die eingelegten Felle in eine chemische Verbindung eintauchen, je nach Uhrzeit wieder wechseln, die Chemikalien mit einer exakten Apothekerwaage abwiegen und nach jeder Mischung ausspülen und trocknen lassen. Das Geschäft lief von Tag zu Tag besser. So wurde Johannes in der Umgebung zum bekanntesten Gerber. Nach einiger Zeit lernte er einen deutschen Fellmützenmeister kennen, mit dem er sein professionelles Wissen austauschen konnte. Johannes und Irene fingen daraufhin an, Mützen zu nähen. Er übernahm die Herren- und sie die Damenkollektion der Kopfbedeckungen. Das Geschäft blühte immer weiter auf, sodass viele Leute bei Johannes ihre Ausbildung starten wollten. Er tat dies sehr gerne und wurde dadurch nicht nur sehr bekannt, sondern auch sehr beliebt. Einer kam sogar aus der Republik Usbekistan, die ungefähr vierhundert Kilometer entfernt war, um von Johannes zu lernen. Immer wenn Johannes Nachtschicht hatte, ging Irene nicht ins Bett. Sie hatte die Kinder zu Bett gebracht und anschließend die ganze Nacht durchgenäht, um die vielen Bestellungen abarbeiten zu können. Tagsüber war sie mit den Kindern und dem

Hof beschäftigt. So war die Nacht ihre Chance, vieles zu erledigen, bis ihr ihre Mutter auf die Schliche kam und kräftig mit ihr schimpfte.

„Das machst du nie wieder! Versprich mir, dass du damit aufhörst. Wenn die Kinder schlafen, brauchst auch du deinen Schlaf, um tagsüber wieder erholt zu sein und Einsatz bringen zu können."

Sie hatte Recht. O wie recht sie hatte! Später, als sich Irenes Körper rächte, bereute sie diesen Raubbau mit ihrer Gesundheit. Aber zu dieser Zeit war sie jung und konnte es einfach wegstecken, zweimal in der Woche nicht zu schlafen, sondern durchzuarbeiten.

Parallel zu den speziellen Betätigungsfeldern im Winter hatte Johannes eine Einnahmequelle für die Sommermonate aufgebaut, die aufgrund seiner technischen Kenntnisse zustande kam. Er fing an, einen kleinen Brüter für einhundert Eier zu konstruieren. Als die Sache gut lief, begann er größere Brüter für etwa sechshundert Eier aufzubauen und schloss dann eine Gemeinschaft mit den Brüdern Kruse, Alexander und Wilhelm, welche treu, zuverlässig und aufrichtig waren. Die Männer hatten nicht nur viel Arbeit, sondern auch viel Spaß miteinander. Ihre prahlerischen Scherze hallten manchmal laut durch die Nacht, bis sie mit ihren Aufgaben fertig waren. Die Tätigkeiten wurden gerecht aufgeteilt und von jedem sorgfältig durchgeführt. Es dauerte nicht lange und sie errichteten zusammen einen noch größeren Brüter, der bis zu eintausend Eier fasste. Somit waren die drei Familien nicht nur arbeitsmäßig ausgelastet, sondern auch finanziell versorgt.

Nun lebten sie als Familie schon mehrere Jahre unter Alwinas Dach. Da beschloss Johannes, ein Stück Land zu kaufen. Finanziell konnten sie es sich leisten. Das Grundstück lag tief und musste mit rund 20 Ladungen Kies und Sand aufgefüllt werden. Danach war das Fundament an der Reihe. Nach Planung und Vorbereitung der Schalungen, die sie selbst hergestellt hatten, konnten sie mit den Betonarbeiten beginnen. Bei Temperaturen von 35 bis 40 Grad im Schatten fingen sie an, diese Bauarbeiten zu verrichten. Zum Glück unterstützten Johannes‘ und Irenes Brüder und auch Johannes' Vater sie bei dem Bau. Sein Vater ermutigte sie trotz seiner Krankheit und seinem hohen Alter, nicht aufzugeben. Sein Einsatz war für Johannes besonders wichtig, da er die Beziehung und das Verständnis füreinander förderte. Ihre Beziehung zum Vater war ohnehin sehr gut, aber durch die gemeinsame Arbeit hatten sie ihn noch mehr kennen- und schätzen gelernt. Mit der Hilfe und Ermutigung seines Vaters konnten sie innerhalb eines Monats die Betonarbeiten am Fundament abschließen. Mit einfachen Mitteln wie Mischer und Schubkarre wurde es 120 Zentimeter hoch und 50 Zentimeter breit gegossen. Die Maße des Hauses waren 12 mal 14 Meter. Die Zwischendecke bauten Johannes und Irene nicht im herkömmlichen Stil, um sich die Möglichkeit offenzuhalten, das Dachgeschoss ausbauen zu können. Auch der Innenausbau war zur damaligen Zeit eher ungewöhnlich. Die zentrale Fußbodenheizung wurde genutzt, um das Haus und den Stall mit Warmwasser zu versorgen. Die

Gesamtanlage, das Haus, der Stall und der Heuboden beanspruchten sie enorm.

Johannes war stark und voller Elan. Er arbeitete unermüdlich. Man hatte das Gefühl, dieser Mann sei aus Stahl. Mit seinen Kräften bewältigte er ein hohes Maß an Arbeit und wurde nicht müde dabei. Irene versorgte die Mannschaft trotz körperlicher Beschwerden weiterhin mit hervorragendem Essen und trug gleichzeitig das fünfte Kind in sich. Es war nicht einfach, fast jeden Abend war sie nach getaner Arbeit müde und mit schmerzenden Gliedern ins Bett gefallen. Am nächsten Tag nach dem Sonnenaufgang ging es wieder weiter. Die Bauarbeiten dauerten lange, denn sie mussten sich auch darum kümmern, dass genügend Geld für den Bau erwirtschaftet wurde. So mussten sie sich wieder auf die Geschäfte konzentrieren, um zeitnah weiterbauen zu können. Wirtschaftlich standen sie sehr gut da, denn ihrer Hände Arbeit war gesegnet. Genauso ihre Ehe, denn es waren die prägendsten Ehejahre, die die beiden gemeinsam so gut wie möglich zu meistern versuchten.

Eines Abends im Frühjahr leuchteten rote und gelbe Blitze am Horizont auf. Erschöpft lief Irene über den Hof und wartete auf Johannes, denn ihre Wehen hatten eingesetzt. Sie hatte die Tiere versorgt, noch mit Wehen die Kuh gemolken, Kinder gebadet und zu Bett gebracht, aber Johannes ließ immer noch auf sich warten. Vermutlich war er auf ihrer Hausbaustelle. Irene machte sich Sorgen, aber Johannes kam doch noch rechtzeitig. Mit dem Auto von seinem Arbeitskollegen brachte er Irene in die Stadt, blieb und wartete. Es dauerte gerade mal zwei Stunden, bis ihr Mädchen geboren war, das gut vier Kilogramm wog und den schönen Namen Tatjana bekam. Sie war das größte Baby, das Irene zur Welt gebracht hatte. Mit ihren großen hellen Augen und ihrem blonden Haarschopf bildete sie einen schönen Kontrast zu ihrer schwarzhaarigen Schwester Erika, die inzwischen 16 Monate alt war.

Als Tatjana gerade mal vierzig Tage alt war, bekam Irene eine Blinddarmentzündung. Johannes musste sie nachts unter Schmerzen ins Krankenhaus bringen. Sofort wurde sie in den Operationssaal gebracht und ohne Betäubungsmittel operiert, denn diese OP galt in Russland als einfache und schnelle Operation. Der Chirurg konnte den Blinddarm aber nicht finden. So dauerte die Operation über zwei Stunden. Irene konnte danach drei Tage lang nicht sprechen, denn vor lauter Schreien hatte sie ihre Stimme verloren. Und überhaupt konnte sie sich nicht vorstellen, das alles überlebt zu haben, so schrecklich schmerzhaft war es, wenn jemand einem am lebendigen Leibe im Bauch herumwühlt. Man könnte es mit einer Folter vergleichen.

Johannes musste Irene einen ganzen Monat lang pflegen, dazu noch die kleine Tatjana. Denn Irene konnte die Kleine nicht mehr stillen und auch nicht die anderen vier Kinder versorgen. Johannes meldete Urlaub an und blieb vierzehn Tage zu Hause, um Irene zu helfen und sie zu pflegen. Er meisterte seine neuen Aufgaben sehr gut, kümmerte sich um Haus und Hof. Irene musste nicht zum Arzt gehen, denn Johannes wechselte ihr selbst den Verband. Er versorgte alle

Kinder, begleitete die Älteren zur Schule und empfing sie auch wieder zu Hause, überwachte Hausaufgaben und beschäftigte sich mit den Kindern, die noch zu Hause waren. Die kleine Tatjana wurde von ihm rund um die Uhr versorgt und auch gewickelt. So entstand der Name „mein Baby!“, wie Johannes oft zu erzählen pflegte. Er liebte dieses kleine, weiche und kuschelige Wesen, das bereits mit einem offenen Herzen und starken Willen ausgestattet war.

Nach einem Monat heilte alles bei Irene aus und sie kam wieder zu Kräften. Außerdem wurde sie nach diesem Monat wieder schwanger, denn als Christen durften sie nicht verhüten. Es galt als große Sünde. Nun, sündigen wollten sie natürlich nicht, sondern in allem dem Herrn gefallen. So musste das Leben weiterlaufen. Irina war für Irene eine große Hilfe. Sie wusste, dass die Kleine überfordert war, aber aufgrund der vielen Arbeit musste sie auf die Kinder aufpassen, und das hat sie sehr gut hinbekommen. Sie nahm ihre Geschwister mit, wenn sie mit den Mädchen in der Nachbarschaft spielte und war umsichtig und darauf bedacht, dass es allen gut ging, obwohl ihr die Jungs nicht immer gleich gehorchten.

Dann gab es einen Einschnitt im Leben der Familie Justus, der die Zeit in vorher und nachher einteilte.

Eines Tages sagte Johannes zu Irene: „Schreib mal bitte deinen Cousin an, ob er uns die Auswanderungspapiere zusenden könnte?“

„Okay, mache ich“, antwortete sie.

Gesagt, getan. Damals lebte Irenes Cousin Peter Roor schon über fünfundzwanzig Jahre in Wolfsburg.

Nach langen zwei Monaten kam die Antwort per Brief. Er schrieb, dass er sich sehr freuen und gleich in der nächsten Woche damit beginnen würde.

Antrag um Antrag wurde aber von den Behörden in Kasachstan abgelehnt.

Als in der UdSSR Gorbatschow an die Macht kam und der Eiserne Vorhang fiel, machte

Deutschland den deutschstämmigen Aussiedlern das Angebot, sie wieder zurückzuholen. Durch dieses weltgeschichtlich bedeutsame Ereignis kam bei Johannes und Irene ein Denkprozess in Gang. Das Land der Väter, wie sie es immer nannten, war für sie von Bedeutung, aber doch ein unbekanntes Land. Das meiste über Deutschland kannten sie aus den Erzählungen der Eltern. Alwina, Irenes Mutter, war ja im Zweiten Weltkrieg während ihres Arbeitslagers mit deutschen Kriegsgefangenen zusammengekommen. Gemeinsam lebten sie in Baracken und hatten sich gegenseitig viel zu erzählen. Irenes Vater war ja sogar mit der Hitlerjugend in Deutschland untergebracht und schwärmte regelrecht von diesem Land. So war ein winziger Same aus der deutschen Heimaterde in die Herzen von Irene und Johannes eingepflanzt worden, der jetzt aufzugehen begann. Die Chance, ins Land der Väter reisen zu können, statt nur davon zu träumen, war zu verlockend und so kam es dazu, dass die beiden geduldig Antrag um Antrag stellten, in der Hoffnung, dass ein Antrag erfolgreich angenommen wurde.

Johannes' Eltern unternahmen mehrere Versuche, die beiden von dieser Idee abzubringen. Alwina weigerte sich sogar, die nötigen Papiere zu unterschreiben, da ihr Einverständnis erforderlich war. Aber die Entscheidung von Johannes und Irene stand fest und es gelang ihnen schließlich, Irenes Mutter zur Unterschrift zu bewegen.

Es verging ein ganzes Jahr. Doch Johannes gab nicht auf und sagte: „Wir stellen einen neuen Antrag und warten ab, was passiert."

Die nächsten Auswanderungsanträge wurden gestellt und zu den Emigrationsbehörden gebracht. Beide richteten sich erneut auf eine lange Zeit des Wartens ein. Nicht ohne Grund besagt ein Sprichwort: „Das Schlimmste ist das Warten und das Nachjagen."

So erging es den beiden auch. Sie gingen ihrer Arbeit nach und die Eile des Tages bot manchmal eine gute Ablenkung. Johannes war bestrebt, den Hausbau zu Ende zu bringen, ging seinen sonstigen Geschäften nach und war beruflich voll eingespannt. Irene war mit Kindern, Haushalt und Garten ebenso ausgelastet. Denn inzwischen war sie mit dem sechsten Kind schwanger. Während der Schwangerschaften liebte es Irene, sich vor dem Schlafen ganz eng mit ihrem dicken Bauch an Johannes' Rücken zu drücken. Bewegte sich das Kind in ihrem Bauch, bekam er sozusagen „die Tritte" zu spüren. Erstaunt drehte er sich um und sagte:

„Du Arme, wie hältst du das aus? Das Baby tritt ganz schön heftig!"

„Tja, man kann nichts dagegen machen! Ich muss es aushalten", antwortete sie, während sie mit dem Kopf schüttelte. Am nächsten Morgen streichelte Johannes Irenes Bauch und sagte:

„Gehört das etwa alles mir?" Denn Irene hatte einiges zugenommen.

Es waren seit zwei Wochen Schulferien und die Kinder freuten sich auf ihre freie Zeit, die sie dann genießen konnten, denn in ihrem Gebiet dauerten die Sommerferien drei Monate. Durch die Schwangerschaft konnten sie sich aber nicht viel vornehmen.

An einem schönen Sommertag, zwei Tage vor ihrem Hochzeitstag, setzten nachts die Wehen ein. Morgens, als alle Kinder versorgt waren, machten sich Irene und Johannes wieder mal auf in die Stadt zum Entbindungskrankenhaus. Pappeln säumten die Straßen, sie fuhren durch mehrere Ortschaften. Zwischen den Wehen schaute Irene aus dem Fenster auf die ihr sehr bekannte Gegend. Ein Teppich aus üppigen grünen Feldern lag zu ihrer Linken, rechts zog ein Obstgarten vorbei, dessen Bäume gerade abgeblüht waren. Über das gesamte Panorama spannte sich ein makellos blauer Himmel.

Nach der Ankunft im Krankenhaus kam die Aufnahme, die für sie schon Routine war, dann hatte Irene noch einiges zu tun, bis das sechste Kind das Licht der Welt erblicken konnte. Diesmal freuten sie sich an einem 3.700 Gramm schweren Jungen, den Irene unbedingt Johannes nennen wollte – nicht weil ihr Mann so hieß, sondern wegen ihres Schwiegervaters. Denn er hatte zu der Zeit 53 Enkelkinder, keiner aber hieß Johannes. Irene aber wollte ihrem Schwiegervater eine große Freude bereiten und sagte zu ihrem Mann, als er sie besuchte:

„Ich will das Baby Johannes nennen, nicht weil es dein Name ist, sondern meinem Schwiegervater zuliebe."

„Einverstanden!", erwiderte Johannes.

„Um ehrlich zu sein, auch ein wenig wegen dir. Der Name gefällt mir sehr!" Sie schaute ihn liebevoll an, während sie sprach.

Als der Schwiegervater erfuhr, dass das Baby nach ihm benannt wurde, konnte man ihm das Glück und die Freude über den namensgleichen Enkel ansehen. Johannes junior war ein freundliches und ausgeglichenes Kind. Er spielte intensiv, schuf sich seine eigene Welt und ließ sich dabei nicht stören. Manchmal wirkte er etwas zerstreut, wenn man ihn in seinem Spiel unterbrach. Er hatte ein offenes, großes Herz für die Menschen, die ihm begegneten und würde sein letztes Hemd teilen.

„Bei uns zu Hause gibt es alles reichlich, ihr könnt alle zu uns kommen!", pflegte er zu seinen Freunden zu sagen. Der Junge hatte die Gastfreundschaft richtig verstanden, während andere dabei eher an gastfrei im Sinne von frei von Gästen dachten. Er fühlte sich sichtlich wohl, wenn das Haus voller Menschen war. Irene erinnerte das stark an ihren Schwiegervater. Gleichzeitig war Johannes junior aber auch sparsam. Später, als Irene krank war, versuchte er mit seinem Vater die Einkäufe zu tätigen. Da sagte er: „Papa, kauf keine teuren Lebensmittel ein!"

Von klein auf fühlte er sich immer unter Kindern wohl, bis heute hat sich daran nichts geändert. Wie ein innerer Magnet zieht er einfach die Menschen an. Das treibt ihn regelrecht an, dass sie körperlich, seelisch und geistlich satt werden. Heute weiß Irene, dass es prophetisch war, ihn so zu nennen. Er hat die Eigenschaften ihres Schwiegervaters: humorvoll, liebt die Menschen, ein Evangelist durch und durch, hat genau so ein weiches Herz und ist nah am Wasser gebaut.

Tatjana war gerade ein Jahr alt, als ihr Bruder Johannes zur Welt kam. Sie kränkelte öfters, sodass die notwendigen Impfungen nicht termingenau eingehalten werden konnten. Bronchitis plagte sie, doch mit viel Pflege und Medikamenten wurde sie gesund.

Später entpuppte sie sich als ein aufgewecktes und fröhliches Mädchen. Sie beschäftigte sich nicht lange mit einem Spiel, schnell wurde es ihr zu langweilig, das Leben bot doch noch viel mehr Abwechslungsreiches. Tatjana erinnerte Johannes an einen Falken, der immer in Bereitschaft war, ein neues Ziel anzusteuern, entschlossen und mutig zuzupacken, gleichzeitig aber innerlich weich und zerbrechlich. Sie musste lernen zu ihren Schwächen zu stehen, was nicht einfach für sie war, denn sie war ergebnisorientiert. Wenn sich Johannes zu Hause handwerklich betätigte, ging sie ihm gerne zur Hand, etwa beim Bau von

Schränken, und wollte wissen, wie man was zusammenbaut. Wenn sie seine Liebe und Nähe brauchte, holte sie es sich ohne Wenn und Aber. Einmal sagte Johannes zu ihr: „Tati, ich habe dich lieb!“

„Ich weiß es!“, erwiderte sie.

„Woran machst du es fest?“, fragte Johannes genauer nach. Sie schaute ihm mit festem Blick direkt in die Augen und sagte: „Deine Taten sprechen dafür!“ Sie war sehr direkt – was sie dachte, kam genau so über ihre Lippen – gleichzeitig aber auch sehr gerecht, sie ergriff nie Partei.

Johannes als Vater hat von allen Kindern was gelernt, denn die Beziehung zu seinen Kindern hat ihn geprägt. Sie sind alle unterschiedlich und leisteten dadurch ihren Beitrag zu seiner Weltsicht. Dadurch veränderte er sich auch.

Der Sommer war wunderschön und die Ernte wurde reichlich eingebracht. Irene wusste nicht, ob sie Vorräte anlegen sollte. Würde wieder eine Absage mit dem Postboten ins Haus flattern? Doch hatte sie eine Wahl? Wenn sie sich nicht um die Vorräte kümmern würde, könnte die Familie im langen Winter verhungern. Nach kurzem Nachdenken fing sie mit der Konservierung an. Wie üblich legte sie auch dieses Jahr etwa 320 Einweckgläser für die Familie als Vorrat an. Schon bald brach der Winter mit seiner eisigen Kälte herein. Das Landleben bewegte sich in den üblichen Bahnen: Ofen schüren, Kohle reinbringen, Asche rausbringen, Vieh versorgen, Stall ausmisten – es war nichts Neues. Selbst der sehnsüchtig erwartete Postbote brachte keine guten Nachrichten. So gingen die beiden ihrer täglichen Arbeit nach. Irene beschäftigte sich mit den Kindern und mit dem Haushalt, Johannes arbeitete fleißig.

Alle waren froh, als der Frühling längere und wärmere Tage brachte. Wie in jedem Jahr fingen die Arbeiten auf dem Acker an. Die Frühkartoffeln und alle anderen notwendigen Samen wurden eingepflanzt, um eine gute Ernte vorzubereiten.

Es schien alles gut zu sein. Irene war sehr glücklich, dass der Herr ihnen sechs gesunde Kinder geschenkt hatte, obwohl sie schon auch mal kränkelten wie alle kleinen Kinder. Da war sie auch dem britischen Erfinder Norman Heatley sehr dankbar, denn durch seine Entdeckung konnten sie ihre sechs Kinder mit Penizillin großziehen. Über den Winter, wenn die Kinder krank waren, hatte Irene ihnen eigenhändig die Spritzen verabreicht.

Doch eines Tages erkrankte sie selbst schwer. Es verging eine lange Zeit, bis der Landarzt die richtige Diagnose stellen konnte. Eines Nachts hatte sie einen schweren Anfall, sodass Johannes ratlos bei ihr blieb. Um vier Uhr morgens hatte sich wieder alles gelegt und Johannes konnte wie gewöhnlich zur Arbeit gehen. In dieser Zeit arbeitete er als Elektriker in einer Gewächshausanlage, die über zwei Hektar groß war. In seinen Gedanken war er aber bei Irene und den Kindern. Voller Unruhe machte er sich noch am Vormittag auf den Heimweg, um nach dem Rechten zu sehen. Er fand die Kinder allein zu Hause.

„Wo ist Mama?“, fragte er Irina, denn sie war ihr großes Mädchen und passte häufig auf ihre Geschwister auf.

„Mama ist zum Arzt gegangen, denn sie fühlte sich nicht gut“, erwiderte die Kleine.

„Du machst es gut, meine Schöne!“ lobte sie Johannes, während er schon unterwegs zu seinem Motorrad war.

Während der Untersuchung sagte Irene zur Ärztin: „Ich habe eine Eileiterschwangerschaft.“

„Wie kommen Sie darauf?“, fragte die Ärztin entsetzt nach.

„Ich weiß es!“, wiederholte Irene.

„Da bin ich mir nicht so sicher!“, erwiderte die Ärztin. So musste Irene erschöpft und traurig die Praxis verlassen.

Unterwegs betete sie: „Herr, du allein weißt, was ich habe. Wenn du mir nicht hilfst, dann sterbe ich hier und jetzt auf der Straße. Plötzlich hörte Irene ein bekanntes Motorradgeräusch. Sie sah sich um und sah, wie Johannes auf sie zurollte. Er erschrak, denn sie war kreidebleich.

„Johannes, bring mich in die Stadt, dahin wo ich vor Jahren als Hebammenhelferin gearbeitet habe, bitte. Ich kann nicht mehr“, sagte sie mit leiser Stimme.

„Mach ich sofort!“, erwiderte er.

„Lass uns vorher noch schnell zu deiner Mutter fahren. Wir geben ihr Bescheid, dass sie auf die Kinder aufpassen soll“, schlug er vor und fuhr los.

Da die Kinder durch Irenes Mutter Alwina versorgt waren, war sie beruhigt, als Johannes vor dem Gynäkologiekrankenhaus anhielt. Da Johannes der Zutritt verweigert wurde, musste Irene in ihrem schrecklichen Zustand alleine zu Fuß bis in den vierten Stock gehen.

Kreidebleich kam sie an. Als sie die Krankenhausmitarbeiter sahen, bekamen sie einen Schreck. Schnell wurde eine Untersuchung angeordnet, die eine Eileiterschwangerschaft bestätigte.

„Bereitet den Operationssaal vor. Schnell!“, rief die Ärztin, während Irene auf der Liege für den Eingriff vorbereitet wurde. Sie konnte die Schmerzen kaum ertragen und fragte sich sorgenvoll:

„Was wird bloß aus meinen Kindern werden? Sollten sie in ihren jungen Jahren bereits am Grab ihrer Mutter stehen müssen? Und wie wird mein Mann den Verlust verkraften?“ Solche Gedanken zerrissen ihr das Herz. Sie schickte ein Stoßgebet nach dem anderem zum Himmel.

„Sagen Sie mal, wie sind Sie denn in so einem Zustand hierhergekommen?“, fragte die Ärztin.

„Ich bin nicht alleine. Mein Mann ist unten und wartet auf mich. Dürfte ich nach unten gehen und ihm Bescheid geben, dass ich …“, Irene hatte den Satz noch gar nicht ausgesprochen, da unterbrach sie die Ärztin: „Sie? Auf keinen Fall! So wie sie aussehen? Wenn Sie sich sehen würden ...? Wir müssen so schnell wie möglich mit der Operation beginnen. Beschreiben Sie Ihren Mann, meine Kollegin wird ihn holen“, antwortete die Ärztin eilig.

Irenes letzte Kraft schwand dahin, langsam und flackernd zogen die Bilder an ihren Augen vorbei. Ständig liefen die Krankenschwestern um sie herum. Wenige Minuten später wurde sie mit ihrer Liege über den Flur geschoben, den langen Korridor entlang in Richtung Operationssaal. Sie sah die Deckenlampen vorbeihuschen und fragte sich, was wohl genau mit ihr passieren würde.

Johannes stand an der Tür. Sie durften einander nur noch zuwinken, für mehr war keine Zeit. Erst als Irene auf dem Operationstisch lag, in weiße Tücher gehüllt und mit einer lokalen Betäubung versehen, wurde ihr klar, dass ihr eine neue Operation bevorstand.

Erschlagen von dieser erschütternden Nachricht ging Johannes wieder nach unten und setzte sich auf eine Bank, um seine Gedanken zu ordnen. Die Operation würde etwa zwei Stunden dauern. Die Zeit schien für ihn wie eine Ewigkeit zu sein. Tausend Gedanken schossen in Blitzgeschwindigkeit durch seinen Kopf. Er erinnerte sich an die schöne Zeit, die er mit Irene verbracht hatte und nun das? Er erinnerte sich, wie unternehmungslustig und voller Leben Irene war. Der lebendigste, fröhlichste Mensch, dem er je begegnet war. Er schmunzelte wehmütig. Sie hatte ein unwiderstehliches Lachen. Unter anderem hatte er sie auch wegen ihres Lachens geheiratet. Wenn sie lachte, musste man zwangsläufig mitlachen. Dagegen war kein Kraut gewachsen. Er spürte ein warmes Gefühl der Zuneigung in sich aufwallen. Ob er sie so wiederbekommen würde, dachte er, während er seinen Kopf sinken ließ. Nach gefühlten drei Stunden wurde er ins Arztzimmer gerufen. Schlag auf Schlag wurde Johannes mit unangenehmen Nachrichten bombardiert, obwohl er gefühlsmäßig ohnehin schon zu Boden gegangen war. Die Ärztin teilte ihm mit, dass seine Frau gerade noch gerettet werden konnte. Nun würde sie auf der Intensivstation liegen, wo sie die nächsten Tage unter ärztlicher Beobachtung auch bleiben müsse. Dort durfte Johannes seine Frau auch nicht besuchen. Der Eileiter, in dem sich der zwei Monate alte Embryo befand, wurde Irene entfernt. Jetzt war auch klar, woher die schmerzhaften Anfälle der letzten Zeit kamen.

„Wir wundern uns selbst, wie ihre Frau diesen Zustand noch überleben konnte. Sie werden keine Kinder mehr bekommen können. Wir haben Ihre Frau sterilisiert.“

Mit diesen Worten verabschiedete sich die Ärztin. Das war einfach zu viel für Johannes. Er wusste nicht wohin mit sich. Der Rest der Familie würde doch auf ihn warten. Doch seine Gedanken waren immer noch bei den Worten der Ärztin.

Johannes erinnerte sich an den sogenannten Notrufpsalm, obwohl es nicht seine Stärke war, Zahlen zu behalten. Doch diese Rufnummer hatte er im Kopf: „Psalm 50,15: Rufe mich an am Tag der Not, ich will dich erretten, und du wirst mich verherrlichen!“

Das Gute war, so dachte er, „dass es endlich vorbei ist und dass meine Frau lebt! Sie wird sich mit Sicherheit wieder erholen, das weiß ich! Aber dass wir keine Kinder mehr bekommen …" Dieser Gedanke ließ ihn nicht mehr los, denn er kam selber aus einer großen Familie und hat Kinder schon immer geliebt.

Währenddessen lag Irene auf der Intensivstation und wachte trotz Narkose immer wieder von dem fürchterlichen Schreien eines Krankenhauspatienten auf. Ein Mann hatte seine Frau auf grausame Art und Weise mit einem Küchenmesser getötet. Anschließend wollte er sich selbst das Leben nehmen, doch dies misslang und so schrie der Mann pausenlos seine innere Qual heraus. Irene wurde mehrmals in der Stunde von einer Krankenschwester beobachtet, denn sie war schwach, sehr schwach. Sie sah aus wie eine Leiche. Ihr Zustand hatte sich auch in den folgenden Tagen nicht verbessert. Sie durfte keinen Besuch auf der Intensivstation empfangen. Das war das Schlimmste für sie. Nur kurze Briefe hatte sie von Johannes bekommen, in denen er sie ermutigte und ihr schrieb, wie sehr er sie liebte. Sie wollte ihn sehnsüchtig sehen, aber es war ihr untersagt. Erst nach einer Woche konnte Irene mit der Hilfe einer Krankenschwester wieder stehen. Sie begleitete Irene in den Besucherraum, in dem sie kurz Gemeinschaft mit ihrem Mann haben durfte. Fast zwei Wochen musste sie im Krankenhaus bleiben, denn der Körper regenerierte sich äußerst langsam. Sogar für die Laboruntersuchungen konnte man ihr kein Blut abnehmen. Sie hatten ihr alle zehn Finger angestochen, aber es kam kein Tropfen Blut heraus. Die Krankenschwester fragte: „Leben Sie oder steche ich an einer Leiche herum?"

„Doch, ich lebe", antwortete Irene. Später stach sie ihr ins Ohrläppchen und nahm ihr dort das Blut zur Untersuchung ab. Nach der Entlassung aus dem Krankenhaus erholte sich Irene langsam, aber stetig. In diesen schwierigen Monaten, die von Ängsten und Tausenden Fragen gekennzeichnet waren, half nur eines: Gebet!

Die Zeit verging und nach fast sieben Monaten war Irene wieder die Alte und bewältigte ihren Alltag. Die Vergangenheit schien ihr weit, weit weg zu sein.

„Haben wir eine Nachricht aus Deutschland bekommen?", lautete Johannes' erste Frage, wenn er von der Arbeit kam. Immer wieder musste Irene mit Nein antworten.

Eines Tages rief Irene ihn nach dem Abendessen ins Wohnzimmer:

„Komm doch mal bitte rüber, ich habe eine Überraschung für dich", sagte sie. Johannes mochte keine Überraschungen, weil ihn diese sehr neugierig machten und er gleichzeitig sehr ungeduldig war.

„Sag schon, was ist es? Was hast du vor?"

Er wurde immer ungeduldiger.

„Nimm Platz!", sagte Irene. Langsam sank Johannes in den Sessel, während Irene einen großen Briefumschlag auf den Couchtisch legte.

„Waaaas issssst dasss?", fing Johannes stotternd an zu fragen. „Sind etwa die lang erwarteten Papiere da?"

Er konnte es nicht fassen.

„Und – ist mir die Überraschung gelungen?“, hakte Irene nach.

„Doch doch, sie ist dir gelungen!“, antwortete Johannes. Er wusste nicht, was er tun sollte, lachen oder vor Freude schreien. Das Blut stieg ihm zu Kopf, seine Gefühle waren aufgewühlt. Nach endlosen sieben Monaten und mehreren Absagen war die Ausreisegenehmigung endlich eingetroffen.

Jetzt gab es große Vorbereitungen zu treffen, obwohl sie nicht viel mitnehmen durften. Sie mussten ihr schönes Haus verkaufen, in das sie so viel investiert und keinen einzigen Tag ihres Lebens dort gewohnt hatten. Eine dreijährige Baugeschichte, die sie viel Kraft, Mühe, Geld und vor allem Zeit gekostet hatte. Doch das verschmerzten sie, da sie sich sehr auf die Ausreise freuten.

Die Möbel verschenkten sie an die Verwandtschaft und das Haus verkauften sie günstig an ihre russischen Freunde.

Als Menschen werden wir vor der Zukunft beschützt, indem wir die Dinge nicht sehen können, die vor uns liegen. Hätten die beiden von der Fülle an Bewährungsproben gewusst, die noch vor ihnen lagen, wären sie wohl nicht ausgewandert. Johannes war schon immer optimistisch und Irene konnte sich hinter seiner breiten Schulter sehr gut verstecken. Als verfolgte Christen konnten sie zwischen zwei Ländern wählen. Ginge es nur nach geschäftlichen Gesichtspunkten, wären sie ohne zu überlegen in die USA ausgewandert, doch die durch ihre Eltern hervorgerufene Sehnsucht und Neugier nach dem Land ihrer Vorfahren zog sie nach Deutschland. Tief im Herzen spürten sie das warme Verlangen nach dem Land ihrer Väter. Johannes hatte keine Verwandten in Deutschland, aber Irene schon.

Das optimistische Wesen von Johannes brachte ihn durch alle Widrigkeiten des Lebens. Er hatte für jede Situation des Lebens einen helfenden Tipp parat. Johannes kommt aus einer Großfamilie mit zehn Geschwistern. Obwohl er der Fünftgeborene war, bekam er das Erstgeborenenrecht. Zur Zeit der Patriarchen bekam ein erstgeborener Sohn eine besondere Stellung innerhalb der Familie. Er wurde zum Nachfolger und Erben ernannt und führte die Segenslinie der Familie weiter. Das wurde als Erstgeburtsrecht bezeichnet.

Er erinnerte sich in diesem Augenblick an die Worte seines Vaters, als er kurz vor der Auswanderung zu ihm sprach:

„Wenn ich nicht mehr da sein sollte“, sagte er, „dann achte auf deine Geschwister und kümmere dich um sie.“ Der Vater selbst hatte Vertrauen in seinen Sohn, trotz des großen Altersunterschieds ließ er sich von seinem Sohn sogar bei seinen eigenen Eheproblemen beraten. So betete Johannes’ Vater, der selbst den Namen Johannes trug, mit den Worten:

„Ich sende dich nach Deutschland aus, meiner Familie voraus, so wie Josef. Bitte erkunde das Land und bereite alles vor, damit wir nachziehen können. Ich vertraue Gott, dass er mit dir ist und dir das Nötigste gibt. Du sollst groß werden und sogar vor Regierende und Könige treten.“

Und der Segen Gottes war mit Johannes und begleitete ihn auf all seinen Wegen. Seit seiner Kindheit hatte Johannes das fünfte Gebot gehalten:

„Ehre deinen Vater und deine Mutter, damit es dir gut gehe und deine Tage lang werden in dem Land, das der Herr, dein Gott, dir gibt."

Im Ort war Familie Justus die erste Familie, die die Chance ergriffen hat, nach Deutschland zurückzukehren. Es sollten später aber noch viele Familien folgen.

Kapitel 16

„Das Land der Väter ..."

„Ich möchte es einfach dem Herrn überlassen
und ihm blind vertrauen."

Johannes und Irene

Es war November 1988. Die Maschine Moskau-Hannover rollte holpernd auf der Rollbahn aus und hielt vor einer großen Tafel mit der Aufschrift WELCOME TO HANNOVER. Noch ein letztes Mal sah Johannes aus dem Fenster und sagte zu seiner Frau: „Wir haben es geschafft!"

Die Maschine rollte noch immer, aber ziemlich langsam. Johannes wurde unruhig, stand auf und holte die Tasche aus dem Gepäckfach des Flugzeugs. Die achtköpfige Familie war nach drei Stunden Flug endlich angekommen. Tief berührt und mit einer gewissen Neugier betraten sie das Land ihrer Väter. Ungefähr in zwei Stunden würden sie wohl das Grenzdurchgangslager per Bustransfer erreichen.

Irene trat in den Gang. Johannes nahm die kleinste Tochter auf den Arm und die größte Reisetasche in die andere Hand. Er ging voran, die Kinder hinterher. Den Schluss bildete seine Frau, den gerade mal 13 Monate alten Sohn an der einen Hand, in der anderen eine Tasche.

„Welcome to Hannover" ging es Johannes immer wieder durch den Kopf. Willkommen hier in Hannover – das war doch Othello (Shakespeare-Figur). Aber ihm fiel einfach nicht ein, wie die Szene weiterging.

„Irgendwas zu verzollen?", erkundigte sich der Zollbeamte ohne aufzublicken. Keine Antwort. Als er schließlich aufsah, stand eine Familie mit sechs kleinen Kindern vor ihm. Er bekam ganz große Augen, räusperte sich kurz und winkte sie durch. Vermutlich dachte er nur: „Das sind die Aussiedler", und ließ sie passieren. Zwei junge Männer hielten bereits Ausschau nach der Familie.

„Kann man hier irgendwo Wasser zum Trinken bekommen?", sprach Johannes eine entgegenkommende Flughafenbedienstete an. „Ja, Herr. Die Bar befindet sich dort am Ende der Halle."

Johannes lehnte sich an die Theke und nahm einen kleinen Schluck von dem kalten Wasser aus der Flasche, während sich seine sechs Kinder um ihn herumscharten. Willkommen hier in Hannover – er kam einfach nicht darauf, wie das vollständige Zitat hieß. Nun ist genug, dachte er weiter, ich habe jetzt so viele andere Dinge, auf die ich mich konzentrieren muss.

„Tatsächlich“, sagte eine tiefe Stimme neben ihm. „Sie sind es. Sie kamen mir schon bekannt vor, als sie aus dem Flugzeug stiegen. Sie sind Johannes, stimmt's? Ich wette, Sie wissen nicht mehr, wer ich bin.“

Zwei junge Männer standen jetzt unmittelbar vor ihm. Einer von ihnen war vor Begeisterung kaum noch zu halten.

„Na, hör mal, schön, dass du da bist.“ Der Mann zwinkerte Johannes zu und klopfte ihm auf die Schulter, während der andere den Kindern eine Tüte Süßigkeiten in die Hand drückte.

„Woher wusstet ihr von unserer Ankunft?“, fragte Johannes neugierig. Mit so einer Überraschung hatte er nicht gerechnet!

Er seufzte, trank noch einen Schluck Wasser und begrüßte die beiden Männer herzlich.

„Dein Freund M. Löwen hatte mich gebeten ...“, sagte einer von ihnen.

„Die Welt ist doch ein Dorf“, lächelte Johannes.

Es waren alte Bekannte, Landsleute, die schon ein paar Jahre länger in Deutschland und extra aus der Mindener Gegend zur Begrüßung angereist waren. „Vielen, vielen Dank für den überraschenden Empfang“, sagte Johannes, als er eine weibliche Stimme hinter seinem Rücken rufen hörte: „Familie Justus, bitte steigen Sie in den Bus ein.“ „War sehr nett, euch wiederzusehen“, sagte er, „bestimmt treffen wir uns bald und haben dann mehr Zeit, uns auszutauschen“ und nahm „sein“ Baby auf den Arm, die kleine Tatjana. Johannes nannte sie so, denn nach Irenes Blinddarmoperation musste er das kleine Mädchen schon ab dem zweiten Monat versorgen. Rasch schnappte er sich die große Tasche und feuerte seine Familie an, schneller zum Bus zu gehen, der auch gleich losfuhr, nachdem sie alle eingestiegen waren. Bereits nach kurzer Zeit schliefen die drei kleinen Kinder ein, während sich die zwei Söhne Dimitrij und Daniel über belanglose Dinge unterhielten. Die älteste Tochter Irina hatte sich in ein Kinderbuch vertieft. Irene hielt den schlafenden Junior auf dem Arm und schaute gespannt aus dem Fenster, um erste Eindrücke ihrer neuen Heimat zu sammeln. Johannes lehnte sich zurück und schloss für einen Augenblick die Augen. Er war froh, dass M. Löwen nicht selbst zum Flughafen gekommen war, denn sie hatten sich lange nicht gesehen und nun gab es so viel zu berichten. Er fühlte, wie bei dem Gedanken an das Wiedersehen eine Welle der Aufregung in ihm aufstieg. Als der Bus durch das Tor am Ende des Flughafengeländes fuhr, war Johannes tief in Gedanken versunken. Der Abschied von dem Land, in dem er geboren und aufgewachsen war, prägte sich unvergesslich in Johannes' Gedächtnis. Obwohl der ganze Stress hinter ihm lag, fühlte er sich innerlich noch nicht angekommen, ganz zu schweigen von seinen wechselnden Gefühlen.

Die drei Tage Aufenthalt in Moskau waren purer Stress, dachte Johannes. Viele Anträge auf Auswanderung mussten gestellt werden, die er jeden Morgen in der deutschen Botschaft bekam. Zum Glück war ihm eine Angestellte der Botschaft beim Ausfüllen behilflich. Als er alle erforderlichen Papiere ausgefüllt hatte, bekam er den lang ersehnten Termin bei der deutschen Botschaft, um alle Papiere, Anforderungen, Ausweise und Urkunden prüfen zu lassen. Erst im Anschluss daran wurde die Einreise genehmigt und die Fahrkarten erteilt.

„Sie sprechen gutes Deutsch! Wo haben Sie die Sprache gelernt, Herr Justus?“, erkundigte sich der Botschaftsangestellte erstaunt.

„In der Schule“, erwiderte Johannes. „Schon ab der zweiten Klasse. Auch in der Gemeinde und mit unseren Eltern unterhielten wir uns auf Deutsch.“

„Sehr gut, da haben Sie gleich gewisse Perspektiven“, meinte der Mitarbeiter aus der Botschaft. „Ich wünsche Ihnen noch eine gute Reise!“ Mit einem festen Händedruck verabschiedete er Johannes. Der bedankte sich herzlich und war froh, die Botschaftsformalitäten erledigt zu haben.

Als er in die Moskauer Mietwohnung kam, die ihm ein bekannter Geschäftsmann besorgt hatte, wuselte Irene immer noch im kleinen Haushalt, da sie ihre Kinder und ihre Geschwister, die sie bis Moskau begleitet hatten, mit Essen und Wäsche zu versorgen hatte. Ihre Schwester Lydia, ihr Bruder Waldemar und der Imker Wilhelm Becker waren mitgekommen.

„Ach, du bist zurück“, sagte Irene freudig, als Johannes in die Küche kam. „Wie war‘s?“

Irene balancierte ein Buch, aus dem sie vorlas, in einer Hand, während sie mit der anderen in einem Topf rührte, der einen köstlich appetitanregenden Geruch verströmte. Ihr Bein umklammerte ein jammerndes Kind, während das andere Töpfe und Pfannen aus dem Schrank zog und auf dem Küchenfußboden verteilte. Diese Zeit forderte jedes Elternteil bis ans Äußerste.

„Morgen um neun Uhr geht unser Flug“, mit diesen Worten begrüßte sie Johannes.

„Tatsächlich, ist es schon so weit?“, fragte Irene und spürte wie ein großer Stein sich von ihrer Seele löste.

„Ja, meine Liebe, es ist so weit.“

„Gott sei Dank!“, sagte sie erleichtert, während die kleine Tati (Tatjana) angelaufen kam und zu ihrem Vater stürzte.

„Papa, Papa! Erzählst du mir heute wieder die Geschichte?“

„Welche Geschichte, Liebes?“, fragte er zurück.

„Die, die du gestern erzählt hast – von dem schlauen Fuchs“, präzisierte die Kleine.

„Aber natürlich mach ich das, meine kleine Maus“, sagte Johannes, während er sie streichelte.

„Später, okay!? Jetzt möchte ich mich mit deiner Mutter unterhalten“, antwortete er, während Tatjana zufrieden zu den anderen Geschwistern lief.

„Noch eine Nacht hier in Moskau und dann müssen wir endgültig Abschied nehmen. Ich bin echt neugierig auf das Land unserer Väter", dachte Johannes.

Am nächsten Morgen trafen sie rechtzeitig am Flughafen ein. Johannes zeigte die Karten am Checkpoint vor und sagte: „Die Tickets für sechs Kinder und zwei Erwachsene."

„Sechs Kinder? Haben Sie noch eine andere Beschäftigung gehabt?", fragte die junge Mitarbeiterin am Schalter spitz.

„Nein." Nach kurzer Pause meinte Johannes weiter: „Sie wissen doch, dass wir aus Kasachstan kommen und wir dort keinen Strom haben. Die Nächte waren sehr lang und …"

Die Mitarbeiterin lachte und ließ die Familie passieren. Johannes' Humor hatte auf ihrer langen Reise immer wieder gutgetan, entspannte in manchen Situationen die Atmosphäre.

Der Busfahrer hielt an der roten Ampel. Auf der linken Straßenseite präsentierte ein Autohaus sein großes Angebot an Fahrzeugen. Johannes hielt es nicht aus. Die Neugier packte ihn und er schaute sich die wunderschönen Autos genauer an. Viel zu schnell ging die Fahrt weiter. Johannes versuchte sich ein wenig abzulenken, den Anblick dieser vielen Autos wieder beiseitezuschieben und landete in Gedanken in der Vergangenheit.

Oh, das kann man nicht so schnell vergessen, wenn man in einem Land 31 Jahre seines Lebens verbracht hat, dachte er. Die „Beerdigung", wie es jemand beim Abschiednehmen nannte, kam ihm in den Sinn. Er war immer noch von seinen Gefühlen überwältigt. Bestimmt dreihundert Leute waren gekommen, um sie zu verabschieden. Das war einfach nur beeindruckend. Seine Gedanken gingen zurück zu den Tagen ihres Aufbruchs.

Die Morgendämmerung war angebrochen, als Johannes erwachte. Eigentlich konnte er schlafen wie ein Stein, aber nicht in dieser Nacht. Die innere Unruhe ließ ihn nicht länger schlafen, obwohl er schon am vorangegangenen Abend mit Irene das Nötigste gepackt hatte.

„Wie kommt es, dass du schon wach bist?", fragte sie, sein Angespanntsein spürend.

„Ich kann einfach nicht mehr schlafen", antwortete er. Irene konnte die Sorgen von seinen Augen ablesen.

„Bedrückt dich irgendetwas?", fragte sie.

„Ich mache mir Sorgen, ob du auch an alles gedacht hast. Es ist nun mal nicht so einfach, mit sechs kleinen Kindern loszuziehen. Was ist, wenn wir irgendetwas vergessen haben?", fragte er.

„Ich weiß, dass du alles sorgfältig überdacht hast, aber es hätte ja sein können?"

„Ach, mein Schatzi, ich habe schon an alles gedacht. Schlaf noch ein bisschen und mach dir keine Sorgen, sonst weckst du noch die Kinder auf! Wir haben heute einen langen Tag vor uns und wenn sie nicht ausgeschlafen sind, werden sie quengelig“, versuchte Irene ihn zu beruhigen, während sie sich umdrehte.

Aber auch sie fand keinen Schlaf mehr. Johannes’ Unruhe steckte sie an.

„Du hast Recht. Wir müssen noch viel schaffen“, erwiderte sie, stand auf und bereitete das Frühstück vor. Johannes quälte sich ebenfalls aus dem Bett und fragte, ob er ihr helfen könnte.

„Kannst du bitte die Kinder anziehen, Darling?“, flüsterte Irene, als sie merkte, dass die Kinder nach und nach wach wurden.

„Soll ich sie alle in die warme Kleidung stecken?“, versicherte sich Johannes.

„Ja, in Moskau liegt schon Schnee“, antwortete Irene aus der Küche.

„Wie du meinst.“ Johannes widmete sich intensiv der Aufgabe, die Kinder anzuziehen. Allerdings mussten sie feststellen, dass das Wetter gar nicht so kalt wie erwartet war. Der Altweibersommer schien in diesem Jahr nicht zu Ende gehen zu wollen. Die Pappelbäume, die auf ihrem Hof wuchsen, waren immer noch bis zur Hälfte mit gelben Blättern gefüllt.

Johannes merkte, wie sich Gefühle der Unsicherheit in ihm breitmachten. Er wurde ihm bewusst, dass er noch nie mit allen sechs Kindern unterwegs gewesen war.

„Wie schafft meine Frau das nur? Ich bewundere sie!“

Es dauerte aber nicht lange und er dachte sich: Gemeinsam waren wir schon immer stark und das werden wir auch dieses Mal sein. Hoffentlich bemerkt sie meine Unsicherheit nicht.

Noch ein letztes Mal wurde in diesem Haus gefrühstückt. Nachdem alle Vorbereitungen getroffen waren und die Familie startklar, verließen sie diesen Ort, an dem sie intensiv gelebt hatten. Draußen auf dem Hof empfing sie zu ihrem Erstaunen die gesamte Nachbarschaft und bereitete ihnen einen herzlichen Abschied. Einige von ihnen standen dort, mit Tränen in den Augen, berührt von diesem Moment des Lebewohls. Andere wiederum weinten, während sie einen nach dem anderen in die Arme schlossen. Aus der Menschenmenge konnte Johannes eine traurige Stimme vernehmen, die sagte: „Heute ist der Tag der ‚Beerdigung‘ unserer lieben Familie Justus.“

Nach all den Umarmungen, vielleicht letzten Begegnungen, setzten sich alle ins Auto, das Johannes organisiert hatte, und winkten, bis die Menschenmenge, die sich zum Abschied versammelt hatte, nicht mehr zu sehen war.

„Nichts wie weg“, dachte Johannes, „sonst kann ich meine Gefühle auch nicht mehr verbergen.“

Der Fahrer bog am Ende der Straße in die Hauptstraße ein und nahm die Richtung zum Flughafen, von wo aus sie erst mal nach Moskau flogen. Die winkenden Hände der Nachbarn verschwanden mehr und mehr am Horizont.

Johannes wurde sich wieder bewusst, dass er im Bus unterwegs zum Grenzdurchgangslager war. Die hinter ihnen liegende Zeit war purer Stress gewesen. Er schaute aus dem Fenster und spürte, dass es Zeit brauchte, das

Vergangene zu verarbeiten und die Zukunft aktiv anzugehen.

Ja, das Land unserer Väter, wie wird es wohl sein? Ganz neu anfangen, mit einer großen Familie. Nur vier Koffer und zwei Kisten mit Geschirr im Gepäck.

Ihm fiel das Volk Israel ein, das beim Auszug aus Ägypten ebenfalls nicht viel mitnehmen konnte. Er befand sich also in bester Gesellschaft.

Es war lange her, seit die Söhne Jakobs das Land am Nil betraten. Zu Beginn ihres Aufenthalts in Ägypten war es sehr schön, da ihr Bruder Joseph sie mit offenen Armen begrüßt hatte. Er war zum zweitmächtigsten Mann im Land aufgestiegen und saß auf einem Thron neben dem Pharao. Er besaß alle Macht, ihnen einen bevorzugten Siedlungsplatz in der schönsten und fruchtbarsten Gegend Ägyptens anzubieten.

Johannes' Vorfahren waren vor circa 300 Jahren nach Russland ausgewandert. Drei Justus-Brüder aus Hessen siedelten sich zur Zeit Katharinas der Großen im Wolgagebiet an. Ob sie auch wie die Söhne Jakobs begrüßt worden waren? Das konnte er sich nicht vorstellen. Russland ist schon so lange ich denken kann als ein armes Volk bekannt. Aber damals war die Wirtschaftslage in Russland weitaus besser als in Deutschland, das durch den Siebenjährigen Krieg recht angeschlagen war.

Wie dem auch sei, einige Jahrzehnte hatten die Kinder Israels in Goschen gewohnt, dort ihre Herden gehütet und ihre Söhne und Töchter in Reichtum und Überfluss aufgezogen. Doch nachdem Joseph und der Pharao, der ihn kannte, gestorben waren, wurden sie der Willkür der nachfolgenden Könige ausgeliefert, die aus ihnen ein Heer von Sklaven und damit billigen Arbeitskräften machten. Für fast 400 Jahre hatte das Volk unbeschreibliche Unterdrückungen und Leiden erdulden müssen. Wer konnte sich vorstellen, dass die Geschichte, die so gut begann, doch noch so enden würde?

„Und jetzt sind wir mit unseren Kindern als Auswanderer unterwegs und hoffen auf ein besseres Leben. Schade, dass ich nicht auf meinen Vater gehört und meine Muttersprache mehr beibehalten habe. Ich möchte es jetzt einfach dem Herrn überlassen und ihm blind vertrauen. Er wird sich um uns kümmern."

Johannes' Gedanken rissen ab, als der Bus jetzt langsamer durch die Außenbezirke von Hannover fuhr, der Hauptstadt von Niedersachsen. Sehr bald verließen sie Hannover wieder und fuhren weiter durch die Ebene in Richtung Westen. Sie passierten ein Dorf nach dem anderen, in denen lauter Häuser aus braunem Klinker standen, zum Verwechseln ähnlich.

„Sprechen Sie Deutsch?", fragte ihn der Fahrer.

„Ja, ein bisschen."

„Da auf dem Flugplatz ist ein Schild, auf dem steht: ‚Welcome to Hannover'. Wie heißt das eigentlich weiter?", fragte Johannes in gebrochenem Deutsch.

„So viel ich weiß", antwortete der Fahrer, „kommt da gar nichts weiter. Es soll lediglich die Touristen hier begrüßen."

Die Fahrt führte sie nun durch Osnabrück. Die Ebenheit des Bodens, die braunen Häuser mit den roten Ziegeldächern, das alles war ihm völlig fremd. Die Straße führte an alten venezianischen Mauern mit Zitadellen entlang und zog sich rings um die Altstadt, wie ein geschlossener Kreis. Johannes sah die alte und prächtige Kathedrale mit ihrer langen, bis in den Himmel ragenden Spitze. Sie erinnerte ihn an die Zeit der Kreuzritter. Während der Bus an der Mauer entlangfuhr, kamen sie an den riesigen Befestigungen vorbei, die die Form von Pfeilspitzen hatten, die aus der Mauer herausragten. Er wollte den Fahrer schon fragen, was es zu bedeuten hatte, ließ es dann aber doch lieber bleiben. Der Fahrer beschleunigte das Tempo und Johannes schaute weiter aus dem Fenster in dem Bestreben, möglichst viel von seiner neuen Heimat aufzunehmen.

Die Sonne schien intensiv, sodass Johannes immer wieder seine Augen schließen musste. Plötzlich fühlte er sich einsam.

„Herr", sagte er, „du warst gut zu mir und hast meine Familie auf der Reise bewahrt und gesegnet." Doch eines beunruhigte ihn immer noch: Er wusste nicht, wie und wo seine Reise endgültig endete.

„Gott", seufzte er, „daher kommt auch das Gefühl der Einsamkeit? Es ist das Gefühl eines Auswanderers, der keine Heimat hat. Werden wir denn wieder ein Zuhause haben, Herr?"

Das genau war es. Er hatte einen Sinn für sein Leben gefunden und er erahnte den Zweck seines Rufes, wenn auch noch verschwommen. Dennoch wusste er nicht, wo sein zukünftiges Zuhause sein sollte. Johannes seufzte und fühlte wie die große Wärme, die ihm schon mehrere Male begegnet war, über ihm lag.

Die monotone Fahrt und die Geräusche des Busmotors zogen sich in die Länge, sodass Johannes weiterhin in seinem Gedankenlabyrinth umherirren konnte. Der Fahrer hatte eine scharfe Kurve genommen und Johannes' Erinnerungen wurden kurz unterbrochen und durcheinandergeschaukelt. Wie gut, dass die Kinder während der Fahrt mit all dem Neuen beschäftigt waren, das ihnen beim Blick aus dem Fenster begegnete. So konnte Johannes weiter seinen Gedanken nachhängen.

„Jetzt sitze ich hier und genieße den Anblick dieser neuen Gegend. Wer hätte das gedacht?"

Er seufzte innerlich:

„O Herr! Das, was ich bis jetzt erlebt habe …, ich hoffe, mich erwartet hier nicht das Gleiche." Johannes atmete tief durch und sah vor sich zwei große parallel zueinander stehende Gebäude, die ihn an die alte französische Architektur erinnerten. Vergrabenes Geschichtswissen kam hoch. Er sah auf das Schloss mit seiner prachtvollen Bauweise. So etwas kannte er nur aus Büchern, wie „Der Graf von Monte Christo" von Alexandre Dumas. Doch jetzt war das Realität. Johannes schaute aus dem Fenster und sah ein Schild mit der Aufschrift: „Wir bitten um Verständnis für die optische Beeinträchtigung."

Was war damit gemeint? Das bisschen Putz, das von den Wänden gefallen war?

Auf einmal fühlte er sich ins 16. Jahrhundert versetzt. Der wunderschöne, italienische Garten aus den Zeiten des Barock lag vor ihm in seiner ganzen Pracht, der durch die bewegte Linie in Grundriss und Aufbau Sinnenfreudigkeit und leidenschaftlichen Ausdruck vermittelte. Der Barock setzte die Gegenreformation zur Religiosität, doch das hatte Johannes nicht gestört. Gleich gegenüber lag der sogenannte Rokokogarten in seinem französisch-italienischen Stil. Er war gekennzeichnet durch Zierlichkeit, verspielte Formen, Anmut und Leichtigkeit. Es hatte ihn schon immer fasziniert und er hatte den tiefen Wunsch, eines Tages dort spazieren zu gehen. Im selben Moment jedoch stieg Mitleid in ihm hoch, als er an die Diener dachte, die diese harte Arbeit verrichtet hatten, auch wenn das Ergebnis beeindruckend aussah.

Tja, die Epoche ist vorbei, dachte Johannes, während der Busfahrer verkündete: „Meine Damen und Herren, wir sind angekommen. Ich wünsche Ihnen einen guten Aufenthalt in diesem alten und wunderschönen Schloss!“

Die Herbstluft drang durch die offenen Fenster des Schlosses, das jetzt als Übergangsunterkunft für Aussiedler diente. Johannes trat an eines heran, um eine bessere Aussicht zu bekommen, setzte sich dann auf einen Stuhl und ließ seine Augen über das unter ihm liegende Land schweifen. Lange saß er schweigend da und betrachtete die Schönheiten der Schöpfung Gottes – die Felder, die vom Morgentau bedeckten Wiesen, die wie ein Perlenmeer in der strahlenden Sonne glänzten, als ob jemand es aus Versehen ausgeschüttet hätte. Er dachte an den Papierkram, der nun von vorne anfangen würde. Aber er ließ sich nicht davon beirren. Für Johannes war es eine neue Herausforderung und er mochte Herausforderungen aller Art. Dieses Mal war zwar alles in Deutsch, aber auch das würde er schaffen. Er ermutigte sich selbst, merkte aber nicht, wie sich sein Gesichtsausdruck veränderte.

Jeden Tag musste sich Johannes mit den Papieren beschäftigen, sodass die Zeit rasend schnell verging. Am Morgen des letzten Tages hatte Johannes, wie auch an den vorherigen Tagen, um neun Uhr seinen Termin beim Fachberater. Der Mann war sehr zuvorkommend. Johannes begrüßte ihn freundlich und wurde gleich aufgefordert, Platz zu nehmen.

„Herr Justus, die Papiere sind so weit fertig. Nun würde ich Ihnen gerne einen Vorschlag unterbreiten“, begann er. „Sie sind Elektriker von Beruf. In Norddeutschland gibt es einen bekannten Geschäftsmann, von dem wir eine Anfrage bekamen. Er hat ein Haus gekauft und möchte eine Aussiedlerfamilie aufnehmen. Was meinen Sie? Das würde doch zu Ihnen passen?“

„Das könnte ich mir gut vorstellen“, meinte Johannes.

„Denken Sie darüber nach und geben Sie mir morgen früh Bescheid“, fügte der Fachberater noch hinzu.

Johannes stand auf, bedankte sich bei ihm und verließ die Behörde.

Als Johannes im Schloss die ausladende Treppe hinauf zum zweiten Stock – dort hatten sie ihre Zimmer – stieg, begegnete ihm ein weiterer, hier untergebrachter Aussiedler.

„Wie sieht es bei Ihnen aus? Sind Sie so weit mit den Behördengängen durch?“

„Doch, doch", antwortete Johannes. „Mir wurde eine Arbeitsstelle in Eystrup angeboten. Morgen muss ich Bescheid geben, ob ich bereit bin, dort hinzuziehen."

„Eystrup? Ich kenne diesen Ort. Dort wohnen eine Menge Katholiken. Da wollen Sie doch nicht wirklich hin?", riet ihm der Mann ab.

„Katholiken sind auch nur Menschen. Das wird mich nicht stören", erwiderte Johannes kühl und ging weiter in Richtung der Zimmer. Dort erzählte er Irene von dem Angebot.

„Was spricht denn dagegen? Dann fahren wir eben nach Eystrup", sagte Irene mit ruhiger Stimme.

Am nächsten Morgen klopfte Johannes pünktlich an die Bürotür des Fachberaters. Er teilte dem Mann mit, dass er und seine Frau einverstanden waren, in Eystrup ihr neues Leben zu beginnen.

„Das freut mich sehr. Eine gute Entscheidung", entgegnete der Berater.

„Wenn Sie dort angekommen sind und sich eingelebt haben, schicke ich Ihnen weitere Familien aus Polen."

„Wieso denn aus Polen? Wie ist das gemeint?", fragte Johannes verwirrt.

„Sie sind doch aus Polen, nicht wahr?", fragte der Mann verdutzt.

„Nein, wir kommen aus Kasachstan", entgegnete Johannes. Der Fachberater erschrak.

„Ach! Als ich Ihre Unterlagen durchgearbeitet habe, ist mir doch aufgefallen, dass Sie etliche Verwandte mit polnischen Namen haben, wie zum Beispiel Familie Urbansky (der Schwager, von der ältesten Schwester) oder die Familie Kowalsky (ein Schwager, von der jüngsten Schwester). Ich bin davon ausgegangen, dass Sie aus Polen stammen. Ich wollte meinen Landsleuten helfen", stotterte er und blickte dabei ins Leere.

„Ich bedanke mich herzlich bei Ihnen für Ihre gute Tat!", entgegnete Johannes, während er ihm die Hand schüttelte.

„Im Eystruper Rathaus habe ich ebenfalls Bescheid gesagt, dass eine polnische Familie kommt. Nun denn, jetzt ist leider nichts mehr zu machen. Die Papiere sind komplett fertig … Na, dann wünsche ich Ihnen trotzdem alles Gute", fügte der Beamte hinzu. Man konnte die Enttäuschung in seiner Stimme hören. Johannes bedankte sich dennoch herzlich und ging mit fröhlichem Gesicht dem Ausgang entgegen.

So sind die Wege des Herrn, dachte Johannes, während er hinter sich die Tür schloss. Zwei Wochen später begann für Familie Justus ein neuer Lebensabschnitt in Eystrup bei Nienburg an der Weser.

Weser, dachte Johannes, dieser Fluss sagt mir nicht viel. Er versank wieder in Gedanken. Von Anfang an haben Flüsse einen besonderen Platz in der Geschichte der menschlichen Entwicklung. Der fruchtbare Boden und das Wasser waren notwendig, um zur Entstehung und Erhaltung einer jeden Zivilisation beizutragen. Große Städte entstanden immer dort, wo genügend Wasser durch natürliche

Ressourcen oder durch Kanäle zur Verfügung gestellt werden konnte. Ob auch dieser Fluss eine entscheidende Rolle in der Gegend spielte? Ob die Stadt Nienburg groß sein wird? Fragen über Fragen wirbelten in Johannes' Kopf.

Alles, was sie wussten, war, dass ihre Reise Richtung Bremen fortgesetzt werden würde. Ansonsten blieben sie ahnungslos. Johannes saß mit Irene allein in einem einfachen Raum des Schlosses. An seinem Gesicht konnte Irene deutlich die Sorgen ablesen, die ihn plagten. Sie berührte leicht seine Hand und flüsterte: „Johannes?" Doch er antwortete nicht. Er war beschämt darüber, dass er nichts zu dem Ort sagen konnte. Doch Irene wusste, dass es nicht nur das war. Es steckte mehr dahinter. Mehr als nur die Ungewissheit, die ihm zu schaffen machte. Sie spürte seine Hilflosigkeit, wusste aber auch nicht, was sie für ihn hätte tun können.

„Es gibt nur eine Möglichkeit: Du musst deine Antworten bei Gott suchen! So wie du es immer getan hast", sagte Irene.

„Das will ich ja auch", antwortete Johannes.

„Ich muss dich leider mit deinen Gedanken alleine lassen, mein Schatz", sagte Irene und ging hinaus, um die restlichen Vorkehrungen zu treffen.

„Ach ja, das stimmt. Mach das", antwortete Johannes abwesend. Er war Ehemann und Vater. Er nahm diese Rollen ernst und trug Sorge und Verantwortung für das Wohlergehen seiner Familie. Johannes fühlte sich erschlagen. Das Ausmaß der Verantwortung erdrückte ihn. Er verließ den Raum und sagte zu Irene: „Ich mache einen Spaziergang. Möchtest du vielleicht mit mir kommen?"

Irene entging nicht die Müdigkeit in seinen Augen. Sie wusste genau, dass er nur aus Liebe zu ihr fragte, aber eigentlich doch viel lieber mit seinen Gedanken allein gewesen wäre.

„Nein, mein Schatz", antwortete sie. „Gehe bitte allein, wenn es dir recht ist! Ich möchte ein wenig ausruhen, denn ich bin müde. Außerdem muss ich noch packen."

Johannes ging allein die Straße entlang und fand einen Hügel, an dem er sich setzen konnte. Von hier aus sah er das Schloss, das friedlich hinter ihm lag. Im Ort herrschte ein reges und fröhliches Treiben. Es war Zeit für das Abendessen. Johannes fühlte sich einsam. Wäre Irene mitgegangen, hätte er für die Unterhaltung sorgen müssen und Irene hätte zugehört. Wieder überlegte er eine Weile und dachte:

„Herr, wie kann ich mich nur so einsam fühlen, wo du doch Wirklichkeit bist? Hier bin ich, Herr, und beginne wieder zu zweifeln. O hilf meinem Glauben, Herr!"

Zum ersten Mal wünschte er sich eine Bestätigung vom Himmel, eine klare Stimme Gottes, die ihm sagte, ob er richtig gehandelt hatte.

Ein kühler Wind zog mit einer eindringlichen Frische über die Hügel. Johannes überlegte. Wie seltsam und fremd wären ihm noch vor einem Jahr seine gegenwärtigen Lebensverhältnisse erschienen. Doch wenn er jetzt auf sich selbst schaute, fühlte er sich wie einer, der einen Schritt in einen großen und leeren Raum hinaus gemacht hatte und unter sich keinen Boden mehr spürte.

Zwölf Tage waren vergangen, seit sie in dem Land ihrer Väter ankamen. Bisher lief alles gut und Johannes war sehr zufrieden.

Ein Gedanke packte ihn: „Alle eure Sorgen werft auf mich, ich kümmere mich um euch!“, sagt unser Herr. Mit diesem Satz schien eine plötzliche Verwandlung in ihm vorzugehen. Es schien ihm, als wäre die Auswanderung schon lange her. Johannes bekam eine innere Ruhe und ging die Straße entlang zurück zum Schloss. Er fand seine Frau, wie sie die Kleidung der Kinder für den nächsten Tag herauslegte.

„Schon wieder alles einpacken und die Kinder fertig machen“, dachte sie. „Das wird ein Fiasko.“ Doch sie waren pünktlich startklar.

Am nächsten Tag trafen Johannes und Irene letzte Vorbereitungen zur Weiterreise. Dann wurden sie zum Bahnhof gebracht und traten die Zugfahrt an. Johannes sorgte für die Sitzplätze seiner Familie, setzte sich dann selbst, lehnte sich entspannt zurück und atmete die beißende Landluft ein, die durch den Dünger der weiten Felder in den Zug hineinwehte. Die Fahrt nach Eystrup dauerte zwei Stunden. Am Bremer Hauptbahnhof mussten sie einmal umsteigen.

Das Haus, in welches sie einziehen sollten, gehörte einem gewissen Herrn Schreiber. Vor Kurzem sah er einen Bericht über die Aufnahme von Aussiedlern in Deutschland. Als er ein paar Tage später unterwegs zu einem Seminar war, sah er ein Schild mit der Aufschrift „Friedland“, das ihm den Weg zu einer ihm unbekannten Kirche wies. Der Pastor dieser evangelischen Kirche ermutigte ihn, Aussiedler aufzunehmen oder bei der Aufnahme behilflich zu sein. Das veranlasste ihn dazu, sich mit dieser Thematik genauer zu beschäftigen. Er informierte sich, was dazu erforderlich sei und kaufte das Haus. So wurden sie bereits vom Bürgermeister und einer Reporterin erwartet, die gemäß einem russischen Brauch frisch gebackenes Brot und Salz bereithielten. Außerdem konnten sie das Haus der vor vierzehn Tagen verstorbenen Dame möbliert übernehmen. Es stand also alles zum weiteren Leben bereit.

Johannes war wirklich dankbar, denn sie alle waren müde von der Reise. So hatten sie endlich ihre eigene Bleibe und einen Rückzugsort.

Nach einigen Tagen fand sich die Familie in einem netten Artikel der Kreiszeitung wieder.

Am nächsten Morgen erwachte Johannes noch vor seiner Frau, die in der Regel zuerst aufstand, um die Morgenmahlzeit vorzubereiten. Er wollte sich das Haus und das Grundstück näher anschauen. Ein neues Leben hatte begonnen. Dazu gehörte natürlich die eine oder andere Umstellung. Das Wetter war zum Beispiel gewöhnungsbedürftig. Die Luft war sehr feucht, obwohl tagsüber die Sonne schien. Johannes ging davon aus, dass die Luftfeuchtigkeit mit steigender Sonnenhitze verschwinden würde. Doch dies war nicht der Fall.

Was die deutsche Sprache betraf, empfanden sie sie wie ein Buch mit sieben

Siegeln. Die deutsche Sprache, die sie mitbrachten, war über dreihundert Jahre alt. Der Unterschied zu der aktuell hier gesprochenen deutschen Sprache war kolossal. Deswegen konnte Johannes die Sprachschule besuchen, während Irene sich mit den Kindern zu Hause einleben durfte und mit dem neuen Haushalt zurechtkommen musste. Sie freute sich riesig, dass ihr Gebet erhört wurde. Sie würde es noch verkraften, auf dem Fußboden zu schlafen und zu essen, aber um ihre Kinder machte sie sich Sorgen. Doch das war nicht der Fall. Im Haus waren reichlich Betten mit Bettwäsche und eine Küche mit großem Tisch vorhanden. Es war zwar alles alt, aber durchaus brauchbar. Irenes Gebet war erhört worden. „Preis dem Herrn", flüsterte sie, „dass du auf alle Gebete eingehst."

Die Einheimischen waren sehr offen und freundlich. Darüber war Irene sehr dankbar, da sie in der neuen Umgebung kein bekanntes Gesicht um sich hatte. Johannes war ohnehin sehr kontaktfreudig und hatte keine Scheu, die neuen Nachbarn anzusprechen, auch wenn sein Deutsch sehr gebrochen klang. Irene war das genaue Gegenteil. Sie versteckte sich hinter der Hausarbeit, um den Menschen aus dem Weg zu gehen. Die erste Zeit des Einlebens war für Irene sehr hart. Wenn sie könnte und ihr Mann sie lassen würde, wäre sie den langen Weg zu Fuß zurückgegangen. Sie hatte fürchterliches Heimweh und weinte oft, sodass Johannes sie immer wieder trösten und ermutigen musste, jetzt nicht aufzugeben. Fast sechs Monate hatte es gedauert, bis Irene sich eingelebt hatte. In dieser Zeit lernte sie mehrere Mütter aus der Schule kennen und es schien, als ob das neue Leben für sie in Eystrup gut anfing.

Kaum zu glauben, obwohl sie dort mit sechs kleinen Kindern, vier Koffern und zwei Kisten mit Geschirr ankamen: Pro Person wurden 90 Deutsche Mark, also 45 Euro umgewechselt. Den Rest mussten sie zurücklassen. Der Herr aber kümmerte sich um sie.

Eines Tages klingelte das Telefon. Eine Dame namens Ursula Ponfick meldete sich am anderen Ende der Leitung.

„Wir haben den Artikel in der Zeitung gelesen. Sie sind doch die junge Familie mit den sechs Kindern!? Wir können es kaum erwarten, Sie alle kennenzulernen!", sagte sie fröhlich am Telefon. Ursula war mit Gernot verheiratet, der als Querschnittsgelähmter bereits 50 Jahre seines Lebens im Rollstuhl verbracht hatte. Dennoch waren die beiden sehr glücklich miteinander, hatten aber keine Kinder. Ursula mochte Kinder von Herzen gern und hatte wohl auch aus diesem Grund in ihrer Jugendzeit den Beruf als Kinderkrankenschwester erlernt. Man konnte sie als herzlich, lebensfroh, hilfsbereit und zuvorkommend beschreiben.

Gernot wirkte auf Johannes wie ein sehr belesener und intelligenter Mann, zudem offenherzig und gastfreundlich. Er verstand es, Menschen in ihrer Unterschiedlichkeit anzunehmen und mit ihnen Gemeinschaft zu pflegen. Jede Äußerung, die noch so töricht zu sein schien, nahm er ernst und zog sie nicht ins Lächerliche. Aufgrund seiner Erfahrungen aus der Kindheit trug er eine Ablehnung gegenüber geistlichen Personen in sich. Ein katholischer Priester sagte einmal zu ihm, dass er wohl eine große Sünde begangen haben muss, da er sonst nicht im Rollstuhl gelandet wäre. Johannes erkannte natürlich sofort, dass sich der geistliche Mann mit dieser Äußerung mehr als nur unweise verhielt. Gernot und er konnten stundenlang über die Fragen rund um den Glauben diskutieren. Und sollte Johannes einmal auf ein anderes Thema hinlenken, kam Gernot doch immer wieder zu diesem Thema zurück. Ihre Gespräche waren mal laut, mal etwas leiser und immer wieder lachten sie herzhaft miteinander. Gernot wurde für Johannes zum Vorbild, da er trotz seiner Behinderung nicht die Lebenslust und seinen klaren Verstand verloren hatte.

Des Öfteren erwähnte Johannes ihn als vorbildliches Beispiel gegenüber anderen Menschen, die über die Schwierigkeiten des Lebens zu jammern begannen. Ursula hatte die Familie Justus oftmals zu sich nach Hause eingeladen. Die Kinder hatten eine Menge Spaß bei ihnen, da sich das Ehepaar gerne mit ihnen beschäftigte und viele Spiele mit ihnen machte. Die Kinder fuhren immer gerne nach Bruchhausen-Vilsen, wo das Ehepaar Ponfick wohnte. Eines Tages rief Ursula weinend an und erzählte, dass ihr Mann ins Krankenhaus musste. Die Ärzte hatten eine Leberzirrhose festgestellt. Gernots Leber schien aufgrund der vielen Medikamente, die er sein Leben lang einnehmen musste, aufzugeben.

Doch Ursula holte ihren Mann wieder nach Hause und pflegte ihn weiterhin mit großem Einsatz, wie sie es schon seit dem ersten Tag an getan hatte. Sie heiratete ihn nämlich im Rollstuhl. Auf Irene wirkte diese Frau sehr beeindruckend. Ihr Lächeln verbarg etwas Geheimnisvolles und deutete auf eine gereifte Persönlichkeit hin. Die leichten Falten an den Augen und auf der Stirn, dazu die Lachgrübchen um den Mund, spiegelten ein Leben wider, das sowohl Freude als auch Kummer kannte. Trotz ihres Alters sah sie auf eine sehr interessante und lebendige Art hübsch aus.

So verging ein Monat, bis sich Johannes und Irene aufmachten, um das Ehepaar Ponfick zu besuchen. Es waren die letzten Stunden vor Gernots Tod. Obwohl er von Schmerzen geplagt war, suchte er das Gespräch zum Thema Glauben. Auf dem Heimweg wurde Johannes klar, dass Gernot das Evangelium verstanden hatte. Bis zu seinem Tod blieben sie in engem Kontakt. Mit Ursula sind sie auch heute noch bestens befreundet. Selbst wenn sie schon 84 Jahre alt ist, ist sie immer noch ein flottes Bienchen, das niemals Langeweile hat, sondern stets nach Menschen sucht, denen sie helfen kann.

Johannes und seine Familie lebten nun seit fast zwei Monaten in der neuen Heimat. Es schien, dass sie langsam, aber sicher Fuß fassen würden. An einem Nachmittag klingelte es an der Tür. Als Irene aufmachte, stand dort eine fremde Dame. Sie schaute Irene einige Augenblicke ganz still in die Augen, kam dann etwas näher und stellte sich vor: „Hallo, ich bin Ursula Menzel, die Ortslehrerin." Auch sie hatte den Artikel in der Kreiszeitung gelesen und wollte kurz bei der neuen Aussiedlerfamilie vorbeischauen, um ihre Dienste anzubieten, wie z. B. das Einkaufen von Lebensmitteln oder Kleidung für die Kinder oder das Anfertigen der Einschulungspapiere. Auch die Nachbarin Monika Buschmann war immer zur Stelle, wenn Irene Hilfe benötigte. Obwohl sie selbst ihren Schwiegervater zu pflegen hatte, nahm sie sich die Zeit, um Irene zu unterstützen. Wenn jemand von den Kindern krank war, fuhr sie mit ihnen zum Arzt. Eine weitere Frau, Heidi-Marie Timmke, kam aus Nienburg und brachte eine Menge Kinderkleidung vorbei. Heidi war eine sehr fröhliche und offene Persönlichkeit. Irene traute sich bei ihr Fragen zu stellen, die sie sonst keiner Frau gestellt hätte.

Als Irene im Laufe der Zeit diese und noch viele andere Bekanntschaften knüpfte, verabschiedete sich langsam ihr starkes Heimweh und überfiel sie nur noch selten. Johannes beobachtete mit Staunen, wie seine Frau mit der neuen Mentalität und Sprache zurechtkam. Die zwei ältesten Kinder, Irina und Dimitrij, gingen dann auch zur Schule. Daniel, das dritte der sechs Kinder, besuchte den Kindergarten. Die drei Kleinen blieben vorerst bei ihrer Mutter zu Hause. Die Kinder hatten sich schnell eingelebt, fanden neue Freunde, wo sie sich manchmal nachmittags verabredeten. Durch die Kinder wuchs auch Irenes Bekanntenkreis, wo sie sich an- und ernst genommen fühlte.

Die Zeit verging wie im Flug. Sie waren jetzt schon vier Monate im Land ihrer Väter. Das Haus, in dem sie zur Miete untergebracht waren, hatte einen Wärmespeicher, der eines Tages kalt geblieben war. Johannes überprüfte die Steuerung und stellte fest, dass diese defekt war. Er rief seinen Vermieter an, der einen kleinen Elektroinstallationsbetrieb besaß und teilte ihm die Situation mit. Dieser wiederum schickte den Vorarbeiter des Betriebes vorbei, der die Steuerung erneut überprüfte. Im Anschluss teilte er dem Eigentümer mit, dass anscheinend die Kinder durch ihre Spielereien etwas umprogrammiert hätten. Allerdings hatte er nicht bedacht, dass sich die Steuerung tagsüber im Leerlauf befand und nachts, als die Freigabe über das Rundsteuergerät gegeben wurde, die Umstellung zurückgesetzt wurde. So blieb die Familie wieder ohne Heizung.

Natürlich war es sehr kalt für die kleinen Kinder. Am nächsten Tag rief Johannes erneut bei dem Eigentümer an und teilte ihm mit, dass die Heizung wieder nicht funktionierte.

„Woher wissen Sie, dass die Steuerung defekt ist?“, fragte der Eigentümer skeptisch. „Haben Sie so etwas schon einmal gesehen? Bei mir im Betrieb kennt sich nur ein Einziger damit aus.“

„Der Strom funktioniert überall gleich“, erwiderte Johannes am anderen Ende der Leitung.

„Außerdem habe ich schon wesentlich kompliziertere Schaltschränke und Steuerungen repariert und gebaut“, erzählte er weiter, „als ich bei einem großen Chemiekonzern tätig war.“

„Würden Sie die Steuerung austauschen können, wenn ich Ihnen die Zeichnung und das neue Steuerungsgerät geben würde?“, fragte der Eigentümer.

„Aber selbstverständlich!“, antwortete Johannes prompt.

Gesagt, getan. Einen Tag darauf rief der Eigentümer an, um sich zu erkundigen, ob die Heizung nun wieder in Betrieb wäre. Als Johannes ihm mitteilte, dass die Heizung wieder problemlos funktionierte, reagierte der Eigentümer erstaunt:

„Das ist doch nicht möglich. Sie kommen aus Kasachstan, haben diese Wärmespeichervorrichtung noch nie gesehen und dennoch sofort den Fehler erkannt und behoben. Bei mir im Betrieb herrscht eine derartige Geheimniskrämerei, dass nur einer meiner besten Mitarbeiter in der Lage ist, so etwas zu reparieren. Können sie heute um 17.00 Uhr bei mir im Büro vorbeikommen?“ „Gerne!“, antwortete Johannes und legte den Hörer auf und stand wie vereinbart Punkt 17.00 Uhr bei dem Mann im Büro. Er wurde höflich begrüßt.

„Kommen Sie herein und nehmen Sie bitte Platz!“, sagte der Mann und deutete auf einen Stuhl vor seinem Schreibtisch. Die beiden hatten ein angeregtes Gespräch miteinander. Der Betriebsleiter fragte Johannes nach seiner Ausbildung. Als er dann erfuhr, dass Johannes ein Diplom als Mechatroniker erworben hatte und im Fach Elektrotechnik zu Hause ist, sagte er ihm, ohne lang zu überlegen: „Ich stelle Sie ein.“

Johannes erwiderte, dass er doch zur Sprachschule müsse. Aber Herr Schreiber bestand darauf und sagte, dass er in der Schule anrufen und Bescheid geben würde, dass Johannes nun eine Anstellung habe. Er brauche auch keine Bewerbung zu schreiben, sondern könnte direkt beginnen.

So landete Johannes in einem kleinen Elektrobetrieb. Anfangs war das für ihn gewöhnungsbedürftig, denn in Kasachstan verrichtete er seine Arbeit in einem weltweit operierenden Chemiekonzern und nun fand er sich in einem Betrieb wieder, der wie aus der Steinzeit für ihn wirkte.

„In Kasachstan waren wir wohlhabend, aber davon ist jetzt nichts mehr zu sehen. Wie wird es wohl hier sein?“

Seine Zweifel hatten nichts damit zu tun, dass sie irgendwie Mangel gehabt hätten.

„Es war falsch von mir, Herr, so zu denken. Ich weiß, du hast uns da versorgt und wirst uns auch hier nicht im Stich lassen“, schickte Johannes ein Entschuldigungsgebet zum Himmel.

Irgendwie merkwürdig, aber was soll‘s. Johannes zuckte mit den Schultern und machte sich umgehend an die Arbeit. Er installierte eine Steuerungsabteilung und holte die Firma aus ihrer bis dahin bescheidenen Existenz, die sich nur mit dem Kundendienst befasste. Dann fing er an, Schaltschränke mit SPS-Steuerung für die Industrie zu bauen. Er brachte mit seinem umfangreichen Wissen frischen Wind in das Geschäft.

Planung, Projekte, Programmierung und Bauleitung gehörten von Anfang an zu seinen Aufgaben. Schon bald gingen in der Firma Angebote von großen Industrieunternehmen ein, die das Geschäft stark belebten.

Doch manchmal musste auch Johannes Kundendienst verrichten. Dies war eine demütigende Arbeit für ihn. Eines Morgens wurde er von seinem Chef, Herrn Schreiber, zu einem in der Umgebung sehr bekannten Mann geschickt, um dessen Schwimmbadanlage samt Überwachungskameras zu überprüfen. Dieser Mann empfing Johannes mit einer sehr skeptischen Einstellung. Ihm stand auf der Stirn geschrieben, dass er etwas gegen Menschen aus Osteuropa hatte. Prompt fragte er Johannes, ob sein Betriebsleiter denn wüsste, was er da überhaupt tun würde. Was hatte der sich wohl dabei gedacht, ihm so einen Mitarbeiter zu schicken.

„Mein Chef weiß genau, was er tut. Er schickt den Mann, der in der Lage ist, die Fehler zu beheben", entgegnete Johannes. Der Mann hatte Johannes belächelt und für dumm gehalten.

„Na, dann kommen Sie mal mit und zeigen mir, was Sie können", antwortete er misstrauisch. Johannes ging an die Arbeit, identifizierte die Fehler in der Anlage und behob diese sofort. Er sagte dem Mann: „Alle Fehler sind beseitigt. Die Anlage läuft wieder problemlos."

„Sie sind ja schon sehr pfiffig, dann habe ich Sie wohl falsch eingeschätzt", sagte der reiche Mann und wollte scheinbar die zuerst gezeigte Voreingenommenheit wiedergutmachen. Seine Stimme wurde richtig freundlich.

„Woher kommen Sie und was tun Sie beruflich? Haben Sie eine Familie?"

Johannes erzählte ihm die lange Geschichte und erzählte stolz, dass er sechs Kinder habe.

„Wie bitte? Sechs Stück?", fragte der Mann verwundert.

„Keine Stück! Alle sechs sind wunderbare Persönlichkeiten", erwiderte Johannes. Der reiche Mann zeigte seinen weichen Kern und erzählte seine Geschichte. Er hatte keine Kinder, aus welchem Grund auch immer, und war sehr wohlhabend. Er investierte sein Geld in Katzen und baute ein großes „Katzen-Klösterchen" auf, mit allem was dazugehörte.

Jeder ist seines Glückes Schmied, dachte Johannes und packte seinen Werkzeugkoffer.

„Ich bin Herr Groß, das Gegenteil von klein", stellte er sich anschließend persönlich vor. Johannes drückte seine Hand und verabschiedete sich.

In der Firma klingelte das Telefon. Der Prokurist nahm das Gespräch entgegen. „Johannes", rief er, während er den Hörer auflegte, „bitte fahr mal eben zur Raiffeisen-Genossenschaft und überprüfe die Bio-Bearbeitungsanlage!"

Johannes machte sich auf den Weg. Als er dort ankam, holte er seine Werkzeugtasche heraus, um die Näherung zu überprüfen. Im selben Moment rief der Disponent Johannes' Arbeitgeber an und sagte:

„Schick mir einen richtigen Monteur. Dieser hat doch keine Ahnung." Somit wurde ein weiterer Kollege angefunkt und gebeten, ebenfalls zur Genossenschaft zu fahren, da Johannes angeblich Hilfe benötigte. Dieser aber sagte: „Wie bitte? Johannes kommt mit der Steuerung nicht zurecht? Das glaube ich nicht. Und falls er damit nicht zurechtkommt, kann ich schon gar nicht weiterhelfen."

Aber der Kollege befolgte die Anweisungen und fuhr zur Genossenschaft. Dort angekommen, fragte ihn Johannes: „Was machst du denn hier?"

„Der Prokurist hat mich geschickt."

„Und mit welcher Begründung?", fragte er erneut.

„Er sagte, du kommst hier mit der Steuerung nicht zurecht."

„Blödsinn!", dachte Johannes und lächelte verschmitzt, packte seinen Koffer und sagte: „Ich bin bereits fertig. Schau es dir an! Es funktioniert bestens. Wir sehen uns in der Firma. Mach's gut."

Johannes machte sich auf den Weg ins Büro des Disponenten, um den Arbeitsauftrag unterschreiben zu lassen.

Dieser schaute ihn verwundert an, da er nicht damit gerechnet hatte, dass Johannes innerhalb so kurzer Zeit die Arbeit erledigen würde. „Mussten Sie denn unbedingt bei meinem Chef anrufen?", fragte Johannes. Der Disponent wirkte vollkommen verunsichert, da er auf diese Frage nicht vorbereitet war. Er unterschrieb den Arbeitsauftrag.

„Ich wünsche Ihnen noch einen guten Tag", sagte Johannes und ging in Richtung Tür. Von diesem Tag an war Johannes der meist gefragte Monteur bei der Genossenschaft. Er programmierte dort die Schaltschränke und leitete den kompletten Bau.

Johannes bekam die Erniedrigung hautnah zu spüren, die den Leuten mit einem ausländischen Akzent entgegengebracht wurde. Einmal sagte er einem Mann, der ihn unverschämt belächelte:

„Wenn ich mit Akzent rede, heißt es noch lange nicht, dass ich auch mit Akzent denke."

Doch neben diesen unliebsamen Vorfällen gab es auch viele wunderbare Menschen, die ihnen herzlich gerne halfen. Etliche Einheimische kamen mit Geschenken. Manche brachten Mehl, Kaffee oder Kartoffeln. Die Kinder bekamen viel Spielzeug und Süßigkeiten. Es war Ende November, Vorweihnachtszeit. Fast jeden Tag schauten Ortsbewohner vorbei, um die neue Aussiedlerfamilie zu besuchen. Niemand kam mit leeren Händen. Dadurch hatte sich die Familie Justus stets wohl und angenommen gefühlt. Außerdem entstanden Freundschaften, die bis heute erhalten geblieben sind.

Am schlimmsten waren einige Landwirte, die ihnen immer wieder mit Vorurteilen begegneten. Es schien so, als würde die zivilisierte Welt an manchem Hinterhof zu Ende sein. Eines Morgens kam Johannes wie gewöhnlich zur Arbeit.

„Ich wünsche wohl geruht zu haben!", wurde Johannes von seinem Chef begrüßt.

„Das habe ich, danke", entgegnete Johannes.

„Johannes, du fährst heute zu einem Landwirt und machst dich dort an die Arbeit", informierte ihn der Chef. Johannes befolgte wie immer die Anweisungen seines Vorgesetzten. Als er dort ankam, schilderte ihm ein Mann die Probleme mit seinen Maschinen, die sonst tadellos funktionieren würden. Der Landwirt erkannte sofort, dass Johannes als Aussiedler in Deutschland war und fragte:

„Haben Sie dort drüben überhaupt Strom gehabt?“

„Nein! Wo denken Sie denn hin?“, antwortete Johannes. „Wir sind mit Fahrrädern zum Mond geflogen.“

Der Landwirt konterte:

„Was haben Sie in Kasachstan verloren, wo Sie doch scheinbar Deutscher sind?“

„Ich bin Asiat. Sehen Sie denn nicht, dass ich Schlitzaugen habe?“, erwiderte Johannes und zog seine Augen mit beiden Zeigefingern auseinander.

„Sie sind ein Schlitzohr!“, sagte der Landwirt mit einem leichten Lächeln.

Schnell und gut erledigte Johannes die Arbeit und verabschiedete sich.

„Ich bekenne mich schuldig“, sagte er ironisch, packte seinen Werkzeugkoffer und ging zum Auto.

„Die müssen doch immer ihre Witze machen, diese Russen“, dachte sich der Kunde und verabschiedete ihn.

Bei manchen Einheimischen war die Familie eben doch nicht so willkommen, wie es auf dem Schild stand. Es wurde Johannes noch einmal klar:

„Von Menschen werden wir nicht immer verstanden, aber der Herr versteht uns, das soll genügen.

Johannes schmunzelte und zog die Schultern hoch. Plötzlich fiel es ihm wieder ein – „Welcome to Hannover“. Das Shakespeare-Zitat hieß vollständig: „Willkommen hier in Hannover – Ziegen und Affen!“

Kapitel 17

„Der Alltag“

„Herr, du bist treu! Mit gewaltigen Taten antwortest du uns, wenn wir deine Hilfe brauchen.“

Johannes und Irene

Es war ein Jahr vergangen. Inzwischen waren sieben Geschwister von Johannes mit ihren Familien auch in Deutschland angekommen. Seine Eltern und drei Geschwister waren noch drüben. Irene war fleißig und hatte für alle die Anträge gestellt und das Erforderliche von den Behörden geholt, dann sämtliche Formulare ausgefüllt und zurück zur Behörde gebracht, damit die Anträge so schnell wie möglich an die richtige Stelle kamen. Abend für Abend saß sie und arbeitete sich voran. Johannes kümmerte sich sowohl um die Wohnungen als auch um Arbeitsstellen für sie. Als sie alle untergebracht waren, wurde Irene wieder krank. Sie suchte einen Arzt auf.

„Wahrscheinlich hängt das Problem mit Ihren vorherigen Geburten und überhaupt mit den Strapazen des ‚Frauseins‘ zusammen“, erklärte ihr der Gynäkologe. „Trotzdem würde ich mir die Sache gerne noch einmal genauer ansehen. Wir machen einen verbindlichen Termin aus.“

Johannes brachte sie an dem vereinbarten Tag zum Arzt. Nach kurzer Untersuchung und Gespräch verließ Irene die Praxis, Tränen standen ihr in den Augen. Johannes wartete auf dem Parkplatz auf sie. Von Weitem sah er, dass mit ihr irgendetwas nicht stimmte.

„Du siehst traurig aus, was ist los?“, fragte er.

„Sie wollen mich schon wieder operieren“, erwiderte sie weinend.

„Operieren? Weswegen denn?“, fragte Johannes.

„Der Arzt will eine Gebärmutterentfernung vornehmen, denn er meinte, ich habe eine Gebärmuttersenkung, deswegen auch die Schmerzen“, antwortete sie schluchzend.

Darüber unterhielten sich die beiden auf dem Heimweg.

Alles was Irene sagen konnte war: „Ich möchte keine weitere Operation mehr!“

Woraufhin Johannes erwiderte: „Wenn es notwendig ist, wirst du dich operieren lassen müssen, Liebling.“

Irene war sich nicht sicher, was er mit dieser Aussage meinte erreichen zu können, aber sowohl ihr Körper als auch ihre Seele hatten ihre Toleranzgrenze erreicht. Die Gebärmutterentfernung würde der dritte operative Eingriff in gerade eineinhalb Jahren sein und ihr zwölfter Krankenhausaufenthalt insgesamt. Sie war es ganz einfach leid.

Als die beiden nach einer Woche wieder den Gynäkologen aufsuchten, informierte er sie über die genaue Vorgehensweise und fügte anschließend hinzu:

„Auf eines sind Sie wahrscheinlich nicht vorbereitet, nämlich auf die seelische Belastung, die eine solche Operation mit sich bringen kann. Vieles davon lässt sich physiologisch erklären, die Hormonumstellung und dergleichen. Aber Sie müssen sich klarmachen, welch tief greifende Auswirkungen so eine Operation auf ihr seelisches Gleichgewicht haben kann."

Sie beide hörten sich das genau an, aber Irene konnte es nicht nachvollziehen, geschweige denn ihr Mann.

„Wissen Sie, Frau Justus, viele Frauen haben nur minimale Anpassungsschwierigkeiten nach der Operation. Es gibt aber auch einige, besonders solche wie Sie, die noch verhältnismäßig jung sind, die sich plötzlich nutzlos vorkommen. Sie scheinen zu denken, dass der Verlust ihrer Gebärfähigkeit ihnen jeglichen Nutzen für die Gesellschaft geraubt hat."

„Er hat Recht", schoss es durch Irenes Kopf. Sie war gerade 32 Jahre alt.

Für Irene erschien die Wartezeit zu lang, aber zum Glück konnte sie sich gut ablenken, denn sie hatten am Sonntag den Geburtstag von Johannes noch groß gefeiert. Da musste Irene sehr viele Vorbereitungen treffen.

Die Geburtstagsfeier war gut gelaufen und das Essen, das Irene zubereitet hatte, schmeckte den Gästen hervorragend.

Am nächsten Tag, am frühen Montagmorgen, musste Irene ins Krankenhaus. Es war der 13.03.1990. Eine gewisse Traurigkeit überfiel sie. Johannes sah es und umarmte sie, während er begann Gott um seinen Segen für die Operation zu bitten. Sie priesen ihn dafür, dass er ihr Leben in seiner Hand hatte. Das Wort von Gott hatte mehr zur Beruhigung beigetragen als die Beruhigungsspritze vor der Operation. Johannes war noch dabei, sie saßen still beieinander und warteten. Worte waren nicht mehr nötig.

Als die Wirkung der Narkose langsam nachließ, spürte Irene mehr und mehr einen stechenden Schmerz und ein unaufhörliches Pochen in ihrem Unterleib. Es war unmöglich, den offensichtlichen Eingriff in ihrem Körper zu ignorieren. Ein plötzlicher Schauder von Ängsten erfasste sie, als sie daran dachte, dass sie jetzt keine vollständige Frau mehr war. Das Argument, es sei ja bloß ein Stück Fleisch entfernt worden, tröstete sie nicht. Sie war zwar dankbar für das lebensrettende Geschick des Gynäkologen, schreckte aber vor dem Verlust zurück, der das zwangsläufige Ergebnis seiner Arbeit war.

„O Herr, steh mir bei!", flüsterte sie wiederholt, während sie zusammengekauert auf dem Krankenbett lag und ihre Augen zukniff, um die

Tränen zurückzuhalten.

Sie hatte das Gefühl, ihr Mann würde sie nicht mehr lieben und dachte, sie hätte ihre Attraktivität verloren und könnte deswegen die Zuneigung ihres Mannes nicht mehr erhalten. Gefühle der Einsamkeit, Traurigkeit, Eifersucht und des Selbstmitleides schlichen sich in ihre Seele ein.

Als Johannes später vor ihrem Bett stand, lächelte er sie an und meinte:

„Du musst dich auf deine Genesung konzentrieren, meine Liebe."

Sie hatte in dieser Zeit sehr viel geweint.

Er ermutigte sie immer wieder aufs Neue: „Blick nur nach vorn und nicht zurück. Diese Fantasien wieder und wieder aufzuwärmen und zu verstärken, stellt ein regressives Verhaltensmuster dar. Du musst damit aufhören, sonst kommst du hier nicht raus."

Irenes Mutter Alwina war in dieser Zeit bei den Kindern. 21 Tage lang musste Irene im Krankenhaus verbringen, eine lange Zeit für ihre Mutter. Denn sie war auch nicht mehr die Jüngste. Die Kinder haben sie sehr herausgefordert.

Nach drei Wochen holte Johannes Irene ab und hatte ein paar Tage frei genommen ihr zu helfen. Sie erholte sich sehr langsam. Nach sechs Monaten hatte sie immer noch Schmerzen und musste längere Zeit Medikamente schlucken. Später war sie sich nicht sicher, ob das tatsächlich die Folgen der Operation waren oder ob irgendetwas anderes im Spiel war, denn oft hatten die Kinder sie an ihre Grenzen gebracht. Sie ärgerte sich und wurde ihnen gegenüber laut. Was ihr wichtig war, war die Frage, wie sie es vermeiden konnte, bei jeder kleinen Enttäuschung und jedem alltäglichen Problem mit den Kindern aus der Haut zu fahren. Die kleinen Meinungsverschiedenheiten der Kinder und die Lautstärke wurden in ihren Gedanken zu schwerwiegenden Streitereien und sie konnte es nicht ertragen, wenn sie sich gegenseitig aufzogen. Meistens blieb Johannes dieses ganze Durcheinander zum großen Teil erspart, denn er war beruflich sehr eingespannt, sodass er ihre Gefühlsausbrüche nicht mitbekam. Manchmal stand sie überraschend „neben sich". „Das bist doch nicht du, Irene", schallte es in ihr. „So hast du doch nie in deinem Leben gesprochen."

Abends lag sie in ihrem Bett und weinte, alles hatte sie bereut und Buße getan. Die Kinder hatten ihr sehr leidgetan. Am nächsten Tag versuchte sie sich zu beherrschen, aber es war sehr schwer und gelang nicht immer. Sie hatte sich vor sich selber geschämt und um die Wahrheit zu sagen: Sie hatte schrecklich Angst davor, was passieren würde, wenn Johannes erfuhr, wie es wirklich in ihr aussah. So redete sie sich selbst ein, dass sie zu nichts mehr nütze war.

Johannes aber zeigte ihr auf unterschiedliche Art und Weise seine Liebe, er rief sie in jeder Mittagspause an und ermutigte sie. Er brachte ihr ohne einen besonderen Anlass Blumen und sagte ihr immer, dass er sie liebe. Dieses ständige Versteckspiel war für sie zunehmend schwierig, da sie die Hilfe und das Verständnis ihres Mannes gebraucht hätte. Die Anstrengung, sich permanent beherrschen zu müssen, kostete sie mehr Kraft, als sie hatte. Die Anspannung, unter der sie stand, wurde bald sogar für Johannes offensichtlich. Dann sprachen sie offen darüber miteinander und lernten damit umzugehen.

Johannes ging es beruflich gut und nach der Einarbeitungszeit hatte er eine Marktlücke entdeckt. Automotion und Steuerung war für den Betrieb ein Fremdwort. Da hatte er den Arbeitgeber, Herrn Schreiber, angesprochen und ihm gesagt, dass er durch seinen Beruf und seine Ausbildung zum Mechatroniker ausreichende Erfahrungen und Fähigkeiten besitzt, um diesen Bereich auszubauen und dadurch bessere Umsätze für den Betrieb zu erwirtschaften. Herr Schreiber war offen. Daraufhin fingen sie mit der Steuerungstechnik an. Als zusätzliche Qualifikation belegte Johannes mehrere Seminare und wurde zum Steuerungstechniker ausgebildet.

Darüber hinaus hatte die Firma CAD-Programme angeschafft. Johannes hatte ein paar Schulungen belegt. Der Umsatz und das Engagement wuchsen. Aber dennoch verspürte er zunehmend seine eigentliche Berufung, verdrängte diese Eindrücke aber oft. Aufgrund seiner Rückenprobleme wurde ihm eine Umschulungsmöglichkeit angeboten. Gerne wollte er es angehen, denn seine berufliche Laufbahn war für ihn wichtig.

Es war Frühjahr und es regnete draußen in Strömen, als Johannes nach Hause kam.

Beide erschöpft von ihrem Tag, begrüßten sie einander. An diesem Abend lief einfach alles schief, wie es manchmal so sein kann. Die Kinder waren sehr unruhig und es gab ein paar Probleme in der Firma, in der Johannes tätig war. Keiner hatte auf den anderen Rücksicht genommen. Irgendwie war alles zu laut. So gingen sie zu Bett. Lange konnte Irene nicht einschlafen. Sie musste über alles nachdenken und hatte sich mit Gott unterhalten. Später war ihr ein altes Sprichwort aus Russland eingefallen: Der dich liebt, wird dich auch zum Weinen bringen. Da ist was Wahres dran, dachte sie. Nun, ganz unschuldig war sie auch nicht.

Am nächsten Morgen nach dem Aufstehen begrüßte Irene ihre Tochter.

„Guten Morgen!“, sagte Irene ziemlich zerknirscht, als sie in die Küche kam. Sie war sonst morgens immer viel besser drauf.

Na ja, dachte Irina, vielleicht fühlt sie sich nicht gut. Weil das Frühstück noch nicht fertig war, ging sie spielen.

Da sie nach einer ganzen Weile keiner zum Frühstück rief, schaute sie nach, wo ihre Eltern waren. Samstags ist es bei ihnen immer so gewesen, dass die Familie gemütlich zusammen gefrühstückt hatte, aber an diesem Morgen war es eben anders.

Der Tisch war noch nicht gedeckt, nur Irenes Mutter saß alleine da und sah traurig aus.

„Gibt es heute kein Frühstück?“, fragte Irina leise.

„Vielleicht solltest du mal deinen Vater fragen, ob er das heute noch schafft!“, antwortete sie genervt.

Aus dem Hintergrund kam eine strenge, dunkle Stimme:

„Passt dir etwas nicht? Ich steh schon auf. Es wäre wohl zu viel verlangt, mich heute etwas länger schlafen zu lassen!"

„O weh, das klingt nicht gut", dachte Irina und verzog sich auf ihr Zimmer.

Nach einer Weile rief Irene die Kinder zum Frühstück, das diesmal kurz und still verlief, sonst hatten sie die besten Gespräche am Samstagmorgen gehabt, wenn die ganze Familie beisammen war.

Irene begann nach dem Frühstück mit ihrer Hausarbeit und Johannes ging in den Garten, um den Rasen zu mähen. Die Kinder trollten sich wie gewöhnlich ins Spielzimmer, um gemeinsam zu spielen.

Es fiel Irina auf, dass Mutti und Vati sich den ganzen Vormittag aus dem Weg gingen.

Erst zum Mittagessen waren alle wieder zusammen.

Nach dem Essen fragte Irina die Eltern: „Habe ich irgendetwas angestellt?

„Wie kommst du darauf?", kam es von beiden Seiten zurück.

„Na ja ... ihr seid nicht wie sonst! Ihr sprecht nicht miteinander und gestern habt ihr euch gestritten? Wieso streitet ihr euch, es war doch immer so gut und jetzt redet ihr nicht mehr miteinander?"

Nach kurzer Zeit hatte Johannes das Schweigen gebrochen und meinte:

„Tja, es gibt Tage, da geht manches schief und gestern war so ein Tag, mein Kind, an dem wir beide eine Auseinandersetzung hatten. Wir waren gestresst und müde, da ergab ein Wort das andere. Es werden Dinge gesagt, die nicht so gemeint sind und dadurch entsteht ein Streit. Nachher tut es einem sehr leid."

„Aber warum sagt der eine dem anderen dann nicht, dass es ihm leidtut?", wollte es Irina ganz genau wissen. „Dann wäre doch alles wieder gut."

„Du hast Recht, aber oft ist es so, dass keiner von beiden den Anfang machen möchte!", mutmaßte Johannes nachdenklich.

„Deswegen ist es sehr schön, dass wir dich haben! Du sorgst schon dafür, dass wir wieder miteinander reden", fügte Johannes fröhlich hinzu, während er seine Tochter umarmte.

Nach diesem Vorfall beschlossen Johannes und Irene, vorsichtiger miteinander umzugehen, liebenswürdig und wertschätzend einander gegenüber zu sein. Sie wollten ihren Kindern als Vorbild dienen, mehr miteinander über alles reden und mehr Rücksicht auf ihre Kinder nehmen.

Nicht dass es nie wieder passiert wäre, aber sie versuchten an sich zu arbeiten, denn für beide galt als Streit, wenn einer von ihnen sich auch nur im Ton vergriffen hatte.

Sie waren zu dieser Zeit schon ein paar Jahre Mitglieder in einer kleinen Pfingstgemeinde in Nienburg an der Weser gewesen, die sie jeden Sonntag mit der ganzen Familie besuchten. Ihr erster Pastor in Deutschland hieß Hartmut Stolzenberger. Er ermutigte Johannes immer wieder und Johannes hatte die ersten Dienste angenommen. Sie waren sehr glücklich, gemeinsam eine Gemeinde zu besuchen, denn es waren acht getrennte Gemeindejahre, die Irene und Johannes hinter sich hatten. Es schien alles gut zu sein und der Alltag nahm seinen Lauf, als eines Tages gegen sechs Uhr morgens bei Familie Justus das Telefon klingelte. Johannes sprang auf und rannte die Treppe runter zum Telefon.

Schnell griff er nach dem Hörer und sah, dass der Anruf aus Kasachstan kam. Am anderen Ende der Leitung hörte Johannes eine zitternde Stimme. Es war seine jüngste Schwester Natalia, die auch noch mit ihrer Familie dort lebte. Sie teilte Johannes eine traurige Nachricht mit: Der Vater sei tot. Den Verlust und den Schmerz, der sich in Johannes breitmachte, konnte man schwer beschreiben, denn er hatte eine besondere Beziehung zu seinem Vater.

Irene und Johannes hatten sich schon auf ein frohes Wiedersehen eingestellt und für ihre Eltern eine Wohnung in ihrer Nachbarschaft eingerichtet. Die Fahrkarten und das Visum lagen bereits bei den beiden vor. Und nun so etwas? Sein Vater hatte einen Herzinfarkt. Es war unfassbar für Johannes. Mit seinem Bruder Karl flog er nach Kasachstan zur Beerdigung. Sie hatten dort alles in die Wege geleitet. Anschließend hatten sie ihre Mutter und den jüngeren Bruder Alexander nach Deutschland mitgebracht. Die beiden waren wie geplant in der Nachbarschaft untergebracht.

Der Alltag nahm seinen Lauf und es schien wieder alles gut zu sein. Johannes hatte seit Kurzem wieder einen Hausbau in Erwägung gezogen, denn in Kasachstan hatte er gebaut, aber war nicht eingezogen, da die Übersiedelung und Heimkehr nach Deutschland dazwischenkam. Aus diesem Grund wollte er hier, als sie sich eingelebt hatten, wieder bauen. Sein Wunsch war es, seiner Familie ein Heim zu bieten.

In Kasachstan ging der Wunsch nicht in Erfüllung, hier bot sich ihm die Gelegenheit, ihn zu verwirklichen. Deshalb hatte er sich informiert, wie es hier vonstattengeht, aber viel Unverständnis geerntet. „Wie kann man so etwas träumen, denn du bist hier doch noch ganz neu?“, waren manche Äußerungen der Menschen. Aber das alles hatte ihn nicht von seinen Zielen abbringen können. Damals waren seine Ziele nicht groß, er wollte ein Haus bauen, die Schulden abbezahlen, den Kindern auf die Beine helfen, ein schönes Auto haben, in der Gemeinde maximal ein Ältester sein und ein gutes und besinnliches Leben führen. Das war alles. Nun, wie sagt man so schön: „Wie bringt man Gott zum Lachen? – Zeig ihm deine Pläne!“

Johannes’ Pläne waren klein, mickrig und lächerlich im Vergleich zu Gottes Plänen. Einiges konnte er aber doch verwirklichen, zum Beispiel den Traum mit dem Haus. Er hatte einen Job und ein Einkommen, was ihm ermöglichte, nach kurzer Zeit in Deutschland dieses Vorhaben anzugehen. Das bedeutete anfängliche Widerstände, Behördengänge, Antragstellungen usw. Anschließend konnten sie in Eystrup ein Grundstück kaufen. Sie nahmen einen Kredit auf und bekamen von mehreren Freunden und Bekannten, die auch frisch in Deutschland waren, Hilfe und Unterstützung. Irene hatte sie jedes Mal mit gutem Essen versorgt, sodass die Männer bis Mitternacht am Tisch saßen und sich nach dem harten Arbeitstag entspannten, während sie scherzten und sich gegenseitig aufzogen.

Johannes investierte seinen Jahresurlaub und jeden Samstag in den Bau. Seine Kumpels waren der Meinung, wenn er sonntags nicht auch auf dem Bau arbeiten würde, würde er nie fertig werden. Doch dann sagte Johannes immer: „Der Sonntag gehört dem Herrn!“

Mit seiner ganzen Familie waren sie sonntags im Gottesdienst.

So nach neun Monaten durfte die Familie am 18.01.1991 in ihr neues Zuhause einziehen.

Sie genossen das große und helle Haus. Jedes der Kinder hatte sein eigenes Zimmer. Es gab eine große Küche und ein Wohnzimmer, in dem sie zusammen schöne Abende verbringen konnten.

Samstagabends, wenn er gerade zu Hause war, gingen Johannes und Irene in die Badewanne. Während sie die Gemeinschaft genossen, sagte Johannes:

„Sag mir bitte eine Sache, die du an mir nicht magst und fünf, die du an mir besonders gut findest! Fang aber mit den positiven Statements an.“

„Hm … wie kommst du darauf?“, fragte Irene.

„Komm, fang schon an!“, sagte er, während er mit seiner nassen Hand fuchtelte.

„Okay! Wenn du meinst!“, erwiderte Irene. Wir haben uns versprochen, keine Geheimnisse voreinander zu haben, dachte sie und legte los.

„Ich bewundere dich, wie du dir deine Ziele setzt und wie du sie verfolgst. Ich bin dir sehr dankbar, dass du mich immer zum Handeln motivierst.

Ich bewundere deinen Optimismus! Ich bewundere deinen Ehrgeiz! Ich bewundere, wo ich manchmal dastehe und mehrere Fragen habe, hast du immer eine Antwort parat.

… und das Negative … was ich an dir nicht mag …“ Irene zögerte.

„Ach komm schon! Schieß los!“, drängelte er.

„… Ich mag es nicht, wenn du aufbrausend zu mir bist“, kam es endlich aus Irene heraus.

„Okay! Dann weiß ich Bescheid. Ich werde daran arbeiten“, antwortete er.

Als sie fertig war, war er dran und machte ihr Komplimente:

„Du bist empfänglich für Schönheit und feinfühlig! Du bist sehr gewissenhaft und hältst unser Heim in bester Ordnung! Du bist beharrlich und gründlich. Du vermeidest das Aufsehen und bist treu.

… aber ich mag nicht, wenn du zu laut zu den Kindern bist …“, sagte er schnell und ohne jegliches Zögern.

Das saß. Da wusste Irene, dass sie intensiv an sich arbeiten musste.

Denn wer etwas lernen will, lässt sich gerne korrigieren, dachte sie weiter.

Als diese Bemühungen fehlschlugen, betete sie und verbrachte mehr Zeit damit, die Sache vor Gottes Thron zu bringen. Dieses Bewusstsein kam auch kein bisschen zu früh, denn sie stand vor der Tatsache, dass ihr Leben eine ganz neue Richtung einschlagen sollte.

Als das Haus fertig war, sprach der Herr im Traum zu Johannes:

„Bitte investiere dich jetzt intensiv in mein Reich, genauso gut, wie du dich in dein Haus, für dich und deine Familie investiert hast!“ Daraufhin bemühte sich Johannes, Dienste in der Gemeinde zu übernehmen. Die Kinder wurden größer und kamen zu dieser Zeit in der Schule gut voran. Irene kannte den Spruch, wenn er auch abgedroschen klang, doch es war etwas Wahres daran: „Was Hänschen nicht lernt, lernt Hans nimmer mehr!“ So hatte sie zusätzlich zu den Schulaufgaben versucht, den Kindern so viel wie möglich beizubringen – Mathe-Aufgaben, Texte abzuschreiben oder Gedichte auswendig zu lernen. Sie spielte verschiedene Spiele mit ihnen, bei denen sie wirklich etwas lernen konnten. Jeden Abend vor dem Schlafen hatte Irene ihnen Bücher vorgelesen. Johannes hatte überwiegend eigene Geschichten zu erzählen, nachdem er mit der Bibelgeschichte fertig war. Anschließend beteten sie zusammen. Die Kinder liebten diese innige und familiäre Gemeinschaft.

Einmal in der Woche brachte Irene sie nach der Schule zum „Kinderexpress“, wo sie sich gemeinsam mit den anderen Kindern aus der Gemeinde trafen. Denn am Sonntag war es aufgrund der kleinen Räume nicht möglich, einen Kindergottesdienst zu veranstalten. Es bereitete ihnen große Freude, sodass sie von klein auf gelernt hatten, Gottes Wege zu gehen.

Die ältesten Kinder waren eine gute Hilfe im Haushalt und auch für ihre kleinen Geschwister.

So verging eine wunderschöne Zeit. Das Wetter war warm und sonnig. Die Kinder hatten Sommerferien. So beschloss die Familie, ihren ersten gemeinsamen Urlaub auf der Insel Fehmarn zu verbringen. Es war ein Erlebnis. Ihr erster gemeinsamer Urlaub. Morgens früh um sechs saßen alle Kinder schon im Auto, denn sie wollten den Ferienstau vermeiden. Irene und Johannes hatten abends das Nötigste gepackt, sodass es ihnen an nichts fehlte. Nachdem sie ankamen, reservierten sie einen Campingplatz und bauten zwei Zelte auf. Ein großes für alle Kinder und ein kleineres für die Eltern. Die Kinder genossen die freie Natur und die schöne Luft an der Ostsee. Das Wetter war warm und sonnig, so konnten sie die Zeit überwiegend im Wasser verbringen. Irene hatte das Essen unter freiem Himmel zubereitet, während die Kinder herumrannten. Nach ein paar Tagen beschlossen sie eine Fahrt mit einem Schiff nach Dänemark und zurück zu unternehmen. Es war schon immer ein Wunsch von Irene, einen See und ein Schiff zu sehen, denn sie hatte bis dato beides nicht gesehen – nur die Wüstenschiffe, die Dromedare. Der Urlaub war für eine Woche geplant, aber als sie die Reise nach Dänemark machten, wurde Irene seekrank und bekam Heimweh. Zurück am Zeltplatz wurden die Zelte abgebaut und die Heimreise angetreten. Für die Kinder war das eine schwere Entscheidung, denn sie liebten es, am Ufer im Sand zu spielen, Türme und Häuser aus dem nassen Sand zu bauen oder sich gegenseitig im Sand zu vergraben. Sie liebten es, mit ihren Kunststoffeimerchen Wasser aus dem Meer zu schöpfen. Sogar das Wetter war die ganze Zeit über wunderbar, strahlender Sonnenschein. Irene kam sich wie eine Spielverderberin vor, stand aber zu ihrer Entscheidung, früher abzureisen. Andererseits wäre es sehr teuer geworden, länger zu bleiben, denn Johannes war Alleinverdiener und musste für die achtköpfige Familie sorgen und im Urlaub ist man doch lockerer mit dem Geld umgegangen als sonst.

Zu Hause erwartete die Familie eine schlechte Nachricht: Alwina, die Mutter von Irene, war schwer erkrankt. Sie kränkelte schon länger, hatte sich bisher aber immer wieder erholt. In den letzten Monaten bekümmerte Irene das Aussehen ihrer Mutter. Sie war mit zunehmendem Alter sehr dünn geworden, hustete stark und fühlte sich oft nicht wohl. Manchmal bemerkte sie, wie sie sich die Seite hielt und große Schmerzen hatte.

Häufig schlief sie, doch ihr Schlaf war unruhig und zuweilen schrie sie auf, als ob sie starke Schmerzen plagten. Aber wenn man sie fragte, schmunzelte sie nur und behauptete, alles sei in Ordnung.

„Ich bin ja in Gottes Händen", pflegte sie zu sagen.

„Kann mir da etwas Schlimmes widerfahren?"

„Nun, ich nehme an, du kannst auch ‚in Gottes Händen' sowohl krank werden als auch sterben, oder nicht?", entgegnete Irene. „Aber zum Arzt musst du gehen und dich untersuchen lassen."

Das konnte Irene sich sparen, denn sie hatte sich nie einen Hausarzt gesucht, sondern verließ sich nur auf Gott. So wurde sie schwächer und schwächer. Die dicken Holzscheite im Ofen knackten. Ein paar Funken flogen auf. Irene saß auf dem kleinen Hocker, schaute ins Feuer und hing ihren Gedanken nach. Plötzlich sah sie ihre Mutter in weiter Ferne im Garten in dem Ort, aus dem sie kamen und den sie so liebte. Sie schaute auf und beobachtete, wie Alwina ein paar Löffel vom Abendessen, das Lydia, ihre jüngste Tochter, zubereitet hatte, kostete und dann den Teller beiseiteschob.

Langsam verließ Irene Alwinas Haus. In ihrer Ruhelosigkeit beschloss sie, in den Hof zu gehen, bis die Dunkelheit hereinbrach. Als die dann über die Wiese dahinschritt, nahm sie die wohltuende Abendstille und den Duft des frisch gemähten Rasens wahr. Nun, sie machte sich Sorgen um ihre Mutter. Sie fühlte, wie sie allmählich ruhiger wurde. Ihr Gang verlangsamte sich und schließlich blieb sie stehen.

Manchmal stellte sie sich vor, dass man an diesen langen, hellen Sommerabenden Laute hören konnte, die das menschliche Ohr sonst nicht wahrnahm, das Rascheln der Quecken, das Fallen des Taus, das Entfalten der Sonnenblume, den Abendflug der Vögel. Ihr Blick blieb auf dem im Schatten liegenden Hof, der knapp hundert Meter vor ihr lag, hängen. Ihre Gedanken waren bei ihrer Mutter, vielleicht kniete sie gerade und betete, wie sie es so oft tat. Den ganzen Sommer und auch den Winter schleppte sie sich dahin in der Hoffnung, dass es im Frühjahr besser werden würde.

Doch die nächsten Monate hatte sich ihre Gesundheit verschlechtert, sodass sie schließlich ins Krankenhaus eingeliefert wurde. Gleich am Nachmittag machte Irene sich auf den Weg, ihre Mutter zu besuchen. Im Krankenhaus sah ihre Mutter frischer aus als sonst und keiner wäre auf den Gedanken gekommen, dass es die letzten, gemeinsamen Tage waren. Es war Frühling und das Aprilwetter war sehr unbeständig. Mal schien die Sonne, mal regnete es, mal schneite oder hagelte es. Ruhig und gelassen fuhr Irene nach dem Besuch bei ihrer Mutter nach Hause in der Hoffnung, dass alles wieder gut werden würde. Sie war froh, dass ihre Mutter nun in ärztlicher Behandlung war und rechnete fest damit, dass sie in ein paar Tagen entlassen würde. Am nächsten Tag wurde Irene beim Krankenhausbesuch ihrer Mutter von Johannes begleitet. Das Wetter war an diesem Tag extrem scheußlich – kalt, nass, windig. Neben dem Krankenhauseingang standen große alte Bäume, auf denen unzählige schwarze Krähen saßen, sodass die Baumkronen gar nicht mehr zu erkennen waren. Traurig ging Irene daran vorbei, während sie nach oben blickte. Johannes hielt ihr die Krankenhaustür auf und mit dem Fahrstuhl gelangten sie auf die Station und zum Krankenzimmer von Alwina. Diese saß wie gestern im Bett und wirkte unverändert, aber sie hatte eine Ahnung, dass sie gehen musste.

Johannes hatte zu seiner Schwiegermutter eine besondere Beziehung. Sie hatte in ihrem Leben einige Enttäuschungen durch ihren Ehemann erlebt, wodurch sie ein generelles Misstrauen gegenüber dem männlichen Geschlecht entwickelt hatte. Johannes war ihr einziger Schwiegersohn, mal war sie von ihm begeistert und bewunderte ihn, mal war sie ihm gegenüber misstrauisch. In diesem Spannungsfeld entstand die Beziehung Schwiegermutter zu Schwiegersohn, dabei gab es gute und weniger gute Zeiten. Je älter Johannes wurde, desto mehr konnte sie ihr Misstrauen abbauen, was Johannes sehr gefreut hat. Er war nie ein schwacher Typ gewesen, den man einfach so unterkriegen konnte, was Alwina auch nie versucht hatte. Er bot ihr eine Menge Angriffsfläche, wodurch die beiden sich häufig aneinander rieben und Johannes daran reifen konnte. Als Alwina ahnte, dass ihr Leben zu Ende gehen würde, stellte sie ihm einige Fragen, zumal inzwischen ein tragbares Vertrauensverhältnis zwischen den beiden entstanden war. Sie wollte ihm ihre Not, ihr Leid und ihre Zweifel anvertrauen, dass er ihr beistand, ihr zuhörte, sie stärkte und für sie betete. Das war für ihn ein riesiger Vertrauensbeweis und ein Geschenk, dass seine Schwiegermutter bei ihm Beistand gesucht hatte. Irene musste das Krankenhauszimmer verlassen, ihre Mutter wollte allein mit Johannes sein. Sie fragte ihn, ob sie ihr Leben richtig geführt hatte? Ob trotz Fehler und Versagen der Herr sie aufnehmen würde? Johannes schaute sie voller Liebe an, sah vor sich eine Frau, die durch viel Leid und Not, Entbehrungen gegangen war. Dabei ihre Gradlinigkeit und Respekt vor Gott und Menschen nie aufgegeben hatte. Trotzdem zweifelte sie. Er nahm ihre Hand, hörte ihr zu und als sie geendet hatte, fragte Johannes sie, ob er aus der Bibel eine Stelle vorlesen durfte und paar Gedanken mit ihr teilen. Sie war einverstanden. So las er die Stelle aus Jesaja 1,18-19 vor: „Kommt, wir wollen miteinander verhandeln, wer von uns im

Recht ist, ihr oder ich. Eure Sünden sind blutrot und doch sollt ihr schneeweiß werden. Sie sind so rot wie Purpur und doch will ich euch reinwaschen wie weiße Wolle."

Johannes las ihr diese Worte des Trostes vor und sagte dann zu ihr: „Der Herr hat unsere Gebete erhört und hat dir alles vergeben. Dir wurde vergeben!" „Unser guter Vater im Himmel wird dich empfangen, denn du bist seine Tochter. Wie du deine Kinder nie verlassen hast", ermutigte er sie.

„O ja! Das habe ich nie getan! Ich habe sie immer geliebt und war bereit für sie mein Leben zu geben. Sogar mein Blut habe ich gespendet, als ich kein Geld hatte, damit sie was zu essen bekommen. Das kann ich gut nachvollziehen. Gott ist der vollkommene Vater, viel besser als ich. Er wird mich nicht verstoßen, denn Jesus hat sein Leben für mich gegeben. Jetzt fällt mir das Atmen leichter", sagte Alwina mit Bestimmtheit.

„Ich bin bereit mein Leben loszulassen, aber eins noch, pass bitte auf meine Irene gut auf, denn sie hat ab jetzt niemanden mehr, der für sie da sein kann, nur dich. Ich vertraue dir, was mir anfangs nicht leichtfiel. Ich habe dich beobachtet, du bist ein aufrichtiger Mann. Danke dir für alles!" fuhr sie fort und ihre Augen leuchteten. Johannes umarmte sie und verließ das Zimmer. Irene schritt die ganze Zeit in dem langen Krankenhauskorridor auf und ab und war froh, als sie Johannes erblickte, der ihr signalisierte, dass sie jetzt zu ihrer Mutter reingehen konnte. Als sie vor dem Bett ihre Mutter stand, meinte diese nur leise: „Fahrt nach Hause, denn eure Kinder warten auf euch!" Irene beugte sich zu ihrer Mutter, küsste sie und gehorchte. Sie hatte noch viel zu tun, es war Karsamstag und sie musste noch jede Menge Vorbereitungen treffen.

Nie würde Irene den Ostersonntag vergessen, den vierten April. Irene, Johannes und alle Kinder hatten bereits den Gottesdienst besucht und ein köstliches Ostermahl genossen, das Irene vorbereitet hatte. Plötzlich klingelte das Telefon. Irene ging ran und hatte ihre aufgelöste Schwester Lydia dran: „Irene, du musst sofort kommen, der Arzt hat mir gerade gesagt, dass Mama nicht mehr lang bei uns bleibt! Schnell, beeil dich! Peter und Waldemar sind auch schon unterwegs!" Bevor Irene etwas erwidern konnte, hatte sie aufgelegt. Schnell gab sie die Nachricht an Johannes weiter und ein paar Anweisungen an die Kinder. Die 18 Kilometer in die nächste Stadt, wo sich das Krankenhaus befand, fuhr Johannes schnell, aber sicher, da an diesem Ostersonntag wenig Verkehr war. Zu Irenes Bedauern kamen sie zu spät und ihre Mutter war bereits gestorben. Ihre Geschwister haben es geschafft, Abschied zu nehmen, nur Irene nicht. Traurig und in Tränen aufgelöst gab sie sich die Schuld. „Wäre ich bloß früher gefahren sollen, wäre ich bloß …

Es war ein großer Verlust für die Familie, denn alle Kinder wurden in der Zeit geboren, in der sie zusammen unter einem Dach wohnten. Die Kinder liebten sie sehr, denn sie war eine liebe und fürsorgliche Oma und Mutter.

Die Beerdigung fand vier Tage danach statt. Alwina wünschte sich, auf dem

Friedhof in Eystrup beigesetzt zu werden, wo Irene mit ihrer Familie wohnte. Ihr war klar, dass Irene das Grab pflegen würde.

Nach der Beerdigung stellte sich auch wieder der Alltag ein, in den sich Irene stürzte, auch um sich abzulenken. Sie liebte ihre Mutter sehr und konnte nichts mehr daran ändern, dass sie sich gerne noch von ihr verabschiedet hätte.

Inzwischen war wieder verlässlich der Winter gekommen und draußen fielen die ersten Schneeflocken. Das Mondlicht spiegelte sich in dem zarten Weiß, das alles fein überzogen hatte. Ein unglaublich schöner Anblick, bei dem Johannes die Stelle aus 2. Samuel 7,8 einfiel: „Du hast mich hervorgerufen und unter den Fürsten gesetzt." Ein Gedanke schlich sich ein: Das war nur für edle Leute geschrieben. Weil er keiner edlen Herkunft war, dachte er, es gibt Menschen, die einen besseren gesellschaftlichen Stand haben. Sie sind anerkannt und redegewandt, er aber besaß diese Eigenschaften nicht. Er fühlte sich unwürdig und nicht intelligent genug. Als Kind durfte er zu Hause kein Radio hören, kein Fernsehen schauen und keine Bücher lesen. Trotz des Verbots verkroch er sich und verschlang die Bücher heimlich. Besonders Bücher aus den Themenbereichen Wissenschaft, Technik und Philosophie versuchte er sich zu beschaffen. Autodidakt war Johannes schon immer und er hatte reichlich Sitzfleisch und Durchhaltevermögen. Seine Eltern waren der Meinung, dass dies alles ihn weit von Gott entfernen würde.

Als kleiner Junge sprachen ihn vor allem die Propheten an, die eine enge Beziehung und Gemeinschaft mit Gott pflegten. Das war für ihn sehr wichtig. Eines Nachts sah Johannes zum ersten Mal in einem Nachtgesicht den Geist Gottes, der ihm ein Bild eines großen reifen Getreidefelds zeigte und rief: „Ich gebe dir einen Mähdrescher, ernte das Feld ab." Spontan wehrte Johannes ab: „Nein! Ich möchte es nicht! Nur über meine Leiche."

Er setzte sich auf sein Motorrad und verließ fluchtartig das Feld. Das erlebte er zweimal.

Ein paar Tage später vertraute er diesen Traum seinem ältesten Bruder Viktor an. Der sagte: „Du erzählst so enthusiastisch, dass du davonläufst? Du sollst Gehorsam leisten! Aber ich sag dir, wenn es von Gott ist, wird es sich wiederholen."

Bis Johannes das verstanden hatte, vergingen etwa zehn Jahre. Er hatte keinen Frieden in seinem Herzen. Er spürte den Drang in sich, aber die Versagensängste und seine Menschenfurcht waren größer.

Trotz seines Widerstands war er gesegnet. Alles was er anfasste, gelang ihm. Langsam fing er an, in diese Richtung zu denken, dass er Schätze im Himmel sammeln sollte. Mit kleinen Dingen fing er an, sich im Gemeindeleben einzubringen. Zuerst übernahm er die Technik, dann die Bibelstunde, später die Gottesdienstleitung und so weiter.

Johannes hatte beschlossen, eine Kur zu beantragen, denn sein Rücken bereitete ihm Schmerzen. Zeitig am nächsten Morgen machten sich Irene und Johannes deshalb auf den Weg zum Arzt. Als sie wieder zurück waren, wurde Irene bewusst, dass sie jetzt einen Monat ohne Johannes den Alltag bewältigen musste. Sie konnte diesen Gedanken kaum ertragen und die Tränen flossen ihr das Gesicht herunter. Doch rasch wischte sie sie weg und ermutigte sich selbst: „Nein, Irene, du musst den ganzen Monat allein sein. Bitte beherrsche dich."

Sie schaffte es und beschäftigte sich mit dem Haushalt, den Kindern und ihren Hausaufgaben.

Doch am ersten Abend wälzte sie sich unruhig in ihrem Bett hin und her. Sie konnte nicht schlafen, weil sie ihren Mann vermisste. Sie kannte es von früher, als er noch Imker war, doch die letzten Jahre hatte er sie nie mehr allein gelassen, jedenfalls nicht bis heute Abend. Obwohl sie es selbst nicht zugeben wollte, hatte sie doch Angst. Sie hätte gern gewusst, wie es ihm erging, aber noch mehr wünschte sie ihn daheim und neben ihr. Sie musste jetzt tapfer sein.

Sie war ja nicht allein im Haus. Die Kinder schliefen alle in ihren Zimmern. Die Söhne sind mutig und stark, falls jemand einbrechen sollte, überlegte sie. Irenes Furcht hatte andere Gründe. Sie hatte mit Johannes zu tun, dem Mann, mit dem sie so viele Jahre zusammenlebte. Während seiner Abwesenheit, wenn die Kinder im Bett waren, zwang sie sich, das Fotoalbum durchzublättern. Später telefonierte sie jeden Abend mit ihm und jeden Samstag, bevor er frühstücken konnte, war Irene schon dort. Sie verbrachte den ganzen Tag bei ihm. Anders als bei vielen Paaren, die sie kannten, blieb ihre Liebe über die Jahre erhalten, körperlich, seelisch und geistig waren sie eine Einheit.

Er bekam verschiedene Anwendungen, die seinem ganzen Körper guttaten. Nach einem Monat fühlte er sich viel besser und musste wieder seiner Arbeit nachgehen. Beständig beschäftigte er sich mit dem Gedanken und konnte es nicht fassen, dass Gott ihn zum Predigen erwählt hatte. Bei ihm saßen immer noch die Erfahrungen seines Vaters in den Knochen, wie lieblos und verständnislos manche Geschwister in der Gemeinde mit ihm umgegangen waren.

Er hörte wieder den Ruf, genau wie sein Bruder Viktor es vorhergesagt hatte.

„Nein! Herr, nur über meine Leiche!", wieder antwortete Johannes das Gleiche.

„Genau das möchte ich", erwiderte der Herr, „dass du eine Dienstgesinnung bekommst!"

Er verstand den Herrn nicht – genau das will unser Herr. Denn in den Schwachen ist er mächtig, ohne ihn können wir sowieso nichts tun. Der Herr wollte in ihm leben. Mehrere Male sprach Gott ihn an und mehrere Male antwortete Johannes das Gleiche. Wieder erwiderte der Herr: „Genau das brauche ich."

Es hatte Johannes gereicht, nur ein Christ zu sein und der Rest beziehungsweise ein Dienst, das war für andere gedacht.

Er wollte lieber in der Elektrobranche weiter Karriere machen. Eines Tages saß er mit Jürgen Schreiber im Firmenbüro. Sie unterhielten sich über die Aufträge und Sonstiges, was zum Leben in der Firma gehörte. Da wandte sich Johannes zu seinem Chef:

„Jürgen, ich möchte weitere Schulungen belegen und weiter die Karriereleiter hochklettern."

Sein Chef stand auf, ging zur Tür, schloss sie, kam zurück, setzte sich auf die Tischkante vor Johannes und sagte:

„Ich bin kein gläubiger Mensch, aber als du das gerade ausgesprochen hast, sprach irgendetwas in mir: Das ist nicht dein Weg! Dein Weg ist, Prediger zu werden!"

Johannes überraschte die Aussage seines Chefs. „Nun gebraucht Gott meinen Chef, um mir noch mal deutlich zu machen, dass es sein Wille für mein Leben ist!"

Fragend schaute er ihn an und entgegnete:

„Aber du hast doch so viel Geld in meine Weiterbildung investiert?"

Herr Schreiber schaute ihn an und erwiderte:

„Wenn dein Gott dich ruft, sollst du nackt und barfuß gehen! Und darüber hinaus schuldest du mir keinen Cent."

Als Johannes an diesem Abend die Firma verließ und unterwegs nach Hause war, dachte er: Die Eselin hat gesprochen, wie zu einem Propheten aus dem Alten Testament. So findet der Herr immer Wege, mit einem Menschen zu sprechen.

Abends unterhielt er sich noch lange mit Irene. Am nächsten Morgen stand der Beschluss fest. „Ich gehe!"

Johannes erkundigte sich bei Pastor Hartmut Stolzenberger und ließ sich auf die Kandidatenliste für Pastoren setzen.

Irene und Johannes fingen intensiver an die Bibel zu lesen, um sie mehr und mehr zu erforschen und zu studieren. Das brachte sie weiter. Je mehr sie im Neuen Testament lasen, desto mehr entdeckten die beiden die liebende Seite Gottes und seine beschenkende Gnade. Das gesetzliche Bild Gottes fing an zu bröckeln und Gott ließ auch in ihrem Leben bestimmte Schwächen zu. Wo Irene und Johannes für bestimmte Sünden um Vergebung bitten mussten, während sie zig mal auf die Nase fielen, lehrte sie Gott, dass er gerne vergibt und keinen verstößt.

Das machte ihnen auch klar, mit Menschen nicht ins Gericht zu gehen, sondern Verständnis und Nachsicht zu haben und ihnen nachzugehen, solange sie es brauchen.

Irene konnte sich mit dem Psalmschreiber identifizieren, der sagte: „… und gedenke der Sünden meiner Jugend nicht …" (Psalm 25,7).

Irene wollte sich ändern und auch zulassen, dass der Herr es tut. Häufig sandte sie ein Stoßgebet zum Himmel, dass der Herr sie segnen möge, denn es war hart, weil Johannes jeden Abend nur eine Stunde Zeit mit der Familie verbringen konnte. Sie aßen zusammen zu Abend, anschließend zog er sich zurück und widmete seine Zeit seinem Studium, während Irene sich mit den Kindern beschäftigte. Jedes Wochenende und jeder Urlaub sind dabei „draufgegangen".

Es war mal wieder ein schöner Sommer und Johannes hatte seinen Jahresurlaub. Noch vorweg machte er auf BERÖA, dem Theologischen Seminar, einen Termin, um weiter seinem Studium nachzugehen. Die Zeit rückte näher und Irene packte seinen Koffer. Am nächsten Tag verabschiedete er sich von seiner Familie und fuhr in Richtung Erzhausen. In der ganzen Zeit war Irene mit den Kindern auf sich gestellt. Die Kinder hatten auch Ferien und freuten sich auf die freie Zeit.

Neben ihrem Haus war ein guter Spielplatz und die Kinder verbrachten dort gerne ihre Zeit. Als alle sechs aus dem Haus waren, konnte Irene dem Haushalt in aller Ruhe nachgehen. Es dauerte aber nur etwa 20 Minuten, dann klingelte es an der Haustür und davor stand ihr neunjähriger Sohn Daniel, heulend und blutüberströmt. Sein ganzes Gesicht und die Kleidung waren mit Blut beschmiert. Er schrie und zeigte immer wieder mit dem Finger auf seinen Mund.

„Was ist passiert?“, versuchte Irene von ihm in Erfahrung zu bringen. Er schrie weiter und spuckte Blut. Daniel versuchte zu reden, aber mit einem Mund voller Blut konnte sie nicht richtig verstehen, was er sagen wollte.

„Was ist denn los?“, wollte sie erneut wissen.

„Ich bin während des Spielens von einem Gerüst runtergefallen“, schrie er aufgeregt.

„Und, und weiter, weiter, sprich weiter!“, drängte sie ihn.

„Ich habe meine Zunge durchgebissen“, kam es endlich raus. Irene packte ihren Sohn und brachte ihn ins Badezimmer. Er spuckte weiter Blut und heulte. Alle ihre Kinder hatten Angst vor Blut und nun so etwas! Sie schaute in seinen Mund hinein. Was sie da sah, jagte ihr einen Schrecken ein.

„Ach du meine Güte!“, rief sie. Die Zunge war augenscheinlich durchgebissen.

„Was soll ich tun?“, schoss es ihr durch den Kopf. „Mein Mann ist unterwegs und ich habe kein Auto? Wie bringe ich denn mein Kind zum Arzt?“

Sie konnte sich auch nicht vorstellen, dass man die Zunge nähen konnte.

„Auch wenn ich ein Auto hätte“, dachte sie weiter, „wer passt dann auf die Kinder auf?“

Ein Gedanke nach dem anderen flog durch ihren Kopf. Dann kam ihr in den Sinn zu beten. Sie hielt inne und betete. In Ruhe hatte sie Daniel ausgezogen und gewaschen. Das Blut hatte aufgehört zu fließen und er musste nicht mehr spucken. Er hatte sich beruhigt. Die anderen Kinder waren auch nach Hause gekommen, denn ihnen war nach diesem Vorfall die Lust am Spielen vergangen. Nach einer kurzen Zeit spielte er schon wieder mit seinen Geschwistern. Abends, als Irene die Kinder zu Bett brachte, schliefen sie schnell ein. Sie war froh, dass es doch noch gut gelaufen war. Sie betete weiter, als sie im Bett lag. Sie konnte aber nicht schlafen und dachte über alles nach. Kurz vor Mitternacht stand Daniel vor ihrem Bett und weinte wieder. Sie erschrak und zuckte zusammen, denn sie musste doch noch eingeschlafen sein.

„Was ist los, mein Junge?“, fragte sie verschlafen.

„Mich stört irgendetwas in meinem Mund und ich kann nicht schlafen“, sagte er.

Sie stand auf und zusammen gingen sie ins Badezimmer.

„Na, lass mal sehen, mein Lieber“, sagte sie, während sie seinen Kopf hielt. Als er den Mund aufmachte, sah sie, dass die ganze Haut von der Zunge abgegangen war.

Sie erschrak wieder, bekam ganz große Augen und dachte: „Das darf mein Kind nicht sehen!“

„O Herr, was soll ich tun?“, betete sie wieder. „Ich muss meinem Kind helfen, aber wie?“

Nach dem Gebet bekam sie einen Gedanken. Sie nahm eine Schere und schnitt die abgegangene Haut runter. Daniel hatte nichts gespürt, trotzdem weinte er aus Angst und die Haut klebte am Gaumen und störte ihn. Danach brachte Irene ihn wieder ins Bett, während sie ihn beruhigte und streichelte.

Als sie zurück war, dachte sie nur:

„O Herr, du allein kannst das alles wiedergutmachen. Was sollte ich denn machen? Bitte segne Daniel, sodass es alles ausheilt.“

Daniel tat ihr sehr leid. Er war schnell eingeschlafen, aber sie lag noch länger wach und hinterfragte ihr Tun, aber es blieb ihr keine Wahl.

Am nächsten Morgen war sie früh wach und ihr erster Gedanke galt Daniel. Sie ging in die Küche und wollte Grießbrei kochen, da Daniel wohl nichts Festes essen konnte.

Als die Kinder an dem Morgen wach waren, strömten sie erst einmal in die Küche. Der älteste Sohn hatte den Toaster angemacht und für jeden, der wollte, das Brot getoastet.

Irene stand am Herd und bereitete Grießbrei zu, denn sie dachte, dass das arme Kind vor Schmerz nichts runterbekommen würde. Doch zu ihrer Verwunderung kam Daniel und meinte:

„Ich will auch Toastbrot.“

Irene schaute ihn mit großen Augen an und sagte:

„Mach mal den Mund auf.“ Sie sah rein und staunte. Es war alles weg! Die Zunge war gesund, als ob da nichts gewesen wäre. Sie war überglücklich und rief:

„Der Herr hat deine Zunge geheilt! Gepriesen sei der Herr!“

Alle Kinder schauten in Daniels Mund und freuten sich zusammen. Die Gebete wurden erhört. Preis dem Herrn!

Zur Abwechslung hatte Irene Kinder aus Tschernobyl versorgt, die ihre Ferien in Deutschland verbrachten. Als Köchin war sie angefragt worden, ob sie die Kinder auf ihre heimische Art bekochen könnte. Gerne sagte sie zu und an einigen Tagen nahm sie ihre Kinder mit, damit sie zusammen spielen konnten.

Gleichzeitig hatte sie noch eine Putzstelle angenommen, denn auch wenn sie dort dasselbe wie zu Hause tat, hatte sie trotzdem einen Tapetenwechsel. Sie wollte raus, unter die Leute und mehr erleben. Als sie später zu Hause ankam, nahm ihre Nachbarin Erika bereits die Wäsche von der Leine, weil es geregnet hatte. Während Irene noch zwei Ladungen zu waschen hatte, musste sie nebenher das Mittagessen zubereiten. Dem Himmel sei Dank, dachte sie, dass noch etwas von dem Sonntagsbraten übrig geblieben war.

Nach ein paar Tagen kam Johannes aus der Bibelschule zurück und musste wieder seiner Arbeit nachgehen. Irene sah ihren Auftrag darin, für die Familie zu sorgen und ihrem Mann die Gewissheit zu geben, dass sie als ganze Familie hinter seinem Dienst und Studium stehen, denn parallel zu seiner Berufstätigkeit begann er sein Studium. Jeden Morgen, in seiner Abwesenheit, wenn sie ihre Betten machte, wusste sie, dass sie ihn segnen konnte, obwohl ihr zum Heulen zumute war. Es war eine sehr anstrengende Zeit für die beiden, mehr wohl noch für Johannes. Trotz allem erreichte er einen guten Notenschnitt bei seinem Studium.

Manchmal denken Außenstehende, dass es Christen immer gut geht, dass wir keine Schwierigkeiten haben, jeder Tag ein Freudentag ist, dass wir alle gleich behandeln müssen und immer gut gelaunt und voller Freude und Glauben sind. Das Leben ist aber anders und jeder Tag lehrt uns, neu zu handeln. Des Öfteren werden wir von Schmerzen überfallen und liegen weinend vor Gott, dass er unsere Gebete erhört, denn was sind wir schon ohne unseren allmächtigen Gott, der uns an seine Worte erinnert:

„Darum seid fest und unerschütterlich und nehmt immer zu im Werk des Herrn, weil ihr wisst, dass eure Arbeit nicht vergeblich ist im Herrn“ (1. Korintherbrief 15,58).

Manchmal wissen wir nicht, wie heimtückisch der Gegner ist. Unser Seelenfeind verpasst keine Gelegenheit, uns wegen unserer Schwächen zweifeln zu lassen. Oft benutzt er sogar Menschen, die es gut mit uns meinen.

Diese Person wollte ihnen nichts Böses. Es lag ihr lediglich nur ihr Wohl am Herzen. Ein dunkler Schatten huschte kurz an Irene vorbei.

Uns Christen geht es genauso wie den Menschen in der Welt, dachte sie, doch wir sind besser dran. Wir können unsere ganze Last bei ihm abladen. Das versuchte sie die ganze Zeit, aber es gelang ihr nicht so wirklich.

Noch während Johannes’ Prüfungszeit wurde Irene schwer krank. Eines Morgens konnte sie nicht aus dem Bett, denn sobald sie aufstehen wollte, musste sie sich übergeben, obwohl der Magen morgens leer war. Trotzdem übergab sie sich ohne Unterbrechung. Johannes brachte sie zum Arzt, man konnte auf den ersten Blick nicht viel feststellen. Sie fühlte sich sehr erschöpft und hatte keine Kraft.

Die Ärztin verordnete ihr eine Infusion. Noch während der Tropf lief, war Johannes nach Hause gefahren und arbeitete weiter an seiner Prüfungsarbeit. Er sorgte für das Mittagessen und holte später Irene ab. Die Kinder kamen aus der Schule, er kümmerte sich um alle und sein Studium vernachlässigte er auch nicht. Im Gespräch mit der Ärztin empfahl diese Irene, unbedingt eine Kur zu machen. Sie wollte es aber auf keinen Fall. Es war für sie undenkbar, ihre Familie allein zu lassen, das hatte sie noch nie getan.

Während nachts ein fernes Donnergrollen zu hören war, lag Irene erschöpft in ihrem Bett und starrte an die Zimmerdecke. Ein leises Stoßgebet sandte sie zum

Himmel: „Mit dir, o Herr, schaff ich es! Du hast mir schon oft geholfen, bestimmt auch jetzt!“ Doch sie ahnte nicht, dass ein langer Weg durch ein dunkles Tal vor ihr lag.

Kapitel 18

„… und ob ich schon wanderte im finsteren Tal ...

„… fürchte ich kein Unglück; denn du bist bei mir,
dein Stecken und Stab trösten mich …“

aus Psalm 23

Plötzlich fand Irene sich wie in dem dunklen Tal wieder, welches sie vor Jahren mühselig durchquert hatte. Die Gegenwart war plötzlich ausgelöscht, so als ob sie überhaupt nicht existierte. Irene fühlte sich, als ob sie auf einer Hängebrücke stand, die alt und morsch war und jede Sekunde zu reißen drohte. Darunter befand sich eine tiefe Schlucht. In ihren Gefühlen und Gedanken war es dunkel. Sie spürte und hörte, wie die finsteren Mächte als bellende Hunde sie von links und rechts angriffen und sie in Stücke reißen wollten. Von Panik ergriffen hielt sie sich an den Stricken fest, die jeden Moment reißen konnten. Diese Seelenbefindlichkeit war nicht so einfach in Worte zu kleiden …

„O Herr, hilf mir!“, rief sie verzweifelt. Es schien als ob ihr Inneres in Stücke gerissen wurde.

„Bitte, Herr ...“, rief sie weinend weiter, „hilf mir, dir zu vertrauen! Gib mir Kraft, lehre mich zu glauben, Geduld zu haben und durchzuhalten. Hilf mir, nicht an dir zu zweifeln.“

Irene war schon immer schnell auf ihren Beinen und konnte laufen wie der Wind. Trotzdem gab es Dinge in ihrem Leben, vor denen sie nicht davonlaufen konnte. Diese Krankheit gehörte dazu. Es war ihr klar, hier musste sie nun durch. Es gab kein Zurück, aber das Wort Gottes sagt: „… ich bin bei dir, mein Stecken und Stab trösten dich.“

Das liest sich gut, aber solch eine Situation zu durchleben und sich an diesem Wort festzuhalten war unmöglich! Es blieb ihr aber nichts anderes übrig und so hielt sie sich wie einer, der gerade untergeht, an diesem Strohhalm fest.

Kommen die Depressionen wieder? Sind sie schon da? Sie kehrte in sich und tat Buße, hier und jetzt. Als sich dies alles in ihrem Inneren abgespielt hatte und als sie sich wieder an alles erinnerte, lief ihr kalter Schweiß den Rücken runter und ihre Nackenhaare sträubten sich vor Angst.

Am nächsten Morgen ging sie nach dem Badezimmeraufenthalt direkt ins Büro, wo Johannes an seiner Predigt arbeitete. Er schaute sie an und fragte: „Was hast du denn, du guckst mich so ängstlich und fragend an?"

Vor Schreck schlug Irene das Herz bis zum Hals und von einem Moment auf den anderen fühlte sie sich unsicher und allem nicht mehr gewachsen. Sie versuchte sich auf irgendetwas anderes zu konzentrieren, als auf ihre Ängste und Gefühle, die sie total durcheinanderbrachten.

Mit vor Angst zugeschnürtem Hals sah sie Johannes an, denn die Angstzustände, die sie vor Jahren quälten, waren wieder so massiv da. Die Panik, dass die Depression wiederkehren würde, hatte ihr schreckliche Angst eingejagt.

„Warum fühle ich mich so wie damals? Wie kann das möglich sein?", dachte sie, aber es war Realität. Am liebsten hätte sie sich verkrochen und versteckt, aber wohin bloß?

„Flöge ich in den Himmel, wie die roten Schleier der Morgenröte über den Himmel wehen – und flüchtete ich mich hinter das letzte Meer, wie die Morgenröte vor der Sonne flieht, so würde mich deine Hand doch finden und deine Rechte mich packen", kam ihr in den Sinn (Psalm 139 nach Jörg Zink).

Erst jetzt fiel Johannes auf, wie schlecht sie aussah. Ihre Haare hingen ihr in dünnen Strähnen ins Gesicht, ihre Augen waren blutunterlaufen und tief eingesunken, die Haut war grau.

„Ich wollte mit dir allein sein", sagte sie.

„Um mich bei dir zu entschuldigen", begann sie ihm vorzutragen.

„Ich habe mir mein Leben mit dir ganz anders vorgestellt. Es tut mir leid, dass ich dich wieder in so eine Situation bringe. Ich habe nicht damit gerechnet, dass die Krankheit wiederkommt, die hoffentlich unsere Beziehung nicht in Schwierigkeiten bringen kann?"

Ihre Stimme wurde nachdenklich, als würde sie zu sich selbst reden.

„Wovon redest du?", fragte er, während er sie anschaute.

„Wahrscheinlich haben wir zu viele Auseinandersetzungen in unserer Ehe gehabt, zu viel gearbeitet oder sonst was? Ich weiß es nicht, aber mir geht es sehr schlecht", fügte sie weinend hinzu.

„Hör doch bitte damit auf!", erwiderte er, „schiebe nichts unserer Ehe zu, außerdem ist unsere Ehe nach meinem Ermessen gut!"

„Ich weiß nicht, was ich tun soll! Das ist so schlimm, dass du es dir nicht vorstellen kannst", antwortete sie schluchzend. Sie wollte sich für alles entschuldigen und Buße tun, Hauptsache es würde alles wieder gut werden.

„Wir haben schon so viel überstanden und das schaffen wir auch noch!", ermutigte er sie.

„Bete für mich, ich weiß nicht wohin mit mir", flüsterte sie.

In den nächsten Wochen wurden sämtliche Ärzte besucht und alle schienen sich einig zu sein, dass es eine Depression sei. Doch Irene wollte es nicht wahrhaben. So hatte sie sich in den folgenden Tagen so sehr damit beschäftigt, alles Notwendige zu regeln, den Kindern so viel Zeit wie möglich zu schenken und das

Haus in Ordnung zu halten, dass kaum Zeit blieb, über das, was auf sie zukam, nachzudenken. In letzter Zeit hatte sie des Öfteren phasenweise eine gewisse Müdigkeit verspürt und wenn die Arbeit getan war, musste sie danach ein paar Tage im Bett liegen. Trotzdem fiel es ihr schwer, diesen Gedanken zuzulassen, denn sie sagte sich selbst, dass Christen keine Depression haben …!

„Warum passiert das ausgerechnet mir?“, fragte sie sich.

Ihr war klar, wenn es wirklich eine Depression war, dann kam sie nicht von heute auf morgen. Genauso wenig kann sie von heute auf morgen wieder verschwinden, es ist ein Prozess, obwohl dem Herrn alles möglich ist. Es war ihr größter Wunsch, aber er heilte sie nicht, aus welchem Grund auch immer.

Sie bedauerte sich und in dieser Situation, in der ihr die Angstzustände extrem zu schaffen machten, ist ihr das Geheimnis des Roten Meeres groß geworden, als sie es gelesen hatte.

In Holland wurde während des Zweiten Weltkriegs eine jüdische Frau mit vielen anderen Volksgenossen in einen Güterzug getrieben, der sie nach Auschwitz bringen sollte. Die Frau hatte eine solche Angst, dass sie davon fast wahnsinnig wurde. In dem überfüllten Waggon von Menschen entdeckte sie einen alten Rabbi. In ihrer Not stürzte sie zu ihm hin und schrie:

„Hilf mir doch, ich werde verrückt vor Angst!“

Genauso fühlte sich Irene. Sie hatte fürchterliche körperliche Beschwerden, es tat ihr einfach alles weh. Sie wollte nicht mehr leben, war von Selbstmordgedanken geplagt und von innerer Unruhe hin und her getrieben. Konzentrationsstörungen, Schlaflosigkeit, Appetitlosigkeit und unbeschreibliche Angstzustände überkamen sie. Sie verlor Gewicht und weinte viel.

Zermürbt von Krankheit und angeblicher Schuld konnte sich Irene mit dem Psalmisten identifizieren:

„Herr, du lässt mich deinen Zorn spüren. Ich flehe dich an: Strafe mich nicht länger! (Psalm 6,2). Deine Pfeile haben sich in mich hineingebohrt, deine Hand drückt mich nieder. (Psalm 38,3). Weil ich unter deinem Strafgericht leide, habe ich keine heile Stelle mehr am Körper … Sind alle meine Glieder krank, alles tut mir weh. Wie schwer ist diese Last! Ich breche unter ihr zusammen.“

Gekrümmt und von Leid zermürbt schleppte sie sich in tiefer Traurigkeit durch den Tag. Ihr Körper kribbelte ständig, so wie bei einem Menschen Hand oder Bein einschläft, es fühlte sich so an wie Mückenstiche. Genauso zerschlagen lag sie im Bett und musste zusehen, wie sie ihrer Familie zur Last geworden war. Sie war am Ende mit ihrer Kraft. Vor Verzweiflung konnte sie nur noch weinen und stöhnen.

„Herr, du kennst meine Sehnsucht, du hörst mein Seufzen. Erbarme dich meiner!“

„Mein Herz rast, ich bin völlig erschöpft, und meine Augen versagen mir den Dienst.“

„Du siehst, ich liege am Boden, ständig werde ich von Schmerzen gequält“ (Psalm 38,10.11.18).

Ein Stoßgebet nach dem anderen sandte sie zum Himmel, aber gefühlt stießen sie an der Zimmerdecke an. Sie musste daher die dunklen Tage mit Geduld ertragen. Entmutigung und Furcht hatten sich wie eine schwere Decke über sie gelegt und all ihr Vertrauen, dass der Herr ihr Leben verschonen würde, war dahin. Dennoch hatten Johannes und ihre sechs gemeinsamen Kinder sie sehr gut versorgt. Er hatte Glauben für sie und starke Hoffnung, dass bald alles vorüber war. Seine tägliche Ermutigung schien nur für eine kurze Zeit Wirkung zu zeigen. Er hatte ihr aus der Bibel vorgelesen und Essen ans Bett gebracht. In diesem Seelen- und Körperleiden hatte Johannes mit ihr jeden Abend gebetet. An einigen Abenden hatte er bis zur siebten Generation von Vorfahren alles durchgebetet, denn manche Geschwister aus der Gemeinde hatten Öl ins Feuer gegossen, indem sie sagten: „Es muss irgendetwas bei euch nicht stimmen, wir beten für euch und es passiert nichts. Es muss bestimmt eine Sünde bei euch vorliegen.“

Solch eine Aussage bereitete den beiden natürlich noch einen zusätzlichen Schmerz.

Irene glaubte, es gab nur eine einzige sinnvolle Art zu leben, nur einen Weg, um zur Ruhe zu kommen, nämlich dass der Herr sie heilen würde. Aber es geschah nicht.

Sie starrte in den dunklen Nachthimmel. Hatte ein himmlischer Engel zu ihr geredet, um ihr schlechtes Gewissen und ihre Schuldgefühle noch zu steigern? Oder war es ein höllischer Dämon, der sie in den Wahnsinn treiben wollte? Vielleicht war das Ganze aber auch nur ein unglaublicher Zufall? Sie ließ den Kopf hängen und beklagte ihr Schicksal.

In diesem Moment schien es ihr, als würde eine große schwarze Wolke ihr die ganze Sicht zum himmlischen Vater versperren. Ihr Glaube wurde weniger und weniger, sodass sie nicht mehr selber beten konnte und stattdessen Gebete von ihrem Mann und von Geschwistern aus der Gemeinde wie Almosen sammeln musste. Wenn schon der Himmel für sie dicht war, so hatte sie wenigstens die Hoffnung, dass bei den anderen die Sonne scheinen würde und ihre Gebete erhört werden.

Manche Christen legten Johannes noch eine größere Last auf, als er in Bezug auf ihren Glauben an göttliche Heilung ohnehin schon trug. Sie waren für ihn sehr verletzend gewesen, denn sie fragten: „Wie kommt es, dass wenn du für andere Geschwister betest, sie gesund werden und deine eigene Frau nicht?“

Eine Frage nach der anderen drehte sich in Irenes Kopf.

„Ist dieses Problem nicht schon groß genug“, dachte sie, „warum müssen die Gemeindegeschwister nun auch noch mit solchen Fragen kommen?“

Neben den großen Familienverpflichtungen begann nun ihre eigene Odyssee von Facharzt zu Facharzt. Dies führte sie schließlich an den Punkt, an dem sie, bildlich gesprochen, die weiße Fahne hisste. Auf dem Stuhl einer einfühlsamen Hals-Nasen-Ohren-Ärztin sah sie ein, dass sie aufhören musste zu kämpfen.

„Sie zerstören sich selbst", sagte sie, „tun Sie was ...!"

„Was soll ich tun?", fragte Irene sich. Die Ärzte können sowieso nicht helfen, das hatte sie sofort abgehakt, den Gedanken wollte sie gar nicht zulassen. Klinik? Nein, kommt nicht infrage. In ihrem Leid wollte sie nicht den Leuten dort begegnen, aus deren Gesichtern sich das ganze Spektrum abzeichnete, von interessiert bis abgestumpft, von manisch aufgedreht bis depressiv verschlossen. Wo sie langsam mit schlurfendem Gang den langen Korridor entlanggehen und mit den Taschentüchern andauernd wischen müssen, weil ihnen der Speichel unkontrolliert aus dem Mund läuft, wenn sie auf die Medikamente eingestellt werden und eine ganze Serie von Nebenwirkungen durchleiden müssen. Nein, das wollte sie auf gar keinen Fall.

Endlich stolperte sie zu ihrem Wagen zurück und lehnte sich gegen den Kotflügel. Langsam stieg sie ins Auto, wischte ihre tropfende Nase mit dem Handrücken ab und starrte traurig auf ihr eingefallenes Gesicht, das sich in der Fensterscheibe spiegelte. So saß sie da und versuchte ihrer selbst wieder Herr zu werden.

Sie blieb noch länger hinter dem Steuer sitzen und sah dem Wasser des Flusses hinterher, bis sie sicher war, dass sie wieder klar genug denken konnte, um loszufahren.

Es begann zu nieseln. Graue Wolken hingen am Himmel, Nebel erfüllte den Ort.

Müdigkeit machte sich in ihren Gliedern breit, aber sie konnte sich nicht zusammenraffen, da ihr viele Fragen durch den Kopf gingen. Stundenlang grübelte sie und zerbrach sich den Kopf ... Warum? Warum?

Für ihre geliebten Kinder hätte sie sich ihr Leben lang aufgeopfert, nun war alles weg, sie war wie abgebrüht. Das kann ein gesunder Mensch sich nicht vorstellen, wie Gefühle sterben können, wie sie sich ändern … Unfassbar!

Der einzige Mann, mit dem sie verheiratet gewesen war, der einzige Mann, den sie jemals wirklich geliebt hatte, wie kann das sein? Johannes war jetzt 41 Jahre alt. Seine reife Ausstrahlung faszinierte sie schon immer. Er schien in den letzten Jahren noch anziehender geworden zu sein. Wie hatte sie für ihn, den gut aussehenden Mann, jegliche Gefühle verlieren können?

Ihre Lippen zuckten, ihre Haut zog sich zusammen. Verzweiflung und Sehnsucht wurden schier unerträglich.

Als sie kurz anhalten musste, presste sie ihre Stirn gegen die kalte Fensterscheibe des Autos. Die sieben Menschen ihrer Familie wiederzusehen war eine Freude, die größer war als jede Freude, die sie jemals erlebt hatte. Gleichzeitig aber machte es sie fast wahnsinnig, dass sie für sie nicht mehr da sein konnte. Allein die Vorstellung ließ ihr einen kalten Schauer über den Rücken laufen.

Selbstmordgedanken plagten sie und drängten sie dazu, gegen einen Baum zu fahren, so als ob es nach einem Autounfall aussehe. Rasch hielt sie an.

„Nein!", stieß sie atemlos hervor. „Nein! Dann hab ich kein ewiges Leben!

Nein!“

Die Worte brachen aus ihr heraus. Das darf auf keinen Fall passieren ...

„O Herr, hilf mir!“

„Nein!“, rief sie immer wieder aus. Trotzdem verschaffte es ihr keine Erleichterung.

Ihre Seele drohte zu zerreißen, sie krallte die Finger ins Lenkrad und hielt sich fest.

Sie lehnte sich zurück, ihre Bauchdecke hob sich, um wieder Luft in die Lungen strömen zu lassen, während Bilder ihrer Kinder und ihres Ehemannes an ihren geschlossenen Augen vorüberzogen.

„Ich bekenne meine Schuld, o Herr! Ich möchte gar nicht darüber nachdenken, geschweige es tun!“ Innerlich bestürmte sie den Himmel.

Als sie zu Hause ankam, ging Irene zum Telefon und rief eine Glaubensschwester aus der Gemeinde an, um ihr ihr Leid zu klagen und Unterstützung zu bekommen. Heulend erzählte sie ihr das Geschehene.

„Was uns nicht umbringt, macht uns nur härter! Weiterkämpfen, den Feind schaffen wir schon!“, sagte die Frau an der anderen Leitung und legte den Hörer auf.

Traurig ging Irene weiter durch dunkle Täler der Resignation und Ausweglosigkeit. Oft hatte sie das Gefühl, nur noch wie ein Roboter zu funktionieren und kaum einer verstand sie.

Plötzlich stand nach ein paar Tagen eine Glaubensschwester aus der Verdener Gemeinde vor Irenes Tür. Ihr Name war Anni Potratz, sie hatte Verständnis und Einfühlungsvermögen. Eine Zeit lang kam sie jeden Tag, um Irene Mut zu machen und ihr mit den Kindern und bei der Hausarbeit zu helfen. Sie kochte das Essen und unterstützte sie einfach da, wo es nur möglich war. Über Irene schwappte eine Welle der Dankbarkeit hinweg. Sie fühlte sich geliebt und wertgeschätzt, sodass ihr die Tränen kamen. Das war nicht selbstverständlich.

„Danke“, flüsterte Irene jedes Mal, wenn sie Anni abends verabschiedete, während sie erleichtert nach einem Taschentuch griff und sich die Nase putzte.

Es war schon spät, als sie für die Kinder und für sich selbst das Abendbrot zubereitete. Nach mehreren nahezu schlaflosen Nächten ließ die Anspannung merklich nach und machte einer großen Erschöpfung Platz. Irene war schrecklich müde und fühlte sich ganz allein mit der Fülle von Aufgaben, die ein Haushalt mit sechs Kindern mit sich brachte. Ein Pochen in der Stirn und am Hinterkopf war das erste Anzeichen einer Migräne. Gut, dass ihr Mann ihr zur Seite stand. Gut, dass Anni jeden Tag kam.

„Diese Menschen sind Gottes Hände, die sich mir helfend entgegenstrecken“, dankte sie seufzend. Ohne diese wenigen, freundlichen Menschen hätte sie die gegenwärtige Not nicht ertragen. Sie nahm eine Kopfschmerztablette und hatte sich mit den Kindern zum Essen gesetzt, doch sie bekam keinen Bissen runter. Nach kurzer Zeit klingelte das Telefon. Eine Glaubensschwester aus der

Gemeinde war dran und wollte sich nach Irenes Befinden erkundigen. Als sie feststellte, dass keine Veränderung da war, sagte sie: „Du sollst Lobpreis machen, sonst wirst du noch was weiß ich wie lange Zeit Depression haben!"

Für Irene waren solche Ratschläge eher Rat-Schläge. Traurig legte Irene auf, denn sie musste zugeben, dass sie keinen Lobpreis machen wollte. Es war ihr nicht danach.

Wie oft hatte sie die Predigten gehört, dass es im Leben eines Christen mitunter drunter und drüber gehen könne, aber dennoch habe Gott immer alle Fäden in der Hand und sei in seiner Liebe und Allmacht stets Herr über alles. In den vergangenen Tagen hatte Irene immer öfter darüber nachdenken müssen, ob diese Lehre wirklich biblisch war. Vielleicht war dies auch nur ein in ihrer Denomination übliches positives Wunschdenken? Ein schrecklicher Gedanke ...

„Herr, vergib mir!", brach es aus ihr heraus und sie begann wieder zu weinen.

„Ich verliere meinen Glauben! Ich verstehe gar nichts mehr. Jesus, bitte hilf mir! Sei mir gnädig!"

Irene wollte beten, ihr Herz vor Gott ausschütten, seinen Trost und seine Nähe suchen, aber die Verzweiflung blockierte sie. Weiter verstrichen die Tage so quälend wie bisher. Ein unerträgliches Warten, ohne Hoffnung, ein grausames Spiel mit ihrer Seele, ihrem Körper und Geist.

Inzwischen waren Monate vergangen und sie lag immer noch hauptsächlich im Bett. Fast jeden Tag fand Johannes sie weinend, doch er hatte immer noch ein ermutigendes und ein tröstendes Wort für sie. Doch sie wurde schwächer und schwächer, sodass er sie ins Badezimmer tragen musste. Er hatte sie gebadet und wieder ins Bett gebracht.

Mitten in dieser Katastrophenphase streckten die Gemeindegeschwister ihre Köpfe sozusagen in ihr privates Heiligtum und wiederholten die gleichen Fragen …

… ob Sünde bei ihnen wäre, denn schließlich wurde für sie gebetet. Manche Fragen schockierten sie gelegentlich, wenn die Geschwister aus der Gemeinde sagten: „Warum wird es mit Irene nicht besser? Wir beten ja für euch. Könnte eine Sünde bei euch in der Familie sein?"

Johannes meinte: „Ich habe bis zur siebten Generation, nach vorne und nach hinten alles durchgebetet. Unsere Familie ist über die Maßen gesegnet. Durch Gottes Gnade darf sie beständig seinen Frieden erben, egal was wir im Augenblick durchmachen. Der Herr erfüllt uns, während wir Tag für Tag in ihm bleiben."

Zwischen dem ganzen Leiden wurde Natalie Peter, die Mutter von Johannes, krank. Sie hatte den Namen Justus nie angenommen, obwohl alle sie unter diesem Namen kannten.

Nach einer starken Erkältung bekam sie eine Lungenentzündung, sodass sie ins Krankenhaus musste. An jenem Abend waren fast alle Geschwister von Johannes im Krankenhaus, ihre Mutter zu besuchen. Ob sie es ahnten? Johannes machte sich auch auf den Weg. Als Johannes ankam, sah ihn seine Mutter ängstlich an.

„Ich werde heute sterben", teilte sie ihrem Sohn mit, während sie sich im Bett aufsetzte.

„Woher weiß du das?", wunderte sich Johannes.

„Erinnerst du dich, als du noch zu Hause gewohnt hast und ich zu dir gesagt habe, wenn ich keinen Appetit mehr habe und keine Nahrung aufnehmen kann, sterbe ich. Denn ich habe so viel Leid, Not und Hunger durchlebt, trotz aller Strapazen hat mein Körper gut funktioniert und alles überwunden, aber jetzt spüre ich, dass es so weit ist. Mein Körper will nicht mehr, das weiß ich im Geist, dass der Tod ganz nah vor der Tür steht."

„Mama, was kann ich noch für dich tun?", fragte Johannes ergriffen.

„Bete für mich, mein Sohn", erwiderte sie, während sie ihre Augen mit der Faust abwischte.

„Wird mich der Herr annehmen?", fragte sie weiter mit gesenktem Kopf.

„Mama, lass uns zusammen beten, ich bete vor und du sprichst mir die Worte nach, okay?" schlug Johannes vor, während er sich vor dem Bett niederkniete. Nach dem gemeinsamen Gebet sprach er ihr die Bibelstelle Jesaja 49,15 als Trost zu:

„Kann eine Mutter ihren Säugling vergessen? Bringt sie es übers Herz, das Neugeborene seinem Schicksal zu überlassen? Und selbst wenn sie es vergessen würde – ich vergesse dich niemals!" Sie umarmten und küssten sich, sie legte ihren Kopf auf seine Schulter, während sie weinte und ihn um Vergebung bat. Johannes streichelte ihr übers graue Haar und küsste sie auf die Stirn. Ihre Augen waren voller Trauer und dennoch erleichtert. Als sich Johannes danach verabschiedete, war es das letzte Mal, dass er sie am Leben gesehen hatte. Nachts um 3.30 Uhr klingelte bei ihnen das Telefon. Johannes ging ran. Es war der Arzt, der die Todesnachricht überbrachte. Bis heute denkt Johannes an diesen Moment der Verabschiedung. Es ist eine Sache, einem Menschen beizustehen, aber eine ganz andere, wenn ein Mensch die Erde verlässt. Diesen Weg muss er ganz allein gehen, um vor dem Angesicht Gottes zu erscheinen. Wie gut, wenn ein Mensch Gewissheit hat, dass er im Himmel erwartet wird. Keines ihrer Kinder hatte damit gerechnet, dass es so schnell mit ihr zu Ende geht. Tief betroffen von dem Verlust, saß Johannes an diesem Abend sehr traurig da. Für Irene war es so, als ob nichts passiert wäre. Sie konnte keine Gefühle wahrnehmen, geschweige zeigen. In der Zeit ihrer Krankheit hatten sie eine Hochzeit in der Familie und die Beerdigung ihrer Schwiegermutter. Bei beiden Anlässen war sie wie tot, vollkommen apathisch. Tief in ihrer Melancholie versunken, suchte sie innere Ruhe, doch bedauerlicherweise fand sie nur innere Unruhe und Angstzustände.

Als Irene am nächsten Tag morgens im Badezimmer vor dem Spiegel stand, waren Scham, Schuld und Selbstanklage so massiv über sie hereingebrochen, dass sie ihren Anblick kaum noch ertrug.

„Diese sieben Menschen, die unter diesem Dach leben, können mir niemals vergeben", dachte sie. Ein kalter Schauer lief ihr wieder über den Rücken. Schnell verließ sie das Bad und ging ins Schlafzimmer, wo ihr Mann sich fertig machte.

„Sag mal, benehme ich mich normal? Sehe ich normal aus? Oder bin ich verrückt?“, fragte sie Johannes.

„Wie kommst du darauf?“, fragte er sie.

„Ich will es wissen“, antwortete sie, „sag mir bitte die Wahrheit!“

„Doch, du siehst normal aus und du benimmst dich wie ein normaler Mensch“, erwiderte er.

Sie war froh, dass sie äußerlich normal wirkte, denn innerlich sah sie scheußlich, finster und trüb aus. So schleppte sie sich in jeden Tag hinein und so waren sieben Monate vergangen, die Irene überwiegend in ihrem Bett verbracht hatte. Es wurde nicht besser, nur noch schlimmer. Einmal, als sie das Fleisch aus der Tiefkühltruhe rausholte, ging sie zu Johannes ins Büro, das er sich zu Hause eingerichtet hatte.

„Weißt du, was man mit dem Fleisch anfangen kann? Was soll ich heute kochen?“, fragte sie ihn. „Wieso fragst du mich“, antwortete er, „du bist Köchin von Beruf!“

Sie nahm das Fleisch und ging in die Küche, während sie betete. „Herr, er versteht mich nicht, nur du allein kannst mich verstehen. Was soll ich tun?“, seufzte sie verzweifelt.

Alle Ideen waren weg, die Kreativität war weg, es war alles weg. Sie wusste wirklich nicht, was man mit dem Fleisch machen könnte. Traurig über ihren Zustand, wurde ihr klar, dass sie über ihren eigenen Schatten springen und Hilfe suchen musste. Johannes hatte ihr einige Male vorgeschlagen, eine Kur zu beantragen und sich zu erholen, denn so etwas hatte sie noch nie gemacht. Nicht nur Johannes, sondern auch ihre Hausärztin hatte ihr ein paarmal vorgeschlagen, dies zu tun. Doch sie weigerte sich. Irene war der Meinung, dass sie ihren Mann und die Kinder nicht alleine lassen durfte. Ihre Antwort lautete:

„Ihr kommt doch ohne mich gar nicht zurecht! Nein, das tue ich euch nicht an!“ Dieses Mal wusste sie aber, dass sie es tun musste, auch wenn sie nicht wollte.

Am Tag darauf hatte Irene von sich aus einen Termin bei einem Psychotherapeuten gemacht und ihn gebeten, eine Kur in Altensteig in der de'ignis-Klinik (Lateinisch: das Feuer) zu beantragen.

Anschließend fuhr sie in Begleitung mit Anni zur Krankenkasse. Sie bekam für drei Wochen eine Bewilligung. Die Krankenkasse hatte alles schnell erledigt, sodass sie in einer Woche schon in der de'ignis-Klinik aufgenommen wurde. Johannes brachte sie mit dem Auto hin.

Als Irene in Altensteig ankam, führte sie ein Gespräch mit dem Arzt, der ihr neun Wochen Kur verschrieb. Dort wurde sie medikamentös behandelt und merkte schon nach zwei Wochen einen Unterschied. Dieses abscheuliche und schreckliche Gefühl, dass sie am Leben war, war vorbei. Nach fünf Wochen merkte sie, dass sie sich wieder konzentrieren konnte. Es ging bergauf. Sie konnte wieder beten und sie wusste, dass er sie hört.

Irene war nur noch von einem Wunsch erfüllt: Es war der glühende Wunsch, wieder gesund zu werden, der in ihrem Unterbewusstsein unauslöschlich brannte, der ihr Denken und Handeln beherrschte. Sie lag dem Herrn in den Ohren, indem sie ein Gebet zig Mal pro Tag betete. Es waren immer die gleichen Worte, die sie zum himmlischen Vater richtete:

„Heile mich! Heile mich! Heile mich! Du weißt, Herr, ich habe eine große Familie und meine Kinder brauchen mich! Mein Mann braucht mich und die Gemeinde, sie brauchen mich auch! Du hast selber gelitten und kannst den Leidenden helfen. Bitte hilf mir!"

Das war das Gebet, das sie jeden Tag mehrmals vor den Herrn brachte. Der eine oder andere würde denken, dass dies überhaupt nicht kreativ sei. Das war es für sie auch nicht. Es war ihr wichtig, dass der Herr ihr Gebet erhört und ihr die Wiederherstellung schenkt.

Während ihrer Spaziergänge hatte sie viel Zeit zum Nachdenken und konnte ihr Leben Revue passieren lassen. Plötzlich fiel ihr ein, wie Michail Gorbatschow einmal sagte:

„Es gibt keine einfachen Lösungen für sehr komplizierte Probleme. Man muss den Faden geduldig entwirren, damit er nicht reißt."

Nun steckte sie mitten in einem komplizierten Problem. „Wie soll ich nach dem Faden greifen?", fragte sie sich.

Ihr wurde klar, dass sie viele Fehler in ihrem Leben begangen hatte und dass Weisheit ein Vorteil des Alters ist. Doch in jungen Jahren hackt man viel Kleinholz und entwirrt den Faden nicht geduldig. Bis man darauf kommt, ist man alt. Sie bereute viele Dinge.

Tief in Gedanken versunken, landete sie in der Vergangenheit bei ihrer Mutti. Ihre Beziehung war geprägt von einem erhobenen Zeigefinger: „Du musst … und du sollst nicht ..."

Zum Beispiel hatte sie wegen ihr ihre Stöckelschuhe verbrannt oder eine Kopfbedeckung getragen. Sie hatte sich nicht getraut, irgendwelche Fragen zu stellen. Sie fühlte sich allein, denn sie streckte ihr nie ihre helfende Hand entgegen – eine Zuwendung, die ihr in solchen Momenten so fehlte. Obwohl sie schon sechs Kinder hatte, kam immer wieder dieses Gefühl hoch, wie vor der Bekehrung: „Du nichtsnutziges Mädchen!"

Genau das wollte sie nie sein. Sie konnte sich mit dem Volk Israel identifizieren und wie sie es empfunden haben mussten, als Mose vom Berg herunterkam und ihnen die Zehn Gebote vorhielt. Wo sie sich sowieso schon so schmutzig und beladen fühlten und so viel Dreck am Stecken hatten, dann kommt die strenge tiefe Stimme, die sagt: „Du musst … und du sollst nicht ..."

Heute hat Irene nicht das geringste Problem mit den Zehn Geboten, ganz im Gegenteil, sie sieht das Wort als Erbauung und findet es über alle Maßen erstaunlich, geradezu unfassbar, wie relevant und lebendig sie geblieben sind. Man darf sie nur nicht so bürokratisch und mechanisiert verstehen, wie sie leider vor allem von den Pharisäern und Schriftgelehrten des Christentums dargestellt worden sind oder noch dargestellt werden.

Sie erinnerte sich mit Unbehagen daran, wie sie sie als Kind auswendig lernen musste und damit auch die Zehn Gebote erst einmal „ausgetrieben" bekam.

„Du sollst nicht …" stand da mit erhobenem Zeigefinger und danach kam gleich das Kapitel mit den „Todsünden".

Dieser erhobene Zeigefinger ist womöglich nie im biblischen Text enthalten gewesen, aber er begleitete sie bis hierher andauernd.

Plötzlich bemerkte sie, dass die Übersetzungen aus dem Althebräischen darauf hinweisen, dass man die Zeitform der Verben nicht nur im Sinne des „Du sollst nicht ...!" verstehen kann, sondern dass man sie auch als Futurum verstehen kann, nämlich als „Du wirst nicht ...!" Und schon erschienen diese Gebote in einem anderen Licht. Im Klartext steht dann da nämlich: Wenn du mich als deinen Gott und Schöpfer begreifst, Mensch, dann wirst du mich ehren. Dann wirst du nicht lügen. Dann wirst du nicht töten. Dann wirst du nicht die Ehe brechen …!

Irene spürte, wie die Gegenwart des Heiligen Geistes sie umgab. Sie war von Herzen dankbar, dass sie ein Kind Gottes war, als sie weiter ihren Gedanken nachhing.

Es war absolut einsichtig: Ein Mensch, der sich vor seinem Schöpfer verneigt und sich von ihm liebevoll be(ob)achtet weiß, braucht in der Tat keine Gebote, sondern erkennt die Folgen dieser Beziehung wie von selbst.

In einer Übersetzung aus dem Aramäischen, welche Jesu Umgangssprache war, heißt es im „Vaterunser" auch nicht:

„Und führe uns nicht in Versuchung …", sondern: „Du lässt uns nicht in Versuchung geraten …" Das spürte sie für sich und es war ihr warm ums Herz.

Wie oft weist Paulus in seinen Briefen darauf hin, dass Gott kein strafender und abweisender Gott ist, sondern einer, der uns jederzeit seine Hand ausstreckt. So wie der Vater im Gleichnis vom verlorenen Sohn, der sich körperlich und seelisch schmutzig fühlte, der sein Erbvermögen bis auf den letzten Cent verprasst hatte und mit großer Hoffnung bei ihm ankam und um Vergebung bat. Der Vater kam ihm entgegen. Anders konnte sie die Zehn Gebote nicht verstehen. Sie sah in ihnen nicht die Spielregeln, die uns Gottes „Rote Karte" einbringen, wenn wir ihnen nicht folgen, sondern sein Versprechen, uns beizustehen, wenn wir ihn als Schöpfer und Herrn anerkennen.

Wer meint, dass das eine unzeitgemäße Haltung im Zeitalter des Internets und dem Zeitalter des Geistes ist, der hat wahrscheinlich Gottvertrauen noch nicht in Erwägung gezogen und traut deswegen entweder nur sich selbst oder den Erfindungen des menschlichen Geistes, was ihres Erachtens so ziemlich auf dasselbe herauskommt.

Damit wollte Irene niemanden abkanzeln und schon gar nicht sich selbst als im Besitz der wahren Erkenntnis hinstellen. Im Gegenteil: Oft ist unsere Erkenntnisfähigkeit beeinträchtigt.

„Eine Nacht vor dem Fernseher, ein Tag mit Zeitschriften und Zeitungen, und ich zweifle an Gott und der Welt", schrieb der Filmemacher Wim Wenders in einem Artikel aus dem „Stern".

„Kein Wunder, denn die Welt hat nie etwas anderes im Sinn, als uns Gott unverständlich zu machen. Aber gerade deswegen gilt sein Versprechen umso mehr, jeden Tag aufs Neue", meinte er weiter.

„Wer suchet, der findet", sagt die Bibel. Wer die Welt sucht, findet auch nur die Welt. Wer Gott sucht, wird ihn finden. Im Grunde sagen die Zehn Gebote nichts anderes: Wer Gott sucht, dessen Leben geschieht in eben diesen Bahnen, die hier zehnfach definiert werden.

Jetzt noch sind diese Zehn Gebote „Angebote". Sie sollten eine Grundregel für das Gemeinschaftsleben sein, aber auch eine Grundlage für ein Leben, das man mit gutem Gewissen vor Gott und vor sich selbst führen kann.

Seitdem Irene erlebt hatte, wie verletzt sie war, suchte sie den Ort der Schmerzen auf, den Gott dafür geschaffen hatte. Dieser Ort wurde ihr zur Lebensmitte, das Kreuz, an dem Christus den größten Schmerz getragen hat. Dorthin ging sie mit ihren Schmerzen, gab alles ab und erlebte, was Erlösung heißt. Erlöst zu leben von der Werkkraft eigener Verletzungen und der Schuld anderen gegenüber, die sie auf sich geladen hatte, bedeutete für sie im Blick auf Christus zu leben. Ähnlich wie Petrus, der auf dem stürmischen See auf Jesus zulief. Solange er den Blick auf ihn gerichtet hatte, ging er nicht unter – trotz seiner Ängste. Sobald er auf die hohen Wellen um sich herum sah und Jesus aus dem Blick verlor, sank er.

Irene dachte: „Ich will nicht untergehen, sondern ich will auf Christus hin leben und auf ihn zugehen."

Wenn es für sie auch schwierig war, ihre Mutter zu verstehen, ist es für sie gewiss, dass sie ihr Bestes geben wollte, sei es in der Erziehung oder auf der Glaubensebene. Sie hatte ihr Bestes, nach ihrem Wissen und Gewissen gegeben, denn sie wusste es nicht anders. Sie war selbst so gesetzlich erzogen worden und konnte nichts dafür.

Es gibt eine Wahrheit, die manchmal ins Lächerliche gezogen wird. Eine junge Frau erzählte, als sie vier Jahre alt war, hatte sie gesagt:

„Meine Mutti ist die Beste. Sie weiß alles und sie kann alles."

Als sie aber dreizehn Jahre alt wurde, sagte sie: „Meine Mutter hat keine Ahnung, sie handelt wie es ihr gefällt!"

Später mit fünfundzwanzig sagte sie: „Hätte ich bloß auf meine Mutter gehört."

Da ist was Wahres dran.

Manchmal ertappte Irene sich, denn genau so erging es ihr. Sie will ihre Mutti nicht schlecht machen, aber nicht immer hatte sie ihre Mutter verstanden. Heute weiß sie, auch wenn schon 25 Jahre seit ihrem Tod vergangen sind: Ihre Mutter hatte auf ihre Art und Weise Recht. Sie hatte ihr Bestes gegeben und ein gutes Erbe hinterlassen. Deshalb kann sie immer zurückgreifen auf den Schatz, denn sie mit auf den Weg bekommen hat und davon profitieren. Und tatsächlich, alle diese Jahre träumte Irene fast jede Nacht von ihrer Mutter, sodass sie sie noch nicht vergessen kann.

Abends hatte sie mit Johannes telefoniert und konnte über alles reden, zum Schluss beteten sie miteinander. Immer wenn sie die Selbstmordgedanken überfielen, rief sie bei ihm an und er gebot den Gedanken in Jesu Namen zu gehen. Gott sei Dank erhörte er sie. Zwar hatte sie noch dieses Kribbeln in ihrem ganzen Körper, aber die Abstände wurden länger. Auch die Selbstmordgedanken und die anderen körperlichen Beschwerden nahmen ab. Sie kamen in größeren Abständen und dauerten weniger lang. Irene schrieb den Verlauf in ihrem Tagebuch nieder und konnte es vergleichen. Währenddessen beschäftigte sich Johannes zu Hause mit den Kindern. Er stand jeden Morgen früh auf, machte die Brotdosen für jedes Kind fertig und begleitete sie zur Schule. Das Mittagessen war fertig, wenn sie zurück waren. Er machte alles für sie, sodass ihnen ihre Mutter ja nicht fehlte. Trotz all seiner Bemühungen vermissten die Kinder aber ihre Mutter. An einem Tag bekam Irene von dem ältesten Sohn einen Brief:

„Liebe Mama, Papa macht es sehr gut, er gibt sich ganz viel Mühe, aber er kann dich nicht ersetzen."

Weinend las Irene diesen Brief und litt fürchterlich unter Heimweh. Gleich darauf hatte sie ihm eine Antwort geschrieben, in der sie ihre Gefühle zum Ausdruck bringen konnte und gleichzeitig den Schmerz über die Abwesenheit der Kinder verarbeiten. Sie hatte sehr viel geschrieben und viel Post bekommen, sodass die Mitpatienten staunten, denn Irene bekam am meisten Briefe. Eine andere sehr gute Ablenkung während des Klinikaufenthalts war spazieren zu gehen, frische Luft zu tanken und abends, wenn sie im Bett lag, zu lesen. Eine interessante Geschichte war ihr in die Hände gefallen, wofür sie Gott von Herzen dankte … auch für die Bewahrung.

Wer in luftiger Höhe auf einem Gerüst arbeitet, darf sich keinen Fehltritt erlauben. Trotzdem ist es passiert: Bei Renovierungsarbeiten am Dach der Kirche verlor ein Arbeiter das Gleichgewicht und stürzte im freien Fall in die Tiefe. Auf dem Rasenplatz befanden sich viele große Grabsteine. Den Aufprall konnte kein Mensch überleben, doch zwischen den Grabsteinen graste ein Lamm. Genau auf dieses Lamm fiel der Mann. Unter der enormen Wucht des Aufpralls wurde das Tier völlig zerquetscht. Der Arbeiter jedoch überlebte den Sturz weitestgehend unverletzt. Obwohl diese Begebenheit inzwischen viele Jahre zurückliegt, ist noch heute an der katholischen Kirche in Werden an der Ruhr ein in Stein gehauenes Lamm zu sehen. Es soll an die wunderbare Rettung des Dachdeckers erinnern.

Der Mann hatte Glück, dass das Lamm zufälligerweise genau dort graste, wo er hinuntergefallen war. Und auch Irene hatte Glück. Das Lamm spielt auch in der Bibel eine wichtige Rolle, denn wir Menschen erlauben uns immer wieder Fehltritte. Wir übertreten die guten Regeln, die Gott uns zum Leben gegeben hat. Solche Übertretungen bringen uns in diesem Leben oft genug aus dem Gleichgewicht. Vor allem aber versperren sie uns den Zugang in den Himmel und lassen uns für ewig verloren gehen. Doch Gott will uns nicht fallen lassen. Weil er uns liebt, bietet er uns durch das Lamm Rettung an. Bereits im Alten Testament hat Gott das Prinzip des stellvertretenden Opferlammes eingeführt. Anstatt des schuldigen Sünders stirbt ein unschuldiges Lamm. Dann ist Jesus Christus als das Lamm Gottes auf die Welt gekommen, um am Kreuz ein für alle Mal stellvertretend für unsere Übertretungen zu bezahlen.

Bist bereit, ihm zu vertrauen und dich von ihm retten zu lassen? „Ist das nicht merkwürdig, dass ausgerechnet ich zu dieser Zeit diese Geschichte in die Hand bekomme?", fragte Irene sich. Die Geschichte gab ihr neue Kraft zu vertrauen und sie war sehr dankbar, dass der Herr sie vor diesen massiven Selbstmordgedanken beschützt und gerettet hatte.

Bestimmt hätte vor dem Baum, den sie sich ausgesucht hatte, um dagegen zu fahren, auch ein weißes Lamm gegrast. „Danke Herr!", flüsterte sie, während sie das Buch zuschlug.

Nach fünf langen Wochen machte sich Johannes auf den Weg, um Irene zu besuchen. Sie hatte ein Hotel gebucht, in dem sie beide übernachten würden, denn in der Klinik war nichts frei und er hatte einen über siebenhundert Kilometer langen Weg hinter sich. Leise ging er die Treppe hoch, als er plötzlich vor ihrem Zimmer stand. Irene saß am Fenster und las ein Buch. Als sie das Klopfen an der Tür hörte, stand sie auf, um zu öffnen.

Währenddessen fielen ihr interessanterweise Assoziationen aus der Vergangenheit ein, als sie noch ein elfjähriges Mädchen war. Es war Herbst und kalt. Das ganze Laub von den Bäumen war längst heruntergefallen und nachts gab es schon Bodenfrost. Es klopfte an der Haustür, sie stand auf und öffnete. Vor ihr stand eine kleine und zierliche Frau aus Japan. Sie war auf der Flucht und wollte sich scheinbar irgendwo in der Gegend niederlassen.

Rasch rief Irene ihre Mutter. Als Alwina die ausgehungerte Frau sah, lud sie sie gleich in ihr Haus ein, während sie ihr den Stuhl in der Küche zeigte, auf dem sie Platz nehmen konnte. Sie kamen ins Gespräch, doch die kleine, zierliche Frau konnte kein Russisch. Sie hob ihren Rock hoch und zeigte eine zehn Zentimeter breite, dicke braune Kruste auf ihrem Oberschenkel, die wie Schwarzbrot aussah. Alwina wusste sofort, dass es die Folgen der Atombombe gewesen waren, die die Amerikaner auf Hiroshima und Nagasaki abgeworfen hatten. Die Japanerin fuchtelte mit ihren kleinen Händen und versuchte ihnen zu verstehen zu geben, dass sie hungrig sei und Geld bräuchte.

„Schnell, bring Wasser!", befahl Alwina.

Irene packte den Eimer und ging zum Brunnen. Als sie zurück war, hatte ihre Mutter schon den Trog hingestellt und mit heißem Wasser gefüllt, das auf dem Ofen in einem großen Topf stand und zum Geschirrspülen oder für die Handwäsche genutzt wurde. Die Japanerin stand im Unterhemd daneben. Als sie ihr Unterhemd auszog, war ihr ganzer Körper mit solchen riesigen Wunden befallen, die braune Krusten bildeten. Alwina hatte der Frau geholfen sich zu baden. Sie gab ihr ein sauberes Unterhemd aus ihrem Schrank sowie warme lange Strümpfe, die sie selber gestrickt hatte, und eine Strickjacke, die natürlich viel zu groß ausfiel, obwohl Alwina selber sehr dünn war. Anschließend füllte Alwina einen Teller mit heißer Suppe und stellte reichlich Brot auf den Tisch. Während die Frau sich auf das Essen stürzte, hatte Alwina ihre alten zerlumpten Klamotten in den Ofen geworfen, wo sie schnell Feuer fingen und im Nu verbrannten. Irene verfolgte dieses Szenario. Sie erschrak, versuchte aber es nicht zu zeigen, denn die arme Frau hatte ihr sehr leidgetan.

Nun stand sie wieder vor der Tür und öffnete sie. Als sie nach so einem Paradigmenwechsel Johannes vor sich sah, schrie sie vor Freude auf. Die beiden umarmten sich vor Sehnsucht. Irene konnte sich nicht beherrschen, die Tränen liefen ihr die Wangen runter, während sie sich an ihren Mann schmiegte.

Lange Zeit standen die beiden schweigend da, bis Johannes die Stille unterbrach.

„Du siehst gut aus! Lass dich ansehen", sagte er, während er sie vorsichtig von sich wegdrückte.

„Komm, nimm Platz", lud sie ihn endlich ein.

Lange schauten sie sich schweigend an.

„Sie ist fast noch schöner", dachte er, „als ich sie in Erinnerung habe."

Er betrachtete ihr Gesicht, ihre Augen. Sie war weiblicher geworden, eine Frau, sanft und mit Gefühl für andere, wie es nur durch eigenes schweres Leid entsteht.

„Du siehst wirklich besser aus als vor fünf Wochen, als ich dich zum letzten Mal gesehen habe!", sagte er.

„Danke!", erwiderte sie. Irene hatte sich wieder gepflegt, sich geschminkt und hübsch gemacht. Zu dieser Zeit hatte sie wieder Lust für die schönen Sachen. Das war ein Beweis, dass sie auf dem Weg der Besserung war.

„Wie geht es den Kindern?", fragte sie, obwohl sie die ganze Zeit jedem von ihren Kindern separat Briefe geschrieben hatte, die sie bis heute aufgehoben hat. So hielt sie den Kontakt zu ihnen aufrecht. Trotzdem wollte sie es von Johannes wissen. Sie wollte alles wissen, ihr Interesse fürs Leben war wieder erwacht.

„Sie kommt ins Leben zurück", freute sich Johannes und beruhigte sie, dass alles in bester Ordnung sei.

Bevor er sich auf den Weg zu ihr machen wollte, telefonierten die beiden. Irene hatte ihn gebeten: „Bitte bring keine Kinder mit, sonst kann ich die restliche Zeit hier ohne sie nicht mehr ertragen!" Deswegen kam er allein.

„Wie geht es dir? Erzähl mir lieber von dir!", sagte Johannes. Sie schaute zum Boden und schwieg, nach einiger Zeit hob sie ihren Blick und schaute ihm direkt in die Augen.

„Es war sehr schlimm, ich kann es dir nicht beschreiben", sagte sie.

„Ich möchte mich auch nicht mehr daran erinnern, wenn man sich Tag und Nacht in einem dichten Nebel befindet und nicht raus kann – fürchterlich!", fügte sie mit zitternden Lippen hinzu.

Ihre Stimme wurde plötzlich ruhig und fest. Sie versuchte sich zu beherrschen …

Ihre innere Tür war aufgesprungen und die stumme Qual fand den Weg ins Freie. Sie hielt ihre Hände vor ihr Gesicht und bemühte sich, sich nicht mehr an die Vergangenheit zu erinnern. Nach einer Weile trocknete sie ihre Augen ab und sagte:

„Nun, ich merke, dass es Schritt für Schritt besser wird. Leider dauert es für mich alles viel zu lang, aber ich freue mich, dass ich aus dem finsteren Tal fast raus bin.“

Die kurze Zeit miteinander verflog viel zu schnell, aber sie hatte den beiden gutgetan.

Nach dem Besuch von Johannes zählte Irene die Tage und wollte so schnell wie möglich nach Hause. Nach acht Wochen hatte sie mit ihrem Arzt gesprochen und er hatte es bewilligt. Johannes holte sie ab. Als sie zu Hause ankamen, schien es ihr, als ob sie ihre Kinder nicht wiedererkennen würde. Sie hatten sich verändert und waren gewachsen. Sehnsüchtig drückte sie jedes Kind an sich. Die Freude war auf beiden Seiten sehr groß. Irene war froh, wieder zu Hause bei ihren Kindern zu sein und die Kinder waren froh ihre Mutter wieder zu haben. Nach der herzlichen Begrüßung öffnete Irene langsam die Schlafzimmertür, um ihren Koffer abzustellen, als sie in Staunen versetzt wurde. Die Kinder hatten das Zimmer mit Luftballons und Blumen geschmückt. Sie war entzückt, wohingegen Johannes die vielen Blumen an die Beerdigung seiner Mutter erinnerten, die er noch nicht verdaut hatte.

Das Haus war blitzblank geputzt und aufgeräumt. Mit einer großen Wertschätzung wurde sie empfangen. Die Kinder merkten, dass sich ihre Mutter verändert hatte und dass sie wieder gut aussah. Irene hatte sich geschminkt und sah wieder gepflegt aus wie früher. Mit dem „Wracksein“ war es vorbei.

Die Kinder wünschten sich verschiedene Gerichte zum Essen, denn Johannes hatte zwar in dieser Zeit Kochen gelernt, aber nur sehr einseitig. Irene legte eine Menüliste aus und die Kinder durften ihren Essenswunsch eintragen. Der Reihe nach hatte sie ihnen die Wünsche erfüllt. Johannes hatte Urlaub genommen und blieb zwei Wochen zu Hause, um ihr zur Hand zu gehen, bis sie sich wieder eingelebt hatte. Er war mit Irene einkaufen gefahren, hatte ihr mit dem großen Berg Wäsche geholfen, hatte jeden Tag Staub gesaugt und als die Kinder in der Schule waren, half er ihr in der Küche. So langsam konnte Irene nach ihrer Erschöpfungsdepression den Horizont sehen.

In all den Jahren haben die beiden gelernt, wie sie miteinander umgehen sollen, wenn es ihnen gut ging, genauso in Zeiten von Not und Leid einander zu schätzen, zu lieben und zu respektieren. Miteinander über alles reden, dieses Versprechen, das sie sich zum zweiten Mal gaben, versuchten sie täglich einzuhalten. Sie wollten keine Geheimnisse voreinander haben, egal wie groß oder klein das Problem erscheinen mag.

Irene fing an, ihm das Geschehene zu erzählen und der ungelöste Knoten, der all die Jahre in ihr verborgen lag, wurde gelöst. Denn damals als sie die erste Depression hatte, hatte sie sehr darunter gelitten, dass sie ihm nichts erzählen durfte. Aufgrund der Glaubensverschiedenheit herrschte oft Disharmonie. Wo eigentlich viele Fragen da waren und wo man sehr vieles besprechen musste, konnten sie es aber nicht.

Nun, jetzt ging es ihr gleich ein Stückchen besser, weil sie über alles reden konnte.

Wo immer es möglich ist, etwas von seinen Gefühlen zu äußern, sollte man dies tun. Gefühle, die man nicht an Ort und Stelle äußern kann, verbleiben als „unerledigte Geschäfte“ im Seelenkontor und warten darauf, in einem Nachgespräch befreit und bearbeitet zu werden. Andernfalls „verklumpen“ sie und liegen als seelische Knoten im „Bauch“ und nehmen dort viel Kraft in Anspruch. Gut, dass wir als Christen einen Vater im Himmel haben. Bei Gott bleibt kein ungelöster Knoten, bevor er einen weiterführen kann.

Gott löst alles, Satan hat kein Recht und man kann sich frei im Geist fühlen. Einen Augenblick hielt Irene inne und musste an einen Spruch von Rainer Maria Rilke denken:

„Wolle nie irgendeine Beunruhigung, irgendein Weh, irgendeine Schwermut von deinem Leben ausschließen, da du doch nicht weißt, was diese Zustände an dir arbeiten!“

In dieser Welt werden wir Christen von Leid und Trauer nicht verschont. Allerdings wissen wir uns getragen von unserem Herrn und Gott, der dies eben alles zulässt, aber auch die Kraft schenkt, es tragen zu können. Wir haben das anzunehmen und zu akzeptieren, „denn denen, die Gott lieben, müssen alle Dinge zum Besten dienen“.

Durch diese Erfahrungen kommen wir mit Menschen in Verbindung, die Ähnliches erfahren haben.

Sehr bald merkte Irene, dass solche Leute mehr barmherzige Zuwendung brauchen als besserwisserische verletzende Kritik.

Eins ist ihr doch noch ganz wichtig geworden, was sie sich immer wieder gefragt hatte: „Warum? Warum müssen die Menschen Leid erdulden? Warum, o Herr?“ Emotional stand sie wieder auf der Hängebrücke, die über der tiefen Schlucht hing.

„O Herr, warum?“, fragte sie nur leise, bis ihr ein kleines Heftchen von einem Missionswerk in die Hände fiel. Sie konnte sich so richtig damit identifizieren.

„Weißt du, warum du so manche Wüstenstrecke zu durchlaufen hast? Warum deine körperlichen Anfechtungen dich manchmal so hart bedrängen dürfen, dass sie dir den Frieden Gottes streitig machen können?

Warum der Herr es zulässt, dass innere und äußere Schwierigkeiten so manches Mal übermächtig zu werden drohen? Warum deine Freude gestern und heute dem glimmenden Docht gleicht, von dem Jesaja geredet hat? Warum du oft so müde bist, abgespannt? Weißt du, warum das alles so ist? Der Herr Jesus liebt dich so sehr, dass er dich zu einem Beispiel für die Macht seiner Gnade werden lassen will. Du sollst, indem du dir an seiner Gnade genügen lässt – die Herrlichkeit eben dieser Gnade erfahren, die ‚in den Schwachen mächtig' ist. Wir sollen doch ‚zum Preise der Herrlichkeit seiner Gnade' sein. Er selbst will aus dir hervorstrahlen."

Einerseits fühlte Irene, dass sie auf alle ihre Fragen eine Antwort bekam. Andererseits dachte sie, muss es, Herr, so fürchterlich und schmerzhaft sein?

Es war Frühling, der warme Südwind brachte alles in Bewegung, die Sonne kam heraus und der Schnee schmolz weg. Die Bäche stiegen über ihre Ufer, stürzten schäumend durch das Tal und setzten die Wiesen halb unter Wasser. Irene war froh, wieder in ihrem Garten zu sein. Säen, zuschauen wie es wächst und ernten – das alles liebte sie sehr. Solange die Erde steht, soll nicht aufhören Saat und Ernte und das Wort wurde ihr bewusst: „Was der Mensch sät, wird er ernten."

Sie konnte es wieder sehen und staunte, wie wunderschön es ist, wenn die Natur erwacht. Die Bäume wurden langsam grün. Die Tulpen, Krokusse und Narzissen, auch als Osterglocken bekannt, sprossen aus der Erde in ihrem Vorgarten. Wenn der Frühling im Anflug war, würde bald das Pflügen und Säen wieder beginnen und die Störche aus südlichen Ländern zurückkehren. Da Irene ein introvertierter Mensch ist, genießt sie die Natur im Frühjahr besonders und muss mit Erstaunen feststellen, wie wunderbar unser Gott alles erschaffen hat. Es geht ihr gut auf dieser Erde, sie ist ihm dafür aus ganzem Herzen dankbar.

Sie stand da und genoss die frische Luft, als ihr der Gedanke kam: Das Säen und Ernten verbindet sie mit ihrer Jugendzeit. Sie dachte an den jugendlichen Leichtsinn, an alles was man hätte besser machen können. Dazu gehörte auch, die Eltern für eigenes Fehlverhalten in früher Jugend zu beschuldigen. Wie schnell sagt man, dass die Umwelt so kalt, so lieblos ist und die Menschen so rücksichtslos, egoistisch und gleichgültig sind. Dabei vergaß sie sich zu fragen, wie sie in ihrer eigenen Jugend war.

Aus diesem Grund tat sie sich heute manchmal selbst leid, weil sie sich daran erinnern musste, was sie später von ihren Kindern ernten wird.

Das Naturgesetz von Saat und Ernte sollte sich jeder vergegenwärtigen:

Als jüngere Frau war ihr das nicht bewusst. Jedes Wort, jede Tat ist Saat! Diese ist gut oder schlecht. Ihr Verhalten ihren Eltern gegenüber ist eine Saat. Die entsprechende Ernte wird sie eines Tages von ihren Kindern bekommen.

Bosheit und Ungerechtigkeit ist die Saat, die sich in der Erde vervielfältigt. Im Vergleich zum guten Samen vervielfältigt sich Unkraut noch viel mehr. Wer Hass, Ehebruch, Hurerei, Gewalt und Mord nicht will, darf diese Dinge selbst in seinen eigenen Vorstellungen nicht lieben, pflegen, geschweige denn erlauben.

Natürlich säen wir auch guten Samen. Positive Gespräche mit Kindern, Bekannten oder Kollegen, die dabei die richtige Sicht entwickeln, sind gute Samen.

Jesus kam und erntete von unserem Acker „Kraut und Rüben", die Saat von Hass, Neid, Schmerz, Verachtung und Tod. Er hat die Ernte unserer menschlichen

Aussaat auf sich genommen. Er dagegen lädt uns ein, die Ernte seines Lebens einzuholen – Frieden, Vergebung, Heilung und ewiges Leben.

Lass Jesus deinen Acker abernten, lebe du sein Wort aus, sodass wir Schätze im Himmel sammeln können!

Auch nach der Kur, als Irene wieder zu Hause war, kamen die Angstzustände immer mal wieder, aber in größeren Abständen. Mehrmals täglich lag sie dem Herrn in den Ohren, dass es doch geschehen möge:

„Herr, verlass mich nicht, mein Gott, bleib nicht fern von mir! Komm und hilf mir schnell! Du bist doch mein Herr und mein Retter!"

Und plötzlich merkte Irene, dass die schwarzen Wolken wegzogen und die Sonne langsam sichtbar wurde. Es war wie bei der jüdischen Frau, als der Rabbi ihr seine Hand auf den Kopf legte und fragte:

„Kind, kennst du das Geheimnis unseres Volkes nicht? Das Geheimnis Israels ist das Geheimnis des Roten Meeres. Es gibt keinen Weg um das Meer herum, keinen Weg, weder darüber noch darunter, herzukommen. Der Weg Gottes führt mitten durch das Rote Meer hindurch. Und nun leg deine Hand in Gottes Hand, meine Tochter, und dann geh in das Wasser hinein. Du wirst staunend erleben, dass es zurückweicht! Und das Wunder geschah! Die Frau wurde still und die irre Angst fiel von ihr ab."

So ähnlich ging es Irene. Nach zwei langen Jahren der Dunkelheit brach der Tag in Irenes Leben hinein und die Hängebrücke, auf der sie sich immer noch befand, wurde von dem Tageslicht erhellt. Plötzlich sah die Brücke nicht mehr so schrecklich aus und durch das helle Licht konnte sie sehen, wohin sie treten durfte.

Auch Jesus musste den Weg durch das Rote Meer gehen. Gott hat ihn nicht vor dem Leiden bewahrt, aber in dem Leiden! Und schließlich hat er ihn erlöst. So musste auch Irene durch das Rote Meer gehen, aber Gott war mitgegangen und hatte sie hindurchgebracht. Er hat uns den „Schlüssel zum Herzen der Menschen" gegeben, in Liebe und Demut einander anzunehmen.

Was Irene heute bitter bereut und sie traurig über sich selbst macht, ist das Einander- etwas-beweisen-Müssen. Nein, das wollte sie nicht mehr. Sie war froh und dankbar, dass Jesus sie durch diese Feuerprobe durchgebracht hatte. Sie war willig, einen Tag nach dem anderen zu leben, mit dem Wissen, dass die Zukunft in seiner Hand lag.

Heute kann sie sagen, dass über ihrer Genesung die wunderwirkende Kraft des Herrn lag. Sie kann zum Ausdruck bringen und bezeugen, was sie von Gottes Verheißungen erhalten hat, denn die Bibel ist voller Verheißungen. Der Friede Gottes herrschte erneut unangefochten in ihrem Leben. Sie war aus ihrem persönlichen Feuerofen hervorgegangen mit neuem Glauben an die Kraft und Liebe Gottes und sie betrachtete es nicht als selbstverständlich, von dieser Krankheit geheilt worden zu sein. Ihre Ehe wurde tiefer und intensiver. Sie empfanden diese tiefere Wertschätzung, Liebe und Zärtlichkeit füreinander und für ihre Kinder, was nur der erleben kann, der dem Tod ins Angesicht geschaut hat.

Es war ihr wichtig, darüber nachzudenken, was in der vergangenen Zeit alles geschehen war. Sie sah, wie Gott durch diese Depression ihren Charakter verändert und weiterentwickelt hatte. Die Krönung ihrer Ehe war ein Gefühl der Zufriedenheit und des Wohlbefindens, das nur diejenigen Paare erleben, deren Beziehung gereift ist und die die Wechselfälle des Lebens gemeinsam überstanden haben. Sie freute sich immer wieder neu über die Güte Gottes und den Segen auf ihrer ganzen Familie.

Manch einer fürchtet sich vor einer Depression und meint, damit würde er nicht fertigwerden, denn Leben ist wie ein riesiges Feld, nicht immer ist es leicht zu überqueren. Das ist wahr, aber Irene kann bezeugen, dass Jesus bei jedem Schritt des Weges da ist und mitgeht, wenn man das Gefühl hat, man stünde allein. Es ist fürchterlich, nur daran zu denken, aber es ist ihr bewusst, dass manche Christen ihre Depression nicht loswerden können. Doch Irene kann aus ihrer eigenen Erfahrung sagen, dass Jesus viele wiederhergestellt hat – zu wunderbarer, vollkommener Gesundheit. Ihm allein sei die Ehre! Natürlich versucht der Satan den Kampf zu gewinnen, bevor wir ihn begonnen haben. Heute kann sie die Leute, die durch das finstere Tal gehen, sehr gut verstehen und ihnen mit einem guten Rat zur Seite stehen. Sie sieht solche Menschen mit anderen Augen. Irene hat ein Herz für sie und kann ganz anders im Gebet für sie eintreten.

Nach zwei langen Jahren der Dunkelheit brach der Tag in ihr Leben hinein und die Hängebrücke wurde zu einem festen Weg, der durch das Tageslicht erhellt wurde. Trotz der hellen Tage in ihrem Inneren, war sie noch nicht so belastbar wie früher.

So betete sie: „Jeder Tag hat seine Sorgen und Last genug."

Sie vertraute dem Herrn und ihre Kraft reichte für jeden Tag. Am nächsten Morgen betete sie das Gleiche.

Sie hatte es gestern mithilfe des Herrn geschafft zu leben und auf ihn zu vertrauen. Sie hatte ihre Arbeit gestern geschafft, also schaffte sie es auch heute. So lebte sie jeden Tag in der Erwartung des Guten und Besten und dass morgen ein neuer und verheißungsvoller Tag auf sie wartete. Selbst wenn das Leben an dunklen Tagen eine Tür sanft schließt, konnte sie eine andere Tür hoffnungsvoll öffnen.

Irene war schon manche Wege gegangen, aber sie weiß mit Bestimmtheit: dieser war der schlimmste. Wir müssen alle einmal geläutert werden, jeder auf seine Art und Weise. Der Herr möchte uns läutern, aus welchen Gründen auch immer. Er hat uns nie den steinlosen Weg verheißen. Er sagte nur: „Ich bin immer bei euch, bis an das Weltende."

Sie spürte wie der Herr zu ihr sprach, merkte, dass sie eine Antwort auf ihre Fragen bekam. Plötzlich wurde es warm um ihr Herz, sie fühlte sich angenommen.

Sie konnte zwischen den Zeilen lesen: Unterzeichnet! Herzlichst, Dein Jesus.

Sie hätte sich nie vorstellen können, welche Kräfte sie aus dem Glauben schöpfen konnte. Ihr Glaube war in der schwierigen Zeit gewachsen und viel stärker geworden.

„Gott trägt durch" – dieser Glaubenssatz wurde wirklich erst auf die Probe gestellt, als es „so weit war". Sie hatte erfahren, dass sie wirklich nie etwas aushalten musste, was über ihre Kräfte ging. Was hatte sie für eine Angst vor solch einer Situation? Das kann sich keiner vorstellen. Aber nach dieser zweijährigen Leidenszeit merkte sie, dass sie mehr und mehr die Gemeinschaft mit Gott brauchte. Sie las viel intensiver in der Bibel und suchte nach mehr.

„Sorgt euch nicht!" Jesu Botschaften wie diese bekamen eine ganz neue Bedeutung. Ihr Herz klopfte aufgeregt, ihr Atem wurde für eine kurze Zeit schneller. Sie wusste, was sie zu tun hatte. Als sie sich innerlich beruhigt hatte, holte sie tief Luft, fühlte sich wieder von Gott getragen, auch an Tagen, an denen sie keinen Ausweg wusste und keine Hoffnung hatte. Es schien ihr, als ob ihr jemand ins Ohr flüsterte:

„Du brauchst nicht einmal auf die Klinke zu drücken: Gottes Türen sind nur angelehnt."

Kapitel 19

„Im Schatten des Mannes“

„Liebe heißt nicht, einen anderen ergreifen, um sich zu vervollständigen, sondern sich an einen anderen verschenken, um ihn zu vervollständigen.“

Michel Quoist

Samstagabend. Die Sonne ist bereits untergegangen und die Dämmerung legt sich langsam auf die Gegend, der blasse Mond zeigt sich, lässt schon etwas von seiner Pracht erkennen. Natur und Menschen kommen zur Ruhe. Es liegt immer noch ein Rauchgeruch in der Luft, da viele tagsüber in den Gärten ihr Reisig verbrennen.

Irene war froh, dass der Tag zu Ende ging, denn sie hatte auch schon alle Vorbereitungen für den nächsten Tag getroffen und freute sich darauf.

Jeden Sonntag fuhren sie mit ihrer ganzen Familie zum Gottesdienst. Als sie dann wieder zu Hause waren, sah Irene zu, wie die Stampfkartoffeln und der Nachtisch in den hungrigen Mäulern ihrer Familie verschwanden und vom Braten nur ein paar wenige Fetzen übrig geblieben waren. Wer noch Platz hatte, erfreute sich noch an dem köstlichen Kuchen, den sie jedes Wochenende bereithielt. Dann standen alle vom Tisch auf und gingen ihrer Wege, die Kinder verschwanden in ihren Zimmern.

„Das Essen hat königlich geschmeckt! Dein berühmter Braten ..., es war ein wunderbares Mahl!“, bedankte sich Johannes.

„Nichts für ungut. Gewusst wie!“, sagte Irene.

„Nichtsdestotrotz …“, erwiderte er, ging ins Wohnzimmer und setzte sich vor den Fernseher.

Die Flammen der Kerzen verschwanden vor Irenes Augen, als ihr fast die Tränen kamen. Bemerkte überhaupt irgendjemand, was für eine Mühe sie sich gab, das sonntägliche Mittagessen zu einem besonderen Ereignis werden zu lassen? Irene hatte Kerzen angezündet, ihr gutes Porzellangeschirr und Besteck aufgelegt, den Tisch mit einer weißen Damasttischdecke und Servietten gedeckt. Sonntag war ein besonderer Tag, an dem ihre große Familie den ganzen Tag zusammen war und sie wollte es würdigen.

Johannes genoss die Sendung über Politik. Vielleicht würde er sie nicht so langweilig finden, wenn sie mit ihm über Politik diskutieren könnte. Aber die Politik musste warten, bis sie die Töpfe gespült und abgetrocknet hatte. Irene ließ den Blick über den verwaisten Tisch schweifen und ihr war zum Weinen zumute. All die Arbeit: Tischdecke und Servietten bügeln, die Kartoffeln schälen, die grünen Bohnen putzen, dafür sorgen, dass das Fleisch genau richtig gewürzt war und die Bratensoße keine Klümpchen hatte, den Kuchenteig anrühren, das Obst in gleichmäßige Stücke schneiden ... und die Mahlzeit war in fast achtzehn Minuten vorüber. Es würde eine weitere Stunde dauern, bis alles aufgeräumt war und dazu war es eine so geistlose Arbeit. Kein Wunder, dass Johannes sich mit ihr langweilte, dachte sie, sie fand sich ja selbst langweilig. Sie wünschte, sie wäre mutiger, klüger und selbstbewusster, während sie die sauberen Töpfe und Pfannen auf ihren Platz stellte.

Johannes fand sie nicht langweilig. Nur weil sie selber unzufrieden mit sich war, unterstellte sie ihm das Gleiche.

Mutter zu sein, fiel Irene leicht. Sie liebte es, zu kochen, aufzuräumen und die Kinder zu versorgen. Dabei hatte sie das Gefühl nützlich zu sein und etwas Sinnvolles zu leisten. Menschen erzeugen ihre Gefühle durch ihr Denken und sehen nicht mit ihren Augen, sondern mit ihrem Verstand, und sie hören nicht mit ihren Ohren, sondern mit ihren Erinnerungen, anschließend werden dazu noch eigene Interpretationen des Gesehenen und Gehörten dazugepackt und das wird dann Realität genannt ..., schoss es ihr durch den Kopf. Doch sie war unglücklich, und zwar mit sich selbst. Ihr Gebet war: „Herr, ändere meinen Mann!“, obwohl sie wusste, dass sie bei sich selber anfangen musste, so kämpfte sie mit sich selbst.

Später änderte Johannes den ganzen Haushaltsplan. Die Kinder fingen in der Woche mit dem Küchendienst an und er selber war jeden Sonntag mit dem Auf- und Abdecken des Tisches dran, denn sonntags war am meisten los. Bei Familie Justus war es ein sogenannter Aufladetag.

Eines Abends hatte Irene die Kinder nach der Gutenachtgeschichte zu Bett gebracht, hörte aber, dass sie danach umherliefen. So ging sie noch mal hoch, um nach dem Rechten zu sehen. Da lief ihr der Junior entgegen.

„Was machst du hier? Ihr sollt doch schlafen?“, fragte sie.

„Wir haben uns vor dem Einschlafen noch beieinander entschuldigt“, antwortete er.

So wie sie es gelehrt bekommen haben, dachte Irene. Die Sonne soll nicht untergehen, ehe ihr verzeiht. Denn tagsüber geschah so manches unter den Geschwistern.

Irene fand das so süß und streichelte den Kleinen über seinen schwarzen Haarschopf. Sie brachte ihn in sein Zimmer und drückte ihn noch mal herzlich an sich.

Am nächsten Tag begleitete sie ihre Kinder wie früher zur Schule. Sie stieg wieder in ihre alten Dienste ein, die sie vor ihrer Krankheit gemacht hatte. Irene verkaufte während der großen Pause ein gesundes Frühstück. In der Weihnachtszeit half sie beim Basteln oder Theaterspielen und vor den Sommerferien bei verschiedenen Spielen. Der Alltag nahm seinen Lauf und sie war froh, jeden erleben zu dürfen. Ihr wurde klar, dass sie nicht alles auf einmal lösen konnte, sondern Schritt für Schritt, und weiter an sich arbeiten musste. Erst mal an einer Eigenschaft arbeiten, bevor man zu der nächsten übergeht. Nach ihrer Erschöpfungsdepression musste sie ihre Identität wiederfinden, die in dieser Zeit damals fast zerstört worden war.

Johannes musste in diesen vergangenen zwei Jahren alle Entscheidungen alleine treffen, denn sie war nicht in der Lage dazu. Sogar wenn ein Knopf von einer Hose oder einer Kinderjacke abriss, hatte er ihn wieder angenäht. Mit allen Angelegenheiten kamen die Kinder zu ihm.

Nun war sie wieder da und es ging ihr gut. Langsam übernahm sie mehr und mehr ihrer gewohnten Aufgabenfelder. Aber bei Johannes hatte die Macht der Gewohnheit überhandgenommen, sodass er weiterhin alle Entscheidungen traf. Eines Tages fasste sich Irene ein Herz und sagte ihm: „Das geht nicht. Du kannst nicht mehr über mich entscheiden. Ich übernehme meine Rolle und treffe die Entscheidungen!"

Johannes vermied es, ihr in die Augen zu schauen, da ihm sein Fehlverhalten bewusst wurde.

„Irene, ich wollte keine Kluft zwischen uns aufreißen lassen", sagte er und wollte schon gehen.

„Gib mir bitte einen Kuss, ehe du gehst!", bat sie ihn liebevoll.

Als sie ihre Lippen sanft auf die seinen legte, erwiderte er ihren Kuss ebenso sanft und als sie ihm in die Augen sah, schaute er sie mit großer Wärme an.

„Du weißt, dass du mir sehr viel bedeutest!", sagte er freundlich und ging hinaus.

Irenes Gesicht hellte sich auf, als sie ihn mit ihren Augen zur Tür begleitete. Es war sonst nicht die Art ihres Gatten, seine Gefühle ihr gegenüber so zum Ausdruck zu bringen. Für beide war eine Zeit der Veränderung eingetroffen, die manchmal mühsam war.

Irene hatte schon immer einen gewissen Minderwertigkeitskomplex ihrem Mann gegenüber. Nicht nur dass sie schüchtern und zurückhaltend war, auch aufgrund seines cholerischen Naturells. Auch wenn er dominant-initiativ war, so hat trotzdem jeder Charakter auch seine Schwächen. Dazu gehörte zum Beispiel das „Herumkommandieren", aufbrausend sein, für andere entscheiden, weiß alles und kann alles besser und eine Abneigung gegen Tränen und Gefühle.

Durch seine bestimmende Art wäre es bei den beiden fast zu einem Dauerzustand geworden, dass sie oft nicht miteinander redeten, aber es gelang ihnen, ihre Situation zu verbessern, weil jeder an sich selbst arbeitete. Nach seiner Einschätzung war Irene zu empfindlich und auch zu introvertiert. Doch täglich gaben sie sich Mühe und jeder trug seine hundert Prozent zu ihrer Ehe bei.

Johannes war eigentlich ein sehr lieber Vater und ein sehr guter Ehemann. Aber er besaß so eine gewisse cholerische Ader, die ihn manchmal explodieren ließ. Er ging dann raus, beruhigte sich und kam dann nach kurzer Zeit wieder gelassener zurück. „Jetzt ist er gegangen", ging es Irene dann immer wieder durch den Kopf. „O Herr", flüsterte sie, „gib mir Kraft und hilf uns dies alles zu bewältigen!"

Doch dann dachte sie: Der Herr hat zwar versprochen, uns in jeder Lebenslage Kraft zu geben, doch er hat nie versprochen, dass keine Schwierigkeiten und Probleme auftauchen würden. Man soll nicht Salz in eine offene Wunde streuen. Lieber soll man jeglichen Ärger vermeiden, der zu heftigen Diskussionen führen kann. Sie hatte in diesen Jahren gelernt, den Ärger wie Abwasser ins Leere laufen zu lassen und den Streit zu vermeiden. Ihr war klar, dass Ärger oft wegen Nichtigkeiten entsteht und in bitterer Reue endet.

Jeder Psychologe wird zustimmen, dass es im Guten wie im Schlechten auf Folgendes ankommt: „Nicht das zählt für einen Menschen, was ihm objektiv widerfährt, sondern das, was er subjektiv dabei empfindet."

Irene hatte das Gefühl, dass Johannes als Choleriker immer auf der Palme saß, sie von unten aber die Höhe nicht einschätzen konnte. Es war ein Dauerzustand, weil sie so empfindlich und er zu direkt war. Manchmal waren sie vorwurfsvoll gegenüber dem anderen, aber sie konnten sich nicht aus dem Weg gehen.

Früher hatte er ihr den Kopf „abgerissen" und danach drei Tage gebraucht, ihn wieder „anzunähen", denn sie saß in ihrem Schneckenhaus und genoss es, beleidigt zu sein.

Nun, die Zeiten waren vorbei! Er änderte sich total und sie wollte nicht mehr das Prinzip des Echos leben: „Wie man in den Wald hineinruft, so schallt es heraus."

Sie wollte als Person wahrgenommen werden und begann damit, ihren Mann mehr zu loben. Sie war zwar auch mehr oder weniger egoistisch, trotzdem fing sie an, auf seine Bedürfnisse einzugehen. Häufig hatte er einen schlechten Tag und genau dann ermutigte sie ihn. Wer empfangen will, muss geben! Irene entschied sich dafür, an sich und ihrem Charakter zu arbeiten. Sie wollte keine bittere Wurzel entstehen lassen.

„Wie ihr wollt, dass die Leute mit euch umgehen, so geht mit ihnen um." Die goldene Regel von Jesus wollte sie auf jeden Fall berücksichtigen. Denn eine richtige Entscheidung kann die falsche sein, wenn sie zu spät getroffen wird. So wollte sie gleich initiativ werden und Auswirkungen in ihr Leben bringen.

Das sagte schon William James: „Der stärkste Trieb der menschlichen Natur ist das Streben nach Anerkennung."

Als kleines Mädchen hatte Irene davon geträumt, ein Mensch von Bedeutung zu sein, denn ihr Leben als Kind war eingeengt, wie in einem Rohr. Sie war voller Erwartungen, was wohl die Zukunft bringen würde. Doch ließ sie sich nicht zurückhalten und schaute immer nach vorne.

Diesen Bereich hatte sie verlassen. Sie war angekommen – das ist jetzt dein Gebiet, du kannst links, du kannst rechts, du kannst nach vorne gehen. Du bist bei Gott angekommen, mit der Beengung ist es vorbei. Entfalte dich und tritt dein Erbe an, das soll kein Stress sein, sondern Freude.

In den folgenden Jahren, in denen Irene und Johannes sich immer besser kennen- und lieben lernten, nahm auch ihre körperliche Liebe an Innigkeit, Tiefe und Leidenschaft zu. Sie freuten sich sehr an ihrem Bund der Ehe, denn nur der Tod würde sie scheiden können.

Irene schloss die Augen und rang nach Atem. Sie suchte nach einem Schlüssel, einer Erklärung für das, was sie gerade erfahren hatte.

Irene sah ihm jetzt direkt in die Augen. Dieses bedrückende Gefühl, das sie seit Monaten zu überspielen versuchte, drängte sich mit Macht in ihr Bewusstsein.

Sie musste noch an manchen Tagen mit den Folgen der Erschöpfungsdepression zurechtkommen.

Sie kannte Johannes. Er liebte sie und die Kinder. Er war stark und diszipliniert. Doch heimlich beneidete sie ihn, was nicht sinnvoll war, denn es lähmt eigene Entwicklung und Kreativität. Denn dann konzentriert man sich nur auf die Gaben und Talente des anderen. Man möchte ähnliche haben und die eigenen Fähigkeiten kommen nicht zur Entfaltung. Vor Gott sind wir alle Originale. Er gab jedem von uns bestimmte Gaben und Talente, damit wir einander ergänzen und nicht, um uns zu beneiden. Jeder soll seine eigenen Gaben fördern und nicht eingraben. Dadurch kann jedes große Ziel erreicht werden.

Heimlich konkurrierte auch Johannes mit Irene. Er war der Meinung, dass sie gute Gaben von Gott bekommen hatte. Auf dieser Grundlage entstanden Auseinandersetzungen, sodass es an manchen Tagen heftig knisterte. Doch das war nun Vergangenheit.

Er stellte sich Fragen. Bin ich ein schlechter Ehemann? Ich wollte doch nichts verkehrt machen!? Er fing an, seiner Frau mehr Aufmerksamkeit zu schenken, sie reden zu lassen und ihr dann Fragen zu stellen. Er versuchte sie aus dem Schneckenhaus zu locken. Johannes fragte sie nach ihren Wünschen. Früher war dies nicht der Fall, da bemühte er sich überwiegend darum, dass er Aufmerksamkeit bekam. Nachdem sie das Buch von Gary Chapman „Die fünf Sprachen der Liebe“ gelesen hatten, bemühten sie sich, einander entgegenzukommen. Seine Liebessprachen waren: Hilfsbereitschaft, Lob und Anerkennung. So bemühte sich Irene, ihm mehr Anerkennung zu schenken. Ihre waren: Zweisamkeit und Zärtlichkeit. So konnten sie sich sehr gut ergänzen.

An einem Wochenende fuhr Irene zu einer Frauenkonferenz nach Cuxhaven. Dort erlebte sie während einer Heilungsveranstaltung ein Wunder. Sie wurde frei von Migräne. Nie wieder Kopfschmerzen, nie wieder stundenweise im Dunkeln liegen. Die Kinder mussten damals auf Zehenspitzen durch das Haus laufen, denn es war ihr alles zu laut. Noch heute ist sie dem Herrn unendlich dankbar dafür.

Irene wollte mehr von Gott haben, ihm mehr dienen. Nachdem sie das Buch von Benny Hinn „Guten Morgen, Heiliger Geist“ gelesen hatte, war ihr deutlich geworden, dass sie die Taufe im Heiligen Geist brauchte. Lange betete Irene dafür und ließ auch für sich beten. Besonders faszinierte sie die Stelle, wo er beschreibt, dass er nach dem Gebet und einer intensiven Zeit mit Jesus die Treppe runterkommt. Als er an seiner Mutter vorbeigeht, wird sie von „seiner Gegenwart“ umgehauen und fällt auf den Boden. Irene sehnte sich sehr danach, aber bekam nichts. Jahre vergingen. Im Gebet gab sie nicht auf und flehte weiter den Herrn an. Vor einer Veranstaltung, die in der Bremer Gegend stattfinden sollte, hatte sie nachts einen Traum. Der Herr begegnete ihr und berührte sie mit seiner Kraft, sodass sie nicht mehr stehen konnte. Genauso spielte es sich ab, als sie am nächsten Abend die Veranstaltung mit ihrem Mann besuchte.

Der Prediger kam aus Kanada und nach der Veranstaltung betete er für die Leute. Als Irene dran war, spürte sie, wie eine warme Kraft ihren ganzen Körper durchströmte, sodass es ihr unmöglich war, stehen zu bleiben. Sie merkte gar nicht, wie ihre Knie weich wurden und sie auf dem Boden lag. Es war wunderschön! Das kann man nicht beschreiben, das muss man erleben. Es wurde für sie zur Realität. Der Herr berührte sie, sodass sie während des ganzen Abends nicht aufstehen konnte. Johannes musste sie sogar zum Auto tragen. Zu Hause schaffte sie es kaum, selbst mithilfe ihres Mannes nicht, ihre Zähne zu putzen. Danach trug er sie in ihr Bett. Erst am nächsten Morgen konnte sie aufstehen und spürte immer noch die Kraft des vorherigen Abends. Sie bemerkte, wie der Herr sie verändert hatte. Auf einmal hatte sie viel mehr Kraft für ihren Alltag und mehr Geduld für die Erziehung ihrer Kinder.

Im Frühjahr kündigte Johannes bei der Firma Schreiber, denn er hatte sein Studium zum Pastor auf dem zweitem Bildungsweg gut abgeschlossen. Es wurde ein Termin für seine Ordination festgelegt.

Irene hatte so ihre Befürchtungen. In der freien Wirtschaft bekam ihr Mann regelmäßig sein Gehalt. Wie wird es jetzt wohl werden? Als Pastor und mit sechs Kindern angestellt zu sein!?

Sie mieteten als Gemeinde die Aula einer Berufsschule. Hier sollte die Ordination durchgeführt werden. Als sie an diesem Nachmittag losfuhren, war die Strecke länger, als sie gedacht hatten. Auf der anderen Seite der Stadt gab es mehr Verkehr, als ihnen bewusst war. Irene stieg aus dem Auto und strich ihren Rock glatt. Dann zupfte sie mit dem Finger ihre blonden Haare zurecht.

Die Luft fühlte sich kühl an, als sie aus der grellen Sonne ins Innere des Gebäudes trat. Sie blieb einen Augenblick stehen, um sich zu orientieren. Bevor sie eintrat, nickte sie einer Frau, die alleine im Eingangsbereich stand und ihr bekannt vorkam, einen wortlosen Gruß zu und ging weiter. Sie zog ein Taschentuch aus der Handtasche, um sich vornehm die Nase zu putzen.

Irene war völlig in Gedanken versunken: Ich soll ab nun eine Pastorenfrau sein?

Wie wird das wohl werden? Den Menschen auf ganz persönlicher Ebene zu dienen und nicht einfach so vorbeigehen.

Ihr war klar, dass Gottes Timing absolut vollkommen war. Er hatte ihr Leben mit Freude erfüllt. Sie waren aber auch durch schwere Prüfungen gegangen, die sie geläutert und ihre Liebe zu ihm und zueinander vertieft hatten.

Die Ordination führte der Präses des BFP, Ingolf Ellßel, durch. Es waren sehr viele Leute eingeladen: Verwandte, Bekannte, die ganze Firma Schreiber und Nachbarn, die keine Christen waren. Für sie galten sie als Sekte.

„Du aber sei nüchtern in allen Dingen, leide willig, tu das Werk eines Predigers des Evangeliums, richte dein Amt redlich aus ...!", schallte es immer noch in Irenes Gedächtnis.

Nach der Predigt und Segnung kamen verschiedene Beiträge, wie von Pastor Werner Gunia:

„Ein Pastor muss …

… ein guter Hirte sein, theologisch qualifiziert, didaktisch lehren und schriftstellerisch formulieren können.

… fähig sein, ein Büro zu leiten und Öffentlichkeitsarbeit zu tun.

… überzeugend wie ein Verkäufer, elegant wie ein Diplomat, geschickt wie ein Politiker und flink wie ein Schiedsrichter sein.

… Pfadfinder leiten können, Psychologe, Sozialarbeiter, Eheberater und Sterbehelfer sein.

… gut moderieren und dynamisch predigen können.

… wie ein Landschaftsgärtner und Innendekorateur geschmackvoll das Gemeindehaus instand halten.

… Singen und Musizieren können, sportlich und humorvoll sein.

... Antworten für alle Lebenslagen haben, Leiden und Sterben sowie göttliche Souveränität einleuchtend erklären können.

… zu allen Themen eine feste Meinung haben und uns diese auch vermitteln können. Dabei darf er keine Meinungsverschiedenheiten verursachen.

… leidenschaftlich wie Spurgeon und evangelistisch wie Billy Graham predigen können und regelmäßig alle Neuerscheinungen christlicher Bücher lesen, natürlich auch Zeitungen und Zeitschriften, der Allgemeinbildung wegen.

... immer nett sein, auch dann, wenn er persönlich angegriffen wird oder einfach einen schlechten Tag hat.

… Weisheit und Erfahrung mitbringen, soll aber gleichzeitig jugendlich wirken.

... alle gesellschaftlichen Termine wahrnehmen, dabei gut essen und trinken, aber schlank bleiben.

... 24 Stunden erreichbar sein (ein Funktelefon wird ihm von der Gemeinde gestellt).

... sich aber gleichzeitig uneingeschränkt der Familie widmen.

Seine Frau soll attraktiv aussehen und geschmackvoll gekleidet sein, aber immer einen schlichten Eindruck machen.

Natürlich soll sie ein angenehmes einnehmendes Wesen haben.

Es wird selbstverständlich erwartet, dass sie eine gute Hausfrau ist, in der Kinderarbeit, der Frauenarbeit, im Gemeindebüro und bei Empfängen alles organisiert und außerdem immer Hand anlegt und in keiner gemeindlichen Veranstaltung fehlt.

Falls Kinder da sind, sollen sich diese vorbildlich benehmen, sich aber von anderen Kindern nicht unterscheiden, jedoch immer anständig gekleidet sein.

Das Gehalt richtet sich weder nach Leistung noch Erfahrung und Bedürfnissen, sondern nach dem, was in der Gemeindekasse übrig bleibt, wenn alle anderen Rechnungen bezahlt sind.

Überstunden werden nicht bezahlt und können auch nicht abgefeiert werden.

Kritik muss widerspruchslos hingenommen werden.

(aus dem Englischen übersetzt, Verfasser unbekannt)

Vielleicht klingt das etwas überzogen, aber ihr habt sicher genau zugehört, was Menschen heutzutage alles von einem Pastor, unabhängig von seiner Denomination, erwarten."

Als ihr damaliger Regionalleiter dies alles in ironischer Weise vorgetragen hatte, überschlugen sich Irenes Gedanken, ihr wurde plötzlich noch klarer, was nun von ihnen erwartet wurde, auch wenn es nicht ganz ernst gemeint war. Tatsächlich war ihr Mann ein großartiger Arbeiter und konnte mehr schaffen als jeder andere „Temperamentstyp". Er stürmte immer unter Volldampf nach vorne, sodass er nicht an den „Aus-Schalter" kam. Für ihn war das Leben dazu da, ständig Dinge zu produzieren und etwas zu erreichen. Wie würde es wohl werden? Irene dagegen war ein total introvertierter Typ. Es war nicht immer einfach, wenn zwei „ungeheiligte" Charaktere mit ihren Schwächen aufeinanderprallten. Nun, so negativ wollte sie doch nicht denken und gleich sandte sie ein Stoßgebet zum Himmel: „Herr, steh uns bei!"

Fast alles aus dieser Geschichte, die vorgetragen wurde, traf ein, nur das Dekorieren war nicht sein Fall. Auf diesem Gebiet war er nämlich nicht kreativ. Das war auch ziemlich das Einzige, was er nicht konnte!

Im Anschluss an die Ordination gab es reichlich vom kalten Büfett zu essen. Man unterhielt sich mit den Gästen und zwischendurch wurden mehrere witzige Einlagen vorgetragen.

Die Feier erwies sich tatsächlich als bestes Mittel gegen die Angst, die in Irenes Herz aufzukeimen begann. Unter den vielen urkomischen Beiträgen, die einen Teil der Unterhaltung bildeten, war einer, der demonstrieren sollte, wie Irene und Johannes sich zu Hause wirklich benahmen. Brigitte, die als Mitglied in der Gemeinde war, brachte alle zum Lachen.

Dieser lustige Unsinn verschaffte Irene ein frohes Herz. Während dieses Beitrags schüttete sie sich aus vor Lachen.

„Das tut gut, wie Medizin!", sagte Irene und die Atmosphäre der Liebe und Gemeinschaft, die sich durch den gesamten Nachmittag zog, befreite sie von jeder

Befürchtung. Als sie an diesem Abend spät ins Bett fiel, hatte sie kaum mehr einen Gedanken für den nächsten Tag übrig.

Während Johannes das Licht ausmachte, bemerkte er noch: „War das nicht ein Spaß heute? Brigitte hat das wirklich super mit gestaltet!"

Die Tage zogen ins Land, einer nach dem anderen in steter Gleichförmigkeit, verwoben mit dem stillen, unveränderlichen und friedlichen Hausfrauenleben. Es war so weit, dass der Herr ihnen eine Gemeinde anvertraut hatte.

Irene stand da und sorgte sich: „Herr, wie soll das nur laufen? Mein Mann hat Theologie studiert und ich werde einfach ins kalte Wasser geschmissen. Von mir verlangen die Geschwister bestimmt das Gleiche, das kann ich ihnen aber nicht geben."

So legte sie sich einen Satz zurecht. Wenn jemand von den Geschwistern aus der Gemeinde mit einer Frage zu ihr käme, würde sie einfach sagen: „Ich bin nicht die ‚Frau Pastorin', ich bin nur des Pastors Frau!"

Irene grübelte so sehr darüber nach und sperrte sich selbst in einen Käfig, der sie gefangen hielt. Sie fand keinen Ausweg aus dieser Gedankenspirale.

Aber der Herr war gnädig und die Geschwister aus der Gemeinde auch. Keiner kam mit irgendwelchen Fragen oder Sonstigem. Gott schützte sie und stand hinter ihr.

Nun, wie es im Leben so ist, man muss sich oft für oder gegen etwas entscheiden! Sollte sie anfangen zu schwimmen oder untergehen? Im schnell abgekühlten Wasser fing sie an zu paddeln! Sie wollte auf gar keinen Fall untergehen!

Wie jede Frucht brauchte auch dieser Lebensabschnitt Zeit zu reifen. Jeder muss erst mal hineinwachsen in seinen Dienst, dann darin reifen.

Trotz des trüben, regnerischen Tages schien für Irene die Sonne; sie stand nicht mehr im Schatten ihres Mannes. Doch in ihrem tiefsten Innern wusste sie, dass Gott ihr dabei geholfen hatte. Es war nicht ihr eigener Verdienst.

Einmal stellte einer der Ältesten aus der Gemeinde Irene eine Frage:

„Würdest du deinen Partner noch einmal heiraten? Nenne mir fünf Gründe?"

Prompt kam die Antwort:

„Auf jeden Fall! Er ist für mich der Größte!"

Nun holte sie aus und erklärte weiter:

„Er ist gerecht und gibt seinem Namen alle Ehre! („Justus" heißt auf Lateinisch „Gerechter".) Er ergreift nicht Partei. Zwar hat die Gerechtigkeit sehr viele Facetten, aber für mich ist das sehr wichtig.

Er ist diszipliniert, sprüht vor Ehrgeiz. Was er will, erreicht er. Seine Ziele sind manchmal so unglaublich, dass sie wohl den Horizont überschreiten. Aber wofür gibt es dann den Himmel?

Er muss etwas suchen, finden und erreichen.

Er ist immer optimistisch und dynamisch. Ich komme mit ihm richtig in

Schwung.

Ich bewundere seinen Mut. Wo ich manchmal die Kontrolle verliere und in Panik falle, behält er einen klaren Kopf!"

Weiter fügte sie hinzu:

„Wenn wir als Menschen unsere Tagebücher durchstöbern und das mal wieder durchlesen würden, was wir unserem Partner vor 20, 30 oder gar 40 Jahren versprochen haben, dann würde manche Ehe heute ganz anders aussehen!

Besser zehn Prozent von einem hundertprozentigem Mann, als hundert Prozent von einem zehnprozentigem Mann!"

Irene war stolz auf ihren Mann und schaute zu ihm auf. Doch innerlich dachte sie – und wer bin ich – bis sie später das Buch von Martin Luther King las, wo er einmal zu den Ärmsten der Armen in Alabama predigte: „Es kann sein, dass du nie eine Schule besuchen konntest oder ein Paar Schuhe an deinen Füßen getragen hast.

Es kann sein, dass du nicht einmal deine eigene Muttersprache richtig sprechen kannst und deine Mutter nicht kennengelernt hast.

Es kann sein, dass du kein Zuhause und kein Einkommen hast und nicht einmal weißt, wo du heute Abend schlafen sollst."

Doch nach jedem dieser Sätze fügte Martin Luther King hinzu:

„Aber ich bin jemand …!"

Nach wenigen Sätzen verwandelte sich diese Predigt in einen Gesang. Die ganze Gruppe der Farbigen stand mit glänzenden Augen und wiegenden Oberkörpern da. Sie sangen immer wieder rhythmisch klopfend den Refrain:

„Aber ich bin jemand …!"

In Gottes Augen ist jeder Mensch gleich wertvoll und wichtig. Seine Liebe durchbricht alle Schranken und menschlichen Barrieren. Sie überwindet den Hass zwischen verfeindeten Völkern.

Irene war ja immer noch sehr viel mit den Kindern zu Hause beschäftigt gewesen, damit ihr Mann seinen Dienst und seine Berufung ausleben konnte. Sie wollte treu sein, auch wenn es nur kleine Dinge waren. Sie fühlte sich manchmal ausgeschlossen und hatte auch mal mit Neidattacken zu kämpfen. Natürlich hielt sie diesen Gedanken verborgen. Sie wagte es kaum, es sich selbst einzugestehen. Wie hätte sie da irgendjemand sonst erzählen können, dass sie auf ihren eigenen Mann eifersüchtig war. Wieder war der Gedanke da: Wer bin ich überhaupt?

In der Schule sagten die Kameraden ihrer Kinder. „Das ist die Mutter von Daniel oder Erika."

In den Gemeinden, wenn Johannes sie mal mitnahm, hieß es: „Das ist die Frau von Johannes."

Welche Identität hatte sie als Person?

Wenn sie sich mit anderen Leuten unterhielten, dann bekam Irene zu hören:

„Dein Mann ist ja klasse! Und was machst du so, Irene, welchen Dienst in der Gemeinde hast du?" Irene trafen diese Worte immer voll ins Herz. Es war ihr peinlich und sie fing mit einer langatmigen Entschuldigung an: „Ich bin mit den Kindern überwiegend zu Hause und kann nicht so viel tun."

Irenes Neid wuchs, da mehrere alleinstehende Frauen Johannes sehr mochten. Doch sie wollte die bittere Wurzel nicht wachsen lassen und fing rechtzeitig an, in diese Richtung zu beten. Sie war schon früher auf ihn neidisch gewesen, aber diese Ordination zum Pastor hatte ihr fast den Rest gegeben. Er war ständig unterwegs, genoss den Duft der Welt und sie saß mit ihren sechs Kindern zu Hause, wie angebunden, und konnte nicht tun, was er tat.

Nun, jetzt stand sie aber wirklich in seinem Schatten. Sie wurde als die Frau des Johannes bekannt und nicht als Tochter des Herrn. Das tat ihr weh. Aber es lag natürlich alles an ihr.

Napoleon sagte einmal: „Die Hand, die die Wiege schaukelt, regiert die Welt."

Die Welt regieren wollte sie nicht, auf gar keinen Fall, aber bei ihrem Mann wollte sie sein. Johannes war mit seinen 45 Jahren, trotz der vielen Sorgenfalten, immer noch ein attraktiver Mann. Sein Haar wurde dünner und gräulicher an den Schläfen. Sein Körper war muskulös und er hielt sich fit. Irene liebte die dunkle Haut seines Körpers und das Kratzen seines Kinns, wenn er sie an sich drückte. Sie konnte es immer noch nicht fassen, dass der gut aussehende, intelligente, erfolgreiche Johannes Justus sie zur Frau genommen hatte.

Sie versuchte weiter an sich zu arbeiten. Die Gebete, die sie zum Himmel schickte und die gute Literatur, die sie las, brachten sie weiter. Nach einer gewissen Zeit des Gebets stieg tiefe Dankbarkeit in ihr auf und es sprudelte zu einem spontanen Lob und Dankgebet über.

Denn sie wusste, dass sie eine Wahl treffen konnte. Neid war eine Wahl, die sie traf, aber Neid ist kein Schicksal!

Du musst nicht neidisch sein, du kannst wählen, dich zu freuen und du kannst wählen, dich zu ärgern – es liegt ganz bei dir!

Jemand sagte: „Neid ist das Fieber, die Infektion ist der Gotteszweifel."

Immer wenn du mit Neid zu tun hast, steht am Anfang der Zweifel im Blick auf Gott. So musste Irene tief in ihr Herz schauen. Früher war sie von ihrem Mann sehr abhängig gewesen und wollte alles mit ihm zusammen machen. Heute kann sie allein oder genauer gesagt ohne ihn manche Sachen tun. Irene war der Meinung: „Es kann mir doch mit mir nicht langweilig sein!"

Sie fand immer eine Beschäftigung und unternahm manche Sachen, damit keine Langeweile aufkam. Sie hatte aufgehört sich mit ihm zu vergleichen, denn: „Alle Not kommt vom Vergleichen!", mutmaßt Sören Kierkegaard

Ihr Leben wurde für sie immer besser. Sie konnte es kaum erwarten zu sehen, was als Nächstes passieren würde, denn sie wusste, dass der Herr die Treue belohnt.

Sie wusste, wenn sie auch die Frau von Pastor Justus war, war sie an erster Stelle die Tochter Gottes und dann die Frau und Mutter. Sie leistete Schritt für Schritt Gehorsam, bis sie in den Dienst hineinwachsen konnte.

Seitdem Johannes Pastor war, gönnte er sich jedes Jahr eine Fasten- und Gebetswoche. Er war weit weg und konzentrierte sich nur auf Gottes Wort. In dieser Zeit bekam er neue Inspirationen für „seine" Gemeinde, seine Familie und auch für sich selbst.

Während des Gebets empfing er für jedes Familienmitglied eine Prophetie, die Irene gestärkt, ermutigt und neu auf die Möglichkeiten Gottes ausgerichtet hat.

Sie war dem Herrn sehr dankbar, dass er sie nicht vergessen hatte. „Ich will meinem Mann Gutes tun mein Leben lang", flüsterte sie diese bewusste Entscheidung vor sich hin.

Ein gutes Beispiel las sie in einer Predigt von Ernst Modersohn:

„Da saßen etliche Trinker zusammen im Wirtshaus. Sie sprachen über dies und das, endlich kamen sie auch auf die Frauen zu sprechen.

O, da hatte der eine noch mehr zu räsonieren, wie der andere. Nur einer schwieg. Das fiel den anderen endlich auf. ‚Nun?', fragten sie, ‚du sagst ja gar nichts?'

‚Ja', sagte er, ‚da kann ich nicht mitreden. Ich habe keinen Grund, mich über meine Frau zu beklagen. Sie gibt mir kein böses Wort.'

Da lachten die anderen und sagten: ‚So was gibt's ja gar nicht.'

‚Aber sicher!', verteidigte er nun seine Frau.

‚Ich bin gewiss, wenn ich ihr mitten in der Nacht befehlen würde, sie solle aufstehen und mir was zu essen kochen, sie würde es ohne ein Wort der Widerrede tun!'

Der Spott und das Gelächter der anderen wurde immer lauter. ‚Unsinn! Du machst uns was vor!'

‚Was gilt die Wette?'

Richtig, es wurde gewettet. Man wollte sich sofort überzeugen, ob er die Wahrheit sagte. Die ganze betrunkene Gesellschaft machte sich auf den Weg. Die Frau war schon zu Bett gegangen, denn es war spät. Mitternacht war längst vorbei, als die Männer ins Haus kamen. Ihr Mann kommandierte: ‚Geschwind, Frau, steh auf und koch uns einen guten Kaffee; ich habe Gäste mitgebracht.'

Die Gäste dachten nichts anderes, als dass sie jetzt eine Flut von Schimpfwörtern zu hören bekommen, wie sie es von ihren Frauen gewohnt waren; aber nein, es kam kein böses Wort. Nach kurzer Zeit hörte man das Klappern der Tassen und es dauerte nicht lange, da brachte sie mit einem freundlichen Gesicht den dampfenden Kaffee herein.

Der Anblick ernüchterte die Männer, sodass sie anfingen, sich vor der stillen, sanften Frau zu schämen. Endlich erzählte ihr einer von der Wette, welche sie herbeigeführt hatte und dann fragte er sie: ‚Wie können Sie nur so freundlich zu solchen Leuten, wie wir es sind, sein? Wie bringen Sie das fertig?'

Darauf sagte sie: ‚Ich sehe mit Schmerzen, dass mein Mann tut, was er kann, um sich zu ruinieren. Er hat nur ein Leben. Ein ewiges Leben gibt es ja für Trinker nicht. Da möchte ich ihm nun das Erdenleben, das er nur hat und das er sich noch obendrein so verkürzt, so angenehm wie möglich machen.‘

Die ernüchterten Gäste gingen bald still heim. Der Mann aber sprach zu seiner Frau: ‚Sag mal, Frau, liegt dir wirklich so viel an meinem Seelenheil?‘ Und als er ihr in die nassen Augen sah – denn so weich hörte sie ihn sonst nie sprechen –, da brachen auch ihm die Tränen aus den Augen und er bereute seine Schuld. Sie knieten zusammen nieder und der Herr half ihm, ein anderer zu werden.“

„Die Liebe hemmet nichts; sie kennt nicht Tür noch Riegel und drängt durch alles sich; sie ist ohn‘ Anbeginn, schlug ewig ihre Flügel und schlägt sie ewiglich“ (Matthias Claudius).

All das wollte Irene in Demut erreichen.

Demut heißt: „seinen Platz einnehmen“. Es kommt vom Griechischen „prüfen“ und dem Militärbereich.

Irene ist gerne eine Frau, mit Leib und Seele. Sie ist froh darüber, dass der Herr sie als Frau geschaffen hat. Sie darf schwach sein. Wenn die Frau weint, dann ist es okay. Aber die Männer müssen immer stark sein. Sie beneidet die Männer nicht, obwohl sie auch in ihrem Herzen manchmal kleine Mäuse sind. Nicht nur das, keiner, auch sie nicht, muss im Schatten stehen. Die Sonne, unser Jesus Christus, scheint für alle gleich.

Johannes ist ein Pastor und ein guter Ehemann. Aber seine Lieblingsbeschäftigung ist Vater zu sein und sein Lieblingstitel „Papa“! Er hat die Bibelstelle sehr gut verstanden: Wer sich nicht um seine eigene Familie kümmert, der ist schlimmer als ein Ungläubiger.

„Er ist Priester im eigenen Haus. So einem Manne kann man sich sehr leicht unterordnen“, dachte sie.

Wenn der Herr bestimmt hatte, wovon sie überzeugt war, dass sie die Frau von diesem dominanten und bestimmenden, im positiven Sinne gemeint, – „Johannes“ sein sollte, dann wollte sie auch hinter seiner Berufung stehen: den Leuten helfen, ihre Berufung zu finden, sie dabei unterstützen und fördern.

Sie half ihm dabei, so gut sie konnte und das bedeutete nicht, in seinem Schatten zu stehen.

An einem Nachmittag waren Irene und Johannes bei einer Schwester aus der Gemeinde zum Geburtstag eingeladen. Während des guten Essens und der Gemeinschaft kam das Thema „Prophetie“ auf den Tisch. Da sagte eine Frau, die aus einer anderen Gemeinde zu Gast war:

„Prophetie ist wie ein Same, jeder Mensch weiß etwas damit anzufangen – säst du es aus, wächst eine wunderschöne Pflanze, lässt du es im Regal liegen, verliert es mit der Zeit seine Wirkung.“

Tausend Gedanken flogen durch Irenes Kopf. Sie erinnerte sich an eine Kassette zum Thema „Prophetie“, die sie noch nicht angehört hatte. Kaum waren sie zu Hause, holte sie die Kassette aus dem Schrank und hörte sie aufmerksam an. Langsam wirkte das Wort in ihr und sie fing an, in diese Richtung zu beten. Alles, was der Mann in dieser Prophetie aussprach, wurde durch Irenes Gebete zum Leben erweckt. Es vergingen Jahre. Aber eine Prophetie nach der anderen wurde erfüllt durch das lebendige Wasser, „das Gebet" genannt wird.

Gut, dass Gottes Prophetie ihre Wirkung nicht verliert. Es sei denn, man lässt sie wirklich liegen und sie verkommt.

Irene lernte eine weitere Lektion. Wenn Gott uns zum Helfen auffordert, besteht die Hilfe aus Handreichungen, die uns Spaß machen sollten. Er möchte, dass wir in seinem Dienst Freude haben. Er stimmt unsere Talente auf die anderen ab, sodass jeder von uns das tut, was er am besten kann und ihm den größten Spaß bereitet.

Während sie noch in Gedanken war, pirschte sich Johannes an sie ran. Auf seinen Lippen lag ein Lächeln.

„Irene", sagte er, „schau mich an!" Die Stimme war freundlich und einschmeichelnd und brach ihr Herz, denn er hatte das Herz seiner Frau gewonnen, nicht nur ihren Körper.

Sie öffnete die Augen und blickte zu ihm hinauf. Er hätte sie erschrecken und mit seiner Kraft überwältigen können, doch es war ihr, als könnte sie Liebe in seinem Blick erkennen. Sie schaute ihn freundlich an und stand auf. Legte ihre Hände auf seine Schulter und blickte ihm tief in die Augen. Wie lange die beiden bewegungslos und schweigend dort standen und einander betrachteten, wusste hinterher keiner von ihnen mehr zu sagen. Während Irene seinen Körper bewunderte, flüsterte sie:

„Welch breite Schultern … und die Muskeln deiner Arme!"

Sie versuchte ihn „aufzuziehen": „Mein Choleriker! Natürlich der Geheiligte ist mein bester Ehemann!"

„Hey", sagte er lächelnd.

Nach einer Weile nahmen sie im Wohnzimmer Platz, wo sie sich noch länger unterhielten. Aufgrund ihrer weiteren Bewunderung sagte sie:

„Wenn du eines Tages gehst, möchte ich, dass alle Gaben, die du hast, der Herr mir übergibt."

Laut lachte er auf. „Wieso lachst du?", fragte sie. „Bei Elia und Elisa hat es auch geklappt. Warum denn nicht bei uns?" „Das entscheidet der Herr!", antwortete er.

Um die Mode kümmerte sich Johannes nicht. Er hatte nur ein Ziel: die Menschheit für Jesus zu gewinnen.

Irene war hingegen sehr modebewusst. Für einige Menschen war die Kleidung wichtig und unkoordinierte, armselige Kleidung konnte zum Anstoß werden, sodass sie das Evangelium nicht aufnahmen.

Sie liebte das Schöne und Vollkommene und sie hasste Langeweile und Mittelmäßigkeit.

Johannes schaute sie an. In seinen Augen spiegelte sich eine scharfe und wache Intelligenz wider. „Wie ein inneres Feuer", dachte Irene. „Wie Feuer, das die nächsten Wochen und Monate erleuchten sollte!"

Sie glaubte, dass Gott von ihnen erwartete, dass sie in ihrem Dienst so anziehend wie möglich aussahen. „Wenn sie euch annehmen", sagte Jesus, „nehmen sie mich an." Unser Aussehen sollte unsere Botschaft unterstützen, da wir Christus repräsentieren. Wir sollen angenehme Repräsentanten des Herrn sein. Johannes war so beschäftigt, den Herrn zu repräsentieren, dass er sich nicht den Kopf darüber zerbrach, wie er aussah und was er trug.

Irene erkannte, dass sie in diesem Bereich als Helferin von Gott für ihren Gatten geschaffen war. Doch sie wusste nicht, wie sie ihm das beibringen sollte. Krawatte? Schlips? Das würde nie infrage kommen.

Jede lange Reise beginnt mit dem ersten Schritt. Den ersten Schlips verpackte Irene in Geschenkpapier. Aber es kam bei Johannes nicht an. Nach mehreren Versuchen im Guten lehnte er immer wieder ab. Bis ihm einmal der Kragen platzte. Aber das Wort Gottes lehrt uns, niemals aufzugeben. Immer wieder versuchte sie es. Zwar dauerte es eine Weile, dennoch gewann sie schließlich auf diesem Gebiet.

Weil Johannes das Einkaufen überhaupt nicht mochte, besorgte Irene ihm einfach alles, was ihren Mann zu einem gut aussehenden, gut gekleideten Mann machte. Sie kümmerte sich um seine Garderobe, sodass sie weitere Kleidungsstücke und Accessoires hinzufügte – in verschiedenen Farben, nicht nur in Schwarz und Grau, wie er es bevorzugte.

Heute kann er sich das nicht mehr vorstellen, wieso und warum er das damals nicht annehmen konnte. Auf diesem Gebiet hat er eine Schwäche und kann Farben nicht besonders gut kombinieren. Aber hier hat Irene ihre Stärken, sodass sie sich gegenseitig ergänzen.

Jedes Mal, wenn sie zum Dienst mussten, fragt Irene ihn:

„Na, Liebster, was wollen wir denn heute anziehen?"

Da sagte er einfach: „Schlag du etwas vor!"

Wenn er sich ankleiden musste, wühlte er in seinem Kleiderschrank herum. Irene musste ihm immer zu Hilfe kommen, denn nach einiger Zeit hätte er sowieso nach ihr gerufen.

Neben ihren Schwächen besaßen sie auch sehr viele Stärken, aber das ist ein anderes Thema. Heute sind ihre Charaktere gereift. Jeder von ihnen kennt seine Grenzen: bis dahin und nicht weiter. Sie haben im Laufe der Zeit gelernt, miteinander umzugehen und Rücksicht aufeinander zu nehmen. Sie ergänzen sich in jedem Bereich und sind einfach ein eingespieltes Team.

So stürmisch er auch manchmal sein konnte, so charmant und zuvorkommend war er im nächsten Moment. Irene dachte: Früher warf er einen großen Schatten auf sie, doch heute ergänzen sie sich, wie der Mond und die Sonne, sie können ohne einander nicht scheinen.

Die Tage und das Leben kann man nicht ändern, aber wir können uns vom Herrn verändern lassen. Irene predigte zu sich selbst: „Lerne dich selber zu führen, sei stark und achte besonders darauf, diszipliniert zu sein."

Wer von Menschen geringschätzig behandelt, ja verachtet wird, wer bei ihnen nichts zählt, den will Gott für sich haben. Aber alles, worauf wir Menschen einen so großen Wert legen, das hat Gott für null und nichtig erklärt.

„Wenn ich noch einmal leben könnte, dann möchte ich bis 30 eine schöne Frau sein, bis 60 ein erfolgreicher Heerführer und über 60 ein Kardinal." Hinter diesen Worten steht der Wunschtraum, möglichst viel aus dem Leben herauszuholen – so viel, wie in einem einzigen Leben einfach nicht zu schaffen ist. Eine Wunschvorstellung also, die die Realität außer Acht lässt. Ich möchte, wenn ich könnte ..., wenn es sich einrichten ließe ..., wenn manches anders wäre ...

„Mancher Mensch versäumt über seine Wunschträume die wirklichen Chancen seines Lebens." (Bernhard Liss)

Nach so einer Schönheit jagt die Welt. Wir als Christen legen auf andere Dinge viel Wert, zum Beispiel die Schönheit, die von innen kommt.

Viele Frauen stellten Irene die Frage: „Wie hast du das geschafft? So viele Kinder, dein Mann ist Pastor und oft unterwegs?"

Nun, manchmal wunderte sie sich selbst darüber, wie sie es geschafft hatte. Gewiss nicht aus eigener Kraft, der Herr stand ihr immer bei, das musste sie sich eingestehen. Das Wort Gottes war für ihr Leben sehr wichtig. Schon nach ihrer Bekehrung, bis hin zum heutigen Tag, las sie mehrmals, in drei verschiedenen Sprachen und auch verschiedenen Übersetzungen, die Bibel durch. Sie war und ist ihr täglicher Begleiter und sie liebt sie. Egal wo sie war, zu Hause, im Krankenhaus oder auf den vielen Reisen – die Bibel war und ist immer dabei. Gott erhörte, in welchen Situationen sie sich auch immer befand, ihre Gebete. Oder es wurde gefragt: „Du hast so viel durchgemacht und trotzdem bist du stark und fest im Glauben geblieben?"

Da musste sie schon antworten, es sei eine lange Entwicklung gewesen und sie sei eine einfache und gewöhnliche Frau, die genauso abhängig von Gebeten ist wie jeder Mensch auf dieser Erde. Wir als Menschen sind überwiegend mit uns selbst und unseren Gedanken beschäftigt, mehr als im Gespräch mit anderen Leuten.

Deswegen betete sie: „Heute ist der Tag des Glaubens! Heute ist der Tag des Sieges!"

„Falsche Bescheidenheit ablegen und ehrlich zu sich selber sein", war ihre Antwort.

Die stärksten Kräfte der Natur sind die unsichtbaren, wie Wind, Hitze und Schall. Genau so sind auch die mächtigen Fähigkeiten des Menschen unsichtbar, wie das Lieben, Denken, Wünschen und der Glaube.

Es war nicht einfach, denn Irene war über 20 Jahre Hausfrau und oft sagte sie zu Johannes: „Ich kündige!"

„Ich unterschreibe die Kündigung", sagte er und lachte dabei. „Aber die Kündigungsfrist beträgt 20 Jahre!"

Der Herbst veränderte wieder mit seinen wunderschönen Farben die Umgebung und die Sterne strahlten in erhabener Schönheit über dem Himmel. Als Irene am nächsten Tag mit ihren Kindern im Garten war, flogen über ihren

Köpfen gerade die Zugvögel vorüber. Die Kinder fingen an zu streiten, wer wohl im Recht war.

Einer behauptete: „Das sind Wildgänse!“

Ein Besserwisser sagte überzeugt: „Nein, das sind Kraniche!“

„Woher wollt ihr das wissen? Lasst uns wetten!“, sagte ein anderes Kind.

Irene griff ein: „Nein, er hat schon Recht, es sind Wildgänse. Du hast verloren, mein Lieber. Die Kraniche haben längere Beine.“

Während sie das Laub harkte, war sie mit anderen Gedanken beschäftigt: Sie wollte wieder arbeiten gehen. Aber wie sollte sie es ihrem Mann beibringen?

Irgendwie verging der Abend wie im Flug. Als es Zeit war, ins Bett zu gehen, überlegte Irene immer noch, wie sie ihn am besten fragen sollte. Sie war eine erwachsene Frau, Ehefrau und Mutter … Warum fiel es ihr trotzdem so schwer, ihn zu fragen!?

Sie war vor Johannes im Bett gewesen und lauschte den Geräuschen, die aus dem Badezimmer zu ihr herüberdrangen. Johannes machte sich für die Nacht fertig: Wasserhahn an und aus, Zähne putzen usw. Sowie er mit seinem abendlichen Ritual fertig war, wollte sie ihn fragen. Die Worte hatte sie sich im Stillen immer wieder zurechtgelegt. Sie holte tief Luft und wappnete sich für das bevorstehende Gespräch: „Schatz!“

Langsam fing sie an: „Ich wollte etwas Nützliches mit etwas Angenehmem verbinden …!“

„Und das wäre?“, fragte er.

„Ich möchte auf Arbeitssuche gehen!“ Endlich war es raus.

„Nein! Ich glaube nicht!“, erwiderte er spontan.

„Ich möchte schlicht und einfach in meinem Leben einmal etwas tun, was tatsächlich etwas bewirkt und nicht nur Essen kochen und Kleider waschen. Ich fühle mich manchmal, als würde ich mich selbst verlieren. Aber ich möchte mich nicht beklagen …“, entgegnete sie.

Es entspann sich ein Gespräch, in dem Johannes seine Sorge um ihre Gesundheit zum Ausdruck brachte und darlegte, dass er es in der momentanen Situation für die Kinder am besten fand, dass sie zuhause war. Auf keinen Fall sollte bei Irene ein Überforderungsgefühl eintreten.

So entschieden sie, mit der Arbeitssuche zu warten, bis der Junior fünfzehn Jahre alt sein würde.

Als Irene am nächsten Morgen wach wurde, lag ihr als Erstes auf der Zunge:

„Herr, ich will mit Lob und Dank in deine Tore einziehen …!“

Später, als die Kinder aus dem Haus waren, murmelte sie leise:

„Hosanna, Hosanna, Hosanna in der Höhe ...!“, während sie sich an die Arbeit machte, um ihren großen Haushalt zu bewältigen.

Kapitel 20

Nicht aufgeben …

„Nicht müde werden, sondern dem Wunder leise
wie einem Vogel die Hand hinhalten.“

Hilde Domin

Im Frühjahr übernahmen Johannes und Irene eine Gemeinde in Nienburg an der Weser. Sie war klein, gerade mal 33 Mitglieder. Schon vor seinem pastoralen Dienst war Johannes vom Herrn sehr gesegnet, danach umso mehr. Als Eheberater und christlicher Psychologe brachte er sich in der Gemeinde ein. Sein prophetischer Dienst war sehr ausgeprägt. Irene musste zugeben, dass er schon immer sehr ehrgeizig war. Was er sich vornahm, erreichte er auch. Nach der Segnung bei der Ordinationsfeier hatte sie das Gefühl, dass der Herr ihn mit der doppelten Portion segnete. Das war gut so und brauchte er auch, um die Gemeinde zu bauen und zu leiten.

Irene war immer noch sehr viel mit ihrer Familie beschäftigt, trotzdem wollte sie ihren Mann in der Gemeinde unterstützen. Folgendes wurde ihr klar: Wenn sie unbedingt etwas erreichen wollte, so musste sie an ihrer Willenskraft arbeiten und ihre Leidenschaft fördern, um das Ziel zu erreichen.

Mut ist die Angst, die durch Gebet begleitet wird.

„Herr, gib mir mehr von deiner Gnade, dass ich nicht wie ein ‚Ochs vorm Scheunentor‘ stehe!“, betete sie.

Sie wusste, dass nichts geduldige Ausdauer ersetzen kann. Sie erlebten, wie ihre Kinder den Übergang vom Kind zum jungen Erwachsenen ohne die großen Probleme, die für Jugendliche eigentlich normal sind, schafften. Irenes Herz füllte sich mit großer Dankbarkeit Gott gegenüber.

Es schien alles bestens zu sein. Ein Tag nach dem anderen verging. Johannes hatte ab und an auch Außendienste angenommen, die er gerne wahrnahm. Irene und die drei Töchter begleiteten ihn mit Freude. Johannes pflegte zu sagen: „Meine beste Ware nehme ich gerne mit!“

Die Jungs distanzierten sich etwas vom Glauben und besuchten nur sporadisch die Nienburger Gemeinde. Die Kinder bekamen immer viel Besuch, denn zu Kindern kommen Kinder. In der letzten Zeit hingen die Zwillinge Marcus und

Patric gern bei ihnen ab, sie waren Irinas Klassenkameraden. Patric mochte Irina. Es schien, dass er nicht alleine kommen wollte und deshalb immer seinen Bruder Marcus mitnahm. Ihre Eltern durchlebten gerade die Scheidung, was die Mutter in tiefe Depressionen stürzte. So waren die Jungs auf sich gestellt. Später mietete ihr Onkel mütterlicherseits eine Wohnung auf seinen Namen, denn keiner hätte den vierzehnjährigen Jungs eine Wohnung gegeben. Sie lag vierhundert Meter Luftlinie von Familie Justus entfernt. Die Zwillinge waren nun noch öfter da. Es machte Irene nichts aus, ob sie für sechs oder acht Kinder kochte und Wäsche wusch; das Haus war sowieso immer voll.

In dieser Zeit fanden die Zwillinge den Weg zu Gott und waren jeden Sonntag im Gottesdienst. Nach einiger Zeit blieb Patric weg. Marcus genoss das Eintauchen ins Familienleben und kam trotzdem weiter zu ihnen. In der Pubertät brauchen Jungs Vorbilder und manch guten Rat, zum Beispiel in Bezug auf die Ausbildung oder allgemein fürs Leben. Johannes war für Marcus so ein Vorbild geworden. Eines Tages sprach Marcus Johannes an: „Du hast immer einen guten Rat für mich und hast mein Leben begleitet. Ich würde gerne Daddy zu dir sagen?"

„Okay, von mir aus!", antwortete Johannes.

In dieser Zeit hatte Marcus die Rangerarbeit, d.h. die christliche Pfadfinderarbeit in der Gemeinde aufgebaut und es gelang ihm, etliche Kinder anzusprechen und dafür zu begeistern. Er brannte für Jesus und wollte es unbedingt weitergeben. Mehrere Kinder entschieden sich für Jesus.

Nach einer gewissen Zeit fragte er Johannes erneut:

„Wenn ich dich sowieso schon Daddy nenne, dann adoptiert mich doch?"

„Ich bin dafür!", erwiderte Johannes, „Aber ich muss erst mal mit meiner Frau darüber reden."

Am gleichen Abend sprach Johannes mit Irene. Er wunderte sich, warum sie sofort in Tränen ausbrach.

„Habe ich was Falsches getan?", fragte er sie.

„Nein!", antwortete sie weinend. „Du hast nichts Falsches getan. Nun, du weißt ja, dass ich das siebte Kind verloren habe – während der Eileiterschwangerschaft. Das war ein Junge."

„Ja, schon! Aber woher weiß du, dass es ein Junge war?", fragte er.

„Weibliche Intuition, ich weiß es!", erwiderte Irene. „Nichtsdestotrotz ist er dir ähnlich. Er hat schwarze Haare und ein längliches Gesicht – wie du. Gerne wollen wir ihn in unserer Familie aufnehmen!"

Nachdem Johannes damals erfuhr, dass sie keine Kinder mehr bekommen können, wollte er schon immer ein Kind adoptieren. Irene hatte Befürchtungen, dass sie diesem Kind nicht gerecht werden könnten und sie ihm nicht die Liebe geben könnte, wie es die eigene Mutter kann, aber sie sagte dennoch zu.

Als Johannes es später Marcus erzählte, war auch er zu Tränen gerührt und freute sich. So kamen sie zu ihrem siebten Kind und „Ziehsohn".

Das Leben ging weiter, es war eine stabile Phase, in der alle gesund waren und es bestens lief. Bis zu diesem einen Tag ...!

Es war sehr warm und sonnig. Johannes war zufrieden mit seinem Predigtdienst. Sie saßen als Familie nach einem köstlichen Sonntagsessen draußen im Garten vor ihrem Teich. Da klingelte das Telefon. Sie erhielten einen anonymen Anruf. Es wurde berichtet, dass Dietrich, also ihr Dimitrij, und Daniel Drogen konsumieren. Diese Nachricht erschlug Irene und Johannes im wahrsten Sinne des Wortes. Sie konnte sich lange nicht davon erholen. Sie fühlte sich wie gelähmt in einem Albtraum, von dem sie nicht erwachte. Drei Tage lag sie ohne Kraft im Bett und konnte nicht aufstehen, so hart hatte sie dieser Schlag getroffen.

Bestimmt hat jeder von uns schon verschiedene Krisen in seinem eigenen Leben durchgemacht. Nichts konnten Johannes und Irene ändern, da mussten sie wieder mal durch.

Irene hielt den Atem an. Sie war der Erfüllung ihres Traumes so nahe gekommen, eine glückliche Familie zu haben. Wurde jetzt alles grausam zunichtegemacht? Das durfte nicht sein! Sie murmelte ein Gebet vor sich hin. Dann hielt sie plötzlich inne: Der Herr ist gekommen und hat uns das Leben geschenkt – und das im Überfluss. Dranbleiben und weiterbeten! Gottes Zusagen sind wie ein Licht, das in der Dunkelheit leuchtet und Klarheit schenkt, bis es endgültig Tag wird und der aufgehende Morgenstern Licht in unsere Herzen bringt.

Als Irene nach diesen Tagen an vielen schwer schuftenden, stöhnenden und schwitzenden Menschen vorbei zu ihrem Auto ging, verwandelte sich die Verwirrung der letzten Stunden in tiefe Traurigkeit. Nun war klar, warum ihre Söhne sich in den letzten Monaten so seltsam verhalten hatten. Aber warum hatten sie sich ihnen als Eltern nicht anvertraut? Waren sie zu streng zu ihnen gewesen? Warum hatten sie versucht, ganz alleine mit dieser zerstörerischen Kraft fertigzuwerden, während sie nur darauf warteten, ihnen helfen zu können?

Die Liebe und Einheit, der Zusammenhalt und die Verbindung unter Glaubensgeschwistern waren etwas, das Irene immer besonders fasziniert hatte. Sie teilten diese Nachricht ihren Gemeindegeschwistern mit und baten darum, sie im Gebet zu unterstützen.

Jetzt waren es nur noch leere Worte, dachte sie, denn jemand sagte daraufhin zu Johannes: „Du kannst jetzt kein Pastor mehr sein, wegen deiner Söhne."

„Ich möchte meine Berufung ausleben. Deswegen gebe ich nicht auf!", antwortete Johannes.

Als Irene mal wieder mit dem Auto unterwegs war, legte sich eine „geistliche Dunkelheit" auf sie, die ihr neu war. Schnell schob sie eine Kassette mit christlicher Musik ein, um die enttäuschten, bitteren und von Selbstvorwürfen durchzogenen Gedanken zu übertönen. Aber angesichts dessen, was sie gerade erlebte, klangen die Texte wie Spott in ihren Ohren. Frustriert machte sie die Musik wieder aus und gab sich ihren Gedanken hin.

Die halbstündige Fahrt in den Norden Deutschlands führte sie durch eine schöne Landschaft, für die Irene jedoch keinen Blick hatte. Schweigend starrte sie auf die Straße, während sie zurückfuhr. Ihr Schmerz war zu groß, als dass sie ihn in Worte hätte fassen können. Sie fühlte sich unendlich einsam. Irene wollte zu Gott rufen, sich in ihrer Verzweiflung an den wenden, der immer behauptet hatte, auf der Seite der Schwachen und Leidenden zu stehen. Aber auf einmal konnte sie sich nicht vorstellen, dass Gott wirklich helfen konnte. Es schien alles fürchterlich zu werden.

Die Umstände des Lebens beeinträchtigen nur etwa sieben Prozent unseres Wohlbefindens, unsere Einstellung zum Leben und unsere Entscheidungen den Rest. Das heißt, wenn es uns schlecht geht, liegt es an unseren Einstellungen oder Entscheidungen, ging es ihr durch den Kopf. Sie hatte schon Entscheidungen getroffen, aber es war sehr schwer, das Entschiedene im Herzen aufblühen zu sehen.

Als Kinder waren sie alle pflegeleicht. Als Dietrich und Daniel noch klein waren, hatten sie sich für Jesus entschieden. Sie gingen treu zu den Gottesdiensten, haben die Kindergruppe „Kinderexpress" besucht und später auch die Royal Rangers. Doch mit dem Anfang der Pubertät wandten sie sich von Gott ab. Ein Grund, so dachte Irene, war der Mangel an christlichen Freunden. In der kleinen Gemeinde hatten sie nicht ausreichend genug Freunde, sodass sie sich mit Ungläubigen anfreundeten.

Zwar besuchten sie manchmal ihren Eltern zuliebe den Gottesdienst, waren jedoch nur körperlich anwesend.

Schließlich lernten sie immer mehr andere Freunde kennen und mit ihnen auch Alkohol und Drogen. Johannes stellte die Söhne zur Rede. Doch sie wollten nichts zugeben. Die Mädchen blieben treu und dienten in der Gemeinde. Erika hatte sich sogar mit acht Jahren taufen lassen.

Irene erinnerte sich: Dietrich war ein liebes und sehr abenteuerlustiges Kind. Er wollte alles erforschen und entdecken. In jede Pfütze schaute er hinein, wo er den Himmel sehen konnte, der sich im Wasser widerspiegelte. Langsam tastete er sich vor, denn er hatte doch Angst, in der Tiefe der Pfütze zu versinken. Als er aber dann feststellte, dass es nicht so war, wie es schien, lief er frei und mutig durch jede Pfütze.

Er liebte es, sich Wissen anzueignen und hatte großes Verlangen danach. Seinen Wunsch zu lernen entdeckte er, als er herausfand, dass seine Liebe zum Wissen weder sündhaft noch wider die Natur war. Gott schenkte den Menschen diese Fähigkeit, logisch und vernunftbestimmt zu denken. Als kleiner Junge dachte er, es gibt Gott und er liebte ihn. Im Herzen spürte er die Wahrheit. Ihn interessierte alles – die Natur und der Tod. Er wusste, dass es ein unausweichliches Geschehnis war, eine ungewisse Pilgerreise.

Er liebte die Schule, doch nach Unterrichtsschluss kam er nie rechtzeitig nach

Hause. Mit seinen Kumpels suchte er sich den längsten Weg aus, um noch allerlei zu erforschen. Irene war also immer mal wieder auf der Suche nach ihm, dabei ging sie zu seiner Schule, um zu schauen, wo er denn blieb. Sie traf zwei Frauen, die sich gerade unterhielten.

„Entschuldigen Sie", unterbrach Irene die beiden, „ich weiß nicht, ob Sie sich an mich erinnern, aber unsere Söhne haben schon öfter miteinander gespielt."

„Ja, natürlich, ich erinnere mich. Ein sehr gut erzogener Junge!", sagte eine der Frauen.

„Danke. Sein Vater besteht auf gute Manieren, ich natürlich auch!", erwiderte Irene.

Sie war erstaunt, dass diese Frau jetzt hier arbeitete. Irene erinnerte sich an ihren Mann. Er war sehr streng, aber gerecht und nicht besonders warmherzig, er erlaubte seiner Frau kaum einmal ein Wort zu sagen und war ihr nicht wie ein Mann erschienen, der seiner Frau gestattete, aus der traditionellen, weiblichen Rolle auszubrechen.

„Was führt sie hierher, Frau Justus?", fragte sie.

„Ich wollte meinen Sohn abholen", antwortete Irene.

„Die Jungs sind schon unterwegs nach Hause."

Fragend schaute Irene sie an: „Mir ist aber keiner begegnet?"

„Dann schauen sie sich auf dem Schulhof um", erwiderte sie.

Die andere Frau zögerte und blinzelte mit ihren Augen. Sie war Anfang 30 und sehr attraktiv, saß aber mit hängenden Schultern auf ihrem Stuhl und wirkte eingeschüchtert. Sie hielt ihre Handtasche fest umklammert, als enthielte sie irgendwelche Geheimnisse.

„Stammen sie ursprünglich aus dieser Gegend?", fragte sie.

„Nein! Wir sind zugezogen", erwiderte Irene kurz. Nun machte sie sich wieder auf die Suche nach ihrem Sohn.

Daniel war dagegen ein ruhiges und anhängliches Kind. Er war immer pünktlich nach der Schule zu Hause angekommen. Daniel beschäftigte sich sehr viel alleine und brauchte keine Freunde. In der Ferienzeit, wenn alle Kinder auf dem Hof spielten, musste sie ihn ganz bewusst nach draußen schicken, damit er auch mal etwas frische Luft abbekam.

Beide Jungs waren gut in der Schule und hatten nie Probleme – und nun so etwas. Sie waren nicht mehr klein und konnten machen, was sie wollten. Das brach ihr das Herz.

Dietrich fing mit Drogen und Alkohol an und zog dann Daniel mit hinein. Diese schlechte Nachricht war Irene auf den Magen geschlagen. Sie fühlte sich so, als hätte ihr jemand den Boden unter den Füßen weggezogen. Ihrem Mann erging es nicht besser. Er litt auf seine Art und Weise.

Die ersten drei Tage beschäftigten sie sich viel damit. Sie wollten einander nichts vorwerfen, wo und was sie in ihrer Erziehung falsch gemacht haben könnten. Ihr Entschluss stand fest, dass sie gleich am nächsten Morgen mit Fasten und Beten anfangen wollten. Ziele hatten sich die beiden sowieso für jedes Jahr gesetzt und plötzlich kamen noch zusätzliche, unangenehme Gebetsanliegen dazu. Jetzt hieß es:

„Dieses Jahr noch, Herr!!! Dieses Jahr noch sollen unsere Söhne zu dir finden!"

So fingen sie an.

Es war Sommer, als sie diese schreckliche Nachricht erreicht hatte. Der Wille zur Entscheidung war ausschlaggebend für das Maß an Qualität. Sie entschieden sich für Fasten und Beten.

Ihr Lebensmotto lautete: „Niemals aufgeben!"

Der Herr hatte ihrer Entscheidung Kraft gegeben, so baten sie auch um Durchhaltevermögen.

Durch diese Situation, trotz Zielsetzung, kam Irenes Glaube ins Wanken. Dieses Problem schien ihr ein riesiger Berg zu sein, den sie nie in ihrem Leben überwinden könnte. Ihr Mutterherz war gebrochen. Sie kam sich selber sehr klein und hilflos vor, so wie der Frosch aus einer bekannten Fabel: Der Frosch hatte sich bei einem Adler beklagt, dass es so fürchterlich auf dieser Welt sei. Alles sei so schrecklich groß, des Menschen Füße, die Büsche und Bäume. „Ständig muss ich Bange um mein Leben haben und kämpfen."

Der Adler erwiderte: „Wovon redest du? Es ist alles klein, die Menschen, Bäume und auch die Büsche. Geschweige des Menschen Füße, ich sehe sie kaum."

Sie saßen mit ihren Söhnen in der Klemme und spürten, wie sich die Schraube fester zudrehte. Manchmal befand sich Irene in einem Jammerzustand und tat sich schwer, sich von diesem schweren Schlag zu erholen. Allmählich wurde ihr klar, dass ihre Probleme aus der Froschperspektive sehr groß zu sein schienen. Der Inhalt des Wortes Gottes ist voll mit Verheißungen – das ist und war ihr immer bewusst. Nur wollte sie es noch immer aus eigener Kraft erreichen, am liebsten heute noch, doch die war leider aufgebraucht. Ihr Vertrauen in diesen Momenten auf ihn zu setzen, war ihr sehr schwergefallen. Doch sie wollte nicht aufgeben.

Hatten sie denn ihre Söhne nicht von Geburt an dem Herrn geweiht?! Doch jetzt im Teeniealter zeigte sich nicht einmal mehr das geringste Interesse am Evangelium. Weit davon entfernt, für solch „spießige" Dinge wie eine Zukunftsperspektive Verständnis aufzubringen. Gemeinsam setzten Johannes und Irene ihr Gebet und Fasten fort, da das Gespräch sie immer wieder gegen die Wand fahren ließ.

Eine Nacht träumte Irene, dass bissige Hunde über sie hergefallen waren. Sie betete und schrie zu Gott, aber es passierte nichts. Sonst hatte sie immer im Namen Jesu befohlen und es war alles vorbei. Als sie schweißgebadet wach wurde, fragte sie den Herrn, was los war. „Wieso, Herr, erhörtest du mein Gebet nicht?" Da kam die Antwort: „Euer Kampf ist nicht gegen Fleisch und Blut, sondern gegen die finsteren Mächte, die sich breitgemacht haben in dieser Welt." So betete sie fleißig weiter um Kraft und dass der Herr ihr nicht den Heiligen Geist wegnimmt.

Der innere Kampf, mit der Situation fertigzuwerden, hat ein bisschen gedauert. Treffend wiedergegeben und verstanden fand sie sich in ihrem Gebetsleben durch die Worte von Heinrich Giesen: „Du schlägst uns gerade das, o Herr und Gott, aus der Hand, worauf wir so gern vertrauen. Du sagst, es soll nicht durch Heer oder Kraft, sondern durch meinen Geist geschehen. Wir lieben Heer. Wir schätzen Kraft. Nichts geht uns über unsere eigene Macht, eigene Überzeugung, eigene Meinung, eigene Kraft.

Du schlägst uns alles aus der Hand. Du sagst: Nur durch deinen Geist geschehe etwas nach deinem Willen in der Kirche und in der Welt. So bitten wir dich denn um deinen Heiligen Geist, dass wir auf Heer oder Kraft, auf all das, was wir gern in Händen behalten, auf all das, worauf wir nicht verzichten möchten, endlich verzichten und all unser Vertrauen auf dich allein setzen. Nur wenn wir still werden vor dir, werden wir stark sein in dir. Das war die Hoffnung."

Der Herr hatte ihnen einst durch eine Prophetie zugesagt, dass alle ihre Kinder ihm, dem größten König, dienen werden. Das alles hatten sie sich doch nicht ausgedacht? Doch stattdessen drifteten sie weiter und weiter vom Glauben ab und gerieten zunehmend auf die schiefe Bahn. Hatten Irene und Johannes denn nicht fest auf die Zusage Gottes vertraut? Sollte Gottes Reden nicht mehr gelten?

„Was haben wir denn nur falsch gemacht?", schüttete Irene ihr Herz einmal bei einer älteren Schwester aus der Gemeinde aus. Darauf erwiderte sie:

„Ja, meine Liebe, Prophetien sind wie ein Same. Lässt du sie liegen, verlieren sie ihre Gültigkeit, wenn du sie aber aussäst, im Gebet gießt und harkst, wächst der Same auf. So werden die Verheißungen wahr."

So war es für Irene mal wieder ein Schlüsselerlebnis, als Gott ihr durch die Schwester schließlich klarmachte, dass es ihre Aufgabe sei, die Verheißungen, die er ihnen gegeben hatte, konsequent im Gebet zu hegen und zu pflegen, denn Gott sieht und handelt vom Ziel aus. Von da an änderte sich ihr Gebetsleben.

Wir sind aber berufen, die Verheißungen Gottes aus der Vogelperspektive anzuschauen und die Zusagen des Herrn als Adler von oben her zu betrachten und ihm volles Vertrauen zu schenken. Das war Irene klar geworden: „Nicht aufgeben, sondern dranbleiben!"

Nicht nur einmal waren sie beide als Eltern ratlos und zweifelten an ihren erzieherischen Fähigkeiten. Nichts schien eine dauerhafte Änderung zu bewirken. Johannes sprach mit den Söhnen mal ruhig, dann energisch, aber es hatte nichts gebracht.

Im Gebet und Fasten hatten sie diese Probleme dem Herrn hingelegt. Es war nicht einfach. Irene erinnert sich noch wie heute, wie sie damals mit Johannes nur eine Mahlzeit pro Tag aßen.

Nur am Samstag haben sie einmal in der Woche mit der ganzen Familie gefrühstückt, dass es keinem auffiel. Ansonsten war das Mittagessen für ein halbes Jahr ihre einzige Mahlzeit. Während ihre Söhne mal wieder auf „Tour" gingen, wussten sie, was sie zu tun hatten.

Der Gedanke an ihre Bekehrung war so ziemlich das Letzte, was ihre Söhne damals bewegte. Aber schließlich gelang es Gott doch, in dem gleichen Jahr die Aufmerksamkeit der jungen Männer für sich zu gewinnen.

Der November war kalt und regnerisch. Irene wusste nicht, wer ihre Söhne zum Jugendgottesdienst nach Delmenhorst eingeladen hatte. Während der Lobpreis- und Anbetungszeit wirkte der Heilige Geist an ihren Herzen. Schließlich gaben sie nach der Predigt beide ihr Leben neu in Jesu Hände. Daniel wurde auf Anhieb befreit, denn er war nicht so tief drin und folgte ab sofort radikal dem Herrn nach. Er veränderte seinen Lebensstil total, investierte viel Zeit ins Bibellesen, die Jugend und die Gemeinde. Sogar seine Essgewohnheiten stellte er um, ernährte sich von nun an gesund, meldete sich im Fitnessstudio an und ging jeden Tag hin.

Dietrich bemühte sich, doch es gelang ihm nicht immer. Er steckte tiefer in diesem Drogensumpf. Von seinem schlechten Gewissen geplagt und von Angst verfolgt, sein Erstgeborenenrecht zu verlieren – tanzte er weiterhin auf zwei Hochzeiten. Obwohl er sich bekehrte, waren keine Früchte in Sicht. Irene und Johannes beteten und fasteten weiter.

Das Erstgeborenenrecht war für ihn sehr wichtig. Eines Tages bat er seinen Vater um ein Segensgebet:

„Mein Junge, du bist nicht konsequent genug“, erwiderte er. „Die Zeit ist noch nicht reif.“

So verging die Zeit. Irene und Johannes blieben dran und gaben im Gebet und Fasten nicht auf, bis der Herr ein Wunder tat.

Nach knapp zwei Monaten kam der Durchbruch. Er hatte sich neu für Jesus entschieden. So segnete ihn Johannes gerne. Jeder von uns kennt die Geschichte aus dem Alten Testament, wo Isaak seinen Sohn Jakob segnete. Sie waren alle in Tränen aufgelöst. Besonders Irene war aufs Neue gerührt von der Herrlichkeit und Barmherzigkeit Gottes. Dietrich war von Freude erfüllt und sein Herz weinte vor Reue. „Ich habe es nicht verdient ...“, meinte er.

„Das ist die Gnade des Herrn“, antwortete sein Vater. Endlich hatte er seinen Segen als Erstgeborener, den er auf keinen Fall verlieren wollte.

Beharrlichkeit und Entschlossenheit sind beinahe allmächtig. Johannes war schon immer ein entscheidungsfröhlicher und mutiger Mann und nutzte alle möglichen Chancen, sich nicht von verschiedenen Widrigkeiten des Lebens unterkriegen zu lassen. So wie jeder Mensch hatte er auch innere Angst und Bedenken, aber er nahm es ernst und wurde aktiv. Mut allein ist nicht die Voraussetzung für einen guten Start, aber er verspricht eine bessere Zukunft. Trotz seiner Bekehrung schlug Johannes ihm nach einem längeren Gespräch vor, aus dem „Hotel Mama“ auszuziehen. Es war für seinen Sohn und Irene ein Schock. Doch nach einem Monat haben sie eine Wohnung für ihn gefunden und bis auf den Besen wurde für ihn gesorgt. Er war nach Nienburg gezogen. Dietrich war schon 20 und konnte auf eigenen Beinen stehen.

So ermutigte ihn Johannes, den Schritt zu tun, denn er meinte: „Gott verhält sich im Grunde wie der Adler, warum soll ich als Vater anders handeln?"

Der Adler baut sein Nest auf den Felsklippen. Dazu verwendet er zuerst Stöcke und Zweige und polstert es dann sorgfältig mit Fell, Federn und Gras aus. Wenn die kleinen Adler schlüpfen, befinden sie sich sofort in einem äußerst bequemen Zuhause. Das Leben ist wunderbar. Die Mahlzeiten werden regelmäßig gebracht. Es bleibt nichts zu wünschen übrig. Aber eines Tages scheint die Adlermutter den Kopf zu verlieren. Sie zerrt die weiche Polsterung des Nestes fort und lässt nur die Stöcke, Zweige und Dornen zurück. Die eben flügge gewordenen Jungvögel sind durch die Veränderung im Verhalten ihrer Mutter verwirrt. Das Nest wird so unbequem, dass sie auf den Nestrand klettern und auf die darunter liegenden bedrohlichen Felsen hinabschauen. Plötzlich gibt die Adlermutter einem von ihnen einen Stoß und er taumelt durch die Luft dem sicheren Tod entgegen. Aber schneller als der Fall ist der Flug der Mutter. Genau im richtigen Augenblick stößt sie hinab, fängt den kleinen Adler mit ihren Schwingen auf und trägt ihn in die Sicherheit der Felsklippe. Würden die jungen Adler in dem bequemen Nest bleiben, so erhielten ihre Schwingen niemals die nötige Kraft, um zur Sonne emporzusteigen. Bleiben wir in ungestörtem Komfort und Reichtum, verlieren die Schwingen unserer Seele leicht ihre Kraft, auch schwindet das Interesse für den geistlichen Kampf. Solche Erziehungsmaßnahmen befähigen uns für den Flug nach oben.

Irene hat es hier einfach salopp aufgeschrieben, aber normalerweise hätte Dietrich nach vier Jahren Heroinabhängigkeit zur Entziehungskur gemusst. Jedoch der Herr hatte ihn geheilt. Klar hatte er anschließend Probleme mit den Entzugserscheinungen. Er beklagte sich:

„Mama, ich wusste nicht, dass ich so viele Gelenke in meinem Körper habe." So fürchterlich taten sie ihm weh. Es hat gedauert und nach dieser Phase wurde er durch weitere Gebete fest im Glauben. Dietrich machte sich Gedanken über seine Zukunft und bewarb sich um einen Studienplatz für Raumflugtechnik. Er wurde ein guter Rangermitarbeiter und leitete bald eine Hausgruppe, wo Christen sich unter der Woche trafen.

„Nun ist er erwachsen geworden", dachte Irene. Sonntags nach dem Gottesdienst besuchten Irene und Johannes ihn ab und zu. Er führte seinen Haushalt sehr gut, sodass Irene sich keine Sorgen machen brauchte. Sie hatte ihm also doch viel beibringen können. Dietrich holte sein Abi nach und beschäftigte sich viel mit Büchern.

Irene musste schmunzeln, wenn sie nur daran dachte, wie Dietrich seinen Namen ändern ließ. Es kostete ihn dreihundert Euro, aber das war es ihm wert.

„Ich war ein Sieger und möchte ein Sieger bleiben und kein Ersatzschlüssel …!", sagte ihr Sohn einmal.

Als er geboren wurde, haben Irene und Johannes ihn Dimitrij genannt. In Deutschland wurde sein Name als Dietrich übersetzt. Er wollte über sein altes Leben siegen und den Alltag im Sieg mit Gottes Hilfe bewältigen. So änderte er seinen Namen, denn er wollte kein Ersatzschlüssel sein, sondern Sieger. Er wollte neu anfangen und als Sieger sein Leben meistern.

Den Studienplatz hatte er auf eine sehr interessante Art und Weise bekommen. Schon als Kind träumte er davon, Kosmonaut zu werden.

Irene sagte zu ihm: „Um diesen Traum zu verwirklichen, musst du in diese Richtung beten und viel lernen." Zu dieser Zeit war es in unserem Lande mit der Wirtschaft nicht gut bestellt. 100 Leute bewarben sich auf 30 Arbeitsplätze, das heißt 70 davon blieben auf der Straße. Mit Studienplätzen sah es genauso aus. 300 Studenten hatten sich auf 150 Plätze beworben. Da wurden die Besten ausgesucht und die Mittelmäßigen mussten zusehen, wie sie damit zurechtkamen. Dimitrij gehörte zu den Mittelmäßigen und wurde natürlich nicht genommen.

Irene betete zusammen mit ihrem Sohn, denn er wünschte sich so sehr, einen Platz zu bekommen. Nach kurzer Zeit träumte Johannes, dass ihr Sohn „verlost" wird, konnte aber damit nichts anfangen.

Nachmittags klingelte bei ihnen das Telefon. Ihr Sohn Dimitrij war dran. Aufgeregt erzählte er, dass sich die Professoren an der Uni etwas ganz Besonderes ausgedacht hatten. Sie wollten jedem das Studium ermöglichen und hatten die Namen von diesen 300 Studenten auf kleine Zettel geschrieben. Sie warfen alle in einen Topf, mischten schön durch, so wie es sich gehört, und zogen die Namenszettel, unter anderem auch den mit seinem Namen drauf!

Sie freuten sich alle sehr darüber und konnten es kaum fassen. So wurde Dimitrijs Traum durch Fasten und intensives Beten wahr. Der Herr ist treu und beschenkt seine Kinder. Irene war begeistert. Der Herr hatte die Professoren auf diese wunderschöne Idee gebracht und den Zettel mit dem Namen ihres Sohnes ziehen lassen. Sein Traum, Kosmonaut zu werden, war nicht in Erfüllung gegangen, weil er Brillenträger war. Aber Luft- und Raumfahrttechnik konnte er studieren. Er konnte immer gut und schnell lernen. Der Einstieg in diese Sparte war sehr schwer und er bekam oft Kopfschmerzen. Doch dann konnte er den Lernstoff gut behalten, wie ein Schwamm, der Wasser aufsaugt.

Heute hat er eine gute Stelle bei der Firma Airbus Helicopters in Donauwörth. Er ist verheiratet, hat drei wunderbare Kinder und dient mit seiner Familie dem Herrn.

Daniel absolvierte ohne jegliche Komplikationen ein Studium der Theologie und ist heute Pastor in Regensburg.

Irene möchte jeden ermutigen, auf Gottes Zusagen zu vertrauen, auch wenn es manchmal sehr lange dauert, bis sie eingelöst werden. Denn das Schlimmste, was einem wiedergeborenen Menschen passieren kann, ist der Verlust seiner Hoffnung, dass Gott seine Zusagen einlöst.

Wir müssen wissen, dass jeder Christ ein Erbe anzutreten hat, und dass jeder Christ Verheißungen und Zusagen Gottes für sein Leben bekommt. Gott hat ebenso einen Plan mit einzelnen Menschen wie mit Familien und ganzen Gemeinden.

Als Christen sollten wir uns deshalb bewusst sein, dass wir seit unserer Bekehrung als neue Geschöpfe Gottes nicht nur aus besonders edlem Hause stammen, sondern dass uns ebenso ein beeindruckendes Erbe erwartet. Machen wir uns das dauerhaft bewusst!

Kein Mensch ist in ein Nichts hineingeboren. Er wird von seinen Eltern geprägt, die ihrerseits von ihren Eltern geformt wurden, welche selbst wiederum von deren Eltern beeinflusst sind. Nicht nur trägt der Mensch die Gene seiner Ahnen in sich, vielmehr saugt er auch die Traditionen und die Kultur, in die er hineingeboren ist, wie mit der Muttermilch in sich auf. Letztlich kann kein Mensch sich selbst aus dem Nichts heraus erschaffen. Und wenn all das für jeden einzelnen Menschen gilt, dann umso mehr für uns als Kinder Gottes.

Denn neben unserer biologischen Herkunft sind wir darüber hinaus Teil einer weiteren Familie: der Gemeinde – sowohl der großen weltweiten Gemeinde Jesu, die die ganze Welt umspannt, als auch der vielleicht kleinen Ortsgemeinde in der Nähe unserer Haustür, die wir im Alltag erleben.

Nun hat uns Gott also in eine neue Familie hineingeboren und es ist unsere Aufgabe, unseren Platz in dieser Familie zu finden und auszufüllen.

Du hast dich sicherlich auch schon gefragt, worin dieser Platz bestehen mag, wie deine Rolle in dieser Familie gegenwärtig aussieht und wie sie nach Gottes Willen eigentlich aussehen sollte.

Welche Aufgabe hat Gott für dich? Was möchte er durch dein Leben bewirken und wie kannst du dieses Vorhaben Gottes in die Tat umsetzen? Wir lesen davon in Büchern und sehen es in Filmen, welch großartige Dinge in früheren Zeiten vollbracht worden sind, bevor wir diese Erde betraten. Städte wurden erbaut und Reiche gegründet. Männer und Frauen Gottes bewegten die Welt. Denn wir wissen, dass in Zukunft, wenn wir eines Tages diese Erde wieder verlassen haben, auch weiterhin Großes vollbracht werden kann.

Und wenn Irene sich zu etwas entschlossen hatte, zog sie es auch durch. Denn ihr war klar: Wir leben in der Zeitspanne zwischen den Heldentaten der Vergangenheit und jenen der Zukunft. Deshalb müssen wir die weitreichenden Folgen unseres Nichthandelns denen unseres Handelns gegenüberstellen. Das Heute, dieser Augenblick, in dem du hier sitzt und diese Zeilen liest, gehört uns. Wir sind Gottes Kinder und wir haben von Gott Verheißungen bekommen, die wir in Anspruch nehmen können und sollten.

Was Johannes und Irene in dieser Krise stark gemacht hat?

Erstens: ihr Zusammenhalt. Sie haben einander nichts vorgeworfen, wo und was sie in der Erziehung falsch gemacht hatten. Sie wollten einander nicht noch mehr Schmerz zufügen.

Zweitens: ihr Charakter. Er wurde so oft auf die Probe gestellt, dass sie innerlich gereift sind und ein Herz und Verständnis für Familien haben, deren Kinder noch in der „Welt" sind.

Drittens: ihre Verheißungen Gottes. Sie sind immer gültig, auch wenn sie spät kommen. Sie haben kein Verfallsdatum, so wie unsere Lebensmittel. Wenn sie nicht rechtzeitig verwendet werden, sind sie abgelaufen. Mit anderen Worten „zu spät". Gottes Verheißungen tragen kein Verfallsdatum. Ihm sei Dank!

Für Irene ist Jakob aus dem Alten Testament ein richtiger Glaubensheld der Vergangenheit und ein starker Mann, der die Verheißungen wahrgenommen hat. Der Mann wusste, was er wollte.

Welch ein gewaltiges Beispiel gibt uns Jakob doch. Er zeigt uns, wer zu den zwölf Stämmen Israels gehörte, wer durch Treue, Gehorsam, Glaube und Vertrauen, nach den Verheißungen Gottes in die Linie des Segens eingepflanzt ist. Dies ist eine Ermutigung für jeden Menschen, der sich in dieser Welt irgendwie benachteiligt fühlt. Jeder kann mit seiner Not und seinem Leid zu Gott kommen und ihm vertrauen. Denn bei Gott ist alles möglich. Sie haben alle ihre Sorgen Gott überlassen, denn er sorgt für alle. Für keinen von uns ist das Leben einfach. Mit Gottes Gnade können wir es ändern. Nun, wir brauchen Ausdauer und Vertrauen und sollten davon überzeugt sein, dass wir unsere Fähigkeiten einsetzen dürfen. Irene sandte ein Stoßgebet zum Himmel empor, während ihr ein anderes einfiel – ein Gebet, das Roman Siewert vorgetragen hat, als er in ihrer Gemeinde predigte:

Ich bat Gott mir meinen Stolz zu nehmen. Er sagte: „Nein!"
…denn den müsste ich ihm schon selber geben.
Ich bat Gott mir Geduld zu geben. Er sagte: „Nein!"
… Geduld sei ein Produkt von Leiden und wird verdient, nicht geschenkt.
Ich bat Gott mich glücklich zu machen. Er sagte: „Nein!"
…er gebe mir Segnungen. Ob ich glücklich sei, liege bei mir.
Ich bat Gott mir Leiden zu ersparen. Er sagte: „Nein!"
… denn das Leid zieht dich näher zu ihm.
Ich bat Gott meinen Geist wachsen zu lassen. Er sagte: „Nein!"
… ich müsste schon selber wachsen, aber er wolle mich beschneiden, damit ich Frucht bringe.
Ich fragte Gott, ob er mich liebt? Er sagte: „Ja!"
… denn er gab seinen Sohn, damit ich nicht verloren gehe.
Ich bat Gott mir zu helfen, meine Mitmenschen zu lieben, wie er mich liebt.
Er sagte: „Na endlich hast du es begriffen!"

Wir können als Christen vieles richtig machen: Wir können im Regal die neueste Bibelübersetzung stehen haben, auf dem Wohnzimmertisch das Andachtsbuch für jeden Tag, an der Wand die Israelflagge, dazu das Kreuz um den Hals. Alles richtig! Aber wenn wir nicht mehr für unseren Nächsten da sind, dann stimmt etwas nicht.

Wenn Gott sich nach einer anderen Beziehung gesehnt hätte, hätte er den Menschen wohl nicht geschaffen, sondern irgendein lebloses Wesen. Doch Gott wollte ein Gegenüber, das nicht nur Liebe geben, sondern auch Liebe empfangen kann. Er hat uns als Menschen so kreiert und zueinander gestellt, dass unsere Beziehungen dynamisch sind; es ist ein wechselseitiges Lieben und Geliebtwerden.

Der Herr muss uns manchmal durch Feuer läutern lassen oder durch ein dunkles Tal führen – beides hatte Irene durchgemacht – damit wir lernen, was „Barmherzigkeit und Gnade“ bedeuten! Sie wurde durch eine tiefe Depression geführt, die fast zwei Jahre dauerte. Danach die Erschöpfungsdepression, die ebenso lang war und anschließend die Drogengeschichte ihrer Söhne. Bald wurde ihr aber klar, dass Gott sie diese neue Freiheit erleben ließ, damit sie seiner Führung leichter folgen konnte, egal wohin.

Die Gemeindearbeit lastete Johannes gut aus, machte ihm aber auch Freude. Irene unterstützte ihn wo sie nur konnte.

Am Glaubenstag, der wie jedes Jahr stattfand, predigte Ingolf Ellßel. Vorab erzählte er einen Witz, damit man den Tag humorvoll überstehen konnte.

„Ein reicher Mann hatte bei sich im Garten eine Party veranstaltet und viele Leute eingeladen. Zum Empfang wurde Sekt mit Orangensaft gereicht. Die Leute standen mit ihren Getränken in der Hand rund um den großen Pool und verfolgten erstaunt die Haie, die sich im Wasser auf und ab bewegten.

Der reiche Mann wandte sich an seine Gäste und fragte: ‚Wer ist so mutig und schwimmt durch den Pool? Der bekommt die Hälfte meines Reichtums oder die Hand meiner Tochter!‘

Totenstille kehrte ein, als plötzlich ein junger Mann die Stille mit einem Platschen ins Wasser durchbrach. Die geladenen Gäste schrien vor Schreck auf. Erstaunt verfolgten ihn alle Blicke, wie er mit einer rapiden Geschwindigkeit den Pool durchschwamm. Als er, völlig aus der Puste, den Pool verlassen hatte, stand der reiche Mann schon vor ihm.

‚Wow! Gratuliere Ihnen, junger Mann! Bislang hat das noch keiner geschafft. Sie sind der Erste! Sie wollen bestimmt die Hälfte meines Reichtums?‘

‚Nein!‘, erwiderte der junge Mann.

‚Dann mit Sicherheit die Hand meiner Tochter!‘

‚Nein!‘, schnaufte der junge Mann.

‚Was wollen Sie dann?‘, fragte ihn der Reiche.

Aufgebracht erwiderte der junge Mann:

‚Den Namen und die Anschrift des Mannes, der mich in den Pool geschubst hat!‘“

Es ist sehr ermutigend und lustig zugleich, dachte Irene. „Nicht aufgeben!“, schallte es immer noch in ihren Ohren.

So viele Jahre und Jahrzehnte war Irene nun schon gläubig und hatte dabei unendlich viel gelernt. Eine Sache ist, dass überall auf der Welt die Frauen mit mehr oder weniger den gleichen Herausforderungen und Prüfungen konfrontiert sind. Auch wenn sie keine Experten sind, sind sie doch davon überzeugt, dass Gott sich um jeden Einzelnen persönlich kümmert. Er ist immer da, egal ob wir es spüren oder nicht. Er ist voller Liebe und sehnt sich danach, jedem zu begegnen. Er geht Hand in Hand mit uns durch dick und dünn und durch jede Situation unseres Lebens, sei es gut oder schlecht, schwierig oder einfach. Er ist und bleibt ein treuer Vater, der sich niemals verändert und uns niemals aufgibt!

Während ihres täglichen Joggens oder beim Spazierengehen hörte Irene einmal ein Hörbuch von Stephen R. Covey. Er erzählte über eine Familie Smith. Sie entschieden sich, als Familienleitbild alle die gleichen T-Shirts zu tragen. Sie waren weiß und Family Smith war vorne aufgedruckt. Bei Familientreffen oder abends zu Hause hatten sie alle die T-Shirts an, auch wenn sie sich manchmal gestritten hatten.

Eines Tages wurde bei ihrem vierten Kind Leukämie diagnostiziert. Der Junge wollte immer das T-Shirt tragen, auch während der Chemotherapie.

Nach der sechsten Chemotherapie hatte er sich irgendwelche Bakterien zugezogen und musste zwei Wochen auf der Intensivstation liegen. Er hatte die ganze Zeit das T-Shirt nicht ausziehen wollen, wenn es auch von Blut, Erbrochenem und Tränen befleckt war. Es war für ihn sehr wichtig, denn es war das Familienleitbild. Der Junge überlebte. Als er entlassen wurde, empfing ihn die ganze Familie und alle trugen das gleiche Family-Smith-T-Shirt. „Entscheidungen prägen unser Leben …“, dachte Irene. Das hat sie sehr ermutigt. Ihr Familienleitbild lautet: „Nicht aufgeben!“

Nun war es endlich so weit und Irene ging zum Arbeitsamt. Der Mann, der sie beriet, fragte sie mit ernster und strenger Stimme, während er ihren Namen in den Computer eingab:

„Frau Justus, was haben sie 20 Jahre gemacht?“

Eingeschüchtert antwortete sie:

„Hmm … wir hatten sieben Kinder und ich war die letzten Jahre als Hausfrau tätig.“

„Verzeihen Sie“, wurde er plötzlich weich.

„Hatten Sie oder haben Sie?“

„Wir haben“, erwiderte Irene.

Während er vor dem Bildschirm saß, antwortete er freundlich lächelnd:

„Na, dann wollen wir mal sehen, was wir für Sie finden!“

Plötzlich verwandelte sich sein Paradigma. Nun, er konnte ihr nichts anbieten, was ihrer Vorstellung entsprach. Als Köchin wollte sie nicht arbeiten, denn es war ein familienfeindlicher Beruf. Sie musste jeden Abend, am Wochenende und an den Feiertagen arbeiten. Das wollte sie ihrer Familie nicht antun.

Die nächsten Tage vergingen, als sich Irene mit ihren Nachbarn im Garten traf. Einer von ihnen arbeitete im Büro einer größeren Gardinenfabrik, die nur fünf Minuten zu Fuß in ihrer Nachbarschaft lag. Er wollte für sie ein gutes Wort einlegen. Irene konnte einige Tage später dort anfangen.

Während Irene ihrer Arbeit und ihrem Haushalt nachging, merkte Johannes mit 48 Jahren, dass er als Pastor nicht genügend Kompetenz hatte, um seine Berufung auszuleben. So begann er ein Kontaktstudium als Supervisor an der Leibniz Universität. Die erste Zeit hatte es ihm sehr viel Freude bereitet. Doch eines Tages beklagte er sich und dachte darüber nach, sein Studium abzubrechen. Er hatte keine Lust mehr. Mehrere seiner Kommilitonen waren stark mit der Esoterik verbunden und wollten sich nicht gerade mit einem Pastor darüber auseinandersetzen. Einer hatte ihn regelrecht gemobbt.

Irene sagte zu ihrem Mann:

„So sind wir nicht! Wenn wir etwas anfangen, dann bringen wir es auch zu Ende!" Johannes konnte sich schon immer gut durchsetzen und schloss das Studium sehr gut ab.

Für die nächsten Jahre war ihr Leben mit Segen erfüllt und einem Gefühl des Wohlergehens, während sie sich weiterhin guter Gesundheit und ungetrübten Wachstums erfreuten. Die Kinder wurden groß und trafen klare Entscheidungen für ihr Leben, indem sie einen christlichen Partner heirateten, der ihre Überzeugungen teilte. Nur Johannes junior und Dietrich hatten Mädchen kennengelernt, die mit dem christlichen Glauben nicht viel anfangen konnten. So mussten sie beten und ihnen vorleben, was christlicher Glaube an sich hat. Danach konnten sie den Glauben annehmen. Noch vor der Hochzeit waren beide Mädchen Mitglieder der Gemeinde.

Nichts erfreut das Herz gläubiger Eltern mehr, als zu sehen, dass ihre Kinder Familien gründen, in denen Jesus Christus geehrt wird.

„Die Gelegenheit einer Lebenszeit muss genutzt werden, während der Lebenszeit der Gelegenheit Gutes zu tun!", sagte der bekannte Evangelist Leonard Ravenhill.

Kapitel 21

„Die Frau eines Priesters“

„In unserem Leben wie auf der Palette des Malers gibt es eine einzige Farbe, die dem Leben und der Kunst Sinn gibt: Es ist die Farbe der Liebe.“

Marc Chagall

Irene strich ihren Mantel glatt und klopfte an die Milchglastür. Ein Schatten näherte sich. Die Tür ging auf und zu ihrer Überraschung stand ihr ihr Junior gegenüber.

„Hallo, mein Schöner!“, begrüßte sie ihn.

Als Erstes wollte sie die Waschmaschine anmachen, denn Wäsche gab's immer reichlich zu waschen. Anschließend kümmerte sie sich ums Essen. Als sie an diesem Abend am Herd stand und Fleisch mit Zwiebeln für das Abendessen briet, wurde ihr bewusst, dass sie vor sieben Tagen ihre Stelle angetreten hatte. Obwohl Irene in den letzten Jahren sechs Operationen durchstehen musste, hat der Herr sie gesegnet und ihr immer wieder neue Kraft für ihren Alltag gegeben.

Später, als Johannes am Abend im Bad verschwand, atmete Irene erleichtert auf. Sie sank aufs Bett und dachte endlich einen Augenblick über ihre erste Arbeitswoche beim Gardinendesigner nach. Es war auf furchterregende Weise spannend gewesen. In ihr wurde dieses schaurig berauschende Gefühl wachgerufen, das sie immer verspürte, während sie Gruselgeschichten hörte. Die Geschäftigkeit und Größe der Fabrik hatte sie begeistert. Sie war sich sicher, dass sie die Arbeit schaffen würde und wollte sie gerne tun, um sich selbst zu beweisen, dass sie wirklich zurechtkam.

„Gardinen nach Bestellung zu schneidern, war wirklich nicht schwierig“, dachte Irene. Sie war sich sicher, dass sie es schnell lernen würde, so wie ihre Vorarbeiterin Ingrid viele Bestellungen zu schaffen. Ingrid erledigte von allen die meisten Bestellungen. Sie wagte nicht daran zu denken, was geschehen würde, wenn sie einen Fehler machte. Die Bestellungen kamen aus der ganzen Welt. Sogar aus St. Petersburg, China und Australien. Mit der Zeit arbeitete sie sich ein und war genauso schnell wie die anderen Frauen, die schon Jahre dort angestellt waren.

Es war ein kalter Februar. Irene und Johannes hatten eine Wohnung in Norddeich gebucht, um ein paar Tage zu entspannen. Er war überarbeitet und brauchte Entspannung. Sie fragte ihn, ob dort ein Fernsehgerät in der Wohnung sei, was er bejahte. Bei ihrer Ankunft fand sich aber keiner in ihrer Mietwohnung, was Irene ärgerte. Am liebsten würde sie gar nicht auspacken. Spazieren gehen wollte Johannes nicht. Höchstens eine Stunde am Tag. Für sie war es viel zu wenig. Er saß überwiegend mit den Büchern da und sie war der Meinung: „Lesen kann ich zu Hause." So zeigte sie ihm ihre Unzufriedenheit.

Prompt erinnerte sie sich an eine Dokumentation, die sie mal im Fernsehen sah und so kam sie sich vor. Es gibt so eine Art von Vögeln, bei denen das Männchen ein Nest baut und danach wird das Weibchen von ihm eingeladen. Wenn ihr das Nest nicht gefällt, reißt sie es mit ihrem Schnabel in kleine Stücke und das Männchen muss von vorne anfangen zu bauen, bis es ihr gefällt.

„Danke, Herr", betete sie kurz, „dass ich auf diese Art erinnert wurde." So wollte sie unter gar keinen Umständen sein. Sie entschuldigte sich bei ihrem Mann und es wurden einige schöne, erholsame Tage.

Im März hatten sie noch ein paar Tage zur Erholung genommen. Jetzt hatten sie das alte Fernsehgerät in den Kofferraum gepackt und sich reichlich mit Videokassetten eingedeckt. Am Erholungsort schneite es an diesem Tag. Nach einem gutem Spaziergang und einer angenehmen Dusche hatte Irene sich vor dem Fernseher platziert und eine bestimmte Videokassette eingelegt. Diese wollte sie sich schon immer anschauen, hatte aber bisher keine Zeit und Gelegenheit. Doch es machte nur „Zisch" und man konnte sehen, wie eine schwarze Rauchwolke hinter dem Fernseher emporstieg. Irene starrte das Gerät an, das gerade kaputtgegangen war. Es schien, dass der Herr wollte, dass sie mehr Gemeinschaft und Zweisamkeit haben, als alles andere. Interessant?! Wie es manchmal so ist?, fragte sie sich und dachte weiter: Wenn man das immer vorher wüsste, hätten wir das Gerät nicht hierher mitgenommen.

Erholt kamen sie zurück und unabhängig voneinander musste jeder seinen Alltag weiterhin meistern.

Johannes ist von Natur ein Draufgänger. Des Öfteren hatte er mit Gott einen Deal geschlossen. „Du mir und ich dir" war seine Losung. Er hat im Gebet gekämpft und gerungen wie Jakob im Alten Testament: „Ich lass dich nicht los, ehe du segnest mich ..."

Oder wie der gute Mann aus der Bibel, der sein Tor abgeschlossen hatte und mit seiner Familie zu Bett ging. Da kam sein Nachbar zu später Stunde, um Brot bei ihm auszuleihen. Weil er so unablässig und beharrlich darum bat, ist der aufgestanden und hat ihm Brot gegeben. Genau so sollten wir den Herrn bitten, dass wir wachsen können.

Irene war anders. Sie meinte, das muss sie nicht, weil es nicht ihrer Natur entspricht. Sie betete einfach, und das ist auch in Gottes Sinn, dass wir im Gebet alles bewegen können.

Johannes stand wieder eine Dienstreise bevor. Jedes Mal, wenn er auf Reisen ging, überfiel Irene eine panische Angst, dass ihm etwas zustoßen könnte. Er war viel unterwegs und immer wenn sie Abschied von ihm nahm, musste sie sich zusammennehmen, um nicht bitterlich zu weinen. „Ich werde dich vermissen", sagte sie und schaute ihm hinterher. Sobald die Tür zuging, flossen ihre Tränen.

Sie konnte keine Ruhe finden, bis sie es schließlich an Jesus abgegeben hatte.

Ohne Johannes ging sie nicht zu Bett und wenn es auch manchmal bis fünf Uhr morgens dauerte. Sie wartete jedes Mal auf ihn.

Bei seiner Rückkehr stand sie vor der Tür, schlang die Arme um ihn und drückte ihn ganz fest. Dabei sog sie seinen sauberen Duft und den vertrauten Trost seiner breiten Brust in sich auf. Sie glaubte nicht, dass sie ohne ihn würde leben können. Der Gedanke, seine Liebe zu verlieren, jagte ihr Angst und Schrecken ein. Aber das Gefühl, sich selbst zu verlieren, war noch beängstigender. Sie stellte sich auf die Zehenspitzen und küsste ihn.

Des Öfteren hatte sie ein Stoßgebet zum Himmel geschickt:

„O Herr, ich bin schon ohne Vater aufgewachsen, bitte nimm mir nicht meinen Mann!" Und wenn er wieder da war, hing sie weinend vor Freude an seinem Hals und murmelte nur:

„Schön, dass du da bist! Schön, dass du da bist!"

Sie hatten sich keine Gedanken darüber gemacht, warum sie sich so verhielt. Offensichtlich gefiel es ihm, dass sie ihn so sehr vermisste. Später erzählte er ihr, dass er einfach nicht wusste, wie er sich verhalten sollte.

So verging die Zeit und oftmals überkam sie das Gefühl, als ob ihr Herz aus ihrer Brust springen würde. Irenes jüngster Bruder beneidete sie um diese innige Liebe in der Ehe, bemerkte aber nicht, dass es nicht normal war. Eines Tages, als ihr Mann wie gewöhnlich aus beruflichen Gründen verreisen musste, nahm sie ihren ganzen Mut zusammen, sodass sie selbst über sich staunen musste. Ein dicker Kloß in ihrem Hals war zwar bereits hochgekommen, doch sie sagte zu sich selbst:

„Dieses Mal nicht! Das Wort sagt uns, dass wir alle unsere Sorgen auf ihn werfen können. Er weiß, was wir brauchen und kümmert sich um uns!"

Außerdem wurde sie an eine weitere Bibelstelle erinnert: „Wenn der Herr nicht wacht, wacht jeder Wächter umsonst" (nachzulesen in Psalm 127).

Nun, als Johannes gegangen war, durfte sie alles dem Herrn abgeben. Sie brauchte nicht mehr weinen und hin und her gerissen zu sein. Die Zeit verging ruhig und friedlich. Ihr Herz musste nicht mehr so wild schlagen. Sie hatte Ruhe gefunden. Denn sie hatte sich entschieden, die Hilfe des Herrn anzunehmen und auch selbstständig und unabhängig zu werden. Irene wurde an ein altes, aber wunderschönes Lied erinnert: „Mein ist die Sonne, mein ist der Morgen, Glanz, der zu mir aus Erden aufbricht!

Dank überschwänglich, dank Gott am Morgen. Wiedererschaffen grüßt uns sein Licht ..."

Jeden Nachmittag um Viertel nach vier, wenn Irene nach Hause kam, warteten die Mädchen auf sie, um zusammen Tee zu trinken. Sie erzählten von ihrer

Ausbildung und waren neugierig, was ihre Mutter an diesem Tag auf der Arbeit erlebt hatte. Irina steckte mitten in ihren Hochzeitsvorbereitungen. So gab es viel zu erzählen. Die Mädchen waren eine große Hilfe im Haushalt. Sie hatten vieles schon erledigt, bevor Irene nach Hause kam. An ihren Unterhaltungen hatten sie alle viel Spaß.

So erzählte Irene, während sie ihren Tee genoss. Als sie beim Gardinendesigner zu arbeiten anfing, hatte sie dort eine Frau kennengelernt. Sie schien sehr verbittert und mit ihrem Leben unzufrieden zu sein. Sie rauchte sehr viel und ihre Haut war glanzlos. Sie sah richtig hängend und matt aus. Sie war klein und schmal und unter ihren großen, indigoblauen Augen bildeten sich dunkle Tränensäcke. Obwohl sie zwölf Jahre jünger war als Irene, sah sie zwölf Jahre älter aus. Frech und beleidigend verletzte sie die anderen Arbeitskollegen, wie ein unerfahrener, verletzter Vogel bei einer Landung seine Artgenossen verletzt. Eines Tages erkundigte Irene sich, wieso sie sich so verhielt.

„Ich bin direkt!", erwiderte sie.

„Nun, ich würde behaupten eher plump", antwortete Irene. Normalerweise zog Irene in solchen Fällen die Jalousie herunter, da sie ein introvertierter Typ ist. In diesem Fall aber dachte sie, man kann nicht wissen, was diese Person durchgemacht hat und vielleicht konnte sie sie auf diese Art und Weise erreichen. Nun, wie dem auch sein mag, Irene war immer sehr nett zu ihr, was man von der Frau leider nicht sagen konnte. Die erste Zeit mit ihr war sehr anstrengend. Irene hatte angefangen für sie zu beten und wollte wissen, wieso sie so verbittert ist. Manchmal müssen wir länger im Gebet dranbleiben und den Menschen mit Wertschätzung und Liebe begegnen, bis der Herr bestimmte Personen weich macht und wir sie so annehmen können, wie sie sind, auch wenn es nicht leicht ist. Nicht nur einmal eine „Rose" schenken, sondern wiederholte Zuwendung und Aufmerksamkeit ist in solchen Beziehungen wichtig. Jesus hatte sich an den Brunnen gesetzt und auf die samaritische Frau gewartet. Er hat sich Zeit genommen, die Jünger weggeschickt, dass auch keiner von ihnen sagen konnte: „Herr, das ist eine Sünderin!" Nein! Sie war ihm wichtig.

Es dauerte sehr lange, bis sich ihre Arbeitskollegin ihr gegenüber öffnete. Doch irgendwann gestand sie ihr, dass ihr Mann über ein halbes Jahr fremdgegangen war, bis sie dahinterkam. Er ließ sie mit ihrem Sohn sitzen und ging zu seiner Geliebten. Ihre Vergangenheit hatte sie hart und schroff gemacht. Auch einige andere Beziehungen, die nicht von langer Dauer waren, waren Grund hierfür. Abgeschottet, allein und verlassen kam sie sich vor und die Männerwelt schien kein Interesse mehr für sie zu haben. In ihr entstand ein militanter, feministischer Hass gegen Männer.

Später konnte Irene sich mit ihr über Themen wie Heiraten und Familie Gründen unterhalten.

„Heiraten? Der Muff von tausend Jahren unter den Talaren, das heißt die Abschaffung der verkrusteten bürgerlichen Welt scheint mir eine zwingende

Notwendigkeit zu sein. Ich sehe nicht das Stabilisierende, sondern nur das Einengende der Familie und der Ehe. Für mich ist das nur eine ‚Institution'", erwiderte sie drastisch. Zu dieser Zeit wusste sie aus Irenes Erzählungen, dass es sehr schön ist, einen Mann für eine gesunde Familie und für die Erziehung der Kinder zu haben. Doch ihre Werte hatten sich total verschoben.

Da sagte sie im Laufe des Gesprächs weiter:

„Du bist altmodisch. Wie könnte ich nur mit dem gleichen Mann so lange leben und dazu noch so viele Kinder haben?"

Irene erwiderte: „Ich bin eine moderne Frau! Was hast du daran auszusetzen? Das erste Kind habe ich von einem Elektriker, dass zweite habe ich von einem Flugzeugmechaniker, das dritte und vierte habe ich von einem Gasretter bekommen, das fünfte und sechste Kind habe ich von einem Steuerungstechniker. Nun bin ich mit einem Pastor verheiratet."

Das stimmte auch alles, denn Johannes hatte sechs ausgelernte Berufe.

Sie war sprachlos. Hiermit hatte sie natürlich nicht gerechnet.

Irene schlug sie mit ihrer eigenen Waffe.

Da wollte sie kontern, doch es gelang ihr nicht so richtig.

„Ja und die vielen Kinder, die du hast? So eine Gebärmaschine möchte ich nicht werden. Sie haben keine wirkliche Kindheit und man kann auch nicht alle gleich lieben, bestimmt hast du ein Lieblingskind?", reagierte sie muffelig.

Ein dicker Kloß blieb in Irenes Hals stecken. Sie musste sich von diesem verbalen Schlag ins Gesicht erst einmal erholen.

Nach einer kurzen Überlegung erwiderte Irene:

„Erstens: Napoleon sagte ein großes Wort über Mütter: ‚Die Hand, die die Wiege schaukelt, regiert die Welt.' Also von wegen Gebärmaschine, sondern eine Mutter vieler Kinder. Wenn alle so eine Einstellung haben würden wie du, was würde mit dieser Welt geschehen? Und zweitens: Ich habe kein Lieblingskind, ich liebe sie alle gleich."

„Wie? Blödsinn! Das geht doch nicht?!", raunte sie.

„Doch, das geht!", sagte Irene. „Es ist wie mit deiner Hand. Du hast fünf Finger an deiner Hand, stimmt's?"

„Ja, das stimmt, na und?", stellte sie neugierig fest.

„Bevorzugst du irgendeinen Finger?"

Stirnrunzelnd entgegnete sie: „Nein!"

„Liebst du sie etwa alle gleich?", fragte Irene.

„Na klar, sind doch alles meine!", antwortete sie.

„Ach so!", schaute Irene sie an und sprach weiter: „Und wenn du einen von ihnen verletzt, tun sie alle gleich weh?"

„O doch", antwortete sie.

„Genauso ist es auch mit mehreren Kindern!", wandte Irene ein.

„Drittens: Sie haben auch eine richtige Kindheit gehabt, haben viel voneinander gelernt, helfen einander und keiner von ihnen hat Langeweile. Auch in der Schule sind alle gut."

„Du bist also die Frau eines Priesters?", erwiderte sie.

„Das kann man wohl so sagen!", antwortete Irene.

Allmählich hatte Irene sich zum Thema Gott vorgearbeitet. Sie erzählte, dass ihr Mann gerade einen pastoralen Beruf ausübt und dass sie an Gott glauben.

Wie aus einer Kanone geschossen, sagte ihre Kollegin:

„Da gibt's tatsächlich noch Idioten, die an Gott glauben!? Entschuldige, so ein Leben ist nichts für mich!"

Okay, dachte Irene, die Zeit ist noch nicht reif. Manchmal ist es sehr hart, sich mit solchen Leuten zu beschäftigen, aber auch wir sind von harter Sorte und geben nicht sofort auf. Diese Kraft gibt uns der Herr, Preis sei ihm!

Einmal steckte sie wieder in ihrem Tief. Sie rief an und fragte, ob sie denn vorbeikommen könne. Aufgelöst in Tränen wollte sie ihre Probleme loswerden. Da fragte Irene sie, ob sie für sie beten durfte.

„Ja", war die Antwort.

Das war schon ein Fortschritt, dachte Irene. Danach ergab sich gleich ein sehr nettes Gespräch über den Glauben und ob es überhaupt einen Gott gibt.

„Das Fehlen des Glaubens bringt die Menschen dazu, sich vor der Prüfung eines Sachverhalts durch logisches Nachdenken zu fürchten. Falls die Bestimmung zweifelhaft ist, muss der Weg voller Furcht sein. Ein fester Glaube braucht keine Furcht! Denn falls es Gott gibt, dann kann uns nur die Vernunft zu ihm führen!", erklärte Irene. Und wie es so ist, folgte der letzte „Small Talk" an der Haustür:

„Gott gibt uns Leben!", erläuterte Irene. „Wann sollst du leben, wenn nicht jetzt!? Deine Vergangenheit ist dahin und in die Zukunft kannst du nicht schauen. Wir leben alle im Jetzt!", gab Irene ihr mit auf den Weg.

„Du hast Recht! Jeder ist seines Glückes Schmied und mein Leben ist schon verpfuscht, hinüber und vorbei", stellte die Arbeitskollegin fest.

„Nein!", rief Irene bestimmt aus. „Dein Leben fängt jetzt gerade an. Ein Leben ist die Freude der Gesegneten und manchmal auch das Leid der Traurigen. Im Moment bist du eine Traurige und befindest dich auf der Suche danach, was nach dem Tod kommt. Hier muss jeder auf dieser Erde durch! Dem können wir nicht aus dem Weg gehen, aber jeder kann seine Pilgerreise bestimmen und es ist ein großer Unterschied, wo der Mensch nach seinem Tod landet."

„Jaja, ich denke drüber nach. Ich muss los", sagte sie und verabschiedete sich.

Und so fuhr ihre Arbeitskollegin mit erweichtem Herzen wieder nach Hause.

Leider ging der erwähnte Gardinendesigner pleite und sie zog nach Berlin. Ihre Freundschaft allerdings war nicht vorbei. Sie telefonieren ab und an und sie ist wirklich offen geworden. Bis jetzt ist sie noch kein Christ, aber das kann ja noch werden, denn der Herr bestimmt die Zeit.

Irene wurde also als „altmodisch", „Gebärmaschine" und „Idiotin" bezeichnet, aber was soll's. In der Apostelgeschichte lesen wir, wie die Jünger sich freuten, für Jesus verfolgt zu werden. Bei Irene war das nicht der Fall. Innerlich war sie nach solchen Äußerungen geknickt. Jesus musste noch viel mehr ertragen und noch ganz andere Lasten auf sich nehmen, damit es uns heute gut geht. Im Vergleich dazu konnte sie nicht klagen. Doch „es geht niemand über die Erde, den Gott nicht liebt". Die Leute, die wegen der Situation, in der du steckst, gelästert haben, sahen nur das äußere Verhalten. Aber sie haben nicht bedacht, dass in deinem Inneren viele Kämpfe abgelaufen sind – Stunden, Tage, Wochen, in denen du den Versuchungen widerstanden hast. Sie haben deine Angst nicht gesehen, deine Hilferufe nicht gehört, die Unruhe und die Schuldgefühle nicht beachtet ...

Sind die heutigen Frauen nicht genauso durstig wie damals die Frau am Jakobsbrunnen? Durstig nach Anerkennung, nach Achtung und nach Liebe, durstig nach Dingen, die wir zum Leben brauchen?

Müde von der langen Reise setzte sich Jesus an den Brunnen. Es war gerade Mittagszeit, als eine Samariterin aus der benachbarten Stadt zum Brunnen kam, um Wasser zu holen.

Jesus bat sie: „Gib mir etwas zu trinken!"

Seine Jünger waren in die Stadt gegangen, um Lebensmittel zu kaufen. Die Frau war überrascht und fragte: „Du fragst mich nach Wasser, obwohl ich eine Samariterin bin?" Juden mieden Samariter.

Jesus antwortete ihr: „Wenn du wüsstest, was Gott dir geben will und wer dich hier um Wasser bittet, dann würdest du mich um das Wasser bitten, das du zum Leben brauchst. Und ich würde es dir geben."

Die Frau wählte die Mittagszeit zum Wasserholen, denn in Israel ist es um diese Zeit sehr heiß und die Straßen sind leer. Da sie verachtet war, bestand wenig Gefahr ausgelacht und verspottet zu werden.

Fünf Männer hat sie gehabt. Der Mann mit dem sie gerade zusammenlebte, war auch nicht ihr Ehemann. – Eine moderne Frau?

Diese Geschichte aus der Bibel ist einfach faszinierend. Diese Achtung, ein Zeichen von Liebe und Wertschätzung, die Jesus ihr erwiesen hat und die ihr sonst keiner entgegengebracht hatte. Jesus schätzte sie als wertvoll. Ist das nicht eine wunderschöne „Rose, aus der man leben kann"? Er brachte sie wieder zum Blühen und die Farben von Freude wurden in ihrer ganzen Umgebung sichtbar. Der Sohn Gottes war ihr begegnet und hatte ihre Schulden getilgt.

Das erinnerte Irene sofort an die Geschichte von Rainer Maria Rilke „Leben aus der Rose", die aus der Zeit seines ersten Pariser Aufenthaltes stammt. Gemeinsam mit einer jungen Französin kam er um die Mittagszeit an einem Platz vorbei, auf dem eine Bettlerin saß und um Geld anhielt. Ohne zu irgendeinem Geber je aufzusehen, saß sie immer am gleichen Ort. Rilke gab nie etwas. Seine Begleiterin gab häufig ein Geldstück. Eines Tages fragte die Französin verwundert nach dem Grund, warum er nichts gebe, und Rilke gab zur Antwort: „Wir müssen ihrem Herzen schenken, nicht ihrer Hand." Wenige Tage später brachte Rilke eine eben aufgeblühte Rose mit, legte sie in die offene, abgezehrte Hand der Bettlerin und wollte weitergehen. Da geschah etwas Unerwartetes: Die Bettlerin blickte auf, sah den Geber, erhob sich mühsam von der Erde, tastete nach der Hand des fremden Mannes, küsste sie und ging mit der Rose davon. Eine Woche lang war die Alte verschwunden. Nach acht Tagen saß sie plötzlich wieder wie früher am gewohnten Platz. Sie war stumm wie damals. „Aber wovon hat sie denn all die Tage, da sie nichts erhielt, nur gelebt?", fragte die Französin. Rilke antwortete: „Von der Rose …"

„Die Rose kann welken von Wärme, die Rose kann welken vom Frost, die Rose, die uns Jesus schenkt, wird niemals verwelken."

Es hat sich bis heute nichts geändert. Nicht umsonst sagte Salomo:

„Es ist nichts Neues unter der Sonne!"

Genauso gehen heute die Menschen miteinander um. Heute werden wir als Christen von der modernen Gesellschaft aufgezogen. Heute ist das normal. Niemand erhebt einen moralischen Zeigefinger gegen solche Frauen. Es wird geheiratet, geschieden, wieder geheiratet – wenn überhaupt …

Wir leben in einer Wegwerfgesellschaft. Wenn der Fernseher kaputt ist, wird er ausgetauscht, wenn der Partner nicht mehr passt, wird genauso gehandelt.

So verging die Zeit und ihre Töchter hatten jeden Tag den Tisch gedeckt und warteten auf ihre Mutter, um Gemeinschaft mit ihr zu haben.

„Na, Mama, was hast du uns heute zu erzählen?" fragte Tatjana, die gerade Wasser zum Kochen aufsetzte.

„Ihr habt heute eine gute Tat begangen, indem ihr mich im Haushalt unterstützt habt.

Gestattet mir eine kleine Berieselung!", erwiderte Irene.

„Gleich kommt der Aufreißer!", entgegnete Tatjana lachend.

„Wie wurdest du denn heute genannt?", fragte Erika.

„Und wie hat es dir denn gefallen?", fügte Irina dazu.

„Nun, gefallen hat es mir nicht, und das sind trübe Aussichten!", entgegnete Irene traurig und fuhr fort: „Mir ist noch niemand begegnet, der mich so frustriert hat wie meine Arbeitskollegin." Als Irene ihr zum ersten Mal begegnete, war sie so begeistert von ihr. Ehrlich gesagt hatte sie auch noch niemanden getroffen, der so gut aussah wie sie. Doch hat diese Frau ihr nur Ärger gebracht, nachdem sie erfuhr, dass Irene Christ sei. Seit sie mit ihr zusammenarbeitete, seit sie den ganzen Gesprächen der Frauen zuhörte, war es keiner der Beteiligten gelungen, wirklich einen Satz zu Ende zu sprechen. Ständig unterbrach sie, als würde sie vor lauter Druck platzen, wenn sie nicht ihr eigenes Gift hinzufügen konnte. Woher nehmen sich diese arroganten Leute das Recht, über andere zu urteilen? So läuft es in der Welt ab ...

„Ich lerne jeden Tag, wie man es nicht machen soll!", erzählte Irene.

Nach kurzer Zeit wurde das Thema gewechselt und sie unterhielten sich über das Hochzeitskleid von Irina, die Gäste, Tischdekoration und Sonstiges, worüber Frauen länger in Gesprächen verweilen können.

Johannes und Irene haben sieben Kinder – vier Jungs und drei Mädchen. Irene hatte ihren Mann stets beobachtet, wie er mit den Mädchen umgegangen ist. Sie dachte: Da kann man glatt neidisch werden und konnte feststellen, dass die Liebe eines Vaters zu seinen Töchtern eine gewaltige Unterstützung ist. Sie vermittelt Bestätigung für deren Identität und Sicherheit. Ein Vater, der seine Töchter emotional stärkt, ein authentisches Vorbild ist, die Zusammenhänge des Lebens erklärt, Freiräume für individuelle Entwicklung schafft und dennoch Grenzen setzt – so einen Vater könnte sie auch lieben, aber den hatte sie nicht. Keinen, der ihr Geborgenheit schenkte und ihr so die besten Voraussetzungen für einen gradlinigen Lebensweg geschaffen hätte.

Einmal war Irene sehr traurig, es fühlte sich fast ein wenig nach Eifersucht auf ihre eigenen Töchter an, die so einen guten und fürsorglichen Vater hatten, der alles für sie machte und ihnen jeden Wunsch von den Augen ablesen konnte.

Wenn sie einen schlechten Tag oder Liebeskummer hatten, fragte er sofort: „Na, was bewegt dich, mein liebes Töchterchen? Komm und erzähl, was bedrückt dich.“

Irina, die älteste Tochter, saß noch mit ihren sechzehn Jahren bei ihm auf dem Schoß und hat ihm ihr Herz ausgeschüttet. Irene war oftmals mit diesen traurigen und eifersüchtigen Gedanken von dem Verlust ihres Vaters zu Bett gegangen. Eines Nachts hatte sie geträumt, dass ihr Vater zurückgekommen war. Sie hatte ihn mit ganz großen Augen und lauter Stimme in ihrem Traum begrüßt: „Wo bist du all die Jahre gewesen?“

Es ist ihr gar nicht aufgefallen, dass sie sich im Ton vergriffen hatte.

„Du weißt gar nicht, wie du mir gefehlt hast?“, legte sie los.

„Du, du … hast mir kein einziges Mal gesagt, dass du mich liebst! Du, du … hast mir nie Bestätigung und Geborgenheit gegeben … Du hast mich nie bestätigt in meiner Identität. Die Liebe hast du mir nicht gegeben, die ich als Frau jeden Tag brauche und wonach ich mich mein Leben lang gesehnt habe.“

Sie durfte sich richtig aussprechen, obwohl sie ihren Vater gar nicht kannte; zumindest kann sie sich an nichts mehr erinnern. Sie war damals ein dreijähriges Kind. Alles, was sie von ihm wusste, sind ein paar alte Geschichten, die ihre Mutter ihr erzählt hatte. Nur von ihr hörte sie, dass er sehr gute Eigenschaften hatte. Was Irene von ihm besaß, war nur ein verblasstes Schwarz-Weiß-Foto.

Ihre drei Töchter sind schon längst aus dem Haus, aber sie pflegen weiterhin die Beziehung zu ihrem Vater. Wenn irgendwelche Probleme oder Schwierigkeiten auftreten, rufen sie ihn an. Irene ist zwar auch für sie da, aber das ist ein anderes Thema.

Der Papa ist für sie wichtig, vor allem einer, der sie tröstet. Wenn sie uns besuchen, umarmt er sie, gibt ihnen einen guten Rat und die Bestätigung, die eine Frau jeden Tag aufs Neue braucht. Irene ist dem Herrn sehr dankbar und freut sich für ihre Mädchen, auch für die Söhne, dass sie so einen guten fürsorglichen Vater haben.

Eines Tages las Irene einen Bericht über das menschliche Gehirn und seinen komplizierten Aufbau. Es wiegt etwa 1.500 Gramm und besteht aus mehr als hundert Milliarden Nervenzellen, die in faszinierender Präzision zusammenarbeiten. Es ist die Zentrale, in der alle Impulse sortiert und gespeichert werden. Denken können ist ein Geheimnis. Jeder neue Gedanke bahnt sich quasi einen Trampelpfad durch unsere Nervenzellen. Wird dieser Gedanke öfter gedacht und vor allem ausgesprochen, werden die Nerven aktiviert. Irene erwähnte oft, dass sie ja keinen Vater hatte. Dann wird dieser Trampelpfad zu einem ausgetretenen Weg und kann sich bis zu einer richtigen Straße entwickeln. Der Pädagoge Peter Jakobi behauptet, dass neunundneunzig Prozent unserer Gedanken nicht von uns stammen. Irene erstaunte diese These.

Ihr erster Gedanke war: Das ist aber ganz schön dick aufgetragen. Doch beim intensiven Nachdenken musste sie ihm Recht geben. Da sind die vielen Faktoren von außerhalb, die unsere Gedanken prägen: Fernsehen, Zeitung, Radio, Internet. Allein die Beeinflussung durch die vielen Medien, die unser Denken täglich mit ihrer Informationsflut bedrängen, ist enorm.

Dazu kommt unsere Erziehung und Bildung – Gespräche, Bücher und Vorträge –, prägende Eindrücke von Kindheit an, auch Erfahrungen, die sie gemacht hatte, schöne und positive genauso wie negative.

Für Irene war es eine große Hilfe, mit Gott über ihre Gedanken und Gefühle zu sprechen. Gerade bei negativen Erfahrungen erlebte sie es immer wieder als sehr befreiend, ihre Empfindungen und Gedanken an ihn abzugeben. Es ist sehr gut für sie, Gott um Hilfe zu bitten, um Negatives in ihr nicht länger zu nähren und bestimmte Gedanken nicht wieder denken zu müssen. Diese großartige Zusage Gottes dürfen wir ganz persönlich nehmen. Sie hilft uns, nicht den negativen und dunklen Gedanken nachzuhängen, sondern Gott zu vertrauen.

Weil er an uns denkt und sich gute Gedanken über uns macht, dürfen auch wir lernen, Gutes und Wahrhaftiges zu denken. Dem Fresser, der uns berauben möchte, sagt Jesus: „Ich bin gekommen, euch Leben zu geben und Leben im Überfluss."

Der seelische Verlust und Schmerz war 44 Jahre bei ihr gespeichert. Ihre Mutter erzählte, dass Irene das Lieblingskind ihres Vaters gewesen war. Wie schön, dass es bei Gott anders ist. Sind wir nicht alle die Lieblingskinder unseres Vaters im Himmel?

Es wurde Irene klar, dass sie hier mit einer Kette von Ursachen und Wirkungen zu tun hatte. Was sie denkt, glaubt und fühlt, macht sie zu dem, was sie ist und was sie tut. Was sie denkt, glaubt und fühlt, gestaltet ihre Persönlichkeit, ihr Leben und ihre Zukunft. Das Wesen ihrer Persönlichkeit verursacht die Bedingungen und Ereignisse ihres Lebens. Denn der Herr, unser Gott, ist in unserer Mitte; er ist stark und hilft uns! Von ganzem Herzen freut er sich über uns, weil er uns liebt.

Heute predigt Johannes vor mehreren Hundert Zuhörern und schreibt

Rundbriefe. Irenes Rolle spielt meist im Hintergrund, hinter den Kulissen und so mag sie es am liebsten. Was ihr Herz besonders berührt, sind die älteren Geschwister und alleinstehende Mütter. Viele von ihnen sind einsam, aber die meisten sind traurig wegen ihrer Kinder und Enkelkinder. So beten sie treu und flehen zu Gott um Gnade für ihre Angehörigen. Irene freut sich, wenn sie sie im Gebet unterstützen kann, denn sie weiß, wie es ist, wenn ein Mutterherz um ihr verlorenes Kind weint. Hier durfte sie in ihrer Vergangenheit viel Erfahrung sammeln.

Nach Veranstaltungen, die sie mit Johannes besuchte, kamen manchmal Frauen zu den beiden, damit sie gemeinsam für sie und ihre Kinder beteten.

Anschließend sagte ihr eine Frau: „Wie haben Sie es denn mit so vielen Kindern geschafft? Ich komme mit meinem einzigen nicht zurecht?"

„Gott hat mir Gnade geschenkt", antwortete sie.

Irene ist immer wieder erstaunt darüber, dass manche Frauen sich zu ihr hingezogen fühlen und meinen, dass sie so stark wäre. Hierauf hatte sie immer dieselbe Antwort für sie. Irene war wirklich dankbar für das ihr entgegengebrachte Vertrauen und schätzte es hoch, aber sie weiß genau, woher ihre Kraft und Weisheit kommen: Jesus Christus ist das Wort Gottes und heute, gestern und in Ewigkeit derselbe. Gott sei Dank, kann sie oft und gerne auf diese nie versiegende Quelle hinweisen. Viele Frauen fühlen sich einsam oder haben irgendeine Not. Viele wollen aber auch einfach einen lieben Händedruck, eine Umarmung, ein Lächeln oder ein Gebet.

Manch eine hat in diesen Momenten zu ihr gesagt: „O hat das gutgetan! Noch keine hat mich so herzlich gedrückt wie du."

Es freut Irene zu hören, dass ihre Umarmung den Frauen etwas bedeutet, denn sie ist von Natur aus jemand, der gerne andere umarmt. Sie hat Achtung vor diesen Menschen, die zu ihr kommen. Manche von ihnen gehen durch dieselbe Not, durch die sie auch gegangen war. Für sie ist dies eine neue Erfahrung, egal in welche Gemeinde oder welches Land sie kommen. Es kam schon vor, dass sich die Menschen spontan von ihren Plätzen erhoben, als sie den Raum betrat, und so lange stehen blieben, bis sie Platz genommen hatte. Für sie war es ein Ausdruck der Ehrerbietung, eine ganz besondere und rührende Geste. Wenn sie vorgestellt wurde, applaudierten die Menschen, worauf sie aufstand und sich mit einer Verbeugung bei den Menschen bedankte.

Irene ist rundherum glücklich und zufrieden. Immer wenn sie auch einen noch so kleinen Gehorsamsschritt macht, belohnt Gott sie auf wunderbarste Art und Weise. Weil Irene und Johannes in ihren Herzen einig sind, genießen sie des Öfteren ihre Zweisamkeit. Sie feiern Silvester alleine, zusammen wird es ihnen nie langweilig. Wenn es ihre Zeit erlaubt, genießen sie es, mit ihren Kinder und Enkeln zusammen zu sein. Was beide ausmacht, ist ihre tiefe Gottesbeziehung und die daraus entspringende Echtheit und Aufrichtigkeit. Dies spiegelt sich in sämtlichen Bereichen und Diensten ihres Lebens wider. Sie ergänzen sich sehr gut und versuchen beide täglich mit Gott immer „online“ zu sein.

Früher hatte Irene Dinge an ihrem Mann gefunden, die ihr nicht gefielen, und versucht ihn so umzuformen, wie es ihr passte. Doch das hatte sie nach und nach wieder aufgegeben. Aber die von Anfang an zwischen ihnen vorhandene Liebe war im Laufe der Jahre immer tiefer geworden. Zwar war die Leidenschaft der Jugend dahin, doch etwas viel Innigeres war immer mehr gewachsen: Sie liebt es, ihn zu umarmen und sich an ihn zu schmiegen.

Im Buch über Persönlichkeitsbildung von M. R. Kopmeyer las Irene, dass jeder von uns Menschen ein unsichtbares Schild mit folgender Aufschrift auf seinem Brustkorb trägt:

„Ich möchte wichtig sein.“

Oder: „Ich möchte anerkannt werden.“

Oder: „Ich möchte bewundert werden.“

Dieses unsichtbare Schild kann man zwar nicht sehen, aber es diente ihr als Warnzeichen und Wegweiser. So wollte sie ihrem Nächsten begegnen und die Grenzen bei jeder Persönlichkeit und auch bei ihrem Mann nicht überschreiten.

Kapitel 22

„Wer rastet, der rostet …“

„Liebe heißt vor allem, sich selbst zu verschenken.“
Jean Anouilh

Die Tage rannten, es waren wieder ein paar Jahre ins Land gezogen. Zu dieser Zeit hatte sich die Gemeinde verdoppelt und der Raum, den sie gemietet hatten, wurde zu klein, sodass die Geschwister den Kauf eines Gebäudes in Erwägung zogen. Nach mehreren Gebetsstunden wurde ein geeignetes Haus im Nienburger Mischgebiet gefunden. Nach der ganzen Vertragsgeschichte starteten alle zusammen, ohne Zeit zu vergeuden, das Innere des Gebäudes für den Bedarf der Gemeinde umzubauen. Johannes selbst war der Bauleiter, deswegen dauerte es nur sechs Wochen, bis die Gemeinde in ihre neuen Räumlichkeiten umziehen konnte.

Nun hieß es: Der Pastor muss vor Ort wohnen! … wieder gehorsam sein, denn Irene und Johannes wohnten sechzehn Kilometer von Nienburg entfernt. So beschlossen die beiden, ihr Haus zu verkaufen und nach Nienburg zu ziehen. Die Kinder waren damit überhaupt nicht einverstanden und es fanden mehrere Debatten statt. Gesagt, getan. Am 2. Oktober 2004 fand der Umzug statt. Sie hatten in der Nähe der Gemeinde ein neues Zuhause gefunden. Nach ein paar Wochen war die Arbeit erledigt und sie konnten sich endlich einen Urlaub gönnen.

Nun erfüllten sich die beiden ihren Traum und verbrachten ihren Urlaub in Israel.

Während der Reise sagte der Leiter: „Einmal Israel, immer Israel!“

Irene wollte es nicht glauben und dachte, sie wolle gerne noch andere Länder bereisen. Aber es stimmte, sie verliebte sich in dieses Land. Ein Jahr darauf organisierte sie selber eine Reise ins Gelobte Land. Das tut sie bis zum heutigen Tag gern. Es ist ein Spaß und Segen zugleich, jedes Jahr dieses wunderschöne Land zu besuchen.

Nun war wieder Alltag eingekehrt. Johannes hatte es nicht weit und war immer erreichbar. Er kümmerte sich um seine „Schäfchen“, er versuchte sie mit guter Nahrung zu versorgen. In seiner Sonntagspredigt flocht er auch die Geschichte „Die drei Siebe des Sokrates“ ein:

„Ganz aufgeregt kam einer zum weisen Sokrates gelaufen: ‚Höre, Sokrates, das muss ich dir erzählen, wie dein Freund ...‘

‚Halt ein!‘, unterbrach ihn der Weise. ‚Hast du das, was du mir erzählen willst, durch die drei Siebe gesiebt?‘

‚Drei Siebe?‘, fragte der andere verwundert.

‚Ja, drei Siebe. Das erste Sieb ist die Wahrheit. Hast du alles, was du mir erzählen willst, geprüft, ob es wahr ist?‘

‚Nein, ich bekam es erzählt.‘

‚So, so. Aber sicher hast du es mit dem zweiten Sieb geprüft, es ist die Güte. Ist, was du mir erzählen willst, wenn schon nicht als wahr erwiesen, so doch wenigstens gut?‘

‚Nein! Das ist es auch nicht, im Gegenteil.‘

Der Weise unterbrach ihn: ‚Lass uns auch noch das dritte Sieb anwenden und fragen, ob es notwendig ist, mir das zu erzählen, was dich so erregt.‘

‚Notwendig nun gerade nicht.‘

‚Also‘, lächelte der Weise, ‚wenn das, was du mir erzählen willst, weder wahr, noch gut, noch notwendig ist, so lass es begraben und belaste dich und mich nicht damit!‘“

Gab es ein wunderbareres Beispiel für den Alltag?

Diese Geschichte und vieles mehr ermutigten die Geschwister, einander zu achten und zu respektieren. Immer wieder hatten sie ihre Verwandtschaft und Bekanntschaft zu den Gottesdiensten eingeladen, wo sie Frieden mit Gott schließen konnten. So wuchs die Gemeinde, sodass jeder, der dabei war, sich freuen konnte.

Immer öfter verbrachten Irene und Johannes ihre Freizeit alleine. Sie hatten viel Spaß miteinander und niemals Langeweile. So stand Silvester vor der Tür. Sie beschlossen, es zusammen zu feiern. Sie hatten leckere Sachen vorbereitet, sodass sie ins neue Jahr hineinfeiern konnten. Als sie dann irgendwann nach Mitternacht im Bett lagen, sagte Johannes zu ihr:

„Bete mal und segne uns für das neue Jahr!“ Irene betete, dankte dem Herrn für seinen Segen im zu Ende gehenden Jahr und bat um seine Gnade für das neue Jahr. Plötzlich sah sie ein Bild, einen Frühlingsbaum voll mit Knospen, die aufbrechen wollten.

„Ja, das ist es!“, brach es aus Johannes heraus, „genau das will ich, dass der Herr sein Reich hier baut und viele gerettet werden!“

Es freute ihn sehr, wunderte ihn aber zugleich, denn er hatte auch mit Menschen aus dem Osten gearbeitet, aber es hatte sich keiner für Jesus entschieden. Johannes versuchte alles richtig zu machen, aber ohne Erfolg. Die Frage hatte ihn weiterhin beschäftigt, denn er beherrschte die Sprache und kannte die Mentalität. Man sagt nicht umsonst, wer die Herzen erreicht, schreibt die Geschichte. Er konnte keine Herzen erreichen, denn das kann man nur durch die Liebe.

Es war im Jahr 2005. Er erhielt eine Einladung nach Toljatti zu fliegen, eine Stadt in Nordrussland, um dort ein Seminar über innere Heilung und Befreiung zu halten. Dort angekommen hatte er den Menschen geholfen, aus ihren inneren Zwängen herauszukommen. Es war eine gute und effektive Zeit. Am letzten Tag nach der Predigt kam der leitende Pastor auf Johannes zu und fragte, ob er für ihn beten dürfe. Johannes nickte. Während der Pastor betete, sagte er: „Ich folge dem inneren Impuls und möchte dich stellvertretend für mein Volk um Vergebung bitten für das, was sie euch Deutschen in Russland angetan haben."

Es gibt Situationen im Leben, die einen kalt lassen, aber diese traf Johannes besonders, veränderte sein Denken und prägte seine Zukunft. Es berührte ihn sehr, denn seine beiden Opas waren in der Zeit Stalins erschossen worden. Langsam sank Johannes auf seine Knie, während Tausende Gedanken durch seinen Kopf wirbelten. Mehrere innere Bilder standen vor seinen Augen. Der inwendige Schmerz war so groß, dass er durch Tränen in seinen Augen zum Ausdruck gebracht wurde. Er konnte den Schmerz kaum zurückhalten und in diesem Moment erlebte er selbst innere Heilung.

Er ist der Meinung, dass er selbst von dieser Reise am meisten profitieren konnte. Er hatte praktisch erfahren und erlebt, was es bedeutet ein großes Herz für die Menschen zu haben, denn Paulus formulierte: „In euren Herzen ist es zu eng!"

Man kann nicht das ganze Volk schlechtmachen. Ein Regime kann schlecht sein oder Gruppen von Menschen, aber nicht das ganze Volk. So fand die Bekehrung von Johannes zum russischen Volk statt. Er fing an, das Volk zu lieben, zwar hatte er ihre Denkweise nicht verstanden, aber Menschen müssen auch nicht verstanden, sondern geliebt werden. Daraus resultierend hat sich auch sein Verständnis entwickelt.

Nach diesem Ereignis wuchs und entwickelte sich die Gemeinde, wie er es sich gewünscht hatte, weil er sich als Leiter verändert und entwickelt hatte. Seitdem existierte für Johannes der Begriff „Mensch" ohne Ansehen, Farbe, Herkunft und Geschlecht der Person.

Denn die Gemeinde Jesu muss die Zusammensetzung der Gesellschaft widerspiegeln – so wurde sie zu einer Multikulti-Gemeinde, die stetig wuchs.

Als er nach dem Seminar heimflog, empfing ihn Irene auf dem Flughafen. Als sie sich endlich gegenüberstanden, sagte er: „Schatz, du siehst gut aus!"

„Danke!", antwortete Irene.

„Wie geht es der Gemeinde?", fragte er.

„Gut! Wie soll es ihr schon gehen?", erwiderte Irene, während sie schmunzelte. Sie wollte wissen, wie lang er sie jetzt nach der Gemeinde löchern würde. Er stellte sämtliche Fragen, sodass Irene denken musste, dass die Gemeinde ihre Rivalin sei.

Sie wollte mehr über ihn wissen, seinen Dienst oder genauer gesagt, mehr hören, dass er sie vermisst hatte. Aber er hörte nicht auf, Fragen zu stellen, bis sie alle beantwortet hatte. Später bekam Irene ein schlechtes Gewissen, denn die Gemeinde Gottes ist die beste und wichtigste Institution auf der Welt, sie bleibt in Ewigkeit bestehen. Das war ihr bewusst, aber ein bisschen eifersüchtig war sie schon.

Irene hatte inzwischen einen anderen Job und war in einer Firma als Bürokauffrau tätig. Sie musste weit fahren und war den ganzen Tag weg. Das gefiel Johannes überhaupt nicht.

Er wollte, dass sie wie früher zu Hause war und sich um alles kümmerte. Das tat sie trotzdem, aber seine Mittagszeit musste er allein verbringen. Darüber war er unglücklich.

Bald kam der Euro. Mit dem Euro wurde alles zum Teuro. So meldete ein Kleinunternehmen nach dem anderen Insolvenz an. Das betraf auch die Firma, in der Irene tätig war. Wer als Letzter eingestellt wurde, wurde nach der Insolvenz als Erster ausgestellt. Sie war sehr traurig, aber Johannes war zufrieden, denn jetzt hatte er sie wieder. Er tröstete sie mit den Worten: „Du kannst mich unterstützen und in der Gemeinde noch mehr Aufgaben übernehmen."

So hat Irene es auch getan. Wo sie konnte, half sie ihm bei den Diensten.

Viel zu schnell schien es Irene, dass ihr „Nest" vollkommen leer wurde und die Kinder ausgeflogen waren. Johannes war da anderer Meinung.

Als der Junior, ihr Nesthocker, ging, schallte ein lautes „Halleluja" aus Johannes' Mund durch die Wohnung.

Doch nach all den Jahren Kindererziehung vermisste Irene die Aktivität und jugendliche Lebensfreude in ihrer Wohnung. Es war gewöhnungsbedürftig, es war zu leer. Bei der Familie Modersohn verhielt es sich so: Als ihre Kinder klein waren, hingen bei ihnen zu Hause an der Wand die drei „G": ganz, gerne und gleich.

Bei Familie Justus war es nicht immer der Fall. Irene musste die Kinder manchmal bis zu dreimal auffordern. Wie schön war doch die Zeit … und nun war Loslassen angesagt.

Sie erinnerte sich daran, als ihr Junior drei Jahre alt war: Sie fuhren oft baden, wenn das Wetter schön war. Irene hatte das Nötigste für die Kinder gepackt und weg waren sie – rein ins Vergnügen. Sie saß am Rand des Schwimmbeckens mit dem Junior und las ihm unter dem freien Himmel aus Kinderbüchern vor, während die anderen Kinder Spaß im Wasser hatten. Sie hatte sie alle im Blick, gleichzeitig konnte sie den Kleinen beschäftigen. Abends wenn die ganze Familie zu Hause war, besonders vor dem Zubettgehen war Johannes mit Geschichten dran. Er war ein wunderbarer Geschichtenerfinder, was die Kinder sehr liebten.

Nun war auch der Kleinste groß geworden und der Hochzeitstermin stand fest.

Irene erinnert sich noch ganz genau, wie ihre Älteste, Irina, nach der Hochzeit ausgezogen war. Heimlich weinte sie, weil das Loslassen so schwerfiel.

Sie tröstete sich damit, dass ja noch vier Kinder zu Hause waren.

Als Daniel auszog, hatte sie es ihm schwer gemacht, umschlang seinen Hals und weinte bitterlich.

Ein Jahr später haben Erika und Tatjana geheiratet. Irene wusste nicht, wie sie das überleben sollte. Auf der Heimfahrt am Feierabend stieg in ihr ein großer Kloß im Hals hoch. Sie hatte Mühe, ihre Tränen zurückzuhalten. Es war nicht einfach zuzusehen, wie ihre Liebsten, die sie als Mutter gehegt und gepflegt hatte, einer nach dem anderen das gute Nest verließen.

Nun war der Junior dran, der Nesthocker.

Die Hochzeitsvorbereitungen waren fertig und der Tag kam schneller als erwartet.

„Mama, ich will nicht ausziehen!", sagte er.

„Ja, mein Lieber, du musst dich entscheiden, was du möchtest", antwortete Irene.

Während seines Umzugs wiederholte er nach jedem Karton, den er rausgebracht hatte: „Ich will hier nicht ausziehen …"

Der Junior litt darunter, sein geliebtes Nest zu verlassen. Einerseits tat es Irene leid, andererseits freute sie sich, denn es stand eine Dienstreise nach Rom an. So konnte sie ohne schlechtes Gewissen ihren Mann begleiten.

Die Dienste in Rom fanden abends statt und sie konnten den Tag nutzen, sich Rom anzusehen. Auf eigene Faust und mit einem Stadtplan in der Hand hatten sie sich auf den Weg gemacht. Irene war begeistert von der Architektur, alles schien mit Fresken und Zitadellen verziert zu sein, von den Hunderten von Gemälden, die sie da vorfand, von der Sixtinischen Kapelle … – bis sie auf einen Menschen-Arbeitsmarkt kamen. Da war sie schockiert, konnte es nicht fassen, denn so etwas hatte sie in ihrem Leben noch nie gesehen, im Film vielleicht oder aus der Geschichte, aus Büchern wie „Onkel Toms Hütte". Schnell lief sie durch, weil es für sie unerträglich war, Frauen zu sehen, die mit einem Schild vor der Brust dastanden. Es waren Frauen aus der Ukraine, die auf der Suche nach Arbeit waren. Die Arbeitgeber gingen durch die Reihen und musterten sie mit ihren Blicken von Kopf bis Fuß, bis sie sich entschieden hatten.

Als sie zurückgingen, konnte Irene sich nicht mehr beherrschen, ihre unterdrückten Gefühle überwältigten sie und sie weinte bitterlich. Johannes gab sich alle Mühe, sie zu trösten. Da erwiderte Irene: „Manchmal bin ich undankbar. Gerne würde ich im Geiste auf allen vieren zu Jesus kriechen, um ihm seine Füße zu küssen, dass mein Schicksal nicht so endete. Herr, mein Gott, du bist einzigartig! Du hast so viele Wunder in meinem Leben getan, alles hast du sorgfältig geplant! Sollte ich das schildern und beschreiben – niemals käme ich zum Ende!"

„Ist doch schon gut! Ist doch schon gut!", wiederholte Johannes, während er ihren Rücken streichelte. Am liebsten würde Irene alle Menschen, die sie da sah, umarmen und ihnen das Nötigste geben, aber leider war es unmöglich. Hier wurde es ihr ganz deutlich vor Augen geführt: Wenn man im Himmel groß sein möchte, dann muss man lernen, auf der Erde den Menschen zu dienen. Wenn man die Schätze im Himmel sammeln möchte, dann muss man die Liebe, die wir als Menschen in unserem Leben von Gott empfangen, weitergeben an andere. Sie erinnerte sich an die Geschichte, als die Sonne und der Sturm feststellen wollten, wer von beiden wohl der Stärkere sei und einem Spaziergänger zuerst den Mantel ausziehen könnte:

„Der Sturm schickte eine Sturmböe nach der anderen auf den armen Mann. Aber je stärker er blies, umso tiefer hüllte sich der Spaziergänger in seinen Mantel und klammerte sich an ihn. Als der Sturm schließlich entkräftet aufgab, ließ die Sonne ihre warmen Strahlen auf den Mann scheinen. Diesem wurde es bald zu warm und er zog den Mantel aus." Für Irene war klar: Gib Liebe weiter, sie wärmt – Menschen würden jegliche Blockaden ablegen und das Leben genießen. Gottes Segensspuren sind überall zu erkennen, denn er wirkt überall. Und darum kannst du dich mit freuen, auch wenn dein Leben gerade nicht deinen Wünschen gemäß verläuft.

Einmal, als sie in ihrer Gemeinde den dritten Sonntag von „Liebe in Aktion" hatten, war der Gottesdienst sehr gesegnet und eine starke Salbung war zu spüren. Das Thema war aus dem 1. Korintherbrief, Kapitel 13: „Die Liebe ist geduldig und freundlich …" – Woran die Liebe scheitern kann – verborgene Gefahren.

Schon während der Predigt war eine starke Salbung im Raum spürbar und Johannes diente den Geschwistern. Anschließend ließ er alle Kinder aus der Kinderstunde holen und diente jedem einzelnen, segnete, ermutigte und erbaute es.

Nach dem Gottesdienst kam eine Frau auf ihn zu, die gerade zu Besuch war und dies von ihrer eigenen Gemeinde her nicht kannte. Sie kritisierte, stellte infrage, meinte einiges besser zu wissen: „Prophetie und Sprachengebet sind heute nicht mehr aktuell, das gab es damals zur Zeit der Apostel. Heute brauchen wir sie nicht mehr. Außerdem ist es nicht nötig, wir haben schließlich das Wort Gottes. Damals zur Zeit der Apostel war die Bibel nicht da, heute aber haben wir sie komplett."

Obwohl Johannes schon seit Jahren durch eine Allergie körperlich beeinträchtigt wurde, diente er seinen Geschwistern mit Leidenschaft.

Freundlich meinte er zu der Frau: „Jeder muss vor Gott verantworten, was er tut. Es ist mir klar, dass jeder auch die Verantwortung trägt. In unserer Gemeinde versuchen wir das volle Evangelium zu leben und im Geiste zu dienen. Wenn wir das genau lesen, dann stellen wir fest, mit dem Vollkommenen ist der Himmel gemeint, sonst müssten wir auch mit der Erkenntnis aufhören. Wenn wir die Bibel zitieren, dann sollen wir auch den Zusammenhang zitieren und nicht nur das, was unsere Ansichten untermauert."

Irene stand da und dachte an einen Ausspruch, den sie mal gehört hatte: „Man kann das Publikum in drei Kategorien einteilen. Die erste würde ihn ausbuhen, die zweite sagt, ‚Laber weiter!', und die dritte wird begeistert sein und ihm folgen. Hoffentlich wird er sich auf die dritte Kategorie konzentrieren und weiter begeistert dienen."

Nach einem kurzen Gespräch mit der Frau kam ein Ehepaar nach vorne und der Ehemann sagte:

„Wir besuchen seit Kurzem Ihre Gemeinde. Der Gottesdienst war einfach bombastisch! Wir haben uns den ganzen Vormittag mit dem Herrn beschäftigt. Was er alles tut?! Es ist uns klar geworden, unabhängig voneinander, dass wir uns dieser Gemeinde anschließen wollen."

Da antwortete Johannes, an Paulus' Worte erinnert: „Ich male euch den Christus vor Augen …" (Galater 3,1).

Irene war klar, dass diese Besucher zur dritten Kategorie gehörten. Sie erlebte immer wieder, dass bei Johannes nach dem Dienst Zweifel hochkamen, weil die Verantwortung so groß war und er sicher sein wollte, alles richtig gemacht zu haben und vor allem der Stimme Gottes gefolgt zu sein.

An einem Nachmittag machten Irene und Johannes einen Spaziergang an der frischen Februarluft, die schon eine Vorahnung von Frühling mit sich trug. Sie unterhielten sich über den Gottesdienst allgemein und über die Geschwister, die eine Prophetie bekamen und wie der Herr gewaltig wirkte. Johannes teilte Irene seine Zweifel mit.

„Ich habe mich doch heute Morgen nicht verhört, als ich vor dem Gottesdienst betete? Der Herr sagte zu mir: ‚Heute wirst du mir folgen und Gehorsam leisten. Diene den Geschwistern wie ich dich leite.' Ich war gehorsam, habe alles gemacht, wie der Herr mich geleitet hat. Warum diese Zweifel, immer wieder?"

Während sie an der Weser entlanggingen, lobte Irene ihn und nach langer Ermutigung lenkte sie ihn ab. Bevor er sich selbst weiter kritisieren würde, sagte sie: „Wenn ich diese wunderschöne Luft einatme, erinnere ich mich an unsere Jugend. Weißt du noch, wie wir im Frühjahr alles, was im Garten vom Herbst übrig geblieben war, auf einen Haufen geworfen und ein großes Feuer daraus angezündet haben? Weißt du noch, wie wir über das Feuer gesprungen sind? Wenn das unsere Eltern wüssten!"

„Allerdings ...", erwiderte er, während er mit seinen Gedanken woanders war.

„Erinnerst du dich noch, wie wir dann später in die Glut Kartoffeln hineingeschmissen haben und uns über Gott und die Welt unterhielten, bis tief in die Nacht? Das war lustig!"

„Halt!", sagte Johannes plötzlich, „ich habe eine Inspiration des Heiligen Geistes."

Sie hielten an und lehnten sich an das Geländer der Brücke, die sie gerade überqueren wollten. Johannes betete kurz und leise, anschließend sagte er:

„Jetzt bin ich beruhigt, ich habe heute nichts verkehrt gemacht. Danke, Herr! Jetzt kann ich den Tag, die Luft und dich genießen."

Johannes als asketischer Typ bevorzugt es, Gott in Einsamkeit und Schlichtheit anzubeten. Er fühlt sich Gott am nächsten, wenn er ganz allein ist und ihn nichts von seiner Konzentration auf seine Gegenwart ablenken kann. Er ging jedes Jahr für eine Woche in die „Wüste", zum Fasten, um Gott zu suchen.

Er besaß schon immer eine Leidenschaft für das Wissen. Jeden Tag muss er wenigstens eine Stunde lesen. Er ist eine sehr disziplinierte Persönlichkeit, der Tag ist bei ihm sehr durchgeplant. Alles wird geplant, sogar ein Treffen mit seiner eigenen Frau.

So steckte er Irene mit seiner Leidenschaft an. Sie nahm wahr, welch einzigartige Gelegenheit sich ihr da bot. Irene suchte seine Feuerstellen auf, um sich anzünden zu lassen. So trifft das Sprichwort auf die beiden zu: „Gleich und gleich gesellt sich gern." Auf diesem Gebiet haben sie mehrere Parallelen. Sonst ist Irene ein Naturtyp, gemischt mit einem intellektuellen Touch, wie Gott ihr in seiner Schöpfung begegnet.

Sie fühlt sich Gott am nächsten, wenn sie von all dem umgeben ist, was er gemacht hat. Von wunderschönen Blumen in Gärten, Wäldern, Wiesen, Bergen und dem Meer. Wenn sie etwas Neues über ihn lernen kann, etwas was ihr vorher unklar war, muss ihr Verstand angeregt werden. Es ist ihr sehr wichtig, genau zu wissen, was sie glaubt.

Der Mensch kann viel erreichen, wenn er sich das vornimmt. Dafür braucht man eiserne Disziplin und Glauben. Ohne Glauben und Disziplin gibt es keinen Erfolg. Das ist und bleibt eine Wahrheit. Nur so und nicht anders werden die Ziele erreicht. Natürlich kann es jedem dabei passieren, dass er hinfällt. Irene und Johannes wären nicht die Ersten, die auf dem Weg zum Erfolg ausgerutscht sind. Aber die, die aufgeben, stehen nicht wieder auf. Die, die nach vorne schauen, die fallen auch nach vorne. Beim Aufstehen merken sie, dass sie eine Stufe hinauf gefallen sind.

Irene erinnerte sich daran, als sie etwa mit 30 Jahren damit anfing darunter zu leiden, dass sie immer älter wurde. Sie spürte regelrecht Panik in sich aufsteigen und sie musste sich mit der Angst vor dem Altsein auseinandersetzen. Schließlich wurde ihr klar, dass nicht ihr Alter oder ihr Erscheinungsbild das Sagen über ihre Persönlichkeit hatten. Es zählte die Ausstrahlung, die vom Inneren kommt und das Leuchten, das ihre Augen zum Lächeln bringt, durch unseren Vater im Himmel. Jetzt war sie 57 und fühlte sich besser als damals mit 30. Der Herr hatte nicht aufgehört, Wunder zu tun. Obwohl jedes Alter seine guten Seiten hat, reicht es im Leben nicht, zu wissen was man weiß, man muss sich auch entscheiden. Wir sollen aus der Natur lernen, der Baum wächst immer, egal ob jung oder alt. Es wurde ihr klar, dass sie immer zu agieren bereit sein musste. Ein Bambusfarmer setzt den Keimling in die Erde und bedeckt ihn mit Asche. Dort bleibt das schlafende Pflänzchen vier Jahre lang. Jeden Morgen wässert der Farmer die Sprossen. Am Ende des vierten Jahres bricht das Pflänzchen endlich durch die Oberfläche. Dann allerdings wächst der Bambus innerhalb von nur 90 Tagen etwa 20 Meter hoch! Während der vier Jahre ist der Farmer gar nicht sicher, ob das Pflänzchen noch lebt. Aber er hat sich entschieden und verlässt es nicht. So ist unser Glaube in Jesus Christus, der wächst.

Langeweile gab es für Irene selten, denn sie wusste sich zu beschäftigen. Kann es sein, dass Langeweile langweilig ist? Schon oft war sie damit beschäftigt, für dieses Leben erforderliche Kenntnisse massenweise in ihr Gehirn reinzustopfen, indem sie Hörbücher laufen ließ oder las. Johannes liebte es, Zeit im Gebet zu verbringen und es war ihm ein vordringliches Anliegen, genug Zeit für das Bibelstudium und eine gute Lektüre von Büchern zu haben. So steckte er Irene an, sich immer wieder weiterzubilden.

Während der kommenden Monate und Jahre lernten die Mitmenschen die Familie Justus immer mehr kennen, als Kinder Gottes mit menschlichen Eigenschaften sowie Fehlern. Oft verwunderte es Irene und Johannes, wenn die Menschen dachten, sie wären schon perfekt. Irene erinnerte sich gut an die Dienstreise durch Israel. Einige Eheleute, die wegen einer Eheberatung oder anderen Gesprächen bei ihnen zu Besuch waren, waren so aufgeregt, weil sie meinten, Johannes sei äußerst fromm und heilig und dass sie als Ehepaar die ganze Nacht statt mit Schlafen mit Beten und Bibellesen verbringen würden. Bis Johannes einwarf: „Wollten Sie mir noch etwas sagen? Dann beeilen Sie sich, sonst bin ich gleich eingeschlafen."

Das hatte die ganze Atmosphäre gelockert und die Leute konnten anschließend ihre Meinung revidieren.

Einmal sagte eine Frau, die zum ersten Mal die Gemeinde besuchte: „Schon allein der Klang von Pastor Justus' Stimme hat etwas Tröstliches."

Sie konnte sich den starken, über 50-jährigen Mann gut vorstellen, wie er in seinem dunklen Anzug an seinem Schreibtisch saß und zu verstehen versuchte, was sie ihm berichtete. Ihr Pastor sei ein starker Leiter und eine dominante Persönlichkeit, im positiven Sinne.

Die Gemeinde entwickelte sich in den folgenden Jahren sehr gut. Johannes und Irene hatten sich darauf eingestellt, dort bis zu ihrer Rente zu bleiben. Sie hatten eine Wohnung in der Nähe des Bahnhofs, nicht weit von der Gemeinde entfernt gefunden, die sie renoviert und schön eingerichtet haben. Denn die Kinder waren nach ihrer Heirat alle ausgezogen und die beiden waren froh, sich wohnmäßig verkleinern zu können. Sie wohnten hier gerade mal drei Jahre, als wieder Veränderungen anstanden. Eines Nachts hatte Johannes einen Traum. Er sah einen großen Bildschirm, auf dem sein Wirkungsgrad so groß war, dass nicht alle Facetten seines Dienstes reinpassten. Das Bild aus dem Traum musste heruntergescrollt werden, um hineinzupassen. Es wurde ihm klar, dass dies seine Möglichkeiten und seinen Einflussbereich darstellte, wenn er in Nienburg bliebe. Anschließend sah er ein zweites Bild. Auf einmal erschien ein zweiter Bildschirm und sein Wirkungsgrad passte nicht auf beide Bildschirme. Es musste wieder gescrollt werden. Ohne diesen Traum zu verstehen, war Johannes klar, dass er mehr wollte.

Der nächste Sonntagnachmittag im Februar war ein wunderschöner sonniger Tag. Johannes hatte Irene zum Spazierengehen eingeladen. Unterwegs sagte er:

„Du sagst nichts. Ich habe dir etwas sehr Wichtiges zu berichten, höre nur zu, okay?“

„Hm … was kommt jetzt wohl?“, erwiderte sie.

Er zog sie an ihrer Hand, um sie zu erinnern, dass sie nur zuhören sollte.

„Okay, okay. Ich schweige und höre“, antwortete sie.

„Weißt du …“, er zögerte.

„Ich habe schon länger auf dem Herzen, die Nienburger Gemeinde zu verlassen und die Elim-Gemeinde in Hannover zu übernehmen.“

„Wie bitte?“, kam es aus Irene heraus. Sie konnte nicht länger schweigen.

„Höre bitte zu!“, erwiderte er.

„Ohne mich!“, schoss es aus Irene heraus.

„Gut! Dann ist es erledigt. Ohne dich kann ich nicht gehen“, antwortete er. Sie hatte das Gefühl, dass Johannes zweifellos eine ganze Liste von Gegenargumenten gesammelt hatte, sie sah ihn ein paar Mal an und sagte: „Bitte sprich weiter!“

Er musste die Antwort unterdrücken, denn ihre Bereitschaft war für ihn und den Dienst von großer Bedeutung.

So verging die Zeit. Selten hatten sie darüber gesprochen, aber innerlich wollte Johannes gehorsam sein, denn der Herr hatte ihm ein Bild gezeigt, wie sein Dienst sich entwickeln würde, wenn er Gehorsam leisten würde.

Irene hatte in dieser Zeit mit dem Herrn gehadert: „Herr, warum ist es so ungerecht? Sind die Hannoveraner Geschwister besser als die Nienburger? Warum müssen wir diese Gemeinde verlassen, wenn es so gut läuft?“

Sie hatte viel geweint. Schon wenn sie nur die Schwelle der Gemeinde übertrat, liefen Tränen über ihr Gesicht. Sie konnte es nicht kontrollieren. Die Geschwister fragten: „Was ist denn mit dir los?“

Sie wusste nicht, was sie sagen sollte, denn sie konnte schlecht weitergeben, was sie beschäftigte. Irene liebte das Gebet von Jabez aus 1. Chronik 4,10 und hatte es des Öfteren in ihrem Gebetsleben praktiziert: „Herr erweitere mein Gebiet: menschlich, finanziell, geistig ...“

Der Herr hatte ihr Gebiet erweitert und sie heulte. Sie müsste wirklich darauf achten, was sie betete, denn der Herr nimmt uns wörtlich.

Die Zeit lief und es wurde August. Wie gewöhnlich war Irene in ihrem schönen Garten und fing gerade an, dem Herrn Vorwürfe zu machen.

„Warum, Herr? Das ist so ungerecht!“

Immer die gleiche Leier.

„Warum sprichst du, Herr, mich nicht an? Warum redest du nur mit Johannes, wenn ich mit muss, dann möchte ich, dass du mit mir sprichst.“

Prompt sprach der Herr in ihre Gedanken:

„Ich habe dich als Gehilfin geschaffen …“

Der Herr wollte mit Sicherheit weiterreden, aber Irene fiel Ihm ins Wort.

„Bitte Herr, sprich nicht weiter … Bitte …nicht …“

Weinend ließ sie ihre kleine Hacke fallen und lief in die Wohnung.

„Bitte vergib mir, ich weiß, was du unter Gehilfin verstehst … verzeih mir …

Wenn mein Mann heute nach Hause kommt, werde ich ihn um Vergebung bitten. Ich möchte meinem Mann nicht im Wege stehen. Bitte sprich nicht weiter", wiederholte sie, „es tut mir aufrichtig leid."

Als Johannes abends nach Hause kam, erzählte Irene ihm was vorgefallen war und bat um Vergebung. Daraufhin konnte er frei reagieren. Kurz danach wurde er angefragt, um die Gemeinde zu wechseln. Die Gemeindeleitung aus Hannover hatte ein Profil erstellt und nach dem Vorstellungsgespräch, das noch im August stattgefunden hatte, passte alles. So entschied die Elim-Gemeinde, Johannes als Pastor einzustellen.

Obwohl es ein riesiger Gehorsamsschritt für die beiden war, fand Irene es genial, wie der Herr gehandelt hatte. Er bricht nichts übers Knie, er hat sie in ihrer Lieblingsumgebung angesprochen – im Garten, genau das, was sie liebt. Er hatte ihr Zeit gelassen und drängelte nicht. Der Herr ist und bleibt einfach klasse! Irene konnte sich wieder mal Sören Kierkegaard anschließen, der sagte:

„Wir leben vorwärts, aber verstehen rückwärts."

So verwirklichte sich der Traum von Johannes immer mehr. Er vermutete, dass er es in ein paar Jahren noch besser verstehen würde. Vieles in seinem Leben versteht er nicht. Die beiden sind dabei, weniger Widerstand zu leisten und mehr in den Gestaltungsmodus überzugehen.

In der Zeit in Nienburg hatten Johannes und Irene viele Menschen lieben und schätzen gelernt. Nun stand das Loslassen an. Vertrauen war gewachsen und Beziehungen wurden geknüpft. Johannes hatte die innere Verantwortung und Verpflichtung für die Gemeinde der FCG Nienburg und die Menschen dort übernommen. Das führte alles dazu, dass das Loslassen sehr schwer war. Er wurde von Gewissensbissen geplagt und war sehr verunsichert.

Er dachte: „Wie kann ich es den Menschen vermitteln?" Denn sein Weggehen könnte für einige bedeuten, sich im Stich gelassen zu fühlen. Später ereignete sich genau dies.

Loslassen, wenn alles so gut geht, war besonders schwer. Dazu hatte es keine äußere Veranlassung gegeben, aber die Zeit war gekommen, neue Wege zu beschreiten. Eines Tages müssen wir alles loslassen und bis dahin können wir das Loslassen schmerzhaft üben. Dieser Prozess dauerte bei ihm etwa drei Jahre. Irene dagegen wurde nach der Begegnung mit Jesus in ihrem Garten geheilt und konnte loslassen. Wenn der Herr heilt, dann ist man geheilt! Sie musste nicht mehr weinen, sie wurde ruhiger und gelassener, denn sie konnte dem Herrn vertrauen. Klar taten ihr die Geschwister aus der Gemeinde in Nienburg leid, aber sie wollte Gehorsam leisten.

Der Umzug nach Hannover schien ein verhältnismäßig großer Glaubens- und Gehorsamsschritt gewesen zu sein. Verglichen mit anderen Schritten, die sie unternommen hatten, kam die Belohnung diesmal prompt und war sehr deutlich. Irene verspürte nicht nur den besonderen Frieden Gottes, der einen erfüllt, wenn man seiner Führung folgt, auch persönlich wurde sie in überreichem Maß gesegnet. Ihr Becher floss wirklich über. Der Schmerz war weg. Nach dem Umzug waren sie in fünf Tagen mit der Einrichtung der neuen Wohnung fertig, sodass sie sich vorgenommen hatte, gleich am nächsten Tag Hannover zu erkunden.

An den folgenden Tagen fing sie langsam an, Johannes dienstlich zu unterstützen. Sie freute sich, denn für Irenes Leben war eine neue Zeit angebrochen. Sie war gespannt darauf, mit ihrem Mann auf Reisen im In- und Ausland zu gehen, denn die 20 Jahre als Hausfrau waren doch lang gewesen. Aber sie wollte sich dem Psalmisten anschließen, der schrieb: „Rufe zu mir, dann will ich dir antworten und dir große und geheimnisvolle Dinge zeigen, von denen du nichts weißt!" (Psalm 50,15).

Jemand fragte Irene, ob sie genauso impulsiv und spontan sei wie Johannes. Sie antwortete:

„Ich muss euch enttäuschen, ich bin das totale Gegenteil. Ihr bleibt alle auf euren Stühlen sitzen, ich kann die Leute nicht so von den Stühlen reißen wie Johannes. Ich erreiche sie aber auf meine Art und Weise. Wir ergänzen uns auch auf diesem Gebiet."

Die nächste Frage lautete, wie sie das alles mit so einer großen Familie geschafft und wie sie ihre Entscheidungen für ihr Leben getroffen hatte?

„Unser Leben ist ein ständiges Wandeln. Alles um uns und in uns ist ständig in Bewegung und unterliegt einem Veränderungsprozess. Deswegen müssen wir immer überlegen, welchen Weg wir gehen", erwiderte Irene.

„Es fällt einem Menschen nicht leicht, eine Entscheidung zu treffen, weil er die Konsequenzen der Entscheidung tragen muss. Um vorwärts gehen zu können, brauchen wir eine versöhnte, persönliche Vergangenheit, gesunde Gegenwart und eine hoffnungsvolle Zukunft! Einige denken: „Ich entscheide mich einfach nicht!" Und doch haben sie auch damit eine schlimme Entscheidung des Lebens getroffen, die sie mit allen Konsequenzen tragen müssen. Unser Leben wird durch Entscheidungen bestimmt, wir können nicht anders leben. Denn wir entscheiden uns jeden Morgen aufzustehen, uns zu waschen, zu essen, arbeiten zu gehen ... Wir müssen auf unsere Gedanken achten, denn sie werden zu Worten. Genauso auf unsere Worte, denn sie werden zu Handlungen."

„Achte auf deine Gedanken, denn sie werden Worte, achte auf deine Worte, denn sie werden Handlungen, achte auf deine Handlungen, denn sie werden Gewohnheiten, achte auf deine Gewohnheiten, denn sie werden dein Charakter, achte auf deinen Charakter, denn er wird dein Schicksal!" (aus dem Talmud)

Auch wenn es alles unterbewusst abläuft, ist es dennoch eine Entscheidung! In einer Hinsicht gleichen sich alle Menschen: Für jeden hat der Tag 24 Stunden, egal ob wir ein einfacher Bürger sind, ob ein Unternehmer, ob wir einen großen oder kleinen Einfluss haben. Für niemanden ist deswegen ein Tag auch nur eine

Sekunde länger. Jeder muss damit auskommen und gleichzeitig den Tag so füllen, wie er es für richtig hält und Entscheidungen treffen. Manche entscheiden sich, die Zeit auszunutzen und was Sinnvolles zu tun, manche entscheiden sich, ihre Zeit einfach totzuschlagen.

Es gibt ja einen guten Satz in der deutschen Sprache: „Wer nicht wagt, der nicht gewinnt!" Da ist etwas Wahres dran. Wir leben in einer verweichlichten Gesellschaft, wollen uns nicht festlegen, nicht binden, brauchen eine sogenannte „Umtauschzeit". Angenommen der Fernseher geht kaputt, dann wird eben ein neuer geholt – früher wurden sie repariert. Klar lohnt es sich heute nicht mehr. Betrifft dies unseren Partner, unsere Freunde, wird genauso umgegangen. Wenn er nicht mehr passt, wird Schluss gemacht, anstatt die hundert Prozent zu geben, von beiden Seiten natürlich, und sich in Partner oder Freundschaft zu investieren. Viele Christen scheinen an ihre Vergangenheit gebunden zu sein. Alles dreht sich um vergangene Zeiten, sie sind rückwärtsgewandt und treten auf der Stelle. Manchmal ist es gut, wenn uns dabei jemand hilft. Der Herr sagt: „Ergreife dein Leben! Bewege dich voran!"

Die goldene Regel für Christen beschreibt ein englisches Sprichwort: „A daisy a day keeps the doctor away!" (sinngemäß übersetzt: „Wenn wir ein ‚kleines Gänseblümchen von Wertschätzung' jeden Tag unserem Gegenüber schenken, dann brauchen wir keinen Arzt").

„Alles nun, was ihr wollt, das euch die Leute tun sollen, das tut ihnen auch!" Dafür müssen wir uns aber entscheiden. Die meisten Menschen sind zwar Wissens-Riesen, aber Umsetzungs-Zwerge. Warum? Weil sie sich nicht entscheiden können. Habt ihr schon den Spruch gehört, wenn zum Jahresanfang neue Vorsätze getroffen werden? „Wir starten wie die Löwen und landen wie Bettvorleger." Weil die Entscheidungen, die getroffen wurden, nicht durchgezogen werden. Jesus hatte sich für die drei „K" entschieden – Krippe, Kreuz und Krone. Irene preist den Herrn, denn er hilft ihr, gute Entscheidungen zu treffen.

Zwischen den oben genannten Zeiträumen fehlt jedoch etwas Entscheidendes: Die Übergangsphase von einem Stadium in das nächste, in denen wir Entscheidungen treffen müssen, außer die Zeit im Mutterleib. Warm, ein Leben wie in der Badewanne, mit gedämpftem Licht, dem angenehmen Rhythmus des mütterlichen Herzschlags, das alles wird jäh unterbrochen vom äußeren Druck. Das Baby wird durch eine enge Öffnung nach außen gepresst. Dort ist es kalt, furchtbar hell, laut, man muss sogar arbeiten, um Nahrung aufzunehmen und andauernd Entscheidungen treffen. Das ist nicht einfach!

Trotzdem müssen wir uns zuerst dazu entscheiden. Das Wort Gottes sagt uns: „Geht hin in die ganze Welt." Triff Entscheidungen und schreib die Apostelgeschichte, Kapitel 29, jeder für sich. Der Anfang und das Ende, o Herr, das ist dein! Die Spanne dazwischen ist mein! Hier müssen wir Entscheidungen treffen, sodass wir in der Zukunft nichts bereuen. In der ersten Phase der Entscheidung sind wir blind und dennoch müssen wir überlegen, was das ist, das uns abhält, die Entscheidung zu treffen.

Bewusst oder unbewusst treffen wir täglich unzählige Entscheidungen und am Ende ist unser Leben die Summe aller Entscheidungen, die wir einmal getroffen haben. Auch in der Ehe müssen wir uns jeden Tag entscheiden, nicht ob der Partner noch passt, sondern aktiv gegen unseren eigenen Egoismus anzugehen!

Johannes und Irene sind seit 1978 verheiratet. Immer noch entscheiden sie sich jeden Tag aufs Neue für eine gute Beziehung, für ein gutes intimes Leben. Irene möchte dich ermutigen, neue Entscheidungen zu treffen und wenn du morgen versagst, fängst du übermorgen neu von vorne an. Dranbleiben – jeden Tag aufs Neue, nur so kann man die Ziele des Lebens erreichen.

Lass dir genügend Zeit zum Nachdenken! Große Entscheidungen sollte man nie plötzlich oder aus dem Gefühl heraus fällen. Betrifft es deine Beziehung, dann beziehe deinen Partner mit ein. Er wird mit dir die Folgen deiner Entscheidung tragen müssen. Triff nie eine geistliche Entscheidung nach materiellen Gesichtspunkten. Wer für Gottes Reich Entscheidungen trifft, beginnt Geschichte zu schreiben. Er begibt sich in ein Abenteuer mit Gott, weil er seine Sicherheiten aufgibt und nichts mehr im Griff hat. Viele Menschen schieben schwierige Entscheidungen hinaus in der Hoffnung, dass alles schon gut werden wird. Dabei werden günstige Gelegenheiten verpasst und der Zufall entscheidet für sie.

Mutter Teresa schaute einmal aus dem Fenster und betete: „Gott, warum tust du nichts? Die Welt ist so schrecklich ..." Gott antwortete: „Teresa, warum tust du nichts?"

Jeder von uns kennt diese außergewöhnliche Frau und ihren Dienst, den sie verrichtet hat. Sie hatte als junge Frau eine Entscheidung getroffen, die ihr Leben lang anhielt.

Gorch Fock sagte einmal: „Du kannst dein Leben nicht verlängern, aber vertiefen!" Deswegen müssen wir Entscheidungen treffen, egal ob es unser privates oder berufliches Leben betrifft. Denn manch ein Ehepaar hat seine Ehe aufgegeben. Trefft neue Entscheidungen und fangt von vorne an, damit eure Ehe jung und frisch bis ins Alter bleibt. Denn wer rastet, der rostet, klang es in Irenes Gedanken.

Gelobt sei Gott, der Vater unseres Herrn Jesus Christus, der uns gesegnet hat mit allem geistlichen Segen im Himmel durch Christus, dass wir mit ihm die Entscheidungen treffen können: Denn die Entscheidungen prägen unser Leben!

Johannes und Irene sind glücklich und sehr zufrieden miteinander und mit den Entscheidungen, die sie mal getroffen haben und zufrieden mit dem Dienst, den sie fleißig zusammen verrichten. Immer wenn die beiden Gehorsam dem Herrn gegenüber leisteten, belohnte Gott sie dafür. Sie sind in ihren Herzen einig und genießen es, zusammenzuleben und zu dienen. Sehr viele Frauen bewundern Irene, denn sie hat sich dafür auch intensiv eingesetzt.

Es gab auch andere Situation in ihrem Leben, die sie nicht so schnell vergessen wird. Irene erinnerte sich gut daran, als sie einen Urologen besuchte. Nach sieben Schwangerschaften und vier Operationen war sie nicht mehr die, die sie mal war oder sein sollte. Da fragte sie der Arzt, weswegen sie da sei. Irene schilderte ihm die Lage.

Nach kurzer Untersuchung fragte der Arzt: „Sieben Schwangerschaften sagten Sie?"

„Ja, Sie haben richtig verstanden", erwiderte Irene.

„Dann sind Sie doch asozial!", antwortete der Arzt plump.

Irene hatte so etwas nicht von einem Arzt erwartet und reagierte verlegen: „Sehe ich so aus?"

„Das nicht, aber Sie wissen, wie ich es meine", antwortete er. „Die Familien, die mehr als drei Kinder haben, gelten in der Gesellschaft als asozial."

„Wissen Sie, ich verstehe, wie Sie es meinen, aber mich interessiert die Meinung der Gesellschaft nicht", erwiderte Irene.

„Die Intelligenz lebt und arbeitet in der Stadt, sie hat keine Zeit Kinder zu gebären", schob er noch nach.

Irene fühlte sich „klein mit Hut", nachdem sie als „nicht intelligent" bezeichnet wurde, weil sie sechs gesunde Kinder zur Welt gebracht hatte.

Sie war ruhig und wollte sich nicht mit dem Arzt anlegen, als ihr ein Gedanke durch den Kopf ging: Wir sollen Gott mehr gehorchen als den Menschen.

Mehret euch und füllt die Erde, sagt uns die Bibel, dachte sie weiter.

„Wir haben drei Kinder", fing der Arzt wieder zu reden an, „nun bei drei hört es auch auf. Bei drei drehen sich die Leute schon um und begleiten uns mit merkwürdigen Blicken, die suggerieren, dass wir nur vom Kindergeld leben wollen, wie ist das dann erst bei sechs."

„Sie wissen es genauso gut wie ich", erwiderte Irene, „dass das Kindergeld nicht ausreicht."

„Das Denken der Menschen kann man nun einmal nicht ändern", antwortete er.

Irene freute sich, dass sie die Praxis verlassen konnte. Ihre Gedanken kreisten noch um die gerade erlebte Gesprächssituation, die sie innerlich sehr aufgebracht hatte.

„Das soll ein Arzt sein?", fragte sie sich. „Mein Mann hat sechs ausgelernte Berufe und das soll nicht intelligent sein? Er hat nicht nur ein Diplom in der Tasche, ich bin auf jedes meiner Kinder stolz und möchte auf gar keinen Fall eins von ihnen missen! Außerdem haben unsere Kinder studiert und stehen gut situiert da mit ihren gewählten Berufen. Wir haben uns bemüht, ihnen das Beste auf den Weg des Lebens mitzugeben. Hm ..."

Als Irene den Arzt verließ, dachte sie noch daran, dass sie schon als Püppchen und Modepuppe bezeichnet wurde, aber asozial … Das musste sie erst verdauen …, aber bereut hatte sie ihre Entscheidungen nicht.

Wenn sie für diese Welt auch asozial wirken könnte, ist sie für Gott etwas Besonderes!

Früher dachte Irene, wenn sie ihr Leben mit Johannes angeschaut hatte, war es wie ein riesiger Berg, den man nie erklimmen konnte. Heute fragt sie sich, wo denn die Zeit abgeblieben ist. Wie ein schneller Zug raste das Leben vorbei, in dem sie jede Menge geschafft und viel erreicht hatten. Denn sie verstanden, dass sie ihr ganzes Leben lang auf gegenseitige Ergänzung und Unterstützung angewiesen sind. Irene ist froh, dass sie ihren Mann unterstützen und als Gehilfin für ihn da sein kann.

Fast die Hälfte jedes Jahres sind sie unterwegs. So eine Ehe wäre nicht möglich, wenn jeder sein eigenes Leben ausleben würde. Sie würden sich total auseinanderleben. Außerdem reist Johannes nicht sonderlich gerne, dafür Irene – auch hier ergänzen sie sich wunderbar. Es ist ganz großartig, dass der Herr die Frau auserwählt hat, diese wichtigen Wesenszüge als Gehilfin auszuleben. Zu echter Hilfe gehören allerdings zwei: derjenige, der hilft, und derjenige, der sich helfen lässt. Natürlich muss der Mann sich als hilfsbedürftig erkennen und die Hilfe zulassen und dabei seinen männlichen Stolz ablegen. Vielen Männern fällt das schwer, sie möchten mit ihren Problemen allein fertigwerden. Johannes hat damit keine Schwierigkeiten mehr, er ist froh und dankbar, wenn Irene ihm zur Seite steht. Das war natürlich nicht immer der Fall. Er war der Meinung, dass er ein guter Beifahrer sei und besser das Auto fahren könne. Er kommandierte Irene, während er neben ihr auf dem Beifahrersitz saß. Bis sie eines Tages zu ihm sagte: „Fahr' ich das Auto oder du? Wenn es dir nicht gefällt, musst du selber fahren!" Er hat sich entschieden, dass Irene ihm das Fahren abnehmen darf und er dadurch frisch und munter ankommt und den Gemeindegeschwistern in ganz Deutschland dienen kann. Häufig fährt sie am Wochenende über tausend Kilometer, sodass er erholt dienen kann.

„Hinter jedem starken Mann steht eine starke Frau", pflegt Johannes zu sagen. Bleibt die Ehebeziehung gut und kann jeder seine Bestimmung ausleben, wird dadurch das Reich Gottes gebaut. Sie werden den gleichen Lohn im Himmel bekommen. Die oben genannten Eigenschaften lebt Irene gerne aus und ist dem Herrn dankbar, dass er sie als Frau geschaffen hat, denn der Herr ist der Töpfer und wir sind der Ton, wir können nicht bestimmen. Warum hast du mich als Frau geschaffen? Er wusste schon während der Schöpfung, was er tat. Einmal kamen sie zu einer Gemeinde, in der auch Thomas Steinlein im Gottesdienst ein Lied vortrug: „Gerechtigkeit küsst Frieden …" Da flüsterte Irene Johannes ins Ohr und fragte: „Sag mal, hat er das Lied über uns geschrieben?" Gerechtigkeit (lateinisch Justus) küsst Frieden (griechisch Irene). Johannes schmunzelte, während er sagte: „Ich denke nicht!" Übrigens … Gerechtigkeit …? Er hat uns alle mit dem Mantel der Gerechtigkeit bekleidet und gerecht genannt.

Kapitel 23

… dein dich liebender Vater …

„Nehmt euch gegenseitig an, so wie ihr seid, denn auch Christus hat euch ohne Vorbehalte angenommen. Auf diese Weise wird Gott geehrt."

Römerbrief 15,7

Johannes arbeitete weiterhin als Pastor. Was Gemeindebau anbetraf, gab es einen guten Entwicklungsprozess. In Bezug auf die Beratungskompetenz in der Vielschichtigkeit von Herausforderungen, die ihm begegneten, und auch die Not der Menschen, die ihm anvertraut worden waren, musste er feststellen, dass er noch Defizite hatte. Des Öfteren kam er an seine Grenzen, was ansporNte, sich über die Seelsorge hinaus zu informieren. Der Mensch ist ein komplexes und vielschichtiges Wesen. Man kann nicht alle gleich behandeln, sondern muss individuell auf jeden eingehen. Er hörte sich ein paar Seminare zu dieser Thematik an und las jede Menge Fachliteratur. Dennoch fehlte ihm die Erfahrung in der Anwendung des Gelesenen. Seiner Persönlichkeit entsprechend suchte er eine lösungsorientierte Ausbildung. Im Internet stieß er auf ein prozessorientiertes weiterführendes Studium zum Supervisor, das in Hannover in der Leibniz Universität stattfand. Diese prozessorientierten Methoden forderten ihn oft heraus und führten ihn an seine persönlichen „Geduldsgrenzen", da Geduld noch nie seine Stärke war. Er erhoffte sich die Aneignung größerer Beratungskompetenz und wollte auch andere Methoden kennenlernen, um die Vorgehensweise anzuschauen und an sich selber auszuprobieren. Er bearbeitete für sich selbst einige Themen und Methoden. Die Prozesse waren nicht immer einfach, aber im Nachhinein sehr hilfreich. Es hat seine Selbstwahrnehmung fokussiert, präzisiert, justiert und neu positioniert.

Durch die Fremdwahrnehmung wurde ihm seine Fehleinschätzung, was seine Person anbetraf, deutlich. In einigen Bereichen hatte er seine Persönlichkeit und seine Entwicklungsprozesse unterschätzt, in anderen überschätzt. Durch Reflexion und Spiegelung wurde dies korrigiert. Der Umgang von Dozenten war klar, deutlich und gradlinig, aber nicht grenzüberschreitend. Es half ihm, seine eigene Geschichte und Biografie noch mal anzuschauen und in Harmonie zu bringen. Der Mann ist die Botschaft! Nicht das, was er sagt, sondern was er ist und lebt, ist entscheidend. Das wurde ihm neu klar und er machte es zu seinem neuem Leitmotiv. Dieses Studium half ihm, in seiner eigenen Entwicklung weiterzukommen. Irene kann bestätigen, dass er nach diesem Studium zu einem ganz anderen Menschen wurde. Er war ruhiger, weiser, entspannter und überlegte die Vorgehensweise in jeder Situation, ohne laut zu werden.

Denn er wusste, wie im Alten Testament, so auch im Neuen, steht eine Menge geschrieben, was manchmal gar nicht so leicht zu verstehen ist. Jesus bemühte sich immer, gezielt zu lehren, sodass er die Fragen auf den Kerninhalt des Gesetzes richtete: die Liebe zu Gott, zu sich selbst und zu seinen Mitmenschen.

Eine Geschichte, die schon vor der Zeit Jesu stattfand, war für Johannes schon immer sehr wichtig.

Es gab einen berühmten jüdischen Schriftgelehrten, den Rabbi Hillel. Ein junger Mann kam einmal zu ihm und sagte: „Wenn du mir die Lehre des Alten Testaments vermitteln kannst, solange ich auf einem Bein stehe, werde ich zu eurem Glauben konvertieren." Rabbi Hillel antwortete: „Was du nicht willst, das man dir tu', das füg' auch keinem andern zu."

Dieser Spruch wurde Johannes zum Lebensmotto.

Wer also meint, das Alte Testament ist ausschließlich ein Buch von Gesetz, Krieg und Rache, der hat den Inhalt noch nicht wirklich erkannt. Alle anderen Gebote und alle Forderungen der Propheten sind in diesen Geboten enthalten.

Nun, das war nicht genug, nur die Regeln einzuhalten. Johannes' Aussprache und Sprachgeschwindigkeit forderte seine Zuhörer besonders heraus. Einige aus der Gemeinde waren so mutig und sagten zu ihm: „Du hast gute Gedanken, aber du sprichst zu schnell."

So las er in einem Buch, dass das laut Lesen mit einem Weinkorken zwischen den Zähnen gut sei für die Aussprache und die Sprachgeschwindigkeit und die Deutlichkeit verbessere. Daraufhin probierte er es aus. Und siehe da, es funktionierte wirklich! Seitdem liest er bis heute verschiedene Literatur über Theologie bis hin zu Geschichtsromanen laut, um die Aussprache und Linguistik zu trainieren. Johannes hat bereits an die achttausend Seiten hinter sich.

Eines Abends, bei einem schönen Essen, unterhielten er und Irene sich über private Dinge. Anschließend wollte sie, wenn sie alles aufgeräumt hatte, ihren eigenen Interessen nachgehen.

Doch Johannes erzählte ihr von seinem Traum:

„Der Herr zeigte mir, was ich in der Gemeinde tun sollte. Im ersten Jahr: Bring Ordnung rein und ermutige die Menschen, ihre Beziehungen untereinander wertschätzender zu gestalten. Im zweiten Jahr: Struktur schaffen und im dritten Jahr: neue Wege gehen, sprich neue Räume." Das hieß umziehen, denn das Gebäude, wo sie sich als Gemeinde trafen, war zu klein. Daraufhin beteten sie mit den Geschwistern und machten sich auf die Suche nach einem größeren Gebäude. Sie hatten bereits ein geeignetes Objekt ausfindig gemacht.

Kurze Zeit danach hatten Irene und Johannes Besuch aus Tel Aviv, Pastor Elieser. Johannes und Elieser fuhren dorthin und beteten am Gebäude. Sie beteten intensiv, dass der Herr Gnade schenkt und sie es erwerben können. Nach langem Hin und Her wurden die letzten Worte mit einer ruhigen Zuversicht ausgesprochen, die kaum seiner eigenen Gemütslage entsprachen.

Nun war es endlich so weit, dass die Christengemeinde Elim Hannover die frühere Stadtwäscherei kaufen konnte. Es waren sage und schreibe 3.665 Quadratmeter! Johannes war in der Anfangszeit wieder selbst der Bauleiter, später hat es Marcus Häßlein, der zweite Pastor übernommen. Aufgrund des Zeitmangels und der Tatsache, dass er es alleine nicht bewerkstelligen konnte, teilte er die Arbeit in 27 Bereiche auf. So konnte alles besser koordiniert und die Arbeit effektiver erledigt werden. Die Mitarbeiter sollten Angebote einholen und die Aufgabenbereiche betreuen. Regelmäßig fanden Baubesprechungen statt, die Johannes leitete. Das Engagement der ehrenamtlichen Mitarbeiter war beeindruckend.

Jeden Samstag waren bis zu 40, manchmal bis zu 50 Mitarbeiter auf der Gemeindebaustelle. Gemeinsam wurden die Wände eingerissen und die Lüftungsschächte demontiert. Anschließend wurde gemeinsam gegessen, gelacht und man hatte viel Spaß miteinander. Wenn Johannes auf dem Bau war, kamen die Geschwister gerne dazu.

Die Bauabschnitte wurden mit großer Freude gefeiert. Es gab natürlich auch Widerstände, Niederlagen und Enttäuschungen, welche einfach als Herausforderung angenommen und gemeistert wurden. Nach einer anstrengenden, zweijährigen Bauzeit war alles fertig.

Mit 850 Menschen wurde die Einweihung gefeiert. Die Freude war für jedes Gemeindemitglied groß. Leider wurde in dieser Bauphase das Gemeindeleben vernachlässigt, denn es waren viele auf den Bau fokussiert. Es beschäftigte Johannes sehr, aber es war unmöglich beides zu bewerkstelligen.

Häufig predigte Johannes als Pastor aber auch in anderen Gemeinden – Gottes Wort mit Liebe und großem inneren Engagement und die Salbung des Heiligen Geistes war spürbar gegenwärtig. In manchen Gemeinden betreute er auch die Pastoren bzw. -ehen mit großem Einfühlungsvermögen. So viele von ihnen waren von der Gemeindearbeit entmutigt und manche standen kurz davor, sowohl in der Gemeinde als auch in ihrer Ehe einen Schiffbruch zu erleiden. Sein Hirtenherz tat ihm weh. Er ermutigte die Geschwister, nicht aufzugeben, indem er verschiedene Seminare hielt.

Er lehrte sie in Kompetenz und der Kraft des Herrn. Man konnte sehen, wie sie das Wort förmlich in sich aufsogen, dadurch gestärkt wurden und anfingen, ihre Lasten bei Jesus abzulegen. Gottes Hand ist heute nicht kürzer geworden und wir erlebten einige Wunder.

Johannes' Arbeit außerhalb der Gemeinde erstreckte sich mittlerweile auf die ganze Region. Es war eine anstrengende Zeit. Dennoch war er sich sicher und trug in seinem Herzen die Gewissheit, dass Gott seinen Bereich hat und er seinen, den er selbst angehen sollte, nämlich sich weiterzuentwickeln und an sich zu arbeiten.

„Die Aufgabe die du übernimmst, ist eine Aufgabe für eine kurze Zeit. Dies ist nur ein Schritt, doch ich habe dir bereits gezeigt, dass du in einem anderen Kreis sitzen wirst. Ich werde dich senden, als jemand der Weichen stellt, als jemand der Klarheit bringt, als jemand, der das Wort zur rechten Zeit bringt. Manchmal wünschtest du dir, länger zu bleiben, manchmal würdest du auch gerne den zweiten und dritten Schritt gehen – aber Gott spricht zu dir: Ich sende dich, um Weichen zu stellen. Diese Weichen sind in vielen Nationen."

Die Person, die die Prophezeiung weitergegeben hatte, fuhr fort: „Ich sehe ein Flugzeug und sehe, dass du ein- und aussteigen wirst, weil Gott dich zu den Nationen sendet. Ich tue es mit Hast, mit Eile – es ist ein schnelles Werk, Gott wird dich in Eile, in Hast nach vorne bringen – in die erste Reihe. Du hast die Bewährung bestanden – es ist Zeit. Deshalb ist die Aufgabe nur für eine kurze Zeit – weil Gott einen nächsten Schritt für dich hat. Ich glaube es sind nur zwei Jahre, aber ich habe das nicht klar gesehen!"

Da stand Johannes nun und dachte: Es wird mir vermutlich gelingen, aber ich kann das angefangene Werk leider nicht zu Ende bringen. Das tat ihm weh, er wollte aber auch zu Ende bringen und die Frucht seiner Arbeit genießen und nicht immer wieder neu anfangen und neue Wege gehen müssen. Wenn er auch Herausforderungen liebte, dennoch wollte er ab und an Sicherheit haben und in seiner Komfortzone bleiben. Denn die Komfortzone zu verlassen bedeutet, durch den Schmerz zu gehen.

Vor etwa achtzehn Jahren wurde Ingolf Ellßel während der Bundeskonferenz als Präses des BFP eingesetzt. Eine starke Gewissheit kam in Johannes' Verstand, dass auch er irgendwann an dieser Stelle sein würde. Er erschrak so sehr darüber, dass er dachte, er leide an Realitätsverlust. Sie waren als Familie gerade sechs Jahre in Deutschland. Deswegen beschloss er, mit niemandem darüber zu reden, auch nicht mit seiner Frau. Keiner sollte davon erfahren. Er betete darüber und sagte: „Herr, wenn es von dir kommt, ich würde alles für dich tun! Du machst deinen Teil und ich mache meinen. Aber den Weg bereitest du bitte selbst vor, ich möchte mich niemandem anbieten. Wenn es von dir sein sollte, dann möchte ich gefragt werden. Ich werde an mir arbeiten, das bedeutet an meinem Charakter, an meiner persönlichen Entwicklung, Einstellung sowie Kompetenz. Die Aufgabe ist für mich einfach zu groß und ich kann auch nicht so richtig daran glauben. Bitte hilf meinem Unglauben!"

Da begann er, an seiner Persönlichkeit, seiner Entwicklung und Weiterbildung zu arbeiten. Er wollte ein vorbereitetes Gefäß zur Ehre Gottes sein.

In einem Buch hatte er gelesen: „… dass alle Ideen und Vorsätze, die wir haben und bei denen wir nicht innerhalb von zweiundsiebzig Stunden ins Handeln kommen, in der Regel so gut wie nie mehr umgesetzt werden. Die Chance, danach noch eine Idee oder Handlung umzusetzen, tendiert in Richtung ein Prozent." Deshalb war es für Johannes sehr wichtig, es gleich umzusetzen. Wenn nicht jetzt, wann dann?

Johannes liebte diesen Satz von Alfred D. Souza, der sagte: „Lange Zeit sah es so aus, als würde das Leben endlich beginnen – das wirkliche Leben. Aber es gab immer ein Hindernis, etwas, was noch erledigt, noch abgeschlossen werden musste, eine Schuld, die noch zu begleichen war. Oder was anderes. Dann würde das Leben beginnen. Schließlich wurde ihm klar, dass diese Hindernisse sein Leben ausmachten."

Doch für Johannes war Weiterbildung und Arbeit an seiner eigenen Person keineswegs ein Hindernis. Manchmal müssen wir lernen, die schönsten Dinge des Lebens zu genießen, Spaß an unserem Dasein zu haben – ungeachtet der negativen Dinge, die natürlich auch passieren. Doch hat nicht vielleicht alles, was passiert, einen höheren Sinn?

Wenn wir einmal über unser Leben nachdenken und uns alle Höhepunkte und Tiefschläge unseres Lebens noch einmal bewusst machen, dann werden wir möglicherweise feststellen, dass es gerade die Tiefschläge unseres Lebens waren, welche uns in unserer Entwicklung weiterbrachten. Doch für Irene sah es so aus, als ob bei Johannes galt: „Every day is a holiday." Er war überwiegend glücklich und optimistisch dabei, egal was er gerade tat oder was noch vor ihm lag. Innerlich kämpfte er aber mit Versagensängsten und Zweifeln. Doch ein Außenstehender hätte es nie bemerkt. Die Welt ist nun einmal nicht einseitig, sondern polar. Es gibt immer zwei Seiten einer Sache. Auf den Tag folgt die Nacht, aber auf die Nacht folgt auch wieder der helle Tag. Auf Sonnenschein folgt Regen, aber auf Regen folgt auch wieder Sonnenschein. Ein Regenbogen kann nur erscheinen, wenn Sonne und Regen zusammentreffen. Ohne Regentage wüssten wir die sonnigen Tage doch gar nicht zu schätzen und in der Natur könnten die Früchte nicht wachsen und die Ernte könnte nicht eingefahren werden, wenn nur die Sonne schien. Ein ausschließlich glückliches, erfülltes Leben gibt es nicht. Doch Johannes sah glücklich aus. Für eine Pessimistin wie Irene ist das Glas halb leer, für Optimisten wie Johannes ist es halb voll. Wer kennt diesen Ausspruch nicht! Doch was ist mit den Realisten? Der hat sich bereits eine halbe Stunde zuvor verflüchtigt, da er absolut keine Lust darauf verspürte, das irgendwann leere Glas spülen zu müssen …

Freude und Spaß sind die Nahrung der Seele. Johannes nahm es wörtlich.

So entfachte der kleinste Gedankenfunken ein großes Leuchtfeuer in ihm. Er las regelmäßig in verschiedenen Büchern. Schon der römische Dichter Horaz erkannte: „Carpe diem!" – „Nutze den Tag!"

So machte Johannes sich Gedanken darüber, was ihm gefiel, was er mochte und er konzentrierte sich darauf. Er wollte sich ändern. Demzufolge stellte er sich die Frage: „Wie schaffe ich es, meine Glaubenssätze positiv zu verändern?" Die Antwort darauf lautete: indem er sich auf die Aufnahme des Wissens aus der Bibel und anderen Büchern konzentrierte. Er studierte die Bibel immer und immer wieder.

Denn nur das Wissen, was er aus der Bibel aufnahm, veränderte seine Glaubenssätze. Die Erfahrungen hingegen, die er machte, waren lediglich eine Bestätigung seiner alten Glaubenssätze. Indem er permanent neues Wissen aufnahm, änderte sich sein Verhalten. Jeder Mensch ist also in der Lage sich zu ändern, wenn er den Preis dafür zahlt. Dieser Preis ist mit einem Wort umschrieben: „Lernen!"

„Nichts ändert sich, außer wir ändern uns!" – ein Zitat von Nikolaus B. Enkelmann. Sein Motto war und ist: „Die beste Investition, die du machen kannst, ist diejenige in dich selbst!"

Am Anfang war der Gedanke an Prophetie bei ihm noch klein – doch wenn man ihn regelmäßig träumt und sich nicht von seiner Idee abbringen lässt, wird er wachsen und wachsen. So wird irgendwann ein Traum in Erfüllung gehen. Johannes setzte sich jedes Jahr neue Ziele. Denn wenn man einen erfolgreichen Menschen sieht, weiß man, dass es ohne Ziele nicht laufen wird. Natürlich müssen unsere Ziele letztendlich stets auch mit unseren inneren Werten im Einklang stehen. Denn im Grunde genommen verfolgt man nicht das Ziel als solches, sondern die Ziele sind für uns nur Mittel zum Zweck. Sie dienen dazu, unsere inneren Wertvorstellungen, die wir in uns eingeprägt haben, zu befriedigen und wenn wir im Einklang mit unseren Werten sind, haben wir positive Gefühle.

Ziele waren für Johannes ein Instrument, eine Prophetie in die Realität umzusetzen. Dabei hatte er sich große Ziele gesetzt und er musste sich ganz schön danach ausstrecken, sie zu erreichen. Denn nur wenn man den großen Träumen entgegengeht, dann muss man sich strecken, weit strecken …, um ihre Verwirklichung zu erreichen. Was bedeutet „strecken"? Man muss wachsen.

Es gab auch Zeiten in seinem Leben, bevor er einige Ziele anging, in denen er sehr intensiv herumeierte.

Zum Beispiel als es um das Erlernen der englischen Sprache ging. Das machte ihn sympathisch: Johannes hatte des Öfteren darüber gesprochen, dass er gerne Englisch lernen möchte; mehrere Computerprogramme angeschafft, einige Anläufe gestartet und wieder aufgegeben. Nach einem Jahr der Anläufe sagte ihm Irene: „Wenn du dieses Jahr gelernt hättest, wärst du heute weiter." Er schnitt nur eine schiefe Grimasse.

Dann hatte er eines Nachts einen Traum. Ein großer Mann in weißem Gewand stand plötzlich vor ihm. Der sagte: „Johannes, lerne Englisch!" Er widersprach: „Ach Herr, du weißt doch, dass ich schon älter geworden bin und mein Gehirn ist nicht mehr, was es einmal war in meinen jungen Jahren."

Der Mann im weißen Gewand legte seine Hand auf seinen Kopf, während er sagte: „Ich segne dich, damit dein Gehirn gut funktioniert."

Zum zweiten Mal sprach der Mann: „Johannes, lerne Englisch!"

Johannes widersprach wieder: „Ach Herr, du weißt, wie viel Zeit ich dafür brauche. In dieser Zeit könnte ich sehr viele Menschen zu Christus führen."

Erneut legte die Person seine Hand auf Johannes' Kopf mit den Worten:

„Ich segne dich, damit mehr Menschen durch deinen Dienst zu Christus finden, aber du sollst Englisch lernen!"

Bevor er widersprechen konnte, fuhr er fort: „Steh auf und tu es!"

Johannes sprang auf und durchsuchte das Zimmer, ob irgendjemand da wäre, obwohl er kein ängstlicher Mensch ist. Am nächsten Morgen erzählte er es Irene und meinte:

„Vielleicht hatte ich Fieber und habe fantasiert?"

Sie erwiderte: „Interessant! Warum hast du nicht geträumt, dass du Kaiser von China geworden bist? Ausgerechnet Englisch?!"

Jetzt weiß Johannes, was mit „fürchte dich nicht" gemeint ist, wenn der Engel des Herrn kommt. Seitdem findet er fast jeden Tag eine Stunde Zeit, um Englisch zu lernen, damit der Engel nicht wiederkommt.

Jeder ist seines eigenen Glückes Schmied! Das Wissen ist frei verfügbar, aber den Weg muss jeder selbst gehen. Jeder kann morgen etwas werden, morgen etwas sein, was er heute noch nicht ist. Denn mit jedem neuen Wissen, das man aufnimmt, mit jedem Wissen, das durch Wiederholung vertieft wird, steigert es unseren eigenen Wert.

Denn er kannte zu gut diesen Spruch aus dem Talmud: „Säe eine Gewohnheit – und du kannst eine Tat ernten. Säe eine Tat – und du kannst eine Gewohnheit ernten. Säe eine Gewohnheit – und du kannst deinen Charakter ernten. Säe deinen Charakter – und du erfüllst deine Bestimmung!" Tatsächlich! Man muss das gesamte neue Verhalten so oft wiederholen, bis sich daraus eine Gewohnheit entwickelt. Der Wille mag zwar vorhanden sein, aber die sogenannte „Datenautobahn" in uns funktioniert noch. Da man alte Gewohnheiten nicht „löschen" kann, müssen neue Programmierungen im Gehirn vorgenommen, also neue, bessere Gewohnheiten installiert werden, die dann die alten Gewohnheiten ablösen.

Es war und ist nicht einfach, aber Johannes hat es geschafft!

Wie Ilja Grzeskowitz in seinem Buch „Die Veränderungs-Formel" beschreibt: aus Problemen Chancen machen – die sogenannten vier „W" – wählen, wollen, wagen und wiederholen. Das heißt ein Mensch trifft eine Wahl. Dann entscheidet er sich dafür, mit seinem ganzen Willen dabei zu sein. Anschließend geht er trotz seiner Ängste und Zweifel ein Wagnis ein. So wiederholt er die Schritte immer wieder. Wie ein Sprichwort sagt: „Die Wiederholung ist die Mutter alles Lernens!" Und der Herr gibt uns das Wollen und das Vollbringen (Philipper 2,13).

Irene glaubt fest daran, dass Gott jedem Menschen eine Aufgabe mitgegeben hat, die es zu erfüllen gilt. Dagegen glaubt sie nicht daran, dass Gott von uns Menschen erwartet, erfolglos zu sein. Sie glaubt vielmehr, dass Gott von uns allen erwartet, unser Talent, das er uns geschenkt hat, auch zu entfalten.

Jeder, der dieses Buch liest, soll nicht denken, dass Johannes keine Zweifel hatte. Nun, er hatte sie tief in seinem Herzen versteckt. Des Öfteren unterhielt er sich mit Irene, aber es gab auch manche Geheimnisse, die er nur mithilfe von Jesus bewältigen konnte.

Manchmal dachte er, dass er es vielleicht über die Jahre, gar Jahrzehnte nur deshalb „durchzog", um eines Tages feststellen zu müssen, dass es ein Produkt seiner Fantasie war. Dann würde das ja bedeuten, dass er die meiste Zeit seines Lebens verschenkt hätte. Sollte er irgendwann zu dieser späten Erkenntnis kommen, jene Jahre des „Reinkniens" seien verlorene Jahre gewesen – wie würde diese Erkenntnis schmerzen?

Doch er wusste, dass es vom Herrn war und hatte jeden Tag Spaß an dem, was er tat. Er konnte sich gar nicht vorstellen, einmal nicht mehr seinen Neigungen nachzugehen. Er wusste, dass Jesus Christus für ihn der beste Motivator in der ganzen Geschichte der Menschheit gewesen war und immer noch ist. Er hat es uns vorgelebt, hat die Menschheit begeistert und geführt.

Irene war von Johannes fasziniert, denn er ermutigte sie, genau so vorzugehen und genau so viel zu lesen und Hörbücher zu hören, denn oft sagte er zu ihr: „Sei niemals mit dem Erreichten zufrieden! Sei dankbar für das, was du bekommen hast, aber bleibe gleichzeitig hungrig und unzufrieden. Wenn du zufrieden wirst, würdest du für deine Weiterbildung nichts mehr tun. Das darf nicht passieren!"

Er hatte sich langfristige Ziele gesetzt. Die meisten Menschen überschätzen, was sie kurzfristig erreichen können und unterschätzen, was sie langfristig erreichen können. Er wollte seinen Glauben nicht verlieren, denn hier waren die kurzfristigen Ziele ungeeignet, eben auch weil sie leicht verfehlt werden konnten. Johannes hatte sich Tagesziele, Wochenziele, Monatsziele und Jahresziele gesetzt, damit er vor sich selbst seine Glaubwürdigkeit nicht einbüßte. Es gab noch andere Dinge in seinem Leben als das Bemühen, nur für ein bestimmtes Ziel zu arbeiten. Er brauchte auch Unterstützung zum Erreichen der Ziele. Irene half ihm zum Beispiel tatkräftig, die familiären Ziele zu erreichen. Er gönnte sich Pausen, um Zeit mit seiner Familie zu verbringen. Diese Zeiten durfte und wollte er auf keinen Fall vernachlässigen, bewusst trug er sie in seinem Kalender ein. Treffen mit den Kindern und deren Kindern, Familienfreizeiten, die jedes Jahr bei ihnen stattfinden ... Denn das Leben besteht nicht nur aus Arbeit, sondern auch aus zwischenmenschlichen Beziehungen. Wenn die Kinder und Kindeskinder zu Besuch sind, kann die zehnminütige Strecke zum Tiergarten bei ihnen um die Ecke schon mal zum dreistündigen Ausflug werden, denn den Enkelkindern ist Zeit und Raum egal – es zählt der Moment. Sie bestaunen jede Ameise und jeden Regenwurm, dem sie unterwegs oder im Wald begegnen. Dieser Zugang zum Leben bringt Johannes zum Staunen und ist seine Chance, eine gute Beziehung zu den Enkelkindern aufzubauen.

Trotz vieler Bemühungen gab er niemals auf und wenn er ab und an vom Kurs abgekommen war, nahm er eine Kurskorrektur vor. Wenn Probleme auftauchten, stellte er sich ihnen und löste sie. Denn für Johannes gab's keine Probleme, sondern nur Herausforderungen. Er konzentrierte sich auf das Wesentliche, denn er kannte den Satz von Mark Twain: „Wer nicht weiß, wohin er will, darf sich nicht wundern, wenn er ganz woanders ankommt."

So vergingen die Jahre. Er arbeitete an seiner Persönlichkeit und war für das Reich Gottes aktiv. Eines Tages, während einer Präsidiumssitzung, wurde ihm vorgeschlagen, als Präses des Bundes Freikirchlicher Pfingstgemeinden (BFP) zu kandidieren.

Johannes konnte schon immer viel und effektiv arbeiten, ist ein robuster und sehr fleißiger Mann. Irene fiel dazu eine kürzlich gelesene Geschichte ein: „In einer Scheune standen zwei Pflüge. Der eine war sehr rostig, der andere wunderschön glänzend. Neidisch betrachtete der rostige Pflug seinen herrlich anzusehenden Nachbarn und fragte ihn: ‚Warum bist du so prächtig, während ich so gammelig und unattraktiv aussehe? Das ist nicht gerecht, ich bin für mehr Gleichheit.' Der schöne Pflug antwortete: ‚Mein Glanz kommt von der Arbeit.'" Wie wahr!, stimmte Irene zu. Sie beide haben Menschen schätzen und lieben gelernt. Früher, wenn Irene die Frauen ansah, kamen ihr Gedanken in den Sinn wie: „O die jungen Leute von heute, sie haben ja keinen Geschmack! Guck mal die an oder die andere an? Wie sind sie denn gekleidet?"

Dann begegnete ihr vor Jahren diese Bibelstelle: „Hütet euch davor, hochmütig auf die herabzusehen, die euch zu gering erscheinen", warnte Jesus uns. Denn in diesem Moment unseres Denkens wird diese Person verachtet. Das darf nie passieren. Damals betete Irene mit den Worten zum Herrn: „Herr, erinnere mich, wenn es mir wieder passiert, und halte mir diese Bibelstelle vor Augen, dass ich keinen verachte!" Der Herr macht es bis zum heutigen Tag.

Übrigens, über den Geschmack lässt sich nicht streiten und auch nicht urteilen. Wenn es jemand noch nicht wusste: Irenes Hobby ist Malen. Einmal bekam sie den Auftrag, ein gebrochenes Herz zu malen. Als sie an ihrer Staffelei stand, dachte sie: Wir hätten sehr viele gebrochene Herzen unter uns, wenn wir das Gebot des Herrn nicht ausleben würden.

Eine Redakteurin von „Living Gospel" und „Hof mit Himmel" hatte einen Artikel aus der „Lydia", einer christlichen Frauenzeitschrift, von Irene gelesen. Dort berichtete sie über ihre Erschöpfungsdepression. So wurde Irene vor ein paar Jahren für eine TV-Sendung interviewt. Es war ein längeres Gespräch. Unter anderem erzählte Irene, dass sie Menschen liebe. Das war aber nicht immer der Fall, musste sie gestehen. Es gab Zeiten in ihren jungen Jahren, wo sie einen ihrer fünf Schwager hasste. O wie sie ihn hasste! Sie erkannte sich selbst nicht wieder und schämte sich dafür. Immer wenn sie ihn sah, lief bei ihr ein innerer Kampf ab. Am liebsten hätte sie ihn vom Hof gejagt. Es hat gedauert, bis sie lernte, Jesu Liebe und Hilfe anzunehmen, um sie weiter zu verschenken. Heute kann sie diesen

Schwager lieben, genau wie jeden anderen Menschen. Auch ihr gebrochenes Herz wurde geheilt. Durch das Lesen in der Bibel und die Annahme der biblischen Werte lernte sie, diese im Alltag anzuwenden. Auch die Empfehlungen und Ratschläge ihrer Mutter nahm sie sich zu Herzen. Irene war mit den Jahren in ihrer Persönlichkeit und Charakterbildung enorm vorangekommen, dadurch konnte sie auch ihren Mann gut unterstützen, denn Johannes als ein väterlicher Typ wollte so viel er nur konnte den Leuten dienen – im Inland wie im Ausland. Es waren knapp zwei Jahre vergangen, als Johannes und Irene die Elim-Gemeinde (Elim bedeutet „Quelle“) in Hannover als Pastorenehepaar übernahmen. In dieser Zeit leitete Johannes zusätzlich die Region Niedersachsen-Ost. Dadurch war er Mitglied des Präsidiums des BFP. Ab und an gingen Präsidiumsmitglieder nach den Sitzungen noch gemeinsam zum Essen, was fast wie Nachbesprechungen war. Dort wurde Johannes von einigen gefragt:

„Sag mal, du hast erfolgreich die Nienburger Gemeinde geleitet und in Hannover tut sich ebenfalls einiges, die Region entwickelt sich positiv, kannst du dir vorstellen, dich als Präses nominieren zu lassen?“

Er antwortete: „Das ist nicht mein Bereich, da muss schon die Bundesleitung die Initiative ergreifen. Ich werde mich nicht selber vorschlagen. Wenn andere mich für diese Position für geeignet erachten, müssen sie meine Kandidatur anregen. Nach meinem Verständnis muss vor allem der Leiter des Bundes mich für dieses Amt für fähig halten.“

Der Gedanke an eine Kandidatur als Präses machte ihn unruhig, denn plötzlich wurde es realer, was er schon lange im Herzen trug. Johannes empfand großen Respekt davor und war sich der enormen Verantwortung bewusst. Von Versagensängsten geplagt, versuchte er immer wieder, diese Idee, Präses zu werden, von sich zu weisen. Dann wurde er bei der nächsten Präsidiumssitzung klar gefragt, ob er bereit wäre, sich für den Vorstand nominieren zu lassen. Er war als Letzter auf der Liste und hielt es deshalb für unwahrscheinlich, dass er ein paar Monate später als Präses vorgeschlagen würde. Allein Mitglied des Vorstands zu sein, war schon etwas Besonderes. Bei einer Findungsphase, wer das Amt des Präses bekleiden könnte, kamen immer mehr Äußerungen, wir brauchen einen „David“, der von anderen noch nicht bemerkt wurde, aber der richtige Mann ist. Überall wurde Ausschau nach „David“ gehalten. Bis eines Tages ein Pastor und ein Mitglied des Präsidiums sagte: „Ich schlage Johannes Justus vor. In ihm sehe ich die Person, die wir brauchen!“

So kam die Entwicklung ins Rollen. Vor längerer Zeit hatte Johannes zweimal Träume bzw. Nachtgesichte, wo er in der Hölle war. Er sah, wie die Menschen dort leiden. Der Herr sprach zu ihm, dass die Hölle nicht für die Menschen bestimmt war. Zweimal hatte er Visionen vom Himmel, wo der Herr ihm anbot, mit ihm die ganze Welt zu umarmen. Er erinnerte sich wieder an das Bild, es war ihm regelrecht vor Augen gemalt, als er noch ein junger Mann war. Er stand im Traum vor einem riesigen Getreidefeld, das reif zur Ernte war. Der Herr hatte ihn auf einen Mähdrescher gesetzt, dass er die Ernte einbringen sollte. Er drehte sich um, setzte sich auf sein Motorrad und verschwand. Später sprach ihn der Herr wieder an. Er erwiderte: „Nein, Herr! Nur über meine Leiche!" „Genau das will ich haben!", erwiderte der Herr, „dass du deine Vorstellung, die du in dir trägst, zu meinen Füßen legst, und deinen Willen, Johannes, dem Willen Gottes unterstellst."

Nach weiteren Gesprächen, Diskussionen, Beratungen und Gebet konnte er ein Ja dazu finden. Er spürte, dass es an der Zeit war und er wollte Gehorsam leisten. So wurde er anschließend vom Präsidium nominiert. Bis zur Wahl waren es noch sechs Monate. Während dieser Wartezeit, die so anstrengend für ihn war, bekam er durch den ganzen Verantwortungsdruck eine Gürtelrose, die ihm sehr zu schaffen machte.

Im Herbst war es endlich so weit. Auf der jährlichen Bundeskonferenz, die im September 2012 stattfand, wurde Johannes zum Präses des BFP gewählt. In dieser neuen Situation fing er an, sich neu zu erfinden, denn wie er zu sagen pflegt: „Ich war noch nie ein Präses."

Zu allen Herausforderungen, die schon auf ihn warteten, beschloss die Gemeinde Elim, nach fast einem Jahr Dienst als Präses, ein neues Gebäude zu erwerben. So hatte er vier große Verantwortungsbereiche gleichzeitig zu tragen: Johannes war Pastor, Bauleiter, Familienvater und Präses. Man kann nicht alles gleichzeitig, so wurde die Arbeit in Etappen erledigt. Die Bauphase dauerte fast zwei Jahre. Er war der Meinung: „Man sollte erst ein Aquarium bauen und dann die Fische reinholen."

Er diente im Bund, von Irene aktiv unterstützt, wo sie nur konnte. Da die Gemeinden im Bund, in denen Johannes dient, recht weit verstreut sind, ist sie überwiegend am Steuer und chauffiert ihren Mann an alle Orte, wo er dient. So ist er nicht müde und kann seinen Dienst fortführen, während er seine Berufung auslebt. Hinter ihm zu stehen und ihn auch im Gebet zu stützen, wurde für sie zur Priorität Nummer eins. Sie hat alle ihre Dienste in der Gemeinde niedergelegt und ist nun mit Johannes unterwegs. Denn er sagte: „Ich brauche dich! Alleine schaffe ich es nicht!"

Seit zehn Jahren unterstützt Johannes auch Irene, wenn sie die Israelreisen organisiert und durchführt. Eine Hand wäscht die andere und beide das Gesicht, denn das ist das Leben.

Die beiden sind sehr glücklich und dankbar dem Herrn gegenüber für einen guten und gesegneten Dienst und ein ebensolches Privatleben. Zu viel oder zu wenig? Für das Glück gibt es kein Maß. Sie freuen sich einfach über alles, was sie haben, und darüber, was ihnen das Leben an Positivem und an Erfreulichem gewährt. Sie haben die Fülle des Guten gefühlsmäßig erkannt und geistig umfasst. An Körper, Geist und Seele dürfen sie es genießen. Irene und Johannes haben sieben Kinder und 16 Enkelkinder.

Immer wenn sie vor dem Garten Gethsemane steht (das bedeutet „Ölpresse"), denkt sie daran, wie es in der Natur ist. Da stehen Bäume, deren Wurzeln bis zu

2000 Jahre alt sind. Einige Bäume standen schon zur Zeit Jesu da. Wird bei den Ölbäumen der Stamm abgeschlagen, wächst der Baum aus den Wurzeln nach und bringt Frucht. Unglaublich! Alte Wurzeln – neues Leben, schoss es ihr durch den Kopf. Auf uns Menschen übertragen: Von Generation zu Generation entsteht aus alten Wurzeln neues Leben. Wie eine unsichtbare Feder ist die wiedererkennbare Handschrift Gottes durch die Generationen hindurch.

Irene liebt es, ihre Enkelkinder zu verwöhnen und zusammen mit ihren Kindern und Kindeskindern Zeit zu verbringen. Sie sind ihrem Herrn Jesus für seine Nähe und für ihr Leben und ihre große Familie besonders dankbar.

Die beiden sind rundherum glücklich und erfüllt, wenn sie nach spannenden und fruchtbaren Dienstreisen wieder zu Hause sind. Dann nehmen sie sich Zeit füreinander und sind sportlich aktiv. Irene läuft durch die Wälder und Felder, um sich körperlich zu betätigen, und genießt gleichzeitig die frische Luft. Johannes dagegen macht überwiegend Sport zu Hause, da ihm mehrere Allergien je nach Jahreszeit zusetzen. Das Leben ist wie eine Wiese – bunt. Verschiedene Sorten von Blumen und Gräsern grünen und blühen, genau so der Dienst mit seinen verschiedenen Aufgaben: Präses des BFP und Pastor der Elim-Gemeinde Hannover. Johannes bringt mit unermüdlichem Einsatz den Aufbau von Gemeinden in unserem Land voran. Durch seinen vielfältigen Verkündigungsdienst im In- und Ausland führt er zahlreiche Menschen in eine tiefe Begegnung mit dem Heiligen Geist. Seine Beratertätigkeit hat vielen Leitern und Gemeinden neue Horizonte eröffnet. Er leistet Gehorsam und dient leidenschaftlich dem Herrn. Denn alles kommt nur von seinem ihn liebenden Vater, dem allmächtigen Gott!

Ahnentafel

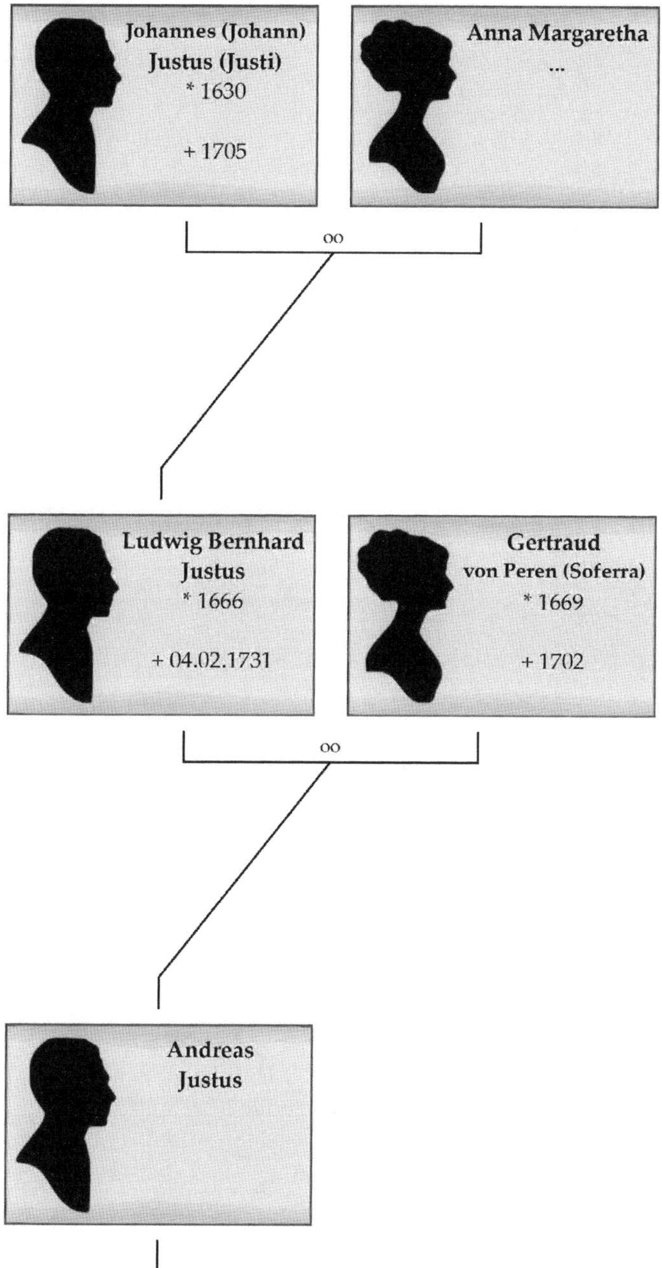
Johannes (Johann) Justus (Justi)
* 1630
+ 1705
Anna Margaretha
...
oo
Ludwig Bernhard Justus
* 1666
+ 04.02.1731
Gertraud von Peren (Soferra)
* 1669
+ 1702
oo
Andreas Justus

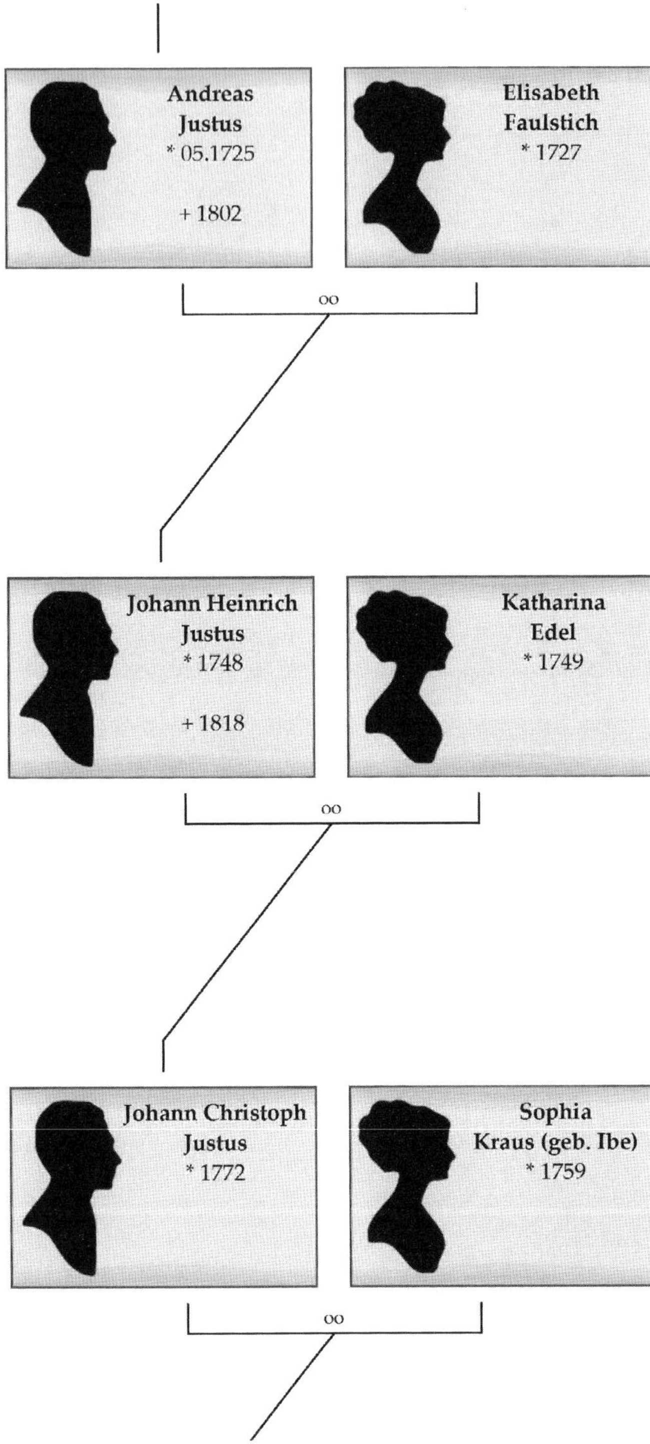
Andreas
Justus
* 05.1725
+ 1802
Elisabeth
Faulstich
* 1727
oo
Johann Heinrich
Justus
* 1748
+ 1818
Katharina
Edel
* 1749
oo
Johann Christoph
Justus
* 1772
Sophia
Kraus (geb. Ibe)
* 1759
oo

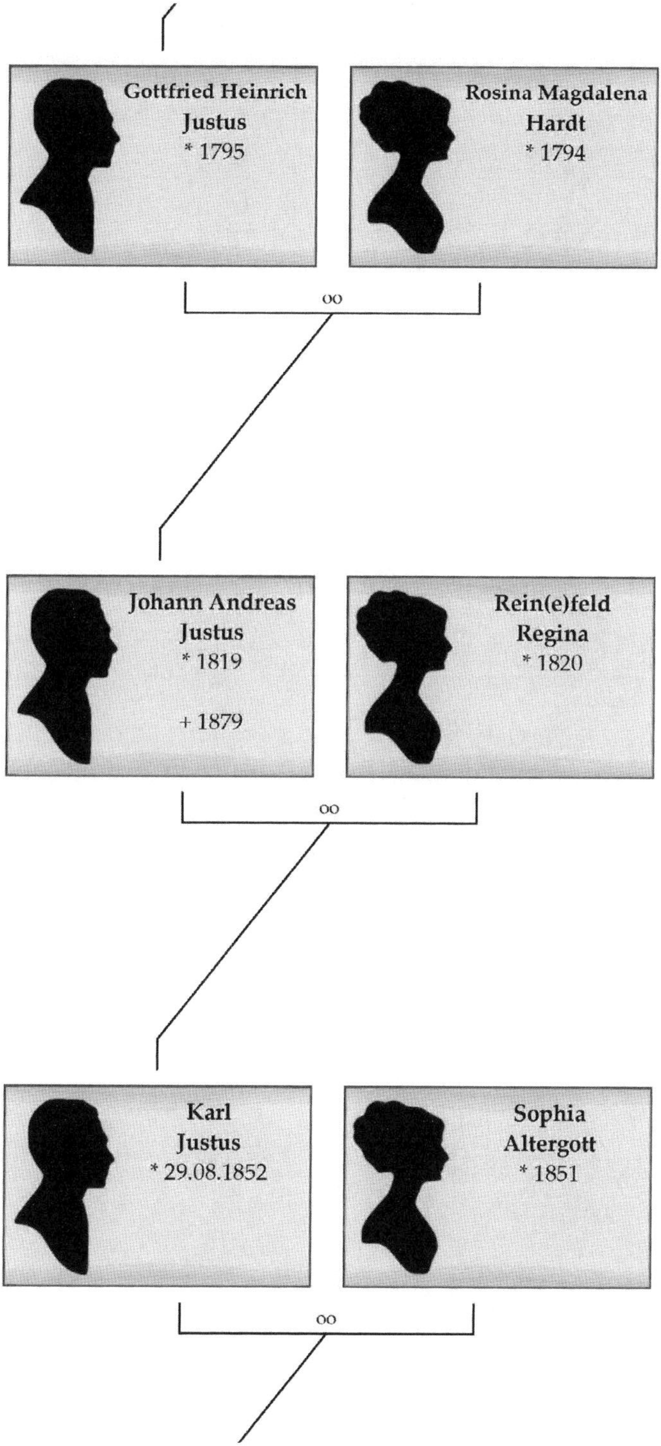
Gottfried Heinrich
Justus
* 1795
Rosina Magdalena
Hardt
* 1794
oo
Johann Andreas
Justus
* 1819
+ 1879
Rein(e)feld
Regina
* 1820
oo
Karl
Justus
* 29.08.1852
Sophia
Altergott
* 1851
oo

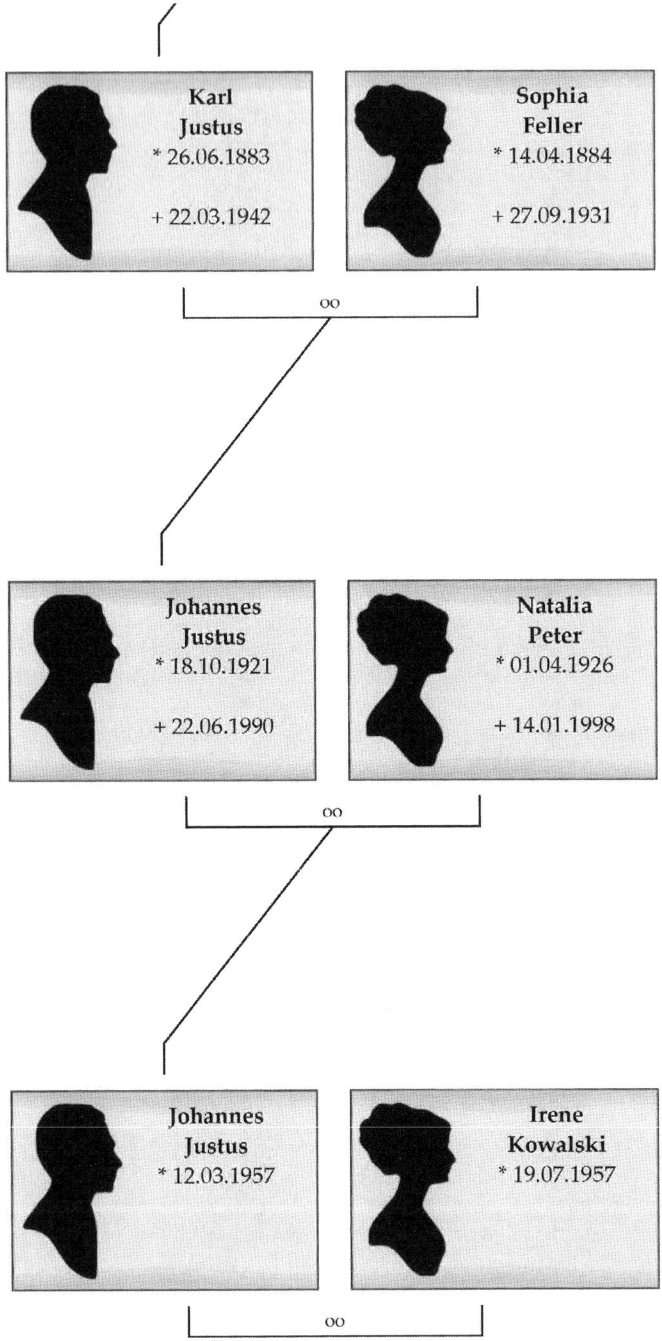
Karl
Justus
* 26.06.1883
+ 22.03.1942
Sophia
Feller
* 14.04.1884
+ 27.09.1931
oo
Johannes
Justus
* 18.10.1921
+ 22.06.1990
Natalia
Peter
* 01.04.1926
+ 14.01.1998
oo
Johannes
Justus
* 12.03.1957
Irene
Kowalski
* 19.07.1957
oo